Bildung und Ungleichheit in Deutschland

Meike Sophia Baader · Tatjana Freytag
(Hrsg.)

Bildung und Ungleichheit in Deutschland

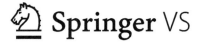 Springer VS

Herausgeber
Meike Sophia Baader
Stiftung Universität Hildesheim
Hildesheim, Deutschland

Tatjana Freytag
Stiftung Universität Hildesheim
Hildesheim, Deutschland

ISBN 978-3-658-14998-7   ISBN 978-3-658-14999-4   (eBook)
DOI 10.1007/978-3-658-14999-4

Die Deutsche Nationalbibliothek verzeichnet diese Publikation in der Deutschen Nationalbibliografie; detaillierte bibliografische Daten sind im Internet über http://dnb.d-nb.de abrufbar.

Springer VS
© Springer Fachmedien Wiesbaden GmbH 2017

Lektorat: Stefanie Laux

Gedruckt auf säurefreiem und chlorfrei gebleichtem Papier

Springer VS ist Teil von Springer Nature
Die eingetragene Gesellschaft ist Springer Fachmedien Wiesbaden GmbH
Die Anschrift der Gesellschaft ist: Abraham-Lincoln-Str. 46, 65189 Wiesbaden, Germany

Vorwort

Bildung und Ungleichheit in Deutschland

Arm und Reich klaffen derzeit so weit auseinander wie seit 30 Jahren nicht mehr. Wie in den meisten Industriestaaten hat auch in Deutschland in diesem Zeitraum die Ungleichheit zugenommen und ist im Vergleich mit anderen Ländern – so belegt eine aktuelle Studie der OECD – extrem hoch. Demnach besitzen die reichsten zehn Prozent nahezu 60 % des gesamten Nettohaushaltsvermögens.[1] Einkommen und Vermögen sind auf das Engste mit individuellen Lebenschancen verbunden. Dies schließt Bildungschancen und -zugänge ein, auch wenn Bildung längst nicht mehr der alleinige Schlüssel zur Erhöhung von Chancen und Teilhabemöglichkeiten ist. Nimmt jedoch die Ungleichheit zu, so wird auch die Bildungspartizipation der geringer Verdienenden wieder rückläufig, wie die Studie unterstreicht.

Bildungsforscher_innen weisen daher seit längerem auf ungleiche Bildungschancen von Kindern in Deutschland hin. Insbesondere der enge Zusammenhang zwischen sozialer Herkunft und Bildungserfolg wird dabei immer wieder kritisiert. Diesbezüglich unterstreicht die Bildungsforschung insbesondere die Schlüsselfunktion von Transitionen im übergangsintensiven deutschen Bildungssystem. Die expansive Bildungspolitik der 1960er und 1970er Jahre in der Bundesrepublik, in deren Kontext der Begriff der „Chancengleichheit" überhaupt erst entstanden ist, sollte als sozialpolitisches Steuerungsinstrument eine Antwort auf strukturelle und herkunftsbedingte Benachteiligungen im Bildungssystem geben. Eine umfangreiche Studie zu den Effekten der Expansion haben unlängst Forscher_innen der Universitäten von Oxford und Florenz vorgelegt. Danach hätten sich zwar die sozialen Unterschiede bei der Erlangung des Abiturs und einer

---

[1]OECD (2015). In It Together – Why Less Inequality Benefits All. Paris: OECD Publishing.

Berufsausbildung stetig verringert, jedoch gäbe es nach wie vor eine große Kluft bei der traditionellen akademischen Bildung, das heißt, im Hochschulsystem. Die Differenzen zwischen den sozialen Schichten hätten in diesem Sektor eher zugenommen, so die Autor_innen. Eltern aus privilegierten Schichten seien bemüht, die Wettbewerbsvorteile ihrer Kinder zu verteidigen, indem sie ihren Nachwuchs auf prestigeträchtige Universitäten schickten. Die Zugewinne der Kinder aus bildungsbenachteiligten Familien erweisen sich vor diesem Hintergrund mit Blick auf die höhere Bildungs- und Studienabschlüsse als illusorisch.[2] Damit stellt sich zugleich die immer wieder aufgeworfene grundsätzliche Frage, ob „Chancengleichheit" im deutschen Bildungssystem nicht eine Illusion darstelle.[3] Die Wahl prestigeträchtiger Universitäten zur Sicherung von Bildungsprivilegien und Vorteilen im Kampf um Bildungszertifikate zeigt auch, dass Prozesse der Globalisierung und Internationalisierung neue Konstellationen und Wege der Generierung von Unterschieden mit sich bringen.

Am anderen Ende des sozialen Spektrums nahm in den letzten Jahren der Anteil der Kinder unter 18 Jahren zu, die in Armut aufwachsen. Die Armutsgefährdungsquote beträgt nach Angaben der Statistischen Ämter des Bundes und der Länder im Jahre 2015 19,7 % der Kinder in Deutschland.[4] Folgen hat dies nicht nur für die unmittelbar betroffenen Familien und ihre Kinder, sondern zieht darüber hinaus die Problematik intergenerationaler Weitergabe der Bildungsdiskrepanzen nach sich.

Die herausragende Bedeutung von Bildung für die Lebensperspektiven junger Menschen in Deutschland bleibt unbestritten. Der Erwerb schulischer und beruflicher Bildungsqualifikationen spielt eine Schlüsselrolle im sozialen Integrationsprozess. Bildungsabschlüsse sind entscheidend für die Chancen auf gesellschaftlich anerkannte Positionen und haben diesbezüglich eine Monopolstellung inne, auch wenn Bildung allein längst kein Garant mehr dafür darstellt.

---

[2]Blossfeld, P. N., Blossfeld, G. J., & Blossfeld. H.-P. (2015), Educational Expansion and Inequalities in Educational Opportunity: Long-Term Changes for East and West Germany. *European Soziological Review 31* (2), 144–160.

[3]Solga, H. (2009). Meritokratie. Die moderne Legitimation ungleiche Bildungschancen. In: H. Solga, J. Powell und P. A. Berger (Hrsg.), *Soziale Ungleichheit. Klassische Texte zur Sozialstrukturanalyse* (S. 63–73). Frankfurt/M.: Campus Verlag.

[4]Statistische Ämter des Bundes und der Länder (Hrsg.). (2017). Sozialberichterstattung der amtlichen Statistik. Tabelle A.1.1.0 –Deutschland: Armutsgefährdungsquote nach soziodemografischen Merkmalen in % gemessen am Bundesmedian. Verfügbar unter: http://www. amtliche-sozialberichterstattung.de/Tabellen_Excel/A1.1.0%20DE_Bund.xlsx. Zugegriffen: 21. Februar 2017.

Der vorliegende Band thematisiert in ausgewählten Beiträgen die allgemeinen Wirkungszusammenhänge zwischen Herkunft, Einkommen und Bildungschancen. Eingeleitet wird er durch eine Reihe von Beiträgen, die sich mit Grundlagen und basalen Fragen des Themas auseinandersetzen. Da sich die Auswirkungen von sozialer Benachteiligung jeweils kumulativ-kontextuell und konstellativ eigentümlich darstellen, werden anschließend die Bereiche Familie und Kindheit, Schule und Hochschule sowie außerschulische Bildung und Weiterbildung in den Blick genommen. Um den Reduktionen einer Perspektive zu entgehen, die die verschiedenen Bereiche des Bildungssystems von den Kindertageseinrichtungen bis zur Weiterbildung getrennt oder allenfalls einschließlich der Übergänge fokussiert, werden darüber hinaus Durchkreuzungen und Querdimensionen zum Thema gemacht. Damit soll auf die Verwobenheiten und das katalysatorische Zusammenwirken von verschiedenen Achsen der Differenz und der sozialen Ungleichheit hingewiesen werden. Dies gilt beispielsweise für das Querschnittsthema der Inklusion. Hierzu gehört außerdem die Dimension der Geschlechtszugehörigkeit und damit zusammenhängende Ungleichheiten, die in diesem Kapitel Berücksichtigung finden. Diese zeigen sich im 21. Jahrhundert in der Bundesrepublik, je nach Kontext, eher verdeckt und subtil. Viele Untersuchungen, die sich mit sozialer Ungleichheit befassen, sind grundsätzlich reduktionistisch angelegt. Es ist kaum möglich, die Kontextabhängigkeit, wie sie beispielsweise von intersektionalen Zugängen immer wieder eingefordert wird, auf die jeweiligen Eigentümlichkeiten der Ungleichheitssoziologie und -analyse anzuwenden. Diese Aspekte werden mit den „Durchkreuzungen und Durchquerungen" angesprochen. Gedacht ist dies im Sinne eines Anstoßes zur Weiterentwicklung. Die in diesem Kapitel aufgeworfenen Themen und Fragestellungen sind alles andere als vollständig. Markiert wird eher die grundsätzliche Perspektive, Wechselwirkungen sozialer Differenzierungen zu berücksichtigen. Das Zusammendenken verschiedener Differenzlinien, sowohl klassischer als auch neuer, stößt aufgrund der Kontextabhängigkeit der zu analysierenden Konstellationen zuweilen an die Grenzen dessen, was erprobte analytische Instrumentarien und die sie verwendenden Wissenschaftler_innen angesichts bestehender Disziplingrenzen und vorgegebener Zeitressourcen leisten können. Transdisziplinarität, viel eingeklagt, aber im Wissenschaftssystem immer noch wenig institutionell verankert, ist hier in besonderer Weise gefordert.

Die Beiträge in diesem Band fragen danach, wer profitiert und wer benachteiligt wird. Wie erklären sich die Abkopplung eines Kindes und die damit einhergehende Prekarisierung der Bildungsbiografie? Wie können auf individueller oder struktureller Ebene Benachteiligungsstrukturen dokumentiert und analysiert werden, und welche Ansätze bieten Aussicht auf Veränderung? Welche Möglichkeiten haben pädagogische Professionelle in ihrer alltäglichen Arbeit auf herkunftsbedingte Ungleichheiten zu reagieren? Stellt Inklusion eine Antwort auf die Komplexität der Strukturen von Bildungsbenachteiligung dar?

Die Beiträge des Bandes zeichnen sich auch dadurch aus, dass neue organisationale Konstellationen im Bildungssystem, wie etwa die neuen Sekundarschulen oder die Gemeinschaftsschulen, aber auch strukturierte Promotionsprogramme in den Blick genommen werden und damit die Vielfalt von Übergängen und Entscheidungen in ihren jeweiligen sozialen Bedingtheiten und Effekten analysiert wird.

Anliegen des Bandes ist es, aufzuzeigen, wie multifaktoriell Bildungsungleichheit ist. Er kann auch als ein Beitrag der Bildungsforschung zur aktuellen Rückkehr der Kategorie der sozialen Ungleichheit angesichts unübersehbarer gesellschaftlicher Abkoppelungsprozesse gesehen werden.

Der Kooperationsstelle Hochschulen und Gewerkschaften Hannover-Hildesheim möchten wir ausdrücklich für die Realisierung der Vorlesungsreihen „(K) eine Chance für alle? Bildungsgänge in Deutschland" und „Alles (ge)recht? Armut, Reichtum und Bildungschancen in Deutschland"[5] danken. Dieser Band basiert auf den Vorträgen im Rahmen der Ringvorlesungen. Wir haben weitere Beitragende zusätzlich eingeladen. Unser Dank gilt auch Katrin Patscheider für die Unterstützung bei der Manuskripterstellung.

Hildesheim, Deutschland   Meike Sophia Baader
                                                                   Tatjana Freytag

---

[5]Die Ringvorlesungen „(K)eine Chance für alle? Bildungsgänge in Deutschland" (Sommersemester 2014) und „Alles (ge)recht? Armut, Reichtum und Bildungschancen in Deutschland" (Wintersemester 2015/2016) waren ein Kooperationsprojekt zwischen der Kooperationsstelle Hochschule & Gewerkschaften Hannover-Hildesheim und der Abteilung Allgemeine Erziehungswissenschaft der Stiftung Universität Hildesheim. Veranstaltet wurden sie zusammen von Prof. Dr. Meike Sophia Baader, Dr. Tatjana Freytag (Abteilung Allgemeine Erziehungswissenschaft) und Darijusch Wirth (Kooperationsstelle Hochschulen & Gewerkschaften).

Inhaltsverzeichnis

Teil I   Grundlagen und Rahmungen

Bildung, soziale Ungleichheit und Gesellschaftssystem   3
Heike Dierckx, Ingrid Miethe und Regina Soremski

**Von der Gleichheit der Bildungschancen zur Bildungsgerechtigkeit
für alle – ein Abschied auf Raten vom Gleichheitsideal?**   23
Wulf Hopf

Armut und Bildungschancen    39
Michael Klundt

**Verdiente Spitze? Zur Rechtfertigung von Ungleichheit
in Bildung und Gesellschaft**   55
Tobias Peter

Teil II   Familie – Kindheit

Ungleiche Kindheiten – ein soziologischer Zugang   75
Doris Bühler-Niederberger und Aytüre Türkyilmaz

**Familienarmut und elterliche Erfahrungen. Befunde aus einer
qualitativen Studie**   103
Sabine Andresen

Der Zielgruppenansatz in der institutionellen Familienbildung   125
Winnie Grunwald

**Wo Risiken zusammentreffen: Bildungsbenachteiligung
in Einelternfamilien** 139
Sabina Schutter und Anna Schweda-Möller

Kinder mit Migrationshintergrund als leerer Signifikant 155
Miriam Sitter

Teil III   Schule

**Soziale Ungleichheit im Übergang vom Kindergarten
in die Grundschule** 179
Peter Cloos

Neue Schulformen, neue Ungleichheiten 207
Sabine Klomfaß

**Soziale Ungleichheiten im Schulsystem und das Desiderat
einer Soziologie der Schule** 229
Nils Berkemeyer und Sebastian Meißner

Zum Verhältnis von Schulkultur, Partizipation und Milieu 255
Anna Moldenhauer

Eintrübungen sozialer Wirklichkeit 271
Werner Thole, Björn Milbradt und Stephanie Simon

Teil IV   Hochschule

Die Übergangsentscheidung von der Schule zum Studium 293
Lea Domke

**Soziale Ungleichheiten beim Übergang ins Studium und
im Studienverlauf** 311
Markus Lörz

**Ungleichheiten in der strukturierten Promotionsförderung – mehr
Chancengleichheit durch Strukturierung?** 339
Meike Sophia Baader und Svea Korff

Teil V   Außerschulische Bildung und Weiterbildung

**Bildungsungleichheit an den außerschulischen Bildungsorten
Familie und Peergroup** 369
Ulrike Deppe

**Bildung und Ungleichheit – Ein Blick auf
außerschulische Bildung.** 387
Gunther Graßhoff

**Strukturelle Bildungsgerechtigkeit in der
Erwachsenenbildung/Weiterbildung.** 405
Steffi Robak

Bildungsungleichheit im Erwachsenenalter 427
Carola Iller

Teil VI   Durchkreuzungen – Durchquerungen

**Zuschreibung von Nicht-/Behinderung und Benachteiligung in der
informellen und formellen Bildung** 449
Albrecht Rohrmann und Hanna Weinbach

Soziale Ungleichheit, Migration und Bildung 471
Merle Hummrich

**„Gut gemacht, Mädchen!" Geschlechterdifferenz und
Geschlechterungleichheit an Hochschulen** 495
Daniela Böhringer

Bildungsprivilegien im 21. Jahrhundert 513
Katharina Walgenbach

Teil I
Grundlagen und Rahmungen

Bildung, soziale Ungleichheit und Gesellschaftssystem

Heike Dierckx, Ingrid Miethe und Regina Soremski

Betrachten wir die Forschung der letzten Jahrzehnte zum Zusammenhang von Bildung und sozialer Ungleichheit, fällt auf, dass hauptsächlich individuelle Bildungsentscheidungen und/oder institutionelle Barrieren, vor allem an den Übergängen des Bildungssystems im Zentrum des Interesses standen. Gesamtgesellschaftliche Veränderungen und deren Einfluss auf Bildungswege werden demgegenüber kaum explizit untersucht. Eine solche Zurückhaltung gegenüber gesamtgesellschaftlichen Rahmenbedingungen in der bildungssoziologischen Literatur ist erstaunlich, wurde doch beispielsweise mit der Kunstfigur des „katholischen Arbeitermädchens vom Lande" (Dahrendorf 1965; Peisert 1967) schon früh auf die sich benachteiligend auswirkende Verschränkung von sozialer Herkunft mit Region und Religion hingewiesen. Obwohl die Bedeutung von „Bildungskontexten" (Becker und Schulze 2013) durchaus bekannt ist, bleiben diese doch – falls sie überhaupt explizit in die Analyse einbezogen werden – zumeist auf schulisch-institutionelle Faktoren (z. B. Becker 2010; Maaz et al. 2010; Dombrowski und Solga 2012; Ditton 2013); regionale Aspekte (z. B. Sixt 2010; Institut für Erziehungswissenschaft Jena 2014) bzw. auf Arbeitsmarktfaktoren (z. B. Gambetta 1987; Becker 2007; Reimer 2011) begrenzt.

H. Dierckx (✉)
Hochschule Magdeburg-Stendal, Magdeburg, Deutschland
E-Mail: heike.dierckx@hs-magdeburg.de

I. Miethe · R. Soremski
Justus-Liebig-Universität Gießen, Gießen, Deutschland
E-Mail: ingrid.miethe@erziehung.uni-giessen.de

R. Soremski
E-Mail: regina.soremski@erziehung.uni-giessen.de

© Springer Fachmedien Wiesbaden GmbH 2017
M.S. Baader und T. Freytag (Hrsg.), *Bildung und Ungleichheit in Deutschland*, DOI 10.1007/978-3-658-14999-4_1

3

Aus historischer Perspektive konnte aufgezeigt werden, wie stark die Chancen für weiterführende Bildungswege einem historischem Wandel unterliegen (Nath 2000; Lundgreen 2000). Allerdings handelt es sich hier um quantitative statistische Verläufe, die nicht näher die Faktoren untersuchen, die weiterführende Bildungswege befördern.

An dieser Stelle setzte eine inzwischen abgeschlossene Studie an (Miethe et al. 2015), die untersuchte, in welcher Art und Weise gesamtgesellschaftliche Bedingungen einen Einfluss auf individuelle Bildungsaufstiege haben. Dafür wurde das Konzept der Politischen Gelegenheitsstruktur (Tarrow 1991; Eisinger 1973) mit dem Ansatz Bourdieus (1983) kombiniert und mithilfe eines biografischen Zuganges empirisch untersucht, welche gesamtgesellschaftlichen Faktoren sich auf weiterführende Bildungswege auswirken. Im Folgenden soll zunächst die theoretische Konzeption der Studie dargestellt werden. Im Anschluss werden zentrale Ergebnisse der biografischen Untersuchung zusammengefasst, um dann abschließend allgemeine theoretische Schlussfolgerungen für die Untersuchung des Zusammenhanges von Bildung und sozialer Ungleichheit darzustellen.

1   Theoretische Konzeption für das Erfassen des Zusammenhanges von Bildungsaufstieg und gesellschaftlichen Rahmenbedingungen

Der theoretische Ansatz der Studie basiert auf der Verbindung zweier Konzepte: Zum einen der Konzeption Bourdieus (1983) und zum anderen der politischen Gelegenheitsstruktur (PGS), auch bezeichnet als Political Process Ansatz (Tarrow 1991; Eisinger 1973).

Die Konzeption Bourdieus wird seit vielen Jahren in bildungssoziologischen und hierbei vor allem in qualitativen Studien zur Erklärung von Bildungsungleichheiten herangezogen (vgl. z. B. Herzberg 2004; Büchner und Brake 2006; Lange-Vester 2007; Tosana 2008; Spiegler 2015). Im Unterschied zu entscheidungstheoretischen Ansätzen, die stärker auf die Motive und das Entscheidungsverhalten vor Aufnahme eines weiterführenden Bildungsweges fokussieren (vgl. zusammenfassend Kristen 1999), ist für Bourdieu der Blick weniger auf (rationale) Entscheidungen und Statusübergänge gerichtet, als vielmehr darauf, wie diese Entscheidungen überhaupt zustande kommen bzw. was geschieht, wenn die Entscheidung für einen weiterführenden Bildungsweg von Kindern bildungsbenachteiligter Schichten gefallen ist. Auch werden in der Tradition Bourdieus soziale Milieus und ihre jeweiligen Wirkmechanismen auf das Bildungsverhalten untersucht (vgl. z. B. Vester 2004; Grundmann et al. 2006; Bremer 2007;

Jünger 2008; Kramer 2011). Diese Konzeption erscheint für die Untersuchung unserer Fragestellung folglich naheliegender als die ebenfalls häufig zur Erklärung des Zusammenhanges von Bildung und sozialer Ungleichheit genutzten entscheidungstheoretischen Ansätze, die stärker die Ebene individueller Entscheidungen fokussieren. Auf der Ebene der sekundären Effekte (Boudon 1974) ist zwar implizit das gesellschaftliche Umfeld, d. h. die Meso- und Makroebene mit angelegt, die eigentliche Entscheidung wird aber trotzdem auf die Ebene der Individuen verlagert. Die Individuen sind es die ‚richtige‘ oder ‚falsche‘ Entscheidungen treffen. Das gesellschaftliche Umfeld, das solche Entscheidungen nahe legt oder bedingt wird nicht Gegenstand der Untersuchung.

Zur Erklärung des Phänomens der Reproduktion sozialer Ungleichheit, die trotz des gesellschaftlichen Versprechens auf Chancengleichheit existiert, führt Bourdieu (1983) die Begriffe des ökonomischen, sozialen und kulturellen Kapitals ein. Die Position einer Person im sozialen Raum – und somit auch deren Chancen und Barrieren für einen erfolgreichen Bildungsaufstieg – werden nach Bourdieu nicht eindimensional durch ökonomisches Kapital bestimmt, sondern ebenso durch kulturelles und soziales Kapital. Volumen und Struktur des ökonomischen, sozialen und kulturellen Kapitals, über das soziale Akteure verfügen, bestimmen ihren Platz im sozialen Raum sowie ihre Chancen auf einen weiterführenden Bildungsweg (vgl. Bourdieu et al. 1981, S. 23). Bourdieus Modell des sozialen Raums unterscheidet dabei nicht nur hierarchische Ebenen unterschiedlicher sozialer Rangordnungen, sondern differenziert diese Ebenen nochmals nach kultur- und lebensstilbezogenen Aspekten, womit auch die Vertrautheit mit und die Verweildauer im Bildungssystem berücksichtigt werden (Bourdieu 1982, S. 211–219). Gleichzeitig geht Bourdieu davon aus, dass die Interaktionen auch von Machtinteressen der jeweils ‚herrschenden‘ Gruppen der Gesellschaft geprägt sind (vgl. Bourdieu und Passeron 1971; Bourdieu 1982). Gesamtgesellschaftliche Rahmenbedingungen und feldspezifische Effekte werden also von Bourdieu mitgedacht, allerdings bezogen auf Bildung und Bildungsentscheidungen kaum systematisch in ihrer dynamischen Wirkung ausgearbeitet.

An dieser Stelle greift die Konzeption des Political Process Ansatzes, der weniger einzelne Akteure und Entscheidungen in den Blick nimmt, sondern primär auf den historischen und politischen Kontext sowie die von ihm erzeugte Dynamik gerichtet ist. Unter politischen Gelegenheitsstrukturen werden ganz allgemein die zu verschiedenen Zeitpunkten unterschiedlich guten Chancen von Akteuren zur Umsetzung ihrer eigenen (politischen) Vorstellungen beschrieben. Ein und dieselbe Handlung, so die Aussage dieses Ansatzes, hat aufgrund verschiedener gesellschaftlicher Rahmenbedingungen unterschiedlich gute Aussicht auf Erfolg. Nach Tarrow (1991, S. 651) sind politische Gelegenheitsstrukturen

„konsistente – jedoch nicht notwendig formale oder dauerhafte – Parameter für soziale oder politische Akteure, die ihre Aktionen entweder ermutigen oder entmutigen." Zentrale Variablen sind „der Grad der Offenheit oder Geschlossenheit der politischen Institutionen; die Stabilität oder Instabilität politischer Bindungen; das Vorhandensein oder Nicht-Vorhandensein von Verbündeten und Unterstützergruppen; und Spaltung innerhalb der Eliten bzw. deren Toleranz oder Intoleranz" (Tarrow 1991, S. 652).

Hier kommen also nicht individuelle Sozialisationsprozesse in den Blick, sondern makrostrukturelle, d. h. nationale und internationale, politische und ökonomische Entwicklungen, die das Bildungssystem und den Arbeitsmarkt beeinflussen. Dazu zählen beispielsweise historische Ereignisse wie der Zweite Weltkrieg, aber auch die jeweilige Arbeitsmarktsituation und die damit verbundenen Chancen auf eine ausbildungsadäquate Beschäftigung, genauso wie Generationen- und/oder Elitenwechsel, (partei-)politische Interessen oder wissenschaftlich-technologische Entwicklungen. D. h. die Rekonstruktion dieser Gelegenheitsstrukturen erfordert zunächst eine sorgfältige historische Rekonstruktion der makrostrukturellen Bedingungen. Die Verbindung der Konzeption Bourdieus mit dem der Politischen Gelegenheitsstruktur ist von daher Erfolg versprechend zur Untersuchung des Zusammenhanges von Bildung und sozialer Ungleichheit. Während die Konzeption Bourdieus es v. a. ermöglicht individuelle Bildungswege in Abhängigkeit von den jeweiligen sozialen Milieus in den Blick zu nehmen, ermöglicht die Konzeption der PGS es, explizit förderliche bzw. weniger förderliche gesellschaftspolitische Rahmenbedingungen zu fokussieren.

Mithilfe des Konzeptes der PGS konnten für Ost- und Westdeutschland drei verschiedene Gelegenheitsstrukturen herausgearbeitet werden, die jeweils unterschiedliche Chancen für einen erfolgreichen Bildungsaufstieg beschreiben (vgl. ausführlich Miethe und Kleber 2013). Die 1950er Jahre in Ostdeutschland und die 1970er Jahre in Westdeutschland repräsentieren dabei jeweils ausgesprochen günstige politische Gelegenheitsstrukturen. In diesen beiden Jahrzehnten wurden gewissermaßen zeitversetzt in Ost und West bildungspolitische Reformen umgesetzt, die zu einer Verbesserung der Chancen für Bildungsaufstiege führten. Die 1950er Jahre in Westdeutschland repräsentieren demgegenüber eher ungünstige Chancen für einen Bildungsaufstieg. Die 1970er Jahren in Ostdeutschland, wie das vereinigte Deutschland (bis 2000) lassen sich als Stagnationsphase (Nath 2000, S. 63) beschreiben, d. h. einerseits wirken einige der im Jahrzehnt zuvor durchgeführten bildungspolitischen Reformen noch nach (oder werden überhaupt erst umgesetzt), andererseits werden aber auch Reformen zunehmend zurückgenommen, sodass die PGS sich wieder verschlechtern – wenngleich sie auch nicht auf das Niveau vor den Bildungsreformen zurückfällt. Diese beiden Jahrzehnte

stehen von daher ebenfalls eher für ungünstige PGS. Ein erfolgreicher Bildungsaufstieg in solchen ungünstigen bildungspolitischen Phasen erfordert also einen
sehr viel höheren Einsatz sozialen, ökonomischen und kulturellen Kapitals als in
Phasen günstiger Gelegenheitsstrukturen. Ein Bildungsaufstieg ist damit ungleich
schwieriger als in Phasen günstiger PGS der 1950er Ost oder 1970er West.

Um diese theoretische Konzeption empirisch erfassen zu können, wurde
methodisch auf das Konzept der Biografie zurückgegriffen. Biografie als „soziales Konstrukt" verweist immer auf „auf gesellschaftliche Regeln, Diskurse und
soziale Bedingungen" (Völter et al. 2005, S. 7). Im Zuge der Rekonstruktion von
Biografien werden somit immer über die individuelle Mikroebene hinausgehende
Dimensionen der institutionellen Meso- und gesellschaftlichen Makroebene mitberücksichtigt. Daher kann über die Rekonstruktion von Biografie erfasst werden,
welche Konstellationen der gesellschaftlich-politischen Gesamtlage zu einem
bestimmten historischen Zeitpunkt mit welcher Funktion und an welcher Stelle
in einer Lebensgeschichte handlungsrelevant gewesen sein könnten – oder auf
unsere Fragestellung bezogen: Welche konkreten gesellschaftlichen und politischen Verhältnisse sich im Zusammenspiel mit individuellen, familiären und
lebensweltlichen Voraussetzungen für Bildungsaufstiege im biografischen Einzelfall als förderlich erwiesen haben.

2   Ergebnisse der biografischen Studie

In der Studie wurde ein Sampling gebildet, das sich an den jeweils unterschiedlich guten Gelegenheitsstrukturen für Bildungsaufstiege orientierte. D. h. es
wurden jeweils Personen untersucht, die ihre Entscheidungen für den weiterführenden Bildungsweg in den 1950er, den 1970er und den 1990er Jahren in
Ost- und Westdeutschland trafen. In der Studie wurde nach „weiten Aufstiegen"
(Pollak 2010, S. 20) gesucht. Ein Aufstieg wird dann als ‚weit' bezeichnet, wenn
in intergenerationaler Perspektive ein Berufsaufstieg erfolgt ist, der – in Anlehnung an die hierarchische Klassenposition von Erikson und Goldthorpe (1992) –
(mindestens) eine „benachbarte Hierarchiestufe" übersprungen hat. Mit dieser
Eingrenzung sollte vermieden werden, Bildungsaufstiege zu erfassen, die sich
lediglich aus der Notwendigkeit der Statussicherung (Fahrstuhleffekt) der Familie, durch eine graduelle Höherqualifikation in Reaktion auf sich verändernde
Sozialstruktur im Zuge der Modernisierung, ergeben.

Insgesamt konnten 85 biografisch-narrative Interviews (Schütze 1983) in die
Auswertung einbezogen werden. Die Auswertung erfolgte in Form der theorieori-
entierten Fallrekonstruktion (Miethe 2015), die eine Modifikation des Verfahrens

nach Rosenthal (1995) darstellt und es während des gesamten Auswertungsprozesses erlaubt stärker theorieorientiert zu arbeiten. Mit diesem Verfahren ist es einerseits möglich eine auf Fallrekonstruktionen basierende Typologie zu bilden, anderseits können aber auch fall- und Typus übergreifende Aspekte, sogenannte Strukturaspekte, herausgearbeitet werden. Diese beschreiben für die Fragestellung bzw. die antizipierte Theorie relevante Einzelaspekte, die sich nicht nur in einem Typus finden lassen, sondern in mehreren Fällen – wenn auch teilweise mit unterschiedlicher Funktion und Ausprägung – von Relevanz sind.

2.1   Chancentypen für Bildungsaufstiege

Ein Typus beschreibt die rekonstruierte Fallstruktur im Hinblick auf eine Fragestellung und/oder eine antizipierte Theorie (vgl. Wohlrab-Sahr 1994; Oevermann 2000). Entsprechend war die Frage bei der Typenbildung unserer Studie darauf gerichtet, herauszuarbeiten, welchen Einfluss die jeweilige Gelegenheitsstruktur für einen Bildungsaufstieg hat. Mit diesem Fokus ließen sich vier unterschiedliche Typen rekonstruieren:

Der erste Typus kann als ‚Bildungspolitische Welle' bezeichnet werden. Bei diesem Typus steht der individuelle Bildungsaufstieg unmittelbar in Zusammenhang mit günstigen politischen Gelegenheitsstrukturen. D. h. erst bestehende strukturelle Rahmenbedingungen wie z. B. der Auf- und Ausbau von Bildungseinrichtungen, der veränderte öffentliche und schulische Diskurs oder eine sichere Arbeitsmarktlage geben einen Impuls für den Bildungsaufstieg und die Aufnahme eines Studiums. Diese positiven gesellschaftlichen Rahmenbedingungen werden bewusst wahrgenommen und der eigene Bildungsweg wird als Teil dieser gesellschaftlichen Veränderungen verstanden. In gewissem Sinne verstehen sich diese Interviewten als ‚Personen der Zeitgeschichte', indem sie mit ihrem eigenen Bildungsweg eine gesellschaftliche Veränderung voran bringen, die auch gesamtgesellschaftlich als eine zu lösende Aufgabe verstanden wird. Somit werden diese Personen vom ‚Schwung' der zeitgeschichtlichen Entwicklung mitgerissen und entwickeln damit Bildungsentwürfe, die sie ohne diesen gesellschaftlichen Aufbruch nicht antizipiert hätten. Wenngleich in den einzelnen Fällen durchaus unterschiedliche multiple Motivationslagen hinzukamen, gilt für sämtliche diesem Typus zugeordneten Fälle, dass ein biografisch entscheidender Impuls, einen weiterführenden Bildungsweg einzuschlagen, ursächlich mit diesen ‚Bildungshochkonjunkturen' zusammenhing. Entsprechende Fälle beiderlei Geschlechts ließen sich in den 1950er Jahren in der DDR und in den 1970er Jahren in der BRD finden und damit jeweils in solchen Zeitphasen, in denen aufgrund der gesellschafts- und bildungspolitischen Rahmenbedingungen eine Bildungsexpansion ausgelöst wurde. Trotz der völlig unterschiedlichen politischen und gesellschaftlichen Struktur der DDR und der BRD in dieser Zeit ließen sich hier ganz ähnliche biografische Strukturen aufzeigen, die einen Bildungsaufstieg beförderten.

Ein zweiter Typus trägt die Bezeichnung ‚Pragmatische Nutzung'. Von den Repräsentant_inn_en dieses Typus werden die in den Phasen der Bildungsreform geschaffenen bildungspolitischen Institutionen selbstverständlich genutzt. Die Nutzung derartiger Institutionen erleichtert den weiterführenden Bildungsweg, wobei dieser Sachverhalt nicht bewusst reflektiert wird. Im Unterschied zu den Repräsentant_inn_en der ‚Bildungspolitischen Welle' versteht man sich nicht mehr als Teil eines größeren gesellschaftlichen Ganzen, sondern nimmt die Option eines weiterführenden Bildungsweges als selbstverständlich wahr. Die Tatsache, dass erst bildungspolitische Reformen einen solchen Weg ermöglicht bzw. erleichtert haben, wird nicht wahrgenommen. Der Erfolg wird ausschließlich als individuelle Leistung verstanden. Diesem Typus sind Personen des Teilsamples der 1990er Jahre und der 1970er Ost zuzurechnen, aber auch Personen des Teilsamples der 1970er West, die sich nicht durch den Schwung der sozialen Bewegungen und der Zeitereignisse haben mitreißen lassen.

Ein dritter Typus kann als ‚Sozialer Wandel' bezeichnet werden. Dieser existiert scheinbar unabhängig von günstigen oder ungünstigen politischen Gelegenheitsstrukturen. Entscheidend sind für diese Bildungsaufstiege weniger die (bildungs-)politischen Rahmenbedingungen, sondern vielmehr eine durch den sozialen Wandel beeinflusste Öffnung sozialer Milieus für höhere Bildungslaufbahnen im Sinne eines Statuserhalts der Familie. Auf der biografischen Ebene können diese gesellschaftlichen und wirtschaftlichen Wandlungsprozesse dazu führen, dass familiale Traditionen hinterfragt werden und langfristig neue Berufs- und Bildungswege für den Erhalt des sozialen Status gesucht werden müssen. Diese neuen Optionen führen aber keinesfalls ausschließlich zu einem Statuserhalt (Fahrstuhleffekt), sondern können durchaus auch ‚weite Aufstiege' befördern. Zwei zentrale Muster kamen in unseren Fallrekonstruktionen zum Tragen: Das betrifft zum einen das Muster der Auflösung sozialer Milieus durch Krieg- und Nachkriegszeit (v. a. durch Flucht und Vertreibung aus den deutschen Ostgebieten), das im Teilsample der 1950er Ost gefunden werden konnte. Hier trafen offensichtlich die Milieuauflösungen durch Flucht und Vertreibung bei Kriegsende auf günstige politische Gelegenheitsstrukturen, die weiterführende Bildung als neue und realistische Option erscheinen ließen. Für Westdeutschland der 1950er Jahre haben wir in unserem Sample keinen einzigen Fall finden können, der dieser biografischen Konstellation entspricht, was möglicherweise dadurch zu erklären ist, dass die ‚Heimatvertriebenen', im Unterschied zur DDR in den 1950er Jahren, in der BRD nicht im selben Maße auf günstige bildungspolitische Rahmenbedingungen trafen. Zum anderen betrifft dies auch das Muster der Auflösung von Berufstraditionen durch wirtschaftliche Modernisierungsprozesse, die in allen Teilsamples in Westdeutschland identifiziert werden konnten.

Ein vierter Typus, bezeichnet als ‚Institutionelle Prozessierung', verweist auf bildungsförderliche Rahmenbedingungen, die vorrangig durch eine Institution zur Verfügung gestellt werden. Gefördert wird durch eine Institution (z. B. Kirche, SED) zwar in erster Linie eine Berufskarriere innerhalb derselben, dennoch bieten ihre Förderstrukturen geeignete Voraussetzungen für einen Bildungsaufstieg und damit einen Anreiz für Personen aus nicht-akademischen Elternhäusern. Die Attraktivität der Institution erwächst daraus, dass sie sehr häufig ein hohes Maß an berufsbiografischer und finanzieller Sicherheit zu bieten vermögen. Die Bezeichnung des Typus als ‚Prozessierung' meint eine sukzessive Rekrutierung und berufsbiografische Funktionalisierung für die Belange der Institution. Gleichwohl spiegelt sich diese Vereinnahmung im Erleben der betreffenden Personen nicht als solche unmittelbar wider, sondern der Bildungs- und Berufsweg wird als ein freiwilliger erfahren, der durchaus emanzipatorische Elemente enthalten kann. Der Typus ‚Institutionelle Prozessierung' entwickelt sich relativ unabhängig von der jeweiligen politischen Gelegenheitsstruktur, indem eigene fachspezifische Gelegenheitsstrukturen von den Institutionen bereitgestellt werden. Entsprechend finden sich Personen, die diesem Typus zuzurechnen sind, gleichermaßen in allen Teilsamples.

Ein interessanter Befund unserer Studie ist ferner, dass die rekonstruierten Typen nicht primär an das jeweilige Gesellschaftssystem (DDR vs. BRD) gebunden sind, sondern es große Parallelen in den Bildungsbiografien in Ost- und Westdeutschland gibt. Von unseren Interviewpartner_innen werden zwar jeweils unterschiedliche historische Ereignisse als relevant für den eigenen Bildungs- und Berufsweg benannt, und es gibt darüber hinaus spezifische Besonderheiten in der Biografien (z. B. die gezielte Studienlenkung in der DDR), aber strukturell gesehen überwiegen die typologischen Unterschiede und nicht die Ost-West-Spezifika. Unabhängig davon, ob die Personen dem ost- oder dem westdeutschen Sample zuzurechnen sind, bestehen strukturelle Parallelen zwischen den Personen, die unter günstigen und jenen, die unter ungünstigen Gelegenheitsstrukturen ihren Bildungsweg absolviert haben.

Die vier rekonstruierten Typen unserer Studie verweisen auf eine jeweils unterschiedliche Funktion der PGS. Besonders deutlich wird der Einfluss der PGS beim Typus der ‚Bildungspolitischen Welle'. Dieser Typus konstituiert sich nämlich gerade in Phasen bildungspolitischer Hochkonjunkturen. Kennzeichnend ist es, dass bildungspolitische Maßnahmen, die gezielt zum Abbau sozialer Ungleichheit getroffen werden und zu strukturellen Veränderungen in der Bildungslandschaft führen, eine regelrechte ‚Sogwirkung' auf die Akteure und Akteurinnen entfalten. Auch der Typus der pragmatischen Nutzung partizipiert an den Auswirkungen der günstigen PGS, wenngleich diese subjektiv nicht als relevant wahrgenommen wird. Im Unterschied dazu ist der Typus des ‚Sozialen Wandels' nicht primär an bildungspolitische Reformen gebunden, sondern an gesamtgesellschaftliche Wandlungsprozesse. Die Repräsentant_inn_en dieses Typus müssen ihren Bildungsweg mitunter auch in Zeiten ungünstiger bildungspolitischer Strukturen bewältigen. Gesamtgesellschaftliche und ökonomische Veränderungen provozieren hier einen Bildungsaufstieg, der auch unter ungünstigen bildungspolitischen Gelegenheitsstrukturen vollzogen werden muss.

Bevor diese Befunde vor dem Hintergrund der eingangs dargestellten theoretischen Konzeption diskutiert werden, sollen zunächst die ebenfalls aus den Biografien herausgearbeiteten Strukturaspekte vorgestellt werden.

2.2 Bildungsaufstiege befördernde Strukturaspekte

Die Rekonstruktion von Strukturaspekten erfolgt auf Basis einer bereits nach Abschluss des ersten rekonstruierten Einzelfalles beginnenden komparativen Analyse (Bohnsack 1993). Basis dafür sind aus dem Einzelfall rekonstruierte relevante Aspekte, die dann mithilfe des Einbezugs von Globalanalysen (vgl. Rosenthal 2005, S. 92 f.; Miethe 2007, S. 261 f.) weiter verfolgt werden. Ziel ist die Herausarbeitung von generellen Aussagen im Hinblick auf die Fragestellung, die nicht nur in einem Typus sichtbar werden, sondern Typus übergreifend von Bedeutung sind. Hierzu ließen sich mehrere Strukturaspekte herausarbeiten, die je nach Einzelfall in unterschiedlichem Ausmaß sowie in verschiedenen Kombinationen von Relevanz sind. Diese werden nachstehend vorgestellt:

2.3 Breiter positiver öffentlicher Diskurs

Wie in den untersuchten Biografien deutlich wurde, nimmt der gesellschaftliche Diskurs, mit dem der eigene Bildungsaufstieg gerahmt wird, eine wichtige Funktion ein. Beide bildungspolitischen Konjunkturphasen in Ost- und Westdeutschland sind durch einen positiven öffentlichen Diskurs gekennzeichnet, der ein Bewusstsein für die Notwendigkeit der Verringerung sozialer Ungleichheit schaffte. Sowohl in der Bildungspolitik als auch in den Medien war diese

Thematik präsent und prägte den öffentlichen Diskurs. Die Bildungsaufstei-
ger_innen beider deutschen Staaten konnten in dieser Phase ihren Weg in einer
Atmosphäre vollziehen, die durch Unterstützung und Anerkennung gekennzeichnet war. Diese Form der Anerkennung und das damit verbundene Gefühl
angenommen zu sein gehen über eine reine Leistungsanerkennung hinaus und
richten sich auf die ganze Person und nicht nur auf Teilaspekte. Hierbei wird in
den Interviews vor allem das Gefühl thematisiert, wenngleich es noch viel zu
lernen gäbe, nicht durch Defizite gekennzeichnet zu sein, die zuerst noch behoben werden müssten, sondern ein grundsätzliches ‚Recht auf weiterführende
Bildung' zu haben.

2.4 Individuelle Bildungswege als kollektiver Aufstieg

Ein weiterer vor allem in Phasen günstiger PGS zu findender Strukturaspekt ist
die Wahrnehmung des eigenen Bildungsweges als eines kollektiven. Zwar müssen Bildungsentscheidungen nach wie vor individuell bzw. im Familienrahmen
getroffen werden, die Umsetzung dieser Entscheidung wird jedoch als ein kollektiver Prozess erlebt. In diesem Sinne erleben sich die Bildungsaufsteiger_
innen als Teil eines größeren gesellschaftlichen Prozesses, den sie mit anderen
teilen. In gewissem Sinne werden sie von der Dynamik der bildungspolitischen
Welle ‚mitgerissen', sodass sie sich weitere Schritte zutrauen, die sie allein auf
sich gestellt kaum in Angriff genommen hätten. Dieses Gefühl, den weiterführenden Bildungsweg nicht allein, sondern mit anderen gemeinsam bewältigen zu
können, resultiert dabei weniger daraus, dass Personen aus nicht-akademischen
Elternhäusern tatsächlich in Bildungskontexten zahlenmäßig in der Mehrheit
sind. Vielmehr ergibt sich dieses Gemeinschaftsgefühl aus dem oben beschriebenen positiven Diskurs, der dazu führt, dass diese Personen sich öffentlich als
Bildungsaufsteiger_innen zu erkennen geben. Dadurch werden sie öffentlich
sichtbar, was dazu führen kann, anderen Personen mit einem ähnlichen sozialen
Hintergrund zu begegnen und der Vereinzelung zu entgehen.

2.5 Bedeutung sozialer Bewegungen

Für viele Personen des Teilsamples der 1970er Jahre West erweist sich ihr Engagement für soziale Bewegungen als wichtiger, den Bildungsaufstieg fördernder
Faktor und dies zugleich auf mehreren Ebenen: Zum einen stellt die Partizipation
an solche Bewegungen (z. B. Frauenbewegung, Anti-AKW-Bewegung) ebenso

eine Möglichkeit der kollektiven Einbindung dar (s. o.). Neben diesem Aspekt können soziale Bewegungen aber auch andere förderliche Funktionen für Bildungsaufstieg haben. So stellen soziale Bewegungen Orte informellen Lernens dar und sie können Identitätsbildungsprozesse anregen, die dazu führen, dass Menschen sich einen weiterführenden Bildungsweg zutrauen. Zudem stellen sie soziales Kapital zur Verfügung und ermöglichen damit ein Kontinuitätserleben bei Statuspassagen (z. B. von der Oberschule zur Universität). Und letztlich haben die sozialen Bewegungen der 1970er/1980er Jahre ihrerseits die Hochschulen und die dort akzeptierten kulturellen Codes verändert, sodass sich Bildungsaufsteiger_innen in diesen weniger ‚fremd' (vgl. Bublitz 1980; Rose 1989; Chaffe 1992) fühlen.

2.6   Nutzung neuer Bildungsinstitutionen in räumlicher Nähe

Die Schaffung neuer Bildungsinstitutionen in räumlicher Nähe (z. B. Gesamt(hoch)schulen in strukturschwachen Gebieten) war für viele der untersuchten Personen ein ganz wesentlicher Aspekt einen weiterführenden Bildungsweg einzuschlagen. Genauso konnte aufgezeigt werden, dass das Fehlen derartiger Institutionen weiterführende Bildungswege zunächst einmal verhindern kann. Für das ostdeutsche Teilsample erweist sich hier vor allem die in der DDR existierende Berufsausbildung mit Abitur als ausgesprochen förderlich, da diese Kombination es zum einen ermöglichte, weiterführende Bildungsweg in räumlicher Nähe des Wohnortes zu absolvieren und zum anderen durch den gleichzeitigen Erwerb eines Berufsabschlusses ein hohes Maß an Sicherheit zu bieten.[1]

2.7   Habituelle Veränderungen durch den Bildungsweg

Ist ein weiterführender Bildungsweg einmal eingeschlagen, so zeigen sich in den Biografien habituelle Veränderungen, die ein ‚Zurück' in das Herkunftsmilieu unmöglich machen. Durch die Einsozialisierung in weiterführende Bildungsinstitutionen verändert sich der Habitus der Bildungsaufsteiger_innen in dem Sinne,

---

[1]Dies lässt sich auch quantifizieren, zeigen doch Untersuchungen zur Berufsausbildung mit Abitur auf, dass die Zahl der Personen aus den unteren Sozialschichten in diesem Ausbildungsweg immer ungleich viel höher als an den Oberschulen vertreten war (vgl. Rommel und Lischka 1987, S. 22).

dass die neuen kulturellen und sozialen Codes als eigenständiger Wert verstanden werden, auf den man nicht verzichten möchte. Hieraus ergibt sich geradezu die Notwendigkeit den eingeschlagenen Weg fortzusetzen, da nur hier die entwickelten Potenziale voll genutzt werden können. Somit erfolgte beispielsweise der Erwerb des Abiturs bei einer Interviewpartnerin zunächst lediglich in der Absicht einer besseren Lehrstelle finden zu können. Nach dem erfolgreichen Abschluss des Gymnasiums befriedigt sie dieser biografische Entwurf jedoch nicht mehr und sie nimmt ein Studium auf.

2.8 Bedeutung institutioneller Anreizstrukturen

Bildungspolitische Institutionen stellen potenzielle Anreizstrukturen für Bildungsaufsteiger_innen dar. In der Phase der Bildungsreformen in Ost- und Westdeutschland werden diesbezüglich neue Institutionen geschaffen (z. B. Braunschweig-Kolleg; Hessen-Kolleg, Gesamthochschulen in Westdeutschland; Arbeiter-und-Bauern-Fakultät, Berufsausbildung mit Abitur in Ostdeutschland). Allein die Existenz solcher Einrichtungen führt dazu, dass Menschen überhaupt weiterführende Bildungsambitionen entwickeln. Dies wird verstärkt dadurch, dass diese Institutionen – zumindest in der Phase der bildungspolitischen Reformen – auch gezielt die Personengruppe der Bildungsaufsteiger ansprechen, wodurch sich dieser Personenkreis adressiert fühlt.

2.9 Lebensweltlicher Bezug von Institutionen

Institutionen sprechen immer dann Bildungsaufsteiger_innen besonders an, wenn diese eine lebensweltliche Kontinuität herstellen können. Diese Kontinuität kann das Studium insgesamt betreffen: Beispielsweise kann das Studium der evangelischen Theologie eine höhere Akzeptanz in einem proletarisch-evangelischem Herkunftsmilieu finden als mögliche andere Studiengänge. Es erweisen sich aber auch andere Institutionen als förderlich, indem sie Bildungsaufsteiger_innen lebensweltliche Kontinuitäten in dem eher unvertrauten akademischen Milieu der Universität zu bieten vermögen. In diesem Kontext übernehmen Institutionen eine Art ‚Brückenfunktion' zwischen (zunächst unvertrauten) weiterführenden Bildungsinstitutionen und bisherigen alltagsweltlichen Erfahrungen. Eine solche Funktion können verschiedene Institutionen übernehmen, wie etwa die Studierendengemeinden, für Studierende aus religiös geprägten Elternhäusern, Burschenschaften oder auch eher ‚linke' und gewerkschaftlich orientierte Hochschulgruppen – jeweils in

Abhängigkeit von lebensweltlichen Erfahrungen und/oder politischen (Vor-)Prägungen der Studierenden.

3   Fazit und theoretische Schlussfolgerungen

Welche Schlussfolgerungen können nun aus den empirischen Befunden der hier dargestellten Studie gezogen werden? Zunächst zeigen die untersuchten Biografien auf, dass die jeweils unterschiedliche politische Gelegenheitsstruktur durchaus Einfluss sowohl auf Bildungsentscheidungen als aber auch weitere Bildungswege hat. Besonders deutlich wird der Einfluss der PGS beim Typus der ‚Bildungspolitischen Welle'. Dieser konstituiert sich gerade in Phasen bildungspolitischer Hochkonjunkturen mit dem entsprechend sich verändernden gesellschaftlichen Diskurs und der Schaffung neuer Bildungsinstitutionen, die ihrerseits als Anreizstrukturen fungieren. Es ist anzunehmen, dass viele der diesem Typus zuzurechnenden Personen ohne diese bildungspolitischen Reformen einen so weit reichenden Bildungsweg nicht eingeschlagen hätten. Auch der Typus der ‚pragmatischen Nutzung' partizipiert ganz direkt von den in der Phase der Hochkonjunktur geschaffenen Bildungsinstitutionen, wenngleich hier subjektiv keine Verbindung mit den jeweiligen Gelegenheitsstrukturen hergestellt wird und der Bildungsweg ausschließlich als individuelle Leistung verstanden wird.

Im Unterschied zu diesen beiden Typen ist der Typus des ‚Sozialen Wandels' nicht primär an bildungspolitische Reformen gebunden, sondern an gesamtgesellschaftliche Wandlungsprozesse. Diese provozieren einen Bildungsaufstieg auch unter ungünstigen bildungspolitischen Gelegenheitsstrukturen. Die hier relevanten Aspekte sind Veränderungen auf der Makroebene, die keinen direkten Bezug zum Bildungssystem haben müssen und dennoch zu veränderten Bildungsentscheidungen beitragen können.

Bereits im Vergleich dieser Typen wird deutlich, dass die Konzeption der PGS, so wie sie in der Forschung zu sozialen Bewegungen entwickelt wurde, nicht spezifisch genug ist um zur Erklärung von Bildungswegen genutzt zu werden. Die in der Forschung zu sozialen Bewegungen entwickelte Konzeption nimmt primär Aushandlungsprozesse zwischen politischen Akteur_inn_en in den Blick, die zu Reformen führen können oder nicht. Die Frage ist dabei darauf gerichtet, welche Bedingungen die Chancen erhöhen, Veränderungen umzusetzen. Durch den Fokus auf soziale Bewegungen ist die Perspektive grundsätzlich auf einen kollektiven Akteur in seiner Wechselwirkung mit gesamtgesellschaftlichen Bedingungen gerichtet. Folglich ist die Konzeption der PGS sehr gut dazu geeignet, unterschiedliche bildungspolitische Phasen im Hinblick auf die Chancen für weiterführende Bildung zu erfassen. Sie ermöglicht es, den Blick gezielt auf relevante Aspekte zu richten und somit günstige und ungünstige Gelegenheitsstrukturen für Bildungsaufstiege zu erfassen (vgl. Miethe und Kleber 2013). Wird diese Konzeption jedoch auf individuelle Bildungswege transferiert, erweist sich die Konzeption als nicht differenziert genug. Zunächst ist hier eine begriffliche Differenzierung in bildungspolitische und gesamtgesellschaftliche Gelegenheitsstrukturen erforderlich. Beide Gelegenheitsstrukturen wirken auf die jeweiligen Personen und ihre Milieus ein und verändern diese indirekt, sodass der Anstoß für weiterführende Bildungswege zwar (auch) von außen kommt, zumeist aber als eine individuelle bzw. Familienentscheidung wahrgenommen wird.

Werfen wir einen Blick auf den Typus der ‚Institutionellen Prozessierung‘ wird deutlich, dass weitere begriffliche Differenzierungen notwendig sind. Dieser Typus ist nämlich relativ unabhängig von bildungspolitischen und/oder gesamtgesellschaftlichen Gelegenheitsstrukturen, da hier die Institution selbst Rekrutierungs- und Förderstrukturen bereithält. Was hier relevant ist lässt sich eher als institutionelle bzw. fachspezifische Gelegenheitsstruktur beschreiben. Diese können sehr gezielt Impulse für weiterführende Bildungswege setzen, selbst dann, wenn die bildungspolitischen und/oder gesamtgesellschaftlichen Gelegenheitsstrukturen eher ungünstig sind.

Das Konzept der PGS kann somit auch für die Untersuchung individueller Bildungswege von Nutzen sein kann, wenn eine begriffliche Ausdifferenzierung in gesamtgesellschaftliche, bildungspolitische und institutionelle/fachspezifische Gelegenheitsstruktur vorgenommen wird. Zudem konnte in unserer Studie aufgezeigt werden, dass Gelegenheitsstrukturen keine statischen Zustände beschreiben, sondern zum einen einem ständigen – analytisch zu rekonstruierendem – Wandel unterliegen und subjektiv von den Betroffenen unterschiedlich interpretiert werden. Dabei können sie nicht statisch gedacht werden, sondern nehmen ihrerseits Einfluss auf soziale Milieus und verändern tradierte Bildungsvorstellungen. Gelegenheitsstrukturen sind folglich niemals statisch, sondern verändern sich im Zeitverlauf. Sie müssen daher immer in ihrem prozessualen Charakter in den Blick genommen werden, was eine genaue Analyse der jeweiligen historischen Situation erfordert.

Wenngleich die Gelegenheitsstrukturen nicht der einzige Einflussfaktor auf Bildungswege sind, sollten diese doch mehr als bislang Berücksichtigung in der Forschung finden. In diesem Zusammenhang konnte unsere Studie aufzeigen, dass nicht nur die bisher untersuchten Kontextfaktoren wie schulisch-institutionelle Faktoren, regionale Aspekte oder Arbeitsmarktfaktoren von Relevanz sind, sondern auch strukturelle Aspekte eine wesentliche Rolle spielen. Zum Beispiel sind auch Prozesse der Milieuauflösung in der Folge des Zweiten Weltkrieges sowie die durch ihn ausgelösten Flucht- und Vertreibungsprozesse entscheidend. Milieuauflösungen, die weiterführende Bildung evozieren können, hängen somit keinesfalls ausschließlich von Modernisierungsprozessen ab und sie dienen auch nicht nur dem Statuserhalt (Fahrstuhleffekt), sondern sie können weite Aufstiege direkt befördern.

Wie unsere Studie zeigt spielt ebenso der öffentliche Diskurs eine wichtige Rolle; damit eng verbunden ist die entscheidende Frage, ob ein Bildungsaufstieg als individueller Weg oder eingebunden in einen größeren gesellschaftlichen und/oder Peer-Zusammenhang erlebt werden kann oder nicht. Weiterhin konnte aufgezeigt werden, dass soziale Bewegungen einen förderlichen Einfluss auf Bildungsaufstieg haben können. Diesen Einfluss üben soziale Bewegungen zum einen dadurch aus, dass in den Bewegungen selbst Bildungsprozesse auf verschiedenen Ebenen ermöglicht werden und zum anderen dadurch, dass soziale Bewegungen die kulturellen Codes der Hochschulen selbst zu verändern vermochten. Ebenso verdeutlichen die Ergebnisse unserer Studie, wie wichtig ‚Brückeninstitutionen' sind, die eine lebensweltliche Kontinuität zwischen Herkunftsmilieu und weiterführender Bildungsinstitution für Bildungsaufsteiger_innen herstellen können.

Zusammenfassend lässt sich somit festhalten, dass die jeweiligen gesamtgesellschaftlichen, bildungspolitischen und/oder institutionellen/fachspezifischen Gelegenheitsstrukturen relevante Faktoren für erfolgreiche Bildungswege sind – wenngleich bei einer Thematik wie der Entstehung von Bildungsungleichheit, die aus einer „komplexen Wechselwirkung verschiedener Einflüsse" (Becker 2009, S. 117) resultiert, die in unserer Studie identifizierten Gelegenheitsstrukturen sowie die benannten strukturellen Aspekte nicht die einzigen relevanten Einflussgrößen sind. Sie sind aber weitaus bedeutsamer als bislang in der Forschung angenommen und sollten systematisch, als integrale und prozessuale Dimension in jeder Untersuchung über den Zusammenhang von Bildung und sozialer Ungleichheit, mit berücksichtigt werden.

Literatur

Becker, R. (2007). Studierbereitschaft in den Zeiten hoher Arbeitslosigkeit. Eine empirische Untersuchung sächsischer Abiturienten der Abschlussjahrgänge 1996, 1998, 2000 und 2002. In M. Chaponnière, Y. Flückiger, B. Hotz-Hart, F. Osterwalder, G. Sheldon, & K. Weber (Hrsg.), *Bildung und Beschäftigung: Beiträge der internationalen Konferenz in Bern* (S. 165–174). Zürich: Rüegger.

Becker, R. (2009). Entstehung und Reproduktion dauerhafter Bildungsungleichheiten. In R. Becker (Hrsg.), *Lehrbuch der Bildungssoziologie* (S. 85–129). Wiesbaden: VS Verlag.

Becker, R. (2010). Warum bildungsferne Gruppen von der Universität fernbleiben und wie man sie für das Studium an der Universität gewinnen könnte. In H.-H. Krüger, U. Rabe-Kleberg, R.-T. Kramer, & J. Budde (Hrsg.), *Bildungsungleichheit revisited. Bildung und soziale Ungleichheit vom Kindergarten bis zur Hochschule* (S. 223–234). Wiesbaden: VS Verlag.

Becker, R., & Schulze, A. (Hrsg.). (2013). *Bildungskontexte. Strukturelle Voraussetzungen und Ursachen ungleicher Bildungschancen.* Wiesbaden: VS Verlag.

Bohnsack, R. (1993). *Rekonstruktive Sozialforschung. Einführung in qualitative Methoden.* Opladen: Leske & Budrich.

Boudon, R. (1974). *Education, opportunity and social inequalitiy. Changing prospects in western society.* New York: Wiley & Sons.

Bourdieu, P. (1981). Klassenschicksal, individuelles Handeln und das Gesetz der Wahrscheinlichkeit. In P. Bourdieu, L. Boltanski, M. de Saint Martin, & P. Maldidier (Hrsg.), *Titel und Stelle. Über die Reproduktion sozialer Macht* (S. 169–226). Frankfurt a. M.: Europäische Verlagsanstalt.

Bourdieu, P. (1982). *Die feinen Unterschiede. Kritik der gesellschaftlichen Urteilskraft.* Frankfurt a. M.: Suhrkamp.

Bourdieu, P. (1983). Ökonomisches Kapital, kulturelles Kapital, soziales Kapital. In R. Kreckel (Hrsg.), *Soziale Ungleichheit.* (Soziale Welt, Sonderbd. 2, S. 183-198). Göttingen: Schwartz.

Bourdieu, P., & Passeron, J.-C. (1971). *Die Illusion der Chancengleichheit. Untersuchungen zur Soziologie des Bildungswesens am Beispiel Frankreichs.* Stuttgart: Klett.

Bremer, H. (2007). *Soziale Milieus, Habitus und Lernen. Zur sozialen Selektivität des Bildungswesens am Beispiel der Weiterbildung.* Weinheim: Juventa.

Bublitz, H. (1980). *Ich gehörte irgendwie nirgends hin... Arbeitertöchter an der Hochschule.* Gießen: Focus.

Büchner, P., & Brake, A. (Hrsg.). (2006). *Bildungsort Familie. Transmission von Bildung und Kultur im Alltag von Mehrgenerationenfamilien.* Wiesbaden: VS Verlag.

Chaffe, J. (1992). Transforming edcuational dreams into education reality. In S. Zwerling & H. London (Hrsg.), *First-generation students: Confronting the cultural issues, new directions for community colleges* (S. 81–88). San Francisco: Jossey-Bass.

Dahrendorf, R. (1965). *Bildung ist Bürgerrecht. Plädoyer für eine aktive Bildungspolitik.* Bramsche: Nannen-Verlag.

Ditton, H. (2013). Kontexteffekte und Bildungsungleichheit: Mechanismen und Erklärungsmuster. In R. Becker & A. Schulze (Hrsg.), *Bildungskontexte. Strukturelle Voraussetzungen und Ursachen ungleicher Bildungschancen* (S. 173–206). Wiesbaden: Springer VS.

Dombrowski, R., & Solga, H. (2012). Soziale Ungleichheiten im Schulerfolg – Forschungsstand, Handlungs- und Forschungsbedarfe. In M. Kuhnhenne, I. Miethe, H. Sünker, & O. Venzke (Hrsg.), *(K)eine Bildung für Alle – Deutschlands blinder Fleck. Stand der Forschung und politische Konsequenzen* (S. 51–86). Opladen: Barbara Budrich.

Eisinger, P. K. (1973). The conditions of protest behavior in American cities. *American Political Science Review, 67*(01), 11–28.

Erikson, R., & Goldthorpe, J. H. (1992). *The constant flux. A study of class mobility in industrial states.* Oxford: Clarendon Press.

Gambetta, D. (1987). *Were they pushed or did they jump? Individual decision mechanisms in education.* Cambridge: Cambridge University Press.

Grundmann, M., Dravenau, D., Bittlingmayer, U. H., & Edelstein, W. (2006). *Handlungs-befähigung und Milieu. Zur Analyse milieuspezifischer Alltagspraktiken und ihrer Ungleichheitsrelevanz.* Berlin: Lit.

Herzberg, H. (2004). *Biographie und Lernhabitus.* Frankfurt a. M.: Campus.

Institut für Erziehungswissenschaft Jena (Hrsg.). (2014). *Chancenspiegel 2014: Regionale Disparitäten in der Chancengerechtigkeit und Leistungsfähigkeit der deutschen Schul-systeme.* Gütersloh: Bertelsmann Stiftung.

Jünger, R. (2008). *Bildung für alle? Die schulischen Logiken von ressourcenprivilegierten und -nichtprivilegierten Kindern als Ursache der bestehenden Bildungsungleichheit.* Wiesbaden: VS Verlag.

Kramer, R.-T. (2011). *Abschied von Bourdieu?.* Wiesbaden: VS Verlag.

Kristen, C. (1999). Bildungsentscheidungen und Bildungsungleichheit – ein Überblick über den Forschungsstand. Arbeitspapiere – Mannheimer Zentrum für Europäische Sozial-forschung, Nr. 5. http://www.mzes.uni-mannheim.de/publications/wp/wp-5.pdf. Zuge-griffen: 07. Jan. 2016.

Lange-Vester, A. (2007). *Habitus der Volksklassen. Kontinuität und Wandel seit dem 18. Jahrhundert in einer thüringischen Familie.* Berlin: LIT.

Lundgreen, P. (2000). Schule im 20. Jahrhundert. Institutionelle Differenzierung und expansive Bildungsbeteiligung. *Zeitschrift für Pädagogik, 42*(Beiheft), 140–165.

Maaz, K., Baumert, J., & Trautwein, U. (2010). Genese sozialer Ungleichheit im institu-tionellen Kontext der Schule. Wo entsteht und vergrößert sich soziale Ungleichheit. In H.-H. Krüger, U. Rabe-Kleberg, & J. Budde (Hrsg.), *Bildungsungleichheit revisited. Bildung und soziale Ungleichheit vom Kindergarten bis zur Hochschule* (S. 69–102). Wiesbaden: VS Verlag.

Miethe, I. (2007). *Bildung und soziale Ungleichheit in der DDR. Möglichkeiten und Gren-zen einer gegenprivilegierenden Bildungspolitik.* Opladen: Budrich.

Miethe, I. (2015). Theorieorientierte Fallrekonstruktion und Grounded Theory. In C. Equit & C. Hohage (Hrsg.), *Handbuch Grounded Theory – von der Methodologie zur For-schungspraxis.* Weinheim: Beltz.

Miethe, I., & Kleber, B. (2013). Bildungswettlauf zwischen West und Ost. Ein retrospektiver Vergleich. In R. Braches-Chyrek, D. Nelles, G. Oelerich, & A. Schaarschuch (Hrsg.), *Bil-dung, Gesellschaftstheorie und Soziale Arbeit* (S. 155–174). Opladen: Budrich.

Miethe, I., Soremski, R., Suderland, M., Dierckx, H., & Kleber, B. (2015). *Bildungsauf-stieg in drei Generationen: zum Zusammenhang von Herkunftsmilieu und Gesellschafts-system im Ost-West-Vergleich.* Opladen: Budrich.

Nath, A. (2000). Bildungswachstum und soziale Differenzen. Gibt es Anlass zu Bildungs-pessimismus? *Die Deutsche Schule, 6*(Beiheft), 63–86.

Oevermann, U. (2000). Die Methode der Fallrekonstruktion in der Grundlagenforschung sowie der klinischen und pädagogischen Praxis. In K. Kreimer (Hrsg.), *Die Fallrekon-struktion. Sinnverstehen in der sozialwissenschaftlichen Forschung* (S. 58–156). Frank-furt: Suhrkamp.

Peisert, H. (1967). *Soziale Lage und Bildungschancen in Deutschland.* München: Pieper.

Pollak, R. (2010). Kaum Bewegung, viel Ungleichheit. Eine Studie zu sozialem Auf- und Abstieg in Deutschland. In Heinrich-Böll-Stiftung (Hrsg.), Wirtschaft und Soziales. (Bd. 5, Series). http://www.boell.de/downloads/201010_Studie_Soziale_Mobilitaet.pdf. Zugegriffen: 07. Jan. 2016.

Reimer, D. (2011). Labour market outcomes and their impact on tertiary decisions in Germany: Class and gender differences. *Irish Educational Studies, 30*(2), 199–213.

Rommel, E., & Lischka, I. (1937). *Bewährung hochschulvorbereitender Bildungswege.* Berlin: Zentralinstitut für Hochschulforschung.

Rose, M. (1989). *Lives on the boundary: The struggles and achievements of America's underprepared.* New York: Free Press.

Rosenthal, G. (1995). *Erlebte und erzählte Lebensgeschichte. Gestalt und Struktur biographischer Selbstbeschreibungen.* Frankfurt a. M.: Campus.

Rosenthal, G. (2005). *Interpretative Sozialforschung. Eine Einführung.* Weinheim: Juventa.

Schütze, F. (1983). Biographieforschung und narratives Interview. *Neue Praxis, 13*(3), 283–293.

Sixt, M. (2010). *Regionale Strukturen als herkunftsspezifische Determinanten von Bildungsentscheidungen.* Dissertation. https://kobra.bibliothek.uni-kassel.de/handle/urn:nb n:de:hebis:34-2010110934909. Zugegriffen: 07. Jan. 2016.

Spiegler, T. (2015). *Erfolgreiche Bildungsaufstiege.* Weinheim: Beltz Juventa.

Tarrow, S. (1991). Kollektives Handeln und politische Gelegenheitsstruktur in Mobilisierungswellen: Theoretische Perspektiven. *Kölner Zeitschrift für Soziologie und Sozialpsychologie, 43*(4), 647–670.

Tosana, S. (2008). *Bildungsgang, Habitus und Feld: eine Untersuchung zu den Statuspassagen Erwachsener mit Hauptschulabschluss am Abendgymnasium.* Bielefeld: Transcript.

Vester, M. (2004). Die Illusion der Bildungsexpansion. Bildungsöffnungen und soziale Segregation in der Bundesrepublik Deutschland. In S. Engler & B. Krais (Hrsg.), *Das kulturelle Kapital und die Macht der Klassenstrukturen. Sozialstrukturelle Verschiebungen und Wandlungsprozesse des Habitus* (S. 13–53). Weinheim: Juventa.

Völter, B., Dausien, B., Lutz, H., & Rosenthal, G. (2005). Einleitung In B. Völter, B. Dausien, H. Lutz & G. Rosenthal (Hrsg.), *Biographieforschung im Diskurs. Theoretische und methodologische Verknüpfungen* (S. 7–21). Wiesbaden: VS Verlag.

Wohlrab-Sahr, M. (1994). Vom Fall zum Typus. Die Sehnsucht nach dem „Ganzen" und dem „Eigentlichen" – Idealisierung als biographische Konstruktion. In A. Diezinger et al. (Hrsg.), *Erfahrung mit Methode. Wege sozialwissenschaftlicher Frauenforschung* (S. 269–299). Freiburg i. Brsg.: Kore.

Über die Autoren

Dierckx, Heike, Dr., Vertretungsprofessorin der Professur „Soziale Arbeit, Pädagogik und Medien/Kultur" an der Hochschule Magdeburg-Stendal im Fachbereich Soziale Arbeit, Gesundheit und Medien. Forschungsschwerpunkte: Biografieforschung, Intersektionalität, Medien, Interkulturalität, Kultur.

Miethe, Ingrid, Prof. Dr., Professorin für Allgemeine Erziehungswissenschaft an der Justus-Liebig-Universität Gießen. Arbeitsschwerpunkte: Bildung und soziale Ungleichheit, Bildungsgeschichte, Bildungszusammenarbeit, soziale Bewegungen, qualitative Bildungs- und Biografieforschung

Soremski, Regina, wissenschaftliche Mitarbeiterin am Institut für Erziehungswissenschaft der Justus-Liebig-Universität Gießen. Ihre Arbeitsschwerpunkte sind Qualitative Bildungs- und Ungleichheitsforschung, Jugend- und Familienforschung.

http://www.uni-giessen.de/cms/fbz/fb03/institute/ifezw/prof/ju/Team1/reginasoremski

Von der Gleichheit der Bildungschancen zur Bildungsgerechtigkeit für alle – ein Abschied auf Raten vom Gleichheitsideal?

Wulf Hopf

1 Einleitung

In der Diskussion über „Chancengleichheit" als bildungspolitisches Ziel hat es in den vergangenen zwanzig Jahren zwei Entwicklungen gegeben, auf die der Titel des Aufsatzes anspielt:

- In der bildungspolitischen Diskussion ist der „linken" Forderung nach einer anzustrebenden, *wirklichen Gleichheit* von Bildungschancen von Konservativen zunehmend ein Begriff von „Chancengerechtigkeit" entgegen gesetzt worden, der *gleiche* Bildungschancen für unrealistisch und dieses Ziel auch für zu *starr* hält. „Chancengerechtigkeit" wäre danach ein weniger utopisches und flexibler zu erreichendes Ziel, auf das sich die unterschiedlichsten politischen Positionen einigen könnten.
- Parallel zu dieser Verschiebung von Akzenten in der politischen Diskussion gibt es in der wissenschaftlichen Diskussion zunehmend Tendenzen, den Begriff der Chancengleichheit *systematisch* zu erweitern oder zu überwinden. Es geht dabei also nicht darum, die Realisierbarkeit des Ziels der

Dieser Beitrag wurde erstmals als Vortrag im Rahmen der Ringvorlesung „(K)eine Chance für alle? Bildungsgänge in Deutschland" an der Universität Hildesheim/Allgemeine Erziehungswissenschaft, in Kooperation mit der Kooperationsstelle Hochschule-Gewerkschaften gehalten: Ringvorlesung „(K)eine Chance für alle? Bildungsgänge in Deutschland". Sommersemester 2014. 19. Juni 2014.

W. Hopf (✉)
Georg-August-Universität Göttingen, Göttingen, Deutschland
E-Mail: whopf@gwdg.de

© Springer Fachmedien Wiesbaden GmbH 2017
M.S. Baader und T. Freytag (Hrsg.), *Bildung und Ungleichheit in Deutschland*, DOI 10.1007/978-3-658-14999-4_2

Chancengleichheit zugunsten einer „pragmatischeren", konsensfähigen Vorstellung aufzugeben, sondern es werden systematische, begriffliche Grenzen des Ziels „Chancengleichheit" kritisiert. Dieses wird als Ausdruck einer eingeschränkten „Verteilungsgerechtigkeit" begriffen, als Gleichheit im Zugang zu beruflichen Positionen und ökonomischen Ressourcen. Sie müsse durch zwei inhaltlich andere Komponenten ergänzt werden: Teilhabegerechtigkeit und Anerkennungsgerechtigkeit (vgl. z. B. Stojanov 2011; Bellenberg und Weegen 2014). Dabei meint „Teilhabegerechtigkeit" die Vermittlung von Fähigkeiten, die die Menschen zur umfassenden Teilhabe an der Gesellschaft benötigen. Und „Anerkennungsgerechtigkeit" bezieht sich auf die allen Menschen zukommende soziale Wertschätzung und Empathie. Ein umfassender Begriff von „Bildungsgerechtigkeit" enthält alle drei Komponenten. Und erst von ihm aus wird die volle Bandbreite der nötigen Bildungsreformen, bis hin zur Inklusion, begründbar. Ganz in diesem Sinn definieren die Bertelsmann Stiftung und das Institut für Schulentwicklungsforschung in ihrem „Chancenspiegel" von 2012 „Chancengerechtigkeit" als „die faire Chance zur freien Teilhabe an der Gesellschaft, die auch gewährleistet wird durch eine gerechte Institution Schule, in der Schülerinnen und Schüler aufgrund ihrer sozialen und natürlichen Merkmale keine zusätzlichen Nachteile erfahren, durch eine Förderung der Befähigung aller und durch eine wechselseitige Anerkennung der an Schule beteiligten Personen" (Bertelsmann Stiftung, Institut für Schulentwicklungsforschung 2012, S. 20). Von Gleichheit der Chancen ist hier nicht die Rede, sondern nur noch vage von einer „fairen Chance zur freien Teilhabe" an der Gesellschaft. In der gerechten „Institution Schule" sollen die Schüler und Schülerinnen keine *zusätzlichen* Nachteile aufgrund ihrer sozialen und natürlichen Merkmale erfahren – das heißt ja: ein Beitrag der Schule zum *Abbau* herkunftsbedingter Ungleichheit wird gar nicht erwartet.

Die Frage, die mich angesichts dieser beiden Entwicklungen beschäftigt, lautet: sind die skizzierten Veränderungen im politischen und im wissenschaftlichen Diskurs „Fortschritte" an Differenzierung und an realistischem Bezug oder sind es „Rückschritte"? Findet hier nicht ein „Abschied auf Raten" von der einigermaßen klaren Zielvorstellung gleicher Bildungschancen für alle statt? Was war damit gemeint? Und welchen Spielraum eröffnen demgegenüber die neueren Auffassungen von „Bildungsgerechtigkeit"?

Diese Fragen deuten schon an, wo die Schwerpunkte meiner Ausführungen liegen werden: Ich werde nicht sehr viel zu empirischen Ergebnissen und Erklärungen von Chancenungleichheit in der Schule sagen. Vielmehr geht es mir darum, ein wenig Klarheit in politisch sehr umstrittene und schwammige Ziele von Bildungspolitik, Pädagogik und Bildungssystemanalyse zu bringen (vgl. hierzu auch den von anderen Prämissen ausgehenden Versuch von K. Stojanov 2011). Dabei geht es mir vor allem darum, die inneren Konflikte deutlich zu machen, die im Konzept von Chancengleichheit und -gerechtigkeit bzw. Bildungsgerechtigkeit enthalten sind. Das geschieht nicht l'art pour l'art, als reine Gedankenspielerei, vielmehr glaube ich, dass Klarheit über die jeweiligen Ziele Konflikte verstehen lehrt. Diese Klarheit benötigt man auch, wenn man überprüfen will, inwieweit bestimmte pädagogische oder bildungspolitische Maßnahmen zu mehr Chancengleichheit oder Bildungsgerechtigkeit beigetragen haben.

Ich gehe zunächst auf einen historischen Ausgangspunkt, den Gleichheitsgrundsatz des Grundgesetzes ein. Im zweiten Teil des Beitrages steht der Konflikt zwischen Chancengleichheit und dem Recht auf gleiche gesellschaftliche Teilhabe im Mittelpunkt. Im dritten Teil füge ich eine Konfliktlinie hinzu, die eine bestimmte Lesart von „Bildungsgerechtigkeit" in sich birgt.

2 Formale und materielle Chancengleichheit (Diskussion der 1960er Jahre)

Das Grundgesetz nennt weder „Chancengleichheit" noch „Bildungsgerechtigkeit" als Norm oder Prinzip. Aber in Artikel 3 finden sich Formulierungen, die für die Gesellschaft im Allgemeinen und für das Bildungssystem im Besonderen von Bedeutung sind:

(1) Alle Menschen sind vor dem Gesetz gleich.
(2) Männer und Frauen sind gleichberechtigt. Der Staat fördert die tatsächliche Durchsetzung der Gleichberechtigung von Frauen und Männern und wirkt auf die Beseitigung bestehender Nachteile hin.
(3) Niemand darf wegen seines Geschlechtes, seiner Abstammung, seiner Rasse, seiner Sprache, seiner Heimat und Herkunft, seines Glaubens, seiner religiösen oder politischen Anschauungen benachteiligt oder bevorzugt werden. Niemand darf wegen seiner Behinderung benachteiligt werden (Grundgesetz 2010, S. 2).

Der Ausdruck „Chancengleichheit" fällt hier nicht, aber vor allem Absatz 3 stellt eine Umschreibung dar: Wenn die aufgezählten Bevorzugungen und Benachteiligungen nicht bestehen, dürfte „Chancengleichheit" im Sinne von Nicht-Diskriminierung gegeben sein. Das ist gewissermaßen die historisch älteste Version von Chancengleichheit, die auch rechtlich-*formale* Chancengleichheit genannt wird.

Zum Beispiel waren im Deutschen Reich die jungen Frauen bis 1908 *rechtlich* vom Studium ausgeschlossen. Ihnen konnte direkt, mit Hinweis auf rechtliche Normen, der Zugang zu Universitäten verwehrt werden – ein aus heutiger Sicht kaum noch nachvollziehbarer Verstoß gegen das Prinzip der Chancengleichheit. Die „Nürnberger Gesetze" der Nationalsozialisten von 1935 stellen ein noch weitergehendes Beispiel für den nur noch rechtlich kaschierten, gewalttätigen Ausschluss der Minderheit der Juden von zentralen bürgerlichen Rechten dar (Reichsbürgergesetz).

a. Wenn man sich die verschiedenen Auslöser für Nichtdiskriminierung im GG Art. 3 ansieht – Geschlecht, Abstammung, Rasse, Sprache, Herkunft usw. –, dann ist ihnen zweierlei gemeinsam: Diese Merkmale waren in Geschichte und Gegenwart Grundlage für heftige Konflikte zwischen Gruppen und für Benachteiligungen von Minderheiten bis hin zu Verbrechen an ihnen. Darüber hinaus sind viele dieser Merkmale – aus der Sicht des Kindes und Heranwachsenden – mit der Geburt in eine bestimmte Familie „gegeben" oder „zugeschrieben". Wenn sie das Bildungs- und Berufsschicksal der jungen Generation bestimmen – und nicht die individuellen Fähigkeiten, Leistungen und Entscheidungen –, gilt das als „ungerecht". Eine zentrale, immer wieder neu zu beantwortende Frage der empirischen Bildungsforschung lautet dementsprechend: welche zugeschriebenen Gruppenzugehörigkeiten von Kindern und Jugendlichen führen zur Bevorzugung oder Benachteiligung im Bildungs- und Berufsverlauf? In den 1960er Jahren war die „katholische Arbeitertochter vom Lande" der Inbegriff kumulierter Benachteiligungen im Bildungssystem – der Benachteiligung nach Geschlechtszugehörigkeit, nach Region, nach Schicht und nach Religion. Zu Beginn der 2000er Jahre ist es der Migrantensohn in der Großstadt (vgl. Geißler 2008).

b. Aufschlussreich für die *Rolle des Staates* bei der der Herstellung von Chancengleichheit ist im Grundgesetz besonders der Unterschied zwischen Absatz 2 und Absatz 3. Im zweiten Absatz verpflichtet die Verfassung den Staat dazu, aktiv die Gleichberechtigung von Männern und Frauen durchzusetzen und auf die Beseitigung bestehender Nachteile hinzuwirken. Das wird auch für die im Absatz 3 genannten übrigen Benachteiligungen gelten. Mit andern Worten: Nichtdiskriminierung als Rechtsnorm reicht nicht aus, sondern der Staat muss *aktiv* bestehende Nachteile zu beseitigen suchen.

Das kann er zum einen tun, indem er *gleiche Nutzungsbedingungen von Institutionen* schafft (wie z. B. durch Unentgeltlichkeit der Bildung, eine in etwa gleiche regionale Versorgung mit Schulen und Hochschulen, ähnliche Arbeitsbedingungen und Einkommen des Lehrpersonals). Der Staat sorgt hier im Idealfall für ein gleiches *Angebot* an Lernmöglichkeiten, das die Eltern bzw. Schüler und Schülerinnen unterschiedlich nutzen können. Wie sie das tun, ist auf dieser Stufe einer „Angebotsgleichheit" nicht mehr Sache des Staates bzw. der Bildungspolitik.

Die Aktivität des Staates geht indes noch weiter, wenn er durch *schulische oder außerschulische besondere Förderung* benachteiligter Schüler und Schülerinnen dafür sorgt, dass sie die gleichen institutionellen Bildungsangebote auch tatsächlich nutzen können und zu vergleichbaren Lernergebnissen gelangen. Anders als beim „Angebotsgleichheitsmodell" werden bei diesem „Kompensationsmodell" also ressourcen-ungleiche Schülerinnen und Schüler auf der Interaktionsebene mit ungleich mit Absicht behandelt, und es wird ihnen nicht einfach überlassen, wie sie staatliche Angebote nutzen. Mit dieser weitergehenden, an die Verhaltensebene heranreichenden staatlichen Einflussnahme sind in der Regel Konflikte mit dem Recht der Eltern auf die Erziehung ihrer Kinder verbunden, wie die Auseinandersetzungen über den Ausbau der obligatorischen Vorschulerziehung zeigen. Die Schaffung gleicher Angebotsbedingungen durch den Staat und die stärker eingreifende Kompensation von Lernbenachteiligungen der Kinder und Jugendlichen bilden zusammen das, was man „materiale Chancengleichheit" (im Unterschied zur nur rechtlich-formalen Nicht-Diskriminierung beim Zugang zu Bildungseinrichtungen) nennen könnte.

c. Interessant am Art. 3 GG ist, dass die Verfassung nicht sagt, *bei was (in welcher Situation)* die Zugehörigkeit zu den genannten gesellschaftlichen Gruppen nicht benachteiligen soll: Beim Beruf oder in der Ausbildung? Bei Wahlen? Vor Gericht? Beim Eintritt in freiwillige Organisationen? Bei der Religionsausübung? Es wird nur allgemein gesagt, dass niemand wegen der aufgezählten Gruppenzugehörigkeiten benachteiligt oder bevorzugt werden soll. Das unterstreicht die *allgemeine* Gültigkeit des Gleichheitsgrundsatzes als eines Rechtes der einzelnen Person, für den der Artikel 3 GG steht.

Man kann sich nun sehr viele konkrete Situationen vorstellen, in denen das Diskriminierungsverbot des Art 3 GG gelten soll. Eine grundlegende, systematische Unterscheidung liegt darin, ob es sich bei diesen Situationen *um Leistungswettbewerbe oder um Lebenssituationen handelt, die ausdrücklich nicht-wettbewerblich angelegt sind.* In unserer Gesellschaft sind z. B. die vorberufliche Bildung und Ausbildung, aber auch der Arbeitsmarkt oder der Beruf selbst massiv wettbewerblich ausgestaltet, während andere Bereiche wie die soziale Sicherung, die Gesundheit, die kulturelle und politische Teilhabe nicht im gleichen Maße Wettbewerben unterliegen.

Meine erste These lautet, dass „Chancengleichheit" jeweils etwas anderes meint, wenn es um gleiche Chancen in Leistungswettbewerben oder um nicht-wettbewerbliche gleiche „Lebenschancen" geht. Für diesen zweiten Bereich bietet sich das Konzept der *gesellschaftlichen Teilhabe* an, die nicht zwingend an Leistungsvoraussetzungen geknüpft ist. Eine zweite These besagt, dass Bildungsinstitutionen beiden Bereichen zugeordnet sind und dadurch uneindeutig werden. In ihnen gilt das Leistungsprinzip, aber sie sind nicht auf die Vorbereitung der beruflichen Konkurrenz reduzierbar. Und es gilt das Prinzip gleicher Bildungsteilhabe von Kindern und Jugendlichen, ohne dass diese voll realisiert ist (vgl. dazu näher Hopf 2011). Diese beiden Thesen werde ich im nächsten Schritt näher erläutern.

3   Chancengleiche Konkurrenz und das Recht auf gleiche soziale Teilhabe

Eine zentrale Funktion des Bildungssystems in kapitalistischen, marktförmigen Gesellschaften besteht darin, für die Struktur ungleicher Berufe und entsprechender Arbeitsmärkte ungleiche Qualifikationen, Abschlüsse und Berechtigungen bereitzustellen. Das ist die sogenannte Allokationsfunktion. Sie wird maßgeblich in einem umfassenden System der ununterbrochenen *Erst*ausbildung umgesetzt, das Lernprozesse vom Kindes- bis ins frühe Erwachsenenalter verbindet. Bildung und Ausbildung vollziehen sich als außerordentlich lang anhaltende Konkurrenz um knappe, privilegierende Ausbildungen für knappe privilegierte Berufe. (Diese Knappheit ist nicht einfach ein ökonomischer Tatbestand, sondern auch Ausdruck einer Herrschaftsordnung, die Knappheit und Überfluss organisiert.)

Leistungsprüfungen regeln das Voranschreiten in der Bildungslaufbahn und den Übergang in das Beschäftigungssystem. Die Konkurrenz soll leistungsbestimmt, offen und fair in dem Sinne sein, dass alle Teilnehmer in etwa gleiche Startbedingungen hatten und der Wettbewerb selbst nicht zuungunsten bestimmter Gruppen systematisch verzerrt ist. Dann ist „Chancengleichheit" im Sinne von Leistungsgerechtigkeit in einem Bildungswettbewerb gegeben, dessen Ergebnisse durchaus ungleich sein können (Modell: sportliche Wettbewerbe).

Das Ziel der gleichen gesellschaftlichen Teilhabe bzw. der gleichen Lebenschancen unterscheidet sich von der Chancengleichheit in einem Bildungswettbewerb in dreierlei Hinsicht: 1) Es reicht biografisch über Bildungsabschlüsse hinaus weit in den Lebensverlauf hinein. 2) „Lebenschancen" sind inhaltlich weiter gefasst als berufsbezogene Bildungschancen. 3) Der Zugang zu ihnen unterliegt nicht zwingend einem Leistungswettbewerb. Während man Ausbildung und

Beruf als zwar zentrale, aber gleichwohl begrenzte Arenen von Leistungswettbewerben verstehen kann, ist diese Vorstellung für den Ablauf des umfassenderen *Lebens* abwegig. Das Leben ist glücklicherweise nicht bloß eine Abfolge von Leistungswettbewerben.

Gleiche „Chancen" heißt nach dem Teilhabekonzept, bezogen auf Bildung: Ausstattung mit einem Standard an Bildung, der jedem Gesellschaftsmitglied zu einem selbstbestimmten und befriedigenden Leben zuteilwerden soll. Dazu dient nicht nur die Erstausbildung, sondern auch die lebenslaufbegleitende Weiterbildung. Gesellschaftliche Teilhabe umfasst jedoch mehr als berufliche Integration. Sie bedeutet Teilhabe am politischen, kulturellen, freizeitlichen und geselligen Leben weit über den Beruf hinaus (vgl. Autorengruppe Bildungsberichterstattung 2010, S. 201 ff.). Das schließt auch die Sicherung gegenüber Risiken ein, die im Verlauf des Lebens auftreten können und die die gesellschaftliche Teilhabe erschweren (z. B. Krankheit, instabile Beschäftigung und Arbeitslosigkeit, Altersarmut).

Wie sähe ein Bildungssystem aus, das die chancengleiche Leistungskonkurrenz im Rahmen der Allokationsfunktion möglichst klar verkörperte (A), und worin unterscheidet sich davon ein Bildungssystem, das eine gleiche gesellschaftliche Teilhabe anstrebt? (B)

Zur ersten Alternative (Modell A): Das Schaffen von gleichen Ausgangsbedingungen für einen chancengleichen Leistungswettbewerb kann nicht selbst einem Wettbewerb (der Familien untereinander) überlassen werden. Deshalb muss es vor Einsetzen des Leistungswettbewerbs in der Schule eine Phase der tatsächlichen Egalisierung der Kompetenzen der Schülerinnen und Schüler geben. Dies geschieht sinnvollerweise in der öffentlichen Vorschul- und Primarbildung. Da die Eltern aus unterschiedlichen Schichten über unterschiedliche Ressourcen für die Bildung ihrer Kinder verfügen und diese einsetzen, muss die Schule während der Primarbildung kompensatorisch für ressourcenarme Familien tätig werden und die Leistungskonkurrenz von ressourcenreichen Eltern und Schülern in dieser Phase zurückdrängen oder umlenken. Verzweigen sich die Schullaufbahnen nach Ende der Primarausbildung und erlauben ihre freie Wahl, so müssen die Übergänge stärker von den Leistungen der Schüler und Schülerinnen abhängen als von den schichtabhängigen Wahlentscheidungen der Eltern und ihrer Kinder. Der Leistungswettbewerb in der Sekundarausbildung müsste weitgehend unabhängig von äußeren Einflüssen erfolgen, wenn das (ungleiche) Ergebnis gerechtfertigt erscheinen soll.

Das reale deutsche Bildungssystem weicht von diesem Modell erheblich ab. Im pädagogischen Alltag erfüllen allenfalls herausgehobene, kurze Prüfungsphasen die Bedingungen eines von außen ungestörten Leistungswettbewerbs unter den Schülern und Schülerinnen. In den übrigen, weitaus längeren Phasen normalen,

prüfungsfreien, aber durchaus prüfungsrelevanten Unterrichts gehören die Kooperation der SchülerInnen untereinander und die mehr oder weniger permanente Einflussnahme von außen – durch die Eltern und die peers, durch das soziokulturelle
Umfeld der Familie – zum Geschehen. Dadurch fällt eine säuberliche Trennung
von anfänglicher Egalisierung der Startbedingungen und anschließender Freigabe
eines von außen unbeeinflussten Leistungswettbewerbs schwer.

Eine solche Trennung wird in der Verlaufsperspektive von Bildungsgängen
auch durch ihren stufenförmigen Aufbau erschwert. Im Prinzip kann bei jeder
Etappe der Bildungslaufbahn von der Vorschule bis zum Hochschulabschluss
gefordert werden, dass die Startbedingungen für den Leistungswettbewerb im
nächsten Bildungsabschnitt vorher möglichst zu egalisieren seien. Die Chancen
zum Übergang auf die Schulen der Sekundarstufe sollen gleich sein, ebenso die
Chancen zum Erwerb eines Sekundar-I-Abschlusses, der Hochschulreife, die
Chancen zum Master usw. Da aber die Egalisierung herkunftsbedingter Bildungsungleichheit immer nur partiell gelingt (s. u.), wird die Herstellung von *Start*-
chancengleichheit späterer Bildungsetappen desto unwahrscheinlicher, je höher
man in der Bildungshierarchie steigt.

Wegen des Grundrechts auf freie Wahl der Ausbildung sind überdies die Übergänge in verschiedene Bildungsgänge nicht allein von Schulleistungen abhängig.
Konkurrenz um knappe, weitgehend nach Leistung vergebene Berechtigungen
(mit all ihren unerwünschten Folgen für das Lernen von Inhalten und für soziale Beziehungen vgl. Streckeisen et al. 2007) ist also im deutschen allgemeinbildenden Schulsystem fest installiert, aber es handelt sich um eine unvollständige,
episodische und sozial verzerrte Konkurrenz, deren Endergebnis allein den Individuen zugeschrieben wird.

Zur zweiten Alternative (Modell B): Den Wechsel der Perspektive zu einem
außerwettbewerblichen Sinn von Lebenschancen illustriert die international vergleichende Schulleistungsstudie PISA. Sie definiert im Anschluss an die OECD
für 15-Jährige „Basiskompetenzen", „die in modernen Gesellschaften für eine
befriedigende Lebensführung in persönlicher und wirtschaftlicher Hinsicht sowie
für eine aktive Teilnahme am gesellschaftlichen Leben notwendig sind." (Deutsches PISA-Konsortium 2001, S. 16). Solche Basiskompetenzen werden in einer
„Grundbildung" vermittelt und umfassen in den internationalen Vergleichsstudien
Kompetenzen in Lesen, Mathematik und Naturwissenschaften. Die Vorstellung
einer solchen Grundbildung kann aber problemlos auf andere Domänen – z. B.
politische, fremdsprachliche, ästhetische – erweitert werden. Außerdem schließt
sie fächerübergreifende Kompetenzen wie Problemlösen, Kommunikations- und
Kooperationsfähigkeit ein.

Damit wird eine Art „zivilisatorische Mindestausstattung" an Bildung für gesellschaftliche Teilhabe umrissen, die Auswirkungen für die Inhalte, die Dauer und die Organisation von Bildungsprozessen haben muss. Im Modell des chancengleichen Leistungswettbewerbs *kann* die Eingangsphase des Kompetenzausgleichs kurz gehalten und die Inhalte können eng begrenzt werden. Es reicht der *Selbst*bezug auf *tradierte* Inhalte des Schulwesens (also z. B. auf „Kernfächer" wie Deutsch, Mathematik, eine Fremdsprache und eine Naturwissenschaft). Dagegen sind „Basiskompetenzen" für das befriedigende Leben in der Gesellschaft und für gesellschaftliche Teilhabe sozial offener, langfristiger und inhaltlich anspruchsvoll definiert (vgl. z. B. das Konzept der „mehrdimensionalen Bildung" vom Aktionsrat Bildung 2015). Wenn sie für 15-Jährige, d. h. am Ende der Ausbildung der Sekundarstufe I gleich sein sollen, sind wesentlich stärkere Anstrengungen erforderlich als bei der Schaffung von gleichen Wettbewerbsbedingungen nach Ende der Grundschulzeit.

Es ist schwer, genau zu sagen, durch welche Merkmale das deutsche Schulsystem eher dem Modell der möglichst chancengleichen Leistungskonkurrenz oder der gleichen Bildungsteilhabe nahesteht. Wie oben angedeutet, ist das Modell der Leistungskonkurrenz nicht vollständig realisiert, und beide Zielsetzungen vermischen sich in der Realität des schulischen Alltags. Dass hier ein Konflikt angelegt ist, zeigt die Auseinandersetzung über die Dauer der Grundschulbildung in Deutschland. Eine öffentliche, gemeinsame, vierjährige Grundschule ist in den 1920er Jahren in einer Ausnahmesituation (Zusammenbruch des Kaiserreichs) nur mit großer Mühe und gegen den Widerstand konservativer Kräfte durchgesetzt worden. Alle Versuche, die Grundschulzeit seitdem auf sechs Jahre zu verlängern, sind gescheitert. Das ist immerhin ein Zeitraum von fast hundert Jahren. Hinter diesem Widerstand steckt nicht nur das Sonderinteresse der Verteidiger des „grundständigen", neun- oder achtjährigen Gymnasiums. Vielmehr zeigt es auch ein nicht sehr ausgeprägtes allgemeines Interesse an gleicher Bildungsteilhabe, die unmöglich nach vier Jahren gemeinsamer Grundschule erreicht sein kann.

Auch wenn es empirisch schwierig ist zu bestimmen, wodurch und inwieweit das deutsche Schulsystem den beiden Modellen der chancengleichen Konkurrenz und gleicher gesellschaftlicher Teilhabe entspricht, könnte man Ergebnisse der Bildungssystemforschung als grobe Annäherungen heranziehen. Man kann die Ergebnisse der IGLU-Studien, die Bildungskompetenzen am Ende der Grundschulzeit erhoben haben, daraufhin befragen, inwieweit es gelingt, in etwa gleiche Voraussetzungen für den anschließenden, verschärften Leistungswettbewerb der Sekundarstufen I und II zu schaffen. Desgleichen kann man die Ergebnisse von PISA, die Kompetenzen der 15-Jährigen am Ende der Sekundarstufe I zeigen, im

Sinne der anspruchsvolleren Zielsetzung befragen, ob gleiche Voraussetzungen für eine breiter definierte gesellschaftliche Teilhabe geschaffen wurden.

Hier zeigt sich nun, dass in Deutschland ein relativ hohes Kompetenzniveau (Leseleistung) in der 4. Jahrgangsstufe mit einer im internationalen Vergleich relativ geringen Streuung der Leistungen um den Mittelwert verbunden ist, d. h. die Gleichheit der Ergebnisse ist relativ hoch. Deutschland gehört zu dem oberen Viertel der Staaten, denen es gelingt, „einen Großteil der Schülerinnen und Schüler auf ein adäquates Leseniveau zu bringen" (Bos et al. 2007a, S. 153). Das ist ein sehr wichtiges Ergebnis in der Diskussion über den Realitätsgehalt der Forderung nach einer *wirklichen Gleichheit* von Bildungschancen, auch wenn es sich hier nur auf die Lesefähigkeit bezieht. Diese Forderung ist nicht „utopisch".

Trotz dieses positiven Ergebnisses sind auch am Ende der Grundschule immer noch Kompetenzunterschiede vorhanden, die von der sozialen Herkunft der Schüler abhängen. Bos et al. sagen: „Offensichtlich gelingt es in Deutschland den vorschulischen Einrichtungen und der Grundschule nicht so gut wie möglicherweise in vielen anderen Staaten, bestehenden sozialen Ungleichheiten kompensierend zu begegnen" (Bos et al. 2007b, S. 245).

Bei den 15 jährigen, d. h. am Ende der Sekundarstufe I, ist die Ungleichheit der Kompetenzen in den sprachlichen, mathematischen und naturwissenschaftlichen Fächern laut PISA deutlich höher als am Ende der Grundschulzeit und im internationalen Vergleich sehr hoch. Das weisen die Streuungen der Kompetenzmaße um die Mittelwerte aus (vgl. Bos et al. 2007a, S. 153; siehe auch PISA-Konsortium 2001, S. 105 ff., S. 173 ff., S. 386 ff., bis hin zu PISA 2009). Dabei ist die Abhängigkeit der Kompetenzen von der sozialen Herkunft in Deutschland besonders ausgeprägt. Im Typenschulsystem der Sekundarstufe I gelingt es also nicht, gleiche Basiskompetenzen für die umfassende Teilhabe am gesellschaftlichen Leben zu erreichen. Für den engeren Bereich des politischen Lernens ist klar, dass es nicht im Grundschulalter abgeschlossen sein kann. Wegen seiner Bindung an die längerfristige moralische und kognitive Entwicklung führt es erst in der mittleren bis späten Adoleszenz zu einem stabilen und ausgereiften Niveau, d. h. frühestens am Ende der Sekundarstufe I, eher sogar noch später (vgl. Hopf und Hopf 1997, S. 181 ff.).

Die Unterschiede zwischen der Schichtabhängigkeit des Bildungserfolgs am Ende der Grundschule und am Ende der Sekundarstufe I sind ein Indiz dafür, dass in Deutschland die historisch gegebene Schulorganisation die Startchancengleichheit für den Bildungswettbewerb nach der Grundschule nicht vollständig ermöglicht, dagegen gleiche Basiskompetenzen für gesellschaftliche Teilhabe sogar massiv behindert. Wenn man immer nur die fehlende Leistungsgerechtigkeit an den Übergängen des deutschen Bildungssystems kritisiert und den chancengleichen

„Aufstieg durch Bildung" fordert, bleibt man in der Konkurrenzlogik fixiert und übersieht die viel weitergehende Beschränkung, die das ungleiche Bildungssystem für die gesellschaftliche Teilhabe darstellt.

4 Bildungsgerechtigkeit als Bezug auf das Individuum

Gegen die bisher erörterten Konzepte von Chancengleichheit in einer Leistungskonkurrenz und Gleichheit der Teilhabe an nicht-wettbewerblichen Lebenschancen ist eingewandt worden, dass sie nicht die eigentlichen Gerechtigkeitsprobleme auf der Ebene des Unterrichts träfen. So hat Flitner zwei „regulative Ideen" von Gerechtigkeit unterschieden, die egalisierende und die unterscheidende. Das Prinzip der egalisierenden Gerechtigkeit laute: „Allen das Gleiche" und sei für die Ebene ganzer Schulsysteme charakteristisch. Diese Forderung wird für Flitner aber erst sinnvoll, wenn sie mit dem Prinzip der unterscheidenden Gerechtigkeit „verbunden und abgewogen" wird. Er sagt: „Jedem muß *das Seine* werden, auch in der Erziehung. Erst die unterscheidende Gerechtigkeit gibt allen im höheren Sinne das gleiche, nämlich etwas gleich Wichtiges, Hilfreiches." (Flitner 1985, S. 2). Dementsprechend verbindet Flitner die unterscheidende Gerechtigkeit mit der individuellen Förderung der Kinder und Jugendlichen und im Weiteren mit der Eröffnung von Chancen für das „Leben und Gedeihen *innerhalb der Schule*" (1985, S. 15).

„Gerechtigkeit *in der Schule*" meint größtmögliche Förderung aller Kinder.

> Das aber heißt: differenzierende Förderung, die vom Kulturkreis und der Sprache der Kinder ausgeht und die Brücke schlägt zur 'Schulkultur'. Es heißt weiter, nach allem, was uns die psychologische Forschung gelehrt hat: ermutigende Förderung, die die Lernfähigkeit unterstützt, Lernängste oder Abwehr überwinden hilft, Lernfortschritte an dem vorausgehenden Niveau mißt und nicht an irgendwelchen Standards, die für das Kind nicht passen, vor allem aber: den Mut und die Freude am Lernen zu den wichtigsten Gütern rechnet, die die Schule zu verwalten hat (Flitner 1985, S. 18).

Helmut Fends aktuellere Vorstellung von „Bildungsgerechtigkeit" – „bestmögliche Förderung aller Begabungen und Neigungen" (2009, S. 39) – steht der Auffassung Flitners von „Gerechtigkeit in der Schule" nahe. Für Fend schließt das die Vermittlung von Basisqualifikationen für „Risikogruppen" von Schülern ebenso ein wie die Förderung von Hochbegabten. Er betrachtet beide Gruppen als gleichermaßen der Förderung „bedürftig".

Sicherlich wird das Ziel der „bestmöglichen Förderung aller" auf breite Zustimmung unter Lehrerinnen und Lehrern stoßen, weil sie ihr Ethos der individuellen Förderung aller Schülerinnen und Schüler gut treffen. Aber was bedeutet dies für die Stoßrichtung des Chancengleichheitskonzepts, das auf die Abschwächung herkunftsbedingter Bildungsungleichheiten gerichtet ist, d. h. bestimmte (und nicht alle) Gruppen von Schülerinnen und Schülern im Blick hat? Hier liegen Grenzen eines nur individuell verstandenen, „unterscheidenden" Gerechtigkeitsprinzips.

Es nimmt die *schulisch* definierten Ungleichheiten von individueller Begabung, Motivation, Sozialverhalten etc. als Ansatzpunkt für einen „alle gleichermaßen fördernden Unterrichts" und verstellt den Blick für die außerschulisch und gesellschaftlich bedingten Ungleichheiten. Die Anforderung an *Gleichheit* der Bildungschancen und das Ziel der *Kompensation* besonderer sozialer Benachteiligungen verschwindet bei dieser Auffassung von individueller Bildungsgerechtigkeit im Sinne der Förderung aller Begabungen und Fähigkeiten.

Ich spreche mich hier nicht für oder gegen die Legitimität und Wertigkeit der drei genannten, mit „Chancengleichheit" in Verbindung stehenden Orientierungen aus – der Chancengleichheit in einem Leistungswettbewerb, des Rechts auf gleiche soziale Teilhabe (insbesondere in nicht-konkurrentiellen „Lebenssituationen") und der Bildungsgerechtigkeit als individueller Förderung aller. Alle drei stellen bedeutsame Aspekte des Problems der „Chancengleichheit" dar.

Ich möchte jedoch drei Punkte hervorheben:

a. Zwischen diesen unterschiedlichen Aspekten von Chancengleichheit bestehen z. T. nicht aufhebbare Konflikte, die allerdings unterschiedlich gewichtet werden können (vgl. dazu auch Heckhausens Konzept der „Balance" zwischen Billigkeits-, Gleichheits- und Bedürftigkeitsprinzip, dargestellt in Hopf 2010, S. 58 ff.).

b. Das Konzept einer Startchancengleichheit in einem Leistungswettbewerb, der am Ende zu ungleichen Resultaten führt, ist eng an die Verteilungsfunktion des Bildungssystems gebunden. Dieser Leistungswettbewerb ist im Bildungssystem glücklicherweise nicht in Reinform institutionalisiert, und er hat trotzdem noch ausgesprochen negative Folgen für das Selbstbild und die Motivation leistungsschwächerer Schüler und Schülerinnen (vgl. dazu Streckeisen et al. 2007). Trotzdem glaube ich nicht, dass die Verteilungsgerechtigkeit eines Bildungssystems einfach durch Teilhabegerechtigkeit und Anerkennungsgerechtigkeit abgelöst oder überwunden werden kann, wie neuerdings argumentiert wird. Bei der Teilhabegerechtigkeit geht es um die Schaffung eines Minimums an Fähigkeiten zur politischen Mitgestaltung aller. Würde sie erreicht – so K. Stojanov –, verlöre der „Sonderfall" der herkunftsbezogenen Ungleichheiten weitgehend seine „gerechtigkeitstheoretische Relevanz". Wenn Jugendliche aus unterprivilegierten Familien die „Kompetenzschwellen der menschenwürdigen Lebensführung und der politischen Partizipation" erreichen, werde es „unerheblich", dass sie beim Wettbewerb um ökonomische und soziale Güter benachteiligt sind (Stojanov 2011, S. 39 f.). Ich halte diese Position für blauäugig und politisch fragwürdig: Alle können mitbestimmen und „ihr Leben" gestalten – aber, so können wir hinzufügen, die einen unter ziemlich günstigen und die anderen unter sehr ungünstigen sozio-ökomischen Bedingungen. Wieso dies „gerechtigkeitstheoretisch" unerheblich sein soll, ist nicht nachvollziehbar.

c. Zwischen der von mir unterschiedenen Chancengleichheit in einer Leistungskonkurrenz und der gleichen Teilhabe in nicht-konkurrentiellen Situationen einerseits und der dritten, der auf das Individuum bezogenen „Bildungsgerechtigkeit" andererseits liegt ein wesentlicher Unterschied darin, dass beim zuletzt genannten Konzept der Bezug zur gesellschaftlichen, ganze Kollektive treffende sozialen Ungleichheit der Bildung verloren zu gehen droht. Wenn die „bestmögliche Förderung aller Begabungen und Neigungen" „bildungsgerecht" sein soll, dann kommt es gar nicht mehr zu dem Problem bzw. Konflikt, dass Ungleiches auch ungleich in der Schule zu behandeln ist.

Damit ist auch eine Antwort auf die Frage im Titel dieses Beitrags gegeben: Es wäre in der Tat ein „Abschied auf Raten" vom Ziel *gleicher* Bildungschancen in der Schule, wenn allein die individuelle „Bildungsgerechtigkeit" (Jedem das Seine, Förderung aller Begabungen) übrig bliebe oder der vermeintliche „Sonderfall" herkunftsbedingter Chancenungleichheit in diffusen Vorstellungen von Teilhabe- und Anerkennungsgerechtigkeit unterginge. Diese können nur dann fundierte Erweiterungen der keineswegs utopischen Auffassung von Chancengleichheit darstellen, wenn sie empirisch zurechenbar gemacht werden und wenn ihr Spannungsverhältnis zum Ziel gleicher Chancen im Rahmen einer Leistungskonkurrenz gesehen wird.

Literatur

Aktionsrat Bildung. (2015). *Gutachten „Bildung. Mehr als Fachlichkeit"*(Vereinigung der Bayerischen Wirtschaft e. V. (Hrsg.)). Münster: Waxmann.

Autorengruppe Bildungsberichterstattung. (2010). *Bildung in Deutschland 2010. Ein indikatorengestützter Bericht mit einer Analyse zu Perspektiven des Bildungswesens im demografischen Wandel*. Bielefeld: W. Bertelsmann.

Bellenberg, G., & Weegen, M. E. (2014). Bildungsgerechtigkeit. *Pädagogik, 66*(1), 46–49.

Bertelsmann Stiftung, Institut für Schulentwicklungsforschung. (Hrsg.). (2012). *Chancenspiegel. Zur Chancengerechtigkeit und Leistungsfähigkeit der deutschen Schulsysteme*. Gütersloh: Bertelsmann Stiftung.

Bos, W., Schwippert, K., & Stubbe, T. C. (2007a). Die Kopplung von sozialer Herkunft und Schülerleistung im internationalen Vergleich. In W. Bos, S. Hornberg, K.-H. Arnold, G. Faust, L. Fried, E.-M. Lankes, K. Schwippert, & R. Valentin (Hrsg.), *IGLU 2006. Lesekompetenzen von Grundschulkindern in Deutschland im internationalen Vergleich* (S. 225–247). Münster: Waxmann.

Bos, W., Valtin, R., Hornberg, S., Buddeberg, I., Goy, M., Voss, A., et al. (2007b). Internationaler Vergleich 2006: Lesekompetenzen von Schülerinnen und Schülern am Ende der vierten Jahrgangsstufe. In W. Bos, S. Hornberg, K.-H. Arnold, G. Faust, L. Fried, E.-M. Lankes, K. Schwippert, & R. Valentin (Hrsg.), *IGLU 2006. Lesekompetenzen von Grundschulkindern in Deutschland im internationalen Vergleich* (S. 109–160). Münster: Waxmann.

Deutsches PISA-Konsortium. (Hrsg.). (2001). *PISA 2000. Basiskompetenzen von Schülerinnen und Schülern im internationalen Vergleich*. Opladen: Leske + Budrich.

Fend, H. (2009). Chancengleichheit im Lebenslauf – Kurz- und Langzeitfolgen von Schulstrukturen. In H. Fend, F. Berger, & U. Grob (Hrsg.), *Lebensverläufe, Lebensbewältigung, Lebensglück. Ergebnisse der LifE-Studie* (S. 37–72). Wiesbaden: VS Verlag.

Flitner, A. (1985). Gerechtigkeit als Problem der Schule und als Thema der Bildungsreform. *Zeitschrift für Pädagogik, 31*(1), 1–26.

Geißler, R. (2008). Die Metamorphose der Arbeitertochter zum Migrantensohn. Zum Wandel der Chancenstruktur im Bildungssystem nach Schicht, Geschlecht, Ethnie und deren Verknüpfungen. In P. A. Berger & H. Kahlert (Hrsg.), *Institutionalisierte Ungleichheiten. Wie das Bildungswesen Chancen blockiert* (2. Aufl., S. 71–100). Weinheim: Juventa.

Grundgesetz. (2010). (42. Aufl., Stand: 1. Nov. 2009). München: dtv.

Hopf, W. (2010). *Freiheit – Leistung – Ungleichheit. Bildung und soziale Herkunft in Deutschland*. Weinheim: Juventa.

Hopf, W. (2011). Bildung, chancengleiche Konkurrenz und gleiche gesellschaftliche Teilhabe. *WSI-Mitteilungen, 64*(4), 195–201.

Hopf, C., & Hopf, W. (1997). *Familie, Persönlichkeit Politik. Einführung in die politische Sozialisation*. Weinheim: Juventa.

Stojanov, K. (2011). *Bildungsgerechtigkeit. Rekonstruktionen eines umkämpften Begriffs*. Wiesbaden: VS Verlag.

Streckeisen, U., Hänzi, D., & Hungerbühler, A. (2007). *Fördern und Auslesen. Deutungsmuster von Lehrpersonen zu einem beruflichen Dilemma*. Wiesbaden: VS Verlag.

Über den Autor

Hopf, Wulf, Prof. i. R. Dr., ist Hochschullehrer im Ruhestand am Institut für Erziehungswissenschaft (vormals Pädagogisches Seminar) der Georg-August-Universität Göttingen. Arbeits- und Forschungsschwerpunkte: Soziale Ungleichheit und Bildung; politische Sozialisation von Kindern und Jugendlichen, insbesondere Rechtsextremismus; Methoden empirischer Sozialforschung.

Armut und Bildungschancen

Michael Klundt

In der politischen, wissenschaftlichen und publizistischen Öffentlichkeit wird oft behauptet, dass die alte soziale Frage längst überwunden und etwa durch eine „neue Bildungs-Frage" ersetzt worden sei (vgl. Deggerich 13. Juni 2002). Deshalb ist es wichtig, reale Arm-reich-Verhältnisse genau unter die Lupe zu nehmen, um sie dann analytisch auf die strukturellen Bildungsungleichheiten zu beziehen. Ausgehend von der sozialen Spaltung in Deutschland sollen deshalb im Folgenden Bildungsungleichheiten präsentiert und analysiert werden. Danach stehen, basierend auf den UN-Menschenrechten auf Bildung, sogenannte bildungsferne Einflussfaktoren auf Bildungsprozesse im Vordergrund. Dadurch werden sozial-spezifische Beteiligung an (formalen) Bildungs-Chancen und Momente gleichsam bildungsferner Bildungs-Strukturen kontextualisiert und mit skizzenhaften Handlungsanforderungen beantwortet.

1 Soziale Polarisierung

Je nach sozialer Herkunft sind in Deutschland Armutsrisiken verteilt. Dies haben in den letzten Jahren viele Untersuchungen untermauern können. So kommt eine Studie des Wirtschafts- und Sozialwissenschaftlichen Instituts (WSI) der Hans-Böckler-Stiftung von 2014 zu dem Ergebnis, dass sich die Armutsgefährdungsquoten bei Kindern zwischen Regionen aus Bayern und Baden-Württemberg mit unter 10 % und ostdeutschen Regionen z. B. in Sachsen-Anhalt und Mecklenburg-Vorpommern

M. Klundt (✉)
Hochschule Magdeburg-Stendal, Stendal, Deutschland
E-Mail: michael.klundt@hs-magdeburg.de

© Springer Fachmedien Wiesbaden GmbH 2017
M.S. Baader und T. Freytag (Hrsg.), *Bildung und Ungleichheit in Deutschland*, DOI 10.1007/978-3-658-14999-4_3

mit über 30 % Betroffenheit deutlich unterscheiden, wobei die Stadtstaaten Berlin und Bremen z. T. noch höhere Werte aufweisen (vgl. Baumann und Seils 2014, S. 8). Indessen weist der Paritätische Wohlfahrtsverband in seinem Jahresgutachten 2015 des Gesamtverbandes zur sozialen Lage auf gravierende Spaltungsprozesse in Deutschland hin. Während es noch nie so viele Erwerbstätige wie heute gebe, arbeiteten jedoch auch 7,8 Mio. Menschen in atypischen Beschäftigungsverhältnissen von Mini-Jobs, Teilzeit- und befristeter Arbeit (Anstieg um über 70 % innerhalb der letzten 20 Jahre). Auch seien mehr als eine Million Menschen länger als ein Jahr erwerbslos und über ein Fünftel der Hartz-IV-Beziehenden (d. h. etwa 1,3 Mio. Menschen) verblieben bereits seit über zehn Jahren im Leistungsbezug. In Armut lebten nach Angaben des Gutachtens 15,5 % der Gesellschaft, also jede/r sechste Deutsche. Sie erhielten weniger als 60 % des mittleren Einkommens in Deutschland und würden daher aufgrund von Kriterien der EU, der WHO und der OECD als arm bezeichnet (d. h. in Deutschland ein Singleeinkommen von weniger als 892 € bzw. 1873 € für eine vierköpfige Familie; vgl. Paritätischer Wohlfahrtsverband 2015a, S. 2). Entsprechend lebten 40 % der Alleinerziehenden und fast 60 % der Erwerbslosen in Deutschland in Armut, wobei diese Tendenz seit 2006 ansteige. Auch die Kinderarmut bleibe in Deutschland weiterhin auf sehr hohem Niveau. – 15,4 % der unter-15-Jährigen Kinder und Jugendlichen in Deutschland lebt von Hartz IV. Bedrohlich zugenommen habe zudem in den letzten Jahren auch die Altersarmut, insbesondere unter Rentnerinnen und Rentnern. Zwar liege die Armutsquote der Alten mit 15,2 % noch knapp unter dem Durchschnitt, sei jedoch seit 2006 viermal so stark wie in der Gesamtbevölkerung gestiegen. Keine andere Bevölkerungsgruppe zeige eine rasantere Entwicklung in Richtung Armut. Die Zahl derer, die Grundsicherung im Alter in Anspruch nehmen müssten, sei im Jahr 2013 um ca. 30.000 auf knapp 500.000 gestiegen, und diese Zunahme wachse von Jahr zu Jahr weiter an (vgl. Paritätischer Wohlfahrtsverband 2015b, S. 53 ff.).

Zu ähnlichen Ergebnissen gelangte auch der Armutsbericht (2016) des Paritätischen Wohlfahrtsverbandes (vgl. Paritätischer Wohlfahrtsverband 2016, S. 8 ff.). Demnach hatte nicht einmal das für Deutschland gute Wirtschaftsjahr 2014 zu einem nennenswerten Rückgang der Armutsquote geführt. Mit 15,4 % verharrt sie auf hohem Niveau (0,1 % weniger als 2013) und betrifft damit etwa 12,5 Mio. Menschen. Prozentual am stärksten von Armut betroffen sind Erwerbslose mit 58 %. „Auch die Kinderarmutsquote (19 %) liegt nach wie vor deutlich über dem Durchschnitt, wobei die Hälfte der armen Kinder in Haushalten Alleinerziehender lebt. Die Armutsquote Alleinerziehender liegt bei sogar 42 %. Alarmierend ist die Entwicklung insbesondere bei Rentnerhaushalten. Erstmalig sind sie mit 15,6 Prozent überdurchschnittlich von Armut betroffen. Die Quote der altersarmen Rentnerinnen und Rentner ist seit 2005 um 46 Prozent und damit so stark angewachsen wie bei keiner anderen Bevölkerungsgruppe" (Armutsbericht 2016).

Während Bund, Länder und Gemeinden in den letzten Jahren auf eine gemeinsame Staatsschuld von ca. 2,1 Billionen € gekommen sind, haben sich die Gesamtvermögen in Deutschland insgesamt auf etwa 9,4 Billionen € summiert. Das reichste Zehntel in Deutschland besitzt laut Deutschem Institut für Wirtschaftsforschung und der Deutschen Bundesbank von diesen 9,4 Billionen allein 5,8 Billionen, das heißt über 61 %. Die obersten 30 % verfügen mit etwa 8,6 Billionen € über 91 % des gesamten Vermögens in Deutschland. Die unteren 70 % teilen sich die restlichen 0,8 Billionen und damit 8,8 %. Die untere Hälfte der Bevölkerung kommt gerade noch auf 1 % des Gesamtvermögens, das untere Drittel besitzt nichts oder ist ver- bzw. überschuldet (vgl. Meck et al. 2012).

Selbst nach Angaben des „überarbeiteten" vierten Armuts- und Reichtumsbericht der Bundesregierung lässt sich der Zusammenhang von wachsendem privaten Reichtum und steigender öffentlicher Armut nicht von der Hand weisen. „Während das Nettovermögen des deutschen Staates zwischen Ende 1991 und Ende 2011 um knapp 800 Mrd. Euro zurückging, hat sich das Nettovermögen der privaten Haushalte (einschließlich privater Organisationen ohne Erwerbszweck) nominal von knapp 4,6 auf rund zehn Billionen Euro mehr als verdoppelt − im Verhältnis zur jeweiligen Wirtschaftsleistung stieg es in diesem Zeitraum vom Drei- auf das Vierfache" (BMAS 2013, S. 49).

Der Historiker Hans-Ulrich Wehler macht noch auf einen zusätzlichen enormen Vermögenskonzentrationsprozess jenseits des marktwirtschaftlichen Leistungsprinzips aufmerksam.

Ohne jede kontroverse Debatte werden zwischen 2000 und 2020 mehr als fünf Billionen Euro vererbt. Besäßen wir, wie andere Länder, eine Erbschaftsteuer von 50 Prozent, hätte die Bundesrepublik mehr als 2,5 Billionen Euro gewonnen, die sie für den Ausbau des Bildungssystems, des Verkehrsnetzes, die Renovierung der Infrastruktur in den west- und ostdeutschen Städten ohne irgendeine neue Belastung des Steuerzahlers hätte einsetzen können. Anstatt aber die Erbschaftsteuer endlich anzuheben, ist sie unter dem Druck der Lobby unlängst sogar noch weiter abgesenkt worden (Wehler 7. Februar 2013).

Gestiegener Reichtum in den Händen weniger bedeutet natürlich auch gestiegene Macht und wachsenden Einfluss in Wirtschaft, Politik, Medien und Wissenschaft. „Im Bann der neoliberalen Politik wurde auch die Steuerbelastung für die Alt- und Neureichen drastisch abgemildert", so Wehler. „Die Tabaksteuer ist ungleich höher als die Steuer auf Kapitalgewinne. [...] Die Lohn-, Umsatz- und Verbrauchsteuern ergeben 80 Prozent des gesamten Steueraufkommens, die

Unternehmens- und Gewinnsteuern erreichen dagegen nur mehr 12 Prozent"
(Wehler 7. Februar 2013).

2   Bildungs-Ungleichheiten

Selbst eine Studie der Konrad Adenauer Stiftung sieht Deutschland

> auf dem Weg in eine neue Art von Klassengesellschaft […], wobei die Trennungs-
> linie eben nicht nur über Einkommen und Vermögen, sondern auch über kulturelle
> Dimensionen wie etwa Bildungskapital und Bildungsaspirationen, aber auch Werte
> und Alltagsästhetik verläuft. Ebenso erweisen sich Ernährung, Gesundheit, Klei-
> dung und Medienumgang als Abgrenzungsfaktoren. Der Zulauf zu privaten Schu-
> len ebenso wie das Umzugsverhalten von Eltern der bürgerlichen Mitte geben ein
> beredtes Zeugnis dieser Entwicklung (Borchard et al. 2008, S. 8).

Die ungleiche Verteilung der Vermögen wird zukünftig durch den Generationen-
zusammenhang sogar noch weiter verschärft, da mit der Zunahme der Erbschaf-
ten sich auch die sozialen Gegensätze vergrößern werden, denn Personen aus
höheren Bildungsschichten, die in der Regel schon selbst höhere soziale Positionen erreichen, erben höher als Personen mit niedrigerem Bildungsstand. Darüber
hinaus heiraten wohlhabende Menschen in der Regel auch innerhalb der gleichen
Schicht, sodass Reichtum noch einmal konzentrierter vorkommt (vgl. Esping-
Andersen 2006, S. 59).

Umgekehrt führt Armut nicht nur dazu, dass sich benachteiligende Lebenslagen negativ auf Gesundheit und die Bildungskompetenzen auswirken, da eine
niedrigere soziale Herkunft auch kleinere Bildungsförderung und damit geringere
Ergebnisse bedeutet. Hinzu kommt noch, dass selbst bei gleicher Leistung meist
der familiäre Hintergrund der Schüler/innen maßgeblich über ihre Bildungschancen entscheidet (vgl. Klundt 2008, S. 105 ff.). So werden Bildungs- und damit
Karriere- und Partizipationschancen buchstäblich „vererbt". Der Eliteforscher
Michael Hartmann berichtet ähnliches über die zentralen Determinanten beim
Übergang zu weiterführenden Schulen nach der Primarstufe. Nicht nur die mili-
eubedingt besseren Leistungen der Kinder aus den höheren Schichten und Klassen
machen sich dabei bemerkbar, sondern, so Hartmann, „auch die je nach sozialer
Herkunft stark differierenden Beurteilungen der Lehrkräfte. So benötigt z. B. nach
einer Erhebung unter allen Hamburger Fünftklässlern ein Kind, dessen Vater das
Abitur gemacht hat, ein Drittel weniger Punkte für eine Gymnasialempfehlung als
ein Kind mit einem Vater ohne Schulabschluss. Bei Versetzungsentscheidungen
sind dieselben Mechanismen zu beobachten" (Hartmann 2005, S. 45). Ähnliche

Ergebnisse erforschten die Mainzer Soziologen Alexander Schulze, Rainer Unger und Stefan Hradil in einer repräsentativen Schulstudie in Wiesbaden (vgl. Schulze et al. 2008, S. 4 ff.). Demnach greife eine regelrechte „Unterschichtsbremse" für die Oberschulen, wodurch Viertklässler aus armen Familien bei gleichen Noten viel seltener eine Empfehlung für das Gymnasium erhalten als Kinder betuchter Eltern (vgl. Skandalöses Schüler-Lotto 11. September 2008).

Auch die Sonderauswertung der Internationalen Grundschul-Lese-Untersu-chung (IGLU) von Anfang 2010 durch den Schulforscher Wilfried Bos von der TU Dortmund hebt hervor, dass Akademikerkinder im Bundesdurchschnitt eine fast dreimal so große Chance haben, von ihren Grundschullehrern eine Emp-fehlung für den Besuch des Gymnasiums zu bekommen, wie Kinder aus der Unterschicht – auch dann, wenn sie über die gleiche Leistungsfähigkeit (sog. Intelligenz) und über das gleiche Lesevermögen verfügen. Dabei gibt es erhebli-che Unterschiede zwischen den einzelnen Bundesländern.

> Die Koppelung von sozialer Herkunft und Gymnasialchancen ist demnach im Saar-land, in Sachsen, Hessen, Bayern und in Sachsen-Anhalt besonders groß. In Berlin, Brandenburg, Bremen, Mecklenburg-Vorpommern und Thüringen fanden die Schul-forscher hingegen keine bedeutsamen Unterschiede – wenn man die Gymnasialempf-ehlungen von Kindern mit gleicher Intelligenz und Lesekompetenz vergleicht. Dem Wissenschaftler zufolge ist bundesweit jede dritte Empfehlung über die weitere Schullaufbahn nach Klasse vier ‚nicht optimal' (Bildungsstudie 2010).

Die Bildungsforscher Wilfried Bos (Dortmund) und Nils Berkemeyer (Jena) haben für den von der Bertelsmann Stiftung beauftragten Bildungs-„Chancenspiegel 2012" für Deutschland auf Daten des Berliner Qualitätsinstituts IQB, Zahlen des Statistischen Bundesamtes und Ergebnisse der Grundschulstu-die IGLU sowie der OECD-Studie PISA zurückgegriffen. Sie kommen zu glei-chen Ergebnissen, was die Abhängigkeit der Bildungschancen von der sozialen Herkunft betrifft. So ermittelten sie beispielsweise, dass in Bayern, Baden-Würt-temberg, Niedersachsen und Schleswig-Holstein besonders stark die Kinder der sogenannten „oberen Dienstklasse" bevorzugt würden. „Das bedeutet: Kinder aus akademisch gebildetem, reichem Elternhaus bekommen dort, trotz gleicher Leis-tung, sechsmal so große Chancen aufs Gymnasium wie Arbeiterkinder" (Füller 12. März 2012; vgl. UNICEF 16. Dezember 2012).

Ähnliches bestätigt eine Sonderauswertung des Mikrozensus zum sozioökono-mischen Status von Schüler/innen im Statistischen Bundesamt. Zwar verweist die Autorin Daniela Nold darauf hin, dass laut Artikel 26 der Allgemeinen Erklärung der Menschenrechte jede und jeder unabhängig von Alter, Geschlecht und sozi-aler Herkunft Zugang zu Bildung haben soll. Doch muss sie PISA- und IGLU-Vergleichsstudien bestätigen, wonach Bildungserfolg und Bildungsbeteiligung von der sozialen Herkunft der Kinder abhängig sind. Demnach befinden sich Kinder aus sog. bildungsfernen, einkommensschwachen und migrantischen Familien unabhängig von der jeweiligen Leistung überproportional häufig auf Haupt- und Sonderschulen und unterproportional auf Gymnasien. Das genaue Gegenteil gilt für Kinder aus sozial privilegierten Familien.

> Die durchgeführten Analysen zeigen deutlich, dass die Art der besuchten Schule vom sozioökonomischen Hintergrund sowie vom Migrationshintergrund der Schülerinnen und Schüler abhängt und dass sich die soziale Zusammensetzung der Schülerschaft zwischen den unterschiedlichen Schularten deutlich unterscheidet. Während sozial besser gestellte, bildungsnahe Familien sowie Familien ohne Migrationshintergrund das Potenzial ihrer Kinder stark ausschöpfen, liegen bei bildungsfernen, sozial schwachen Familien sowie Familien mit Migrationshintergrund oftmals Begabungsreserven brach. Soziale Ungleichheiten reproduzieren sich über Generationen hinweg und die Humanressourcen der Gesellschaft werden nicht in optimaler Weise entwickelt und genutzt. Dies stellt insbesondere vor dem Hintergrund der zunehmenden Risikolagen von Kindern und der demografischen Entwicklung ein großes Problem dar (Nold 2010, S. 149).

Die PISA-Studie von 2013 stellte hier zwar Verbesserungen bei den 5000 getesteten 15-Jährigen in Deutschland fest. Doch trotz aller Veränderungen verblieben die Bildungschancen immer noch überproportional von der sozialen Herkunft abhängig (vgl. Frankfurter Rundschau v. 03. Dezember 2013). Zwar weist eine OECD-Studie von 2015 darauf hin, dass sich der Ausbau von frühkindlicher Bildung vor und die Chancen auf einen Ausbildungsplatz nach der Schule in Deutschland deutlich verbessert haben. Doch kann auch sie nicht verhehlen, dass Bildungschancen immer noch zu oft vererbt werden und aus armen Verhältnissen stammende Schüler/innen viel zu oft dort verbleiben (vgl. Osel 25. November 2015; Peter 25. November 2015). In einer der letzten Auswertungen aus der PISA-Studie 2012 zu sog. leistungsschwachen Schüler(inne)n wird auch dies abermals unterstrichen: „Für Schüler aus sozial benachteiligten Elternhäusern ist das Risiko, als leistungsschwach zu enden, viel höher als für Kinder aus wohlhabenderen Schichten", resümiert dazu Sabine Müller vom Berliner ARD-Hauptstadtstudio (Müller 10. Februar 2016).

Jetzt ließe sich doch eigentlich vermuten, dass Schulen in sozialen Brennpunkten und mit besonders vielen Kindern mit Migrationshintergrund auch eine besonders hohe, an ihrem Mehrbedarf orientierte zusätzliche Förderung erhalten, im Verhältnis zu anderen Schulen. Doch dies ist offensichtlich sehr häufig nicht der Fall in Deutschland. Eine Untersuchung des Sachverständigenrats deutscher Stiftungen für Integration und Migration (SVR) mit dem Titel „Ungleiches ungleich behandeln!" durch den Autor Simon Morris-Lange kommt stattdessen zu folgendem ernüchternden Ergebnis:

Die schlechteren Bildungschancen von Schülern mit Migrationshintergrund werden bei der Finanzierung von Grund- und Sekundarschulen bislang nur unzureichend berücksichtigt. Die Folge: Schulen mit einem hohen Zuwandereranteil und Schulen in sozial schwieriger Lage erhalten trotz Mehrbedarf zum Teil ebenso viele Zuschüsse wie die ‚Durchschnittsschule' oder sogar weniger – sehr zum Nachteil der Schüler mit Migrationshintergrund (Morris-Lange 2016, S. 4).

In ihrer Studie „Bildung auf einen Blick" von 2015 untersuchte die OECD auch die Bildungs-Mobilität zwischen den Generationen. Hinsichtlich des Anteils der 25- bis 64-Jährigen, deren Bildungsabschluss höher oder niedriger liegt als der ihrer Eltern, lassen sich für alle OECD-Staaten im Durchschnitt 39,2 % Bildungsaufstieg (mit Finnland, Frankreich, Polen, Niederlanden, Schweden deutlich darüber) und zu 11,6 % Bildungsabstieg feststellen (Finnland, Frankreich, Spanien, Italien liegen deutlich darunter). In Deutschland liegt der Bildungsaufstieg unterdurchschnittlich bei nur 24 % und der Bildungsabstieg überdurchschnittlich bei 17,9 %. Somit gelingt in Deutschland die Bildungsmobilität unterdurchschnittlich nach oben, aber überdurchschnittlich nach unten, was für das Bildungssystem einem Armutszeugnis gleichkommt (vgl. OECD 2015, S. 109; Müller und Neubacher 9. Mai 2015, S. 72).

3 Bildung als Patent-Rezept gegen Armut?

Bildungsungleichheiten sind in der Regel die Folge von sozio-ökonomischen Ungleichheiten und nicht umgekehrt. Der französische Soziologe Pierre Bourdieu hat das in seinen Analysen des Bildungssystems als Reproduktions-, Allokations- und Legitimationsinstitution von Klassengesellschaften eindrücklich untermauern können. So bestehe das objektive Ziel des Bildungssystems gerade nicht etwa darin, allen gleichermaßen das Lernen zu ermöglichen, sondern eine Hierarchie der Leistungsunterschiede herzustellen und die Aufteilung in sogenannte ‚gute' und ‚schlechte', ‚begabte' und ‚unbegabte' Schüler/innen zu organisieren. Damit entpuppe sich die Betriebsfunktion des Bildungssystems als etwas gänzlich anderes, als viele glauben (vgl. Bourdieu und Passeron 1971, S. 15 ff.). Laut Bourdieu machen die Prinzipien eines solchen Wettbewerbs, der darauf aufbaut, dass „die am meisten Begünstigten begünstigt und die am meisten Benachteiligten benachteiligt werden, […] es notwendig und hinreichend, dass die Schule […] die kulturelle Ungleichheit der Kinder der verschiedenen gesellschaftlichen Klassen ignoriert. Anders gesagt, indem das Schulsystem alle Schüler, wie ungleich sie auch in Wirklichkeit sein mögen, in ihren Rechten und Pflichten gleich behandelt, sanktioniert es faktisch die ursprüngliche Ungleichheit gegenüber der Kultur"

(Bourdieu 2001, S. 39) und verleihe dieser somit den „Anschein von Legitimität" (Bourdieu 2001, S. 25). Seine Beurteilungen von scheinbar objektiven Messungen vermeintlicher Begabungen und Nichtbegabungen überzeugen demnach die voraussichtlichen Verlierer davon, ihr Scheitern als selbst verschuldet anzusehen und sich mit ihrer Abwertung abzufinden.

Dem gegenüber „begründet" das Bildungssystem den Kindern der höheren Klassen mit hoher Wahrscheinlichkeit deren vermeintlich selbst erarbeiteten sozialen Aufstieg zur vererbten Position ihrer Eltern im sozialen Raum. Nach Bourdieu handelt es sich hierbei um eine Art von „Klassenrassismus" (Bourdieu 2001, S. 147), der die Herrschenden als Wesen höherer Art und Wertigkeit darstellt und die Beherrschten als nicht sehr intelligentes Gesindel (vgl. Thilo Sarrazins Sozialrassismus: Foroutan et al. 2010, S. 5 ff.). Je höher man also im Bildungssystem gelange, umso mehr Jugendliche und junge Erwachsene hoher sozialer Herkunft treffe man dort an, wobei allein die Notenvergabe schon dafür sorge, aber in Deutschland zudem ergänzt werde durch eine ihre Wirkungen noch zementierende Dreigliedrigkeit des Schulsystems (vgl. Wernicke 2009, S. 31).

In einem Bericht der Wirtschaftswoche vom 17. September 2014 über eine UBS-Studie 2014 zum Ausmaß und den Erscheinungsformen von superreichen Milliardärs-Familien lässt sich diese Erkenntnis sogar wider die Autorenabsicht zeigen. Zunächst erwähnt der Beitrag ausführlich die 775 Milliardäre in Europa innerhalb der 2325 Milliardäre weltweit, deren Vermögen gerade um 12 % gestiegen sei auf 7,3 Billionen US$ (5,64 Billionen €). Allein das Vermögens-Plus entspreche dem doppelten deutschen Bruttoinlandsprodukt bzw. mehr als dem Wert aller Firmen im Dow Jones Index. Dabei wird auch darauf hingewiesen, dass es sich bei diesen Milliarden-Vermögen mehrheitlich um Erbschaften handelt. Und dann glaubt der Artikel noch allen Nicht-Akademikern und Bildungsfernen Mut machen zu können, wenn es heißt: „Der jetzt veröffentlichte Bericht hat auch Trost für alle parat, die sich mit einer akademischen Ausbildung schwer tun: 35 Prozent der Superreichen haben keinen Universitätsabschluss" (Mehr Superreiche 17. September 2014). Was der Aufsatz damit zu suggerieren scheint – jeder kann es schaffen –, ist allerdings mit dieser empirischen Erkenntnis gerade nicht zu beweisen, sondern vielmehr das genaue Gegenteil: Bildung ist nicht nur kein Patentrezept gegen Armut, sondern auch keines für Wohlstand und (extremen) Reichtum, denn viele reiche Erben brauchen nicht einmal höhere Bildungsabschlüsse für ihren Milliarden-Reichtum.

4   Bildung zwischen Menschenrecht und Manipulation

Die Allgemeine Erklärung der Menschenrechte durch die Vereinten Nationen von 1948 stellt in Artikel 26, Absatz 1 zu Bildung fest: „Jeder hat das Recht auf Bildung. Die Bildung ist unentgeltlich, zum mindesten der Grundschulunterricht und die grundlegende Bildung." Daraufhin formuliert die UNO folgende Bildungsziele in Absatz 2: „Die Bildung muss auf die volle Entfaltung der menschlichen Persönlichkeit und auf die Stärkung der Achtung vor den Menschenrechten und Grundfreiheiten gerichtet sein. Sie muss zu Verständnis, Toleranz und Freundschaft zwischen allen Nationen und allen rassischen oder religiösen Gruppen beitragen und der Tätigkeit der Vereinten Nationen für die Wahrung des Friedens förderlich sein." Von diesem Maßstab aus sollten sich Reflexionen über Bildung als Menschenrecht in Deutschland besonders leiten lassen.

Bildung lässt sich somit als individueller und kollektiver Menschheits-Prozess der Aufschlüsselung von Selbst- und Weltbild beschreiben. Sie zeichnet sich nicht nur durch die Anhäufung von vielem Wissen aus, sondern auch durch das Denken in Zusammenhängen. Bildung bedeutet, Vorkommnisse des natürlichen, politischen, sozialen, wissenschaftlichen und geistig-kulturellen Lebens in ihrer Kausalität, Wechselwirkung und Widersprüchlichkeit, in ihrer Entstehung und Entwicklung – also auch Veränderung – zu begreifen. Bildung impliziert auch die Entwicklung zu vernunftgeleiteter Autonomie und individueller, allseitiger Persönlichkeitsentfaltung. Ziele humanistischer Bildung sind demnach Mündigkeit (vgl. Kant), Ganzheitlichkeit (vgl. Pestalozzi), Humanität (vgl. Humboldt), Aufklärung, Mit- und Selbstbestimmung, Kritikfähigkeit, Verantwortung und Gemeinschaftsfähigkeit (vgl. Demirovic 2015, S. 221 ff.).

Doch Aufklärung, als Menschenwürde und Vernunft verpflichtete Bildung verstanden, war und ist stets gefährdet von einflussreichen Herrschaftsgruppen, die ihre Privilegien durch die Verbreitung von herrschaftskritischen Erkenntnissen in der Bevölkerung bedroht sehen. Wenn es nach den vielen auf Bildungsprozesse, Schulen und Schulbücher Einfluss nehmenden privatwirtschaftlichen Lobbygruppen geht, sollte Bildung beispielsweise fast nur noch mit der Bildung von sog. Humankapital gleichgesetzt werden. Die Organisation „Lobbycontrol" verweist darauf, dass inzwischen die Daimler AG Schularbeitshefte zu „Design und Aerodynamik" für den Unterricht in NRW herstellt, die von der Metallindustrie finanzierte INSM („Initiative Neue Soziale Marktwirtschaft") oder Europas größter Medienkonzern, das Milliarden-Steuer-Spar-Modell „Bertelsmann-Stiftung"[1] und andere neoliberale „Denk-Fabriken" inzwischen (mit)bestimmen, was an Deutschlands Schulen über Finanzsystem, Wirtschaft und Sozialstaat gelehrt und gelernt wird. Energie-Oligopole lehren Stromsparen, Agrochemie- und Saatgut-Multis wie Bayer unterstützen Schülerlabore und propagieren unter der Hand Gentechnik für die Landwirtschaft, Volkswagen bringt Klimaschutz bei, Energiekonzerne propagieren Tiefenverklappung von Kohlendioxid mit der CCS-Hochrisikotechnologie, Finanzindustriekonzerne erklären den Umgang mit Geld, die INSM lehrt Gefahren und Probleme übermäßiger Sozialstaatlichkeit für die Wettbewerbsfähigkeit, Bertelsmann- und Nixdorf-Stiftung lassen eigene Schul-Lehrbücher schreiben, in denen der überbordende Wohlfahrtsstaat gegeißelt wird und die an Schulen in Sachsen, Thüringen und Mecklenburg-Vorpommern eingesetzt werden (vgl. Kamella 2013). Dabei wird versucht ein Verständnis von Bildung zu verankern, das dem Artikel 26 der Allgemeinen Erklärung der Menschenrechte der Vereinten Nationen von 1948, dem Artikel 13 des UN-Paktes über wirtschaftliche, soziale und kulturelle Rechte sowie den Artikeln 28 und 29 der UN-Kinderrechtskonvention relativ wenig Rechnung trägt. Stattdessen lässt sich eher von Indoktrination und struktureller Beeinträchtigung des Kindeswohls sprechen (vgl. Dimmelmeier 3. November 2015).

Ein besonderes Bildungsverständnis enthält der Koalitionsvertrag der Bundesregierung aus CDU/CSU und SPD von (2013). Darin steht der ausdrückliche Beschluss, mehr Bundeswehr in den Schulen und anderen Bildungsstätten einzusetzen. So heißt es: „Die Jugendoffiziere leisten eine wichtige Arbeit bei der Information über den Auftrag der Bundeswehr. Wir begrüßen es, wenn möglichst viele Bildungsinstitutionen von diesem Angebot Gebrauch machen. Der Zugang der Bundeswehr zu Schulen, Hochschulen, Ausbildungsmessen und ähnlichen Foren ist für uns selbstverständlich" (Koalitionsvertrag 2013, S. 177). Reklame für die Bundeswehr läuft jedoch oft darauf hinaus, wie in BRAVO für „Action", „Fun" und „coole Panzerfahrten" zu werben, damit 10- bis 16-Jährige „lernen", was Militär ist (vgl. SPIEGEL online v. 18. September 2012). Denn das angeblich anständige Kriegshandwerk hat immer noch einen etwas schlechten Ruf in unserer „glückssüchtigen Gesellschaft" (Bundespräsident Joachim Gauck laut: ZEIT online v. 12. Juni 2012). Die deutsche Bevölkerung hat immer noch ein relativ gespaltenes Verhältnis zum Schießen und Töten (vgl. Körber-Stiftung 2014, S. 4). Das muss sich nach Ansicht einiger Politiker dringend ändern. Wer auf todbringenden und gesundheitsschädlichen Produkten für Erwachsene (wie Zigaretten

---

[1]Damit ist selbstverständlich noch keine Aussage über die qualitative Güte aller von der Bertelsmann-Stiftung geförderten wissenschaftlichen Studien getroffen worden (vgl. Wernicke und Bultmann 2010, S. 9 ff.).

oder Alkohol) deutlich schreibt, dass sie todbringend und gesundheitsgefährdend sind, aber Kindern und Jugendlichen nicht erzählt, wie viele Soldaten mit Verletzungen, Traumata, Tötungserfahrungen oder sogar dem eigenen Ableben im Kriegseinsatz zu rechnen haben, handelt wider die Kinderrechte. Militär in Bildungseinrichtungen und Minderjährige auf Mordwerkzeugen sind demnach weniger Bildung, als eine Form von struktureller Kindeswohlgefährdung (vgl. Cremer 2013, S. 19 f.).

5   Bildungsferne Bildung?

Sogenannte bildungsferne Menschen lassen sich aber auch an Orten finden, wo sie nicht sofort vermutet worden wären. Stellen wir uns vor, ein gesamter Abiturjahrgang eines Bundeslandes erhält für das Fach Geografie die Aufgabenstellung, die Standortvorteile japanischer Atomkraftwerke an den Küsten des erdbebengefährdeten Landes zu erläutern. Die konkrete Aufgabenstellung lautet: „Im Rahmen des Ausbaus der Energieerzeugung aus Kernkraft wurde beschlossen, die japanischen Kernkraftwerke an den Küsten, jedoch in Entfernung zu den großen Verdichtungsräumen zu errichten. Begründen Sie diese Entscheidung und stellen Sie positive Effekte für die Entwicklung der räumlichen Strukturen an diesen Standorten dar!" („Das Meer ist eine einfache Methode zur Abfallentsorgung" 2011).

Was wird hier von den Jugendlichen verlangt? Erstens sind Atomkraftwerke und deren Bau grundsätzlich nicht zu hinterfragen. Zweitens darf deren Installierung an Küsten nicht problematisiert werden. Denn beides wäre streng genommen nicht im Sinne der Abitur-Aufgabe und müsste demnach Noten-irrelevant bleiben oder gar Noten-Abzüge bedeuten, da das Thema bzw. die Aufgabenstellung verfehlt worden wären. Die Schüler/innen sind somit – wollen sie ihr Abitur bestehen – gezwungen, die positiven Effekte von Atomkraftwerken und deren Errichtung an den Landesküsten Japans zu betonen und zu begründen. Das tun dann auch die meisten, verweisen auf die absolute Sicherheit für die Großstädte Japans, auf die gute Möglichkeit, radioaktiven Müll gleich im Meer zu versenken, die an Sicherheit grenzende Unwahrscheinlichkeit von Tsunamis und Erdbeben und die grundsätzliche, absolute Sicherheit der Reaktoranlagen. Manche Schüler/innen problematisieren, trotz klarem Verstoß gegen die vom Kultusministerium vorgegebene Aufgabenstellung, aber dennoch das grundsätzliche Sicherheitsrisiko von AKWs, die Atommüll-Frage, die Gefahr von Erdbeben sowie die Möglichkeit von Tsunamis.

Durch diese Abitur-Aufgabe aus dem Jahre 2010 – also ein Jahr vor der Katastrophe von Fukushima – wurden nicht nur Demagogie und Bevormundung ausgeübt, da formal nur Gründe für die Verteidigung von Atomreaktoren und deren

Bau an Küsten, jedoch keine Kritik, nicht einmal Pro/Kontra-Diskussionen, vorgesehen waren. Gleichzeitig wurden auch Opportunismus und Konformismus gefördert; auf keinen Fall jedoch Ziele humanistischer Bildung in Richtung Mündigkeit, Aufklärung, Mit- und Selbstbestimmung, Kritikfähigkeit, Verantwortung und Gemeinschaftsfähigkeit. Es müsste demnach konstatiert werden, dass die armen Absolvent(inn)en dieses Schulsystems mit einer solchen Abitur-Aufgabe entmündigt, von wirklicher Bildung – auch im Sinne allseitiger Persönlichkeitsentwicklung – fern gehalten werden und hinsichtlich ihrer sozialen Verantwortlichkeit als geradezu schwach ausgebildet bezeichnet werden können. Insofern wären sie als „bildungsfern" und „sozial schwach" zu beschreiben. Gleichzeitig erscheinen jedoch das Bildungssystem dieses Bundeslandes und seine Abiturient(inn)en jährlich als die scheinbar intelligentesten und klügsten Schüler/innen in fast allen wettbewerbsorientierten nationalen wie internationalen Leistungstests für Bildungskompetenzen (vgl. PISA etc.). Wie passt so etwas zusammen?

Von den Maßstäben umfassender und humanistischer Bildung aus betrachtet – geschweige denn von dem der vernunftgeleiteten Autonomie und individuellen, allseitigen Persönlichkeitsentfaltung – sind die verschiedenen Lernleistungsvergleichs-Tests meilenweit entfernt von Bildung, da sie doch in der Regel nur das angehäufte und ausgespuckte Wissen testen. Dazu passt im Übrigen auch, dass Kreativität und produktive Fantasie grundsätzlich nicht abgefragt werden (können), obwohl gerade sie für jegliche Wirtschaftsinnovationen und Produktentwicklungen Voraussetzungen sind. Bei den verschiedenen wettbewerbsorientierten Leistungsvergleichstests handelt es sich offenkundig auch um ein Verständnis von Bildung, das dem Artikel 26 der Allgemeinen Erklärung der Menschenrechte der Vereinten Nationen von 1948, den Artikeln 28 und 29 der UN-Kinderrechtskonvention sowie dem Artikel 13 des UN-Paktes über wirtschaftliche, soziale und kulturelle Rechte relativ wenig Rechnung trägt.

6   Fazit

Somit lässt sich zeigen, dass die Verteilung von Bildung sowohl von ihrer quantitativen, als auch von ihrer qualitativen Seite her betrachtet werden muss. Während einerseits Bildung als eher funktionale (Aus-)Bildung zu einer anständigen oder ausreichenden Verwertbarkeit je nach sozialer Herkunft, Armut und Reichtum, verteilt ist, lassen sich andererseits auf inhaltlicher Ebene enorme Unterschiede feststellen. Dabei droht das menschenrechtliche Verständnis von Bildung als Befreiung von Unwissenheit und Unmündigkeit sowie als Persönlichkeitsentfaltung immer mehr zugunsten markt-konformisierter Funktionalisierung ins Hintertreffen zu geraten. Je nach Verständnis von Bildung gestalten sich auch die Perspektiven auf die Betroffenen. Insofern müssen Untersuchungen von Bildungschancen je nach sozialer Herkunft immer auch danach befragt werden, welche Bildung und welche Chancen hierbei zur Verteilung anstehen. Umgekehrt sind gesellschaftspolitische Debatten über sogenannte bildungsferne Menschen ebenfalls hinsichtlich ihrer Beschreibungsprämissen zu analysieren.

Insofern ließe sich die Frage stellen, inwiefern bereits die gesellschaftliche Ordnung und das Bildungssystem aus strukturellen Gründen reale Bildungsprozesse behindern und einen buchstäblichen Irrationalismus (vgl. Metscher 2010, S. 358) befördern (können). Dies bedeutet allerdings, sich genauer mit den sozialen und ideologischen Bedingungs- und Bedeutungsfaktoren für Bildungsprozesse zu beschäftigen und herauszuarbeiten, wie Erwachsene und Kinder ermächtigt werden können, diese Strukturen selbst zu durchschauen und darauf in ihrem besten Interesse einzuwirken. Schließlich könnte „Bildung" auch so verstanden werden, wie sie der französische Aufklärer im 18. Jahrhundert und Verantwortliche des ersten Bildungs-, Schul- und Erziehungsplans der Französischen Revolution, Marquis de Condorcet 1792 beschrieben hat: „Bildung macht die Menschen ungehorsam und schwer zu regieren" (zit. nach: Zoughebi 2014, S. 7).

Wer aber die Spaltung der Gesellschaft in Arm und Reich reduzieren will, kommt zu deren Finanzierung an einer Vermögensteuer, einer gerechten Erbschaftsteuer, einer Finanzmarktsteuer und einem angehobenen Spitzensteuersatz nicht vorbei. Denn ein sich selbst arm machender Staat kann Armut nicht bekämpfen und damit nur schwerlich gleiche Bildungschancen erwirken. Die gegenwärtige Weltwirtschafts- und Finanzkrise lässt sich nicht nur auf „Gier", „das System" oder die Deregulierung der Finanzmärkte und die Privatisierung weiter gesellschaftlicher Bereiche zurückführen. Zentraler Ausgangspunkt dieser Krise ist die in den letzten Jahrzehnten enorm gestiegene Polarisierung der Einkommen und Vermögen zwischen Arm und Reich. So wurden über die Steuerpolitik öffentliche Armut begünstigt, Massennachfrage gehemmt und bis dahin ungeahnte Summen auf die Finanzmärkte getrieben. Umverteilung von oben nach unten ist daher eine existenziell-ökonomische Frage. Für diejenigen, die sich dabei mit anderen für solidarische Alternativen stark machen oder sich an die Seite der Benachteiligten und Unterdrückten stellen, um sich an der Beseitigung der Ursachen gesellschaftlicher Nöte zu beteiligen, bedeutet das eine große Herausforderung. Sie besteht auch darin, sich mit anderen zusammen zu tun, sich täglich kundig zu machen über gesellschaftliche Zusammenhänge (z. B. auf www.nachdenkseiten.de), gemeinsam für Alternativen zu werben gegenüber denjenigen, die von Benachteiligung und Unterdrückung nicht nur profitieren, sondern Benachteiligte und Unterdrückte auch noch ihrer Menschenwürde berauben (vgl. Klundt 2011, S. 197 ff.).

Gleichzeitig bedeutet es für alle pädagogisch Tätigen, sich immer wieder selbst-reflexiv die eigenen Vorurteile kritisch bewusst zu machen und bestimmte Äußerungen gemeinsam mit Kindern und Kolleg(inn)en nach ihren Bedeutungen und Auswirkungen v. a. für die damit Markierten und bisweilen Abgewerteten zu untersuchen. Weiterhin steht Sensibilisierung der Fachkräfte für Kinder in Schwierigkeiten oder problematischen Verhältnissen im Vordergrund, statt Kinder als „schwierig" oder gar als „Problemkinder" zu bezeichnen (ähnliches gilt für die Arbeit mit vermeintlichen „Problemfamilien" und realen Familien mit verschiedenen Problemen). Dies könnte als Aufgabe für alle mit Kindern arbeitenden Professionen zu einer qualifizierteren Tätigkeit beitragen. Ebenso sind alle mit Kindern Beschäftigten aufgerufen, innerhalb ihrer Kindergruppen zur Empathiebildung und zur Anerkennung von Unterschieden und Gemeinsamkeiten aller Kinder beizutragen.

Literatur

Armutsbericht. (2016). *Armutsbericht 2016: Verbände kritisieren anhaltend hohe Armut und fordern von Bundesregierung sozial- und steuerpolitischen Kurswechsel* (Pressemeldung v. 23. Febr. 2016). Berlin: Der Paritätische Wohlfahrtsverband.
Baumann, H., & Seils, E. (2014). Wie „relativ" ist Kinderarmut? Armutsrisiko und Mangel im regionalen Vergleich. *WSI-Report, 2014*(11), 1–17.
Bildungsstudie (21. April 2010). Soziale Herkunft entscheidet über Gymnasialbesuch. *Handelsblatt*.
BMAS Bundesministerium für Arbeit und Soziales. (2013). Der vierte Armuts- und Reichtumsbericht der Bundesregierung. Berlin.
Borchard, M., et al. (2008). *Eltern unter Druck. Selbstverständnisse, Befindlichkeiten und Bedürfnisse von Eltern in verschiedenen Lebenswelten.* Berlin: Konrad-Adenauer-Stiftung.
Bourdieu, P. (2001). *Wie die Kultur zum Bauern kommt. Über Kultur, Schule und Politik.* Hamburg: VSA.
Bourdieu, P., & Passeron, J.-C. (1971). *Die Illusion der Chancengleichheit.* Stuttgart: Klett.
Bundeswehr: Gauck fordert mehr Offenheit für Auslandseinsätze Der Bundespräsident redet den Deutschen ins Gewissen: Er beklagt eine „gewisse Ignoranz" gegenüber den Streitkräften und spricht von einer „glückssüchtigen Gesellschaft". (12. Juni 2012). *ZEIT*.
Cremer, H. (2013). *Schattenbericht Kindersoldaten 2013. Schattenbericht im Rahmen des Staatenberichtsverfahrens zum Übereinkommen über die Rechte des Kindes und zum Fakultativprotokoll betreffend die Beteiligung von Kindern an bewaffneten Konflikten.* Berlin.
„Das Meer ist eine einfache Methode zur Abfallentsorgung". (2011). *Süddeutsche Magazin 16*.

Deggerich, M. (13. Juni 2002). Bildung als Wahlkampf-Schwerpunkt: „Die soziale Frage des 21. Jahrhunderts", *SPIEGEL.de*. http://www.spiegel.de/politik/deutschland/bildung-als-wahlkampfschwerpunkt-die-soziale-frage-des-21-jahrhunderts-a-200632.html. Zugegriffen: 18. Dez. 2016.

Demirovic, A. (2015). *Wissenschaft oder Dummheit? Über die Zerstörung der Rationalität in den Bildungsinstitutionen*. Hamburg: VSA.

Dimmelmeier, A. (3. November 2015). Lobbyisten im Unterricht. Bildungspolitik darf sich nicht vereinnahmen lassen. *Frankfurter Rundschau*.

Esping-Andersen, G. (2006). Kinder und Rente: Welchen Wohlfahrtsstaat brauchen wir? *Blätter für deutsche und internationale Politik, 51*(1), 52–64.

Foroutan, N., Schäfer, K., Canan, C., & Schwarze, B. (2010). In N. Foroutan (Hrsg.), *Sarrazins Thesen auf dem Prüfstand*. Berlin: HU Berlin.

Füller, C. (12. März 2012). Alarmierende Studie. Deutschland, Land der Bildungsabsteiger. *SPIEGEL online*.

Grimm, R., & Strozyk, J. L. (18. September 2012). Bundeswehr-Werbung für Jugendliche: Palmen, Party, Panzerfahren. *SPIEGEL*.

Hartmann, M. (2005). Die Geheimnisse des Erfolgs – oder: Wie wird man Elite? *BdWi-Studienheft, 2005*(3), 45–47.

Kamella, F. (2013). *Lobbyismus an Schulen. Ein Diskussionspapier über Einflussnahme auf den Unterricht und was man dagegen tun kann*. Köln: Lobby control – Initiative für Transparenz und Demokratie e.V.

Klundt, M. (2008). *Von der sozialen zur Generationengerechtigkeit? Polarisierte Lebenslagen und ihre Deutung in Wissenschaft, Politik und Medien*. Wiesbaden: Springer VS.

Klundt, M. (2011). Arm und Reich in Deutschland – die wachsende Kluft zwischen Besitzenden und Habenichtsen. In G. Besier (Hrsg.), *20 Jahre neue Bundesrepublik. Kontinuitäten und Diskontinuitäten* (S. 197–214). Berlin: Lit.

Koalitionsvertrag. (2013). Koalitionsvertrag von CDU/CSU und SPD. Berlin. https://www.cdu.de/sites/default/files/media/dokumente/koalitionsvertrag.pdf.

Körber-Stiftung (Hrsg.). (2014). Einmischen oder Zurückhalten Ergebnisse einer repräsentativen Umfrage von TNS Infratest Politikforschung zur Sicht der Deutschen auf die Außenpolitik. *Review, 2014*, 1–8.

Meck, G., Brocker, F., & Walter, S. (10. September 2012). Geht es bei uns gerecht zu? *Frankfurter Allgemeine Sonntagszeitung*.

Mehr Superreiche. Europas Milliardäre werden immer reicher. (17. September 2014). *Wirtschaftswoche*.

Metscher, T. (2010). *Logos und Wirklichkeit. Ein Beitrag zu einer Theorie des gesellschaftlichen Bewusstseins*. Frankfurt a. M.: Lang.

Morris-Lange, S. (2016). *Ungleiches ungleich behandeln! Wege zu einer bedarfsorientierten Schulfinanzierung* (Policy-Brief des SVR-Forschungsbereichs 2016-1, S. 1–32). Berlin: Sachverständigenrat und Forschungsbereich.

Müller, A.-K., & Neubacher, A. (9. Mai 2015). Die Chancenlüge. *SPIEGEL, 20*, 66–73.

Müller, S. (10. Februar 2016). Neue Ergebnisse der PISA-Studie. Einfachste Aufgaben sind ein Problem. *Tagesschau.de*.

Nold, D. (2010). Sozioökonomischer Status von Schülerinnen und Schülern 2008. Ergebnisse des Mikrozensus (Statistisches Bundesamt). *Wirtschaft und Statistik, 2010*(2), 138–149.

OECD. (2015). *Bildung auf einen Blick 2015*. Bielefeld: Bertelsmann.

Osel, J. (25. November 2015). Bildung. Auf den zweiten Blick. *Süddeutsche Zeitung*.
Paritätischer Wohlfahrtsverband Gesamtverband. (2015a). *Die zerklüftete Republik. Bericht zur regionalen Armutsentwicklung in Deutschland 2014*. Berlin: Paritätischer Wohlfahrtsverband Gesamtverband.
Paritätischer Wohlfahrtsverband Gesamtverband. (2015b). *Gewinner und Verlierer*. Berlin: Paritätischer Wohlfahrtsverband Gesamtverband.
Paritätischer Wohlfahrtsverband Gesamtverband. (2016). *Zeit zu handeln. Bericht zur Armutsentwicklung in Deutschland 2016*. Berlin: Paritätischer Wohlfahrtsverband Gesamtverband.
Peter, T. (25. November 2015). Deutschland holt bei Bildung auf. *Frankfurter Rundschau*.
Pisa-Schultest Deutsche Schüler holen auf. (03. Dezember 2013). *Frankfurter Rundschau*. http://www.fr.de/politik/pisa-schultest-deutsche-schueler-holen-auf-a-646841.
Schulze, A., Unger, R., & Hradil, S. (2008). *Bildungschancen und Lernbedingungen an Wiesbadener Grundschulen am Übergang zur Sekundarstufe I. Projekt- und Ergebnisbericht zur Vollerhebung der GrundschülerInnen der 4. Klasse im Schuljahr 2006/07*. Wiesbaden: Johannes-Gutenberg-Universität Mainz.
Skandalöses Schüler-Lotto. Lehrer lassen arme Kinder zu selten ans Gymnasium. (11. September 2008). *SPIEGEL online*.
UNICEF-Studie. Armut beeinträchtigt Schulerfolg. (16. Dezember 2012). *Frankfurter Rundschau*.
Wehler, H.-U. (7. Februar 2013). Wachsende Ungleichheit. Wo bleibt der Protest? Anmerkungen zum Entwurf des Armuts- und Reichtumsberichts der Bundesregierung. *ZEIT, 7*.
Wernicke, J. (2009). *Hochschule im historischen Prozess: zum Verhältnis von Universitätsentwicklung, Klassengesellschaft und Macht* (1. Aufl.). Berlin: AStA der Freien Univ.
Wernicke, J., & Bultmann, T. (2010). *Netzwerk der Macht – Bertelsmann. Der medial-politische Komplex aus Gütersloh* (2. Aufl.). Marburg: BdWi.
Zoughebi, H. (2014). *Le Parti pris des jeunes. Réinventer l'éducation populaire*. Paris: Les Editions Ouvrieres.

Über den Autor

Klundt, Michael, Prof. Dr. (Dr. päd.), Professor für Kinderpolitik im Studiengang für Angewandte Kindheitswissenschaften des Fachbereichs Angewandte Humanwissenschaften an der Hochschule Magdeburg-Stendal. Forschungsschwerpunkte: (Kinder-)Armut und Reichtum, Kinder-, Jugend-, Familien- und Sozialpolitik sowie Geschichtspolitik.

Verdiente Spitze? Zur Rechtfertigung von Ungleichheit in Bildung und Gesellschaft

Tobias Peter

1 Verdiente Spitze?

Obwohl spätestens seit PISA die Herkunftsabhängigkeit von Bildung einen wichtigen Topos der bildungspolitischen Debatte markiert, scheint unklar zu sein, welche Rolle die Kategorien von Armut und Reichtum dabei spielen. Angesichts der parallelen Entwicklung einer zunehmenden Spreizung von Einkommen und Vermögen einerseits und Bildungsgütern andererseits, ist dieser Befund bemerkenswert. Wie kommt es dazu, dass die modernen Gesellschaften dem Wert der Gleichheit immer weniger Geltung verschaffen? Geht man wie z. B. der Ökonom Thomas Piketty (vgl. Piketty 2014) davon aus, dass zwischen den 1930er und den 1970er Jahren des 20. Jahrhunderts die Einkommens- und Vermögensspreizung abgenommen hat und stellt zugleich die enorme Bildungsexpansion dieser Dekaden in Rechnung, so wird plausibel, dass es offenbar nicht nur Korrelationen zwischen Bildung sowie Armuts- und Einkommensentwicklung gibt, sondern auch gesellschaftliche Konjunkturen von Gleichheit und Ungleichheit. Auf besondere Weise trifft dies auf die verstärkte Ausbildung von Spitzen zu. Während die höchsten Einkommen enorm gestiegen sind, ist es gleichzeitig zu einer verstärkten Förderung von Exzellenz und Elitebildung gekommen. Die Parallelität dieser Entwicklung ist auffällig: „Das Programm der Exzellenzinitiative entspricht dem globalen Trend zur Anhäufung von Reichtum an der Spitze bei gleichzeitig mäßigen Arbeitsbedingungen in der Mitte und großer Armut am unteren Ende der Weltgesellschaft" (Münch 2007, S. 392).

T. Peter (✉)
Albert-Ludwigs-Universität Freiburg, Freiburg i. Br., Deutschland
E-Mail: tobias.peter@soziologie.uni-freiburg.de

© Springer Fachmedien Wiesbaden GmbH 2017
M.S. Baader und T. Freytag (Hrsg.), *Bildung und Ungleichheit in Deutschland*, DOI 10.1007/978-3-658-14999-4_4

Mit dieser Studie soll der Zusammenhang zwischen den unterschiedlichen Sphären von Ungleichheit in Bildung und Gesellschaft auf der Ebene der Rhetorik und Argumentation untersucht werden. Dabei wird davon ausgegangen, dass die Strukturen der Ungleichheit überhaupt erst erzeugt und gerechtfertigt werden müssen. Auf besondere Weise trifft dies auf die Phänomene von Spitzeneinkommen und Bildungsexzellenz zu. Diese besonders drastischen Fälle von Ungleichheit können in demokratischen Gesellschaften nur dann entstehen und Akzeptanz gewinnen, wenn damit plausibel gemacht werden kann, dass dies der gesamten Gesellschaft nützt.

Ausgangspunkt der Untersuchung bildet die Beobachtung, dass sich die Begründungsmuster für hohes Einkommen und Vermögen einerseits und für die Herausbildung von Elite und Exzellenz im Bildungswesen andererseits ähneln.[1] Mit der prinzipiell positiven Konnotation von Ungleichheit in den Diskursen um hohe Einkommen und Exzellenz ist zugleich ein Gerechtigkeitsanspruch verbunden. Dieser These nachgehend interessiert dieser Beitrag sich in Anlehnung an die Soziologie der kritischen Urteilskraft nach Boltanski und Thevenot für die Konstitution der mit der Herstellung von Reichtum und Exzellenz verbundenen Rechtfertigungsordnungen (Boltanski und Thevenot 2007). Mit der Analyse dieser politischen Grammatiken wird es möglich zu untersuchen, wie sich prinzipiell konflikthafte gesellschaftliche Einigungsprozesse qua Gerechtigkeit vollziehen und in der Spannung von Gleichheit und Ungleichheit eine gerechte Ordnung begründet wird. Die von Boltanski und Thevenot identifizierten Welten der Inspiration, des Hauses, der Meinung, der Staatsbürgerlichkeit, des Marktes und der Industrie bilden je unterschiedliche Rechtfertigungsordnungen, ohne dass damit alle möglichen Varianten rekonstruiert wären (vgl. Bogusz 2010, S. 57 f.). Sie stellen ein Inventar von spezifischen Kategorien und Größen zur Verfügung, das auf der praktischen Handlungsebene aufgerufen werden kann. Dabei verweisen sechs Axiome im Aufbau der Rechtfertigungsordnung aufeinander, die im Folgenden am Gegenstand ausgeführt werden sollen. Während Boltanski und Thevenot ausgewählte Klassiker der politischen Philosophie mit den praktischen Handreichungen der Managementliteratur konfrontieren, interessiert sich die hier vorliegende Analyse für den Zwischenbereich philosophisch-politischer Reflexion und praktischer Handlungsanweisung. Damit soll deutlich werden, wie Akteure konkrete Grammatiken der Einigung zwischen den Rechtfertigungsordnungen und ihren Handlungen herstellen (vgl. Bogusz 2010, S. 57 f.).

---

[1]Dieser Beitrag nimmt bereits an anderer Stelle veröffentlichte Überlegungen zur Rechtfertigung von Exzellenz auf, fokussiert und erweitert diese jedoch auf den Zusammenhang von Ungleichheit, Reichtum und Exzellenz (Peter 2015).

Für die Analyse werden zum einen die von Boltanski und Thevenot heraus-gearbeiteten Rechtfertigungsstrategien für Reichtum und hohe Einkommen her-angezogen und auf die politischen und gesellschaftlichen Grammatiken einer Rechtfertigungsordnung exzellenzorientierter Bildung bezogen. Eine solche Analyse kann einen Beitrag zum Verständnis der Begründungsmuster leisten, mit denen im Bildungswesen bestehende Ordnungsmuster delegitimiert, Exzellenz konstruiert und Ungleichheiten legitimiert werden. Den Textkorpus bilden dabei erstens programmatische wie strategische Texte, Konzeptpapiere, Reden und Stellungnahmen von einflussreichen Akteuren der Bildungspolitik zu Exzellenz. Zweitens kommen wissenschaftliche Texte in den Blick, an denen exemplarisch Fragen der Gerechtigkeit von Exzellenz reflektiert werden. Zum Dritten werden Texte von Institutionen untersucht, in denen die Verfahren der Exzellenzherstel-lung thematisiert werden. Die relative Breite des Textkorpus ermöglicht es so, insbesondere die Beziehungen zwischen diesen unterschiedlichen Diskursebenen um gerechte Exzellenz herauszuarbeiten. Weniger die räumliche Breite noch die zeitliche Genealogie, sondern das Funktionieren des Diskurses, die in Anschlag gebrachten Rationalitäten und Argumentationsfiguren stehen dabei im Mittel-punkt der Analyse.

2   Marktwesen und Bildungswesen

Die Rechtfertigungsordnungen der Moderne gehen von basalen Annahmen über ein gemeinsam geteiltes Menschsein aus. Demnach konstituieren sich (a1) Gemeinwesen als gerechte Ordnungen – anders als Sklaven- oder Kastengesell-schaften – prinzipiell durch ein *gemeinsames Menschsein* aller *Mitglieder des Gemeinwesens* (vgl. Boltanski und Thevenot 2007, S. 108). Werden diese Annah-men verletzt oder gerät die Gewährleistung ihrer Erfüllung in Zweifel, kommen Rechtfertigungsordnungen in eine Krise. Seit Adam Smith wird in der Recht-fertigungsordnung des Marktes das gemeinsam geteilte Menschsein des Markt-teilnehmers, der prinzipiell in der Lage ist, bestimmte Güter zu begehren, zur zentralen Voraussetzung möglichen Reichtums. „Befinden sie sich einmal in die-sem Zustand, der ihnen den Zugang zum Markt gestattet, richten die Individuen ihre Eitelkeit auf die Güter" (Boltanski und Thevenot 2007, S. 79). Dies setzt frei-lich voraus, dass alle Marktteilnehmer frei von persönlichen Bindungen sind. In den vormodernen Gesellschaften war mit den unfreien Bauern der überwiegende Teil der Gesellschaft aufgrund der ökonomischen und rechtlichen Abhängigkeit vom Feudalherrn vom Zugang zum Markt ausgeschlossen und nur eine Minder-heit hatte Zugang zu Bildung, weil die Bildungswürdigkeit schichtabhängig war.

Ebenso wie von der generellen Marktfähigkeit geht die Moderne davon aus, dass prinzipiell jeder Mensch bildungsfähig ist. Rechtfertigungsordnungen müssen sich an dieser Norm bewähren. Kritik aus der Perspektive der Exzellenz bezieht sich deshalb auf die unzureichende Einlösung der Bildungsfähigkeit im bestehenden Bildungssystem:

> Eine wirkungsvolle Hebung des gesellschaftlichen Humankapitals erfordert eine nachhaltige Reduktion von Ungleichheiten im Zugang zu Bildung […]. Am unteren Ende muss verhindert werden, dass das Mindesterfordernis an Kompetenzen für die Wissensgesellschaft unterschritten wird. Am oberen Ende gilt es, faire Regeln für den Zugang zu den anspruchsvollsten Ausbildungen und Berufen sicherzustellen, ohne den Leistungswettbewerb zu gefährden (Pechar 2007, S. 93).

Dass gerade die Schwächsten daran gehindert werden, die Besten zu werden, ist eine nicht hinzunehmende Verschwendung, die gezielte Maßnahmen erfordert. Ebenso wie egalitäre Ansätze der Chancengleichheit kritisieren Exzellenzpolitiken ein Bildungssystem, das im Sinne der häuslichen Welt der Tradition ein quasi-ständisches Bildungssystem aufrechterhalten will. Wenngleich Politiken der Exzellenz so eng mit Befunden und Strategien der Ungleichheit verbunden sind, gehen auch sie von einer prinzipiellen Gleichheit aller Menschen aus, ein je eigenes Potenzial für die Ausbildung von Exzellenz aufzuweisen. Die Zugehörigkeit zur Spitze ist nicht an Herkunft, Religion oder Geschlecht geknüpft, sondern für alle erreichbar. Die Politiken der Exzellenz treffen sich dennoch nicht mit der staatsbürgerlichen Welt, sondern mit der Welt des Marktes. Im Sinne der Humankapitaltheorie (vgl. Becker 1996, S. 220) wird die Wahrung der Bildungsfähigkeit zur Voraussetzung der Kapitalmaximierung.

Fundamentale Kritik schlägt den Politiken der Exzellenz aus der Perspektive der staatsbürgerlichen Welt entgegen, die die Teilhabe im Sinne möglichst umfassender Bildungsgleichheit durch Elitenförderung gefährdet sieht. Diese Kritik wird beschwichtigt, indem sich Politiken exzellenter Bildung zur prinzipiellen Offenheit des Bildungssystems bekennen:

> Wir dürfen Breitenförderung und Eliteförderung nicht gegeneinander ausspielen. Eine erfolgreiche Ausbildung von Eliten baut auf das Fundament einer qualitativ hochwertigen Breitenausbildung auf. Zugleich müssen wir Talent, Intelligenz und Kreativität jedes Einzelnen entdecken und fördern. Eliteförderung widerspricht nicht der Gleichheit der Bildungschancen. Sie entspricht vielmehr der Wertschätzung menschlicher Vielfalt und Begabung (Heubisch 2009).

In der Forderung nach offenen Bildungswegen kommt ein spezifisches Verständnis des gemeinsam geteilten Menschseins zum Ausdruck. Der Mensch als Bildungswesen wird auf Talent und Begabung, Intelligenz und Kreativität reduziert. Die Rechtfertigungsordnung der Exzellenz bezieht sich weder auf die demokratische Gleichheit des Staatsbürgers noch auf die ständische Bildungsphilosophie der häuslichen Welt. Es ist die ökonomisch verwertbare Eigenschaft des Menschen, lernen, sich stets und ständig verbessern und schließlich besser als andere sein zu können, die das gemeinsam geteilte Menschsein der Exzellenz ausmacht. Damit ist freilich noch nicht begründet, warum überhaupt eine Differenzierung in Spitzen notwendig ist. Denn der Mensch als Bildungswesen ist nur in Hinsicht auf die Ausgangsposition, nicht jedoch auf die Ergebnisse seiner Anstrengungen gleich.

3   Sichtbare Spitzen

Trotz des prinzipiell gemeinsamen Menschseins ist nicht davon auszugehen, dass quasi paradiesartig „ein ständiges Einvernehmen zwischen allen herrscht" (Boltanski und Thevenot 2007, S. 108). Rechtfertigungsordnungen konstituieren sich deshalb zugleich durch (a2) das *Prinzip der Verschiedenartigkeit* von Merkmalszuständen eines Gemeinwesens. Aus diesem Umstand ergibt sich zugleich das Problem des Zugangs zu bestimmten Merkmalszuständen. Aus der prinzipiellen Gleichheit im *Zugang* zum Markt entspringt das Koordinationsprinzip der Konkurrenz zwischen rivalisierenden Wesen – Kunden, Produzenten, Verkäufer, Käufer –, die zugleich eine Ungleichheitsordnung unterschiedlich hoher Einkommen und Vermögen birgt. Die Unterscheidung zwischen verschiedenen Merkmalszuständen erfolgt in der Welt des Marktes über Wohlstandsunterschiede (Boltanski und Thevenot 2007, S. 115). Ein funktionierender Markt macht diese Unterschiede sichtbar. Dementsprechend werden nicht nur individuelle Gehälter gestaffelt und stoßen Gehaltstabellen auf reges Interesse, sondern werden auch Unternehmensumsätze und -gewinne veröffentlicht.

Bezieht sich die Rechtfertigung der Ungleichheit des Marktes auf die Konkurrenz, verweist die durchaus gängige Ungleichverteilung von Bildungserfolg, etwa über Noten, auf das Prinzip der Verschiedenartigkeit des Menschen als Bildungswesen. Dass jedoch nicht nur Personen, sondern auch Institutionen unterschiedliche Leistungen erbringen, muss durch verschiedene rhetorische Strategien im Diskurs verankert werden, die zum einen die bloße Existenz und zum anderen die bewusste Herstellung von Verschiedenartigkeit versuchen zu plausibilisieren. Kritik aus der Perspektive der Exzellenz wendet sich gegen eine gescheiterte egalitäre

Politik der staatsbürgerlichen Welt: „Der Mantel der Hochschulpolitik, der so weit ist, dass schlechterdings alles, was sich selbst als ‚Universität' bezeichnet, unter ihm Platz findet, deckt alles zu und kleidet das Mittelmaß ebenso zu wie die Exzellenz, die wissenschaftliche Unvernunft ebenso wie die Vernunft" (Mittelstraß 1996, S. 14). Die aus dem Motiv der Teilhabe erfolgte Gleichmacherei, so die Argumentation, nivelliert nicht nur Qualitätsunterschiede, sondern gefährdet mit der Suche nach Wahrheit und Vernunft den Kern der Wissenschaft. Damit einher geht eine Auffassung von der Gleichheit als „Lebenslüge des deutschen Hochschulwesens" (Schwering 1998, S. 21).

Die Sichtbarmachung von Unterschieden ist wesentlich für das Funktionieren von Rechtfertigungsordnungen. Personen, die Größe besitzen, sind reich. „Ihr Reichtum ermöglicht es Ihnen, all das zu besitzen, was andere sich wünschen" und er „entspricht ihrem eigenen Wert, den sie auch zu verkaufen wissen und der in ihrem Erfolg zum Ausdruck kommt". Dieser Erfolg wird im Vokabular des Wettkampfs beschrieben: „sich vom Feld lösen, an sich selbst Herausforderungen stellen, Punkte machen, ein Gewinner, ein Crack sein" (Boltanski und Thevenot 2007, S. 268). Bei der Herstellung von Exzellenz zielt der Wettbewerb als Entdeckungsverfahren darauf ab, Qualitätsunterschiede und damit die Verschiedenartigkeit sichtbar zu machen, sie als gegeben vorauszusetzen und ebenso gezielt anzustreben (vgl. GWK 2005). Demgegenüber stoßen Personen und Institutionen, die verlieren oder gar scheitern, auf Ablehnung – sie sind das Gegenteil von Größe und fallen im Extremfall des völlig mittellosen Armen aus der Gesellschaft heraus.

An der Forderung, die Differenzen im Bildungssystem deutlicher sichtbar zu machen, entzündet sich eine egalitäre Kritik, die befürchtet, dass mit der Förderung von Exzellenz die Starken stärker und die Schwächeren noch schwächer zu werden drohen. Zu ihrer Beschwichtigung argumentieren Programmatiken der Exzellenz, dass bestimmte Personen oder Institutionen einfach besser sind – nicht aufgrund von vornherein gegebener Vorteile, sondern weil sie einen bestimmten Entwicklungsstand erreicht haben, der – so die unausgesprochene Annahme – von allen anderen ebenso erreichbar ist. Zielt der egalitäre Talent-Diskurs darauf ab, das Potenzial eines jeden Talents optimal zu fördern, so geht es der Exzellenz darum, die daraus entwickelten Spitzen abzuschöpfen und weiterzuentwickeln. Die individuelle Vielfalt und Begabung wird nicht horizontal, sondern vertikal definiert. Mit der fraglos erscheinenden Orientierung darauf, jedem Einzelnen gerecht zu werden, wird in der Diagnose zugleich die Notwendigkeit einer Spitzenförderung begründet.

4 Die Würde der Chancengleichheit

Gleichheit und Spitzenorientierung stehen in einem Spannungsverhältnis. So droht die Marktordnung durch die Anhäufung von Reichtum durch wenige tendenziell unfair zu werden, weil die Masse der Marktteilnehmer zwar Zugang zum Markt hat, aber nur unzureichend profitiert. Die grundsätzliche Spannung zwischen gemeinsamen Menschsein und Verschiedenartigkeit kann dadurch aufgelöst werden, dass allen Mitgliedern die gleichen Chancen auf Zugang zu den verschiedenen Merkmalszuständen eingeräumt werden und somit (a3) allen Menschen eine *gemeinsame Würde* zugewiesen wird. Diese wird „zu einem allen Menschen gleichermaßen verliehenen Vermögen, das persönliche Verhalten auf das Gemeinwohl hin auszurichten" (Boltanski und Thevenot 2007, S. 112). Dies gilt insbesondere für die Rechtfertigungsordnung des Marktes: „Die Annahme, dass prinzipiell alle Menschen dazu in der Lage sind, sich zu bereichern, wird häufig als Argument dafür angeführt, dass das Marktprinzip eine gerechte Ordnung zu begründen vermag" (Boltanski und Thevenot 2007, S. 115). Soll diese Würde eingehalten werden, muss es um mehr gehen als die formale Ermöglichung des Marktzugangs. Aus diesem Problem beziehen die sozialen Sicherungssysteme, aber auch Wettbewerbsordnungen ihre Legitimation.

Auch Programme der Exzellenz müssen sich rechtfertigen, indem sie zeigen, dass der Zugang zur Spitze erreicht werden kann, ohne die prinzipielle Gleichheit aller als Bildungswesen zu gefährden. Die Spannung zwischen Gleichheit und notwendiger Orientierung an Leistungsspitzen wird über den gleichen Zugang zu Bildung, also Chancengleichheit als allen gemeinsame Würde vermittelt. Kritik aus der Perspektive der Exzellenz dringt darauf, „fairere Bildungschancen von früh an in Kindergarten und Schule zu ermöglichen. Nur dann werden wir auch entspannter mit dem Elitebegriff umgehen können, weil wir ihn dann mehr über Leistung definieren können und eine geringere Kopplung zur Herkunft haben. Alles andere ist weder moralisch in Ordnung noch volkswirtschaftlich sinnvoll, denn wir schöpfen als Land unser Wissenspotenzial nicht aus" (Dräger 2009, S. 29). Das nachdrückliche Dringen auf Bildungschancen steht in unmittelbarem Zusammenhang mit der Rechtfertigung von Exzellenz- und Eliteeinrichtungen. In der Würde der Chancengleichheit kommt ein gemäßigter Egalitarismus der *equality of opportunities* zum Tragen, der natürliche Unterschiede zulässt, um Spitzenleistungen zu ermöglichen. Dem entspricht seit den 1960er Jahren ein pluralistisches, breit angelegtes Verständnis von Exzellenz nach dem Motto „jeder kann es schaffen", eine von der Vielfalt exzellenter Fähigkeiten und Begabungen ausgehende horizontal angelegte „Konzeption von Exzellenz, die bedeutet, dass ich unabhängig davon, wer ich bin oder was ich mache und vorausgesetzt, meine Tätigkeit ist sozial anerkannt, etwas schaffen kann" (Gardner 1962, S. 132). Übersetzt in die Rhetorik moderner Bildungspolitik ist das Streben nach Exzellenz mit der Aneignung von Schlüsselqualifikationen und Wettbewerb verbunden. Kompetenzerwerb wohnt eine intrinsische Gerechtigkeit inne, weil die Möglichkeit des Lernens jedem offen steht. „Gerechtigkeit und Exzellenz ist über den Kompetenzerwerb im Lebenslauf vermittelt. Kompetente Individuen, aber auch kompetente Bildungsorganisationen realisieren auf mehreren Ebenen Koordinationsprozesse und generieren dadurch Vorteile" (Tippelt 2007, S. 103). Wer also individuell in der Lage ist, sich die für Exzellenz notwendigen Kompetenzen anzueignen, hat die Verleihung des Exzellenzstatus verdient. Der Bezug auf Kompetenzen und Lernen öffnet zugleich den Raum für Strategien der Individualisierung, die individuelles Fördern wie individuelle Anstrengung rechtfertigen.

Kritik an der Exzellenz, die eine Zementierung von Exzellenz, etwa als Eliteuniversitäten befürchtet, wird durch den Verweis auf das Prinzip der Chancengleichheit beschwichtigt. In der Forcierung des Wettbewerbsverfahrens wird gerade die anti-elitäre Stoßrichtung deutlich. Das der Wettbewerbslogik innewohnende Gerechtigkeitsversprechen spricht dabei jeder Hochschule eine Chance zu und formatiert den Wettbewerb als Drohung wie als Hoffnung: „Selbst Spitzenuniversitäten müssen ihren Status immer neu verteidigen" und dementsprechend ist die Initiative der damaligen Forschungsministerin Bulmahn darauf angelegt „diesen Status nicht mit einem einzigen Ranking zu zementieren" (Bulmahn 2004, S. 122). Unter Verweis auf die Würde der Chancengleichheit entfaltet sich ein anti-egalitärer Gerechtigkeitsdiskurs, mit dem bereits grundsätzliche Bedenken gegen die Förderung von Elite und Exzellenz beschwichtigt werden können. Spitzenhochschulen und exzellente Bildungseinrichtungen erscheinen legitim, sofern sie das allgemeine Menschsein der Bildungsfähigkeit und die Würde der Chancengleichheit wahren. So erscheinen sie in besonderer Weise gerechtfertigt, weil sie darauf abzielen, das besondere Potenzial zu Spitzenleistungen, das in der Unterschiedlichkeit von Schülern und Studierenden ebenso wie von Schulen und Hochschulen liegt, auszuschöpfen.

5   Rangordnungen

Bereits in Rückbezug auf die eben beschriebenen drei Elemente sind Unstimmigkeiten, Einigungen und deren Rechtfertigung möglich. Darüber hinausgehende Konflikte können gelöst werden, indem Handlungskoordinationen und Verteilungen ermöglicht werden, indem Merkmalszustände in eine (a4) *Rangordnung* gebracht werden, die mit einer Werteskala in Zusammenhang steht. Diese Rangordnung ist zugleich mit dem Gemeinwohl verknüpft, denn je höher der Aufstieg auf der Stufenleiter, desto mehr kommen die damit verbundenen Vorteile der Gesellschaft zugute (vgl. Boltanski und Thevenot 2007, S. 111). Sowohl in der Welt der Ökonomie wie in der Welt der Bildung kommt es zur Ausbildung von Ungleichheit. Die Konkurrenz um knappe Güter führt zu einer Rangordnung des Einkommens und Vermögens, die sich an dem Maßstab des Geldes festmacht.

> Was groß ist, schließt, was klein ist, über ein Besitzverhältnis in sich ein. Der Preis ist der Beleg für den Wunsch der anderen nach dem Gut, das man besitzt. Da ja nicht alle ihre Begehrlichkeiten gleichermaßen durch den Besitz knapp bemessner Güter befriedigen können, bringen die Reichsten die anderen zur Erfüllung, indem sie den Wunsch der weniger Reichen besitzen, die nicht in den Besitz dieser Güter gelangen können (Boltanski und Thevenot 2007, S. 274).

Der Reichtum der einen symbolisiert mithin das Begehren der anderen, knappe Güter zu besitzen. Die damit etablierte Rangordnung stiftet Sinn für die gesamte Rechtfertigungsordnung, weil gewissermaßen ein Ziel des Handelns vorgegeben und entsprechende Mobilisierungseffekte ausgelöst werden. Auch wenn fraglich ist, ob jeder den individuellen Preis des Reichtums zahlen will, so steht in der ökonomischen Welt außer Frage, dass das Ziel des Reichtums erstrebenswert ist.

Eine ähnliche Sinnstiftung vollzieht sich auch im Bildungsbereich. Exzellenz muss als außergewöhnliche Eigenschaft beschrieben werden, die Anerkennung beansprucht und deren Abglanz auf andere fallen kann. Wissenschaftliche Charismatiker „streben nicht nur nach Exzellenz, sie haben die Fähigkeit, in anderen Exzellenz wachzurufen" (Merton 1973, S. 452). Die charismatische Funktion der Exzellenz, auszustrahlen und zu erwecken, legitimiert damit zugleich den herausgehobenen Status: Exzellenz ist kein Selbstzweck derer, die sie innehaben, sondern nützt qua Mobilisierungseffekt allen. Die Rhetorik der Exzellenz begründet so eine spezifische Rangordnung, mit der davon ausgegangen wird, dass wissenschaftlicher Fortschritt nicht durch die Kooperation der Vielen entsteht, sondern durch wenige Leistungsspitzen, die aus einer harten Konkurrenz hervorgehen. Damit liefert das Versprechen der Exzellenz eine so autoritätsgläubige wie heroische Erzählung des Wissenschaftsbetriebs als Kampf um die Spitze. Künden aufseiten der Forschung Reputation und Drittmittel von Rang und Größe, so sind es in der Lehre die besten Studierenden.

Rangordnungen legitimieren sich nicht nur über die Anreizeffekte vertikaler Differenzierung, sondern auch über die Art und Weise, wie sie entstehen. Erst wenn der Weg zur Spitze nachvollziehbar ist, besteht die Chance, die Spitze auch zu erreichen. Die Legitimation der Rangordnung in der ökonomischen Welt ergibt sich aus dem Verfahren des Wettbewerbs. Die Verfahrensgerechtigkeit des Marktes ist in den Regeln des Geschäfts abgebildet, in dem die begehrten Güter geprüft werden. Die Bildung des Preises dient als eine Urteilsfindung über die Güte, das Geld dient als allgemein verbindliche Maßstabsform. All diese Vorkehrungen sind notwendig, um hohe Einkommen und Reichtum nicht als willkürlich und zufällig erscheinen zu lassen, sondern durch eine verfahrensmäßige und berechenbare Rangordnung zu legitimieren.

Auch die Rechtfertigungsordnung der Exzellenz setzt auf inszenierte wettbewerbliche Verfahren, die auf Marktgerechtigkeit setzen, um Steigerungseffekte zu erzielen (vgl. Wetzel 2013, S. 101 f.). Die wettbewerbsfördernde Wirkung von Exzellenz wird übergreifend geteilt und gerechtfertigt: „Das wichtigste Ergebnis der Exzellenzinitiative ist die Wiederbelebung und Stärkung des Wettbewerbs" (Lepenies 2006, S. 9). Die Auszeichnung der Spitzen verschafft folglich einer spezifischen Gerechtigkeit Geltung. Ebenso wie die Anhäufung von Reichtum allen zugute kommt, weil sie mit einer ungleichen und doch effizienten Verteilung von Gütern durch belebenden Wettbewerb einhergeht (vgl. Boltanski und Thevenot 2007, S. 115), wird die Akkumulation von Reputation und Ressourcen durch die damit ausgelöste Belebung des Wettbewerbs legitimiert.

Die Beschwichtigung der Kritik an der Etablierung von ungleichen Bildungseinrichtungen erfolgt mit dem Versprechen der Gemeinwohlorientierung durch die Funktion eines sichtbaren Vorbilds. Darauf aufbauend argumentieren Programme der Exzellenz mit einer Sogwirkung, die z. B. durch exzellente Lehre entfacht wird: „Eine attraktive und leistungsstarke Hochschullehre gewährleistet nicht allein, dass Absolventen deutscher Hochschulen zu den weltweit gefragten high potentials zählen. Sie kann darüber hinaus mehr Studienberechtigte für ein Hochschulstudium begeistern und so dem absehbaren Fachkräftemangel entgegenwirken. Und nicht zuletzt ist sie das Fundament für Spitzenleistungen in Forschung und Entwicklung" (Schlüter 2009). Exzellenzförderung nützt folglich nicht nur den Spitzen selbst, sondern löst Effekte aus, die insgesamt auf das System wirken und alle Studienberechtigte betreffen. Die Ausbildung von Spitzen erfährt ihre Rechtfertigung dadurch, dass alle etwas davon haben. Andere Faktoren, etwa soziale Zusammensetzung der Schülerschaft oder finanzielle Ressourcen, bleiben dabei freilich ausgeblendet, unbegründet bleibt auch, ob die Sichtbarkeit von Vorbildern überhaupt zu Qualitätsverbesserungen animiert. Die Kritik an den unmenschlichen Aspekten des Marktes konzentriert sich auf die Nichtigkeit des Reichtums. Die Zuschreibung der Größe einer Person aufgrund von Reichtum wird abgewiesen.

6 Leistung investieren

An der Spitze zu stehen, erscheint zum einen gerechtfertigt, wenn mit der Erlangung dieses Status nachvollziehbare Vorteile verbunden sind, die über die Erwählten hinaus strahlen. Dennoch gerät diese Rechtfertigung in Zugzwang, wenn Zweifel an der Art und Weise entstehen, wie dieser Status erlangt wurde. Bereits mit der Würde der Chancengleichheit wird sichergestellt, dass jeder die Möglichkeit haben muss, an die Spitze zu kommen und eine Verleihung oder Vererbung des Status an exklusive Personen, Gruppen oder Institutionen als ungerechtfertigt ausscheidet. Gleichwohl kann nicht jeder den höchsten Rang einnehmen, sondern muss dafür Bezug nehmend auf einen (a5) *Investitionsmodus* schließlich Kosten und Opfer erbringen. Dabei muss nachvollziehbar sein, dass der Umfang der geleisteten Aufwendungen in einem angemessenen Verhältnis zum erreichten Rang steht.

In der ökonomischen Rechtfertigungsordnung diktieren die Marktverhältnisse den Leistungsmaßstab. Um sich zu bereichern, ist es notwendig, sich an die wechselnden Bedingungen des Marktes anpassen zu können: „Man muss sich permanent als geschäftstüchtig erweisen, auf günstige Gelegenheiten lauern und darf sich niemals auf Traditionen, persönlichen Bindungen, Regeln oder Projekten ausruhen" (Boltanski und Thevenot 2007, S. 115). Damit verbunden ist eine unmittelbare Gegenwartsorientierung der Geschäfte, die ebenso rasch an die Spitze wie in den Konkurs führen kann. Die prinzipielle Unsicherheit der Umstände ist ein Schicksal, das sich durch geschicktes Agieren ins Glück wenden lässt, wenn die sich bietenden Gelegenheiten genutzt werden. Die Leistung des Marktes beruht also auf einem grundsätzlichen Opportunismus (vgl. Helbig 2015).

Dem Rechtfertigungszusammenhang von Investition und Verdienst folgend, weist die Kritik im Zeichen der Exzellenz die bisherige Finanzierungs- und Förderpraxis in der Wissenschaft ab. Weil mangelnde Spitzenleistungen deutscher Schulen und Hochschulen im internationalen Vergleich (vgl. van Ackeren 2012) die internationale Wettbewerbsfähigkeit des Standorts Deutschland gefährden, müssten Hochbegabte besser gefördert werden und muss sich die Bildungs- und Wissenschaftsförderung an ‚Leuchttürmen' und ‚Elite' statt am ‚Gießkannenprinzip' und ‚Egalität' ausrichten (vgl. Barlösius 2008, S. 151). Diese Forderung steht in direkter Verbindung mit der Diagnose eines generellen Qualitätsdefizits des Bildungs- und Wissenschaftssystems. Die Ursache für dieses Defizit wird in einem spezifischen überkommenen *Investitionsmodus* gesehen. Bisherige Wissenschaftspolitiken, die auf eine möglichst gleichmäßige Verteilung wissenschaftlicher Ressourcen setzen, werden als problematisch wahrgenommen: „Eine im

Sinne der Verteilungsgerechtigkeit verstandene und praktizierte Gerechtigkeit kann auf dem Forschungs- und Wissenschaftssektor lediglich zu Nivellierung und Qualitätseinbußen und damit nur in den seltensten Fällen zu Exzellenz führen" (Stock 2007, S. 467). In dieser typischen Artikulation des Präsidenten der einflussreichen Berlin-Brandenburgischen Akademie der Wissenschaften wird Gleichheit mit Nivellierung und daraus folgender mangelnder Qualität gleichgesetzt. Diese marktgeleitete Rechtfertigung wird gegen einen Investitionsmodus in Stellung gebracht, der nach Boltanski und Thevenot der Welt des Hauses entstammt (vgl. Boltanski und Thevenot 2007, S. 351 f.). Die Marktgerechtigkeit kennt weder zeitliche noch räumliche Grenzen. Damit wird nicht Gerechtigkeit per se, sondern eine spezifische Form von Gerechtigkeit, nämlich die Verteilungsgerechtigkeit abgewertet.

Befund und Versprechen der Exzellenz beziehen sich im Rahmen einer Gerechtigkeitsargumentation aufeinander und bedürfen zugleich spezifischer Verfahren, mit denen sie untermauert und umgesetzt werden. Die Favorisierung von Wettbewerb und Auslese argumentiert mit einer spezifischen Verfahrensgerechtigkeit, die freilich die ungleichen Ausgangsbedingungen ausblendet. Vielmehr richtet sich die meritokratische Argumentation der Spitzenbildung durch permanente Konkurrenz gegen die Kritik an Exzellenzpolitiken, einzelne exzellente Einrichtungen, z. B. eine einzige Eliteuniversität mit Bestandsgarantie zu schaffen. Die Beschwichtigung dieser Kritik insistiert darauf, dass Exzellenz weder einmal verliehen wird, noch vererbt oder angeboren ist. Mit dem Streben nach Bestleistung wird an den Geist der unermüdlichen Anstrengung appelliert: „Exzellenz muss jeden Tag neu errungen, erarbeitet und unter Beweis gestellt werden. ‚Exzellenz' ist kein Label, welches – einmal verliehen – immer haften bleibt und Privilegien verleiht. Das Erreichen von ‚Exzellenz' ist vielmehr eine permanente Aufforderung an den Einzelnen wie an eine Institution, aber – richtig verstanden – auch eine ‚exzellente' Möglichkeit, sich ständig weiterzuentwickeln" (Stock 2007, S. 467). Exzellenz wird im Kampf erworben, ohne dass die Kriterien ein für alle Mal gesetzt wären, allein die Aussicht auf ihre Zuschreibung löst zugleich eine permanente Verunsicherung aus. Wer Exzellenz zugeschrieben bekommt, kann sie auch wieder verlieren – und wer exzellent werden will, kann nie sicher sein, Exzellenz jemals zu erreichen.

7   Das Allgemeinwohl der Wettbewerbsfähigkeit

Unabweisbar werden die Erbringungen von Investitionen nur, wenn sich mit der Erlangung des höchsten Ranges und der daran gekoppelten Güter und Vorteile auch ein Nutzen für das (a6) *Allgemeinwohl* verbindet (vgl. Boltanski und

Thevenot 2007, S. 110 f.). Die Ziele von Reichtum und Exzellenz lassen sich nur dann vor dem Horizont der gesamten Gesellschaft rechtfertigen, wenn mit ihrer Realisierung nicht nur das Partikularwohl weniger, sondern das Gemeinwohl aller verbunden ist. Deshalb legitimieren sich Rangordnung und Investitionen immer mit dem Verweis auf einen übergeordneten Nutzen. So bestechend die Logik des Reichtumserwerbs auf individueller Ebene ist, so fragwürdig scheint die Rechtfertigung im Hinblick auf das Gemeinwohl. Die klassische Begründung liefert Adam Smith mit der Behauptung, „der Wohlstand der Reichen komme allen zugute", weil die unsichtbare Hand des Wettbewerbs für eine zwar ungleiche, aber harmonische Verteilung der Güter sorgt. Es sind

> die Großen, die aufgrund ihrer Größe, das übergeordnete gemeinsame Prinzip ver-
> körpern. Das sind hier die Reichen, die durch ihre Geschäfte die Marktkonkurrenz
> beleben. Aus diesem Grund kommt der Luxus allen zugute, und zwar nicht, weil
> er die Industrie belebt. Im Unterschied zum ererbten Familienvermögen belebt der
> Reichtum die marktförmigen Tauschbeziehungen und nützt damit dem gesamten
> Gemeinwesen (Boltanski und Thevenot 2007, S. 115).

Mit dem Verweis auf dieses Prinzip können potenziell konflikthafte konkurrierende Besitzwünsche befriedet werden. Die Argumentation, der Reichtum komme weniger dem ökonomischen Gesamtwohl aller zugute, prägt die gesellschaftliche und ökonomische Debatte auch heute. Sie hat insbesondere mit dem Aufstieg des neoliberalen Denkens einen deutlichen Aufschwung genommen und speist ihre Überzeugungskraft aus der Kritik an einer unzureichenden Gemeinwohlerfüllung.

Bezieht sich die Kritik der Rechtfertigungsordnung des Marktes auf Wachstumsschwächen, so problematisieren die Krisendiagnosen des Exzellenz-Diskurses die unzureichende Leistungsfähigkeit des Bildungssystems als Problem der gesamten Gesellschaft. Seit Aufkommen des modernen Exzellenzdiskurses Ende der 1950er Jahre steht die mangelnde Performanz der Gesellschaft im Mittelpunkt der Gemeinwohldiagnosen (vgl. Peter 2014, S. 36 f.). Im neoliberalen Exzellenzdiskurs leitet sich aus der Diagnose radikaler gesellschaftlicher Veränderungen der Befund eines gefährdeten Gemeinwohls ab. Demnach wirken sich Qualitätsdefizite des Bildungssystems und mangelnde Orientierung an Spitzen negativ auf die gesamte Gesellschaft aus: „Das bisherige Bildungssystem in Deutschland reicht nicht mehr aus. Es entspricht nicht mehr den Anforderungen der postindustriellen Entwicklung. Das gesamte System muss schnell und radikal verändert werden. Deutschland benötigt wissenschaftliche Spitzenleistungen. Sie sind für die weitere Entwicklung der Gesellschaft unabdingbar" (Seib 2004, S. 40). In den seit über einer Dekade laufenden Debatten um Exzellenz,

Brain-Drain und die Attraktivität der Hochschulen für ‚High-Potentials' werden schlagwortartig die vielfältigen Krisendiskurse des Bildungssystems als Gesellschaftskrise deutlich.

Politiken der Exzellenz verstehen Ungleichheit nicht als ungerecht, sondern identifizieren im Gegenteil mangelnde Ungleichheit als Ursache für die unzureichende Erfüllung des Gemeinwohls. Umgekehrt gilt: „Elitenförderung bringt eine soziale Dividende für alle. Deshalb fördern wir Eliten" (Stoiber 2004, S. 1993). Mit dem Projekt der Elitenförderung wird der Hochschullehre eine Innovations- und Fortschrittsfunktion innerhalb des Gesellschaftssystems zugeschrieben (vgl. Müller-Böling 2000; Wissenschaftsrat 2006), die sie nur dann erfüllen kann, wenn die Besten gefördert werden. Die zum Ausdruck kommende Kritik aus der Perspektive der Exzellenz bezieht sich auf einen Mangel an Innovation, der zu einer ökonomischen und sozialen Erosion führen muss. Mit dem im Kern ökonomischen Gemeinwohlverständnis wird der Diskurs um wissensbasierte Ökonomien aufgenommen, der die Förderung weniger hoch qualifizierter Innovatoren (Pioniere) als zentrale Voraussetzung der Wohlstandsrealisierung begreift.

Ausgehend von dieser Kritik wird Exzellenz mit entsprechenden positiven Effekten für das Gemeinwohl gerechtfertigt: „Exzellente Aussichten" werden den bei der Exzellenzinitiative erfolgreichen Universitäten prophezeit. Nicht nur an den Universitäten wie der TU Dresden, sondern auch in Politik und Medien werden zum Teil euphorische Reaktionen und Erwartungen ausgelöst. „Sollte sich Dresden durch den Status Elite-Uni als Wissenschaftsstandort etablieren, wird das Bevölkerungswachstum wohl noch einmal beschleunigt", so die Sächsische Zeitung (2012). Höhere Attraktivität für Fachkräfte, höheres Wirtschaftswachstum, Bevölkerungszuzug – die Verheißung, mit der Exzellenz begründet wird, orientiert sich am gesamtgesellschaftlichen Wohl einer Marktgesellschaft, das als ebenso plausibel wie gerecht präsentiert wird.

8   Antinomien der Rechtfertigung

Die hier dargestellten Rechtfertigungsordnungen brechen mit gängigen Gerechtigkeitsvorstellungen, die auf eine Maximierung von Gleichheit und eine Beseitigung von Ungleichheit abzielen. Zum einen versuchen sie sich auf der Grundlage von Problemdiagnosen einer latent vorhandenen Ungerechtigkeit versteckter Leistungsreserven, ökonomischer Ineffizienz und unverdienter Erfolge zu plausibilisieren. Zum anderen unterstellen die eingesetzten Verfahren eine inhärente Gerechtigkeit auf dem Weg von Institutionen und Subjekten, Spitzenpositionen zu erlangen. Da davon ausgegangen wird, dass sowohl Reichtum als auch

Exzellenz dem Allgemeinwohl zugute kommen, kann die dadurch entstehende Ungleichheit in Kauf genommen werden. Diese Rechtfertigungen von Ungleichheit weisen damit Berührungspunkte mit Ansätzen eines egalitären Liberalismus auf, der zwar Gleichheit zur Voraussetzung von Gerechtigkeit macht, aber gleichwohl nicht auf Gleichheit im Ergebnis setzt (vgl. Rawls 1979; Ackerman 1980). Egalitäre Diskurse der Chancengleichheit stehen also keineswegs im Widerspruch zur Rechtfertigung einer verdienten Spitze, sondern sind vielmehr komplementär zu ihnen. Es lässt sich mit der Rechtfertigungsordnung des Marktes argumentieren, dass die Würde der Chancengleichheit umfassend gewahrt werden muss, um einen gerechten Zugang zu ökonomischen Spitzenpositionen zu gewährleisten. Die tatsächliche Ausweitung von ökonomischen Chancen für alle stärkt die Position des Marktes und bricht sie nicht.

Zugleich zeigen sich mit dem Verweis auf die Theorien der Verfahrensgerechtigkeit unabweisbare Lücken, die mit diesen Rechtfertigungsordnungen einhergehen. Weil es in der komplexen Realität moderner Marktgesellschaften weder einen ‚Urzustand‘ gleicher Vermögen, noch einen ‚Schleier des Nichtwissens‘ über die unterschiedlichen sozialen Stellungen und erworbenen Kompetenzen gibt, drohen die existierenden Ungleichheitsverhältnisse reproduziert und verstärkt zu werden. Die faktische Unfairness der Marktmachtverhältnisse, die aus der Ungleichheit der komplexen Startbedingungen resultiert, betrifft nicht nur Marktteilnehmer und Bildungssubjekte, sondern ebenso Unternehmen, Schulen und Hochschulen. Das Versprechen der Qualitäts- und Wohlstandssteigerung muss dabei so lange unerfüllt bleiben, bis die realen finanziellen und strukturellen Voraussetzungen nicht verändert werden. Die Beobachtung, dass sich alle bewegen, erzeugt bereits den rhetorischen Glauben an den Fortschritt. Zur ‚Illusion der Chancengleichheit‘ (Bourdieu) treten die Illusionen von Leistung und Qualität.

Dabei zeigen sich zugleich die unabweisbaren normativen Lücken, die mit den Rechtfertigungen einhergehen. Dass hohe Einkommen und Vermögen für eine prosperierende Ökonomie unabdingbar sind, ist ebenso zu hinterfragen wie der Kern der Exzellenzargumentation, nach der Spitzenforscher und „High-Potentials" den entscheidenden Beitrag für gesellschaftlichen Fortschritt liefern. Längst kann die Privilegierung von Reichtum das Versprechen allgemeinen Wohlstands nicht mehr halten sondern zeitigt kontraproduktive ökonomische Effekte. Auch die einseitige Orientierung auf Exzellenz in der Bildung ist nur zu durchbrechen, wenn in der gesellschaftlichen Debatte sowohl Nutzen und Funktion der Wissenschaft als auch das Zustandekommen von sozialer, kultureller und wirtschaftlicher Innovation hinterfragt wird. Erst die Einsicht, dass das komplexe Entstehen wissenschaftlicher Erkenntnisse weniger durch Konkurrenz, sondern vielmehr durch Kooperation geprägt ist, dass Innovationen weniger durch einzelne Genies, als zunehmend durch gut organisierte kollektive Intelligenz möglich werden, wird Alternativen in der Wissenschaftspolitik ermöglichen. Eine solche Perspektive muss freilich mit einer Idee von Gesellschaft einhergehen, die sich jenseits ihrer Reduzierung auf den Markt bewegt.

Literatur

Ackeren, v. I. (2012). Schulwettbewerb und Best Practice. *Die deutsche Schule, 104*(2), 113–220.

Ackerman, B. A. (1980). *Social justice in the liberal state.* New Haven: Yale University Press.

Barlösius, E. (2008). „Leuchttürme der Wissenschaft". Ein metaphorischer Vorgriff auf eine neuorientierte Wissenschaftspolitik. *Leviathan, 36*(1), 149–169.

Becker, G. S. (1996). Staat, Humankapital und Wirtschaftswachstum. In G. S. Becker (Hrsg.), *Familie, Gesellschaft und Politik – die ökonomische Perspektive* (S. 217–226). Tübingen: Mohr & Siebeck.

Bogusz, T. (2010). *Zur Aktualität von Luc Boltanski. Einleitung in sein Werk.* Wiesbaden: VS Verlag.

Boltanski, L., & Thevenot, L. (2007). *Über die Rechtfertigung. Eine Soziologie der kritischen Urteilskraft.* Hamburg: Hamburger Edition.

Bulmahn, E. (2004). Gewaltiger Qualitätsschub. *Focus, 2004*(39), 122.

Dräger, J. (2009). Wir haben in Deutschland immer das Gefühl, dass sich Leistung und Gerechtigkeit ausschließen. *Akad. das Hochschulmagazin, 17,* 28–31 (Interview).

Gardner, J. W. (1962). *Excellence. Can we be equal and excellent too?* New York: Harper & Row.

Gemeinsame Wissenschaftskonferenz (GWK). (2005). Bund-Länder-Vereinbarung gemäß Artikel 91b des Grundgesetzes (Forschungsförderung) über die Exzellenzinitiative des Bundes und der Länder zur Förderung von Wissenschaft und Forschung an deutschen Hochschulen. Bonn. http://www.gwk-bonn.de/fileadmin/Papers/exzellenzvereinbarung.pdf. Zugegriffen: 01. Febr. 2014.

Helbig, J. (2015). *Der Opportunist. Eine Genealogie.* Paderborn: Fink.

Heubisch, W. (2009). „Quo vadis Elite?". Symposium zum fünfjährigen Bestehen des Elitenetzwerks Bayern. Pressemitteilung. München, Bayerisches Staatsministerium für Bildung, Wissenschaft und Kultur. www.stmwfk.bayern.de/presse/pressemeldungen/?tx_t3news_pi1[showUid]=156&cHash=13b39b5a64edcb86ff0d1e2f6f4dd4c3. Zugegriffen: 06. Febr. 2012.

Lepenies, W. (25. Oktober 2006). Konkurrenz schafft Exzellenz. *DIE WELT, 249,* 9.

Merton, R. K. (1973). ‚Recognition' and ‚Excellence'. Instructive Ambiguities. In R. K. Merton (Hrsg.), *The sociology of science. Theoretical and empirical investigations* (S. 419–438). Chicago: University of Chicago Press.

Mittelstraß, J. (1996). Abschied von der vollständigen Universität. Müssen alle noch alles machen? *Deutsche Universitäts-Zeitung, 52*(23), 13–15.

Müller-Böling, D. (2000). *Die entfesselte Hochschule.* Gütersloh: Bertelsmann.

Münch, R. (2007). *Die akademische Elite. Zur sozialen Konstruktion wissenschaftlicher Exzellenz*. Frankfurt a. M.: Suhrkamp.

Pechar, H. (2007). Heterogenität, Gerechtigkeit und Exzellenz in der Wissensgesellschaft – Länderbericht Österreich. In H. Rhyn (Hrsg.), *Heterogenität, Gerechtigkeit und Exzellenz. Lebenslanges Lernen in der Wissensgesellschaft* (S. 67–96). Innsbruck: Studien.

Peter, T. (2014). *Exzellenz. Genealogie einer Rationalität*. Weinheim: Beltz Juventa.

Peter, T. (2015). Die Gerechtigkeit der Spitze. Über die Rechtfertigung von Exzellenz. In B. Rothmüller & D. Grass (Hrsg.), *Legitimität. Gesellschaftliche, politische und wissenschaftliche Bruchlinien der Rechtfertigung* (S. 177–198). Bielefeld: transcript.

Picketty, T. (2014). *Das Kapital im 21. Jahrhundert*. München: Beck.

Rawls, J. (1979). *Eine Theorie der Gerechtigkeit*. Frankfurt a. M.: Suhrkamp.

Schlüter, A. (2009). *Statement anlässlich der Pressekonferenz zum Wettbewerb „Exzellente Lehre" am 19. Oktober 2009 in Berlin*. Essen: Stifterverband für deutsche Wissenschaft.

Schwering, M. (1998). Keine akademischen Eierköpfe. 5. DUZ-Forum. *DUZ – Das unabhängige Hochschulmagazin, 54*(24), 18–21.

Seib, M. (2004). Neue Wege der Elitenförderung. Das Netzwerk der Exzellenz Deutschland und das Elitennetzwerk Bayern: Statement zu den politischen Vorgaben. *Politische Studien, 55*(398), 40–48.

Stock, G. (2007). Qualitätsmaßstab: Exzellenz. *BioSpektrum, 13*(5), 467.

Stoiber, E. (2004). Regierungserklärung. Plenarprotokoll zur 30. Sitzung am 01. Dez. 2004 (DS 15/30). München: Bayerischer Landtag, S. 1988–1997.

Tippelt, R., Hippel, v. A., Reich, J., & Reupold, A. (2007). Heterogenität, Gerechtigkeit und Exzellenz in der Wissensgesellschaft – Länderbericht Deutschland. In H. Rhyn (Hrsg.), *Heterogenität, Gerechtigkeit und Exzellenz. Lebenslanges Lernen in der Wissensgesellschaft* (S. 97–193). Innsbruck: Studien Verlag.

Wetzel, D. J. (2013). *Soziologie des Wettbewerbs. Eine kultur- und wirtschaftssoziologische Analyse der Marktgesellschaft*. Wiesbaden: Springer VS.

Winzer, T. (15. Juni 2012). Exzellente Aussichten. In: *Sächsische Zeitung*. http://www.sz-online.de/nachrichten/exzellente-aussichten-2427914.html. Zugegriffen: 13. Apr. 2016.

Wissenschaftsrat. (2006). Empfehlungen zur künftigen Rolle der Universitäten im Wissenschaftssystem. Drs. 7067-06. Köln: Wissenschaftsrat.

Über den Autor

Tobias Peter, Dr., wissenschaftlicher Mitarbeiter am Institut für Soziologie der Albert-Ludwigs-Universität Freiburg. Aktuelle Arbeitsschwerpunkte: Bildungs- und Wissenschaftssoziologie, Soziologie der Inklusion und Exklusion, Theorie und Empirie individueller und kollektiver Subjektivierung.

Teil II
Familie – Kindheit

Ungleiche Kindheiten – ein soziologischer Zugang

Doris Bühler-Niederberger und Aytüre Türkyilmaz

1 Einleitung

Als Erben, „les héritiers", bezeichneten Bourdieu und Passeron (1964) die privilegierten Kinder mittlerer und höherer Schichten, die – so der empirische Befund, den sie erklären wollten – im Bildungssystem mit größerer Leichtigkeit als ihre Altersgenossen aus dem Volksmilieu reüssieren könnten. Sie erben, so präzisierte das Bourdieu (1983), verschiedene Kapitalsorten, die die Statusplatzierung ermöglichen. Nebst dem finanziellen Kapital das soziale Kapital und das für die Bildungskarrieren besonders relevante kulturelle Kapital. Zwar entwirft Bourdieu in seinen Werken eine Sichtweise von gesellschaftlichen Strukturen und struktureller Reproduktion, die nicht nur mechanistische Weitergabe von Status beinhaltet, vielmehr Deutungen, Abgrenzungsprozesse und Kämpfe mit in Rechnung stellt. Mit diesem Bild der Vererbung und mit der Vorstellung zu vererbender Kapitalsorten aber hat er ein Denkmodell gestiftet, das in der Folge vor allem in großen Bildungsstudien ausgesprochen deterministisch und ökonomistisch geriet. Obschon Bourdieus Ausführungen Parteilichkeit für die Unterprivilegierten und Kritik an hegemonialen Wertungen implizieren, findet diese Vorstellung nun gerade auch in konservativen politischen Diskursen Anwendung.

Wir danken Stefanie Morgenroth für die Durchführung der Berechnungen.

D. Bühler-Niederberger (✉) · A. Türkyilmaz
Bergische Universität Wuppertal, Wuppertal, Deutschland
E-Mail: buehler@uni-wuppertal.de

A. Türkyilmaz
E-Mail: tuerkyil@uni-wuppertal.de

© Springer Fachmedien Wiesbaden GmbH 2017
M.S. Baader und T. Freytag (Hrsg.), *Bildung und Ungleichheit in Deutschland*, DOI 10.1007/978-3-658-14999-4_5

Das Denkmodell besteht aus einer Kette quasi-ökonomischer Annahmen, dass 1) kapitalreiche Eltern (mit höherem Einkommen und höherem Bildungsabschluss) viel an Sorge und Aufwand in ihre Kinder investieren, dass 2) der Ertrag aufseiten der Kinder, deren kognitive Kompetenz, in der Folge besonders hoch ist und dass 3) die Schule diesen Ertrag (adäquat) einschätzt und d. h. mit Bildungserfolg belohnt und dass 4) also sozialer Aufstieg resp. Aufrechterhaltung hoher Positionen möglich ist, weil schließlich auch der Arbeitsmarkt dieser Logik folgt. In dieser rein ökonomischen Stringenz – und man darf sagen: Schlichtheit, wonach aus „mehr" immer und uneingeschränkt „mehr" und „besser" wird – erklären Ökonomen nicht einmal das Funktionieren von Märkten. Würden nun aber soziale Prozesse in dieser Weise einfach und geradlinig verlaufen, so bräuchte es keine Soziologie, keine Psychologie und keine Erziehungswissenschaft. Gerade die Soziologie ist ja vor allem da aufgekommen, wo einfache utilitaristische Überlegungen als ungenügend erachtet wurden (vgl. etwa Durkheim 1977).

Es ist das Ziel dieses Beitrages, das Modell genauer nachzuzeichnen und seine aktuelle Verwendung und Rezeption kurz zu umreißen. Anschließend werden die darin implizierten Annahmen auf ihre empirische Bewährung hin abgeklopft. Man darf dazu sagen, dass es kaum eine Hypothesenkette gibt, die in so vielen Studien und mit so großen Datensätzen verwendet wurde und die dennoch eine so bescheidene Erklärungskraft hatte resp. von ihren Ergebnissen her so sehr nach einer Erweiterung und Differenzierung der Annahmen verlangte, wie diese. So soll in einem zweiten Teil des Beitrags diesem „Investitionsmodell" ein „Interaktionsmodell" entgegen gehalten werden, das auch am eigenen empirischen Material geprüft wird. Ein solches Modell führt näher an die empirische Realität und hat auch den Vorteil, dass es Handeln und Interpretationen aller Beteiligten berücksichtigen kann und bietet damit – im Sinne des Pragmatismus – eine bessere Handlungsgrundlage.

2   Das Investitionsmodell und sein erstaunliches Beharrungsvermögen

2.1   Der Erklärungsansatz der „large-scale" Studien

Es gibt in den letzten Jahrzehnten mehrere Studien zu kognitiven Kompetenzen und Schulleistungen von Kindern, die mit teilweise sehr großen Samples arbeiten. Sie unterscheiden sich hinsichtlich des Alters der Kinder, in dem sie mit ihren Messungen ansetzen, und hinsichtlich der Frage, ob sie die individuellen Entwicklungen längsschnittlich verfolgen oder Einmalmessungen sind. Sie unterscheiden sich auch in den Stichprobengrößen, von 547 Kindern bei BIKS 3–10 (Hohmut et al. 2014) bis zu 11.000 in der Millennium Cohort Study (Ermisch 2008; Dearden et al. 2010). Sie greifen aber im Wesentlichen auf dasselbe Grundmodell zur Erklärung kindlicher Leistungen zurück. Exemplarisch beziehen wir uns hier auf die BIKS-Studie (Lehrl 2013; Mudiappa und Artelt 2014), die British Millennium Cohort Study (Dearden et al. 2010; Goodman und Gregg 2010), die IGLU-Studien (Bos et al. 2012), die PISA-Studien (Baumert et al. 2003) und das Russell Sage Foundation-Programm „Social Inequality", das 16 Studien zusammenführt, die die Zusammenhänge zwischen der sozialen Herkunft von Kindern und ihrer Kompetenzentwicklung in elf Ländern untersuchen (Ermisch et al. 2012). Diese Studien bezeichnen und operationalisieren die Variablen, die sie verwenden, etwas unterschiedlich, beziehen sich aber alle (auch) auf Bourdieu und die Vorstellung von elterlichem Kapital, das an die soziale Position der Familie gebunden ist und den Kindern durch Erziehungspraktiken übermittelt wird. Sie stellen in je etwas anders gefassten Grafiken das in Abb. 1

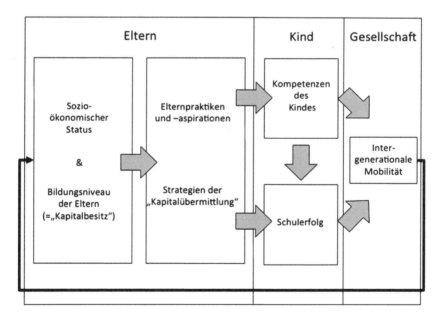

Abb. 1 Erklärungslogik intergenerationaler Mobilität – Investitionsmodell. (Quelle: eigene Darstellung)

präsentierte Grundmuster der Erklärung vor (Mudiappa und Artelt 2014, S. 8; Bos 2012, S. 179; Baumert et al. 2003, S. 56; Dearden et al. 2010, S. 6). Was diese Studien abbilden, ist die intergenerationale Übermittlung von Vorteilen resp. Nachteilen und die daraus folgende intergenerationale Mobilität. Der Übermittlungsvorgang wird auch als Investition in die Zukunft des Arbeitsmarktes und des gesellschaftlichen Wohlstandes gesehen; solche Argumentationen finden sich mehr oder weniger explizit in der Millennium Cohort Study (Dearden et al. 2010; Ermisch 2008) oder dem Russell Sage Foundation-Programm (Ermisch et al. 2012). Soziale Ungleichheit nimmt nach dieser Logik ihren Ursprung – zumindest in der Biografie des einzelnen Kindes – im privaten Raum und wird dann durch das Bildungssystem in Noten und Karrieren übersetzt. Dabei stellen diese Studien allerdings in Rechnung, dass das öffentliche System der Betreuung und Beschulung und seine Vertreter hier auch einen eigenständigen Beitrag leisten, indem sie privat erzeugte Ungleichheiten der Startbedingungen abfedern oder verstärken – durch die Qualitäten des Angebotes oder durch Entscheidungen von Lehrkräften.

Damit sind die Verantwortlichen des Betreuungs- und Bildungssystems dann auch die einzigen, die in diesem ökonomistischen Erklärungsmodell dennoch so etwas wie einen Akteursstatus erreichen. Dieser wird allerdings – soweit es Interessen, Handlungsleitlinien und -konstellationen betrifft – nicht weiter aufgeklärt. Thematisiert wird lediglich, in welchen Phasen und an welchen Schnittstellen der Bildungskarriere das Bildungssystem Ungleichheit ausgleicht oder nicht und wie sehr es dies tut. Die anderen Beteiligten – nämlich Eltern und Kinder – sind nur als Träger, Übermittler und Empfänger von Kapital und seinen Effekten vorgesehen. Gestützt auf diese Studien nähert man sich den Eltern belehrend: Sie sollten mehr kulturelle und soziale Anstrengungen für ihre Kinder unternehmen. Die Autoren und Autorinnen der Millennium Cohort Study liefern dazu auch explizite Anleitungen (Chowdry et al. 2010).

Man kann es als Paradoxie sehen, dass Unterschichtseltern ermahnt werden, ein Mittelschichtskind heranzuziehen, d. h. ein Kind mit den Kompetenzen, dem Ausblick auf seine Zukunft und den Wünschen auszustatten, wie sie ein Mittelschichtskind hat. Das hat bereits Gillies (2005) kritisch diskutiert, damals noch für die Politikerinnen und Politiker von „New Labour". Mehrere kritische Analysen zeigen für die jüngste Gegenwart – und damit für die Köpfe der konservativen Partei – dass der politische Diskurs in England nun auch zu einem eigentlichen „blaming the victims" gerät. Es wird z. B. von finanzschwachen Eltern gesprochen, die die Zukunft ihrer Kinder verspielten (Dermott und Pomati 2015). Demgegenüber bleiben die Debatten in Deutschland zurückhaltender, sie thematisieren es lediglich als „Risiko", dass Eltern tieferer sozialer Schichten ihre Kinder ungenügend fördern und diese in der Folge mit der Entwicklung der begünstigteren Altersgenossen nicht Schritt halten könnten (vgl. Betz 2014). Im 14. Deutschen Kinder- und Jugendbericht, der sich auf Resultate der Bildungsforschung bezieht, wird von mehr als einem Viertel der Kinder in Deutschland als den „Abgehängten" (BMFSFJ 2014, S. 367) gesprochen, deren Eltern nicht in der Lage seien, sie angemessen zu fördern.

Gillies (2005) spricht von einer „Individualisierung" sozialer Ungleichheit, die darin bestünde, dass die politischen Debatten von allen Eltern dieselben Anstrengungen verlangen würden, ungeachtet ihrer materiellen Möglichkeiten. Diese beklagte „Individualisierung" ist allerdings nichts anderes als eine Folge der analytischen Unterscheidung der verschiedenen Kapitalsorten, wie sie sich auch bei Bourdieu (1983) findet. Vor allem in den sogenannten Milieu-Ansätzen, die darauf Bezug nehmen, werden dann Gesellschaften nicht nur als vertikal stratifizierte, sondern zusätzlich als horizontal differenzierte beschrieben. Das meint dann nichts anderes, als dass durchaus ein Ungleichgewicht zwischen dem Vorhandensein verschiedener Kapitalsorten mitgedacht ist. Definiert wird z. B. ein soziales Milieu, das sich zwar nur durch vergleichsweise bescheidenen materiellen Wohlstand, aber kulturelle Affinität auszeichne: das „Milieu der akademischen Intelligenz" bei Vester und Mitautoren (2001). Analog wird „der Künstler" bei Bourdieu (1999) konzipiert. Man kann also der politischen Rhetorik nicht vorwerfen, dass sie eine individualistische Verkürzung vornähme, die über die soziologische Vorlage hinausginge. Vielmehr wäre dieses Problem – und damit sicher auch ein elitärer Gehalt der Rede vom „kulturellen Kapital" – von den soziologischen Vertretern und Vertreterinnen solcher Ansätze zu reflektieren.

Die Eltern erscheinen in diesem Erklärungsmodell nicht als Akteure mit eigenen Deutungen, Interessen und daraus resultierenden, zu respektierenden Handlungsleitlinien. Sie sind vielmehr lediglich dahin gehend zu belehren, ihre als zu gering beanstandeten Investitionen zu erhöhen. Gar nicht als Akteure tauchen die Kinder auf, um deren Bildungserfolg es ja doch geht. Sind sie nicht Erben, so sind sie „Abgehängte" – in beiden Fällen sind sie passiv, ihre Zukunft wird von anderen verspielt oder gesichert. Dieser Entwurf der Kinder käme einer Bankrotterklärung pädagogischer Bemühungen des Lehrpersonals gleich.

2.2 Mangelhafte empirische Evidenz

Wie aber steht es mit der empirischen Bestätigung dieses Modells, inwiefern unterscheiden sich die Elternpraktiken in verschiedenen sozialen Schichten und inwiefern beeinflusst dies den Bildungserfolg der Kinder resp. ihre Kompetenzen.

Betrachtet man die Studien, die im letzten Abschnitt herangezogen wurden, so bleiben die Zusammenhänge in allen erstaunlich schwach. Außer in der Millenium Cohort Study (Dearden et al. 2010) ergeben sich keine signifikanten Beziehungen, was die *soziale* Qualität der Eltern-Kind-Beziehungen betrifft. Signifikante Zusammenhänge zeigen sich in den PISA-Studien für die *kulturellen* Praktiken, die die Familie pflegt (Theaterbesuch, Besitz von Büchern, Kunstwerken, Lesesozialisation). In der multivariaten Analyse sind diese Unterschiede bei PISA aber gering oder verschwinden sogar vollständig, wenn man den besuchten Schultyp berücksichtigt. Der Besuch des Gymnasiums erweist sich als förderlicher als der Besuch anderer Schulen, deshalb werden andere Variablen zur Erklärung von Leistungsunterschieden bedeutungslos (Baumert et al. 2003, S. 66–67; vgl. auch Georg 2011). Vergleichbares gilt für die IGLU-Studie, die jüngere Schulkinder untersucht als PISA: Ein in dieser Studie gebildeter Index der Lesesozialisation in der Familie erweist sich zwar als schichtabhängig, erklärt aber lediglich 6 % der Lesekompetenzen (Bos et al. 2007, S. 317 f.).

Soweit es die frühe Kindheit betrifft, so werden auch in der BIKS-Studie – anders als in der Millennium Cohort Study – keine Unterschiede zwischen den sozialen Schichten hinsichtlich sozialer Qualitäten der Elternpraktiken festgestellt. Die konstatierten Unterschiede hinsichtlich häuslicher Lernumwelt – d. h. Praktiken und Konstellationen, die direkt die intellektuelle Förderung betreffen – zeigen wiederum geringe Auswirkungen auf die intellektuellen Kompetenzen der Kinder (Lehrl 2013). Die Millennium Cohort Study stellt zwar bereits bei den 3- und 5 Jährigen unterschiedliche kognitive Kompetenzen fest. Die mit der Schicht variierende intellektuelle Förderung der Kinder durch die Eltern erklärt aber nur einen bescheidenen Anteil von ca. 7 % der Kompetenzunterschiede. Weitaus am erklärungskräftigsten sind in den multivariaten Analysen die Bildung der Eltern, der Migrationshintergrund und die Familiengröße; zusammen genommen erklärt dies einen doppelt bis dreimal so großen Varianzanteil und die zusätzliche Berücksichtigung von Elternpraktiken reduziert diesen Anteil unwesentlich (Dearden et al. 2010, S. 15).

Diese Befundlage wird durch eine Vielzahl weiterer Studien bestätigt. Zu diesem Bestand an Studien kann man die älteren Studien zu schichtspezifischen Sozialisationsmustern zählen, wie sie bereits seit den 1950er Jahren durchgeführt wurden. Deren These war es, dass die gesellschaftlichen Erfahrungen der Eltern sich in ihren Erziehungsmustern spiegeln: Sie bereiten ihre Kinder auf das vor, was sie als relevant erachten, z. B. eher auf ausführende Positionen – dann betonen die Eltern Konformität – oder eher auf leitende Positionen, dann zielen die Eltern auf Selbststeuerung. Das war zum Beispiel die These von Kohn (1963) und man erkennt, dass sie zumindest nicht von einem einfachen Defizit an

Investitionen ausging, sondern den Eltern den Status gesellschaftlicher Akteure durchaus zubilligte. Aber auch diese soziologische Forschung erbrachte enttäuschend schwache Zusammenhänge, sowohl zwischen sozialem Status der Eltern und ihren erzieherischen Einstellungen und Praktiken als auch zwischen diesen Sozialisationsvariablen und kindlicher Kompetenz. Wie immer man sich den eindeutigen Schichtunterschieden im Bildungserfolg der Kinder näherte, vermochten also die herangezogenen Variablen dies nur zum geringsten Teil aufzuklären. Diese enttäuschende Befundlage, wie sie etwa Übersichten über zahlreiche solche Studien von Gecas (1979) und Steinkamp (1998) zeigten, führte dazu, dass die soziologische Forschung sich in der Folge weitgehend von dem abwandte, was man als schichtspezifische oder sozialstrukturelle Sozialisationsforschung bezeichnete. Wenn diese Forschung danach wieder aufgegriffen wurde, dann zumeist in anderen Disziplinen – der Erziehungswissenschaft und zunehmend der Ökonomie –, und sie folgte von da an mehr oder weniger dem skizzierten Investitionsmodell. Aber auch in dieser neu aufgelegten Suche nach schichtspezifischen Elternpraktiken wurden geringe oder gar keine Zusammenhänge der erwarteten Art konstatiert, so z. B. Zinnecker und Georg (1998), Stecher (2000), Wild (2002), Jugendwerk der Deutschen Shell (2002), Tak und Koo (2011), König und Mitautorinnen (2011), Dermott und Pomati (2015). Eine Ausnahme bildete hier die ethnografische Studie von Lareau (2011), die verschiedene Erziehungsmuster in unterschiedlichen sozialen Verhältnissen konstatierte und diese sehr anschaulich und an reichem Beobachtungsmaterial beschrieb. Die Bestätigung von Lareaus Befunden in large-scale-Studien gelang aber nur bedingt (vgl. etwa Henderson 2013). Hingegen wurden im Zuge dieser Forschung Befunde gemacht, die für das hier in der Folge zu entwickelnde Interaktionsmodell von Bedeutung sind, etwa der, dass Eltern aus allen sozialen Schichten ihre Bemühungen seit den 1950er Jahren erheblich steigerten (Schaub 2010) oder der Befund, dass sich auch in der Mittelschicht eine große Variation hinsichtlich eingesetzter Elternpraktiken feststellen lässt (Irwin und Elley 2011).

So muss denn das Fazit zur empirischen Bewährung des Investitionsmodells kritisch ausfallen. Elternpraktiken, so darf man schließen, unterscheiden sich nicht oder nur geringfügig *zwischen* den Schichten, dagegen auch ganz erheblich *innerhalb* der Schichten, und sie zeigen keine wesentlichen Effekte auf die Kompetenzen der Kinder. Der Zusammenhang zwischen dem sozialen Status der Herkunftsfamilie und dem Bildungserfolg der Kinder steht außer Zweifel, seine Erklärung über Elternpraktiken aber ist vorderhand höchstens im Ansatz gelungen, trotz intensiver Forschungsbemühungen. Damit soll dem kritisierten Investitionsmodell nicht jegliche Berechtigung abgesprochen werden, jedoch sollte gezeigt werden, dass es keineswegs die selbstverständliche und empirisch hoch bewährte Erklärung darstellt, als die es sich in öffentlichen Debatten präsentiert. Es sollte weiter gezeigt werden, dass das Modell problematisch ist, indem es die Bildungsungleichheit prinzipiell legitimiert: Wer mehr investiert, verdient mehr Rendite – eine einfache Rechnung. Damit eignet es sich, um in einer konservativen Politik instrumentalisiert zu werden: Effekte des Bildungssystems in den Hintergrund zu drängen, die Eltern tieferer Schichten zu beschuldigen und Eltern und Kinder als Akteure nicht ernst zu nehmen.

3   Ein Interaktionsmodell – theoretischer und empirischer Versuch

3.1   Grundlagen des Modells

In diesem zweiten Teil des Beitrags soll ein Modell entwickelt werden, das – anders als das kritisierte Investitionsmodell – die Interaktionen zwischen allen Beteiligten fasst: Eltern, Kindern, Lehrkräften. Diese – das ist hier die Annahme – finden vor dem Hintergrund der Bedingungen statt, die die Beteiligten aufgrund ihrer Positionen in der Sozialstruktur haben. Das Modell spricht allen Beteiligten Akteursstatus zu, d. h. es geht davon aus, dass sie auf der Basis von Deutungsmustern handeln, die sie gewinnen, indem sie die Erwartungen, die andere Akteure an sie richten, ermitteln und auf dieser Basis Selbsteinschätzungen vornehmen und Handlungsleitlinien entwickeln. Das ist eine Vorstellung des sozialen Akteurs, wie wir sie im symbolischen Interaktionismus finden, in dem Menschen ihre Handlungsleitlinien auf der Basis von Sinnzuschreibungen entwickeln, die sie an Objekte, an andere Akteure und an sich selbst vornehmen. Dabei ist es nicht so, dass die Akteure gemäß diesem Ansatz beständig vor Problemen der Deutung und neuen Ausrichtung ihres Handelns stünden, vielmehr wird angenommen, dass sie zumeist in den Bahnen von Routinen handeln. An Ereignisstellen der Interaktion jedoch – wenn die Routinen nicht mehr greifen oder keine befriedigenden Ergebnisse liefern – werden die Handlungen neu ausgerichtet und aufeinander gepasst (Strauss 1968, 1993).

Hervorzuheben gilt es, dass unser Modell auch und gerade den Kindern einen solchen Status als (Inter-)Akteure zuspricht. Das ist nicht nur eine Abgrenzung vom Investitionsmodell, sondern auch vom Mainstream der Sozialisationsforschung, der Kinder als passive und zu formende Personen konzipiert. Wir beziehen uns damit auf die sogenannte „neue Kindheitssoziologie" und entnehmen dieser auch die Vorstellung, dass Kinder stets im Rahmen „generationaler Arrangements" (inter-)agieren. Gemeint sind mehr oder weniger stark vorgeformte und als selbstverständlich betrachtete Zuschreibungen von Rechten, Pflichten, Bedürfnissen und Kompetenzen an Kinder und komplementär dazu an Erwachsene. Solche Arrangements strukturieren die Deutungen und Handlungen der Kinder, werden aber ihrerseits durch die Akteure auch beständig (re-)produziert und modifiziert (Alanen 2009; Bühler-Niederberger 2011). Damit hat das Modell dann die Grundstruktur, die Abb. 2 festhält.

In solchen Interaktionen – das ist die Annahme hier – werden ungleiche Bildungschancen hergestellt, werden also Bedingungen der Herkunft erst zu Vor- oder Nachteilen. Es gibt einige Befunde zu Bildungsungleichheiten, die einem solchen Modell Plausibilität geben resp. darin sinnvoll gedeutet werden können. Da ist einmal die Forschung zu den sogenannten „sekundären Herkunftseffekten". Gemeint sind Auswirkungen der sozialen Herkunft auf den Bildungserfolg jenseits messbarer Kompetenzunterschiede. Das Phänomen wurde vor allem am Übertritt zu den weiterführenden Schulen untersucht und bildet sich dort so ab, dass Schüler höherer sozialer Herkunft selbst bei gleichen messbaren Kompetenzen oder erzielten Schulnoten eine mehrfach höhere Wahrscheinlichkeit haben,

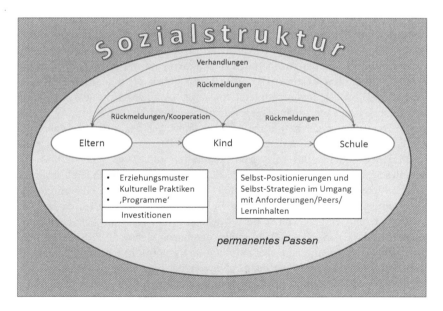

Abb. 2 Grundzüge eines Interaktionsmodells des Bildungserfolgs. (Quelle: eigene Darstellung)

einem Gymnasium zugeteilt zu werden als Schüler tieferer Herkunft. Das wurde in mehreren Studien und mit jeweils variierenden Untersuchungsanlagen festgestellt (Maaz et al. 2010; Geißler 2006). Die Bewertungen und Empfehlungen der Lehrkräfte reagieren deutlich auf die soziale Herkunft der Schüler und Schülerinnen: Bei gleichen Leistungen erhalten Kinder höherer sozialer Herkunft tendenziell bessere Noten und Empfehlungen. Relevant wird dieser Schichteffekt vor allem bei Kindern mit mittleren oder schwankenden Leistungen (Neugebauer 2010; Ditton und Krüsken 2006, 2010; Müller-Benedict 2007). Lehrkräfte und Eltern setzen für die Kinder tieferer sozialer Herkunft höhere Schwellenwerte an, ab denen sie diese erst als geeignet für das Gymnasium erachten; das ergeben die IGLU-Studie und die LAU-Studie (Bos et al. 2012; Lehmann et al. 1997). Der Schichtbias der Übertrittsempfehlungen kann auch darauf zurückgeführt werden, dass die Unterstützung, die für die Kinder auf der weiterführenden Schule zu erwarten ist, von den Lehrkräften als sehr bedeutsam eingeschätzt wird (Gräsel und Böhmer 2013).

Leistungen der Schüler werden also nicht umstandslos in Noten und Entscheidungen verrechnet. Die Bewertungen durch die Lehrkräfte können vielmehr als Prozess der Ermittlung des Leistungsvermögens gesehen werden, in dem das Wissen über die Herkunftsfamilie berücksichtigt wird. Letzteres tun die Lehrkräfte durchaus in guter Absicht, aber dennoch in einer Weise, die gesamthaft gesehen Ungleichheit verstärkt. Wie diese Ermittlungsprozesse verlaufen, und wie sehr und in welcher Art sie auch in Interaktionen mit Kindern, Eltern und anderen Lehrkräften zustande kommen, darauf geben die quantitativen Studien noch kaum Hinweise. In einem Interaktionsmodell – wie es hier entworfen wird – wird solches zum Untersuchungsgegenstand.

Die Bewertungen der Lehrkräfte und die ungleichen Maßstäbe, die dabei Verwendung finden, werden in den alltäglichen Interaktionen durch die Schüler und Schülerinnen erkannt; das zeigt eine qualitative Studie von Reay (2006). Die Heranwachsenden aus tieferen sozialen Schichten fühlen sich dadurch abgewertet. Dass Interaktionen zwischen Schülern und Lehrern vor dem Hintergrund des beiderseitigen Wissens um die soziale Herkunft der Schüler verlaufen und darauf mehr oder weniger explizit Bezug nehmen, lässt auch die bekannte Studie von Willis (1982) „Spaß am Widerstand" erkennen. Mehan (1978) und Cicourel et al. (1974) zeigen in einem theoretischen und empirischen Ansatz, den sie als „konstitutive Ethnographie" bezeichnen, dass in der Interaktion der Beteiligten die Richtigkeit und Wichtigkeit von Antworten ermittelt wird. Das geschieht in Unterrichtssituationen, in Tests, in Situationen des „School Counseling" – in all diesen Zusammenhängen ist die Qualität einer Antwort keineswegs so eindeutig, wie man glauben möchte. Allerdings ist die empirische Aussagekraft dieser Studien – die einen ansprechenden Zugang eröffnen – gerade da gering, wo es um den Schicht-bezug der Interaktionen geht.

Einige ebenfalls qualitative Studien zeigen, dass die soziale Position der Eltern die Interaktionen zwischen Schule und Eltern beeinflusst. Mütter aus der sozia-len Unterschicht sind verunsichert in ihrem Verhalten gegenüber den Vertreterin-nen und Vertretern der Bildungseinrichtungen (Reay 1998; Gillies 2005; Lareau 2000), Mütter der höheren Schichten sind vergleichsweise anspruchsvoll und fordernd (Caputo 2007; Lareau 2000; Gillies 2005). Die Wahrnehmung vonsei-ten der Schule geht vor allem dahin, dass die Eltern der tieferen Schichten wenig engagiert seien, von den Eltern höherer Schichten dagegen würden sich die Lehr-kräfte mehr Respekt für ihre Arbeit und Kompetenz wünschen.

Misst man den Kindern in einem Interaktionsmodell der Erklärung von Bil-dungsungleichheit eine wichtige Bedeutung zu, so kann man die Forschung der quantitativen Lehr-und Lernforschung zu Konzepten wie „Selbstwirksamkeit" oder „akademisches Selbstkonzept" heranziehen. Das sind Selbsteinschätzungen der Kinder in Bezug auf ihre schulische Leistungsfähigkeit. Sie zeigen in ver-schiedenen Untersuchungen einen sehr deutlichen Zusammenhang zum Schuler-folg (Möller und Trautwein 2014; van Ophuysen 2006; Marsh und Köller 2004; Sirsch 2000; van Aken et al. 1997). Wie erfolgreich ein Kind Aufgaben löst, ist also nicht nur eine Frage seiner Kompetenzen, vielmehr positioniert sich das Kind auch zu den Anforderungen. Das ist ein Aspekt der Interaktion. Als ein Ele-ment von Interaktionen erweist sich die Selbsteinschätzung aber auch in der Art, als sie auf Rückmeldungen über den Erfolg reagiert und diese auch stets in Rela-tion zum Leistungsniveau der Mitschüler wertet. Das zeigen auch die Untersu-chungen über negativere oder positivere Selbsteinschätzungen in der Folge von Schulwechseln zu anspruchsvolleren oder weniger anspruchsvollen Schultypen resp. allgemein die Studien zu einem Bezugsgruppeneffekt, der als Fischteich-Effekt bezeichnet wird (Köller 2004; Trautwein 2003; Helmke 1998). In dieser Forschungsrichtung zur Selbsteinschätzung der Kinder ist die soziale Schicht allerdings bisher nur selten thematisiert worden. Die Studien, die dies getan haben, haben teilweise Zusammenhänge zwischen solchen Herkunftsvariablen und der Selbsteinschätzung konstatiert, im Sinne einer tieferen Selbsteinschät-zung bei tieferer Herkunft (Stecher 2000; Fend 1998), und teilweise nicht (König et al. 2011; Fuß 2006). Es liegen aber Befunde vor, die zeigen, dass Kinder aus tieferen sozialen Schichten bescheidenere Ambitionen hinsichtlich Schule und Bildungskarrieren (Krüger et al. 2008; Helsper 2014) und hinsichtlich späterer Berufswahl (Jünger 2008; Bühler-Niederberger und König 2011) entwickeln als Kinder aus begünstigteren Elternhäuser.

Was nun Einstellungen und Verhalten der Eltern in Bezug auf das Kind betrifft – die zentralen Variablen des Investitionsmodells also, die hier bereits ausführlich dargestellt wurden – so sind diese in einem Interaktionsmodell nicht bedeutungslos, sie sind aber nicht nur als Input zu verstehen, sondern ebenso sehr als Reaktion auf Kind und Schule. Zudem sind diese Elternvariablen nicht einfach als Investition in kindliche Kompetenzen, sondern auch als generationale Arrangements zu interpretieren, die den Kindern bestimmte Handlungsmöglichkeiten eröffnen, wie wir dies zum Konzept des „generationalen Arrangements" bereits ausgeführt haben.

3.2   Empirischer Beitrag zu einem Interaktionsmodell

Das Projekt „Selbst" ist ein Versuch, ein Interaktionsmodell zumindest in einigen Teilen umzusetzen. Es handelt sich um ein BMBF Projekt aus dem Rahmenprogramm „Empirische Bildungsforschung" (Antragstellerinnen: Doris Bühler-Niederberger, Cornelia Gräsel, Alexandra König).[1] In diesem Projekt wurden Kinder von der zweiten bis zur vierten Grundschulklasse insgesamt dreimal (klassenweise) befragt (bei jeder Befragung N > 700; über alle drei Zeitpunkte N = 414). Der quantitative Studienteil wurde ergänzt um einen qualitativen, in dem von 28 Familien mit mindestens einem Kind zwischen sieben und zehn Jahren zusätzlich Fallporträts erstellt wurden. Die Auswahl der Familien sollte eine möglichst große Heterogenität in Bezug auf soziale Herkunft, Familienkonstellation und schulische Erfahrungen gewährleisten. Datengrundlage für die Porträts waren Leitfadeninterviews, die im Rahmen von Hausbesuchen je mit den Eltern und dem Kind durchgeführt wurden.

3.2.1 Messungen des quantitativen Studienteils
Schwerpunkte der drei Befragungen waren der Schulerfolg, die Erziehungsmuster und kulturellen Praktiken in der Familie – die also aus der Sicht des Kindes erhoben wurden – und verschiedene Messungen zur Selbsteinschätzung des Kindes. Die zentralen Variablen wurden wie folgt operationalisiert:

Erziehungsmuster und kulturelle Praktiken: Erhoben wurden a) Eltern-Kind-Interaktionen in Anlehnung an die TIMS-Studie 2007 (Bos et al. 2009). Diese

---

[1]Förderkennzeichen: 01JC1113, Zeitraum der Förderung: November 2011–März 2015.

Fragen wurden dem Alter der Kinder (auf der Basis des Pretests) angepasst. Zur Datenreduktion wurde – nach Prüfung der Voraussetzungen[2] – eine explorative Faktorenanalyse durchgeführt, die eine Abbildung dreier Faktoren ermöglichte: ein „diskursives", „dichtes" und „schulzentriertes" Erziehungsmuster (Bühler-Niederberger et al. 2015). In diesem Beitrag greifen wir lediglich auf das „diskursive Erziehungsmuster" zurück. Folgende Items laden hoch auf diesem Faktor: „Mit Eltern über Dinge reden, die mich interessieren"; „Eltern interessieren sich für meine Hobbies"; „Mit Eltern über Schulnoten reden". Interpretieren wir den Faktor im Sinne des generationalen Arrangements, so zeigt das „diskursive Erziehungsmuster" eher ein flacheres Gefüge an; das lässt sich bestätigen über eine mittelstarke Korrelation, die der Faktor im zweiten Messzeitpunkt mit dem Item „mit den Eltern ‚Quatsch' machen" zeigt ($r = .336$; $p \leq .05$). Das Erziehungsverhalten ist insofern auf die Förderung von Selbstprozessen ausgerichtet, als darin die Interessen des Kindes ernst genommen werden. Das „diskursive Erziehungsmuster" zeigt die deutlichsten Beziehungen auf zu den Messungen sozialer Herkunft und den Selbsteinschätzungen des Kindes (vgl. Tab. 3; zur Skalenqualität vgl. Tab. 2).

Ebenfalls in Anlehnung an die TIMS-Studie 2007 (Bos et al. 2009) wurden b) kulturelle Praktiken in der Familie erhoben. Die in jener Studie stark auf Mittelschichtskultur zentrierten Items (Besuch von Museum, Oper und Theater) wurden ergänzt durch Fragen nach anderen gemeinsamen Unternehmungen (Schwimmen, Fahrrad fahren, Zoobesuch). Über eine Faktorenanalyse wurden einige Items ausgeschieden (z. B. gemeinsam fernsehen, gemeinsam Computer spielen). Die so gebildete Skala wird als „Bildungsinvestitionen" bezeichnet (zur Skalenqualität vgl. Tab. 2).

Selbsteinschätzungen der Kinder: Selbsteinschätzungen der Grundschulkinder wurden über unterschiedliche Messungen abgebildet. Erfasst wurde a) das „Akademische Selbstkonzept", das in Anlehnung an die SESSKO-Skalen (Schöne et al. 2002) erhoben wurde; die Items wurden der Altersgruppe angepasst (Beispielitem: „Mir fällt es leicht, Neues zu lernen"). Erfasst wurde b) auch die „Selbstwirksamkeit", in Anlehnung an Schwarzer und Jerusalem (1999; Beispielitem: „Ich kann auch schwierige Aufgaben im Unterricht lösen, wenn ich mich anstrenge") (zur Skalenqualität vgl. Tab. 2).

---

[2]Die Eignung wurde mit Hilfe des Kaiser-Meyer-Olkin-Kriteriums überprüft. Der MSA Wert lag bei .75.

Soziale Herkunft: Die soziale Herkunft sollte über eine offene Frage nach dem Beruf beider Eltern erhoben und die Angaben nach gängigen Verfahren codiert werden. Die Kinder waren aber nicht in der Lage, diese Fragen in geeigneter Weise zu beantworten. Als Ersatz wurde die Frage nach dem Bücherbesitz in der Familie verwendet, die sich in mehreren Studien als zuverlässiger Indikator erwiesen hat (Maaz et al. 2010). Ein zusätzlicher Elternfragebogen wurde zur Validierung dieser Herkunftsmessung herangezogen und die Strukturmodelle wurden auch mit der Variable „Jahreseinkommen" für das entsprechend kleinere Sample (n = 266 Eltern) berechnet; die Übereinstimmung der Ergebnisse belegt die Eignung der Variable „Bücherbesitz" als Herkunftsmessung (vgl. Tab. 3).

Bildungserfolg: Als Indikatoren für den Bildungserfolg werden die Noten in den Fächern Deutsch, Mathematik, Sachunterricht erfasst. Positive Zusammenhänge („je x desto y") werden entsprechend der Notengebung (von 1 bis 6) durch einen negativen Pfadkoeffizienten ausgedrückt.

3.2.2 Ergebnisse des quantitativen Studienteils

Die wichtigen Variablen und die Zusammenhänge eines Interaktionsmodells haben wir in Abb. 2 (hypothetisch) festgehalten. Ein statistisches Strukturmodell (Urban und Mayerl 2013) überprüft diese Zusammenhänge für unsere Daten. Darin wurde der Bildungserfolg über eine konfirmatorische Faktorenanalyse latent modelliert, während die anderen Variablen als manifeste Konstrukte in das Modell eingingen.[3] Die Parameterschätzung und die entsprechenden Standardfehler erfolgten auf Basis der robusten Maximum Likelihood Schätzung (ML). Zur Beurteilung des Strukturmodells wurden das gängige Gütemaß „Root Mean Square Error of Approximation" (RMSEA; guter Fit $\leq$ .06) und die Höhe der Pfadkoeffizienten (guter Fit $\geq$ .06; Hu und Bentler 1999) verwendet. Für die Überprüfung der Signifikanz der indirekten Effekte wurde auf das Verfahren des Bootstrapping (mit der Ziehung von 1000 Unterstichproben) zurückgegriffen. Das Konfidenzintervall wurde auf 95 % festgelegt. Dieses Modell wurde für den zweiten Messzeitpunkt (Drittklässler) berechnet.

---

[3]Dieses Vorgehen wird damit begründet, dass die manifesten Konstrukte jeweils über eine Skala operationalisiert wurden.

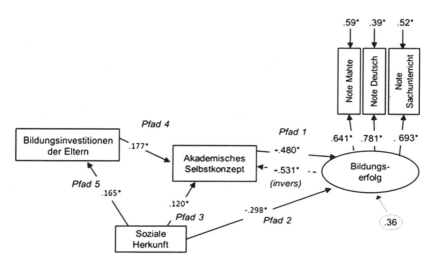

Die Ergebnisse des gesamten Strukturmodells weisen einen zufriedenstellenden globalen Modellfit auf:
CFI = 0.99, TLI = 0.99, RMSEA = 0.025, SRMR = 0.02, Chi²/ df = 1.48

Abb. 3 Bildungserfolg – Strukturmodell. (Quelle: eigene Darstellung)

Abb. 3 hält die Ergebnisse für eines der berechneten Modelle fest; die Berechnungen für die weiteren Modelle finden sich im Anhang (Tab. 3).[4] Es kann gezeigt werden, dass die Selbsteinschätzung der Kinder die zentrale Variable in der Erklärung des Bildungserfolges darstellt. Der Stand der Forschung und unsere theoretischen Überlegungen haben die Selbsteinschätzung als interaktive Größe erkennen lassen. Der Wirkungspfad wird deshalb in beide Richtungen berechnet: wie die Selbsteinschätzung den Erfolg beeinflusst, im Sinne einer günstigen Positionierung zu den Anforderungen, und wie die Selbsteinschätzung aus dem Erfolg abgeleitet wird (Pfad 1 und Pfad 1 invers). Demgegenüber haben die Elternpraktiken einen beschränkten Stellenwert in diesem Geschehen. Als Elternpraktiken werden in diesem Modell die Bildungsinvestitionen aufgeführt; sie wirken – wenn auch eher schwach – auf die Selbsteinschätzung der Kinder (Pfad 4), und

---

[4]Pfadkoeffizienten, Kovarianzen und Residualvarianzen wurden in einem ersten Strukturmodell frei geschätzt. Ein Chi-Quadrat-Differenztest zwischen dem frei geschätzten und restringierten Modell wurde nicht signifikant (p = .74), so dass das restringierte Modell berücksichtigt werden konnte.

sie erweisen sich als eher schwach schichtabhängig (Pfad 5). Einen direkten Einfluss auf den Bildungserfolg haben sie nicht; ein entsprechender Pfeil wird deshalb in der Abbildung nicht ausgewiesen.

Diese Konstellation der Variablen erweist sich als robust: Sowohl andere Indikatoren zur Erfassung der Erziehungsmuster, der Selbsteinschätzung wie auch der sozialen Schicht erbringen im Wesentlichen Ergebnisse, die kaum von den oben ausgewiesenen Koeffizienten abweichen und die die gleichen Relationen in der Bedeutung der Pfade erkennen lassen (Tab. 2). Unsere Studie kann keine Erklärungen anbieten für den direkten Einfluss der sozialen Herkunft auf die Noten (Pfad 2). Was die Stärke des Zusammenhanges betrifft, ist dies der zweitwichtigste Pfad in allen Modellen. Anzunehmen ist, dass er in der direkten Interaktion zwischen Kindern und Lehrkräften zustande kommt und immerhin zum Teil einen Bewertungseffekt, im Sinne eines sekundären Herkuftseffektes darstellt. Die Studie aber hat bisher keine Lehrkräfte und keine unmittelbaren Bewertungssituationen untersucht und auch die Kinder nicht nach den Beziehungen zu den Lehrkräften gefragt.

Diese Befunde geben dem Interaktionsmodell insofern eine Bestätigung, als sie zeigen, dass eine direkte Investition, im Sinne eines Einflusses von Elternpraktiken auf den Erfolg nicht nachweisbar ist, sich das Kind vielmehr in eigenständiger Weise gegenüber den schulischen Anforderungen positioniert. Man kann nun auf der Basis der längsschnittlichen Untersuchungsanlage einen Schritt weiter gehen und zeigen, dass die elterlichen Praktiken wiederum auch auf das Kind und seinen Schulerfolg reagieren. Das wird hier am Beispiel des „diskursiven Erziehungsmusters" demonstriert. Tab. 1 zeigt in einem Mittelwertsvergleich für verschiedene Gruppen, dass erfolgreiche Kinder in der vierten Klasse eine solche Interaktionsbasis mit ihren Eltern erreichen, ob sie nun eine hohe oder niedrige soziale Herkunft haben (vgl. rechte Spalte). In der zweiten Klasse, in der die Kinder noch gar nicht benotet wurden, ist dagegen ein solch flacheres und

Tab. 1 Diskursives Erziehungsmuster in Abhängigkeit von Leistung und sozialer Herkunft. (Quelle: eigene Darstellung)

	Zweite Klasse	Vierte Klasse
Leistungsstarke Kinder, hohe soz. Herkunft	**3,45**	**3,67**
Leistungsstarke Kinder, niedrige soz. Herkunft	3,19	**3,62**
Leistungsschwache Kinder, hohe soz. Herkunft	**3,54**	3,51
Leistungsschwache Kinder, niedrige soz. Herkunft	3,19	3,50

individualisierendes generationales Gefüge häufiger bei höherer sozialer Herkunft. Die Ergebnisse der Varianzanalyse zeigen, dass diese Unterschiede signifikant sind (F $(2,740) = 3.20$; $p = .04$; $\eta^2 = .009$; $N = 414$).

3.2.3 Zwei Fallbeispiele aus dem qualitativen Studienteil

Die vorgestellten Ergebnisse sollen um Auszüge aus dem qualitativen Studienteil ergänzt werden. Wir fassen im qualitativen Teil das Gesamt des Elterneinsatzes – die Ansprüche der Eltern an das Kind, an seine Schulleistungen und seine Zukunft und die alltäglichen Elternbemühungen auf das Kind einzuwirken – mit dem Begriff des „Programms". Diese Programme, wie sie im Leitfadeninterview mit den Eltern erhoben wurden, weisen eine große Varietät auf und sie reagieren – bei aller Zielorientierung – auf Rückmeldungen der Schule sowie Kooperation und Charakter des Kindes. Über das Kinderinterview wurden diese Programme und die Kooperation des Kindes auch aus der Sicht des Kindes erhoben.

Kemal – „Aber wenn man es noch besser machen kann."
Kemal ist in der vierten Klasse und steht in den meisten Fächern drei, „nur drei" erzählt seine Mutter. Die Lehrerin habe gesagt: „Das ist ein sehr guter Realschulabschluss. Falls er auf das Gymnasium möchte, muss er konzentrierter arbeiten." Kemals Mutter wünscht sich, dass er ein „Gymnasium-Kind" wird. Er könne mehr, das sage auch die Lehrerin, er würde aber sehr trödeln und dösen und dadurch viele Flüchtigkeitsfehler machen. Auch die Mutter hält sein Verhalten, womit sie seinen mäßig ausgeprägten Ehrgeiz und sein geringes Zutrauen in die eigenen Fähigkeiten meint, für sein „Hauptproblem". Mit dieser Einstellung geht eine anspruchsvolle Erwartungshaltung an ihren Sohn einher; sie wünscht sich einen selbstbewussten Schüler. Bekommt Kemal eine schlechte Note, ist seine Mutter in der Logik dieses Anspruchs „traurig", was Kemal spüre und was ihn dann ebenfalls traurig mache. Genau diese Eigenschaft an ihm – sie beschreibt ihn an anderer Stelle als „sehr sensibel" – löse wiederum große Unzufriedenheit bei ihr aus, deshalb möchte sie, „dass er sich ein bisschen in den Hintern tritt", also Ehrgeiz entwickelt. „Ich möchte, dass er das für *sich* macht. *Ich* kann traurig sein, aber das ist *seine* Note, *seine* Zukunft. […] Wenn er weiterkommen will, dann muss er etwas leisten."

Wie stark das Programm dem Aspekt der Zukunftsvorbereitung unterstellt ist, zeigt nicht nur die Bedeutung, die den schulischen Bewertungen zukommt und der ambitionierte Wunsch, Kemal trotz eher durchschnittlicher Noten auf das Gymnasium zu schicken. Eindrücklich zeigen das auch die unter hohem Aufwand betriebenen Versuche den schulischen Erfolg, aber auch die Rückmeldungen der Schule bezüglich seines Verhaltens zu bearbeiten. Kemal besucht mehrmals in der Woche eine Nachhilfeschule, die Repetition des Unterrichtsstoffs steht zu Hause auf dem Tagesprogramm, seine Hausaufgaben und Mitteilungen aus der Schule werden kontrolliert. Um dieses anspruchsvolle Leistungsprogramm zeitlich bewältigen zu können, hat die Mutter zunächst den gelernten Beruf als Friseurin abgelegt und ist zu einer Teilzeittätigkeit als Kinderbetreuerin übergegangen – „damit ich mehr für die Kinder aufbringen kann", wie sie sagt. Das Arbeiten habe sie nun aber vollständig aufgegeben, um sich am Nachmittag „Vollzeit" um ihre beiden Kinder zu kümmern, gerade weil der ältere, also Kemal, noch ihre „Unterstützung" und „Ermutigung" brauche. ‚Unterstützung' bezeichnet hier also vor allem den bemühten Versuch, den schulischen Anforderungen gerecht zu werden – dass sie dabei keinen Beruf mehr ausüben könne, gehe ihr aber „schon an die Nerven".

Ganz wesentlich wird die Stoßrichtung in diesem Programm also vom Nahziel, die Hoffnung auf Erfolg am Übergang auf die weiterführende Schule, vorgegeben. Davon werden fast alle anderen Förderansprüche im Familienalltag überlagert. Eine Bearbeitung dieser Ansprüche erfolgt in Interaktion mit der Schule. Die Lehrerin, mit der sie auch in allgemeineren Erziehungsfragen rege Rücksprache halte, habe ihr geraten: „Bis Vier Uhr ist eine lange Zeit, lassen Sie Ihr Kind nach der Schule entspannen, und wenn es mal die Hausaufgaben nicht schafft – es ist nicht so schlimm." Zwar teile die Mutter diese „lockere" Haltung nicht und findet, es habe „in den Schulen sehr nachgelassen". Dennoch nimmt sie am Ende den Rat der Lehrerin an und versucht, in dieser Hinsicht nachsichtiger zu sein. Das Erziehungsverhalten wird aber auch auf die Persönlichkeit von Kemal abgestimmt. Seine Mutter weiß, dass sie ihm mehr zutraut als er sich selbst und spricht deshalb Bedenken aus: „Ich möchte meinem Kind nicht sagen, du *musst* aufs Gymnasium und *musst* da bleiben. Es soll *Spaß* machen in Anführungsstrichen, ich möchte nicht, dass er aufs Gymnasium geht und dann später wieder rückfällig wird auf die Real." Sie schätze ihn als „sehr glückliches Kind ein", merke aber auch, dass sie ihn mit der hohen Erwartungshaltung unter Druck setze: „Deshalb möchte ich ihn auch nicht so bedrängen und auf das Gymnasium bestehen. Wenn es klappt, bin ich glücklich. […] Ich will nicht sagen, ich habe die Lust verloren. Aber ich merke, dass ich ihm Druck mache und dass das noch schlechte Auswirkung hat. Deswegen versuche ich es lockerer anzugehen. Vielleicht schafft er es dann besser." Noch stärker stellt sie seine Person und seine Interessen in Rechnung, wenn sie seine Zukunft entwirft: „Er will Tierarzt werden, weil er die Tiere liebt. Das wünsche ich wirklich, dass er das auch schafft. […] Er soll das selbst entscheiden. Wo er auch Spaß dran hat. […] Egal was, ich werde ihn immer unterstützen."

Fragt man Kemal selbst, auf welche Schule er nach der vierten Klasse gehen will, wählt er das Gymnasium, „weil es die beste Schule" sei. Damit stützt er sich auch auf die Aussage seiner Mutter, dass es nach dem Gymnasium mehr Entscheidungsfreiheiten gebe, was die Berufswahl betrifft. Er hat eine Haltung zur Schule und zum Lernen entwickelt, mit der er sich in die Erwartungen der Mutter einfügt. Er beschreibt sich als tierlieben, lernfreudigen Schüler, der gerne in die Schule geht, vor Tests oder Klassenarbeiten aber „nervös" wird. „Manchmal" vergesse er auch, seine Mutter vor Prüfungen zu informieren, er beteuert aber, dass er dann eigenständig lerne, ebenso wie er die Hausaufgaben meist alleine mache. Das entspricht dem Bild des selbstbewussten Schülers, dem die Mutter so bemüht nacheifert. Diese ist sich hingegen sicher, dass er ihr bewusst nicht von Prüfungsterminen erzählt, damit sie ihm keinen Druck macht. Beide Aussagen illustrieren vor allem eines: dass Kemal ein starkes Gespür dafür hat, was von ihm erwartet wird und dieses Wissen gekonnt einsetzt, um das von der Mutter eingeforderte Leistungsprogramm aufrechtzuerhalten oder die ihm vorgegebenen Regeln an seine Fähigkeiten anzupassen. Indem er seine Kooperation an dieser Stelle ein Stück weit aufkündigt, die an ihn gerichteten Ansprüche aber nicht offen widerlegt, nimmt seine Mutter wahr, dass ihr nach eigener Aussage sehr strenges und diszipliniertes Verhalten bei ihm in erster Linie als „Druck" ankommt. Die Konsequenz sind häufigere Entspannungsfreiräume für Kemal. Wie sehr er sich andere Aspekte des Programms zu eigen macht, offenbaren wiederum seine Selbstansprüche. Während seine Mutter ihn stets dazu anhält, das Beste aus sich heraus zu holen, ist es sein größter Wunsch „der schlauste Mensch der Welt" zu werden.

Matthias – ein „Fauli", die falsche Didaktik der Schule und alternative Bildung
Der Drittklässler Matthias hat seit der ersten Klasse Probleme in Deutsch, sagt seine Mutter. Sie führt seine Probleme mit dem Schreiben und seine eher „mittelmäßigen Noten" auf die Lehrmethoden der Schule zurück. Das Motto beim Schreibenlernen sei: „Wir schreiben, wie wir sprechen" – er sei aber ein sehr „visueller Mensch" und habe sich nun Fehler angewöhnt, obendrein seien diese in den ersten beiden Schuljahren nicht korrigiert worden. „Also *wir* haben selber dann teilweise ihm, ja, Fehler gezeigt, das ihm auch reingeschrieben, damit er eben nicht die falschen Wörter lernt. Dafür sind wir dann im Prinzip so angezählt worden beim Elternsprechtag, wie wir das denn tun könnten, ne? Und das geht aus meiner Sicht am Ziel vorbei." Die Konsequenz sei, dass sich die Fehler jetzt, in den Bewertungen niederschlagen. Er müsse „ganz viel üben […], um das wieder irgendwie rauszubringen und wird immer wieder frustriert". Außerdem habe die Mutter den Eindruck, dass die Lehrer „kaum noch Respektspersonen"

seien und die Mädchen bevorzugen würden. Vieles in dieser Schule habe „kein System", die Methoden seien zu experimentell und sie vermisse den „praktischen Bezug", den ihr Sohn brauche. Deshalb habe sie sich früher dafür eingesetzt, dass andere Lehrmaterialien, nämlich solche, auf die auch ihr Sohn anspricht, in Erwägung gezogen werden könnten, einige habe sie sogar selbst zur Verfügung gestellt. Dass ihre Ratschläge, „wenn man sich da mal engagiert", dennoch nicht angenommen werden, findet sie „schade".

Um den schulischen Anforderungen gerecht zu werden, gibt Kemals Mutter ihren Beruf auf. Gegenüber der Lehrerin positioniert sie sich eher als Bittstellerin, die um Rat fragt und diesen auch entgegen eigener Bedenken umzusetzen versucht. Die umfassende Kritik, die Matthias' Mutter, eine selbstständige Steuerberaterin, an der Schule und den Lehrkräften anbringt, lässt demgegenüber auf eine hohe Anspruchshaltung an die Schule schließen. Sie sagt: „Das macht mich auch unzufrieden, weil ich muss in meiner Arbeit hundert Prozent Leistung bringen, und dann erwarte ich das auch, wenn Leute mit meinen Kindern arbeiten […] ich fühle mich da einfach teilweise nicht wohl." Matthias' Mutter ist der Meinung „entweder er hat es verstanden, oder eben nicht. Und dieses dafür pauken […]. Nee, nicht extra." So entscheiden sich Matthias' Eltern für ein „Alternativprogramm" am Wochenende. Sie gehen mit ihm ins Museum, melden ihn in Kurse der Kinderuniversität an und stellen ihm im Keller des Hauses eine Werkbank zur Verfügung, weil er „eher so handwerklich was gemacht hat". Das Ziel des Programms: „dass er einfach so ein breiteres Allgemeinwissen bekommt, das ist eher so unser Part." Obwohl die Eltern damit zumindest vorderhand versuchen an seinen Interessen anzusetzen resp. seine Selbstprozesse zu fördern, muss er für die Mitarbeit in diesem „Alternativprogramm" erst motiviert werden. Das versuchen sie über ein Belohnungssystem. Dazu erzählt die Mutter folgende Anekdote.

> Er wollte unbedingt ein eigenes Zimmer haben […] Dann haben wir gesagt: ‚Ok. Pass auf, du musst ein bisschen üben. Machste jeden Tag.' Also über zwei Wochen, drei Wochen ging das. […] Die hat er ohne zu murren gemacht und auch gar nicht so die Fehler, die man sonst von ihm kannte. Weil, er hatte ein Ziel, das ihn motiviert hat, und war total glücklich, dass er dann hinterher sein Zimmer bekommen hat. Und ich denke mir mal, dass könnte so einfach sein. In so vielen Bereichen.

Diese Geschichte zeigt, dass die Eltern trotz gegenteiliger Beteuerung das Projekt, Matthias zu einem besseren Schüler zu machen, noch nicht ganz aufgegeben haben. In Hinblick auf die Entscheidung für die weiterführende Schule bleiben die Ausführungen der Mutter dann auch ambivalent. In erster Linie solle er auf eine Schule „wo er sich wohlfühlt". Sie schätze ihren Sohn so ein, „dass das

Gymnasium nicht so seins wäre, weil es zu theoretisch ist. Und na ja, was ich nicht möchte, ist Hauptschule. Einfach so vom sozialen Hintergrund hätte ich einfach Sorge, weil er jemand ist, der sich in der Gruppe schon mal mitziehen lässt, dass es sich dann eher negativ auswirkt." Deshalb habe die Gesamtschule für sie den Vorteil, dass er „den Weg zum Abitur gehen kann, wenn er es möchte". In ihrer Argumentation orientiert sie sich also einerseits an der Einschätzung seiner Person und seines Leistungspotenzials, andererseits nimmt sie hinsichtlich des Aspirationsniveaus eine Positionierung im sozialen Gefüge vor, mit der sie sich nach unten abgrenzt.

Matthias antwortet auf die Frage, ob zu Hause oft über die Schule gesprochen wird: „Die schon – ich nicht!" Er deutet damit an, dass er mit dieser Ausrichtung auf schulischen Erfolg, den eher impliziten Teil des Programms, das die Eltern für ihn entworfen haben, aufgedeckt hat. Diesem Anspruch, so seine Einschätzung, könne er wohl nicht gerecht werden, er sei „jetzt nicht der beste" und ein „Fauli", das würden auch seine Eltern über ihn sagen. Aber in seinen Aussagen kommen auch Schuldzuschreibungen an die Schule vor, die Korrespondenzen zu den Aussagen der Mutter erkennen lassen. Die Schule sei ungerecht, bevorteile die Mädchen und er wünsche sich, dass man sie „abschafft". Genau wie Kemal, hat Matthias Strategien entwickelt, um die Mitarbeit im Programm zu verweigern, ohne die an ihn gerichteten Erwartungen dabei immer offenkundig abzulehnen. So könne er z. B. die Mutter reinlegen, indem er den Laptop unter den Pullover stecke, an ihr vorbeischleiche und Computerspiele spiele, statt Hausaufgaben zu machen; auch im „Offenen Ganztag" habe er das Betreuungspersonal eine Zeit an der Nase herumgeführt und erklärt, er habe keine Hausaufgaben, dann hätten die auch nicht weiter nachgefragt.

Man kann festhalten, dass in beiden Familien – wie überhaupt in den meisten Familien, die wir untersucht haben – systematische Versuche unternommen werden, den schulischen Erfolg der Kinder zu bearbeiten. Wir haben diese Versuche als von den Eltern vorgegebene, aber als in Interaktionen gemeinsam mit den Kindern produzierte *Programme* bezeichnet, die im Grad der Erfolgsorientierung, den kulturellen Praktiken sowie den Ansprüchen und Zugeständnissen an die Person des Kindes variieren und dabei von gesellschaftlichen Erfahrungen und Positionen der Eltern strukturiert werden. Die Kinder bearbeiten die Programme ihrerseits, erkennen worauf sie abzielen, machen sich Teile davon zu eigen, während sie sich anderen widersetzen und tragen damit zur laufenden Reproduktion resp. Modifikation der Programme bei. Bei Matthias zeigt sich diese Aneignung von Programmanteilen bei der Übernahme der elterlichen Selbstzuschreibungen, bei Kemal in den Analogien zwischen seinen Zukunfts- und Selbstentwürfen und den Erwartungen seiner Mutter. In beiden Fällen handelt es sich um eher schlechte Schüler, doch nur bei Kemal hört die Schule zu Hause nicht auf und ihre Anforderungen kommen mit auffallend hohem Druck an, dem er sich teilweise zu entziehen versucht. Matthias' Mutter, die wesentlich selbstbewusstere Verhandlungen mit der Schule führt, kann dies eben auch im Wissen tun, dass sie auf andere verfügbare Ressourcen zurückgreifen kann, was weniger mit einem allgegenwärtigen Kampf, wenn auch mit Motivationsarbeit verbunden ist. Aber auch ihr gelingt es nicht, das „Alternativprogramm" jenseits von Abstiegsängsten konstant aufrecht zu erhalten, lassen ihre Ausführungen doch eine gewisse Sorge um eine sichere Zukunft des Sohnes erkennen, gerade was die Vorstellungen zum weiteren Bildungsweg betrifft.

4   Fazit

Es war der Anspruch dieses Beitrages, ein Modell zur Erklärung von Bildungsungleichheit zu formulieren, das den Handlungsleitlinien aller Beteiligten und ihrem interaktiven Charakter Rechnung trägt. Dieses sollte – soweit möglich – auch an eigenem empirischen Material illustriert oder belegt werden. Dabei sind es nur Teile des Modells, die wir bisher in dieser Weise zu belegen vermögen. Zweierlei glauben wir dennoch mit einiger Deutlichkeit belegt zu haben. Zum einen ist dies der überaus relevante Beitrag, den die Kinder selbst leisten. Zum zweiten ist es die Varietät und Heterogenität der Bemühungen, über die Eltern versuchen, die Bildungskarriere ihrer Kinder zu beeinflussen. Weder unsere quantitativen Ergebnisse, noch unsere qualitativen Beispiele erlauben es, pauschalisierend die elterlichen Investitionen als lediglich schichtabhängige Determinanten des Bildungserfolges auszumachen. Vielmehr *reagieren* die Eltern auch auf Erfahrungen mit ihren Kindern und sie lernen dabei, wenn dies auch mit einiger Enttäuschung verbunden sein kann, die Eigenarten und Möglichkeiten ihrer Kinder zu respektieren. Letzteres zeigen unsere beiden qualitativen Fallbeispiele, während die quantitativen Befunde zeigen, dass sie auch zu mehr Zugeständnissen an die Kinder bereit sind, die dies selbstbewusst und erfolgssicher einfordern.

Worüber unser Projekt zunächst nichts aussagen kann, ist die Rolle der Lehrkräfte in diesem Geschehen. Dabei erweisen sich die Interaktionen mit der Schule als am weitaus deutlichsten schichtabhängig. Das zeigen bereits die beiden präsentierten Fallbeispiele einer selbstbewusst fordernden Mittelschichtsmutter und einer gegenüber der Schule verunsicherten und letztlich deren Ratschläge akzeptierenden Mutter einfacherer Herkunft. In der quantitativen Studie zeigt es der deutliche Zusammenhang von Schicht und Schulnoten, der über die Selbsteinschätzung der Kinder und das Elternverhalten nicht aufgelöst werden kann. In welcher Weise – und hier auch wiederum konsequent gefragt: in welchen Interaktionen – kommen also die besseren Bewertungen der Kinder höherer Schichten zustande? Die Fortsetzung der Studie wird die Kinder im sechsten Schuljahr erfassen und wird dann auch Lehrkräfte berücksichtigen sowie die Interaktionen in der Schule genauer untersuchen.

Anhang

Tab. 2 Mittelwerte, Standardabweichungen und interne Konsistenz (Cronbachs α) der eingesetzten Skalen (t2)

Skalen	M	SD	Cronbachs α	Anzahl Items
Akademisches Selbstkonzept	3,30	.66	.67	3
Selbstwirksamkeit	3,34	.70	.68	4
Diskursives Erziehungsmuster	3,41	.65	.60	4
Bildungsinvestitionen	2,31	.68	.75	6
Einkommen	40.000–50.000 €	.23	-	1
Bücherbesitz	bis zu 100 Bücher	1,25	-	1

Tab. 3 Überprüfung der multivariaten Zusammenhänge mit Erziehungsmustern, verschiedenen Selbsteinschätzungen, Einkommen (t2)

Selbstvariable	Akademisches Selbstkonzept							
Erziehungsmuster	Diskursives		Dichtes		Schulzentriertes		Bildungsinvestitionen	
Stichprobe	n = 803	n = 266	n = 803	n = 266	n = 803	n = 266	n = 803	n = 266
Soziale Herkunft	Bücherbesitz	Einkommen	Bücherbesitz	Einkommen	Bücherbesitz-Einkommen	Einkommen	Bücherbesitz	Einkommen
Pfad 1, β	−.480*	−.467*	−.480*	−.467*	−.480*	−.467*	−.480*	−.467*
Pfad 2, β	−.298*	−.271*	−.298*	−.277*	−.298*	−.277*	−.298*	−.277*
Pfad 3, β	.119*	n.s.	.154*	n.s.	.148*	n.s.	.120*	n.s.
Pfad 4, β	.175*	.237*	.184*	.159*	n.s.	.133*	.177*	.150*
Pfad 5, β	.177*	.285*	n.s.	n.s.	n.s.	n.s.	.165*	.236*
RMSEA	0.02	0.06	0.05	0.05	0.04	0.09	0.03	0.06

Selbstvariable	Selbstwirksamkeit							
Erziehungsmuster	Diskursives		Dichtes		Schulzentriertes		Bildungsinvestitionen	
Stichprobe	n = 803	n = 266	n = 803	n = 266	n = 803	n = 266	n = 803	n = 266
Soziale Herkunft	Bücherbesitz	Einkommen	Bücherbesitz	Einkommen	Bücherbesitz	Einkommen	Bücherbesitz	Einkommen
Pfad 1, β	−.345*	−.277*	−.345*	−.277*	−.345*	−.277*	−.345*	−.277*
Pfad 2, β	−.315*	−.329*	−.315*	−.329*	−.315*	−.329*	−.315*	−.329*
Pfad 3, β	.124*	n.s.	.166*	n.s.	.161*	n.s.	.130*	n.s.
Pfad 4, β	.220*	.183*	.142*	n.s.	n.s.	n.s.	.197*	.155*
Pfad 5, β	.177*	.285*	n.s.	n.s.	n.s.	n.s.	.164*	.238*
RMSEA	0.03	0.05	0.05	0.05	0.04	0.07	0.03	0.06

Anmerkung: β = Pfadkoeffizient, * p ≤ .05; RMSEA = Root Mean Square Error of Approximation

Literatur

Aken, M. A. G. van, Helmke, A., & Schneider, W. (1997). Selbstkonzept und Leistung. In F. E. Weinert & A. Helmke (Hrsg.), *Entwicklung im Grundschulalter* (S. 341–350). Weinheim: PVU.

Alanen, L. (2009). Generational Order. In J. Qvortrup, W. A. Corsaro & M. S. Honig (Hrsg.), *The Palgrave handbook of childhood studies* (S. 159–174). Houndmills: Palgrave MacMillan.

Baumert, J., Watermann, R., & Schümer, G. (2003). Disparitäten der Bildungsbeteiligung und des Kompetenzerwerbs. *Zeitschrift für Erziehungswissenschaft, 6*(1), 46–71.

Betz, T. (2014). Risks in early childhood. Reconstructing notions of risk in political reports on children and childhood in Germany. *Child Indicators Research, 7*(4), 769–786.

BMFSFJ (Hrsg.). (2014). *14. Kinder- und Jugendbericht. Bericht über die Lebenssituation junger Menschen und die Leistungen der Kinder- und Jugendhilfe in Deutschland.* Berlin: BMFSFJ.

Bos, W., Tarelli, I., Bremerich-Vos, A., & Schwippert, K. (Hrsg.). (2007). *IGLU 2006.* Münster: Waxmann.

Bos, W., Bonsen, M., Kummer, N., Lintorf, K., & Frey, K. A. (Hrsg.). (2009). *TIMSS 2007. Dokumentation der Erhebungsinstrumente zur Trends in International Mathematics and Science Study.* Münster: Waxmann.

Bos, W., Tarelli, I., Bremerich-Vos, A., & Schwippert, K. (Hrsg.). (2012). *IGLU 2011.* Münster: Waxmann.

Bourdieu, P. (1983). Ökonomisches Kapital, kulturelles Kapital, soziales Kapital. In R. Kreckel (Hrsg.), *Soziale Ungleichheit. Soziale Welt* (Sonderbd. 2., S. 183–198). Göttingen: Schwartz.

Bourdieu, P. (1999). *Die Regeln der Kunst. Genese und Struktur des literarischen Feldes.* Frankfurt: Suhrkamp.

Bourdieu, P., & Passeron, J.-C. (1964). *Les héritiers.* Paris: Les Éditions de Minuit.

Bühler-Niederberger, D. (2011). *Lebensphase Kindheit.* München: Juventa.

Bühler-Niederberger, D., & König, A. (2011). Childhood as a resource of the self-project. *Childhood, 18*(2), 180–195.

Bühler-Niederberger, D., Gräsel, C., & Morgenroth, S. (2015). Sozialisation ‚upside down‘. Wenn das Kind als Akteur die Sozialisationsperspektive erobert. *ZSE, 35*(2), 121–140.

Caputo, V. (2007). She's from a ‚Good Family‘: Performing childhood and motherhood in a Canadian private school setting. *Childhood, 14*(2), 173–192.

Chowdry, H., Crawford, C., & Goodman, A. (2010). *The role of attitudes and behaviours in explaining socio-economic differences in attainment at age 16.* IFS Working Paper (W10/15).

Cicourel, A. V., Jennings, K. H., Jennings, S. H. M., Leiter, K. C. W., Mackay, R., Mehan, H., et al. (Hrsg.). (1974). *Language use and school performance.* New York: Academic.

Dearden, L., Sibieta, L., & Silva, K. (2010). *The socio-economic gradient in early childhood outcomes. Evidence from the millennium cohort study* (IFS Working Paper 03/1). London: Institute for Fiscal Studies.

Dermott, E., & Pomati, M. (2015). ‚Good‘ parenting practices. How important are poverty, education and time pressure. *Sociology Online.* doi:10.1177/0038038514560260.

Ditton, H., & Krüsken, J. (2006). Sozialer Kontext und schulische Leistungen. *ZSE, 26*(2), 135–157.

Ditton, H., & Krüsken, J. (2010). Bildungslaufbahnen im differenzierten Schulsystem. In: J. Baumert., K. Maaz & J. Trautwein (Hrsg.), *Bildungsentscheidungen* (Zeitschrift für Erziehungswissenschaft, Sonderheft 12, S. 74–102). Wiesbaden: VS-Verlag.

Durkheim, E. (1977). *Über die Teilung der sozialen Arbeit*. Frankfurt a. M.: Suhrkamp.

Ermisch, J. (2008). Origins of social immobility and inequality. parenting and early child development. *National Institute Economic Review, 205*(1), 62–71.

Ermisch, J., Jäntti, M., & Smeeding, T. (Hrsg.). (2012). *From parents to children. The intergenerational transmission of advantage*. New York: Russell Sage.

Fend, H. (1998). *Eltern und Freunde. Soziale Entwicklung im Jugendalter*. Bern: Huber.

Fuß, S. (2006). *Familie, Emotionen, Schulleistung*. Münster: Waxmann.

Gecas, V. (1979). The Influence of social class on socialization. In W. Burr, R. Hill, F. I. Nye, & J. Reiss (Hrsg.), *Contemporary Theories about the Family* (Bd. 1, S. 365–404). New York: Free Press.

Geißler, R. (2006). Bildungschancen und soziale Herkunft. In Deutscher Verein (Hrsg.), *Chancengleichheit in Deutschland – eine Illusion?* (Archiv für Wissenschaft und Praxis der sozialen Arbeit, Themenheft 37, S. 34–49). Berlin: DV.

Georg, W. (2011). Soziale Ungleichheit und kulturelles Kapital in der PISA 2000-Studie. *ZSE, 31*(4), 393–408.

Gillies, V. (2005). Raising the meritocracy. Parenting and the individualization of social class. *Sociology, 39*(5), 835–853.

Goodman, E., & Gregg, P. (2010). *Poorer Children's Educational Attainment*. Water End: Rowntree.

Gräsel, C., & Böhmer, I. (2013). Die Übergangsempfehlung nach der Grundschule. In N. McElvany & H. G. Holtappels (Hrsg.), *Empirische Bildungsforschung* (S. 235–248). Münster: Waxmann.

Helmke, A. (1998). Vom Optimisten zum Realisten? In F. E. Weinert (Hrsg.), *Entwicklung im Kindesalter* (S. 115–132). Weinheim: Beltz/PVU.

Helsper, W. (2014). Schülerbiographie und Schülerhabitus. In J. Brachmann (Hrsg.), *Jugend – Perspektiven eines sozialwissenschaftlichen Forschungsfeldes* (S. 79–89). Bad Heilbrunn: Klinkhardt.

Henderson, M. (2013). A test of parenting strategies. *Sociology, 47*(3), 542–559.

Hohmut, C., Mann, D., Schmitt, M., & Mudiappa, M. (2014). Eine Forscherschgruppe – zwei Studien. In M. Mudiappa & C. Artelt (Hrsg.), *BIKS – Ergebnisse aus den Längsschnittstudien* (S. 15–28). Bamberg: University of Bamberg Press.

Hu, L., & Bentler, P. M. (1999). Cutoff criteria for fit indexes in covariance structure analysis. *Structural Equation Modeling, 6*(1), 1–55.

Irwin, S., & Elley, S. (2011). Concerted cultivation? *Sociology, 45*(3), 480–495.

Jugendwerk der Deutschen Shell (Hrsg.). (2002). *Jugend 2002*. Frankfurt a. M.: Fischer.

Jünger, R. (2008). *Bildung für alle?* Wiesbaden: VS Verlag.

Kohn, M. L. (1963). Social class and parent-child-relationships. *American Journal of Sociology, 68*(4), 471–480.

Köller, O. (2004). *Konsequenzen von Leistungsgruppierungen*. Waxmann: Münster.

König, J., Wagner, C., & Valtin, R. (2011). *Jugend, Schule, Zukunft*. Waxmann: Münster.

Krüger, H.-H., Köhler, S.-M., Zschach, M., & Pfaff, N. (2008). *Kinder und ihre Peers. Freundschaftsbeziehungen und schulische Bildungsbiographien*. Opladen: Budrich.

Lareau, A. (2000). *Home Advantage*. Oxford: Rowman & Littlefield.

Lareau, A. (2011). *Unequal Childhoods. With an Update a Decade Later*. Berkeley: University of California Press.

Lehmann, R. H., Peek, R., & Gänsfuß, R. (1997). *Aspekte der Lernausgangslage und der Lernentwicklung*. Berichte über die Erhebung im September 1996 (LAU 5), Berlin. http://bildungsserver.hamburg.de/contentblob/2815702/data/pdf-schulleistungstest-lau-5.pdf. Zugegriffen: 2. Jan. 2015.

Lehrl, S. (2013). Die häusliche Lernumwelt im Vorschulalter. In G. Faust (Hrsg.), *Einschulung* (S. 51–68). Münster: Waxmann.

Maaz, K., Baumert, J., Gresch, C., & McElvany, M. (Hrsg.). (2010). *Der Übergang von der Grundschule in die weiterführende Schule*. Bonn: BMBF.

Marsh, H. W., & Köller, O. (2004). Unification of two theoretical models of academic self-concept/achievement relation. *Contemporary Educational Psychology, 29*(3), 264–282.

Mehan, H. (1978). Structuring school structure. *Harvard Educational Review, 48*(1), 32–64.

Möller, J., & Trautwein, U. (2014). Selbstkonzept. In E. Wild & J. Möller (Hrsg.), *Pädagogische Psychologie* (3. Aufl., S. 178–197). Berlin: Springer.

Müller-Benedict, V. (2007). Wodurch kann die soziale Ungleichheit des Schulerfolgs am stärksten verringert werden? *Kölner Zeitschrift für Soziologie und Sozialpsychologie, 59*(4), 615–639.

Mudiappa, M., & Artelt, C. (Hrsg.). (2014). *BIKS – Ergebnisse aus den Längsschnittstudien. Schriften aus der Humanwissenschaftlichen Fakultät der Universität Bamberg* (Bd. 15). Bamberg: University of Bamberg Press.

Neugebauer, M. (2010). Bildungsungleichheit und Grundschulempfehlung beim Übergang auf das Gymnasium. *Zeitschrift für Soziologie, 39*(3), 202–214.

Reay, D. (1998). *Class work. Mother's involvement in their children's primary schooling*. London: UCL Press.

Reay, D. (2006). The zombie stalking English schools: Social class and educational inequality. *British Journal of Educational Studies, 54*(3), 288–307.

Schaub, M. (2010). Parenting for cognitive development from 1950 to 2000. *Sociology of Education, 83*(1), 46–66.

Schöne, C., Dickhäuser, O., Spinath, B., & Stiensmeier-Pelster, J. (2002). *Skalen zur Erfassung des schulischen Selbstkonzepts (SESSKO)*. Göttingen: Hofgrefe.

Schwarzer, R., & Jerusalem, M. (1999). *Skalen zur Erfassung von Schüler- und Lehrermerkmalen*. Berlin: Freie Universität.

Sirsch, U. (2000). *Probleme beim Schulwechsel*. Waxmann: Münster.

Stecher, L. (2000). *Soziales Kapital und Habitusentwicklung*. Dissertation, Universität Siegen.

Steinkamp, G. (1998). Sozialstruktur und Sozialisation. In K. Hurrelmann & D. Ulich (Hrsg.), *Handbuch der Sozialisationsforschung* (7. Aufl., S. 251–278). Weinheim: Beltz.

Strauss, A. (1968). *Spiegel und Masken. Die Suche nach Identität*. Frankfurt: Suhrkamp.

Strauss, A. (1993). *Continual permutations of action*. New York: De Gruyter.

Tak, W. C., & Koo, A. (2011). Parenting styles and youth outcomes. *European Sociological Review, 27*(3), 385–399.

Trautwein, U. (2003). *Schule und Selbstwert*. Waxmann: Münster.

Urban, D., & Mayerl, J. (2013). *Strukturgleichungsmodellierung*. Wiesbaden: Springer.

Van Ophuysen, S. (2006). Erlebte Unterstützung im Elternhaus und die emotionale Qualität der Übergangserwartungen von Grundschülern. In A. Schründen-Lenzen (Hrsg.), *Risikofaktoren kindlicher Entwicklung* (S. 223–239). Wiesbaden: Springer.

Vester, M., Oertzen, v. P., Geiling, H., Hermann, T., & Müller, D. (2001). *Soziale Milieus im gesellschaftlichen Strukturwandel*. Frankfurt: Suhrkamp.

Wild, E. (2002). Lebensraum Schule – Analyse zum Wohlbefinden von Schülern und ihren Einstellungen zu Schule und Lernen. In LBS-Initiative Junge Familie (Hrsg.), *Kindheit 2001* (S. 237–255). Opladen: Leske & Budrich.

Willis, P. (1982). *Spaß am Widerstand. Gegenkultur in der Arbeiterschule*. Frankfurt a. M.: Syndikat.

Zinnecker, J., & Georg, W. (1998). Soziale Interaktion in der Familie. In J. Zinnecker & R. Silbereisen (Hrsg.), *Kindheit in Deutschland* (2. Aufl., S. 303–314). Weinheim: Juventa.

Über die Autoren

Bühler-Niederberger, Doris, Prof. Dr., Professorin für Soziologie an der Bergischen Universität Wuppertal. Arbeits-und Forschungsschwerpunkte: Soziologie der Kindheit und des Aufwachsens.

Aytüre Türkyilmaz, wissenschaftliche Mitarbeiterin am Institut für Soziologie der Bergischen Universität Wuppertal. Arbeits- und Forschungsschwerpunkte: Soziologie der Kindheit, Bildungsungleichheit.

Familienarmut und elterliche Erfahrungen. Befunde aus einer qualitativen Studie

Sabine Andresen

1 Einleitung

Kinder- und Familienarmut sind in Deutschland Realität. Jedes vierte Kind wächst unter Armutsbedingungen auf. Familien in prekären Lebenslagen haben dabei in ihrem Alltag eine Reihe von Herausforderungen, die mit der Armutslage verbunden sind, zu bewältigen. Der Umgang mit knappen Ressourcen, die Vermittlung von Mangel als Normalzustand in der Erziehung, die Erfahrungen ihrer Kinder in einem durch Armut mitgeprägten Alltag, zahlreiche bürokratische Hürden, gesundheitliche Beeinträchtigungen und häufig ein fehlender Zugang zu passgenauer Unterstützung gehören zum „täglichen Brot" von Müttern und Vätern. Hinzu kommt häufig die Erfahrung, am Arbeitsmarkt nicht vermittelbar zu sein, die nötige Qualifikation, Mobilität und Flexibilität nicht mitzubringen und die Vereinbarkeit von Familienfürsorge und Erwerbstätigkeit nicht realisieren zu können.

Gleichwohl sind Familien in prekären Lebenslagen keine homogene Gruppe; es zeigen sich Unterschiede unter anderem bei den Familienformen, der Anzahl der Kinder, den Herkunftskontexten oder der sozialen Einbindung. Nichtsdestotrotz gibt es vergleichbare strukturelle Probleme, häufig eine große Vielzahl von

Dieser Artikel basiert auf der Studie Sabine Andresen und Danijela Galic (2015). Kinder – Armut – Familie. Alltagsbewältigung und Wege zu wirksamer Unterstützung. Gütersloh.

S. Andresen (✉)
Goethe-Universität Frankfurt am Main, Frankfurt am Main, Deutschland
E-Mail: S.Andresen@em.uni-frankfurt.de

© Springer Fachmedien Wiesbaden GmbH 2017
M.S. Baader und T. Freytag (Hrsg.), *Bildung und Ungleichheit in Deutschland*, DOI 10.1007/978-3-658-14999-4_6

gleichzeitig auftretenden Belastungen in den Familien und damit einhergehende ähnliche Bedarfe.

Der Kontext, in dem Eltern und Kinder ihren Alltag erleben, ist die Kommune bzw. der Stadtteil oder die Region, in der die Wohnung liegt, in der die Kinder in die Kita oder zur Schule gehen, wo sie einkaufen oder regelmäßig das Jobcenter aufsuchen. Vor Ort kommen sie mit unterschiedlichen Personen in Kontakt, machen Erfahrungen mit den Fachkräften in den pädagogischen Einrichtungen, in Beratungsstellen oder im Jobcenter oder auch mit den Professionellen im Jugendamt. Auch die Fachkräfte in den Kommunen haben bestimmte Vorstellungen von Familien in prekären Lebenslagen. Ihre Erfahrungen in Verbindung mit ihrem fachlichen Wissen und den strukturellen bzw. institutionellen Rahmenbedingungen ihres Handelns prägen die Interaktionen mit den Familien bzw. einzelnen Familienmitgliedern.

Der Beitrag basiert auf qualitativen Befragungen von Elternteilen und Familien in drei Regionen in Deutschland. Alle beteiligten Familien lebten zur Zeit der Befragung unter Armutsbedingungen. Im Fokus der Untersuchung standen die Sichtweisen der Familien auf ihren Alltag und das Unterstützungssystem, aber auch Fachkräfte in den Kommunen wurden befragt. Die Studie adressiert die Familienmitglieder als Expertinnen und Experten.

Im ersten Abschnitt wird die theoretische Rahmung der Studie skizziert, daran anschließend das methodische Vorgehen beschrieben. Aus dem Ergebnisteil erfolgt eine Konzentration auf die Vorstellungen der Familien, was sie für ein gutes Leben benötigen. Diese Befunde wurden auf der Basis von Familiendiskussionen rekonstruiert.

2   Zur theoretischen Rahmung

In der Untersuchung ging es um den Alltag von Familien in prekären Lebenslagen und die Erfahrungen mit staatlicher Unterstützung. Damit war die Annahme verbunden, dass strukturelle Merkmale, wie die Verfügbarkeit und Zugänglichkeit von Betreuungsmöglichkeiten für Kleinkinder oder die Qualität des öffentlichen Personennahverkehrs, Auswirkungen auf das Familienleben haben. Ebenso beeinflussen aber auch spezifische Merkmale der einzelnen Familien, wie etwa die Anzahl der in der Familie lebenden Erwachsenen und Kinder oder Erkrankungen einzelner Familienmitglieder, den Alltag erheblich und prägen die Wahrnehmungen und Beurteilungen von Unterstützungsangeboten. Strukturelle Bedingungen des Alltags lassen sich zwar auch statistisch messen und technisch beschreiben, wie z. B. die Betreuungsquote für Kinder unter drei Jahren in einer Kommune,

die Vermittlungsquote in den ersten Arbeitsmarkt oder die Anzahl an Erziehungs-
beratungsstellen im Umfeld. Um aber seine Komplexität für Familien in prekären Lebenslagen zu erfassen und herauszuarbeiten, inwiefern Institutionen und
Unterstützungsangebote dazu passen, sind wir vor allem auf das Erkenntnispo-
tenzial des Erlebens und Erzählens der Familienmitglieder angewiesen. Wie Mütter und Väter, wie Kinder und Jugendliche ihren Familienalltag gestalten, was sie
als beschwerlich, ermüdend und desillusionierend erleben und beschreiben, sind
hierfür relevante Fragen. Aber auch wer und was ihnen bei der Bewältigung von
Herausforderungen hilft, wie sie Bestandteile des Unterstützungssystems bislang wahrnehmen und welche Erfahrungen sie mit den dort tätigen Fachkräften
gemacht haben, sind wichtige Themen.

Drei gegenstandstheoretische Zugänge sind für die Konzeption und Durchführung ausschlaggebend:

2.1 Familien in prekären Lebenslagen und Familienmitglieder als handlungsfähige Akteure und Experten

Das hier gewählte Vorgehen schließt an die Forschungen zu Kinderarmut und
dem Erleben von Kindern selbst an (Andresen u. a. 2012). Eng angelehnt an die
Kindheitsforschung werden Familienmitglieder als Experten ihrer Lebenswelt
adressiert. Es geht darum, von ihren Sichtweisen zu lernen und einen vertieften
Einblick in den Alltag zu gewinnen. Wie gehen die Familien mit Unsicherheiten um? Wie bewältigen sie den vielgestaltigen Mangel an Ressourcen? Welche
Zugänge und Barrieren zu Unterstützungsmöglichkeiten haben die Familien?
Darüber hinaus sollen die Logiken nachvollzogen werden, auf denen die Ent-
scheidungen etwa für oder gegen eine Inanspruchnahme von Hilfen basieren.

Die kindheitstheoretische Argumentation soll hier mit einer armutstheoreti-
schen Perspektive verbunden werden. Zur neueren Armutsforschung, wie sie vor
allem von Esther Duflo (2013) vertreten wird, passt der Ansatz, die Wirksamkeit
von Unterstützungssystemen und Angeboten aus der Sicht derjenigen zu bewerten,
für die sie gedacht sind. So formulieren Duflo und Banerjee (2012) in ihrem Buch
„Poor Economics" einen sehr weiten Anspruch der Armutsforschung: „Letztlich
geht es in *Poor Economics* darum, was wir aus dem Leben und den Entscheidungen, die arme Leute treffen, für die Bekämpfung der weltweiten Armut lernen können" (Duflo und Banerjee 2012, S. 13–14). An diese weite Vorstellung schließt die
vorliegende Untersuchung mit ihrem Erkenntnisinteresse an. Es geht um die Frage,
was wir von Familien in prekären Lebenslagen und einzelnen Familienmitgliedern

lernen können und welche Rückschlüsse sich daraus für die kommunale Unterstützung sowie für die nationalen Politiken mit Familien als Zielgruppe – wie Arbeitsmarkt-, Sozial-, Gesundheits- und Bildungspolitik – ergeben. Wie bei Duflo und Banerjee (2012) lässt sich armutstheoretisch auch für den deutschen Kontext die grundlegende Frage stellen, wie eine wirkungsvolle Unterstützung gestaltet werden kann, die zu den Logiken der Familien passt bzw. diese durchbrechen hilft und die Familien nicht stigmatisiert und beschämt. Sie plädieren dafür, erstens das Phänomen Armut als ein Bündel konkreter Probleme zu betrachten und zweitens zu rekonstruieren, nach welcher Logik Menschen in Armut als Experten ihres Alltags Entscheidungen treffen und handeln.

Einerseits kritisieren Duflo und Banerjee (2012) die Reduktion von Armen auf Klischees und andererseits die Ignoranz gegenüber der wirtschaftlichen Existenz von Menschen in Armut. Dem gegenüber fordern sie, dass sich die Wissenschaft mehr Zeit nehmen und angemessene Methoden entwickeln müsse für die Beobachtung, Beschreibung, Messung und Analyse des Alltags. Sie zeigen, dass bislang zwar Rahmendaten bekannt, aber die konkreten Folgen von Armut noch kaum durchbuchstabiert seien. Was mangelhafte Zugänge oder fehlende effektive Nutzungsmöglichkeiten von sozialrechtlich relevanten Informationen für Menschen bedeuten, die mit 99 US-Cent pro Tag auskommen müssen, sei weitgehend unklar.

Nun verfügen Familien mit Kindern und Jugendlichen im Transferbezug in Deutschland über mehr als 99 US-Cent pro Tag, gleichwohl lässt sich an diese Befunde und Fragen von Duflo und Banerjee anschließen. So ließe sich etwa vergleichend untersuchen, ob auch in Deutschland ein Mangel an Zugängen und niedrigschwellig bereitgestellten Informationen vorliegt und wie sich dieser auswirkt. Ein Befund aus dem 14. Kinder- und Jugendbericht zeigt beispielsweise, dass Eltern mit unterdurchschnittlichen Ressourcen und damit auch ihre Kinder signifikant seltener einen Zugang zu hoher Qualität in der Kinderbetreuung haben (Deutscher Bundestag 2013). Dies wird vermutlich eng mit der Segregation in Städten zusammenhängen, aber ein weiterer Grund liegt – so viel sei hier von den Ergebnissen vorweg genommen – auch in einem Informationsdefizit. Im Umkehrschluss bedeutet dieses Ergebnis, dass es für ressourcenstarke Eltern der Mittelschicht leichter ist, ihre Entscheidungen auf der Grundlage von Informationen über qualitativ gute Betreuung zu fällen und dass diese in Quartieren und Regionen leben, in denen Einrichtungen etwa im U3-Bereich einen besseren Betreuungsstandard aufweisen.

2.2   Familientheoretischer Zugang

Der familientheoretisch angelegte Zugang der empirischen Untersuchung ist in der Forschung zu den Verhältnissen zwischen Familien und pädagogischen Institutionen bereits fruchtbar erprobt worden. Er arbeitet mit der Annahme, dass Familien, insbesondere in einer prekären Lebenslage, vor unterschiedlichen Herausforderungen stehen und vielfältige Unterstützungsbedarfe haben zum Beispiel wenn eines der Kinder eingeschult wird. Aufschlussreich sind in diesem Kontext die Untersuchungen aus der angloamerikanischen Forschung zu Bildungsübergängen (etwa von Sue Docket 2013) oder der britischen Familienforschung (u. a. Easton et al. 2012). Docket verwendet das Konzept von Familien mit komplexen Unterstützungsbedürfnissen (families with complex support needs). Auf der Basis ihrer Analyse von über 100 Gesprächen mit Familien oder einzelnen Familienmitgliedern in der Phase des Übergangs eines der Kinder in die Grundschule betont sie erstens die Bedeutung sich wandelnder Beziehungen für die Familie, zweitens den Mangel an Reputation bzw. Anerkennung etwa in der Schule oder bei Ämtern (power of reputation) und drittens die Herausforderung nicht nur der Vereinbarkeit von Erwerbsarbeit und Familie, sondern von Haushalt, Erwerbsarbeit und Schule. Diese drei Dimensionen, nämlich Wandel von Beziehungen, Mangel an Reputation und Balancierung der Anforderungen von Haushalt, Familie und Bildungsinstitutionen kennzeichnen den theoretischen Blick auf Familie in der Studie. Damit wird systematisch an die Untersuchung von Jurczyk und Klinkhardt (2014) angeschlossen. Deren Analyse repräsentiert den Diskussionsstand der Problematisierung gesellschaftlicher Anforderungen an Familie in Deutschland und ist Gegenstand des nächsten Abschnitts (2.3).

Der Blick in die internationale Sozialberichterstattung und Familienforschung etwa in England und Australien zeigt, wie dort das Konzept der multiplen und komplexen Bedürfnisstruktur von Familien zugrunde gelegt wird. Dabei geht es um Familien, die

- multiple Benachteiligungen erfahren,
- multiple Beeinträchtigungen (auch gesundheitlich) erleben,
- multiple Widrigkeiten/Schwierigkeiten im Alltag bewältigen müssen,
- komplexe gesundheitliche Probleme haben.

Durch diesen Zugang soll die Verschränkung unterschiedlicher Bedürfnisse, das Bündel an Herausforderungen im Familienalltag sowie deren Folgen für einzelne Familienmitglieder betrachtet werden. Familien, insbesondere in prekären Lebenslagen, stehen vor umfassenden Herausforderungen, wie auch Jurczyk und

Klinkhardt (2014) in ihrer Studie herausarbeiten. Sie betonen zudem eine fehlende Passung zwischen den heutigen Bedürfnissen von Familien und der zur Verfügung stehenden Infrastruktur.

2.3   Konzept des familiären Wohlbefindens

In dem Konzept des familiären Wohlbefindens werden beide Ansätze, nämlich Familienmitglieder als Expertinnen und Experten zu betrachten und multiple, strukturell bedingte Herausforderungen für Familien zu fokussieren, zusammengeführt. In dem Konzept lassen sich Dimensionen formulieren, die sowohl das subjektive Erleben und Wahrnehmen berücksichtigen als auch die strukturellen Rahmenbedingungen beschreibbar machen (Bertram und Spieß 2012; Andresen 2012). Eine wichtige Orientierung bietet dafür die Forschung zum Wohlbefinden von Kindern und Jugendlichen. Diese entfaltet sich im Schnittfeld von Forschung, Politik und Pädagogik. Insbesondere die international vergleichende Indikatorenforschung, wie sie etwa von UNICEF (Bertram 2013) verantwortet wird, zielt neben den Rankings der beteiligten Länder auch auf eine kindheits- und sozialpolitische Diskussion der Ergebnisse (Adamson 2013). Demnach lässt sich Wohlbefinden als multidimensionales Konzept beschreiben (Minkkinen 2013), in dem Dimensionen wie Beziehung und Beziehungsqualität oder materielles Wohlbefinden als zentrale Bezugspunkte der Beschreibung und Analyse des Kinderlebens herangezogen werden. Eine neuere Diskussion im internationalen Kontext bezieht sich auf die Bedeutung der Dimension „subjektives Wohlbefinden", womit der individuelle, persönliche Blick von Menschen aller Altersstufen erfasst werden soll (Bradshaw et al. 2013).

Die bislang verwendeten Dimensionen in nationalen und internationalen Studien zum Wohlbefinden verweisen auf die Bedeutung der Familie und die gesellschaftlichen Rahmenbedingungen und Strukturen, innerhalb derer die Familienmitglieder, insbesondere die Mütter und Väter, Familie gestalten und organisieren und Kinder erziehen. Nicht zuletzt vor diesem Hintergrund ist inzwischen eine Diskussion um das Konzept des elterlichen Wohlbefindens entstanden. Eine dafür wichtige Studie ist der „Ravensburger Elternsurvey", den Hans Bertram und Katharina Spieß (2011) herausgegeben haben. Bertram und Spieß entwickeln einen konzeptionellen Zugang analog zum Vorgehen der UNICEF Studie und definieren elterliches Wohlbefinden über sieben bereichsspezifische Dimensionen. Dazu gehören Lebenszufriedenheit, materielles Wohlbefinden, Wohlbefinden im Bereich Erwerbstätigkeit, Wohlbefinden im Bereich Gesundheit und Persönlichkeit, Wohlbefinden im Bereich familialer und außerfamilialer Netzwerke, familienpolitisches Wohlbefinden und Wohlbefinden im Bereich Bildung der Kinder.

Für die vorliegende Studie mit ihrem Fokus auf Familien und Kinder in prekären Lebenslagen, mit multiplen Bedürfnissen und den Erfahrungen mit kommunaler Unterstützung haben wir ein Konzept familiären Wohlbefindens mit folgenden zehn Dimensionen entwickelt:

- Bewältigung knapper materieller Ressourcen
- die Balancierung von Familie und Erwerbsarbeit
- Freizeit und Erholung mit der Familie und für einzelne Familienmitglieder
- Öffentliche Unterstützung und ihre Reichweite
- Beziehungen und Netzwerke der Familie
- Fürsorge und Bildung der Kinder
- Selbstbilder und Ziele der Familienmitglieder
- Ideen vom „guten Leben"
- Wohnung und Sicherheit in der Umgebung
- Konsummöglichkeiten und Mangelerfahrungen

Die Dimension der Ideen von guten Leben schließen an die Arbeiten von Martha Nussbaum an. Hier geht es im Rahmen des Capability Approach um die Frage, was Menschen unabhängig davon, wo und wie sie leben für ein gutes Leben benötigen. Ohne hier auf die Kritik an Nussbaum etwa an dem zugrunde liegenden Paternalismus einer solchen Vorstellung vom guten Leben eingehen zu können, sei darauf verwiesen, dass in verschiedenen empirischen Studien in Anlehnung an Nussbaums Liste, der Versuch gemacht wird, Vorstellungen des guten Lebens zu rekonstruieren. Dies ist insbesondere im Kontext der Well-Being Forschung aufschlussreich, weil an Erfahrungen und Vorstellungen der Akteure angeschlossen und der Zusammenhang zum Wohlbefinden gemessen wird.

In der hier vorgestellten Untersuchung ging es um die Ideen des „guten Familienlebens". Nach der Vorstellung des methodischen Vorgehens, wird es um die Befunde dazu gehen.

3　Methodisches Vorgehen

Die Erhebung wurde in drei Städten durchgeführt: in Nürnberg, Hagen und Neubrandenburg. Die Auswahl der Städte erfolgte auf der Basis quantitativ statistischer Daten u. a. zur Beschäftigungs- und Frauenerwerbsquote, zu Haushaltsgrößen, Familienformen und dem Anteil der Personen im SGB II-Bezug. Damit folgt das Sampling der Logik einer ausgesuchten regionalen Repräsentation. Ausgehend von den vorliegenden Analysen zur Akkumulation von Armut in bestimmten Regionen in Deutschland war das Ziel, eine Stadt in den neuen Bundesländern, eine im besonders belasteten Westen der Bundesrepublik (Nordrhein-Westfalen) und eine im „reichen" Süden (Bayern oder Baden-Württemberg) bei der Erhebung zu berücksichtigen. Damit sind keineswegs alle Regionen Deutschlands abgedeckt, die durch Armut und Armutsgefährdung gekennzeichnet sind. Dies ist allerdings auch nicht der Anspruch eines qualitativen Studiendesigns, dessen Potenzial in vertieften Analysen des familiären Alltags und der exemplarischen Exploration der Unterstützungssysteme in Nürnberg, Hagen und Neubrandenburg liegt.

Als Methoden wurden qualitative Leitfadeninterviews, Familiendiskussionen, auch auf der Basis eines Leitfadens und Gruppendiskussionen eingesetzt. Diese wurden vollständig transkribiert und in Anlehnung an die dokumentarische Methode ausgewertet (Bohnsack 1989, 2008; Bohnsack et al. 2006; Bohnsack und Schäffer 2001; Loos und Schäffer 2001). Insgesamt wurden 18 Einzelinterviews mit erwachsenen Familienmitgliedern, neun Familiendiskussionen, an denen auch Kinder beteiligt waren und schließlich drei Gruppendiskussionen mit Fachkräften durchgeführt. Unterschiedliche Familienformen wurden dabei berücksichtigt. Die Basis der Auswertung umfasst ca. 60 h Interviewzeit, das sind ca. 1100 Seiten Interviewtranskriptionen.

An dieser Stelle sei nur auf die Familiendiskussion als Methode ausführlicher eingegangen. Die Familiendiskussion leitet sich aus den Prinzipien der Gruppendiskussion ab, wobei bislang nur wenige Erfahrungen damit vorliegen. Es handelt sich um ein relativ neues Verfahren, das einige Herausforderungen, aber auch großes Potenzial birgt. Die Herausforderungen liegen u. a. in der Einbindung der Kinder und der Sicherstellung, dass alle Beteiligten unabhängig von ihrer sozialen Position in der Familie zu Wort kommen können. Aus diesem Grund ist eine methodische Variation wichtig, bei der die Ausdrucksform der (interaktiven) Rede durch andere Möglichkeiten der Artikulation ergänzt wird. So werden die potenziellen Hürden, sich im Rahmen des Erhebungssettings mitzuteilen, für Kinder und Jugendliche gesenkt. Sie haben so mehr Möglichkeiten, ihre Perspektiven in das Gespräch einzubringen. Für das hier gewählte Vorgehen wurde unter anderem zwischen expliziten Fragen an die Erwachsenen und an die Kinder unterschieden und mit Karten aus verschiedenen Memoryspielen gearbeitet.

Das Potenzial der Familiendiskussion liegt darin, den Herstellungsprozess von Familie ebenso wie geteilte Wertvorstellungen und Familienbilder oder Widersprüche, Konflikte, gegensätzliche Meinungen rekonstruieren zu können.

Ausgehend vom Konzept des (familiären) Wohlbefindens von Familien in prekären Lebenslagen mit komplexen und multiplen Bedürfnissen und den zentralen

Forschungsfragen wurden folgende Dimensionen für die Erstellung des Leitfadens ausgewählt:

- Alltag und Management von Work-Life-Balance
- Freizeit und Erholung
- Öffentliche Unterstützung (Staat, Markt, Zivilgesellschaft)
- Fürsorge und Bildung der Kinder
- Ideen vom „guten Leben"

Eine Reduktion auf fünf Dimensionen war auch aus forschungspragmatischen Gründen nötig: Der Leitfaden muss im Vergleich zum Einzelinterview kürzer sein, damit für alle Beteiligten Zeit zum Erzählen bleibt.

Da es sich bei der Familiendiskussion bzw. dem Familieninterview um eine Methode handelt, die sensibel gegenüber den durch Alter und Position im Haushalt bedingten Ungleichgewichten sein muss, stellen wir hier die konkreten Überlegungen für die Erstellung des Leitfadens vor. Dabei konzentrieren wir uns auf die Aspekte des kollektiven Familienwissens:

- Die Erzählimpulse zu der Dimension *Alltag und Management von Work-Life-Balance* sollen den Blick für kollektive Erfahrungen und den Umgang mit Schwierigkeiten im Alltag der Familien mit Belastungen in den routinierten Abläufen öffnen.
- Die Erzählimpulse zur Dimension *Öffentliche Unterstützung* zielen auf Barrieren der Inanspruchnahme öffentlicher Angebote und auf Einschätzungen, welche Maßnahmen als hilfreich erfahren werden würde („Was würde Ihnen helfen?"). Es ist davon auszugehen, dass auch die beteiligten Kinder einen Erfahrungsschatz mit außerfamiliären Hilfen haben und sich dahin gehend einbringen können. Aus der Kindheitsforschung wird die Positionsbezeichnung des „Bestimmers" herausgegriffen: Dabei werden Kinder gebeten, zu erzählen, was sie in der Rolle der Bestimmer, in der sie sonst die Erwachsenen wahrnehmen, machen würden (World Vision Kinderstudie 2010).
- Dem gegenüber geht es bei der Dimension *Freizeit und Erholung* im Familieninterview um frei verfügbare Zeit der Familie. Die Familie bekommt den Auftrag, einen freien, gemeinsamen Tag fiktiv zu gestalten.
- Bei der Dimension *Fürsorge und Bildung* der Kinder geht es maßgeblich um die Kategorie „Vertrauen", etwa in die Lehrkräfte, sowohl aus Sicht der Kinder als auch aus Sicht der Elternteile. Damit verbunden ist die Erzählaufforderung, welche Erfahrungen in der Schule oder anderen Einrichtungen gemacht wurden.

Schließlich wurde jeweils am Ende für die Dimension *Ideen vom guten Leben* ein visuell-demonstratives Element eingesetzt. Es geht um die gemeinsamen Vorstellungen in der Familie, die diese anhand von Memory-Bildkarten in einem gemeinsamen Bild von den Bestandteilen des guten Lebens festhalten.

4   Familien und das „gute Familienleben"

Was ist ein gutes Leben? Welche Vorstellungen haben Familien und was benötigen sie zur Realisierung ihrer Wünsche? Was ist für sie ein „gutes Familienleben" angesichts eines Alltags in einer prekären Lage? In diesem Kapitel geht es um diese Fragen und die Antworten, die Familien darauf gegeben haben. Duflo und Banerjee (2012) haben in ihrer Studie afrikanische Familien in Armut nach ihren Bildungsaspirationen befragt und dazu eine geeignete Methode entwickelt, die für diese Studie übernommen wurde. Sie wollten herausfinden, welche Hoffnungen Mütter und Väter für sich, ihre persönliche Zukunft und die der gesamten Familien formulieren, wenn sie eines oder mehrere ihrer Kinder in die Schule schicken. Sie stellten Familien Hochglanzbroschüren zur Verfügung und ließen sie gemeinsam eine Collage erstellen, die ihre jeweiligen mit Schulbildung verbundenen Wünsche abbilden sollte. Mithilfe dieser Methode kam die Forschergruppe mit den Familienmitgliedern ins Gespräch. Duflo/Banerjees Ergebnisse deuten in zwei Richtungen: Erstens zeigen sie auf, welche Bedeutung Zukunftspläne und eine Idee von einem „besseren" Morgen für die Gestaltung des schwierigen Alltags haben. Zweitens stellten sie fest, dass in vielen Familien unrealistische Bilder von den mit Schulbildung verbundenen Möglichkeiten vorherrschten. Manche Eltern oder Geschwister knüpften zu große Hoffnungen an die Bildung eines Familienmitglieds. Dieses Vorgehen und die Ergebnisse der beiden Armutsforscher haben auch das Vorgehen bei den Familieninterviews inspiriert.

Darüber hinaus konnte an frühere Untersuchungen aus der Kindheitsforschung zum Wohlbefinden von Kindern und den kindlichen Vorstellungen des „guten Lebens" angeschlossen werden. So enthielt die zweite World Vision Kinderstudie (2010) im qualitativen Interviewteil ein entsprechendes Element, in dem Kinder gebeten wurden, die fünf Dinge zu benennen, die jedes Kind, unabhängig davon wo es aufwächst, für die Verwirklichung eines guten Lebens benötigt. Die Vorstellungen der Kinder enthielten Bezüge zu der von Martha Nussbaum (1999) entwickelten universellen Liste des guten Lebens. Diese erstellte Nussbaum vor dem theoretischen Hintergrund des Capability Approach. Der Ansatz betrachtet die Entscheidungs- und Handlungsmöglichkeiten sowie die Fähigkeit, mit guten Gründen etwas zu entscheiden und entsprechend zu handeln. Folglich geht es um die Realisierung eines guten Lebens, und zwar als Frage der Rahmenbedingungen und der Befähigung einzelner Menschen. Nussbaum bezeichnet ihre Liste als „vage", gleichwohl hat sie eine anthropologisch begründete Vorstellung grundlegender menschlicher Fähigkeiten, für die sie an die Philosophie von Aristoteles anschließt.[1]

Nussbaum spricht sich dafür aus, dass Menschen die Möglichkeit haben müssen, frei zu wählen, wie ihr Konzept des Guten aussieht. Dieses sollte nicht paternalistisch vorgeschrieben werden. Es geht ihr keineswegs um ein perfektionistisches Konzept, wie ihr oft vorgeworfen wird, sondern um die Definition von *Capabilities* als „Rechte" und nicht als „Pflichten". Außerdem betont sie die Notwendigkeit eines Konsens und einer demokratischen Verständigung über die Liste der Faktoren, die immer wieder neu verhandelt und gegebenenfalls modifiziert werden müsste. In diese ‚Verhandlungen' müssten Kinder unbedingt einbezogen werden.

Nussbaum setzt mit ihrer Liste des guten Lebens Folgendes voraus: grundlegende menschliche Fähigkeiten sind keine angeborenen Eigenschaften, die sich von selbst entfalten. Sie bedürfen der Fürsorge, der Bereitstellung von Ressourcen und der Erziehung. Die erforderlichen Bedingungen gilt es nach Nussbaum gesellschaftlich bereitzustellen und sozial gerecht zu eröffnen. Jeder Mensch hat das Recht auf gleiche Möglichkeiten und Entfaltungsbedingungen. Nussbaum bezieht sich damit auf eine universale Ethik, in der (Entscheidungs-)Freiheit, Gleichheit und Menschenwürde zentrale Orientierungslinien sind. Eine Fähigkeit in dieser Liste ist die Beziehung zur Natur und anderen Lebewesen.

Davon ausgehend wurden in den insgesamt für die vorliegende Studie durchgeführten neun Familieninterviews, an denen auch die Kinder beteiligt waren, am

---

[1]Nussbaum formuliert folgende „Befähigungen" für ein erfülltes menschliches Leben: Die Befähigung, ein volles Menschenleben bis zum Ende zu führen; Gesundheit (insbesondere durch Ernährung), Wohnen, Sexualität und Mobilität; die Fähigkeit, unnötigen Schmerz zu vermeiden und freudvolle Erlebnisse zu haben; die Befähigung, fünf Sinne zu benutzen, sich etwas vorstellen und denken zu können; Bindungen zu Dingen und Personen einzugehen, zu lieben, zu trauern, Sehnsucht und Dankbarkeit zu empfinden; sich Vorstellungen vom Guten zu machen und kritisch über die eigene Lebensplanung nachzudenken; für andere und bezogen auf andere zu leben, verschiedene Formen familiärer und sozialer Beziehungen einzugehen; Verbundenheit mit Tieren und Pflanzen und der ganzen Natur zu (er-)leben; die Befähigung zu lachen, zu spielen und Freude an Erholung zu haben; das eigene Leben und nicht das eines anderen zu leben; die Befähigung, sein eigenes Leben in seiner eigenen Umgebung und seinem eigenen Kontext zu leben (Nussbaum 1999, 2000).

Ende unterschiedliche Sets an Memory Karten sowie ein Satz Spielgeld eingesetzt. Alle Beteiligten waren aufgefordert, Karten auszuwählen, deren Abbildung
für ein Element eines „guten Familienlebens" steht. Die Familien haben sich auf
dieses „Spiel" ohne langes Zögern eingelassen. Vor allem hatten die Kinder hier
die Möglichkeit, an ein fast allen vertrautes Spiel anzuschließen und auf der Basis
der ausgesuchten Memorykarten etwas zu erzählen. Die mit den Karten initiierten
Interviewpassagen sind teilweise sehr ausführlich. Auf der Basis dieser Erzählungen und Erklärungen der einzelnen Familienmitglieder als auch der Diskussionen
zwischen ihnen lassen sich Listen eines „guten Familienlebens" erstellen.

Ein erster Befund sticht hervor und unterscheidet sich deutlich von den
Ergebnissen Duflos und Banerjees: Die in den Familieninterviews artikulierten
Vorstellungen eines guten Lebens orientieren sich stark an der Wirklichkeit und
verweisen auf gesellschaftlich geteilte Ideen durchschnittlicher oder „normaler"
Versorgung. Das heißt, die hier interviewten Familien formulieren keineswegs
überzogene Erwartungen und Hoffnungen im Kontext dieses „Spiels", sondern
sie artikulieren den Wunsch nach einem „normalen" Familienalltag.

Als zweiter Befund lässt sich feststellen, dass Kinder und Erwachsene unserer Familieninterviews eine eher *materielle* Liste entwickeln. Sie verweisen dabei
vielfach auf ihre konkreten Mangelerfahrungen sowie eine eher *ideelle* Liste,
womit sie auf Lebens- oder Erziehungsstile, auf ihre Werte und Gefühle eingehen. Beide Typen gehören zusammen und geben aufschlussreiche Hinweise, was
Familien benötigen, um ein „gutes" Leben realisieren zu können.

Die Auswertung hat zehn unterschiedliche Perspektiven auf ein „gutes Familienleben" ergeben. Diese werden von den Kindern und Erwachsenen geteilt. Die
Überschneidung der Perspektiven und damit verbundenen Indikatoren ist aufschlussreich. Unterschiede zwischen Kindern und Erwachsenen zeigen sich entlang einzelner Indikatoren: manchmal dominieren eher materielle Indikatoren wie
ein Auto, manchmal eher ideelle wie ein Schornsteinfeger als Symbol für Glück.
Darüber hinaus zeigen sich Unterschiede zwischen Kindern und ihren Eltern
bei der Art und Weise der Thematisierung, der Emotionalität gegenüber einzelnen Erfahrungen oder den einzelnen Erzählungen. Im Folgenden wird bei der
Beschreibung und Analyse der Dimensionen zunächst auf Sichtweisen der Kinder
eingegangen und dann durch Perspektiven der Erwachsenen ergänzt.

Folgende zehn Perspektiven ließen sich identifizieren:

- Existenzielle Versorgung: Ein Dach über dem Kopf, Essen, Kleidung, Gesund-
  heit
- Über Geld verfügen
- Spiel und Erholung, Freizeit und Ferien

- Bildung und Schule
- Medien und Bildung
- Mobilität
- Erwerbsarbeit und Familienarbeit
- Über Zeit verfügen und Ruhepausen
- Naturerleben
- Geborgenheit, Schutz und Sicherheit

Insgesamt waren 15 Kinder und 13 Erwachsene an den Familieninterviews beteiligt. Die Alterszusammensetzung bei den Kindern ging vom Kindergartenalter bis zur siebten Klasse. Die Gruppengrößen waren sehr unterschiedlich; zwischen zwei bis sechs Personen haben an den Interviews teilgenommen. Die Kinder sind während des gesamten Familieninterviews anwesend gewesen und haben sich teilweise auch bei anderen Gesprächsthemen eingebracht. Gleichwohl war der Redeanteil der Erwachsenen sehr viel größer, was sicherlich nicht nur mit den Themen, sondern auch mit den unterschiedlichen Rollen innerhalb der Familie sowie mit Machtkonstellationen zusammenhängt. Die Memorykarten haben diese Situation etwas aufbrechen können, weil sich die Kinder sehr schnell als Expert/innen positionierten. In allen Interviews wurden sie zudem als erste aufgefordert, ihre Auswahl vorzustellen und etwas dazu zu erzählen. Unabhängig vom Alter zeigen sich zahlreiche inhaltliche Überscheidungen, viele Kinder wählten etwa die Karte mit einer Puppe als Motiv, oder eine mit Schlittschuhen, sie suchten einen Bauernhof, ein Schulgebäude oder eine Karte mit einer Taschenlampe aus. Für die Auswertung wurden zwei Aspekte berücksichtigt, nämlich erstens die Häufigkeit der gewählten Motive und zweitens die Art der Begründung, weshalb gerade diese Kartenmotive für die Wünsche und Vorstellungen zum guten Familienleben ausgewählt wurden. Darüber hinaus wird an ausgewählten Stellen auf konkrete Mangelerfahrungen eingegangen, die quasi die Hintergrundfolie der Dimension bilden. Dem liegt die Annahme zugrunde, dass die Benennung positiver Aspekte für ein „gutes Familienleben" auch damit zusammenhängt, was die Familienmitglieder aufgrund ihrer prekären Lebenslage vermissen.

Auf die vielfältige sowohl materielle als auch ideelle Bedeutung des Geldes sei hier exemplarisch eingegangen.

Über Geld verfügen

Für manche Kinder, aber auch Erwachsene wirkte das Spielgeld fast wie eine Provokation und sie waren unsicher, ob sie zugreifen sollten oder nicht.[2] Die Kinder thematisieren Geld als zentral für die Familie und insbesondere Taschengeld als für sie persönlich wichtig. Vielfach scheinen Kinder die Gespräche in der Familie zu reflektieren, wenn sie in diesem Zusammenhang über anfallende Kosten, über teure Konsumgüter oder über Gebühren sprechen. Geld bzw. Geldmangel tritt in verschiedenen Familieninterviews als erfahrene und auch für die Kinder erfahrbare Herausforderung deutlich hervor. Dabei lassen sich vier Deutungen bezogen auf Geld in der Familie rekonstruieren: erstens geht es um den „nackten" Sachverhalt des Überlebens, zweitens um die Möglichkeit, dass sich die Familie auch einmal etwas Schönes leisten kann, drittens um das Wissen, wie wichtig Geld für gesellschaftliche Teilhabe ist und schließlich geht es viertens um die Möglichkeit, Geld zu sparen. Über dieses mehrdimensionale Wissen verfügen Erwachsene, aber auch Kinder und sie können auf unterschiedliche Erfahrungen der fehlenden Teilhabe verweisen.

1. *Geld als existenziell notwendige Ressource*
   Geld ist nötig für die Existenz einer Familie, so bringt es ein zehnjähriges Mädchen auf den Punkt und betont, dass es dabei um ihre Familie als Ganzes, als familiäres Kollektiv gehe:

   > C: Ja, und Geld. Dass wir leben können. (lacht leicht auf?)
   > I: Dass du leben kannst?
   > C: Dass WIR leben können (Fam. Paul, Z. 2776–2780).

Kinder wünschen sich auch Geld, weil sie das Gefühl haben, sie könnten ihre Eltern entlasten. Die Tochter der Familie Amsel, die in die Grundschule geht, hat von dem Spielgeld einen 100 EUR Schein ausgewählt. Ihre jüngere Schwester, ein Kindergartenkind, findet die Wahl gut und erzählt, was sie damit machen würde:

> Ich würde damit einkaufen. Für Mutti. Damit wir essen können (Fam. Amsel., Z. 1495).

---

[2]In keinem der von uns verwendeten Memory-Sets gab es eine Karte mit Münzen oder Geldscheinen. Die Option, auch auf Geld als Faktor für ein „gutes Familienleben" einzugehen, sollte aber auf jeden Fall vorhanden sein, weil der materielle Mangel ansonsten leicht hätte tabuisiert werden können. Aus diesem Grund wurde in der Logik des Gesellschaftsspiels auf Spielgeld zurückgegriffen.

2. *Geld als Öffner für Möglichkeitsräume jenseits von Notwendigkeiten/für "schöne Dinge"*

Neben solchen existenziellen Überlegungen geht es aber auch um Verteilung und Umverteilung von Geld und damit um Gedanken der Gerechtigkeit (World Vision 2013). Ein Mädchen, das zum Zeitpunkt des Interviews in der siebten Klasse war, formuliert den ersten Aspekt folgendermaßen:

A (Tochter): Ähm, das, ich weiß, das ist jetzt auch unrealistisch, aber egal. (lacht)
B (Mutter): Sag' einfach.
I: Es gibt nichts, was unrealistisch ist. Ohne Schere im Kopf.
A: Dass halt jeder, das hört sich jetzt echt dumm an, aber dass halt jeder Mensch so einen gewissen Anteil von Geld bekommt, womit er sich dann halt ein HAUS bauen kann.
I: Ja.
A: Ja. Und dass jeder einen Anspruch auf einen guten Urlaub hat (lacht leicht auf, B lacht) (Fam. Bohn, Z. 1600–1615).

In dieser Passage wird nicht nur auf die Notwendigkeit von Geld für das Überleben – ein Dach über dem Kopf – verwiesen, sondern auch mit Fragen nach Ansprüchen von allen Menschen verbunden. Letzteres beurteilt die Sprecherin selbst als „unrealistisch", aber ermuntert von der Interviewerin und der Mutter spricht sie ihre Überlegungen aus und erweitert das Existenzielle, das viele Kinder mit Essen, Trinken und Wohnen verbinden, um das Recht auf einen „guten Urlaub". Etwas später führt sie noch aus, dass auch die Stromversorgung jedes Menschen finanziell abgesichert sein müsse. Stromkosten stellen ein drängendes Thema in allen Familieninterviews dar und müssen demnach als Indikator für ein „gutes Familienleben" herangezogen werden, worauf weiter unten noch einmal eingegangen wird. Darüber hinaus ist hier bemerkenswert, wie das Mädchen allgemeine Rechte formuliert.

Geld halten die Kinder ebenso wie Erwachsene auch deshalb für wichtig, weil sie den Wunsch haben, sich persönlich und für ihre Familie ab und zu etwas Schönes leisten zu können. Hierüber thematisieren wiederum die Kinder vielfach auch ihre Fürsorge für die Eltern. Entweder wünschen sie sich, diese von Sorgen entlasten zu können, wie die Tochter der Familie Amsel, die etwas zum Essen kaufen würde oder sie wollen ihnen mit einem Geschenk eine Freude bereiten.

3. *Geld zur Ermöglichung gesellschaftlicher Teilhabe*

   Schließlich geht es bei der Frage des Geldes auch um Möglichkeiten gesellschaftlicher Teilhabe. Kinder verstehen darunter Freizeitaktivitäten, Reisen
   oder auch Bildung. Hier nehmen vor allem Eltern die Schule und die Lehrkräfte als wenig sensibel wahr. Sie problematisieren in erster Linie, dass manche Anschaffung, wie Hefte oder Ordner, häufig nicht kurzfristig – wie oft
   gefordert – getätigt werden könnte. Der finanzielle Spielraum pro Monat ist
   für diese Familien sehr begrenzt, das schließt auch schulische Materialien mit
   ein.

4. *Geld sparen*

   Für Kinder ebenso wie für Erwachsenen hat die Verfügung über eigene finanzielle Mittel aber auch eine übergeordnete Bedeutung in dem Sinne, dass es
   ein Instrument strategischer Planung ist und somit Handlungsmöglichkeiten
   bietet. Nicht nur in den Familieninterviews, sondern auch in den Einzelinterviews berichten Eltern von ihren Strategien des Sparens und welche Ziele
   sie damit verbinden. Für Kinder ist eigenes Geld eine Frage des Taschengeldes, das sie von ihren Eltern bekommen. Zwei Geschwisterkinder wählen
   beispielsweise eine Kasse als Symbol dafür aus, dass sie Taschengeld darin
   aufbewahren und sparen können. Ein älteres Mädchen wünscht sich für jedes
   Kind ein eigenes Konto. Ein Junge, der gerade in die Realschule gewechselt
   ist, nennt, vor allen anderen Dingen, Geld zum Sparen:

   > Mutti hat mir versprochen, immer jede Woche 2,50 Euro zu geben. Und am Ende
   > des Monats, denn kann ich mir aussuchen, ob ich denn sofort denn, ob ich denn
   > am Ende des Monats zehn Euro bekomme oder 2,50 Euro jede Woche, wenn der
   > zu Ende geht. Aber (2) Mutti hat es immer vergessen (Fam. Komet, Z. 2258–2261).

   Nachdem der Junge diese Verhandlung mit seiner Mutter und seinen beiden
   Wahlmöglichkeiten erzählt hat, bestätigt die Mutter diese Vereinbarung. Im
   weiteren Verlauf kommen die drei teilnehmenden Familienmitglieder noch
   mehrmals darauf zu sprechen, was Geld für sie bedeutet und warum es für
   Familien wichtig ist, Geld sparen zu können. Für die Eltern ergibt sich daraus
   die Möglichkeit, den Kindern einen angemessenen Umgang mit eigenem Geld
   zu vermitteln und so wird die Frage des Taschengeldes und des Ansparens zu
   einem Element der häuslichen Erziehung. Insgesamt wird an der Thematik,
   über Geld zu verfügen, um es sparen und damit planen zu können, die Bedeutung von individuellen Entscheidungs- und Handlungsmöglichkeiten sichtbar.
   Darüber hinaus zeigt sich umgekehrt, wie eingeschränkt die Möglichkeiten für
   Familien in prekären Lebenslagen bei der Erziehung ihrer Kinder im Umgang
   mit Geld und Ersparnissen sind.

Für die Eltern geht mit dieser Dimension zudem die Gesamtproblematik der Lebenshaltungskosten wie Miete und Energiekosten einher. In mehreren Passagen sprechen die erwachsenen Familienmitglieder die Strompreise an. Erzählanlass bieten etwa die Memorykarten mit einer Lampe oder Glühbirne.

B (Mutter): Dass der Strom nicht immer teurer wird. 170 im Monat reichen ja wohl. Stromgeld. Dass es da irgendwann mal einen Stopp gibt.
I: Ja.
B: Weil das ist eine Menge Geld. Was man da im Monat zahlen muss. Und dann jedes Mal trotzdem die Angst zu haben wegen der Jahresabrechnung. Weil die wird nämlich nicht übernommen. Von niemandem (Fam. Amsel, Z. 1301–1308).

Die Energiekosten stehen hier auch für die Ohnmacht gegenüber den Stromanbietern und die Abhängigkeit von anderen Akteuren, die die Familien in der Verantwortung sehen; sie symbolisieren die mit knappen finanziellen Mitteln einhergehende Angst oder Sorge vor ungeplanten Ausgaben oder Kosten. Dafür steht auch die Diskussion des Ehepaars Paul:

A (Mutter): Dass man das eben abschaffen kann. Ja, dann auch, dass jeder Strom hat. Und dass die Stromkonzerne nicht mehr diese erhöhten Preise haben, wie sie sie momentan haben. Die für viele nicht mehr erschwinglich sind.
B (Vater): Für uns nicht mehr.
A: Also/
B: Für die armen Leute nicht mehr.
A: Für die armen Leute. Irgendwann wird Strom ein Luxusartikel werden. Und es wird in vielen Wohnungen dunkel werden, glaube ich. Ja? Also/
B: Es werden wieder viele Wohnungen Kerzen. Und dadurch wird mehr Feuer ausbrechen (Fam. Paul, Z. 2789–2820).

Dass die Verfügbarkeit finanzieller Mittel als eine zentrale Dimension des „guten Familienlebens" angesehen wird, ist keine Überraschung. Aufschlussreich ist allerdings die Argumentation, denn Kinder und Eltern verhandeln nicht primär eine universelle Forderung nach „mehr Geld". Stattdessen thematisieren sie die Strategien ihres Alltags, die Möglichkeiten zu überlegtem Planen und Handeln, sodass Mittel bleiben, um zu sparen. Aber auch die Frage von gesellschaftlicher Teilhabe über Teilen und Umverteilen ist Gegenstand der Diskussionen. In den für diese Auswertung herangezogenen Passagen finden sich aber kaum Hinweise auf Neid gegenüber denjenigen, die mehr Geld zur Verfügung haben. Allerdings zeigt sich bei der Analyse durchaus Resignation angesichts der erlebten Beschränkungen. Insgesamt macht diese Perspektive deutlich, wie stark in den Familien Abhängigkeit indirekt relevant gemacht und subjektiv empfunden wird.

5　Fazit

Entgegen der in populären oder auch politischen Diskursen betonten Skepsis gegenüber der kindgerechten Verwendung staatlicher Transferzahlungen, dem Verantwortungsbewusstsein von Eltern für ihre Kinder oder der ihrer Erziehungsbereitschaft und -fähigkeit, zeigen unsere Befunde insgesamt eine andere Seite elterlichen Handelns: Erstens werden die im Alltag zu bewältigenden Herausforderungen für Familien sichtbar. Zweitens zeigen sich die Abwägungsprozesse innerhalb derer Mütter und Väter das Wohlbefinden ihrer Kinder zu realisieren versuchen. Deutlich wurde in den Interviews beispielsweise, wie Eltern ihren Kindern den Verzicht auf Dinge oder Freizeitaktivitäten erklären müssen, die für andere Gleichaltrige eine größere Selbstverständlichkeit haben oder wie sie nach Handlungsspielräumen für sich selbst und ihre Kinder suchen und dabei nicht selten sehr schnell an materielle und soziale Grenzen stoßen. Die Frage nach Entscheidungs- und Handlungsspielräumen ist verbunden mit der Frage nach materiellen Ressourcen, denn deren Mangel ist ein wesentlicher Indikator für Begrenzung. Auch die Ergebnisse zu den Vorstellungen eines guten Familienlebens verweisen auf die Bedeutung von Spielräumen im Alltag. Diese – das zeigt die Kategorie der Verfügbarkeit von Geld – sind sowohl in materieller als auch in ideeller Hinsicht von Bedeutung. In der Armutsforschung die Expertise von Betroffenen systematisch erheben, ist ein wichtiger Zugang, auch im die Logik des Handelns in den Blick nehmen zu können.

Literatur

Adamson, P. (2013). Kinderarmut in reichen Ländern – eine Vergleichsstudie. In: H. Bertram (Hrsg.), *Reiche, kluge, glückliche Kinder? – Der UNICEF-Bericht zur Lage der Kinder in Deutschland* (S. 52–65). Weinheim, Basel: Beltz Juventa.

Andresen, S. (2012). Was Kindheit prekär macht und Kinder verletzlich. Theoretische Ansätze und ausgewählte Befunde. In I. Wallmann-Helmer (Hrsg.), *Chancengleichheit und „Behinderung" im Bildungswesen: Gerechtigkeitstheoretische und sonderpädagogische Perspektiven* (S. 107–123). Freiburg: Alber.

Andresen, S., & Galic, D. (2015). *Kinder – Armut – Familie. Alltagsbewältigung und Wege zu wirksamer Unterstützung.* Gütersloh: Bertelsmann Stiftung.

Bertram, H. (2013). *Reiche, kluge, glückliche Kinder? – Der UNICEF-Bericht zur Lage der Kinder in Deutschland.* Weinheim, Basel: Beltz Juventa.

Bertram, H., & Spieß, C. K. (2012). *Fragt die Eltern!* Baden-Baden: Nomos.

Bertram, H., & Spieß, C. K. (Hrsg.). (2011). *Fragt die Eltern! Ravensburger Elternsurvey. Elterliches Wohlbefinden in Deutschland.* Baden-Baden: Nomos Verlagsgesellschaft.

Bohnsack, R. (1989). *Generation, Milieu, Geschlecht. Ergebnisse aus Gruppendiskussionen mit Jugendlichen.* Opladen: Leske + Budrich.

Bohnsack, R. (2008). *Rekonstruktive Sozialforschung: Einführung in qualitative Methoden.* Opladen: Leske + Budrich.

Bohnsack, R., & Schäffer, B. (2001). Gruppendiskussionsverfahren. In T. Hug (Hrsg.), *Wie kommt Wissenschaft zu ihrem Wissen?: Bd. 2. Einführung in Forschungsmethodik und Forschungspraxis* (S. 324–341). Baltmannsweiler: Schneider.

Bohnsack, R., Przyborski, A., & Schäffer, B. (2006). *Das Gruppendiskussionsverfahren in der Forschungspraxis.* Opladen: Budrich.

Bradshaw, J., Martorano, B., Natali, L., & Neubourg, C. de. (2013). Children's subjective well-being in rich countries. *Child Indicators Research , 6*(4), 619–635.

Deutscher Bundestag (2013). 14. Kinder und Jugendbericht. Bericht über die Lebenssituation junger Menschen und die Leistungen der Kinder- und Jugendhilfe in Deutschland. Online: http://dip21.bundestag.de/dip21/btd/17/122/1712200.pdf. Zugegriffen: 14. Juli 2013.

Diakonisches Werk der Ev.-luth. Landeskirche in Braunschweig & Stiftung Braunschweigischer Kulturbesitz. (Hrsg.). (2011). *Wirksame Wege gestalten für Familien mit geringem Einkommen.* Braunschweig: Diakonisches Werk der Ev.-luth. Landeskirche in Braunschweig & Stiftung Braunschweigischer Kulturbesitz.

Dockett, S. (2013). Transition to school: Normative or relative? In B. Perry, S. Dockett, & A. Petriwskyj (Hrsg.), *Transition to school: International research, policy and practice.* Dordrecht: Springer.

Duflo, E. (2013). *Kampf gegen die Armut.* Berlin: Suhrkamp.

Duflo, E., & Banerjee, A. (2012). *Poor economics: A radical rethinking of the way to fight global poverty.* New York: Public Affairs.

Easton, C., Featherstone, G., Poet, H., Aston, H., Gee, G., & Durbin, B. (2012). *Supporting families with complex needs: Findings from LARC 4.* Slough: NFER.

Jurczyk, K., & Klinkhardt, J. (2014). *Vater, Mutter, Kind? Acht Trends in Familien, die Politik heute kennen sollte.* Gütersloh: Bertelsmann Stiftung.

Loos, P., & Schäffer, B. (2001). *Das Gruppendiskussionsverfahren. Theoretische Grundlagen und empirische Anwendung.* Opladen: Leske + Budrich.

Minkkinen, J. (2013). The structural model of child well-being. *Child Indicators Research, 6*(3), 547–558.

Nussbaum, M. (1999). *Gerechtigkeit oder das gute Leben.* Frankfurt a. M: Suhrkamp.

Nussbaum, M. (2000). *Women and human development: The capabilities approach.* Cambridge: Cambridge University Press.

World Vision e.V. (Hrsg.) (2010). *Kinder in Deutschland 2010. 2. World Vision Survey. Wissenschaftliche Leitung: Klaus Hurrelmann und Sabine Andresen.* Frankfurt: Fischer Taschenbuch Verlag.

World Vision. (2013). *Wie gerecht ist unsere Welt? Kinder in Deutschland 2013. 3. World Vision Kinderstudie.* Weinheim: Beltz.

Zerle, C., & Keddi, B. (2011). „Doing Care" im Alltag Vollzeit erwerbstätiger Mütter und Väter. Aktuelle Befunde aus AIDA. *GENDER Die Zeitschrift für Geschlecht, Kultur und Gesellschaft, 3*(3), 55–72.

Weiterführende Literatur

Andresen, S. (2014a). Just wait and don't upset yourself: When children are exposed to poverty in their daily lives. In R. N. Emde & M. Leuzinger-Bohleber (Hrsg.), *Early parenting and prevention of disorder. Psychoanalytic research at interdisciplinary frontiers* (S. 297–309). London: Karnac.

Andresen, S. (2014b). Childhood vulnerability: Systematic, structural, and individual dimension. *Child Indicators Research, 7*(4), 699–713.

Andresen, S., & Fegter, S. (2009). *Spielräume sozial benachteiligter Kinder. Bepanthen Kinderarmutsstudie. Eine ethnographische Studie zu Kinderarmut in Hamburg und Berlin.* Leverkusen: Bepanthen-Kinderförderung.

BMFSFJ. (Hrsg.). (2012). *Achter Familienbericht. Zeit für Familie – Familienzeitpolitik als Chance einer nachhaltigen Familienpolitik.* Drucksache 17/9000. Berlin.

BMFSFJ. (2014). Bildungs- und Teilhabepaket. http://www.mfkjks.nrw.de/familie/finanzielle-hilfe/bildungs-und-teilhabepaket.html. Zugegriffen: 5. Sept. 2014.

Bohnsack, R. (2006). Qualitative Evaluation und Handlungspraxis. Grundlagen dokumentarischer Evaluationsforschung. In U. Flick (Hrsg.), *Qualitative Evaluationsforschung. Konzepte, Methoden, Umsetzungen* (S. 135–158). Reinbek bei Hamburg: Rowohlt.

Bohnsack, R., Nentwig-Gesemann, I., & Nohl, A. M. (2007). *Die dokumentarische Methode und ihre Forschungspraxis. Grundlagen qualitativer Sozialforschung.* Wiesbaden: Springer VS.

Gillies, V. (2012). Family policy and the politics of parenting: From function to competence. In M. Richter & S. Andresen (Hrsg.), *The politicization of parenthood shifting private and public responsibilities in education and child rearing children's well-being: Indicators and research* (S. 13–27). Dordrecht: Springer.

GOE. (2013). Alleinerziehend in Wolfsburg. http://www.wolfsburg.de/irj/go/km/docs/imperia/mam/portal/gesundheit_und_soziales/pdf/bericht_alleinerziehend_2013.pdf. Zugegriffen: 20. Okt. 2014.

Institut für Arbeitsmarkt- und Berufsforschung (IAB). (2011). Alleinerziehende ALG-II-Empfängerinnen mit kleinen Kindern: Oft in Ein-Euro-Jobs, selten in betrieblichen Maßnahmen. *IAB-Kurzbericht, 2011*(21), 1–8.

IW. (2014). Einkommensarmut in Deutschland aus regionaler Sicht. Materialien zum Pressestatement, 25.08.2014. Berlin: Institut der deutschen Wirtschaft.

Kleingeld, P., & Anderson, J. (2008). Die gerechtigkeitsorientierte Familie: Jenseits der Spannung zwischen Liebe und Gerechtigkeit. In A. Honneth & B. Rössler (Hrsg.), *Person zu Person: Zur Moralität persönlicher Beziehungen* (S. 283–312). Frankfurt a. M.: Suhrkamp.

Lareau, A. (2003). *Unequal childhoods: Class, race, and family life.* Berkeley: University of California Press.

Lenze, A. (2014). *Alleinerziehende unter Druck. Rechtliche Rahmenbedingungen, finanzielle Lage und Reformbedarf.* Gütersloh: Bertelsmann Stiftung.

Lutz, R. (2011). *Erschöpfte Familien.* Wiesbaden: Springer VS.

Lutz, R. (2014). Ökonomische Landnahme und Verwundbarkeit – Thesen zur Produktion sozialer Ungleichheit. *Neue Praxis, 14*(1), 3–22.

MFKJKS. (2013). *Fachbericht „Kein Kind zurücklassen! Kommunen in NRW beugen vor".* Düsseldorf: MFKJKS.

Monitor Familienleben. (2012). Einstellungen und Lebensverhältnisse von Familien. Institut für Demoskopie Allensbach. Ergebnisse einer Repräsentativbefragung im Auftrag des Bundesministeriums für Familie. www.ifd-allensbach.de/uploads/tx_studies/Monitor_Familienleben_2012.pdf. Zugegriffen: 10. Okt. 2014.

Paritätischer Wohlfahrtsverband. (2012). *Arme Kinder – arme Eltern. Zahlen, Daten, Fakten.* Berlin: Der Paritätische Gesamtverband.

Über den Autor

Andresen, Sabine, Prof.'in Dr., ist Professorin des Arbeitsbereiches Institut für Sozialpädagogik und Erwachsenenbildung der Goethe-Universität Frankfurt am Main, Fachbereich Erziehungswissenschaften. Ihre Arbeitsschwerpunkte sind: Kindheits- und Familienforschung, Child-Well-Being Forschung, Vulnerabilität in der Kindheit, Armutsforschung, Forschungen zu sexueller Gewalt in Kindheit und Jugend, sowie Historische Forschungen v. a. zu Kindheit, Jugend und Reformpädagogik im 20. Jahrhundert. Seit 2016 ist sie Vorsitzende der „Unabhängigen Kommission zur Aufarbeitung sexuellen Kindesmissbrauchs".

Der Zielgruppenansatz in der institutionellen Familienbildung

Winnie Grunwald

In der Auseinandersetzung mit Bildungsungleichheiten spielt die Familienbildung keine bedeutende Rolle, obwohl doch Familie als maßgeblicher Ort an der Entstehung von Ungleichheiten beteiligt ist und die Familienbildung es sich zudem zur Aufgabe gemacht hat, neue Wege zur Chancenangleichung zu beschreiten. Gründe für die Vernachlässigung der Familienbildung in der Betrachtung von Ungleichheiten liegen auf der Hand. So handelt es sich bei Familienbildung um ein weites Feld von unzähligen Anbietern und einer unüberschaubaren Vielfalt von Angebotsformen, die vom Erziehungsratgeber über Selbsthilfegruppen bis hin zu stark standardisierten curricularen Angeboten reicht. Dementsprechend vielgestaltig sind die Inhalte. In diesem Beitrag werde ich Familienbildung eingrenzen auf institutionelle Formen und verstehe darunter kursartige Angebote einer Organisation für Eltern – und deren Kinder – unter entsprechend ausgebildeter Anleitung zu Themen, die den Alltag in Familien betreffen. Als freiwilliges Bildungsangebot, das sich vorwiegend mit Themen des privaten Lebens auseinandersetzt und zudem nicht primär ökonomisch verwertbar ist, erfährt Familienbildung nicht so eine starke Aufmerksamkeit und Verbreitung wie die Institutionen

W. Grunwald (✉)
Diakonisches Werk Berlin-Brandenburg-schlesische Oberlausitz e.V., Berlin, Deutschland
E-Mail: grunwald.w@dwbo.de

© Springer Fachmedien Wiesbaden GmbH 2017
M.S. Baader und T. Freytag (Hrsg.), *Bildung und Ungleichheit in Deutschland*, DOI 10.1007/978-3-658-14999-4_7

(vor)schulischer und beruflicher Bildung. Trotzdem kennen und nutzen die meisten Familien die bestehenden Angebote.[1] Für die wissenschaftliche Betrachtung kommt erschwerend hinzu, dass die Effekte von Familienbildung auf die Bildungschancen der Kinder schwierig zu ermitteln sind, da die Wirkung indirekt über die Eltern erfolgt.

Dennoch lohnt sich der Blick auf das Feld Familienbildung. Erstens, weil Familie die wichtigste Institution für Bildung, Erziehung und Sozialisation darstellt und den größten Faktor bei der Zuteilung von Bildungschancen ausmacht. Familienbildung stellt eine Instanz dar, von der aus Bildungsprozesse in den Familien betrachtet werden können. Zweitens wirkt die Familie frühzeitig und lang anhaltend auf die Bildungsprozesse der Kinder ein. Familienbildung kann frühzeitiger – bestenfalls ab der Schwangerschaft – Einfluss nehmen, als es die schulischen und beruflichen Bildungsinstitutionen können und langfristiger begleiten. Außerdem wird in der Familienbildung die gesamte Familie als System berücksichtigt und der Blick nicht nur auf die Kinder als Abhängige ihrer Herkunft gerichtet. Und schließlich gehört es seit einigen Jahren zum Selbstverständnis institutioneller Familienbildung, zur Steigerung von Bildungschancen beizutragen, und sie hat dahin gehende Mittel entwickelt.

Institutionelle Familienbildung begegnet der Chancenungleichheit in der Form, dass sie sich verstärkt den Familien zuwendet, die im Hinblick auf die Bildungschancen ihrer Kinder als benachteiligt gelten. Dies passiert in Form der Zielgruppenorientierung. Bei dieser Herangehensweise werden die Adressatinnen und Adressaten von Elternbildung unterschieden in eine große Gruppe von Eltern einerseits, die sich mit allgemeinen Herausforderungen des Familienlebens, wie sie sich z. B. aus der kindlichen Entwicklung ergeben, auseinandersetzen müssen (vgl. Rupp et al. 2010, S. 174), und andererseits in eine kleinere Gruppe von Familien mit spezifischeren Belastungen, die zu besonderen Zielgruppen[2] erklärt

---

[1]Eine Telefonbefragung im Rahmen einer Studie des bayerischen Staatsministeriums für Familienforschung (Mühling und Smolka 2007) konnte belegen, dass weit über 80 % der Eltern Familienbildungsangebote kannten und drei Viertel der befragten Eltern diese auch wenigstens einmal in Anspruch genommen hatten. Besonders häufig nutzten Eltern die Bildungsangebote rund um die Geburt eines Kindes. Die klassischen Bildungsinstitutionen wie Familienbildungsstätten oder Volkshochschulen spielten im Gegensatz zu alltagsnaheren Orten wie Kirchengemeinden nur eine untergeordnete Rolle.

[2]Besonders häufig als Zielgruppe genannt werden Alleinerziehende, Familien mit Migrationshintergrund, von Armut oder Arbeitslosigkeit betroffene Familien und Fortsetzungsfamilien. Außerdem erwähnt werden Eltern mit behinderten oder kranken Kindern, Adoptiv- und Pflegefamilien, kinderreiche Familien oder minderjährige Eltern. Aber auch Väter gelten als verbreitete Zielgruppe.

werden und für die eine angepasste Angebotsstruktur entwickelt wird (vgl. Pettinger und Rollik 2005, S. 111). Die Besonderheit letzterer Eltern ergibt sich aus ihrer sozialen Benachteiligung (vgl. Deutscher Verein 2007, S. 5), einer außerordentlichen Belastung bzw. einem erhöhten Risiko für die Entwicklung und Manifestation von Problemen (vgl. Lösel et al. 2006, S. 12) oder/und ihrer Bildungsferne (vgl. Oberndorfer und Mengel 2003, S. 19). Sie wird gleichgesetzt mit defizitären Erziehungspraktiken und einem Mangel an Kompetenzen. Hinzu kommt die schwierige Erreichbarkeit dieser Eltern für die traditionellen Angebote der institutionellen Familienbildung wie z. B. Eltern-Kind-Gruppen (vgl. Pettinger und Rollik 2005, S. 102; Bird und Hübner 2010, S. 40). Dieser mangelhaften Erreichbarkeit soll mit Mitteln des Zielgruppenansatzes begegnet werden, um elterliche Defizite ausgleichen zu können und schließlich die Bildungschancen der Kinder anzuheben.

Es stellt sich die Frage, wie geeignet der Zielgruppenansatz als Mittel zur Angleichung von Bildungschancen erscheint. Einerseits schafft er Möglichkeiten, Ungleichheit in den Fokus zu rücken und Benachteiligung zu begegnen. Andererseits lassen sich auch einige Blindflecke ausmachen, die in der Diskussion um den Zielgruppenansatz in der Familienbildung bislang zu wenig berücksichtigt werden.

1 Das Präventionsdilemma

Maßgeblich für die Gestaltung von Angeboten der institutionellen Familienbildung ist der Präventionsgedanke. Er ergibt sich aus der rechtlichen Verankerung der Familienbildung im Kinder- und Jugendhilfegesetz (§ 16 SGB VIII), das den Vorrang präventiver vor stärker intervenierenden Leistungen vorsieht. Pettinger und Rollik (2005, S. 170) formulieren Prävention als „vorbeugende Unterstützung statt nachgehende[r] Intervention". Eltern sollen durch Familienbildungsangebote Kompetenzen erwerben, die ihnen die Bewältigung von Erziehungsaufgaben und Alltagssituationen ermöglichen, bevor diese sich zu Problemen ausweiten, welche den Eingriff von außen erforderlich machen. Dazu müssen die Präventionsangebote den Familien frühzeitig unterbreitet werden. Als günstiger Zeitpunkt erweist sich der Beginn einer Familienphase unter Bezugnahme auf die anstehende kindliche Entwicklung (vgl. Rupp et al. 2010, S. 59 f.).

Eine Herausforderung von Präventionskonzepten besteht darin, diejenigen Menschen für die Maßnahmen zu gewinnen, die davon besonders profitieren könnten, da sie ein erhöhtes Risiko für die Entwicklung der betreffenden Probleme aufweisen und nicht über adäquate Bewältigungsmuster verfügen. Übertragen auf den Bereich Familienbildung bedeutet das, die Familien aus benachteiligten Lebenslagen mit den institutionellen Angeboten zu erreichen, da dort gehäuft Belastungen und Erziehungs- bzw. Beziehungsschwierigkeiten auftreten, die das Eingreifen der Kinder- und Jugendhilfe erforderlich machen. Auf der anderen Seite stehen nicht so stark belastete Eltern, die die präventiven Angebote der institutionellen Familienbildung von sich aus aufsuchen, obwohl sie meistens bereits über die entsprechenden Kompetenzen verfügen. Für diese fehlende Passung von Unterstützungsbedarf und Nachfrageverhalten hat sich – auch über die Familienbildung hinaus – der Begriff des Präventionsdilemmas (Bauer 2005; Bauer und Bittlingmeyer 2005) etabliert.

Bislang werden die Angebote der institutionellen Familienbildung überwiegend von Familien aus der Mittelschicht wahrgenommen. Zwar fehlt es an aktuellen und belastbaren Daten, aber zwei groß angelegte Studien (Schiersmann et al. 1998; Lösel et al. 2006) zeigen, dass unter den Teilnehmerinnen und Teilnehmern überproportional viele mittleren sozialen Schichten entstammen. Benachteiligte Eltern sind unterrepräsentiert und finden sich verstärkt in speziell auf sie zugeschnittenen Angeboten wieder. Ein viel beschrittener Weg, die „vorherrschende […] Mittelschichtdominanz der Familienbildung" (Mengel 2007, S. 92) zu durchbrechen und dem Präventionsdilemma zu begegnen, ist der Zielgruppenansatz. Die Anbieter von Familienbildung entwickeln zunehmend spezielle Angebote für sozial benachteiligte und besonders belastete Familien, um diese an die Institutionen zu binden.

2   Der Zielgruppenansatz in der Familienbildung

Der Zielgruppenansatz setzt auf die Gewinnung neuer, bislang unerreichter Elterngruppen für die Angebote institutioneller Familienbildung. Als Zielgruppen rücken explizit sozial Benachteiligte in den Fokus (vgl. Mengel 2007, S. 51). Um Eltern zu rekrutieren, die von den vorhandenen Formen der Familienbildung nicht angesprochen werden, die jedoch im Sinne des Präventionsgedanken zum Teilnehmerinnenkreis gehören sollten, werden in den Institutionen neue Zugangswege und Angebotsformen entwickelt und erprobt. Mit der Konzentration auf benachteiligte Gruppen kommt der Zielgruppenansatz der Sozialen Arbeit nahe (vgl. Mengel 2007, S. 73) und bedient sich deren Konzepte und Methoden. Besonders hervorzuheben sind die Prinzipien der Niedrigschwelligkeit, Lebensweltorientierung und Sozialraumorientierung, die in der Sozialen Arbeit weit verbreitet sind und auch den im Rahmen des Zielgruppenansatzes vorgeschlagenen Angebotsformen institutioneller Familienbildung zugrunde liegen.

Ein Weg der Zielgruppenakquise führt über die Vereinfachung des Zugangs zu den Familienbildungsinstitutionen. Eltern empfinden verschiedene organisatorische, emotionale und soziale Faktoren als Hemmnisse, die sie davon abhalten, an institutioneller Familienbildung zu partizipieren. Diese Zugangsschwellen klassifizieren Bird und Hübner (2010, S. 49) als hierarchischer, sozialer, kultureller, räumlicher, zeitlicher und finanzieller Art. Sie fallen je nach Zielgruppe unterschiedlich stark ins Gewicht. Im Sinne der Niedrigschwelligkeit sollen die hemmenden Faktoren erkannt und ausgeräumt werden, um die Zugänglichkeit der Angebote zu verbessern. Konkret bieten sich offene Treffs oder Familiencafés an, in denen Eltern miteinander und mit den Bildungsinstitutionen in Kontakt treten können und gleichzeitig kompetente Ansprechpartnerinnen zur Verfügung stehen. Diese Formen sind unbürokratisch, sie erfordern keine verbindliche Anmeldung und Teilnahme, schließen die Kinder ein und können kostengünstig angeboten werden.

Ein weiterer Ansatzpunkt der Zielgruppenorientierung ist die Erschließung neuer Orte für Familienbildung. Es wird nicht länger vorausgesetzt, dass die Familien die Institutionen wie z. B. Familienbildungsstätten oder Volkshochschulen aufsuchen, um die Bildungsangebote wahrzunehmen, sondern die Institutionen begeben sich in den Sozialraum der Familien. Der Vorteil von Alltagsorten liegt darin, dass diese bei den Familien bereits bekannt sind und keine zusätzlichen Wege erforderlich machen. Geeignet sind etwa Kindertagesstätten bzw. Familienzentren, Schulen, Freizeitzentren oder Kirchengemeinden, aber auch die Arbeitsstätte der Eltern (vgl. Pettinger und Rollik 2005, S. 68–70) oder sogar Einkaufszentren (vgl. Brinkmann und Wittinger 2010) werden in Betracht gezogen. In einigen Programmen für gesellschaftlich benachteiligte Familien werden diese zu Hause besucht und damit die Familienwohnung zum Ort für institutionelle Familienbildung (z. B. HIPPY, Opstapje, Stadtteilmütter).

Drittens wird neues Personal für die Durchführung der Angebote entdeckt. Zum einen ergibt sich dieses aus den oben genannten neuen Orten. Wird Familienbildung beispielsweise in zu Familienzentren weiterentwickelten Kindertagesstätten angeboten, dann können Erzieherinnen und Erzieher vermehrt für diese Aufgaben eingesetzt werden, vorausgesetzt sie haben eine entsprechende Aus- oder Weiterbildung erfahren (vgl. Mengel 2007, S. 112). Gleiches gilt für die Lehrerinnen und Lehrer an den Schulen. Zum anderen wird im Rahmen der Zielgruppenorientierung der Einsatz von Peers als Gruppenleitung bzw. Besuchsdienst verfolgt. Diese pädagogischen Laien entstammen einer ähnlichen Lebenswelt wie die Familien der Zielgruppen und werden gezielt ausgewählt, geschult und fachlich begleitet. Sie fungieren als Multiplikatorinnen der Familienbildungseinrichtungen. Durch ihre Nähe zu den Zielgruppen, die sich z. B. aus dem gleichen sozio-ökonomischen Hintergrund, derselben Muttersprache oder ethnischen Zugehörigkeit ergibt, erhofft man sich eine bessere Akzeptanz, als wenn Professionelle diese Aufgabe wahrnähmen. Die Multiplikatorinnen und Multiplikatoren kennen typische Probleme der betreffenden Familien häufig aus ihrem eigenen Leben, haben Bewältigungsstrategien dafür gefunden und können als Vorbilder und Mentorinnen dienen (vgl. Rupp et al. 2010, S. 192). Sie übernehmen damit eine Brückenfunktion zwischen den Familien und den Bildungsinstitutionen (vgl. Bird und Hübner 2010, S. 46). Beispielprogramme für den Einsatz von Peers sind die „FemmesTISCHE", ein Schweizer Modell, bei dem Laien eine Gruppe von Eltern aus dem Freundes- und Bekanntenkreis zu pädagogischen Themen anleiten (vgl. Oberndorfer und Mengel 2003, S. 19), Hausbesuchsprogramme zur Förderung der kindlichen (Sprach)Entwicklung wie HIPPY und Opstapje, bis hin zu Projekten wie „Elternlotsen" oder „Stadtteilmütter", bei denen vorwiegend Mütter mit Migrationserfahrungen in Familien mit ähnlicher Geschichte Aufgaben übernehmen, die nahe an der Sozialarbeit sind (vgl. Bird und Hübner 2010, S. 46).

Die unter dem Zielgruppenansatz subsumierten Ideen für eine Neugestaltung der institutionellen Familienbildung versprechen einige Erfolge hinsichtlich der Verbesserung von Bildungschancen. So ist tatsächlich davon auszugehen, dass vermehrt Eltern solcher sozialer Milieus für die Familienbildung gewonnen werden können, die bislang in den Institutionen unterrepräsentiert sind. Einen Hinweis darauf liefert die Untersuchung von Lösel et al. (2006), die zeigen konnte, dass der Anteil von sozial benachteiligten Eltern in den zielgruppenspezifischen Angeboten bedeutend höher war als in den herkömmlichen Kursangeboten. In den Institutionen der Familienbildung wird der Blick auf Ungleichheiten zunehmend geschärft. Es entstehen neue Netzwerke, sowohl zwischen den Trägern der Bildungsangebote als auch zwischen den beteiligten Akteurinnen und Akteuren, etwa durch den Einsatz von Multiplikatorinnen. Das Angebot der Familienbildungsinstitutionen wird durch die neuen Formen vielfältiger, die vorherrschende Kursstruktur wird aufgebrochen, neue Lern- und Bildungsformen finden Anerkennung. Und als Nebeneffekt wird Familienbildung als bislang häufig vernachlässigtes Feld im Bildungssystem sichtbarer, wenn sie ihre angestammten Orte verlässt und Wege in das Alltagsgeschehen findet.

3   Blindflecke des Zielgruppenansatzes

Im Zuge der Verbreitung des Zielgruppenansatzes in der institutionellen Familienbildung sind eine ganze Reihe vielversprechender Ideen entwickelt worden, wie benachteiligte Familien für diesen Bildungsbereich gewonnen werden können. Die Familien sollen von Familienbildung als Präventionsmaßnahme dahin gehend profitieren, dass die Entwicklung von das Kindeswohl schädigenden

Erziehungspraktiken unterbunden wird und sich durch den frühzeitigen, möglichst schon in der Schwangerschaft beginnenden Zugang zu Familienbildungsinhalten und -institutionen eine Bildungsgewöhnung etabliert, die sich auf die anderen Ebenen des Bildungssystems überträgt und damit die Bildungschancen von Kindern aus benachteiligten Familien erhöhen kann. Die Ideen könnten bezüglich der Gewinnung neuer Zielgruppen tatsächlich Erfolg haben. Allerdings weisen sie auch einige Schwierigkeiten auf, die im Diskurs bislang kaum eine Rolle spielen. Sie erschweren das Anliegen, Bildungschancen anzugleichen, und müssen daher unbedingt mitgedacht werden. Vier dieser Problematiken, die der Zielgruppenansatz mit sich bringt, werden im Folgenden dargestellt.

3.1   Beschränkung auf Rekrutierungspraxen

Die Vielzahl von neuen Ideen zur Angebotsgestaltung mag darüber hinwegtäuschen, dass sie alle allein auf die Rekrutierung der Zielgruppen ausgerichtet sind. Darüber hinausgehende Vorschläge für die inhaltliche und methodische Gestaltung, die eine langfristige Perspektive für die institutionelle Familienbildung mit benachteiligten Adressatinnen und Adressaten eröffnen, sind kaum zu finden. Vielmehr beschränkt sich der Zielgruppenansatz auf die Anbindung neuer Elterngruppen an die Institutionen.

Allein damit, dass benachteiligte Familien in den Institutionen der Familienbildung sichtbar werden, ist aber nur ein erster Schritt in Richtung Chancengleichheit getan. Es fehlt die Entwicklung von Vorstellungen, wie Familienbildung grundsätzlich den verschiedenen Interessen und Wirklichkeiten aller Familien gerecht werden kann. Zielgruppenorientierung als Zwischenschritt hin zu einer Integration benachteiligter Familien in das bestehende Regelangebot (vgl. Mengel 2007, S. 92; Pettinger und Rollik 2005, S. 111) greift zu kurz, denn sie birgt so nichts weiter als eine Normalisierungsforderung an die Zielgruppen. Will Familienbildung tatsächlich die Bildungschancen benachteiligter Familien erhöhen, reicht es nicht aus, nur Bildungszugänge zu schaffen, sondern das ganze System Familienbildung muss sich infrage stellen. Dazu gehört auch das Überdenken des etablierten Angebots.

3.2 Gefahr eines Zwei-Klassen-Systems der Familienbildung

Aus dem Fehlen eines Gesamtkonzepts für institutionelle Familienbildung, das eine Perspektive dafür eröffnet, wie die bisherige Angebotsstruktur und der Zielgruppenansatz langfristig miteinander verwoben werden können, ergibt sich eine weitere Problematik: Es besteht die Gefahr, dass sich Familienbildung zu einem Zwei-Klassen-System entwickelt, in dem sich die Eltern der Zielgruppen, die einer besonderen Behandlung bedürfen, und die Teilnehmenden aus der Mittelschicht gegenüber stehen.

Die Nähe des Zielgruppenansatzes zur Sozialen Arbeit führt dazu, die Familien aus einem fürsorgerischen Blickwinkel zu betrachten. Dieser hat zuallererst das Wohl des Kindes zum Ziel und erlaubt es daher, elterliches Verhalten als defizitär zu bewerten, sollte es dem Kindeswohl widersprechen (vgl. Mengel 2007, S. 28 f.). Interventionen sind aus dieser Sichtweise nicht nur gestattet, sondern geboten, um elterliches Fehlverhalten zu unterbinden bzw. zu kompensieren. Gleichzeitig führt das Wahrnehmen von Mängeln in der elterlichen Erziehungsfähigkeit zur Bedarfszuschreibung für die betroffenen Familien. Die Bedarfe werden – anders als die selbst formulierten Bedürfnisse – aus einer professionellen Außensicht auf die Zielgruppen attestiert (vgl. Rupp et al. 2010, S. 173). Anders fällt der Blick auf die Familien aus, die aus der Perspektive der Erwachsenenbildung betrachtet werden. Hier wird stärker der Subjektstatus der Eltern betont und damit ihre Eigenverantwortlichkeit (vgl. Mengel 2007, S. 30).

Verstärkend auf die Zweiteilung der Adressatinnenschaft wirkt die Finanzierung institutioneller Familienbildung. Der „‚Förderungszwitter' Familienbildung" (Pettinger und Rollik 2005, S. 131) speist sich zum größten Teil aus den Weiterbildungsgesetzen der Länder, zusätzlich werden Mittel aus der Kinder- und Jugendhilfe bezogen, da Familienbildung laut §16 SGB VIII eine Leistung der Jugendhilfe darstellt. Mit der Verankerung im SGB VIII liegt es für die Träger der Kinder- und Jugendhilfe nahe, Familienbildung in ihr Angebotsspektrum aufzunehmen und besonders ihre Klientinnen und Klienten dorthin zu vermitteln. Die zunehmende Anbietervielfalt ist zu begrüßen, sollte jedoch im Sinne der Chancengleichheit nicht dazu führen, dass sich Anbieter auf bestimmte Elterngruppen spezialisieren und damit die Teilung der Adressatinnen verstärken. Eine einheitliche, sichere Finanzierungsgrundlage für institutionelle Familienbildung wäre ein Meilenstein bei der Abwendung der Gefahr eines Zwei-Klassen-Systems.

3.3   Generierung möglichst homogener Zielgruppen

Zielgruppen werden dahin gehend konstruiert, dass sie möglichst homogen sind. Begründet wird das Vorgehen damit, dass die Teilnehmenden so „das Verbindende der Erziehungsaufgaben wahrnehmen [...] können" (Mengel 2007, S. 92). Abgesehen davon, dass diese Homogenität sowieso nur eine scheinbare ist, da sie sich nur auf die Merkmale bezieht, die gerade als relevant angesehen werden, aber eine noch viel größere Anzahl von Merkmalen die Teilnehmenden unterscheidet, birgt dieser Konstruktionsvorgang einige Probleme. Es beginnt damit, dass durch die Formulierung von Zielgruppen Zuschreibungen auf Basis des Kollektivs getroffen werden. Es erfolgt keine individuelle Prüfung und Bewertung von Kompetenzen, Defiziten oder Interessen, sondern die Zugehörigkeit zu einer Gruppe ist das Kriterium für die Einschätzung. Diese Zuweisungen mögen in vielen Fällen zutreffend sein, schließlich sind sie in der Regel empirisch ermittelt, keine Empirie aber kann eine tatsächliche Aussage über das Individuum treffen, sie muss sich immer mit Wahrscheinlichkeiten zufrieden geben.

Zweitens festigt die Unterscheidung von Zielgruppen deren Unterschiedlichkeit, statt zu einer Angleichung zu führen. Die Betonung von Differenz führt dazu, dass sie beständig reproduziert wird, da sie den Bezugsrahmen darstellt. Wenn die Besonderheit der Zielgruppe deren Existenzberechtigung ist, kann diese Besonderheit nicht aufgelöst werden, andernfalls würde sich das gesamte Konstrukt der Zielgruppe auflösen. Der Zielgruppenansatz ist auf die Unterscheidbarkeit der Elterngruppen angewiesen und kann daher kein Mittel zur Aufhebung von Ungleichheit sein.

Und drittens werden Stereotypien nicht nur zwischen den Gruppen, sondern gerade auch innerhalb (scheinbar) homogener Gruppen befördert. Die Familien der Zielgruppen müssen sich zu den ihnen zugeschriebenen Merkmalen, Interessen und Bedarfen in Beziehung setzen und können nicht unabhängig von diesen Zuschreibungen bestehen. Es entsteht ein Kreislauf aus Eigenschaften einer sozialen Gruppe und dem Wissen über diese Eigenschaften, der sich verselbstständigt und stereotype Bilder sowohl innerhalb als auch außerhalb der betreffenden Gruppe entstehen lässt. Verstärkend kommt hinzu, dass dort, wo Heterogenität eingeschränkt wird, auch die Rollenvielfalt, die Auswahl an Vorbildern und der Pool an Lösungsstrategien vermindert wird.

3.4   Einseitige Betrachtung von Benachteiligung

Der Zielgruppenansatz richtet seine gesamte Aufmerksamkeit auf die sozial benachteiligten Eltern, eben diejenigen, die zu Zielgruppen gemacht werden. Darüber dürfen jedoch die Eltern, die keiner der Zielgruppen zuzuordnen sind, da sie aus eigenem Antrieb Familienbildung in Anspruch nehmen bzw. bei denen keinerlei Unterstützungs- und Präventionsbedarf gesehen wird, nicht aus den Augen verloren werden. Das Distinktionsverlangen dieser privilegierten Eltern ist wesentlich für die Herstellung und Stabilisierung von Ungleichheitszuständen und darf im Bemühen um die Angleichung von Bildungschancen nicht vernachlässigt werden.

Aus der kompensatorischen Perspektive beschränkt sich der Nachteilsausgleich auf die Beseitigung von Defiziten. Wenn Kinder nicht in der Familie mit den notwendigen Kompetenzen und Ressourcen ausgestattet werden können, muss das durch andere Instanzen ausgeglichen werden, um Chancengleichheit zu gewährleisten. Bei einem relationalen Verständnis von Chancengleichheit aber besteht kein absoluter Nachteil, sondern Benachteiligung ergibt sich aus der Differenz zu einem Anderen, dem Bevorzugten. Für die Herstellung von Chancengleichheit müssen immer beide Seiten berücksichtigt werden: Benachteiligte *und* Bevorzugte. Der Zielgruppenansatz befasst sich aber lediglich mit Ersteren und läuft so Gefahr, privilegierte Eltern zu übersehen, die nicht untätig bleiben, sondern die Chancen für sich und ihre Kinder auf dem Markt der Bildungsangebote zu vergrößern versuchen.

4   Ein Mehr an Chancengleichheit durch Zielgruppenspezifität?

Familienbildung ist ein wichtiges Forschungs- und Handlungsfeld im Zusammenhang mit Chancenungleichheiten. Sie bietet wie keine andere Ebene des Bildungssystems die Möglichkeit, den Familienalltag mit allen seinen Facetten in den Blick zu nehmen und zum Gegenstand von Bildungsangeboten zu machen. Es können innerfamiliale Bildungsprozesse, die wesentlich beteiligt sind an herkunftsbedingten Bildungsungleichheiten, für die pädagogische Praxis zugänglich gemacht werden. Zudem bietet institutionelle Familienbildung – sofern sie sich vom Fürsorgegedanken der Kinder- und Jugendhilfe distanziert – gegenüber anderen Bildungsinstanzen den Vorteil, keine Bewertungen oder Leistungsunterscheidungen vornehmen zu müssen.

Derzeit verfolgen die Institutionen der Familienbildung die Förderung von Chancengleichheit dadurch, Benachteiligten eine besondere Behandlung zukommen zu lassen: Sie als Zielgruppe zu konstruieren, um sie zu werben und an ihre Bedürfnisse und Bedarfe angepasste Angebote vorzuhalten. Diese Strategie hilft dabei, bestehende Nachteile, wie z. B. den erschwerten Zugang zu Bildungsstätten, zu kompensieren und eine breitere Akzeptanz zu schaffen für freiwillig wahrzunehmende Bildungsmöglichkeiten. Zudem ermöglicht es die Thematisierung von Benachteiligung, sowohl in den Organisationen als auch bei den Familien selbst einen Blick dafür zu entwickeln, wie sich gesellschaftliche Ungleichheiten im Privaten auswirken.

Dennoch weist der Zielgruppenansatz, so wie er für die institutionelle Familienbildung vorgeschlagen und umgesetzt wird, einige Blindflecke auf, die bislang zu wenig berücksichtigt werden. Darunter fällt, wie oben beschrieben, die einseitige Betrachtungsweise von Benachteiligung, die allein um Kompensation bemüht ist und die Bevorzugten außer Acht lässt. Die besondere Behandlung bringt es mit sich, zwischen den Bedarfen der verschiedenen Elterngruppen zu differenzieren, und leistet so einem defizitären Blick auf die Zielgruppen Vorschub, der bis hin zu einer vollkommenen Zweiteilung der Adressatinnen in „normale" und „besondere" Eltern führen könnte. Verstärkend wirkt in dieser Hinsicht auch die fehlende Perspektive für eine Familienbildung für *alle* Familien. Die in diesem Beitrag geschilderten Unzulänglichkeiten der Zielgruppenorientierung ergeben sich zum Teil bereits aus der Logik der Separierung, die Differenzen und Stereotypien eher verstärkt als sie aufzuheben. Daher lassen sie sich nicht einfach auflösen, dürfen jedoch nicht vernachlässigt werden, da sie sonst der Angleichung von Bildungschancen entgegenstehen.

Aus der Zielgruppenorientierung ergeben sich verschiedene Handlungsansätze für die beteiligten Ebenen. Aufgabe der Forschung ist es, die neuen Angebotsformen empirisch zu überprüfen und deren jeweilige Wirksamkeit zu belegen. Im Fachdiskurs um institutionelle Familienbildung gilt es, eine Idee von einem Gesamtkonzept zu entwickeln, das den Zielgruppenansatz und die traditionelleren Formen verbindet sowie einen gelingenden Umgang mit Heterogenität ermöglicht, und die Vorstellungen von Aufgaben und Zielen der Familienbildung beständig weiterzuentwickeln. Förderlich für ein inklusives Konzept ist es, wenn die Politik eine einheitliche finanzielle Grundlage für institutionelle Familienbildung schafft, damit die Zweiteilung in eher bildende und eher fürsorgende Angebote aufgehoben wird. Und in den Bildungsinstitutionen ist es notwendig, alle Eltern in die Angebotsplanung und -gestaltung konsequent einzubeziehen.

Literatur

Bauer, U. (2005). *Das Präventionsdilemma. Potenziale schulischer Kompetenzförderung im Spiegel sozialer Polarisierung.* Wiesbaden: VS.

Bauer, U., & Bittlingmeyer, U. H. (2005). Wer profitiert von Elternbildung? *Zeitschrift für Soziologie der Erziehung und Sozialisation, 25*(3), 263–280.

Bird, K., & Hübner, W. (2010). Familien in benachteiligten und von Armut bedrohten oder betroffenen Lebenslagen als Adressaten von Elternbildung und Elternarbeit. Expertise des AWO Bundesverband e. V. Berlin. http://birdund-huebner.de/AWO%20EXPERTISE%20FAMILIE%20+%20ARMUT.pdf. Zugegriffen: 3. Sept. 2013.

Brinkmann, B., & Wittinger, D. (2010). Der Sozialraum „Einkaufszentrum" als pädagogisches Arbeitsfeld: „Wir sind das größte Jugendhaus in Leonberg!". http://www.sozialraum.de/der-sozialraum-einkaufszentrum-als-paedagogisches-arbeitsfeld.php. Zugegriffen: 4. Jan. 2014.

Deutscher Verein für öffentliche und private Fürsorge e. V. (Hrsg.). (2007). Bestandsaufnahme und Empfehlungen des Deutschen Vereins zur Weiterentwicklung der Familienbildung. http://www.familienbildung.de/download/files/empfehlungen_familienbildung_DV_19_06_endg.pdf. Zugegriffen: 15. Juli 2013.

Lösel, F., Schmucker, M., Plankensteiner, B., & Weiss, M. (2006). Bestandsaufnahme und Evaluation von Angeboten im Elternbildungsbereich. Abschlussbericht. http://www.bmfsfj.de/doku/Publikationen/elternbildungsbereich/pdf/abschlussbericht2006.pdf. Zugegriffen: 27. Juli 2013.

Mengel, M. (2007). *Familienbildung mit benachteiligten Adressaten.* Wiesbaden: VS.

Mühling, T., & Smolka, A. (2007). *Wie informieren sich bayerische Eltern über erziehungs- und familienbezogene Themen? Ergebnisse der ifb-Elternbefragung 2006* (Ifb-Materialien 5-2007). Bamberg: ifb.

Oberndorfer, R., & Mengel, M. (2003). Familienbildung heute – präventiv, bedarfsgerecht und niederschwellig. In M. Rupp (Hrsg.), *Niederschwellige Familienbildung* (Ifb-Materialien 1-2003, S. 13–22). Bamberg: ifb.

Pettinger, R., & Rollik, H. (2005). Familienbildung als Angebot der Jugendhilfe. Rechtliche Grundlagen – familiale Problemlagen – Innovationen. Bundesministerium für Familie, Senioren, Frauen und Jugend. http://www.bmfsfj.de/doku/Publikationen/familienbildung/01-Redaktion/PDFAnlagen/gesamtdokument,property=pdf,bereich=familienbildung,sprache=de,rwb=true.pdf. Zugegriffen: 20. Juli 2013.

Rupp, M., Mengel, M., & Smolka, A. (2010). *Handbuch zur Familienbildung im Rahmen der Kinder- und Jugendhilfe in Bayern* (Ifb-Materialien 7-2010). Bamberg: ifb.

Schiersmann, C., Thiel, H.-U., Fuchs, K., & Pfizenmaier, E. (1998). *Innovationen in Einrichtungen der Familienbildung. Eine bundesweite empirische Institutionenanalyse.* Opladen: Leske + Budrich.

Über die Autorin

Grunwald, Winnie, B.A., „Bildung und Erziehung in der Kindheit" an der Fachhochschule Potsdam sowie M.A. Erziehungswissenschaft an der Stiftung Universität Hildesheim, Projektleiterin im Diakonischen Werk Berlin-Brandenburg-schlesische Oberlausitz e.V. für ein Projekt zu religiöser Bildung in evangelischen Kindertagesstätten.

Wo Risiken zusammentreffen: Bildungsbenachteiligung in Einelternfamilien

Sabina Schutter und Anna Schweda-Möller

1 Einleitung

Alleinerziehende, also Mütter oder Väter, die ihre Kinder ohne Partner in Haushalt erziehen, sind heute Teil der gesellschaftlichen Normalität. Inzwischen sind ein Fünftel aller Familien mit minderjährigen Kindern Eineltternfamilien. Diese empirische Entwicklung geht mit einer veränderten Auffassung von Familien einher: Alleinerziehende sind nicht mehr in erster Linie eine gesellschaftlich stigmatisierte Randgruppe sondern gelten in Meinungsumfragen als normale Familienform (für einen Überblick vgl. Peuckert 2015). Die quantitative Zunahme Alleinerziehender und ihre gesellschaftliche Akzeptanz sind ein historisch relativ junges Phänomen: Mit der Bildungsexpansion für Frauen in den 1970er Jahren ging ein Anstieg der Frauen-Erwerbstätigkeit einher, der unter anderem zu einer größeren wirtschaftlichen Unabhängigkeit von Frauen und Müttern geführt hat. Diese wirtschaftliche Unabhängigkeit hat es Frauen ermöglicht, sich gegen die Absicherung einer Ehe zu entscheiden – auch mit Kind. Diese, aus heutiger Perspektive kaum überraschende Lage hat sich erst durch die Reform des Scheidungsrechts von 1977 auch rechtlich manifestiert: Indem die schuldhafte Scheidung abgeschafft und das Zerrüttungsprinzip eingeführt wurde, ergab sich nicht zuletzt ein geändertes Unterhaltsrecht. Dieses ermöglichte es auch nicht erwerbstätigen

S. Schutter (✉)
Hochschule Rosenheim, Müldorf a. Inn, Deutschland
E-Mail: Sabina.schutter@fh-rosenheim.de

A. Schweda-Möller
Deutsches Jugendinstitut e. V. München, München, Deutschland
E-Mail: schweda@dji.de

© Springer Fachmedien Wiesbaden GmbH 2017
M.S. Baader und T. Freytag (Hrsg.), *Bildung und Ungleichheit in Deutschland*, DOI 10.1007/978-3-658-14999-4_8

Müttern eigeninitiativ eine Ehe zu beenden, ohne ihre Unterhaltsansprüche zu verlieren. Nicht zuletzt haben geänderte Einstellungen unter dem Stichwort Entkoppelung von Ehe und Elternschaft zu einer Zunahme von Geburten bei nicht miteinander verheirateten Paaren geführt, deren Trennungswahrscheinlichkeit gegenüber Ehepaaren erhöht ist. Alleinerziehende und ihre inzwischen weitgehende gesellschaftliche Akzeptanz können damit also als Ergebnis der Pluralisierung von Familienformen und weiterentwickelter Geschlechterverhältnisse gelten. „So schaffe ich es allein" hieß der in den 1970er Jahren vom Verband alleinerziehender Mütter herausgegebene Ratgeber, und dieses „allein schaffen" konnte als Merkmal weiblicher bzw. mütterlicher Unabhängigkeit gelten.

Diesen optimistischen Befunden steht gegenüber, dass Alleinerziehende in der Gruppe der von Armut betroffenen Bevölkerung überrepräsentiert sind – Tendenz steigend. Diese materielle Armut geht mit einer gegenüber Müttern mit Partner finanziellen Benachteiligung alleinerziehender Mütter einher und nicht zuletzt mit einer geringeren Erwerbsteilhabe alleinerziehender Mütter mit kleinen Kindern (vgl. Schutter 2015). Von diesen sozialstrukturellen Benachteiligungen Alleinerziehender sind auch deren Kinder betroffen. Grabka und Frick (2010) weisen nach, dass Kinder von Alleinerziehenden im Vergleich zu Kindern in Paarfamilien doppelt so lange in Armut leben. Der Zusammenhang von materieller Armut und Bildungsarmut kann in Deutschland keineswegs als Neuigkeit gelten. Die Auswirkung dieser Armutslagen auf die Bildungsungleichheit soll im Folgenden auf zwei Ebenen beleuchtet werden: Erstens hängt die Bildungsbenachteiligung mit dem Zusammentreffen mehrerer sozialstruktureller Risikolagen zusammen, die sich bei Alleinerziehenden häufen. Zweitens kann nachgewiesen werden, dass dieses Zusammentreffen von Risikolagen durch die institutionellen Verfahren und Praxen im Bildungssystem noch verschärft werden und dass ihnen auch nicht entgegengewirkt wird.

2   Alleinerziehende: Sozialstruktur und Sozialpolitik

2.1   Anteile und Entwicklung

Mit einem Anteil von ca. 20 % an allen Familien mit minderjährigen Kindern und etwa 1,6 Mio. sind Alleinerziehende die einzige Familienform in Deutschland, die sich nicht rückläufig entwickelt – im Gegenteil, seit 1996 ist der Anteil von 14 % um 6 % angestiegen (Mikrozensus 2015). Etwa 2,2 Mio. Kinder leben in

Einelternfamilien. Dies deutet darauf hin, dass die meisten Alleinerziehenden ein Kind erziehen (fast 60 %) – zwei (31 %) und mehr Kinder (9 %) finden sich zu geringeren Anteilen.

Von den alleinerziehenden Müttern sind knapp 40 % geschieden, weitere 31 % sind ledig. Deutlich geringer ist der Anteil der ledigen alleinerziehenden Väter (15 %), 44 % sind geschieden und mit 22 % ist mehr als ein Fünftel der alleinerziehenden Väter verwitwet (Mikrozensus 2015). Alleinerziehende sind zu überwiegenden Anteilen 35 Jahre oder älter (vgl. Peuckert 2015). Gut 30 % der Alleinerziehenden betreuen ein Kind, das noch nicht in die Grundschule geht (Lenze 2014). Die Zusammensetzung der Alleinerziehenden zeigt, dass ein erheblicher Anteil der Kinder einen Unterhaltsanspruch gegenüber dem nicht im Haushalt lebenden Elternteil hat. Der hohe Anteil geschiedener Alleinerziehender verweist auf eine im Zeitvergleich geringere Ehestabilität.

2.2 Bildung und Erwerbstätigkeit

Das Bildungsniveau alleinerziehender Mütter ist gegenüber dem von Müttern in Paarbeziehung etwas geringer, etwa 25 % haben das geringste Bildungsniveau nach ISCED gegenüber 17 % der Mütter in Partnerschaften. Prekärer stellt sich die Situation junger alleinerziehender Mütter dar, die keine Berufsausbildung abgeschlossen haben. Ihnen gelingt der Einstieg in eine Existenz sichernde Erwerbstätigkeit nur schwer, gleichzeitig ist die finanzielle Situation zum Abschluss der Ausbildung ebenfalls meist nicht gesichert. Von den nicht erwerbstätigen alleinerziehenden Müttern, die keine Arbeit suchen, verfügen entsprechend 70 % über das unterste Bildungsniveau (vgl. Jaehrling et al. 2014).

Dass Bildung und eine Erwerbsbiografie mit möglichst geringen Unterbrechungen vor Armut schützt, stellt einen verbreiteten Wissensbestand dar (vgl. Kull und Riedmüller 2007). Jedoch unterbrechen Mütter nach wie vor ihre Erwerbstätigkeit bei Geburt eines Kindes, um dann zumindest einige Jahre in Teilzeit zu arbeiten. Die dadurch erworbenen Erwerbsnachteile können bei einer Trennung oder Scheidung – insbesondere durch das 2008 geänderte Unterhaltsrecht – kaum noch finanziell abgefedert werden. Die steuer- und sozialrechtlichen Hürden für die Existenzsicherung von Alleinerziehenden hat Lenze (2014) umfassend beschrieben. Ein im Vergleich zum Splittingvorteil für Ehepaare geringer Haushaltsfreibetrag sowie ungünstige Wechselwirkungen von Unterhalts- und Sozialleistungen führen dazu, dass Alleinerziehende auch bei Erwerbstätigkeit meist über geringere Einkommen verfügen. Die Zunahme atypischer Beschäftigungsverhältnisse bringt mit sich, dass 8 % der Alleinerziehenden trotz eigener

Erwerbstätigkeit ihr Einkommen überwiegend aus sozialen Transferleistungen beziehen (vgl. Keller und Haustein 2014).

Mit einem Anteil von 40 % der Alleinerziehenden, die Leistungen nach dem SGB II beziehen, stellen diese eine der größten Gruppen bei der Inanspruchnahme von Transferleistungen dar. Trotz hoher Erwerbsmotivation gelingt es also vielen Alleinerziehenden nicht, den Unterhalt der Familie durch Erwerbstätigkeit zu sichern (vgl. Achatz et al. 2013). Hinzu kommt, dass etwa 50 % der Kinder von Alleinerziehenden keinen oder unzureichenden Unterhalt durch den getrennt lebenden Elternteil beziehen (vgl. Hartmann 2014). Die Gründe hierfür können sowohl in der mangelnden Leistungsfähigkeit oder auch in der mangelnden Durchsetzung von Unterhaltsansprüchen liegen. Etwa 500.000 Kinder beziehen pro Jahr Leistungen nach dem Unterhaltsvorschussgesetz. Der Unterhaltsvorschuss ist auf 72 Monate bzw. bis zum vollendeten 12. Lebensjahr begrenzt. Endet die Leistung, muss bei ausbleibendem Unterhalt Sozialgeld nach SGB II beantragt werden.

Sozialstrukturelle Risiken kumulieren in einer Weise, dass ein höherer Anteil Alleinerziehender über ein geringeres Bildungsniveau verfügt und Trennungen in belasteten Lebenslagen wahrscheinlicher macht. Die Benachteiligung von Familien in prekären Lebenslagen und das daraus resultierende Trennungsrisiko kann damit als ein Beleg für die Abhängigkeit von Familien und gelingendem Familienleben von strukturellen Rahmenbedingungen bzw. für die strukturelle Rücksichtslosigkeit insbesondere gegenüber belasteten Familien (vgl. Jaehrling et al. 2014).

2.3   Sozialpolitische Faktoren

Sozialpolitisch sind Alleinerziehende längst als Zielgruppe identifiziert. Die hohen Anteile im Bezug von Leistungen nach dem SGB II und die stabilen Zahlen von Kindern, die Leistungen nach dem Unterhaltsvorschussgesetz beziehen sind sozialpolitisch nicht zu ignorieren. Die grundlegende, aus dem Subsidiaritätsprinzip abgeleitete Vorstellung, dass Alleinerziehende nach einer Trennung den eigenen Lebensunterhalt durch Erwerbstätigkeit sichern und der ihrer Kinder durch Unterhaltsleistungen des nicht betreuenden Elternteils abgedeckt wird, ist attraktiv, entspricht jedoch vielfach nicht der Lebensrealität von Einelternfamilien.

Hartmann (2014) bildet anhand des sozioökonomischen Panels ab, dass etwa die Hälfte aller unterhaltsberechtigten Kinder keinen oder unzureichenden Unterhalt bezieht. Ein kleinerer Teil von ihnen kann auf den Unterhaltsvorschuss zurückgreifen, der jedoch auf 72 Monate beziehungsweise bis zum 12. Lebensjahr des Kindes begrenzt ist. Für 2014 weist die Statistik der Arbeitsagentur in Alleinerziehenden-Bedarfsgemeinschaften mehr als 800.000 nichterwerbsfähige Hilfebedürftige aus. Es kann davon ausgegangen werden, dass der Großteil dieser Gruppe Kinder unter 15 Jahren sind (Statistik der BA, eigene Berechnungen).

Um Kinderarmut zu bekämpfen wurden daher zwei sozialpolitische Leistungen etabliert: der Kinderzuschlag und das Bildungs- und Teilhabepaket. Während von letzterem die Kinder durch den Bezug von SGB-II-Leistungen profitieren, handelt es sich doch um den ihnen vom Bundesverfassungsgericht zugestandenen Teil des Existenzminimums, der die soziokulturelle Teilhabe sichern soll, bezieht nur ein kleiner Teil der Kinder von Alleinerziehenden den Kinderzuschlag. Das beim Kinderzuschlag in Paarhaushalten anzurechnenden Einkommen wird als Erwerbseinkommen behandelt. Bei Kindern, die Unterhalt beziehen, erfolgt die Anrechnung als Einkommen des Kindes.

Die Kritik am Bildungs- und Teilhabepaket ist vor allem auf die potenzielle Stigmatisierung der beziehenden Kinder und die Zweckgebundenheit der Leistung bezogen (vgl. z. B. Ahner 2013). Es bleibt offen, ob diese Leistung zum Abbau von Bildungsnachteilen beiträgt.

2.4   Leistungen der Kinder- und Jugendhilfe

Daneben hat der Bezug von SGB-II-Leistungen auch Folgen für die Stabilität der Familien. Alleinerziehende bilden eine der größten Gruppen der Fälle in den Hilfen zur Erziehung (HzE) und sie sind auch die Gruppe, bei denen am stärksten interveniert wird. Die Kinder- und Jugendhilfestatistik (vgl. Rauschenbach et al. 2009) zeigt, dass Alleinerziehende 34 % der Erziehungsberatungsfälle ausmachen. Sie sind damit allein in dieser Hilfeform überrepräsentiert.

Alleinerziehende haben zudem eine fünfmal so hohe Wahrscheinlichkeit, eine HzE in Anspruch zu nehmen, bei der das Kind in einer Pflegefamilie, einer Wohngruppe oder einem Heim untergebracht wird, sogenannte Fremdunterbringungen. Es deutet sich das Muster an, dass Familien unterstützende Hilfen eher bei zusammenlebenden Eltern erbracht werden, Familien ersetzende hingegen bei Alleinerziehenden. Wird dies mit dem Transferleistungsbezug in Zusammenhang gesetzt, zeigt sich, dass fast 60 % der Familien, die eine HzE in Anspruch nehmen, Transferleistungen beziehen. In der Erziehungsberatung liegt der Anteil bei 17 %, in der Vollzeitpflege bei 73 %. Bei Alleinerziehenden schwankt der Wert derer, die eine HzE in Anspruch nehmen und Transferleistungen beziehen zwischen 58 % und 78 %. Das heißt, fast zwei Drittel bis drei Viertel der Alleinerziehenden, die

Hilfen zur Erziehung in Anspruch nehmen, beziehen auch Transferleistungen (vgl. Rauschenbach et al. 2009).

Die erhöhten Armutsrisiken in Eineltternfamilien treffen also mit den erhöhten Risiken intervenierender Hilfen bis hin zu Verdachtsfällen auf Kindeswohlgefährdung nach §8a SGB VIII zusammen (vgl. Schutter 2015). Der Kinder- und Jugendhilfe wird mit Blick auf die Familien ersetzenden Hilfen eine Mittelschichtorientierung zugeschrieben. Das heißt, Familien, die eher der Mittelschichtnorm entsprechen, werden tendenziell als fähiger angesehen, Erziehungsprobleme durch ambulante Hilfen zu bewältigen. Hier treffen Negativerwartungen mit Voraussetzungen zusammen, die ohnehin eine HzE wahrscheinlicher machen.

Dies soll für die hier formulierten Überlegungen vor allem aus der Perspektive der Bildungsungleichheit problematisiert werden: Unabhängig vom tatsächlich bestehenden Hilfebedarf, der in Alleinerziehenden-Haushalten durchaus auftreten kann und auch denkbar ist, handelt es sich vor allem auch um ein Zusammenwirken sozialstruktureller Ungleichheiten, die sich ihrerseits als empirisch abbildbare Risiken für den Bildungserfolg darstellen.

Darauf soll der folgende Abschnitt eingehen.

3 Mythos Meritokratie I: Sozialstrukturelle Faktoren für Bildungsbenachteilung

Ich habe vor auch diese Musikschule, das kann ich mir selber nie leisten so was. Und dadurch krieg ich auch Hilfen. Also solche für die Kinder sind sehr wichtig auch. […] So wie die normalen Familien, die können sich viele Sachen leisten. Und ich denke, wenn unsere Kinder hinten bleiben, wenn ich nicht kann für meine Kinder so viel leisten, dann wir bleiben immer hinten. Hinter die andere (Burschel und Königsbeck 2014, S. 97).

Die hier zitierte Mutter nimmt an einem Projekt teil, das die Leistungen der Arbeitsmarktintegration und der Kinder- und Jugendhilfe zusammenführt und zusätzliche Unterstützung für die Kinder anbietet. Das Projekt wurde durch das Deutsche Jugendinstitut evaluiert (vgl. Burschel und Königsbeck 2014). Neben der Wertschätzung der Leistungen des Projekts steht für die Befragte auch die Frage im Mittelpunkt, welche Zusatzleistungen sie erbringen muss oder müsste, um den Anschluss an die aus ihrer Sicht „normalen Familien" nicht zu verpassen. Mit der Formulierung „Hinter die andere" und der Zuschreibung ihrer eigenen Verantwortung für die Leistung ihrer Kinder wird latent deutlich, dass die Befragte das öffentliche Bildungssystem nicht als gerecht und nur an der Leistung ihrer Kinder orientiert erlebt. Im Gegenteil, es sind die „Sachen" notwendig, die

die anderen Familien aus ihren privaten Einkommen finanzieren. Mit diesem Zitat trifft die Mutter den Kern eines wesentlichen Kritikpunkts am deutschen Bildungssystem und bestätigt die Bildungsforschung, die nicht erst seit den Ergebnissen der Pisa-Studien den „Mythos Meritokratie" belegt (Solga 2009). Wenn Meritokratie bedeutet, dass Bildungserfolge bzw. Erfolg generell nur von einer quasi-objektiven Bewertung von Leistungen abhängt, so würden eine Selektion im Bildungswesen bzw. generell Ungleichheiten bei *gleicher* Leistung belegen, dass das Meritokratie-Prinzip nicht gilt. Dies lässt sich am Beispiel Geschlecht an der ungleichen Bezahlung von männlichen und weiblichen ArbeitnehmerInnen darstellen. Wenn Frauen und Männer für die gleiche Arbeit bei gleicher Qualifikation und vergleichbarer Position unterschiedliche Gehälter beziehen, so handelt es sich um eine geschlechtsspezifische Ungleichbehandlung. Das Meritokratie-Prinzip wird durch das Merkmal Geschlecht ausgehebelt.

Für Kinder aus von Armut betroffenen Familien würde dies bedeuten, dass ungleiche Bildungserfolge bei gleicher Leistung einen Hinweis auf eine Ungleichbehandlung geben. In der Bildungsforschung wird in diesem Zusammenhang von Bildungsrisiken gesprochen, also Risiken, die sich negativ auf den Bildungserfolg auswirken. Der nationale Bildungsbericht (vgl. Autorengruppe Bildungsberichterstattung 2014, S. 23 f.) bildet drei Risikolagen ab: Ein soziales Risiko besteht demnach, wenn nicht mindestens ein Elternteil im Haushalt erwerbstätig ist, ein Risiko des bildungsfernen Elternhauses, wenn nicht mindestens ein Elternteil eine abgeschlossene Berufsausbildung oder die allgemeine Hochschulreife erworben hat und ein finanzielles Risiko wird angenommen, wenn das Haushaltseinkommen unterhalb von 60 % des Durchschnittsäquivalenzeinkommens liegt. Der Bildungsbericht spricht für Deutschland von einem besonders engen „Zusammenhang zwischen familiären Lebensverhältnissen, Bildungsbeteiligung und Kompetenzerwerb" (Autorengruppe Bildungsberichterstattung 2014, S. 23) mit Blick auf diese drei Risikolagen. Wenn Familien also in bestimmten Risikolagen überrepräsentiert sind, so sind die Kinder von Bildungsnachteilen betroffen. Es ist höchst bedeutsam, aus gesellschaftlichen Ungleichheiten resultierende Risikolagen in Familien für die jeweiligen Kinder nicht mit einer individuellen Risikozuschreibung zu verwechseln. Wenn im Folgenden davon gesprochen wird, dass Kinder von familiären Risikolagen betroffen sind, heißt das nicht, dass die Familien für Bildungsnachteile verantwortlich sind. Die Sicherung von Bildung und Teilhabe wird als gesamtgesellschaftliche Aufgabe verstanden. Es muss also im Folgenden die Perspektive der innerfamiliären Fortsetzung von bestehenden Ungleichheiten gewählt werden. Zudem ist davon auszugehen, dass spezifische soziale Merkmale eigenständige Effekte auf die institutionelle Bildungsbenachteiligung entfalten, worauf im Abschn. 4 eingegangen wird.

Dabei lässt sich zeigen, dass die Risikolagen sich teilweise überlappen. So sind im Jahr 2012 3,4 % aller Minderjährigen von allen drei Risikolagen betroffen. Für 7,7 % gilt, dass ihr Haushaltseinkommen unterhalb der Armutsrisikogrenze liegt und die Eltern als „bildungsfern" gelten können sowie in 7,6 % der Fälle sind die Eltern arbeitslos und kein Elternteil verfügt über eine abgeschlossene Ausbildung bzw. Abitur. Immerhin fast ein Fünftel der Unter-18-Jährigen lebt in einer finanziellen Risikolage (vgl. Autorengruppe Bildungsberichterstattung 2014).

Die Anteile der Kinder und Jugendlichen unter 18 Jahren, die von diesen Risikolagen betroffen sind, häufen sich, wenn nach Familienformen differenziert wird. Dies wird in Abb. 1 veranschaulicht.

Dass die Kinder in Alleinerziehenden-Haushalten gegenüber den Haushalten mit zwei Erwachsenen rein rechnerisch im Nachteil sind, ist nachvollziehbar. Wenn ein Elternteil im Alleinerziehenden Haushalt ein Risikomerkmal aufweist, betrifft dies automatisch alle Elternteile in diesem Haushalt. Gleichwohl zeigen sich Häufungen, die deutlich über eine annehmbare Verteilung hinausgehen: So sind 32,1 % der Kinder von der Nichterwerbstätigkeit des Elternteils betroffen, während es in Paarhaushalten 4,6 % sind. Mit 40,8 % derer, deren Haushaltseinkommen unter der Armutsrisikogrenze liegt (Paarhaushalte 14,2 %) und 23,9 %

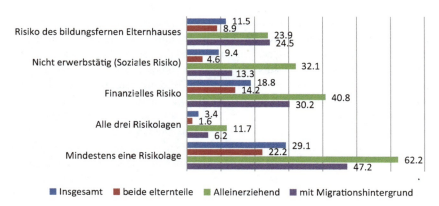

Abb. 1 Kinder im Alter von unter 18 Jahren 2012 nach Risikolagen* in der Familienform für ausgewählte Familienformen und Kinder mit Migrationshintergrund (in %). (Quelle: Autorengruppe Bildungsberichterstattung 2014, Statistische Ämter des Bundes und der Länder, Mikrozensus 2012)

derer, die in bildungsfernen Alleinerziehenden-Haushalten aufwachsen (Paar-haushalte 8,9 %) ist insgesamt abbildbar, dass mit 62,2 % mehr als die Hälfte der Minderjährigen in Alleinerziehenden-Haushalten von mindestens einer Risi-kolage betroffen sind (Paarhaushalte 22,2 %). Von allen drei Risikolagen sind in Paarhaushalten 1,6 % der Kinder betroffen, in Alleinerziehenden-Haushalten sind es mit 11,7 % siebenmal so viele.

Bei dieser Analyse handelt es sich zunächst nur um Risiken, deren Eintreffen bzw. deren Konsequenz für die Bildungsteilhabe der Kinder noch nicht abgebildet wird. Daten der NEPS-Studie zeigen an, dass schon in der 5. Klasse Kinder mit einem niedrigen sozioökonomischen Status deutlich benachteiligt sind. Von ihnen besuchen 34 % eine Hauptschule, während von den Kindern mit hohem sozioökonomischen Status nur 7 % auf die Hauptschule gehen. Werden die oben stehenden Risikolagen auf die Gruppe der 12–17-Jährigen bezogen, zeigt sich die Verteilung in Abb. 2.

Von denjenigen, in deren Familien alle drei Risikolagen zusammentreffen, gehen nur 6 % auf das Gymnasium, während es bei denen ohne Risikolage 42 % sind. Schon bei den SchülerInnen mit nur einer Risikolage sinkt der Anteil derer, die auf dem Gymnasium sind auf 20 %. Davon ausgehend, dass über 60 % der Kinder in Einelternfamilien von mindestens einer Risikolage betroffen sind, zeichnen sich die faktischen Ungleichheiten mit Blick auf die Bildungsteilhabe bereits ab (vgl. Autorengruppe Bildungsberichterstattung 2014, S. 76).

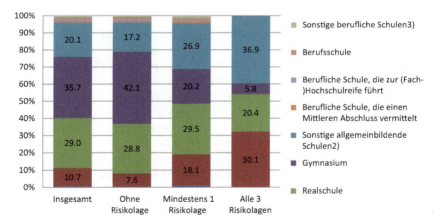

Abb. 2 Schülerinnen und Schüler im Alter von 12 bis unter 17 Jahren in Schulbildung nach besuchter Schulart und Risikolagen 2012 (in %). (Quelle: Autorengruppe Bildungs-berichterstattung 2014, Statistische Ämter des Bundes und der Länder, Mikrozensus 2012)

4   Mythos Meritokratie II: Benachteiligungen im Bildungssystem

Neben den dargestellten Daten zur schulformbezogenen Bildungsbenachteiligung ist nach dem Einfluss der Familienkonstellation auf den schulischen Kompetenzerwerb zu fragen. Brake (2008, S. 99 f.) resümiert nach der Durchsicht zentraler Forschungsergebnisse, dass Kinder, die bei allein erziehenden Müttern oder Vätern aufwachsen *nicht* zu schlechteren Schulleistungen gelangen.

Daher stellt sich die Frage, ob die über die soziale Herkunft vermittelten Bildungsnachteile mit Bedingungen des Bildungssystems korrespondieren, die diese Ungleichheiten noch weiter verschärfen. Im Rahmen einer Studie zur Prozessierung von Bildungsentscheidungen am Übergang vom Kindergarten in die Grundschule kommt Schweda (2014, 2016) zu dem Ergebnis, dass sich Bildungsentscheidungen nicht in erster Linie auf individuell zuschreibbare Faktoren bei den Kindern zurückführen lassen, sondern auf organisationalen und institutionellen Strukturbedingungen, Unterscheidungen und Normvorstellungen basieren und mit Etikettierungsprozessen einhergehen. In der Studie wurde allerdings nicht zwischen unterschiedlichen Familienkonstellationen unterschieden.

Längsschnittliche Untersuchungen in denen individuelle, familiale und schulische Erklärungsfaktoren gleichermaßen einbezogen werden, fehlen in Deutschland weitestgehend, was u. a. durch die Trennung von Familien- und Schulforschung bedingt ist (vgl. Ditton 2011, S. 260). Trotz schwer zu überschauender Fülle von Veröffentlichungen zum Thema Alleinerziehende/Ein-Eltern-Familien wird dieses Thema in der Bildungs- und Schulforschung bislang größtenteils vernachlässigt. In welcher Weise (früh-)kindliche Bildungsinstitutionen mit dem Thema umgehen, wurde bisher kaum beleuchtet (vgl. Horstkemper 2014). Der Schwerpunkt der Forschung zu Alleinerziehenden liegt bei familien- und sozialpolitischen Fragestellungen (vgl. Jurczyk und Klinkhardt 2014).

Eine der wenigen Ausnahmen bildet eine Teilstudie der 3. JAKO-O-Bildungsstudie. Darin wird untersucht, wie alleinerziehende Eltern das Bildungssystem und die Schule wahrnehmen, ob sie sich hinreichend unterstützt sehen oder im Vergleich zu anderen Familienformen unzufriedener sind und die Kommunikation mit den Lehrkräften als weniger positiv bewerten. Wenngleich hier nicht die konkrete schulische Praxis, d. h. der Umgang der Lehrkräfte mit Kindern von Alleinerziehenden untersucht wird, so liefert die Studie wichtige Hinweise hinsichtlich der Ursachen von Bildungsbenachteiligung von Kindern aus Ein-Eltern-Familien.

Gezeigt wird, dass 58 % der Alleinerziehenden Gerechtigkeit bei Bildungschancen als nicht gegeben ansehen (im Vergleich zu 43 % bei Nicht-Alleinerziehenden) (vgl. Horstkemper 2014, S. 155). Bezogen auf die Bildungsaspirationen für die eigenen Kinder zeigen sich nur geringfügige Unterschiede. Nicht-Alleinerziehende streben etwas stärker das Abitur für ihre Kinder an, während die Hälfte der Alleinerziehenden mit einem Hauptschulabschluss (8 %) und einem Realschulabschluss (42 %) zufrieden wäre (vgl. Horstkemper 2014, S. 156). Andere Studien kommen dagegen zu dem Ergebnis, dass insbesondere alleinerziehende Mütter hohe Bildungsaspirationen für sich und für ihre Kinder haben (vgl. BMFSFJ 2011). Die unterschiedlichen Ergebnisse können auf unterschiedliche Entstehungszusammenhänge des Alleinerziehens sowie unterschiedliche Zusammensetzungen der Stichproben zurückzuführen sein und verweisen auf die Notwendigkeit weiterer Studien.

Während es zwischen Alleinerziehenden und Nicht-Alleinerziehenden kaum Unterschiede in der Wahrnehmung der Lehr-, Lern- und Erziehungssituation in der Schule gibt – etwa 70 % der Eltern(teile) beider Familienformen halten ihr Kind für „gerade richtig gefordert" – unterscheidet sich die Einschätzung hinsichtlich der Schulfreude ihrer Kinder im wesentlich stärkeren Maße. 69 % der Alleinerziehenden geben an, ihr Kind gehe gerne zur Schule, während es bei den Paar-Familien 89 % sind (vgl. BMFSFJ 2011, S. 158).

Angesichts dieses Ergebnisses stellt sich die Frage, ob Stigmatisierungserfahrungen von Kindern von Alleinerziehenden – im schulischen Kontext – für diese Einschätzung eine Rolle spielen, da sich beim Passungsverhältnis zwischen schulischen Anforderungen und Leistungsvermögen der Kinder zwischen den beiden familiären Konstellationen nur sehr geringfügige Unterschiede in der elterlichen Einschätzung zeigen. In seiner Studie „Auswirkungen von Alleinerziehung auf Kinder in prekärer Lage" mit 1053 Kindern im Alter von 6–13 Jahren konstatiert Ziegler (2011), kindliches Wohlbefinden sei in erster Linie stark von der sozio-ökonomischen Lage der Familie abhängig, weniger vom Status „Alleinerziehung". Dennoch werden Kinder von Alleinerziehenden, wenn sie unterprivilegiert sind, am häufigsten ausgegrenzt.

Angesichts der bisher referierten Ergebnisse ist zu fragen, ob das Modell der Ganztagsschule in der Lage ist, den spezifischen Bedürfnissen und Einstellungen von Alleinerziehenden und deren Kindern Rechnung zu tragen. Die Ganztagsschule wird als zeitgemäße Antwort auf die gestiegene Frauenerwerbsquote, die Forderung und den Wunsch nach einer verbesserten Vereinbarkeit von Beruf und Familie und als Ansatz gegen die Reproduktion sozialer Ungleichheit im Bildungssystem diskutiert (vgl. Richter 2014, S. 214).

Unabhängig vom gelebten Familienmodell wünschen sich mittlerweile die meisten Eltern für ihr Kind eine Ganztagsschule (vgl. Tillmann 2012, S. 36). Am größten ist dieser Wunsch bei Familien, in denen beide Eltern voll berufstätig sind (85 %) und bei Alleinerziehenden (77 %). Unter den Alleinerziehenden, die in Vollzeit berufstätig sind, wünschen sich 82 % eine Ganztagsschule für ihr Kind.

Die Kluft zwischen Wunsch und Wirklichkeit klafft für alle Familien weit auseinander, nur knapp die Hälfte der Alleinerziehenden kann den Wunsch nach einer Ganztagsschule für ihre Kinder realisieren (vgl. Horstkemper 2014, S. 161 f.). Interessant ist, dass die Alleinerziehenden selbst dann nicht an der Spitze derjenigen stehen, die sich Ganztagsschulen wünschen, wenn sie in Vollzeit berufstätig sind. Als mögliche Erklärung führt Horstkemper Daten dazu an, dass Alleinerziehende hohen Verbesserungsbedarf an Ganztagsschulen sehen. Insbesondere in den Kategorien „Qualität außerunterrichtlicher Angebote", „Verknüpfung Unterricht/außerunterrichtliche Angebote und „Hausaufgabenbetreuung" wird Veränderungsbedarf thematisiert. Alleinerziehende erweisen sich dabei als kritischer als Paarfamilien. Dies könnten Hinweise dafür sein, warum Ganztagsschulen von Alleinerziehenden, selbst wenn diese voll berufstätig sind, weniger gewünscht werden als von Paarfamilien, in denen beide in Vollzeit beschäftigt sind. Offenbar schafft es die Ganztagsschule bislang nicht, Angebote und Beteiligungsformen zu schaffen, die darauf ausgerichtet sind, dass Alleinerziehende einerseits mit zeitlichen Einschränkungen zu tun haben, aber gleichzeitig hohe Bereitschaft mitbringen, ihr Kind beim Lernen zu unterstützen und sich bei Klassen- und Schulaktivitäten zu engagieren (vgl. Graßhoff et al. 2013, S. 317 ff.). Zudem gibt es Hinweise darauf, dass es Eltern in sozial benachteiligten Lebenslagen – insbesondere an informellen Gelegenheiten fehlt, stärker am Bildungssystem zu partizipieren, z. B. über Feste oder andere gemeinsame Aktivitäten. Dabei sei vor allem wichtig, dass den Eltern in der Schule auf Augenhöhe begegnet werde, weil die fehlende Anerkennung sonst zu Diskriminierungserfahrungen und zum Rückzug der Eltern(teile) führt (vgl. Graßhoff et al. 2013, S. 325 f.).

Befunde aus der internationalen Forschung zeigen, dass Bildungsentscheidungen Alleinerziehender vielmehr von vielfältigen Einschränkungen beeinflusst sind als von den real verfügbaren Möglichkeiten (vgl. Standing 1997). „[School] choices then are the product of a particular context and of constraints, which sometimes means the preferred choice is not available" (Standing 1997, S. 86).

Für Alleinerziehende mit zeitlich und finanziell eingeschränkten Ressourcen bedeutet dies insgesamt, dass diese sowohl bei der Schulwahlentscheidung als auch bei „everyday decisions about schooling" (Standing 1997) weniger Selektionsmöglichkeiten haben als Paarfamilien.

Wie sich aber konkrete familiale Alltagspraxen auf die Bildungschancen von Kindern in Ein-Eltern-Familien auswirken und wie umgekehrt institutionelle Mechanismen und strukturelle Faktoren (ungleiche) Bildungsentscheidungen beeinflussen, darüber gibt es bislang so gut wie keine Erkenntnisse. Schulwahlentscheidungen und andere Bildungsentscheidungen als dynamische und interaktive Prozesse zwischen Schülerbiografie, Familie und Schulen zu fassen, – ist und bleibt weiterhin eine empirische Herausforderung (vgl. Thiersch 2014, S. 55).

5 Zusammentreffen von Benachteiligungen: Zusammenfassung und Perspektiven

Zusammenfassend lässt sich zeigen, dass die Situation der Kinder von Alleinerziehenden mit Blick auf Bildung deutliche Benachteiligungen aufweist, die sich durch das Zusammentreffen von Risikokonstellationen, sozial- und familienpolitischen Defiziten und einer zumindest anzunehmenden Diskriminierung in Bildungsinstitutionen auszeichnet. Kurz: Eine von vorneherein schlechtere Ausgangsposition wird durch die Schule nicht ausgeglichen sondern wenn, dann eher noch verstärkt.

Die Ausgangssituation von Einelternfamilien zeichnet sich zum einen durch ihr im Vergleich zu verheirateten Müttern geringeres Bildungsniveau und ihre schlechtere Position auf dem Arbeitsmarkt aus. Zwar sind Alleinerziehende zu hohen Anteilen beschäftigt, jedoch arbeiten viele in prekären Beschäftigungsverhältnissen und erwirtschaften kein Existenz sicherndes Einkommen. Das höhere Armutsrisiko bzw. die höhere Armutsbetroffenheit, Arbeitslosigkeit und so genannte Bildungsferne kumulieren in sogenannten Bildungsrisiken für Kinder und bewirken eine sozialstrukturell schlechtere Ausgangslage. Familien- und Sozialpolitik federn diese Ungleichheiten nicht ab, teilweise wirken sie durch ihre Ehe- und Erwerbszentrierung sowie Friktionen der unterschiedlichen Sozialleistungen verschärfend (vgl. Lenze 2014). Die Dramatik dieser Situation bildet sich empirisch unter anderem in geringeren Übergangsquoten auf das Gymnasium ab. Die Übergangswahrscheinlichkeit auf das Gymnasium liegt im Status quo für Kinder von Alleinerziehenden bei 36 %. Laut einer Studie zu den gesamtwirtschaftlichen Effekten einer Ganztagsbetreuung von Kindern von Alleinerziehenden, stiege sie auf 62 %, wenn alle Kinder von Alleinerziehenden in den Genuss einer Ganztagsbetreuung kämen (vgl. IW Köln 2012). Hier steht die Bildungspolitik noch vor großen Herausforderungen.

Das heißt, die amtliche Bildungsberichterstattung zeigt schon die durch soziale Kriterien bestimmte Benachteiligung von Kindern nach ihrer Herkunft auf. Diese Perspektive birgt allerdings die Schattenseite der Reifizierung defizitärer Sichtweisen. Auch der wiederholte Hinweis auf strukturelle und politische Ursachen der sozio-ökonomisch schlechteren Position Alleinerziehender schützt kaum vor der vorschnellen Ursache-Wirkungs-These, Alleinerziehende seien eben schlechter gebildet und ärmer und ihre Kinder daher weniger erfolgreich in der Schule. Gestützt werden solche Perspektiven durch politische Diskurse zur Vorstellungen „guter Elternschaft", die Alleinerziehende als defizitäre Eltern konstruieren (vgl. Bischoff und Betz 2015). Solche verkürzten Zuschreibungen können nur durchbrochen werden, wenn institutionelle Prozesse mit in den Blick genommen werden. Denn es deutet sich trotz der insgesamt noch mangelnden Befundlage an, dass Stigmatisierungserfahrungen bei Kindern in sozial benachteiligten Ein-Eltern-Familien eine nicht zu unterschätzende Rolle spielen und zum Einen Einfluss auf die Einstellungen zur Schule von alleinerziehenden Eltern und deren Kindern haben und zum Anderen nicht unerhebliche Auswirkungen auf die Bildungschancen von Kindern in Ein-Eltern-Familien haben.

Erst in Kombination mit qualitativen Studien sind Aufschlüsse über die Existenz bestimmter institutioneller Mechanismen der Reproduktion von Bildungsungleichheit zu erwarten und darüber, wie und warum das Bildungssystem gemessen an seinem in Schulgesetzen festgehaltenem Auftrag fehlfunktioniert.

Literatur

Achatz, J., Hirseland, A., Lietzmann, T., & Zabel, C. (2013). *Alleinerziehende Mütter im Bereich des SGB II: Eine Synopse empirischer Befunde aus der IAB-Forschung* (IAB-Forschungsbericht, 2013/8). Nürnberg: Institut für Arbeitsmarkt- und Berufsforschung.

Ahner, R. (2013). *Eckpunktepapier des Deutschen Vereins zur Weiterentwicklung des Systems monetärer Unterstützung von Familien und Kindern.* Berlin: Deutscher Verein für öffentliche und private Fürsorge e. V.

Autorengruppe Bildungsberichterstattung. (2014). *Bildung in Deutschland 2014.* Bielefeld: wbv.

Bischoff, S., & Betz, T. (2015). „Denn Bildung und Erziehung der Kinder sind in erster Linie auf die Unterstützung der Eltern angewiesen". Eine diskursanalytische Rekonstruktion legitimer Vorstellungen 'guter Elternschaft' in politischen Dokumenten. In S. Fegter, F. Kessl, A. Langer, M. Ott, D. Rothe, & D. Wrana (Hrsg.), *Erziehungswissenschaftliche Diskursforschung. Empirische Analysen zu Bildungs- und Erziehungsverhältnisse* (S. 263–282). Wiesbaden: Springer VS.

BMFSFJ, (Hrsg.). (2011). *Lebenswelten und -wirklichkeiten von Alleinerziehenden.* Berlin: BMFSFJ.

Brake, A. (2008). Der Wandel familialen Zusammenlebens und seine Bedeutung für die (schulischen) Bildungsbiographien der Kinder. In C. Rohlfs, M. Harring, & C. Palentien (Hrsg.), *Kompetenz-Bildung. Soziale, emotionale und kommunikative Kompetenzen von Kindern und Jugendlichen* (S. 95–126). Wiesbaden: Springer VS.

Burschel, M., & Königsbeck, D. (2014). *Evaluation der Modellprojekte „Perspektiven für Familien" (Nürnberg) und TANDEM (Fürth).* München: DJI.

Ditton, H. (2011). Familie und Schule – eine Bestandsaufnahme der bildungssoziologischen Schuleffektforschung von James S. Coleman bis heute. In R. Becker (Hrsg.), *Lehrbuch der Bildungssoziologie* (S. 237–256). Wiesbaden: VS Verlag.

Gillies, V. (2005). Raising the 'Meritocracy': Parenting and the Individualization of Social Class. *Sociology, 39*(5), 835–853.

Grabka, M. M., & Frick, J. R. (2010). *Weiterhin hohes Armutsrisiko in Deutschland: Kinder und junge Erwachsene sind besonders betroffen* (Wochenbericht des DIW Berlin Nr. 7/2010). Berlin: DIW.

Graßhoff, G., Ullrich, H., Binz, C., Pfaff, A., & Schmenger, S. (2013). *Eltern als Akteure im Prozess des Übergangs vom Kindergarten in die Grundschule.* Wiesbaden: VS Verlag.

Hartmann, B. (2014). *Unterhaltsansprüche und deren Wirklichkeit: Wie groß ist das Problem nicht gezahlten Kindesunterhalts?* Berlin: DIW.

Horstkemper, M. (2014). Alleinerziehende Mütter und Väter: eine Familienform wie andere auch? In TNS Emnid (Hrsg.), *Eltern zwischen Erwartungen, Kritik und Engagement. Ein Trendbericht zu Schule und Bildungspolitik in Deutschland* (S. 149–168). Münster: Waxmann.

Institut der Deutschen Wirtschaft Köln (IW Köln). (2012). *Gesamtwirtschaftliche Effekte einer Ganztagsbetreuung von Kindern von Alleinerziehenden (herausgegeben vom Bundesministerium für Familie, Senioren, Frauen und Jugend und dem Deutschen Roten Kreuz e. V.).* Köln: IW.

Jaehrling, K., Kalina, T., & Mesaros, L. (2014). Mehr Arbeit, mehr Armut? Ausmaß und Hintergründe der Entkoppelung von Erwerbsarbeit und materieller Sicherheit von Alleinerziehenden im Ländervergleich. *Kölner Zeitschrift für Soziologie und Sozialpsychologie, 66*(3), 343–370.

Jurczyk, K., & Klinkhardt, J. (2014). *Vater, Mutter, Kind? Acht Trends in Familien, die Politik heute kennen sollte.* Gütersloh: Bertelsmann Stiftung.

Keller, M., & Haustein, T. (2014). Vereinbarkeit von Familie und Beruf. Ergebnisse des Mikrozensus 2013. *Wirtschaft und Statistik, 12,* 733–753.

Kull, S., Riedmüller, B., & Münzner, K. (2007). *Forschung aus der Hans-Böckler-Stiftung: Bd. 84. Auf dem Weg zur Arbeitsmarktbürgerin? Neue Konzepte der Arbeitsmarktpolitik am Beispiel allein erziehender Frauen.* Berlin: Ed. Sigma.

Lenze, A. (2014). *Alleinerziehende unter Druck: Rechtliche Rahmenbedingungen, finanzielle Lage und Reformbedarf.* Gütersloh: Bertelsmann Stiftung.

Neuberger, F., Schutter, S., & Preisner, K. (2016). *Abgehängte Avantgarde. Alleinerziehende und die Agenda 2010.* Unveröffentlichtes Manuskript.

Peuckert, R. (2015). *Das Leben der Geschlechter: Mythen und Fakten zu Ehe Partnerschaft und Familie.* Frankfurt a. M.: Campus.

Rauschenbach, Th., Pothmann, J., & Wilk, A. (2009). Armut, Migration, Alleinerziehung – HzE in prekären Lebenslagen. *KomDat Jugendhilfe, 1,* 9–11.

Richter, M. (2014). Orte guter Kindheit. In R. Bütow, M. Pomey, M. Rutschmann, C. Schär, Clarissa, & T. Studer (Hrsg.), *Sozialpädagogik zwischen Staat und Familie: Alte und neue Politiken des Eingreifens* (S. 205–220). Wiesbaden: Springer VS.

Schutter, S. (2015). Risikofaktor Alleinerziehend? Einelternfamilien zwischen Stigmatisierung und Bewunderung. In Die Kinderschutzzentren (Hrsg.), *Kindgerecht. Verändertes Aufwachsen in einer modernen Gesellschaft* (S. 335–362). Köln: Die Kinderschutzzentren.

Schweda, A. (2014). Die interaktive Hervorbringung einer Bildungsentscheidung im Kontext des Übergangs vom Kindergarten in die Grundschule. In I. Miethe, J. Ecarius & A. Tervooren (Hrsg.), *Bildungsentscheidungen im Lebenslauf. Perspektiven qualitativer Forschung* (S. 85–100). Opladen: Budrich.

Schweda, A. (2016). Bildungsentscheidungen am Übergang in die Grundschule im Spannungsfeld von Selektion und Inklusion. *Sonderpädagogische Förderung heute, 61*(2), 150–164.

Solga, H. (2009). Meritokratie – die moderne Legitimation ungleicher Bildungschancen. In H. Solga, P. A. Berger, & J. Powell (Hrsg.), *Soziale Ungleichheit. Klassische Texte zur Sozialstrukturanalyse* (S. 63–72). Frankfurt a. M.: Campus.

Standing, K. (1997). Scrimping, saving and schooling. Lone mothers and 'choice' in education. *Critical Social Policy, 17*(2), 79–99.

Thiersch, S. (2014). Schülerhabitus und familialer Bildungshabitus – zur Genese von Bildungskarrieren und -entscheidungen. In W. Helsper, R.-T. Kramer, & S. Thiersch (Hrsg.), *Schülerhabitus. Theoretische und empirische Analysen zum Bourdieuschen Theorem der kulturellen Passung* (S. 205–225). Wiesbaden: Springer VS.

Tillmann, K.-J. (2012). Stabilität und Veränderung – die Meinungen der Eltern zur Bildungspolitik. In D. Killus & K.-J. Tillmann (Hrsg.), *Eltern ziehen Bilanz. Ein Trendbericht zu Schule und Bildungspolitik in Deutschland* (S. 25–48). Münster: Waxmann.

Weinkopf, C. (2014). Niedriglohn ist weiblich. In J. Marquardt, B. Sonnenberg, & J. Sudhoff (Hrsg.), *Es geht auch anders: neue Denkanstöße für politische Alternativen* (S. 180–186). Köln: PapyRossa.

Ziegler, H. (2011). Auswirkungen von Alleinerziehung auf Kinder in prekärer Lage. Abstract. Universität Bielefeld. kinderförderung.bepanthen.de/sozialforschung/alleinerziehungs-studie-2011/. Zugegriffen: 10. Mai 2016.

Über die Autoren

Schutter, Sabina, Prof. Dr., Professorin für Pädagogik der Kindheit und Jugend an der Hochschule Rosenheim. Arbeits- und Forschungsschwerpunkte: Kindheit und Ungleichheiten, Generationale Ordnung, Diskurse zu Kindheit, Kinderrechten und Kinderpolitiken, Gender in Kindheit und Jugend.

Schweda-Möller, Anna, Dipl.-Päd., wissenschaftliche Referentin der Arbeitsstelle Kinder- und Jugendpolitik am DJI (Deutsches Jugendinstitut e. V.) München. Forschungsschwerpunkte: Kindheits- und Schulforschung, Bildungsentscheidungen, soziale Ungleichheit, Übergang Kita – Grundschule, Ethnografie, Qualitative Methoden der Sozialforschung.

Kinder mit Migrationshintergrund als leerer Signifikant

Miriam Sitter

1   Einleitung

Betrachtet man den derzeitigen öffentlichen Umgang mit geflüchteten Kindern, so fallen einem vertraute Konzepte wie Bildung und Integration auf, die auch in den anhaltenden Bemühungen um die Förderung bildungsbenachteiligter Kinder anzutreffen sind. In gewisser Hinsicht ist diese Beobachtung plausibel; zumal mit dem obigen Begriffspaar die Debatte um bildungsreformpolitische Umbauten hinsichtlich gerechter gesellschaftlicher Beteiligungen befördert wird und notwendige Fragen zu bildungsbezogenen Grundrechten von Kindern gestellt werden können. Getrübt wird diese Plausibilität allerdings dann, wenn mit der Verwendung dieser positiv konnotierten Konzepte der *Bildung* und *Integration* erkennbar wird, wie legitim man mit ihnen konsensfähige Zuweisungen vornehmen sowie Deutungsmuster und einschlägige Argumentationen stützen kann, die eine Klientel von Kindern fortlaufend mit Stigmatisierungen konfrontieren.

Von den negativen Zuweisungen innerhalb der Bildungsdebatte, die u. a. (un-) gelungene Bildungsverläufe von Kindern einschließt, sind regelmäßig Kinder mit Migrationshintergrund betroffen. An Ihnen lässt sich offenbar das Phänomen der Bildungsbenachteiligung explizieren und somit erklären, warum es integrativer und bildungsbezogener Bemühungen – oftmals gleichzeitig – bedarf. Integration in Kombination mit Bildung zu denken vereint in der Regel „den Blick auf die Verbesserung (potentieller, M.S.) ‚Sorgenkinder'" (Terkessidis 2010, S. 66). Aber ist ein solches kombinatorisches und pauschales Denken zugleich nicht

M. Sitter (✉)
Stiftung Universität Hildesheim, Hildesheim, Deutschland
E-Mail: miriam.sitter@uni-hildesheim.de

© Springer Fachmedien Wiesbaden GmbH 2017   155
M.S. Baader und T. Freytag (Hrsg.), *Bildung und Ungleichheit in Deutschland*, DOI 10.1007/978-3-658-14999-4_9

von vornherein disqualifizierend, wenn es doch um eine „diskriminierungsfreie Ausgestaltung des Bildungswesens" (BMBF 2013, S. 4) gehen soll, vermittels der Bildungschancen u. a. von Kindern mit Migrationshintergrund zu verbessern sind? (vgl. BMBF 2013, S. 4). Diese Frage findet ihre Berechtigung insbesondere dann, wenn man sich vergegenwärtigt, wie normorientiert das Integrationskonzept verstanden und wie eng führend im Sinne von defizitorientiert und an Leistungsvergleichen festhaltend das Bildungsverständnis umgesetzt wird. Mit diesen drei Aspekten der *Normorientierung, Defizitperspektive* und *Leistungsvergleiche praktizierend* stehen schließlich Erwartungserfüllungen sowie -enttäuschungen[1] im gesellschaftlichen Raum, die kontinuierlich an Kinder mit Migrationshintergrund adressiert werden.

Die in großen Teilen oftmals unbedachten Konsequenzen dieser Adressierung werden hier in folgender Weise nachgezeichnet: 1) In einem ersten Schritt wird dargestellt, wie Kinder mit Migrationshintergrund als Prototypen von Bildungsbenachteiligungen konstituiert werden. Hierfür wird u.a. auf die aktuellen Erkenntnisse einer diskursanalytischen Studie[2] zurückgegriffen und darauf aufmerksam gemacht, dass besonders die Rezeption der ersten PISA-Studie dazu beiträgt, Migrantenkinder beständig zu (re-)dramatisieren. 2) Darauf aufbauend

---

[1]Diese Formulierung wird in Anlehnung an Stengers Begriff der „Erwartungsenttäuschung" (Stenger 1997, S. 165 ff.) gewählt, die er in seiner Auseinandersetzung mit Deutungsmustern der Fremdheit beschreibt.

[2]Es handelt sich hierbei um Erkenntnisse, die ich im Rahmen einer Wissenssoziologischen Diskursanalyse (Keller 2003) der Nach-PISA-Bildungsdebatte ermitteln konnte. S. dazu in Sitter (2016). Die Nach-PISA-Bildungsdebatte wurde hier als ein heuristisches Konzept gefasst, um die Verflechtung von Wissenskonstruktionen und -produktionen für das deutsche Erziehungs- und Bildungssystem infolge der PISA 2000-Ergebnisse zu analysieren. In dieser Diskursanalyse wurde sich der spezifischen Relation von bildungsbenachteiligten Kindern zum diskursiven Ereignis PISA und vice versa zugewandt, um zu ermitteln, was die Bezugnahmen auf PISA für das (Un-)Wissen über bildungsbenachteiligte Kinder bedeuten und evozieren können. Als Datengrundlage, die im vorliegenden Artikel gelegentlich als Belegmaterial aufgeführt wird, dienten 1) Pressemitteilungen auf Länderebene der regelmäßigen Kultusministerkonferenzen sowie Beschlüsse der Jugend(familien)ministerkonferenzen, 2) interdisziplinäre Fachzeitschriften wie „DISKURS bzw. Diskurs Kindheits- und Jugendforschung" und „Zeitschrift für Soziologie der Erziehung und Sozialisation" sowie 3) elementarpädagogische Fachzeitschriften wie „Kindergarten heute", „Kita aktuell" und „Zeitschrift frühe Kindheit". Da die Diskursfragmente aus den zwei letztgenannten Zeitschriften über ein Internet-Archiv der Zeitschriften bezogen wurden, welches keine genaue Seitenangabe beinhaltete, wird auf eine konkrete Seitenangabe sowohl bei der Zitation dieser Artikel als auch in der Bibliografie verzichtet.

lässt sich im zweiten Schritt skizzieren, wie der Ausdruck ‚Kinder mit Migrationshintergrund' zu einer allgemeinen Projektionsfläche für (Re-)Problematisierungen im Bildungsbereich wird, und inwiefern sich darüber die Bedeutung von Kindern mit Migrationshintergrund spezifisch formt, füllt und zeitgleich entleert. 3) Dass auch aktuelle Diskurse über Inklusion und den Umgang mit Flüchtlingen ihren Beitrag zu dieser Bedeutungsfüllung und -entleerung leisten, wird als abschließendes Beispiel aufgeführt. Damit soll drittens reflektiert werden, wie bedeutsam eine Dethematisierung des Migrationshintergrundes von Kindern in Integration, Inklusion und Bildungsungleichheit diskutierten Kontexten ist.

2 Die PISA-Krise und ‚ihre' Prototypen von Bildungsbenachteiligungen

Um den Mechanismus der Prototypisierung verstehen zu können, muss sich vorab dem weltweiten „Monopol" (Münch 2012, S. 31) zugewandt werden, das unter dem Akronym PISA bekannt ist. Hierbei geht es im Folgenden darum, die bislang randständig betrachtete PISA-Rezeption innerhalb der interdisziplinär geführten Debatte näher zu fokussieren, in der bildungsbenachteiligte Kinder nach PISA in den Förderfokus rückten. Diese Rezeption lässt sich nämlich als eine Art Ritual begreifen bzw. als „Ritual action", wie sie David I. Kertzer (1988, S. 9 ff.) in seinem Buch „Ritual, Politics, and Power" formuliert: Ritual action ist demnach „repetitive and, therefore, often redundant" (Kertzer 1988, S. 9 ff.). Zweifelsfrei ist die Rezeption der PISA-Studie bis zu einem gewissen Grad repetitiv; schließlich werden die Kompetenzen der Jugendlichen turnusgemäß alle drei Jahre gemessen, worauf mit entsprechender Aufmerksamkeit – ebenfalls turnusgemäß – Bezug genommen wird. Die Charakteristik der Redundanz ergibt sich indessen darüber, dass in einer auffallenden Beharrlichkeit und im Kontext aktueller empirischer Studien und Berichte zu allgemeinen, hinsichtlich Bildung sowie Bildungsgerechtigkeit fokussierten Fragestellungen auf die krisenbehaftete PISA-*Ersterhebung* verwiesen wird.

2.1 PISA als taugliche Krise

Schaut man sich zunächst einmal die Reaktionen und Kommentierungen an, die infolge der unmittelbaren PISA-Erstverkündung zu beobachten waren, so fallen neben dem Ableiten neuer Notwendigkeiten (vgl. JMK 2002) im Bereich der elementarpädagogischen Bildung auch ein betontes Vermeiden und Abbauen (vgl.

Kita aktuell ND 2002a) sowie ein frühzeitiges Ausgleichen (vgl. KMK 2002) von (sozialen) Bildungsbenachteiligungen auf. Diese Praktiken können als Schlussfolgerungen u. a. auf das PISA-Ergebnis verstanden werden, dass in „Deutschland der Zusammenhang von sozialer Herkunft und Kompetenz-Erwerb in allen drei untersuchten Bereichen statistisch besonders eng [ist]" (KMK 2001a). Die an diesem PISA-Ergebnis ansetzenden Maßnahmen sind somit an (bildungs-)kulturelle Werte und Normen gekoppelt, die durch die obigen PISA-Ergebnisse infrage gestellt wurden (vgl. Sitter a. a. O., S. 107). Neben der regelmäßig geforderten Bildungschancengleichheit gehören dazu vor allem die frühkindliche Erziehung und Bildung samt ihrer Maßnahmen, mit denen dem ermittelten Zusammenhang von sozialer Herkunft und niedrigem Kompetenzniveau – wohlgemerkt bei den Jugendlichen – rechtzeitig entgegengewirkt werden soll. Die Befürwortung dieser Werte und Normen erfolgt oftmals moralisierend, zumal sie – anlehnend an Luhmann (1991) – in der Realität nicht ausreichend zur Geltung kommen; deshalb werden sie als Moral angeboten und dementsprechend eingefordert (vgl. Luhmann 1991, S. 142).

Derartige Moralisierungen laden sich demnach wirksam und legitimitätsstiftend entlang der PISA-Ersterkenntnisse auf, die im Kern als krisenhaft gedeutet wurden. Mit kollektivsymbolischen Verweisen[3] auf das „PISA-Debakel" (Detering 2002, S. 33), auf den vermittels PISA ausgelösten „Ruck" bzw. „mittlere[n] Schock" (Lösch 2002, S. 4) oder auf die „Schmach" (Bruendel und Hurrelmann 2003) ließen sich im unmittelbaren Anschluss an die PISA-Erstverkündung ‚neue' und als wichtig deklarierte Zukunftsentwürfe formulieren sowie Geltungsansprüche gestalten. Debakel, Ruck und Co. lenkten die Nach-PISA-Bildungsdebatte schließlich dorthin, wo – um mit Luhmann (1997, S. 404) zu sprechen – „beunruhigende Realitäten sichtbar" wurden. So traf bspw. der „Ruck" innerhalb der Beschreibung auf, dass Deutschland „für den Zustand seines Bildungswesens schlechte Noten bekommen [habe, M. S.] – noch dazu von einer unabhängigen Jury: PISA" (Lösch a. a. O.). Und auch die empfundene Herabwürdigung, semantisiert als „Schmach", fand sich in der eindringlichen Skizzierung wieder, dass die Ergebnisverkündung von PISA 2000 „vielfach als Katastrophe für das deutsche Bildungssystem angesehen" (Bruendel und Hurrelmann a. a. O.) wurde.

Aber auch ohne diese dezidiert krisenhaften Kollektivsymbole wird es möglich, beunruhigende Realitäten des deutschen Bildungssystems moralisierend sichtbar zu machen, sodass Forderungen entlang von (bildungs-)kulturellen Werten und

---

[3]Unter Kollektivsymbolen wurden in der bereits erwähnten Studie und unter Bezug auf Jürgen Link (u. a. Link 2013) allgemeine Sinnbilder verstanden.

Normen gestellt werden können. Es bedarf dabei im Wesentlichen der Hervorhebung von Umständen, die es ermöglichen, über Optionen der Verbesserung zu diskutieren. Eine solche Option zeigt sich 2003 in den folgenden Worten der hessischen Kultusministerin Karin Wolff (KMK 2003, S. 7):

> Mit aller erforderlichen Deutlichkeit hat PISA gezeigt, dass die Hauptursache für fehlenden schulischen Erfolg [...] fehlende Sprachkenntnisse sind. Hieran scheitert die Integration. Über die Konsequenz dürfte Einigkeit bestehen: Kinder müssen die für die Mitarbeit in der Schule erforderlichen Sprachkenntnisse bereits vor Aufnahme in die Schule erwerben.

Der hervorgehobene Umstand, was PISA mit „aller erforderlichen Deutlichkeit gezeigt" hat, wird genutzt, um erstens Konsens herzustellen („dürfte Einigkeit bestehen") und, um zweitens einen moralischen Appel hinsichtlich des Wertes der elementarpädagogischen Initiative („Sprachkenntnisse" erwerben) vor Schuleintritt auszusprechen. Diese Initiative lässt sich als Ergebnis eines handlungsflexiblen Umgangs mit dem begreifen, was PISA „mit aller erforderlichen Deutlichkeit" gezeigt hat. Nedelmann (1986) weist diesbezüglich in ihren Untersuchungen zum Umgang mit sozialen Problemen darauf hin, dass man sich von der Annahme lösen sollte, politische Systeme seien immer gewollt, Krisen zu bewältigen. Denn insbesondere dann, wenn es schwer oder sogar unmöglich wird, objektive Bedingungen von Krisen zu benennen und zu lösen, nimmt das Maß der kulturellen Deutungen und Transformationen von Krisen zu (vgl. Nedelmann 1986, S. 17) Die obige normative Konsequenzformulierung („müssen") der Ministerin ist ein wesentliches Element einer derartigen (bildungs-)kulturellen Krisen-Deutungsarbeit. Erstere befördert ein normorientiertes Integrationsverständnis, zumal die Integration bei fehlenden Sprachkenntnissen sogleich als scheiternd eingestuft wird.

Aufgrund ihrer negativ konnotierten kollektivsymbolischen Semantisierungen und zum anderen aufgrund der Deutungsbedürfnisse, die sie interdisziplinär weckt, lässt sich die PISA-Studie einschließlich ihrer Ergebnisverkündung im Jahr 2001 als eine solche Krise begreifen. Sie ergibt sich – wie es Jens Maeße (2013, S. 85) unter Verweis auf Wengeler und Ziem (2010) für die Finanzkrise formuliert – „nicht von selbst, vielmehr müssen irgendwelche Zustände in der Welt als ‚Krisen' erst einmal definiert werden". Insofern ist davon auszugehen, dass die an der Nach-PISA-Bildungsdebatte beteiligten AkteurInnen darum bemüht sind, die „Schmach" oder „Katastrophe" entsprechend rhetorisch zu platzieren, um aus den krisentradierten PISA-Ergebnissen etwas Taugliches zu machen.

Ihre Tauglichkeit ergibt sich vor allem entlang ihrer binären Charakteristik: Als ein primär negativ konnotiertes Ereignis können die krisenhaft semantisierten Verweise auf PISA somit einerseits den Ereignischarakter der PISA-Studie als einen faktischen Zustand unterstreichen. Andererseits kann dieser Ereignischarakter unterschiedlich ausgedeutet sowie *verwendet*, und nicht zuletzt sekundär positiv *gewendet* werden. Die PISA-Krise fungiert somit im Rahmen dieser zwei Seiten als Faktizität und Konstrukt gleichzeitig. Damit wird sie schließlich handhabbar gemacht. Sie ist insofern weniger aufgrund ihrer objektiven Daten und Tatsächlichkeit als eine Krise zu begreifen; vielmehr ist sie das Ergebnis einer vorgenommenen Deutungsarbeit jener Ergebnisse, die entsprechend aussichtsreich lanciert werden (müssen). Richard Münch (2012, S. 35) argumentiert insofern zutreffend, dass ein gutes PISA-Ergebnis immer „eine Bestätigung [bleibt], dass man sich auf dem richtigen Weg befindet, und ein schlechtes Testergebnis ein Ansporn, es in Zukunft besser zu machen".

Auffallend ist nun, dass dieses Besser-machen auch in jüngerer Zeit noch von PISA 2000 bestimmt wird. Diese Beobachtung ist einerseits ein Zeichen für die andauernde symbolische Wirkungs- und Definitionsmächtigkeit von PISA 2000; andererseits liefert sie den Hinweis darauf, wie funktional die Ausdeutung von PISA als PISA-Krise besonders für die jüngere Zeitspanne ist. So lassen sich neben dem in meiner Studie diskursanalytisch untersuchten Zeitraum von 2001 bis 2003 auch für denjenigen von 2010 bis 2012 identische Verweise etwa auf den „ersten ‚PISA-Schock'" (Toppe 2010, S. 64) oder auf die verpflichtende Aufnahme von Beobachtungs- und Dokumentationsverfahren des Sprachstandes „[n]ach dem PISA-Schock vor rund zehn Jahren" (Langen-Müller 2012) finden. Vonseiten der bildungspolitisch involvierten AkteurInnen sorgen solche Formen des kollektiven Erinnerns fortdauernd für Mobilisierungsimpulse. Mit den Bezügen auf das krisentradierte Phänomen PISA kann sich schließlich nicht nur an das erinnert werden, was bildungspolitisch 2001 einmal war. Gleichzeitig kann damit reflektiert werden, was nicht mehr ist und auf gar keinen Fall mehr sein darf, und stattdessen sein sollte. Damit werden die Prämissen und die Funktionsweisen der deutschen und von wissenschaftlichen Studien sowie Expertisen unterstützten Bildungspolitik in ständige bildungsreformpolitische Bereitschaft versetzt. Insofern überrascht es nicht sonderlich, wenn auch der letzte PISA-Bericht 2012 den Titel trägt: „Fortschritte und Herausforderungen in Deutschland".

Die erinnernde Weise innerhalb der Rezeption der PISA-Studie 2000 als kollektiv tradierte PISA-Krise ist somit höchst funktional: PISA 2000 lässt sich nicht nur als Handlungsgenerator im Allgemeinen tauglich machen, sondern als „interdiskursiver Innovationsgenerator" (Sitter 2016, S. 267) im Besonderen instrumentalisieren. Die PISA-Krise eignet sich somit vorzüglich für das kontinuierliche positive und wechselseitige Ansinnen von Erneuerungen, Chancen und Reformen; ebenso aber für bildungsreformpolitische Herausforderungen wie bspw. den Umgang mit Bildungsbenachteiligungen.

2.2   (Re-)Dramatisierte Kinder der einstigen PISA-Krise

Eine derartige Krise wäre im Weiteren keine taugliche, wenn vermittels ihr nicht aufgezeigt werden könnte, an welchen Stellen anzusetzen und wie aussichtsreich dies ist. Vermittels des Verweisens auf das „PISA-Debakel" etc. können offensichtlich Muster der Problembearbeitung evoziert und entsprechende Lösungsmodelle samt spezifischer Betroffenheiten generiert werden. Wenn bspw. die nordrhein-westfälische Ministerin Ute Schäfer (Kita aktuell NRW 2003) unter Bezugnahme auf die Ergebnisse der PISA-Studie 2000 die Herausforderung formuliert, „allen Kindern und Jugendlichen, unabhängig von ihrer sozialen Herkunft, Chancen für ihre persönliche Entwicklung zu eröffnen", so knüpft sie zunächst an das negativ interpretierte PISA-Ergebnis zum Zusammenhang von Kompetenzen und sozialer Herkunft der Jugendlichen an. Eine Problembearbeitung führt sie im Weiteren auf, indem sie perspektivisch betont:

> Wer nicht über ausreichende Bildung, Fertigkeiten und Fähigkeiten verfügt, der wird kaum in die Erwachsenengesellschaft integrierbar sein und erst recht keine berufliche Perspektive für sich entwickeln können. Darauf aber muss eine moderne Industriegesellschaft abstellen, denn Bildung ist die wichtigste Ressource, auf der sie aufbauen kann (Kita aktuell NRW 2003).

Bildung als „die wichtigste Ressource" adressiert die Ministerin nun an „sozial benachteiligte Kinder und Jugendliche". Diese Klientel müsse man in diesem „Prozess in den Mittelpunkt stellen" und „hierzu gehören auch die Migrantenkinder" (Kita aktuell NRW 2003). In dieser Aussage lässt sich neben der Moralisierung der „ausreichende[n] Bildung" eine bildungs- und berufsbiografische Ergebnisorientierung entdecken. Denn wer „nicht über ausreichende Bildung" etc. verfüge, werde keine „berufliche Perspektive" für sich entwickeln können. Was zunächst recht unauffällig und infolge von PISA doch irgendwie nachvollziehbar erscheint, ist nun der Vermerk „auch" auf die Migrantenkinder. Mit diesem wird meines Erachtens eine unnötige Hinzuziehung vorgenommen, zumal sich hiermit pauschalisierend die Sichtweise andeutet, dass Migrantenkinder eben „auch" sozial benachteiligt sind.

Dieser Sichtweise folgen in der Regel nahezu gönnerhafte Hervorhebungen, dass Migrantenkinder auch von frühkindlichen Bildungsangeboten profitieren

und an diesen partizipieren sollten. Zusammengeführt wird diese Beobachtung in
der bereits erwähnten diskursanalytischen Studie unter der Erkenntnis, dass Kindern mit Migrationshintergrund über die *direkte* und *indirekte* Form des Explizierens ihrer Person und sozialen Herkunft ein auf Bildungsverläufe bezogener
Problem- und Problematisierungscharakter zugeschrieben wird. Exemplarisch für
die direkte Form des Explizierens steht die folgende Aussage:

> Das Beherrschen der deutschen Sprache ist Grundvoraussetzung, um alle Angebote
> im Kindergarten und in der Schule annehmen und an ihnen teilnehmen zu können.
> Die Kindertageseinrichtungen können und müssen die Zeit vor Schuleintritt nutzen,
> um den Sprachstand der Kinder zu erkennen und ihre Sprachfähigkeit – insbeson-
> dere der Kinder aus Familien mit Migrationshintergrund – zu fördern. Auch das ist
> in Schleswig-Holstein eine ‚Prä-PISA-Erkenntnis' (Kita aktuell ND 2002b).

Das „Beherrschen der deutschen Sprache" wird als eine Norm eingeführt, mit der
behauptet werden kann, dass dieses Beherrschen die „Grundvoraussetzung" sei,
„um alle Angebote im Kindergarten" annehmen zu können. Bei den Förderungen
des Sprachstands und der Sprachfähigkeit nehmen Kinder mit Migrationshintergrund schließlich eine direkt explizierte Stellung ein, zumal sie als Kinder eingeführt werden, die „insbesondere" zu fördern sind. Noch wesentlich häufiger
tritt in der Nach-PISA-Bildungsdebatte die Form des indirekten Explizierens auf.
Angewandt trifft diese Weise des Explizierens Kinder mit Migrationshintergrund
nach einem bestimmten Deutungsmuster, welches den defizitorientierten Förder-
blick auf diese Klientel erhärtet. Besonders deutlich tritt dieses Muster hervor,
wenn der Förderstatus von Migrantenkindern bewusst ausgeschlossen und/oder
nicht nur diesen Kindern allein zugeschrieben wird. So resümieren bspw. Bruendel und Hurrelmann (2003) in ihrem auf PISA Bezug nehmenden Beitrag, dass
„die Defizite in den so genannten Vorläuferfähigkeiten" und die Sachlage, dass
es Kinder gibt, „die nicht einmal die deutsche Sprache […] beherrschen" „nicht
nur auf Migrantenkinder", sondern „auch auf Kinder deutscher Herkunft" zutrifft.
Der Wurzel des Wortes „beherrschen" nach, sind also nicht nur Migrantenkinder
nicht ‚der Herr' der deutschen Sprache. Damit wird suggeriert, dass dies aber der
häufig anzutreffende Fall sei. Explizierungen dieser Art versammeln sich unter
einem von Defiziten belasteten Deutungsmuster, in denen sich Kinder mit Migrationshintergrund kontinuierlich als förderbedürftig herausstellen. Dieses Muster
lädt sich entlang von Argumentationen auf, die – wie das obige Zitat zeigte – in
einer Latenz zu sagen pflegen, was die (nicht erwünschte) Regel ist.

Folgenreich werden beide Explizierungen nun, wenn man sich ihre Kontinuität
im Allgemeinen und ihre Aufführung innerhalb der PISA-Rezeption im Besonderen anschaut. Denn darüber werden Kinder mit Migrationshintergrund unter

einen fortwährenden (bildungs-)kulturellen Anpassungsdruck gestellt, der sie im Kontext des krisenrhetorischen Umgangs mit den PISA-Erkenntnissen stets als eine ‚besonders problematische' Zielgruppe herausstellt, die einen speziellen Handlungsbedarf suggeriert. Beispielhaft zeigt sich dies in jüngeren Auszügen, in denen etwa 2010 unter der Überschrift „Teilhabe von Kindern mit Migrationshintergrund an Angeboten der frühkindlichen Bildung" formuliert wird: „Es ist inzwischen bekannt und durch zahlreiche Untersuchungen belegt: Kinder aus Migrationsfamilien gehören zu den Verlierern unseres Bildungssystems" (Bollinger und Steinhardt 2010). Indem diese Kinder als Zugehörige zur Verliererklasse stilisiert werden, zeigt sich eine indirekte Explizierung ihres vermeintlich problematischen Status'. Indem es als erwiesene Tatsache bezeichnet wird (‚‚inzwischen bekannt"), dass Kinder aus Migrationsfamilien die Verlierer sind, werden sie auch hier wieder mit einem Verweis auf Untersuchungen, zu denen selbstverständlich auch PISA gerechnet wird, problemprädestiniert diskutiert. Solche anhaltenden Bezugnahmen auf den Migrationshintergrund und erst recht jene, die im unmittelbaren Kontext der PISA-Studie 2000 auftreten, reproduzieren in einer bemerkenswerten Persistenz immer wieder dieselbe Problemkategorie; und zwar eine Kategorie jener Erkenntnisse, auf die fortlaufend erwartungsvoll geblickt wird.

Das unaufhörliche Zusammenbringen von PISA mit Migrantenkindern trägt also dazu bei, Kinder mit Migrationshintergrund zum „ontologischen Mobiliar" (Brähler und Richter 1995, z. n. Stenger 1997, S. 163) des deutschen und krisentradierten Bildungssystems nach PISA zu konstituieren. Dies ist insofern folgenreich und bedenklich, weil diese Kinder damit anhaltend in eine spezifische und vor allem (re-)problematisierende Relation zu den Werten und Normen des deutschen Bildungssystems gebracht werden. Kinder mit Migrationshintergrund schälen sich schließlich als *Prototypen von Bildungsbenachteiligungen* heraus, weil sie kontinuierlich als Paradebeispiele für jene Unternehmungen sowie Lösungen aufgeführt werden, die infolge der PISA-Krise bis heute als erstrebenswert gelten.

3 Die Bedeutungsentleerung von Kindern mit Migrationshintergrund

Die Beobachtung, dass derartige Prototypisierungen über den diskursanalytisch untersuchten Zeitrahmen und über die einschlägigen Diskursquellen hinausreichen, stützt nun die These, dass Kinder mit Migrationshintergrund als leerer Signifikant in Erscheinung treten.

Bekanntermaßen liegen die Ursprünge des Begriffes Signifikant in der Linguistik. Diese stellt den „*Signifikanten* als *Formaspekt* sprachlicher Zeichen dem

Signifikat als *Inhaltsaspekt* gegenüber" (Leiser 1996, S. 2, Herv. i. O.). Demnach können sprachliche Zeichen zu Trägern von Bedeutungen werden (vgl. Leiser 1996). Mit Ferdinand de Saussrre wurde Sprache nicht mehr als ausschließliche „Abbildung einer bereits bestehenden Wirklichkeit gedacht" (de Saussure 1967, z. n. Stäheli 2000, S. 17). Vielmehr drang nun in den Vordergrund, Signifikanten „als *strukturierende* Momente beim Entstehen und Funktionieren von Sprache" (Leiser 1996, S. 2, Herv. i. O.) zu analysieren. Ab diesem Zeitpunkt wurde stärker in den Blick genommen, was außerhalb der reinen Bedeutungsfunktion von Zeichen liegt (vgl. Leiser 1996). In dieser Hinsicht stellte de Saussure die These auf, „dass kein notwendiger Zusammenhang zwischen Signifikat und Signifikant besteht, vielmehr handelt es sich stets um eine arbiträre (beliebige) Beziehung" (de Saussure 1967, z. n. Stäheli 2000, S. 17). Stäheli gibt zu verstehen, dass Arbitrarität entlang de Saussure keineswegs bedeutet, „dass jedes Mitglied einer Sprachgemeinschaft einen Signifikanten beliebig interpretieren kann" (de Saussure 1967, z. n. Stäheli 2000, S. 17). Er nutzt hier das anschauliche Beispiel eines Verkehrschaos', welches entstehen würde, wenn nicht mehr feststünde, „mit welcher Bedeutung das rcte Ampellicht [als Zeichen, M. S.] verbunden ist" (de Saussure 1967, z. n. Stäheli 2000, S. 17 f.). Arbitrarität besage insofern lediglich, „dass mit der roten Farbe des Ampellichts das Konzept ‚Anhalten' vorgegeben ist. Damit es diese spezifische Bedeutung erhält, bedarf es gesellschaftlicher Konventionen" (de Saussure 1967, z. n. Stäheli 2000, S. 18).

Entlang dieser Einsicht lässt sich nun erklären, dass Signifikanten weniger als isolierte und einzelne Zeichen, sondern vielmehr in ihrem Zeichensystem und somit als soziale Gebilde von Interesse sind (vgl. Stäheli 2000). Dieser Gedanke führt im Weiteren zum theoretischen Verständnis des leeren Signifikanten von Ernesto Laclau (2007)[4]. Für ihn besitzt der leere Signifikant schließlich „kein Signifikat, weil er die unmögliche Fülle der Gemeinschaft repräsentiert" (Laclau 2007, S. 31). Insofern geht es Laclau bei der Produktion eines leeren Signifikanten um seine Beziehung zu den Objekten, die unter seiner Bezeichnung gruppiert werden. Er begreift den leeren Signifikanten weniger als Begriff, sondern vielmehr als einen Ausdruck. Ein Begriff drückt nach Laclau somit nur aus, „was in jedem Fall

---

[4]Laclaus Beschreibungen zum leeren Signifikanten basieren auf den gemeinsamen Arbeiten zusammen mit Chantal Mouffe (u. a. Laclau und Mouffe 2006). Für beide bestand das Interesse, gesellschaftliche Strukturen und damit verbundene Machtverhältnisse zu hinterfragen, um aufzuzeigen, dass diese immer das Ergebnis von politischen Aushandlungsprozessen sind. Dabei sind Identitätsbildungsprozesse entlang antagonistischer Grenzen erkennbar, die durch den Bezug auf einen privilegierten Signifikanten auch gleichzeitig eine Abgrenzung nach außen betreiben (vgl. Glasze und Mattissek 2009, S. 153 ff.).

seiner Verwendung ohne Änderung reproduziert wird" (Laclau 2007, S. 31). „Ein Begriff kann nur ein allgemeiner sein, und seine Konkretisierungen müssen notwendigerweise etwas reproduzieren, was sie alle gemeinsam haben, einen harten positiven Kern jenseits ihrer partikularen Variationen" (Laclau 2007, S. 31). Doch was würde geschehen, so fragt Laclau, wenn dieser gemeinsame Kern fehlt. Mit dieser Frage nährt er sich der Logik der Äquivalenz und Differenz an, die für die Konstitution eines leeren Signifikanten relevant ist. Bezogen auf das obige Ampelbeispiel wäre demnach anzunehmen, dass bei einer (einheitlich) fehlenden Bedeutung des roten Ampellichts differenzielle Handlungs- und Deutungsweisen zu beobachten wären, mit denen auf die nicht feststehende Bedeutung als Lösung zu reagieren versucht wird. Diese Weisen würden – trotz der Tatsache, dass sie differenziell sind – „alle in [äquivalenter, M. S.] Opposition zu einer Kraft stehen, mit der sie sich konfrontiert sehen" (Laclau 2007, S. 33). Die Bedeutungsentleerung kommt demnach nicht zustande, weil eine einheitliche Bedeutung (rot = Anhalten) fehlt, sondern weil „affektive Dynamiken [freigesetzt, M. S.] werden, die zu einer Vervielfältigung und Erhöhung möglicher Anschlüsse führen" (Stäheli 2007, S. 135). Der leere Signifikant lässt sich demnach mit Deleuze (1992, S. 45) als ein blinder Fleck verstehen, der einen „beständig mobilen Punkt bezeichnet". Ebenfalls ist unter dem leeren Signifikanten ein leeres Feld denkbar: „Die Spiele benötigen das leere Feld, ohne das nichts voranginge noch funktionierte". Bei der Konstitution des leeren Signifikanten geht es somit weniger um das „Fehlen der Bedeutung", sondern vielmehr um ein „Übermaß an Sinn" (Deleuze 1992, S. 47). In der Tat befindet sich der leere Signifikant damit in einer „ambivalenten Rolle" (Glasze und Mattissek 2009, S. 165): Denn auf der einen Seite „repräsentiert er eine Kette disperser Elemente und auf der anderen Seite wird der Signifikant damit weitgehend bedeutungsleer" (Glasze und Mattissek 2009, S. 165).

Kinder mit Migrationshintergrund sind entlang dieser theoretischen Einsichten als leerer Signifikant zu begreifen, weil vermittels diesem unterschiedlichste Beteiligte des Nach-PISA-Interdiskurses[5] ihre differenziellen Handlungen und

---

[5]Die Logik eines Interdiskurses stellte sich für die analysierte Nach-PISA-Bildungsdebatte entlang des Ergebnisses ein, dass sich in „fragmentarischen und stark imaginären Brückenschlägen über Spezialgrenzen hinweg" (Link 2005, S. 87) von heterogenen AkteurInnen auf PISA bezogen wird. Auch die Beobachtung, dass die Verkündung der ersten PISA-Ergebnisse einige Zeit hinter sich hat, dennoch aber dazu genutzt wird, um sich bildungsreformpolitisch zu positionieren, stützt die interdiskursive Charakteristik der Nach-PISA-Bildungsdebatte.

Lösungen sowie Deutungsweisen äquivalent setzen können, um schließlich auf die PISA-Krise und das Phänomen der Bildungsbenachteiligungen vornehmlich bei Kindern mit Migrationshintergrund zu antworten. Um überhaupt – und dies ist ein zentrales theoretisches Element – „äquivalente Beziehungen zu knüpfen, bedarf es eines Feldes von Differenzen" (Moebius 2005, S. 136). Werden diese Differenzen innerhalb eines Diskurses durch eine „ihnen gemeinsame Bedeutung verknüpft [...], dann existiert ein Äquivalenzverhältnis" (Moebius 2005, S. 135) und somit – im Sinne Laclaus und Mouffes – eine Abgrenzung nach außen. Diese gemeinsame Bedeutung drückt sich schließlich entlang unterschiedlichster, also differenzieller Argumente sowie Positionen aus, die in einer Äquivalenzbeziehung stehen. Ein leerer Signifikant verkörpert demnach das „spezifische Allgemeine der betreffenden Formierung von gesellschaftlichen Forderungen" (Nonhoff 2007a, S. 13).

Dieses spezifische Allgemeine wird durch den leeren Signifikanten ‚Kinder mit Migrationshintergrund' präsentiert. Mit diesem können heterogene, aber dennoch vermittels des Ausdrucks ‚Kinder mit Migrationshintergrund' in einem äquivalenten Verhältnis stehende Problemdeutungen und bildungsbezogene Herausforderungen nach PISA für bildungsbenachteiligte Kinder diskutiert werden. Die damit verbundene Bedeutungsentleerung infolge einer Füllung an konzeptuellen Ausdeutungen darüber, wie Kinder mit Migrationshintergrund zu berücksichtigen und zu fördern sind, wird bereits mit der Vielzahl an beständigen Explizierungen direkter und indirekter Art geleistet. Wenn also Kinder mit Migrationshintergrund im Kontext von PISA 2000 als diejenigen gefasst werden, denen „insbesondere" Maßnahmen „zur wirksamen Förderung bildungsbenachteiligter Kinder" zukommen müssen (KMK 2001b), bei denen die Literacy-Erziehung „umso mehr" (Ulich und Mayr 2003, S. 16) „ein wesentlicher Beitrag zum sogenannten ‚Deutsch Lernen'" sein soll, oder, an denen 2014 die „Kluft zwischen Kindern mit und ohne Migrationshintergrund" (Rauschenbach 2014, S. 10) verdeutlicht wird, dann zeigt sich, wie hier über die verschiedenen Bedeutungen des bestmöglichen und vor allem förderlichen Umgangs mit vermeintlich benachteiligten Kindern nach PISA diskutiert wird, nicht jedoch über Kinder mit Migrationshintergrund als solche. Ein Äquivalenzverhältnis im Sinne des leeren Signifikanten wird also dadurch installiert, weil verschiedene partikulare Signifikanten wie die ‚wirksame Förderung von benachteiligten Kindern', ‚mehr Literacy-Erziehung' und die ‚Kluft zwischen Kindern mit vorhandenem oder keinem Migrationsstatus' durch eine ihnen gemeinsame Bedeutung verknüpft werden können. Diese gemeinsame Bedeutung spiegelt sich in einer grundsätzlich defizitären Betrachtung von Kindern mit Migrationshintergrund wieder, die alle verschiedenen Partikularinteressen in einen interdiskursiven Zusammenhang und damit äquivalent setzen kann. Im Kontext von PISA ist die defizitäre und problemkonnotierte Betrachtung von Kindern mit Migrationshintergrund derartig konventionalisiert, dass sie zugleich leer genug ist, um diese Kinder für verschiedenste Anliegen fortdauernd heranzuziehen.

So wird etwa innerhalb eines recht aktuellen KOMDAT-Berichts[6] über die bisherigen „Erfolge und Herausforderungen des U3-Ausbaus" (Rauschenbach 2014, S. 4 ff.) die Frage als wichtig deklariert, ob es der Kindertagesbetreuung gelingt, „Kinder aus sozial benachteiligten Milieus besonders zu fördern" (Rauschenbach 2014, S. 9). Daraufhin wird der vermeintlich „erfreuliche Befund" formuliert: „Im Vergleich zu 2006 ist inzwischen eine verstärkte Inanspruchnahme der U3-Angebote von Kindern aus Elternhäusern mit niedrigem Bildungsabschlüssen oder mit Migrationshintergrund zu beobachten." Abgesehen davon, dass mit dem Begriff „oder" eine recht pauschale Gleichsetzung von Kindern *mit* niedrigem Bildungsabschlüssen und Kindern *mit* Migrationshintergrund vorgenommen wird, zeigt sich hier, wie Kinder mit Migrationshintergrund *nur* als allgemeiner Bezugspunkt dienen, um die verstärkte Inanspruchnahme der U3-Angebote zu diskutieren. Der Migrationshintergrund der Kinder wird schließlich weder ausführlich thematisiert, noch wird dieser vor weiteren Füllungsversuchen (vgl. Nonhoff 2007b, S. 181) geschützt. Die Aussage, die unmittelbar folgt, unterstreicht somit die Bedeutungsentleerung von Kindern mit Migrationshintergrund, weil nun deutlich wird, wie variabel weitere Signifikanten zu nutzen und in unterschiedlichen für wichtig gehaltenen Bildungskontexten zu platzieren sind. So äußert Rauschenbach ergänzend [...]:

> Kinder, deren Eltern einen niedrigen Schulabschluss besitzen [...] oder eine familiäre Zuwanderungsgeschichte aufweisen, haben im Schnitt im deutschen Bildungssystem signifikant schlechtere Chancen [...]. Auch in dieser Hinsicht kämpft die Kindertagesbetreuung mit der Last der großen Herausforderung, sprich: mit dem Versprechen, diese Schieflage schon früh im Lebenslauf korrigieren zu können [...]. Wenn spätere Bildungsergebnisse auf frühen aufbauen, liegt der Gedanke nahe, bei potenziellen Bildungsverlierer(inne)n schon weit vor der Schulzeit Unterstützungs-, Lern- und Befähigungsangebote zu unterbreiten.

Kinder mit Migrationshintergrund werden hier in einem anderen, aber begrifflich recht ähnlichen Signifikanten, als Kinder umschrieben, deren Eltern eine familiäre Zuwanderungsgeschichte aufweisen. Unter diesem Signifikanten lässt

---

[6]KOMDAT steht für „Kommentierte Daten der Kinder- & Jugendhilfe".

sich nun die Bedeutung dessen diskutieren, was als Lösung für den Umgang mit Bildungsbenachteiligungen anvisiert wird. Dabei werden Kinder mit Migrationshintergrund abermals als bildungsbenachteiligte prototypisiert, zumal sie als potenzielle Bildungsverlierer bezeichnet werden. Das Konzept der *frühkindlichen Bildung* („schon weit vor der Schulzeit") lässt sich in diesem Auszug unkompliziert und legitim befürworten, weil es im Rahmen eines Deutungsmusters aufgeführt wird, das Kinder mit Migrationshintergrund als a priori zu bildende Kinder stilisiert. Nicht zuletzt wird diese Stilisierung von der pauschalen und damit stigmatisierenden Gleichsetzung befördert, dass „Kinder, deren Eltern einen niedrigen Schulabschluss besitzen" auch jene Kinder sein könnten („oder"), die „eine familiäre Zuwanderungsgeschichte" aufweisen.

Eine solche Problematisierung von Kindern mit Migrationshintergrund lässt sich ebenfalls im aktuellen Kontext diskutierter Integrationsmaßnahmen feststellen. Damit schält sich schließlich jener Knotenpunkt heraus, der den leeren Signifikanten kennzeichnet. Auf der Homepage des BMBF wird bspw. neben Verweisen zum Thema „Flüchtlinge durch Bildung integrieren" unter der Überschrift „Integration durch Bildung" formuliert, dass Bildung für die Integration von Migrantinnen und Migranten „in unsere Gesellschaft von herausragender Bedeutung" (BMBF 2016) sei. Ebenfalls sei die Verbesserung u. a. der Bildungschancen „eine der zentralen Herausforderungen für unser Bildungssystem". Diesbezüglich werden die „insgesamt 13 Milliarden Euro" erwähnt, die der Bund für Bildung und Forschung ausgegeben hat. Im Weiteren heißt es:

> Im Bildungsbereich werden die zusätzlichen Mittel gezielt an den Stellen eingesetzt, die über ein Gelingen des Bildungswegs entscheiden. [...]. Ein Schwerpunkt liegt hier in der Beruflichen Bildung. Ein Großteil der Fördermaßnahmen richtet sich nicht ausschließlich an Personen mit Migrationshintergrund. Vielmehr können alle Kinder, Jugendliche und junge Erwachsene mit besonderem Unterstützungsbedarf daran teilhaben. Diejenigen mit Migrationshintergrund können von diesen Maßnahmen häufig in besonderem Maße profitieren, da sie in den jeweiligen Zielgruppen häufig überdurchschnittlich vertreten sind (BMBF 2016).

Kinder mit Migrationshintergrund werden infolge der Aufzählung von „alle[n] Kinder[n], Jugendliche[n] und junge[n] Erwachsene[n]", also „[d]iejenigen mit Migrationshintergrund", zunächst einmal direkt expliziert. Denn sie können von den Maßnahmen „häufig in besonderem Maße profitieren". Zeitgleich werden sie indirekt expliziert, da sich die Fördermaßnahmen „nicht ausschließlich an Personen mit Migrationshintergrund" richten. Auffallend ist, dass diese Kinder nun sowohl unter dem Thema der „Beruflichen Bildung" als auch unter den „Fördermaßnahmen" subsumiert werden, die außerdem Jugendliche und junge

Erwachsene einschließt. Hiermit deutet sich ein perspektivischer Blick auf Kinder mit Migrationshintergrund an. Mit diesem werden sie nicht nur in defizitärer Weise als ein (bildungs-)kulturelles Problem diskutiert („mit besonderem Unterstützungsbedarf"). Ebenso drückt sich darüber eine Erwartungshaltung gegenüber ihren zukünftigen Leistungen und Kompetenzen aus. Infolge dessen wird geäußert, dass sich bei Bildungsbeteiligung und Bildungserfolgen „immer mehr Fortschritte" feststellen lassen. Um dies zu veranschaulichen wird ergänzt, dass „immer mehr Kinder mit Migrationshintergrund Kindertagessstätten" besuchen würden. Der weitere Verweis auf die „internationalen Schulleistungsvergleichsuntersuchungen wie PISA", in denen Kinder mit Migrationshintergrund vermeintlich „immer besser" abschneiden, erreicht schließlich eine (Re-) Problematisierung dieser Kinder. Denn mit dem Ausdruck „immer besser" kann schließlich an das krisentradierte PISA-Erstergebnis erinnert werden, um dann zu formulieren, dass sie inzwischen „immer besser" abschneiden; aber offensichtlich noch nicht zufriedenstellend genug. Denn unter der folgenden Betonung „Trotz Bildungsaufstieg" werden sie erneut einem Vergleich unterzogen und zwar entlang der Unterschiede „in den Bildungserfolgen von Kindern, Jugendlichen und jungen Erwachsenen mit und ohne Migrationshintergrund".

In der Zusammenführung aller Zitate lässt sich nun jener blinde Fleck im Sinne Deleuzes entdecken, der es allen Interdiskursbeteiligten ermöglicht, „symbolische Füllungsversuche" (Nonhoff 2007b, S. 181) vorzunehmen. Unter den partikularen und differenziellen Themenkomplexen wie frühkindliche Bildung, gelingende Integration(smaßnahmen), Lebensphasen von Jugendlichen und jungen Erwachsen sowie berufliche Bildung etc. lassen sich Kinder mit Migrationshintergrund kompatibel einbinden, um Lösungsmodelle anzupreisen. Damit sind Kinder mit Migrationshintergrund sinnentleert genug, um sie für die jeweils eigenen diskursiven Perspektiven und Lösungswege zu nutzen, die von verschiedensten Punkten aus (zeitlicher sowie thematischer Art) artikuliert werden können. Als leerer Signifikant repräsentieren Kinder mit Migrationshintergrund den „kleinsten gemeinsamen Nenner" (Glasze und Mattissek 2009, S. 165) unterschiedlichster Forderungen und verknüpfen diese vornehmlich im Nach-PISA-Interdiskurs. Dabei fällt auf, dass Konzepte wie „Integration durch Bildung" (BMBF 2016) keiner weiteren Ausführungen bedürfen, die verdeutlichen würden, wie Integration durch Bildung konkret umzusetzen ist. Es bedarf offensichtlich in erster Linie praktikabler Bildungskonzepte, die eben an Kindern mit Migrationshintergrund selbsterklärend dargestellt werden können. Eine Verschärfung ihrer Bedeutungsentleerung wird dabei vor allem durch ihre Platzierung im PISA-Kontext erreicht. Und genau hier zeigt sich auch, wie unmöglich

es offenbar ist, diese Entleerung zu unterbinden. Denn die vielfältige Formation der Elemente, so drückt es Moebius (2005, S. 137) aus, kann nur funktionieren, wenn der leere Signifikant „vor Dekonstruktion ‚geschützt' wird". Im
Nach-PISA-Interdiskurs ist genau diese Dekonstruktion nahezu unmöglich, weil
sich schließlich nach und mit PISA 2000 ein Deutungsmuster durchgesetzt hat,
das es Kindern mit Migrationshintergrund erschwert, sich von dem Anschein zu
befreien, förder- sowie bildungs- und integrationsbedürftig zu sein. Kinder mit
Migrationshintergrund treten damit – und erst recht innerhalb von diskutierten
und redundant reflektierten Epochen wie der „POST-PISA-Ära" (Rauschenbach
2014, S. 10) – in die Rolle ständiger Erwartungserfüller oder -enttäuscher von
deutschen bildungs(reform)politischen Initiativen.

4   Schlussbetrachtung

In welcher Art diese Bedeutungsentleerung von Kindern mit Migrationshintergrund anhält, zeigt sich in aktuellen Diskursen. In gewisser Weise ist man geneigt
zu behaupten, dass genau diese Diskurse „die Supplementierung eines Mangels
auf seiten [sic!] des Signifikats" (Derrida 1972, z. n. Stäheli 2000, S. 23) vornehmen und weiterführen. Wie die BMBF-Homepage zu erkennen gab, ist einerseits
der aktuelle Diskurs über den Umgang mit Flüchtlingen daran beteiligt. Denn
innerhalb des diskutierten Kontextes einer „Integration durch Bildung" (BMBF
2016) lassen sich scheinbar problemlos Kinder mit Migrationshintergrund aufführen, an denen sämtliche bildungspolitische Maßnahmen in ihrer Bewährung
gelobt und ausstehende Aktivitäten in ihrer Dringlichkeit formuliert werden können. Kinder mit Migrationshintergrund besitzen als leerer Signifikant zweifelsfrei
eine (be-)deutungsvolle sowie kollektiv geteilte Problematisierungsgrundlage, auf
der aber nicht zuletzt und immer wieder PISA aufgeführt werden kann, um weitere Handlungsbedarfe für diese Kinder zu unterstreichen.

Ein weiterer Diskurs, der sich dieser Problematisierungsgrundlage bedient, ist
der Inklusionsdiskurs. Werden Kinder mit Migrationshintergrund im Kontext von
Integration und Bildung als ‚besonders' bildungsbenachteiligt expliziert und klas-
sifiziert, so werden sie im Rahmen der Inklusion nun zu einer Gruppe von Kindern erklärt, die einen „besonderen Unterstützungsbedarf" (Jerg 2010) benötigt.
Damit formen sich Kinder mit Migrationshintergrund wieder einmal – und entlang eines weiteren Partikularinteresses – zu einer selbstverständlichen Dimension
diskutierter Benachteiligungen, die nahezu synonym für Behinderung und einen
„besonderen Unterstützungsbedarf" angewandt wird. Diese selbstverständliche
Anwendung ist möglich, weil der Ausdruck ‚Kinder mit Migrationshintergrund'

rund um ein problemprädestiniertes Deutungsmuster kreist, das eben beständig angewendet und in andere unverbundene Themen-Kontexte transferiert werden kann. Infolgedessen ist auch der Inklusionsdiskurs mit seinen eigenen Inhalten und Ansprüchen daran beteiligt, einerseits eine differenzielle Position gegenüber anderen Diskursen einzunehmen, andererseits aber genau mit dem Einschluss von Kindern mit Migrationshintergrund eine äquivalente Beziehung hinsichtlich der Arbeit an (Bildungs-)Benachteiligungen zu repräsentieren. Dieser Einschluss ist nur möglich, weil sich der Entleerung einer spezifische(re)n Bedeutung und somit lediglich dem allgemeinen Problem- und Problematisierungscharakter von Kindern mit Migrationshintergrund bedient werden kann. Im Rahmen des Inklusionsdiskurses, der in durchaus positiver Absicht einen weitgefassteren Inklusionsbegriff mit mehreren Differenzkategorien formuliert, um nicht nur Behinderung als die *eine* Dimension von Benachteiligung zu begreifen, werden folglich Kinder mit Migrationshintergrund wiederholend normativ und a priori mit Benachteiligungen gleichgesetzt. Es ist deshalb zu überlegen, wie integrativ, inklusiv und Bildungsbenachteiligungen beseitigend alle jeweiligen Unternehmungen und Ansprüche tatsächlich sind, wenn sie Kinder mit Migrationshintergrund beständig aufführen und nicht zuletzt explizieren müssen, um eben Integration, Inklusion und Bildungsbeteiligungen verständlich zu machen und den Benachteiligungen entgegenzuwirken.

Mit dieser Überlegung schält sich der notwendige Gedanke einer Dethematisierung von Kindern mit Migrationshintergrund heraus. Demnach müsste es meines Erachtens keine Hinweise mehr geben, in denen Kinder *mit* versus *ohne* Migrationshintergrund und entlang ihrer vermeintlichen Unterschiede gegenübergestellt werden. Man würde die generelle Pluralität von Kindern betrachten, ungeachtet der Tatsache, ob es sich hierbei um Kinder mit einem Migrationshintergrund handelt oder nicht. In den Ausdrücken ‚Kinder mit Migrationshintergrund', Kinder mit ‚Migrationsgeschichte' oder Kinder, deren Eltern eine ‚Zuwanderungsgeschichte' aufweisen verbirgt sich doch „eine unbestimmte Vielfalt von Migrationsverläufen" (Radke 2012, S. 91 f.). Diese kann niemals angemessen, umfangreich sowie vorurteilsfrei genug berücksichtigt werden, wenn man sich in unterschiedlichsten und bildungspolitisch relevanten Bereichen – und vor in und mit der PISA-Rezeption – wiederholend lediglich ihres allgemeinen Problem- und Problematisierungscharakters bedient. Ein Auflösen dieser entleerten, weil allgemein anschlussfähigen Bedeutung könnte insofern dazu beitragen, eine Balance zwischen der Vermeidung von Explizierungen jeglicher Art und reflexiven Kategorisierungen zu schaffen. Kinder mit Migrationshintergrund würden damit nicht nur von ihrem grundsätzlichen Fremdheitsstatus (vgl. Sitter 2016) befreit, sondern zu selbstverständlich berücksichtigten Kindern in einer ebenso selbstverständlich interkulturellen Gesellschaft werden. Damit müssten keine Unterschiede gemacht und Kategorien wie Ethnie oder Kultur als Erklärungsmuster für Bildungsbenachteiligungen herangezogen werden; vielmehr könnten festgeschraubte (nationale) Ideen und Vorstellungen von erfolgreichen und weniger erfolgreichen Bildungsbiografien von Kindern und Jugendlichen nach PISA grundlegend überdacht werden.

Literatur

BMBF (Bundesministerium für Bildung und Forschung). (2013). *Nationaler Aktionsplan Integration. Bilanz der Bundesmaßnahmen zum Dialogforum „Bildung, Ausbildung, Weiterbildung".* Bielefeld: Bertelsmann. https://www.bmbf.de/pub/bilanz_nationaler_ integrationsplan.pdf. Zugegriffen: 18. Jan. 2016.

BMBF (Bundesministerium für Bildung und Forschung). (2016). *Integration durch Bildung* (o. S.). https://www.bmbf.de/de/integration-durch-bildung-1092.html. Zugegriffen: 18. Jan. 2016.

Bollinger, D., & Steinhardt, B. (2010). Teilhabe von Kindern mit Migrationshintergrund an Angeboten der frühkindlichen Bildung. *Kita aktuell ND 87*(4), o. S.

Brähler, E., & Richter, H.-E. (1995). Deutsche Befindlichkeiten im Ost-West-Vergleich. Psychosozial, *1*, 7–20.

Bruendel, H., & Hurrelmann, K. (2003). Chancen des Kindergartens nach PISA. *Zeitschrift frühe Kindheit, 6*(5), o. S. http://liga-kind.de/fk-503-bruendel/. Zugegriffen: 12. Jan. 2016.

Deleuze, G. (1992). *Woran erkennt man den Stukturalismus?* Aus dem Französischen übersetzt von Eva Brückner-Pfaffenberger und Donald Watts Tuckwiller. Berlin: Merve (1973).

Derrida, J. (1972). *Die Schrift und die Differenz.* Frankfurt a. M.: Suhrkamp.

Detering, G. (2002). Für das, was wirklich wichtig ist, ist auch Geld da – oder? *Kindergarten heute, 31*(7–8), 33.

Glasze, G., & Mattissek, A. (2009). Die Hegemonie- und Diskurstheorie von Laclau und Mouffe. In G. Glasze & A. Mattissek (Hrsg.), *Handbuch Diskurs und Raum. Theorien und Methoden für die Humangeographie sowie die sozial- und kulturwissenschaftliche Raumforschung* (S. 153–179). Bielefeld: transcript.

Jerg, J. (2010). Inklusion von Anfang an. Entgrenzungen als Herausforderung für eine inklusive Gestaltung von Kindertagestätten. *Zeitschrift frühe Kindheit, 13*(2), o. S.

JMK (Jugendministerkonferenz). (2002). *TOP 4a. Bildung fängt im frühen Kindesalter an.* Beschluss vom 06./07. Juni 2002, S. 1. http://www.mbjs.brandenburg.de/sixcms/media. php/5527/TOP%204%20-%20Beschluss.15475542.pdf. Zugegriffen: 21. Jan. 2016.

Keller, R. (2008). *Wissenssoziologische Diskursanalyse. Grundlegung eines Forschungsprogramms.* Wiesbaden: VS Verlag.

Kertzer, D. I. (1988). *Ritual, politics, and power.* New Haven: Yale University Press.

Kita aktuell ND. (2002a). (Ohne AutorInnenangabe/Hinweis der Redaktion in der Rubrik „Im Blickpunkt"): Abschließende Empfehlungen des Forums Bildung. *Kita aktuell ND, 6*(3), o. S.

Kita aktuell ND. (2002b). (Ohne AutorInnenangabe/Hinweis der Redaktion): Bildungsauftrag der Kindertagesstätten ‚nach PISA'. Kitas zu Orten der Lernfähigkeit entwickeln. *Kita aktuell ND, 6*(10), o. S.

Kita aktuell NRW. (2003). Früh starten – wirksamer fördern – besser lernen – Interview mit der Ministerin für Schule, Jugend und Kinder NRW, Ute Schäfer. *Kita aktuell NRW, 7*(2), o. S.

KMK (Kultusministerkonferenz). (2001a). *Schulisches lernen muss stärker anwendungsorientiert sein. Pressemitteilung der KMK am 04. Dezember 2001.* http://www.kmk. org/presse-und-aktuelles/pm2001/schulisches-lernen-pisa-studie-fakten-muessen-ernstgenommen-werden.html. Zugegriffen: 1. Apr. 2015.

KMK (Kultusministerkonferenz). (2001b). *Pressemitteilung der KMK vom 06. Dezember 2001: 296. Plenarsitzung der Kultusministerkonferenz am 05./06. Dezember 2001 in Bonn.* https://www.kmk.org/presse/pressearchiv/mitteilung/296-plenarsitzung-der-kultusministerkonferenz-am-0506dezember-2001-in-bonn.html. Zugegriffen: 1. Apr. 2015.

KMK (Kultusministerkonferenz). (2002). *298. Plenarsitzung der Kultusministerkonferenz am 23. und 24. Mai 2002 in Eisenach. Pressemitteilung der KMK vom 24. Mai 2002.* https://www.kmk.org/presse/pressearchiv/mitteilung/298-plenarsitzung-der-kultusministerkonferenz-am-23-und-24mai-2002-in-eisenach.html. Zugegriffen: 15. Jan. 2016.

KMK (Kultusministerkonferenz). (2003). *Antrittsrede der hessischen Kultusministerin, Karin Wolff, anlässlich der Übernahme der Präsidentschaft der Kultusministerkonferenz am 16. Januar. 2003 im Festsaal des Bundesrates in Berlin*, S. 7. https://www.kmk. org/fileadmin/Dateien/pdf/PresseUndAktuelles/2003/redewolff_160103.pdf. Zugegriffen: 18. Jan. 2016.

Laclau, E. (2007). Ideologie und Post-Marxismus. In M. Nonhoff (Hrsg.), *Diskurs – radikale Demokratie – Hegemonie. Zum politischen Denken von Ernesto Laclau und Chantal Mouffe* (S. 26–39). Bielefeld: transcript.

Laclau, E., & Mouffe, C. (2006). *Hegemonie und radikale Demokratie. Zur Dekonstruktion des Marxismus.* Wien: Passagen.

Langen-Müller, U. de. (2012). Sprachförderung oder Sprachtherapie? Zusammenarbeit suchen! Sprachförderung ist Entwicklungsbegleitung, Sprachtherapie ein spezifisches Heilmittel. *Kita aktuell ND, 16*(1), o. S.

Leiser, E. (1996). Zum Begriff des Signifikanten in der psychoanalytischen Praxis. *Texte, 16*(2), 7–21. http://userpage.fu-berlin.de/~leiser/SIGNIF.pdf. Zugegriffen: 11. Dez. 2015.

Link, J. (2005). Warum Diskurse nicht von personalen Subjekten 'ausgehandelt' werden. Von der Diskurs- zur Interdiskurstheorie. In R. Keller, A. Hirseland, W. Schneider, & W. Viehöver (Hrsg.), *Die diskursive Konstruktion von Wirklichkeit* (S. 77–99). Konstanz: UVK.

Link, J. (2013). Diskurs, Interdiskurs, Kollektivsymbolik. Am Beispiel der aktuellen Krise der Normalität. *Zeitschrift für Diskursforschung, 1*(1), 7–23.

Lösch, H. (2002). Zu diesem Heft. DISKURS, *12*(2), 4–5.

Luhmann, N. (1991). *Soziologie des Risikos.* Berlin: De Gruyter.

Luhmann, N. (1997). *Die Gesellschaft der Gesellschaft.* Frankfurt a. M.: Suhrkamp.

Maeße, J. (2013). „Krisenmanagement". Eine neue Form des ökonomischen Regierens? In M. Wengeler & A. Ziel (Hrsg.), *Sprachliche Konstruktionen von Krisen. Interdisziplinäre Perspektiven auf ein fortwähren aktuelles Phänomen* (S. 85–110). Bremen: Hempen.

Moebius, S. (2005). Diskurs – Ereignis – Subjekt. Diskurs- und Handlungstheorie im Ausgang einer poststrukturalistischen Sozialwissenschaft. In R. Keller, A. Hirseland, W. Schneider, & W. Viehöver (Hrsg.), *Die diskursive Konstruktion von Wirklichkeit* (S. 127–148). Konstanz: UVK.

Münch, R. (2012). Braucht die Soziologie einen neuen Positivismusstreit? Zum instrumentellen und reflexiven Gebrauch der Soziologie. *Zeitschrift für Theoretische Soziologie, 1*(1), 25–37.

Nedelmann, B. (1986). Soziale Probleme und Handlungsflexibilität. Zur Bedeutsamkeit des kulturellen Aspekts sozialer Probleme. In H. Oppl & A. Tomaschek (Hrsg.), *Soziale Arbeit 2000* (S. 13–42). Freiburg i. Br.: Lambertus.

Nonhoff, M. (2007a). Diskurs – Ereignis – Subjekt. Diskurs- und Handlungstheorie im Ausgang einer poststrukturalistischen Sozialwissenschaft. In M. Nonhoff (Hrsg.), *Diskurs – radikale Demokratie – Hegemonie. Zum politischen Denken von Ernesto Laclau und Chantal Mouffe* (S. 7–23). Bielefeld: transcript.

Nonhoff, M. (2007b). Politische Diskursanalyse als Hegemonieanalyse. In M. Nonhoff (Hrsg.), *Diskurs – radikale Demokratie – Hegemonie. Zum politischen Denken von Ernesto Laclau und Chantal Mouffe* (S. 173–193). Bielefeld: transcript.

Radke, F.-O. (2012). *Kulturen sprechen nicht. Die Politik grenzüberschreitender Dialoge.* Bonn: Bundeszentrale für politische Bildung.

Rauschenbach, T. (2014). „Kita 2020" – eine empirische Zwischenbilanz. *KOMDAT (Kommentierte Daten der Kinder- & Jugendhilfe), 17*(3), 4–11.

Saussure, F. de (1967). Grundfragen der allgemeinen Sprachwissenschaft. Berlin: De Gruyter.

Sitter, M. (2016). *PISAs fremde Kinder. Eine diskursanalytische Studie.* Wiesbaden: Springer VS.

Stäheli, U. (2000). *Poststrukturalistische Soziologien.* Bielefeld: transcript.

Stäheli, U. (2007). Von der Herde zur Horde. Zum Verhältnis von Hegemonie- und Affektpolitik. In M. Nonhoff (Hrsg.), *Diskurs – radikale Demokratie – Hegemonie. Zum politischen Denken von Ernesto Laclau und Chantal Mouffe* (S. 124–138). Bielefeld: transcript.

Stenger, H. (1997). Deutungsmuster der Fremdheit. In H. Münkler & B. Ladwig (Hrsg.), *Furcht und Faszination. Facetten der Fremdheit* (S. 159–221). Berlin: Akademie.

Terkessidis, M. (2010). *Interkultur.* Bonn: Bundeszentrale für politische Bildung.

Toppe, S. (2010). Ungleiche Kindheiten – Ganztagsbildung im Spannungsfeld von sozial-, bildungs- und kinderpolitischen Anforderungen. *Diskurs Kindheits- und Jugendforschung, 5*(1), 63–76.

Ulich, M., & Mayr, T. (2003). Die Sprachentwicklung von Migrantenkindern im Kindergarten – der Beobachtungsbogen SISMIK. Trends in der aktuellen bildungspolitischen Diskussion. *Kita aktuell BW, 7*(5), o. S.

Wengeler, M., & Ziem, A. (2010). „Wirtschaftskrisen" im Wandel der Zeit. Eine diskurslinguistische Pilotstudie zum Wandel von Argumentationsmustern und Metapherngebrauch. In A. Landwehr (Hrsg.), *Diskursiver Wandel.* Wiesbaden: Springer VS.

Über die Autorin

Sitter, Miriam, Dr., ist Sozialwissenschaftlerin und arbeitet am Institut für Sozial- und Organisationspädagogik an der Stiftung Universität Hildesheim. Zu ihren Themenschwerpunkten zählen wissenssoziologische sowie diskursanalytische Forschungen zu den Semantiken der Chancengleichheit und Migration in gesellschafts- und bildungspolitischen Debatten. Sie lehrt und forscht in diesem Kontext auch zu Formen der ,Angst vor Fremden', sozialen Lebenslagen und Trauerprozessen von Kindern und Jugendlichen.

Teil III
Schule

Soziale Ungleichheit im Übergang vom Kindergarten in die Grundschule

Peter Cloos

1 Einleitung

Vertikale Übergänge und deren Gestaltung sind nach Werner Helsper (2013, S. 22) „grundlegender Bestandteil aller Gesellschaften". In modernisierten Gesellschaften können Übergänge weniger stark als temporäre Initiationen, sondern als „organisationsförmig strukturierte institutionelle Ereignisse" (Helsper 2013, S. 22) betrachtet werden, die sich vervielfältigt haben und den gesamten Lebenslauf durchziehen. Aus Perspektive sozialer Ungleichheit geht es bei vertikalen Übergängen vor allen Dingen um Fragen nach vorhandenen oder eingegrenzten gesellschaftlichen Teilhabemöglichkeiten. Im nachfolgenden Beitrag wird ein ganz spezifischer Übergang in den Blick genommen, der in den letzten Jahren bildungspolitisch eine hohe Beachtung gefunden hat und insgesamt als ein wesentliches Projekt zur Transformation des frühkindlichen Bildungs-, Betreuungs- und Erziehungssystems (FBBE) in Deutschland betrachtet werden kann. Ausgangspunkt dieses Beitrages ist, dass in diesem Zusammenhang zwar bildungspolitisch vielfältige kompensatorische Erwartungen an die Übergangsgestaltung adressiert werden, allerdings der Zusammenhang von sozialer Ungleichheit und Transition in der frühkindlichen Forschung bislang unscharf geblieben ist.

Mit dem Ziel einer Schärfung des Blickes auf diesen Zusammenhang werden zunächst aus einer historischen Perspektive die kompensatorischen Funktionen des Kindergartens in der Übergangsgestaltung betrachtet sowie aktuelle

P. Cloos (✉)
Stiftung Universität Hildesheim, Hildesheim, Deutschland
E-Mail: cloosp@uni-hildesheim.de

© Springer Fachmedien Wiesbaden GmbH 2017   179
M.S. Baader und T. Freytag (Hrsg.), *Bildung und Ungleichheit in Deutschland*, DOI 10.1007/978-3-658-14999-4_10

Entwicklungen der Diskussion skizziert (Abschn. 2). Im Anschluss daran werden entlang dreier Forschungsperspektiven auf soziale Ungleichheit im Übergang vom Kindergarten in die Grundschule Forschungsergebnisse vorgestellt und diskutiert (Abschn. 3). Abschließend werden hierauf bezogen Schlüsse für die Weiterentwicklung der Forschung in diesem Segment entwickelt (Abschn. 4). In Ermangelung systematischer Versuche, Forschungsergebnisse zum Übergang vom Kindergarten in die Grundschule vor dem Hintergrund von Fragen sozialer Ungleichheit zu diskutieren, muss die Darstellung hier lückenhaft bleiben und kann zuweilen stärker auf Forschungsbedarfe als auf -resultate verweisen. Vor dem Hintergrund der Tatsache, dass vorhandene Studien häufig nicht ihren Ausgangspunkt in der Untersuchung sozialer Ungleichheiten haben und zuweilen auf Konzepte wie Heterogenität und Inklusion zurückgreifen, weist der Beitrag auch in seiner Definition von sozialen Ungleichheiten Unschärfen auf.

2 Historische Annäherungen und aktuelle Entwicklungen

2.1 Kompensatorische Funktionen und Übergangsgestaltung aus historischer Perspektive

Aus einer historischen Perspektive wird im Folgenden zwei Fragen nachgegangen: Erstens stellt sich die Frage, inwieweit Kindergärten überhaupt der Auftrag zugeschrieben wurde, soziale Ungleichheiten auszugleichen oder ihnen kompensatorisch entgegen zu wirken. Zweitens wird in diesem Kontext danach gefragt, wie das Verhältnis von Kindergarten und Grundschule konzipiert wurde und welche Bedeutung dieser Verhältnisbestimmung für den Erhalt oder den Abbau sozialer Ungleichheiten beigemessen werden kann.

Die Entstehung außerfamilialer Betreuungsformen speist sich nach Erning et al. (1987) wesentlich aus einem Doppelmotiv (im Folgenden Cloos et al. 2013, S. 547 ff.). Außerfamiliäre Kinderbetreuung war vorwiegend als Familien ergänzende und -unterstützende Maßnahme im Sinne von Fürsorge zur Verhinderung von Armut und der Verwahrlosung von Bevölkerungsschichten angelegt. Sie wurde insbesondere von den religiösen Verbänden als eine Notlösung betrachtet und sollte die Bedeutung der Familie durch Fremdbetreuung nicht dauerhaft schmälern. An zweiter Stelle können auch kindesbezogene, auf Bildung und Erziehung ausgerichtete Motive aufgeführt werden. Nach Diana Franke-Meyer und Jürgen Reyer (2010) wurden in der ersten Hälfte des 19. Jahrhunderts den Einrichtungen für Kinder im Kindergartenalter damit sowohl

Familien unterstützende bzw. -ergänzende wie auch kompensatorisch-vorschulische Aufgaben zugeschrieben. Wegweisend waren hier auf der einen Seite die Ansätze der Bewahranstalten, die Kinderschutzmotive mit auf die Eltern ausgerichteten Motiven verschränkten. Mütter sollten durch Kindereinrichtungen von der Betreuung der Kinder frei gestellt werden und die Möglichkeit des zusätzlichen Verdienstes erhalten. Methodisch-didaktisch orientierten sie sich am schulischen Unterricht, in dem Kinder sozial disziplinierend zur Sittsamkeit erzogen und durch Unterrichtung auf die Schule vorbereitet wurden. Demgegenüber stand jedoch auf der anderen Seite eine Funktionsbeschreibung, die weniger residual, auf die Kompensation von Defiziten insbesondere der Kinder aus der Arbeiterschicht und verarmten Landbevölkerung abzielte und wesentlich von Friedrich Fröbel entwickelt wurde. Die Einrichtungen sollten hier Familien *ergänzende* und obligatorisch-vorschulische Aufgaben wahrnehmen. „Sie liefen letztlich auf die Forderung hinaus, Einrichtungen für tendenziell alle Kinder Familien ergänzend und obligatorisch im allgemeinbildenden Volksschulwesen zu verankern" (Franke-Meyer und Reyer 2010, S. 30). Friedrich Fröbel wies dem Kindergarten einen schulvorbereitenden Bildungsauftrag bei, denn er wollte die pädagogische Einheit mit der Schule (Heiland 2006, S. 56).

In der zweiten Hälfte des 19. Jahrhunderts kam es allerdings zu einer „Entflechtung von Familienergänzung und vorschulischer Bildung" (Franke-Meyer und Reyer 2010, S. 32), da bildungs- und sozialpolitisch die außerfamiliäre Betreuung der Kinder erstens als zu starker Eingriff in die Erstzuständigkeit der Eltern und zweitens eine vorschulische Bildung der Kinder die Erstzuständigkeit der Schule für institutionelle Bildung infrage stellte. Infolgedessen wurde dem Kindergarten zunehmend ein eigenwertiger Bildungsauftrag gegenüber der Familie und gegenüber der Schule zugeschrieben (Franke-Meyer und Reyer 2010, S. 34). Dies bedeutete, dass der Kindergarten eben nicht kompensatorisch in die familiären Erziehungsaufgaben eingreifen sollte, sondern Familien ergänzend den Kindern das bieten solle, was die Familie grundsätzlich funktional nicht leisten kann: die Ablösung von der Mutter-Kind-Beziehung, das Spiel in der Gleichaltrigengruppe etc. Die Entwicklung des Kindes wurde hier entlang von klar abgrenzbaren Stufen konzipiert, der Entwicklungsstufe gemäß sollte dann der Kindergarten inhaltlich sowie methodisch-didaktisch schulischen Aufgaben nicht vorgreifen. Spätestens mit der Reichsschulkonferenz 1920 wurde die Trennung der beiden Institutionen festgeschrieben. Der Kindergarten wurde im Gegensatz zu Entwicklungen in anderen europäischen Ländern (Scheiwe 2010) im Sinne des Subsidiaritätsprinzips dem Wohlfahrtssystem – heute: Kinder- und Jugendhilfe – und nicht dem Bildungswesen zugeordnet.

Ab Mitte des 20. Jahrhunderts wandte das öffentliche Interesse sich insbesondere auch der Elementarerziehung zu.[1] Da verstärkt die Forderung gestellt wurde, die soziale Frage bildungspolitisch zu lösen (im Folgenden Cloos et al. 2013, S. 547 ff.), wurde auch über eine Neuausrichtung des Konzepts der Kindertagesbetreuung nachgedacht. Der Deutsche Bildungsrat (1970) empfahl z. B. ein Stufenschulsystem, mit der vorschulischen Elementarerziehung als erste Stufe einzurichten (Deutscher Bildungsrat 1970, S. 26). Auf diese Weise sollte der Kindergarten wieder eine kompensatorische Funktion zugeschrieben bekommen, um familien- und schichtspezifische Milieuunterschiede auszugleichen. Zur Überwindung der Kluft zwischen Kindergarten und Schule wurden bundeslandbezogen Curricula für den Bereich der Vorschule und Schuleingangsphase entwickelt (Retter 1973, S. 9), es sollten im Übergang schul- und sozialpädagogische Zielsetzungen in der Gemeinwesenarbeit umgesetzt (Horn und Thiemel 1982, S. 49) und Kinder mit Problemen „durch gezielte Beobachtung" (Krötz 1982, S. 78 ff.) gefördert werden. Auch wenn in den 1960er und 1970er Jahren nach einer Zeit strikter Trennung die allmähliche wechselseitige Öffnung von Kindergarten und Schule anerkannt wurde, konnte keine Anschlussfähigkeit zwischen beiden Institutionen erreicht werden, auch weil die Vorschuldebatte abebbte und das Interesse an einer konzeptionellen Neuausrichtung des Kindergartens rapide abnahm.

Insgesamt hat der kurze geschichtliche Einblick aufgezeigt, dass erstens die Frage nach der Gestaltung des Übergangs vom Kindergarten in die Grundschule und damit auch das Verhältnis der beiden Institutionen die Diskussion um die Funktion des Kindergartens seit seinen Anfängen begleitet hat. Zweitens konnte aufgezeigt werden, dass der in (West-)Deutschland beschrittene Weg eng mit der pfadabhängigen Entscheidung zusammenhing, den Kindergarten als Familien ergänzendes, bedarfsabhängig-residuales, in kommunaler Verantwortung gestaltetes und dem Wohlfahrtssystem zugeordnetes Angebot zu konzipieren (Scheiwe 2010). Die daraus resultierende institutionelle Trennung von Kindergarten und Grundschule hatte zur Folge, dass eine Anschlussfähigkeit zwischen beiden Institutionen kaum herzustellen war. Im Ergebnis sind Kindergarten und Grundschule in Deutschland zwei Institutionen, die jeweils ein eigenes Profil aufweisen (im Folgenden Cloos und Schröer 2011, S. 17 ff.), personell, curricular und räumlich-institutionell weitgehend

---

[1]Anders dagegen wurde in der DDR in der Zeit zwischen 1946 und 1990 das Konzept eines einheitlichen Bildungssystems vom Kindergarten bis in die Hochschule umgesetzt, welches den Kindergarten erstmals auf der untersten Stufe des allgemeinen Bildungssystems einordnete (Reyer 2013). Mit der Wiedervereinigung der beiden deutschen Staaten wurde jedoch der westdeutsche Pfad auf die neuen Bundesländer übertragen.

voneinander getrennt sind und unterschiedliche pädagogische Konzepte verfolgen (Franke-Meyer und Reyer 2010). Gleichzeitig wurde aber auch deutlich, dass eine kompensatorische und schulvorbereitende Funktion des Kindergartens abgewiesen wurde, da das Bildungs- und Betreuungskonzept von Familie und Schule unabhängig gedacht wurde. Aufgezeigt werden konnte aber auch, dass insbesondere in Zeiten sozial- und bildungspolitischer Reformen Fragen nach der kompensatorischen Funktion des Kindergartens und nach dem Verhältnis von Kindergarten und Grundschule aufgeworfen werden. Insofern schließt die aktuelle frühkindliche Bildungsdiskussion an frühere Diskussionen an. Inwieweit dabei kompensatorische Konzepte und übergangsbegleitende Maßnahmen miteinander verknüpft werden, wird im Folgenden weiter untersucht.

2.2   Die aktuelle Diskussion zum Übergang vom Kindergarten in die Grundschule

In der Nachfolge von PISA rückten im Zuge der anhaltenden Debatten um die Kontur der FBBE auch das Verhältnis zwischen Kindergarten und Schule und der Übergang zwischen beiden Institutionen in das Zentrum bildungspolitischer Debatten (JFMK und KMK 2009). Auf Grundlage historischer Entwicklungen im Kontext von Wiedervereinigung und PISA konnte nun von dem einmal beschrittenen historischen Pfad (Scheiwe 2010) abgewichen und der Kindergarten nun offiziell als Bildungseinrichtung konzipiert werden. Zentral war hierbei, dass der Kindergarten möglichst von allen Kindern frühzeitig besucht werden sollte und gegenüber der Familie eine stärkere kompensatorische und gegenüber der Schule eine stärker schulvorbereitende Funktion erhalten sollte. An den Kindergarten wurde die Hoffnung adressiert, dass er „der Ort sei, an dem Chancengleichheit am ehesten hergestellt" (Beyer 2013, S. 177) werden kann. Insgesamt kann somit von einer Neujustierung des Feldes frühkindlicher Bildung, Erziehung und Betreuung gesprochen werden. Insbesondere die in den letzten Jahren entwickelten Maßnahmen zu einer verbesserten Anschlussfähigkeit von Kindergarten und Schule können als Ausdruck einer solchen Neujustierung betrachtet werden.

Im Zuge dieser Neujustierung hat der von der Jugendministerkonferenz und von der Kultusministerkonferenz beschlossene „Gemeinsame Rahmen der Länder für die frühe Bildung in Kindertageseinrichtungen" (JMK und KMK 2004) wesentliche Standards zur Transformation des Kindergartens als Bildungseinrichtung definiert. Er trug dazu bei, dass die institutionelle Gestaltung des Übergangs in den Bildungs- und Orientierungsplänen der Länder als professionalisierter Standard verankert wurde. Durch die Formulierung von Bildungsbereichen in

diesen Plänen konnte erstens eine curriculare Annäherung der Institutionen ange-
bahnt werden. Zweitens betonen die Bildungspläne die gemeinsamen pädagogischen Grundlagen von Kindergarten und Grundschule. Drittens benennen sie
konkrete Maßnahmen zur Kooperation von Kindergarten und Grundschule.

Im Anschluss an die bildungspolitische Diskussion wurde eine Vielzahl
an Maßnahmen entwickelt, wie die Einrichtung der flexiblen Eingangsstufe
(Speck-Hamdan 2010), die Senkung des Schuleintrittsalters (Roßbach 2013), die
Reduzierung von Zurückstellungen, die Weiterentwicklung von Verfahren zur
Feststellung der Schulfähigkeit im Rahmen von Schuleingangsdiagnostik (Kam-
mermeyer 2013) oder der Umgang mit sogenannten Kann- und Hauskindern.
Insbesondere in den 2000er Jahren wurden mehr oder weniger große Modellprojekte implementiert, wie das Landesprojekt „Frühes Lernen – Kindergarten und
Grundschule kooperieren" in Bremen (2003–2005), das Vorhaben „Ponte – Kindergärten und Grundschulen auf neuen Wegen" (2004–2008), das von der Bund-
Länder-Kommission (BLK) initiierte Verbundprojekt „TransKiGs" (2005–2009);
das Projekt „KiDZ – Kindergarten der Zukunft in Bayern" (2005–2009) und das
niedersächsische Modellvorhaben „Das letzte Kindergartenjahr als Brückenjahr
zur Grundschule" (2007–2011) sowie das ebenfalls in Niedersachsen durchgeführte Vorhaben „Kita und Grundschule unter einem Dach" (2012–2015).

Bei den hier vorgestellten Maßnahmen wurde davon ausgegangen, dass
erstens eine frühere Förderung im Kindergarten im Hinblick auf späteren
Schulerfolg allgemein kompensatorisch wirken kann. *Zweitens* wurde davon ausgegangen, dass übergangsgestaltende Maßnahmen für alle Kinder sich nicht nur
positiv auf die Gesamtgruppe der Kinder auswirken, sondern insbesondere positive Effekte bei den Kindern haben, die als Risikokinder eingestuft werden. Dabei
wird argumentiert, dass Übergänge mit besonderen Herausforderungen verbunden sind. Insbesondere wird hier auf die Stresstheorie von Lazarus (1995) und
das Konzept der kritischen Lebensereignisse von Filipp (1995) verwiesen. Hieran anschließend wird dieser institutionelle Übergang auch häufig mit Risiken,
Stresssymptomen, Entwicklungsdisharmonien und mit Anpassungsschwierigkei-
ten in Verbindung gebracht, wobei die Ausprägung solcher Symptome unter den
Kindern erheblich variiert (Schnurrer et al. 2010) und vermutet wird, dass sozial
benachteiligte Kinder von den Risiken auf besondere Weise betroffen sind.

In Deutschland hat insbesondere der Transitionsansatz für eine anschlussfähige
Übergangsgestaltung plädiert, weil er davon ausgeht, dass ein Drittel bis ungefähr
die Hälfte der Kinder Probleme im Übergang hätten und sich unbewältigte Probleme auf den Erfolg weiterer Übergänge auswirken würden (Griebel und Niesel 2004; kritisch Faust et al. 2013). An diese eher allgemein gefasste Vorstellung
von Übergangsproblemen wurden eher primärpräventiv Forderungen nach einer

umfassenden Übergangsbegleitung auf unterschiedlichen Ebenen angeschlossen. Das Spektrum reicht hier vom Vorschulgruppenangebot in der Kindertageseinrichtung, Besuchen der zukünftigen Grundschule, der Teilnahme am Unterricht über Besuche von Lehrkräften in Kindergärten, gemeinsame Feste und Projekte unter Beteiligung von Kindergarten- und Grundschulkindern bis hin zu einer verstärkten Elternzusammenarbeit, anschlussfähigen Beobachtungskonzepten, Kooperationskalendern, gemeinsamen Arbeitskreisen oder Einschulungskonferenzen und regionalem Übergangsmanagement. Maßnahmen können ganz allgemein dazu dienen, den Übergang für Kinder z. B. durch Besuche in der Grundschule oder durch die schrittweise Heranführung an schulische Lernformen zu erleichtern. Sie können aber auch dafür konzipiert sein, schulnahe Kompetenzen in Abstimmung mit den Grundschulen zu ermitteln und zu fördern. In der Regel richten sich die Angebote jedoch an alle Kinder und ihre Familien und sind nicht im sekundärpräventiven Sinne auf spezifische Kinder- oder Familiengruppen abgestimmt, bei denen bezogen auf den Übergang spezifische Risikolagen identifiziert werden. Dies hängt auch damit zusammen, dass in der Diskussion vollkommen unklar bleibt, welche Gruppen aufgrund welcher Merkmale ein erhöhtes Risiko tragen könnten. Eine Ausnahme bilden hier Kinder mit erhöhten Sprachförderbedarfen (Abschn. 3.1.2).

3 Forschungsperspektiven auf soziale Ungleichheit im Übergang vom Kindergarten in die Grundschule

In der wissenschaftlichen Diskussion zu Übergangsprozessen werden diese als ein komplexes Phänomen betrachtet. In diesem Sinne untersuchen Forschungsprojekte das Thema Übergang vom Kindergarten in die Grundschule auf sehr unterschiedlichen Ebenen. Im Folgenden werden entlang von Forschungsebenen (Cloos und Schröer 2011; Cloos et al. 2013), ausgewählte Forschungsergebnisse dargestellt, die einen Bezug zu Fragen sozialer Ungleichheit ermöglichen. Dabei wird ein Schwerpunkt der Betrachtung auf bildungspolitische Rahmungen und Maßnahmen (Abschn. 3.1), kind- und kindheitsbezogene Perspektiven (Abschn. 3.2) sowie auf organisations- und professionsbezogene Perspektiven (Abschn. 3.3) gelegt.

3.1 Bildungspolitische Rahmungen und Maßnahmen im Übergang aus Perspektive sozialer Ungleichheit

Aus einer bildungspolitischen Perspektive stellt sich die Frage, a) welche Rahmungen vorgenommen und b) welche Maßnahmen bildungspolitisch ergriffen werden, um den Übergang vom Kindergarten in die Grundschule strukturell zu gestalten und inwieweit sie einen Beitrag zu einer Festschreibung oder Verminderung von sozialen Ungleichheiten und ungleich verteilten Bildungschancen leisten. In diesem Sinne werden erstens nachfolgend bildungspolitische Rahmungen daraufhin befragt, inwieweit und in welcher Form eine verknüpfte Perspektive auf Übergänge und soziale Ungleichheit eingenommen wird. In einem zweiten Schritt werden ausgewählte bildungspolitische Maßnahmen untersucht.

3.1.1 Bildungspolitische Rahmungen

In der Nachfolge von PISA sind vielfältige bildungspolitische Reformen angegangen worden, die das Feld der FBBE nachhaltig verändert haben. Wegweisend war hier u. a. der bereits erwähnte und von der Kultusminister- und Jugendministerkonferenz (KMK und JMK 2004) beschlossene gemeinsame Rahmen der Länder „Frühe Bildung in Kindertageseinrichtungen". Dieser hat zwar Standards für Anforderungen an die FBBE u. a. bei der Formulierung von Bildungsplänen definiert, er hat jedoch die Bildungsfrage nicht in den Kontext von sozialer Ungleichheit gestellt. Hier wird lediglich allgemein die „interkulturelle Bildung", die „geschlechtsbewusste pädagogische Arbeit" und die „spezifische Förderung von Kindern mit Entwicklungsrisiken und (drohender) Behinderung" (KMK und JMK 2004, S. 4) in einem Kapitel zur ganzheitlichen Förderung erwähnt. Auch wird die „soziale und kulturelle Vielfalt [...] als Chance" begriffen, „das globale Zusammenleben der Zukunft zu sichern" (KMK und JMK 2004, S. 7). Bildung wird hier aber vor allen Dingen als eine Aufgabe gesehen, die allen Kindern gleichermaßen zugedacht wird. Bedingungen und Möglichkeiten, soziale Ungleichheit abzubauen, werden ebenso wenig erwähnt, wie daran gedacht wird, dass der Kindergarten selbst soziale Ungleichheiten reproduzieren oder herstellen könnte, zumal es in diesem Rahmen darum geht, grundsätzlich die Bildungsbedeutsamkeit des Kindergartens hervorzuheben. Dies zeigt sich insbesondere in Kap. 5 zur „Optimierung des Übergangs vom Elementar- in den Primarbereich" (KMK und JMK 2004, S. 8), wenn die gemeinsamen pädagogischen Grundlagen von Kindergarten und Grundschule hervorgehoben werden. An einer Stelle wird jedoch an alte kompensatorische Debatten angeknüpft: „Die Sprachentwicklung und Sprachförderung in der Familie und in den Kindertageseinrichtungen sind zentral bedeutsam für die Chancengerechtigkeit in der Schule, deshalb muss Sprachförderung Prinzip in Kindertageseinrichtungen und Grundschulen sein" (KMK und JMK 2004, S. 9).

Auch der fünf Jahre später verabschiedete Beschluss „Den Übergang von der Tageseinrichtung für Kinder in die Grundschule sinnvoll und wirksam gestalten" setzt auf die allgemeine Förderung: „Frühe Bildungsprozesse legen den Grundstein für spätere Bildungschancen. *Bildung beginnt mit der Geburt eines Kindes*" (JFMK und KMK 2009, S. 4, kursiv im Original). In diesem Sinne wird auch darauf gesetzt, dass der Kindergartenbesuch (möglichst aller Kinder) späteren Schulerfolg befördere. Damit Bildungsförderung – und damit späterer Schulerfolg – aber noch besser gelingen könne, seien bildungspolitische Maßnahmen zur Erhöhung der Anschlussfähigkeit notwendig. Auch wenn in diesem Sinne u. a. dann ganz allgemein „verbindliche Sprachstandsfeststellungen bereits in der Tageseinrichtung verbunden mit anschließender gezielter Sprachförderung im Elementar- und im schulischen Bereich" und „gezielte Unterstützung von Kindern mit besonderen Förderbedarfen" (JFMK und KMK 2009, S. 3) gefordert werden, zielt der Beschluss doch vor allem darauf ab, die Gemeinsamkeiten und damit eine Annäherungen von Kindergarten und Grundschule durch die Formulierung von gemeinsamen Leitlinien zu beabsichtigen. Perspektiven auf die Kompensation von *sozialen* Ungleichheiten werden hier nicht entworfen.

Mittlerweile liegen ein paar Studien vor, die solche bildungspolitischen Rahmungen in den Blick nehmen. Im Rahmen einer diskursanalytischen Auswertung bildungspolitischer Papiere sowie wissenschaftlicher und praxisnaher Zeitschriftenbeiträge in der PISA-Nachfolge hat Miriam Sitter herausgearbeitet, dass erstens Kinder mit Migrationshintergrund als „leerer Signifikant" (Sitter 2016, S. 144) hervorgebracht werden und somit als

> Kristallisationspunkt in Erscheinung treten, in dem sich nahezu alle bildungsbenachteiligten und somit problematischen Attribute zusammenführen lassen. Die ethnische Herkunft wird aufgeführt, um das Sammelsurium an Benachteiligung [...] zu veranschaulichen und die diesbezügliche Relevanz und Notwendigkeit von (Sprach-)Förderungen zu schlussfolgern. [...] Kinder werden somit zu einer allgemeinen Projektionsfläche für frühe institutionelle Bemühungen und Förderungen im Bereich der Kindertageseinrichtungen (Sitter 2016, S. 145 f.).

Zweitens werden MigrantInnenkinder aber als fremde Kinder markiert: Sie „sind nicht aufgrund ihrer ethnischen Eigenschaften fremd, sondern weil sie sich mit ihren sprachlichen (In-)Kompetenzen nicht in die (bildungs-)kulturelle Ordnung [...] einfügen lassen" (Sitter 2016, S. 319). Somit wird mit „einer eigentlich Migration berücksichtigenden Bildungspolitik und diesbezüglichen (elementar-)

pädagogischen Praxis [...] gleichzeitig ein Stigmatisierungsprozess am Laufen gehalten" (Sitter 2016, S. 318).

In einer diskursanalytischen Auswertung der Bildungspläne wurde von Corinna Schmude und Deborah Pioch untersucht, „inwiefern die 16 Bildungsprogramme der Bundesländer normative Orientierungen für die inklusive pädagogische Arbeit bieten und welche Normen und Differenzverständnisse darin transportiert werden, die möglicherweise Konzepte von Normalität und Abweichung (re-)produzieren" (Schmude und Pioch 2014, S. 59). Sie können zeigen, dass bei der Sprachförderung „sprachlich die implizite Norm des sich lautsprachlich deutsch äußernden, hörenden Kindes konstruiert wird. Die Notwendigkeit eines Sprachförderbedarfs wird Kindern, die aufgrund ihrer Abstammung/Migration der Bezugspersonen oder z. T. der Armut ihrer Bezugspersonen von dieser Norm abweichen, zugeschrieben. Durch die entweder fehlende Thematisierung oder die marginalisierende Konstruktion alternativer Kommunikationsformen" werden Teilhabemöglichkeiten diskursiv eingeschränkt (Schmude und Pioch 2014, S. 80). Beim Thema Beobachtung und Dokumentation, würden Normen von guter Entwicklung in Anschlag gebracht: „Kinder, die ihnen nicht entsprechen, [würden] nicht mitgedacht [...], wenn es um den Erwerb bestimmter geforderter Kompetenzen geht. Dies führt zu einem diskursiven Ausschluss dieser Kinder von den Angeboten, die allen Kindern zugänglich sein sollten" (Schmude und Pioch 2014, S. 82). Bei der Thematisierung des Übergangs würden die Pläne entweder Differenzen von Kindern negieren oder besonders hervorheben, um dann gesonderte, auf die Kinder abgestimmte, ‚besondernde' Förderungen anzuschließen (Schmude und Pioch 2014, S. 83 ff.) Sie kommen auch zu dem Schluss, dass die Bildungsprogramme zudem Zweigeschlechtlichkeit als Bezugsgröße reproduzieren, dass „durch die Zuschreibung von stereotypen Eigenschaften zu den jeweiligen Geschlechtern implizit tradierte Rollenerwartungen (re-)konstruieren, die das biologische Geschlecht fokussieren und die soziale Konstruktion dieser Heterogenitätsdimension nicht oder nur kaum beachten" (Schmude und Pioch 2015, S. 77).

Im Kontext bildungspolitischer Rahmungen des Übergangs vom Kindergarten in die Grundschule wird insbesondere auch eine Transformation des Verhältnisses zwischen familialer Erziehung und öffentlicher Kinderbetreuung angestrebt (Cloos und Karner 2010). Wie in der Diskussion zur FBBE insgesamt so auch in der Übergangsdiskussion, werden familienpolitisch hervorgebrachte Leitbilder aufgerufen, die auch vor dem Hintergrund der Frage sozialer Ungleichheit diskutiert werden können. Tanja Betz, Frederick de Moll und Stefanie Bischoff haben im EDUCARE-Projekt die bildungspolitisch dominanten Konstruktionen von Elternschaft rekonstruiert (Betz et al. 2013). Sie kommen zu dem Schluss, dass das

Leitbild ‚guter Elternschaft' [...] von einer hohen auch wissenschaftlich gestützten Bildungs- und Erziehungskompetenz geprägt ist. ‚Gute Eltern' wissen um die
Entwicklungsschritte ihres Kindes und verschaffen ihrem Kind daher entwicklungs-
angemessene und -förderliche Bildungsgelegenheiten, die den Grundstein für eine
erfolgreiche Schullaufbahn legen. [...] So wird auch deutlich, welche gesellschaftlichen Gruppen im Diskurs keine ‚guten Eltern' sind: sozioökonomisch Benachteiligte und Eltern mit Migrationserfahrung (Betz et al. 2013, S. 77).

Wenn im Sinne der Diskursforschung davon ausgegangen wird, dass die in bildungspolitischen Rahmungen (re-)produzierten Leitbilder Wirkungen erzielen,
dann produzieren diese „sprachlich durch ihre nicht hinterfragten Darstellungen
der Normen Ausschluss" (Schmude und Pioch 2014, S. 84). Der Ausschluss wiederum legitimiert ein sich anschließendes Wiedereinschließen durch bildungspolitische und/oder pädagogische Maßnahmen. In diesem Sinne liefern die hier
dargestellten bildungspolitischen Rahmungen Folien, auf denen bildungspolitisch
sich anschließende pädagogische Maßnahmen entworfen werden.

3.1.2 Bildungspolitische Maßnahmen

Eine Betrachtung bildungspolitischer Maßnahmen kann hier nur exemplarisch
geschehen. Sie konzentriert sich auf die Maßnahmen, die fachlich die größte
Beachtung und finanziell die höchsten Zuwendungen erhalten haben: Modellvorhaben zur Gestaltung des Übergangs vom Kindergarten und Grundschule und
Konzepte zur Sprachstandsfeststellung und Sprachförderung.

a) *Modellvorhaben zum Thema Übergang:* Eine Durchsicht der Projektdarstel-
   lungen und berichte lässt erkennen, dass soziale Unterschiede und damit in
   Zusammenhang stehende Heterogenitätsdimensionen in der Konzeption der
   Modellvorhaben weitgehend ausgeklammert werden und daraus entwickelte
   Maßnahmen nicht darauf abzielen, Übergänge vor dem Hintergrund wider die
   Persistenz sozialer Ungleichheit zu gestalten. Vielmehr wird der Übergang
   institutionell verengt betrachtet. Vor allen Dingen ging es in den Modellpro-
   jekten um die pädagogische Gestaltung von Passungen im institutionalisierten
   Lebenslauf. Systematisch unberücksichtigt blieb aber damit eine Orientierung an der Lebenslage Kindheit (Cloos und Schröer 2011). Auch wurde im
   Rahmen der Projektevaluationen kaum danach gefragt, inwieweit die Vorhaben positive Effekte beim Abbau sozialer Ungleichheiten nachweisen können.
   Beim Projekt KiDZ konnte man zwar eine „Verbesserung der bereichsspezifischen Förderqualität" (Freund und Roßbach 2011, S. 89) feststellen, allerdings
   keine Hinweise darauf, dass sozial benachteiligte Kinder besonders profitieren.

b) *Sprachförderung:* Ein Schwerpunkt bildungspolitischer Maßnahmen im Bereich FBBE liegt auf der Etablierung Sprachfördermaßnahmen, zum Teil mit vorgeschalteter Sprachdiagnostik. Diese wurden in den Bundesländern konzeptionell auf sehr unterschiedliche Weise angelegt und praktisch umgesetzt (einen Überblick liefert Autorengruppe Bildungsberichterstattung 2016). So wurde im Rahmen von Sprachdiagnostik in den Bundesländern ein sich stark unterscheidender Anteil von sprachförderbedürftigen Kindern diagnostiziert. Die Autor_innen kommen zu dem Schluss (Autorengruppe Bildungsberichterstattung 2016, S. 66):

> Auf Basis bundesweiter Elternbefragungen konnte wiederholt gezeigt werden, dass knapp ein Viertel der vor der Einschulung stehenden Kinder in einem Sprachtest als förderbedürftig im Deutschen diagnostiziert wurde. […] Erstaunlich ist, dass immerhin bei 21 % der 3- bis 5-Jährigen, die zu Hause Deutsch sprechen, eine verzögerte Sprachentwicklung diagnostiziert wurde. Mit 39 % sind davon aber erwartungsgemäß deutlich häufiger Kinder mit nicht deutscher Familiensprache betroffen. Und deutlich wird zudem, dass ein entsprechender Förderbedarf insbesondere auch bei Kindern von Eltern mit niedrigem Schulabschluss besteht, was auf entsprechende Risikolagen im Aufwachsen verweist.

In ihrem narrativen Review zur Wirkung von Sprachförderung kommen Franziska Egert und Michaela Hopf (2016) zu dem Schluss, dass zwar einzelne Wirkungen der Fördermaßnahmen nachweisbar sind, die Forschungslage zur Förderung von Kindern zwischen drei und sechs Jahren eher inkonsistent sei. Studien würden z. B. zu dem Ergebnis kommen, dass keine besonderen Leistungszuwächse bei spezifisch geförderten gegenüber unspezifisch geförderten Kindern bestehen würden und der Leistungsabstand zu Kindern ohne Förderbedarf nicht verkleinert werden konnte. Kritisch wenden sie ein, dass nur ein kleinerer Teil der vorhandenen Evaluationsergebnisse zu Sprachfördermaßnahmen Evaluationsstandards erfülle und damit empirisch belastbar sei, aber auch die Anzahl der Studien, die diesen Standards entspräche, insgesamt eine zu geringe Masse ergäbe, sodass vorhandene Ergebnisse kaum gesicherte Schlussfolgerungen zulassen. Sie weisen auch darauf hin, dass kaum Aussagen zur dauerhaften Sprachfördereffekten getroffen werden können und die Ergebnisse verzerrt werden, weil die Studien in der Regel mit geringen Stichproben arbeiten. Auch fragen sie kritisch an, ob die verwendeten Messinstrumente in Bezug auf selektive Gruppen z. B. bei Mehrsprachigkeit oder Sprachauffälligkeit überhaupt „reliabel und sensitiv genug sind, um Effekte abzubilden" (Egert und Hopf 2016, S. 160). Damit bleibt weitgehend unklar, ob Sprachfördermaßnahmen überhaupt Effekte erzielen und wenn ja, bei welchen Kindergruppen in Bezug auf welche Heterogenitätsdimensionen welche Wirkungen nachweisbar sind.

Generell stellte sich die Frage nicht nur nach der Qualität der hier vorgenommenen Sprachstandsfeststellungen und den damit verbundenen Effekten, sondern auch danach, ob insbesondere bei additiven Maßnahmen nicht insgesamt die negativen Effekte durch Stigmatisierung und Separierung überwiegen. Bei alltagsintegrierter Sprachförderung stellt sich vor dem Hintergrund der Vielfältigkeit von Aufgaben, denen pädagogische Fachkräfte nachkommen können, die Frage, wie viel Sprachförderung beim einzelnen Kind ankommt. Auch besteht hier die Gefahr, dass auch auf Grundlage fehlender Diagnostik vorhandene Unterschiede in den Sprachkompetenzen der Kinder nicht wahrgenommen werden oder eine monolinguistische Konzeptionierung der Sprachförderung die Bedeutung der Herkunftssprache und die ‚Herkünfte' der Kinder nicht berücksichtigt (Prengel 2014).

3.2 Kind- und kindheitsbezogene Perspektiven

Eine kind- bzw. kindheitsbezogene Perspektive richtet den Blick auf das Kind als einen den Übergang bewältigenden Akteur. Sie fokussiert das Übergangshandeln und die darüber sichtbar werdenden Kompetenzen, Handlungs- und Bewältigungsmuster und Deutungen des Kindes. Vorherrschend sind hier kompetenzorientierte Analysen (u. a. Beelmann 2008), die sich aus entwicklungs- und lernpsychologischer Perspektive mit der Erfassung und bereichsspezifischen Förderung von schulnahen Kompetenzbereichen auseinander setzen. In Deutschland hat sich im Bereich der Übergangsforschung noch kaum eine kindbezogene Forschungsperspektive entwickelt, die danach fragt, wie Kinder die Übergänge erleben und aktiv gestalten (Corsaro und Molinari 2005). Auch ist kaum eine kindheitsbezogene Perspektive entwickelt, die betrachtet, wie sich Kindheitsmuster im Rahmen einer veränderten Perspektive auf das Verhältnis von Kindheit und Übergang transformieren (Cloos und Schröer 2011).

3.2.1 Forschungsperspektiven auf kindliche Kompetenzen im Übergang

Prinzipiell interessiert sich eine kompetenzorientierte Forschung vorwiegend dafür, welche Fähigkeiten Kinder zu spezifischen Messzeitpunkten entwickelt haben. Die Forschung konzentriert sie sich hier häufig auf kognitive Fähigkeiten und folglich auf solche Kompetenzbereiche, die als zentral für den Schulerfolg angesehen werden und im Mittelpunkt der aktuellen bildungspolitischen Diskussion stehen. Aus dieser Perspektive wird aber auch gefragt, ob und wie sich Schulfähigkeit voraussagen lässt und welche Möglichkeiten der Diagnostik sowie sich daran anschließende Förderungen der Kinder bestehen. Sie richtet jedoch noch zu selten den Blick auf differenzielle Entwicklungsverläufe (Mähler et al. 2015). Eher selten wird hier der Einfluss sozio-ökonomischer Faktoren auf kindliche Kompetenzen untersucht.

Generell wird festgehalten, dass ein längerer Kindergartenbesuch sich positiv auf den späteren Schulerfolg auswirkt, dieser also bereits kompensatorische Effekte nach sich zieht. So verweisen Ergebnisse der IGLU-Studie darauf, dass Grundschulkinder über bessere Lesekompetenzen verfügen, „wenn sie mehr als ein Jahr eine vorschulische Einrichtung besucht haben" (Betz 2010, S. 123). Tanja Betz kommt auf Basis der Sichtung verschiedener Studien zu dem Schluss, dass „Kinder aus unteren Sozialschichten und Kinder mit Migrationshintergrund trotz des Besuchs von Kindertageseinrichtungen ungünstigere schulische Bildungschancen" aufweisen „als Kinder aus höheren Sozialschichten oder ohne Migrationshintergrund" (Betz 2010, S. 124; auch Kratzmann und Schneider 2009; Baader et al. 2012) Zusammenfassend können die Ergebnisse auf Grundlage der vorhandenen Studien eher als inkonsistent bezeichnet werden, zumal auch die Anzahl der Studien kaum ausreicht, um ein differenziertes Bild zu entwerfen.

Studien zu schulischen Vorläuferkompetenzen gehen davon aus, dass insbesondere sprachliche und mathematische Kompetenzen in hohem Maße späteren Schulerfolg voraussagen können. Sie verdeutlichen aber auch, dass nicht allein bereichsspezifische Fertigkeiten wie phonologische Bewusstheit oder frühe Zahlenkenntnis, sondern auch bereichsübergreifende Fähigkeiten z. B. in den Bereichen Arbeitsgedächtnis oder Metakognition (Mähler et al. 2015, S. 61) eine hohe Bedeutung für den Schulerfolg spielen und in Verbindung mit bereichsspezifischen Fertigkeiten zu betrachten sind. Die Längsschnittstudie „Differentielle Entwicklungsverläufe kognitiver Kompetenzen im Kindergarten- und Schulalter" konnte aufzeigen, dass „Kinder mit guter phonologischer Bewusstheit und einem leistungsstarken Arbeitsgedächtnis voraussichtlich auch gute schriftsprachliche Leistungen erbringen werden und Kinder mit guten numerischen Vorkenntnissen eher keine Probleme beim Rechnenlernen haben werden" (Mähler et al. 2015, S. 72). Sie weisen aber auch darauf hin, dass in der Kindergartenzeit „eine insgesamt hohe interindividuelle Stabilität in den Leistungen der Kinder" (Mähler et al. 2015, S. 72) beobachtet werden könnte. Sie schließen daraus, dass eine Individualdiagnostik und daran anschließende Förderung der Kinder im Kindergartenalter bereits früh und nicht erst im letzten Kindergartenjahr beginnen sollte.

Mittlerweile liegen ein paar Studien vor, die aufzeigen können, dass nicht alle Kinder gleichmäßig von der Förderung im Kindergarten profitieren. Kurz et al. (2006) stellen fest, dass Kinder ohne Migrationshintergrund gegenüber solchen mit Migrationshintergrund bereits zum Zeitpunkt des Kindergarteneintritts über bessere Kompetenzen im Bereich Rechnen verfügen. Nach sechs Monaten Kindergartenbesuch können die MigrantInnenkinder in diesem Bereich zwar signifikant aufholen, aber im Vergleich dazu verbessern sich die deutschen Kinder noch deutlicher, sodass sich die Kompetenzunterschiede nach sechs Monaten eher vergrößern anstatt verringern. Insbesondere die interdisziplinäre ForscherInnengruppe „Bildungsprozesse, Kompetenzentwicklung und Selektionsentscheidungen im Vorschul- und Schulalter" (BiKS) hat zentrale Ergebnisse zur Frage des Zusammenhangs vorschulischer Förderung und Schulerfolg geliefert und dabei auch beschrieben, in welchem Zusammenhang interindividuelle Unterschiede stehen. Auch wenn innerhalb der ForscherInnengruppe immer wieder auch Fragen nach der sozialen Ungleichheit thematisiert wurden, standen diese nicht im Zentrum der empirischen Beobachtung.

So berichten Kotzerke et al. (2013) von einer breiten Streuung der individuellen sprachlich-kognitiven Kompetenzen vor der Einschulung und setzen sie in Zusammenhang mit der Anregungsqualität der häuslichen Lernumwelt (Lehrl 2013). Sie stellen fest, dass „Kinder von Müttern mit vergleichsweise höherem Bildungsabschluss auch relativ bessere Kompetenzen und Vorläuferfähigkeiten in schulnahen Bereichen" ausweisen (Kotzerke et al. 2013, S. 129). Dies ließe sich insbesondere bei numerischen und sprachlichen Kompetenzen feststellen. Bezogen auf den Migrationshintergrund lassen sich keine Nachteile „in der schriftsprachlichen Vorläuferkompetenz der Buchstabenkenntnis" feststellen (Kotzerke et al. 2013, S. 130). Allerdings ließen sich deutliche Kompetenzunterschiede in Abhängigkeit von der Herkunftssprache der Eltern ermitteln, „speziell wenn beide Eltern nicht muttersprachlich deutsch sind" (Kotzerke et al. 2013, S. 122). Für den Übergang Kindergarten und Grundschule ist dies insbesondere relevant, weil sie empirisch aufzeigen können, dass das Satzverständnis am Ende der Kindergartenzeit und die bildungssprachlichen Kompetenzen in der 2. Klasse in einem engen Zusammenhang stehen und die bildungssprachlichen Kompetenzen wiederum mit den schulischen Leistungen in der zweiten Klasse in den Fächern Deutsch, Mathematik und Heimat- und Sachunterricht substanziell kovariieren (Kotzerke et al. 2013, S. 127). Sie kommen zu dem Schluss, dass der Kindergarten „die beobachtbaren Unterschiede zwischen Kindern aus bildungsbezogen unterschiedlichen Elternhäusern in sprachlichen und schulnahen Fertigkeiten derzeit nicht aufhebt. Trotz vergleichbarer nonverbaler kognitiver Grundfähigkeiten der Kinder waren [...] am Ende der Kindergartenzeit substanzielle Unterschiede in sprachlichen Kompetenzen und in schulnahen [...] Fertigkeiten [...] in Abhängigkeit von sozial-bildungsbezogenen familiären Hintergrundvariablen nachweisbar" (Kotzerke et al. 2013, S. 130). Kritisch merken sie auch an, dass die Förderqualitäten des Kindergartens in Bezug auf die erzielten Effekte weit unter den Erwartungen lagen.

Die BiKS-Studien (Faust et al. 2013) gehen davon aus, dass die Hypothesen des in der Fachdiskussion breit vertretenen Transitionsansatzes (Griebel und Niesel 2004), nachdem im Übergang ein relativ hohes Auftreten von Krisen in der neuen Lebensphase erwartet werden kann, nicht mit den von ihnen gewonnenen Ergebnis vereinbar sind. Während ältere Studien zum Beispiel von Wolfgang Beelmann (2008) zeigen, dass ein Drittel der Kinder ein durchgängig hohes Level an Anpassungsproblemen aufweisen, kommen sie zu dem Schluss, dass Schuleintrittskrisen bei den Kindern kaum nachweisbar sind (Faust et al. 2013, S. 268). Vielmehr gehen sie davon aus, dass in Übergangssituationen „bestehende persönlichkeitsspezifische Tendenzen und gewohnte Verhaltensweisen aktiviert und auch in der Interaktion von den damit vertrauten Umwelten gestützt" (Faust et al. 2013, S. 251) werden, da über die vier Messzeitpunkte zwischen neun Monaten vor und neun Monaten nach der Einschulung z. B. ängstlich-depressives Verhalten oder Aufmerksamkeitsprobleme relativ stabil bleiben. Sie treten nicht erst beim Schuleintritt auf.

Für die Frage nach der Persistenz sozialer Ungleichheiten sind auch folgende Ergebnisse besonders relevant: Erstens zeigte sich hier ein ausgeprägter Einfluss des familiären Hintergrundes (höchster Bildungsabschluss der Eltern) auf Schulerfolg. Kinder aus höher gebildeten Elternhäusern werden von Lehrkräften *und* Eltern in den Bereichen Selbstständigkeit, Anstrengungsbereitschaft, Schuleinstellung, schriftsprachliche Fähigkeiten und technisch-mathematische Fähigkeiten besser eingeschätzt als Kinder von Eltern mit einem eher niedrigen Bildungsniveau (Faust et al. 2013, S. 266). Zweitens kommen die AutorInnen zu dem Schluss, dass der Schuleinstieg der Jungen in Bezug auf fast alle überprüften Merkmale signifikant belasteter als bei den Mädchen ist.

Wenn also der Kindergarten, wie oben gezeigt, die intraindividuellen Unterschiede von Kindern mit unterschiedlichen familiären, sozialen und bildungsbezogenen Ressourcen nicht ausgleichen kann und die familiäre Förderung im Kindergartenalter einen wichtigen Einfluss auf Schulerfolg hat, dann ist auf Grundlage der weiteren hier referierten Ergebnisse auch davon auszugehen, dass sich diese Unterschiede im Übergang noch einmal verstärken.

3.2.2 Forschungsperspektiven zu Kindern und zur Lebenslage Kindheit

Während der Blick auf die Kompetenzentwicklung bei Kindern im Übergang empirisch im Fokus des Interesses liegt, werden die Interessen, Perspektiven und Aktivitäten der Kinder im Übergang kaum untersucht. Zugespitzt kann formuliert werden, dass Kinder in der Übergangsforschung in Deutschland als Akteure nicht vorkommen. Auch wird bislang kaum an vorhandene kindheitssoziologische Studien angeknüpft, wie z. B. an diejenigen von William A. Corsaro und Luisa Molinari (2005), die die Bedeutung der veränderten Peer-Kulturen im Übergang in den Blick genommen haben. So kann in Deutschland auch nichts darüber gesagt werden, wie Kinder, die aufgrund ihrer sozialen Herkunft geringere Partizipationsmöglichkeit haben, den Übergang erleben und wie sie diesen als Akteure gestalten.

Wird der Blick zusätzlich auf die Lebenslage Kindheit gelenkt, eröffnet dies „nicht nur den Blick für die Ressourcen, die Kinder im Übergang […] haben, sondern genauso für die Konstitution von Kindheit und Handlungsfähigkeit im Wettbewerb um Bildungszertifikate sowie für das alltägliche Bewältigungserleben und die gesellschaftliche Akzeptanz, die Kinder erwarten können" (Cloos und Schröer 2011, S. 30). Die Lebenslage Kindheit umschließt gesellschaftliche Vorstellungen von guter Kindheit, die Kindheit rahmen, aber auch die materiellen, sozialen und kulturellen Ressourcen, die Kindern zur Verfügung stehen. „Wenn die Lebenslage Kindheit somit in den Vordergrund der Diskussionen um Übergänge im Kindesalter gerückt wird, gilt es zu fragen, welche Vorstellung von Kindheit sich in den Diskussionen um Übergänge im Kindesalter abbilden, welche Bedürfnisse von Kindern dadurch anerkannt werden und wie die Handlungsspielräume der Kinder dadurch gestaltet, begrenzt oder geöffnet werden" (Cloos und Schröer 2011, S. 28). Aus Perspektive einer soziologischen Kindheitsforschung sind die aktuellen Transformationen in der FBBE auch vor dem Hintergrund sich wandelnder Muster der Institutionalisierung von Kindheit (Honig 2009, S. XX) zu betrachten. Neuere Forschungsperspektiven ergeben sich, wenn gefragt wird, wie „normale" kindliche Entwicklung im Übergang organisationell und professionell hergestellt wird (Kelle 2008). Zu analysieren wäre hier, inwieweit übergangsbezogene Maßnahmen zu einer Veränderung von Kindheitsmustern beitragen (auch Cloos und Schröer 2011).

3.3   Organisations- und professionsbezogene Perspektiven

Forschungen zur Weiterentwicklung der Kooperation von Kindergärten und Grundschulen stellen gegenwärtig den Großteil der aktuellen Übergangsforschung (im Folgenden Cloos et al. 2013, S. 551 ff.). Es liegen eine Vielzahl evaluativ ermittelter und nur regional gültiger Forschungsergebnisse von Studien vor (Oehlmann et al. 2011), die die Festigung von Kooperationsstrukturen über die Etablierung von Kooperationsverträgen und -kalendern, die Art und Häufigkeit gemeinsamer oder aufeinander abgestimmter Übergangsangebote für Kinder, die Durchführung von gemeinsamen Fortbildungen für Fach- und Lehrkräfte, die Entwicklung von gemeinsamen Beobachtungsverfahren bzw. die Organisation der Weitergabe von Beobachtungsergebnissen, aber die übergangsbegleitende Zusammenarbeit mit den Eltern untersuchen. Aufgrund der regional sehr unterschiedlichen Datenlage gestaltet es sich sehr schwierig, hier verallgemeinerbare Aussagen zu treffen (im Folgenden Cloos et al. 2011, S. 121 ff.). Als Ergebnis nahezu aller Untersuchungen kann festgehalten werden, dass Kindergärten und Grundschulen mittlerweile recht häufig kooperieren. Aufgrund der hohen Anzahl der möglichen Kooperationen insbesondere in großstädtischen Gebieten bestehen in Kindergärten und Grundschulen aber zumeist immer nur zu einem Teil der möglichen Einrichtungen des Einzugsgebiets feste Kooperationsbeziehungen. Darüber hinaus reichen die zeitlichen und personellen Ressourcen häufig nicht aus, ein dichtes Netz an gemeinsam abgestimmten Kooperationsformen und -inhalten zu stricken. In der Regel haben die zukünftigen Schulkinder nur bei wenigen Gelegenheiten im letzten Kindergartenjahr die Möglichkeit, Kooperationsangebote zu nutzen, zumal der Großteil der klassischen Vorschularbeit in wöchentlich stattfindenden sogenannten Vorschulgruppen von den Kindergärten geleistet wird. Ob die Intensität oder die Qualität der Angebote in Stadtteilen abhängig von der dort lebenden Bevölkerungsstruktur in Bezug auf soziale, ethnische und ökonomische Faktoren ist, ist eine empirisch unbeantwortete Frage, die aber aus ungleichheitstheoretischer Perspektive wichtig zu beantworten wäre.

3.3.1 Wirkung von übergangsbegleitenden Maßnahmen

Im Rahmen der oben dargestellten Modellprojekte wurde vorwiegend nicht untersucht, welche Wirkungen die durchgeführten Maßnahmen auf Ebene der Kinder haben. Ulrike Freund und Hans-Günther Roßbach (2011) konstatieren, dass die Kinder vom Projekt KiDZ zwar alle, jedoch benachteiligte Kinder nicht mehr und auch nicht weniger von den Maßnahmen profitiert hätten. Bemerkenswert ist, dass die BiKS-Studie zu dem Schluss kommt (Faust et al. 2013, S. 268), dass „Vorschulprogramme und der Austausch zwischen Lehrkräften und Erzieherinnen keine Bedeutung für die Bewältigung des Schuleintritts haben", auch wenn die Schulvorbereitung die Förderung von für den Bildungserfolg an der Grundschule bedeutsame Vorläuferfähigkeiten einschließt. Insbesondere weit verbreitete Maßnahmen, die dazu dienen, dass die Kinder die Schule kennen lernen, erweisen sich hier als nicht wirkungsvoll (auch Kluczniok und Roßbach 2014). Die AutorInnen vermuten, dass nicht die Bereitstellung von übergangsbezogenen Maßnahmen, sondern die hier nicht untersuchte Qualität der Maßnahmen einen Einfluss haben könnte. Im Anschluss daran plädieren sie dafür, „verstärkt Kooperationsmaßnahmen bei der zahlenmäßig kleinen Risikogruppe von Kindern" anzusetzen, die „tatsächlich von Übergangsproblemen betroffen sind" (Kluczniok und Roßbach 2014, S. 19), ohne jedoch darzulegen, was sie unter den tatsächlichen Übergangsproblemen genau fassen und ohne zu berücksichtigen, dass Übergangsprobleme nicht allein an kindliche Kompetenzen gebunden sind, sondern ebenso das Produkt eines Aushandlungsprozesses zwischen unterschiedlichen AkteurInnen im Übergang sind.

3.3.2 Prozesse der Übergangsgestaltung und die Herstellung von Differenz

Wie Schweda (2014) in Bezug auf Gomolla und Radtke (2009) feststellt, sind „Unterschiede in der Bildungsbeteiligung verschiedener Bevölkerungsgruppen nicht ursächlich auf Eigenschaften der jeweiligen Teilpopulationen zurückzuführen [...], sondern als Effekte der Strukturen, Programme, Regeln und Routinen in den Organisationen" (Schweda 2014, S. 88) zu interpretieren. Hieran anschließend hat Anna Schweda ethnografisch im Rahmen einer Studie zu Einschulungsverfahren den „*Vollzug* der Praktiken der gemeinsamen Aushandlung und Hervorbringung von Bildungsentscheidungen" (Schweda 2014, S. 89) am Beispiel der Aushandlung, ob ein Kind einen Vorlaufkurs[2] in Hessen besucht, in den Blick genommen. Indem sie zum einen die organisatorischen Prozesse und die konkreten Aushandlungsgespräche zwischen Eltern und Lehrkräften untersucht, kann sie herausarbeiten, dass nicht ausschließlich die sprachlichen

---

[2]Hierzu heißt es auf der Seite des Hessischen Kultusministeriums unter https://kultusministerium.hessen.de/schule/sprachfoerderung/vorlaufkurse: „Grundschulen bieten Vorlaufkurse als Hilfe für alle Kinder an, die bei der Anmeldung zur Einschulung noch nicht über ausreichende Deutschkenntnisse verfügen. Grundschulen und Kindertagesstätten arbeiten dabei eng zusammen."

Kompetenzen des Kindes, sondern organisatorische Bedingungen z. B. in Bezug auf freie Plätze darüber mitentscheiden, ob die Kinder eine weitere Förderung bekommen. Im gleichen Projekt wurden auch Einschulungsgespräche zwischen Fach- und Lehrkräften in Kindertageseinrichtung und Grundschule in den Blick genommen (Grab und Schweda 2015). Sie können zeigen, wie in den Gesprächen Praktiken der zügigen Unterscheidung von unauffälligen und auffälligen Kindern den Austauschprozess strukturieren und damit eine Selektion von Kindern in förder- oder nicht förderbedürftig vorgenommen wird. In Bezug auf die Dokumentation von kindlichen Kompetenzen im Rahmen des Einschulungsverfahrens können sie eine „Dynamik von Differenzierung und Entdifferenzierung" (Kelle und Schweda 2014) feststellen: „Zunächst werden die Leistungsdifferenzen zwischen den Kindern über Leistungsbereiche hinweg in Dokumenten ‚festgestellt', an die Fülle auf diese Weise erzeugten ‚Daten' kann das weitere Verfahren aber gar nicht anschließen. Vielmehr wird eine Fokussierung auf einzelne problematische Kinder verfolgt, welche das Leistungsspektrum der beobachteten Kindergruppe entlang der Unterscheidung auffällig – unauffällig entdifferenziert" (Kelle und Schweda 2014, S. 383). Kritisch wenden die Autorinnen ein, dass aufgrund der Frühzeitigkeit der Gespräche, 15 Monate vor der Einschulung, die Ergebnisse der Gespräche noch nicht schulisch beantwortet werden können und somit die vorschulische Diagnostik mit Ausnahme der Entscheidung für Vorläuferkurse ins Leere laufen, wenn keine erheblichen Probleme festgestellt würden, die eine Intervention Dritter erforderlich machen.

In einem Forschungsprojekt zur Begleitung des Übergangs von Kindern mit besonderen Förderbedarfen durch prozessorientierten Verfahren der Bildungsdokumentation, wie z. B. die Bildungs- und Lerngeschichten (Leu et al. 2007), haben wir die Potenziale der Verfahren in den Blick genommen und uns gefragt, ob diese geeignet sind, eine ressourcenorientierte Förderung der Kinder zu entwickeln und Kinder, Familie, Kindergarten und Schule im Übergang miteinander zu vernetzen (im Folgenden Urban et al. 2015). Das Projekt konnte aufzeigen, dass im Rahmen der Nutzung der untersuchten Instrumente Normen und Normvorstellungen an das Kind und seine Familie herangetragen werden. Diese Erwartungen sind eng verbunden mit aktuell wirksamen Vorstellungen von ‚guter' Kindheit (Alasuutari und Alasuutari 2012). Durch die Dokumentationen und ihre Nutzung werden Kinder als Lernende und zu Fördernde, als sich Entwickelnde und sich Bildende auf unterschiedliche Weise im Netzwerk von Kindern, Eltern, Fach- und Lehrkräften bzw. Familie, Kindertageseinrichtung und Schule positioniert (Schulz 2014). In diese Beschreibungen werden zusätzliche Informationen eingelassen: die Information, dass es wichtig und sinnvoll ist, die von der Institution erwarteten Fähigkeiten zu haben, dass diese

Fähigkeiten ‚beobachtungs- und dokumentationswürdig' sind. In Zusammenhang mit Fragen nach sozialer Ungleichheit ist hier relevant, dass die Verfahren selber grundsätzlich von der Individualität jeden Kindes ausgehen, allerdings die herkunftsbedingten Unterschiede der Kinder nicht berücksichtigen, sodass habituelle Diskrepanzen in den Vorstellungen von guter Kindheit zwischen Kindern, Eltern und Fachkräften zu einer Reproduktion von sozialen Unterschieden führen können. Dies ist besonders bemerkenswert auch vor dem Hintergrund, dass in den im Forschungsprojekt rekonstruierten Elterngesprächen die pädagogischen Fachkräfte die Eltern adressieren, sich in den Dienst der institutionellen Erwartungen zu stellen. Eltern werden hier kaum als gleichrangige Partner mit eigenen Vorstellungen an die Bildung, Entwicklung und Förderung des Kindes positioniert.

Vor dem Hintergrund der Frage, wie durch Förderung der Kinder Unterschieden begegnet werden kann, verwunderte, dass die Bildungsdokumentationen zugunsten einer stärkenorientierten, wohlwollenden Beschreibung des Kindes überwiegend vermieden, spezifische Förderbedarfe und Entwicklungsziele konkret zu benennen. Zum Teil wurden zwar Entwicklungsaufgaben ausgedrückt, diese bleiben dann häufig aber diffus und auf unklare Vorstellungen der pädagogischen Fachkräfte über die vermeintlich für den Schulstart erforderliche Kompetenzen bezogen. Insgesamt schienen bei den pädagogischen Fachkräften jenseits der Feststellung, dass sich Kinder im Kindergartenraum in Auseinandersetzung mit anderen Kindern selbst bilden und entwickeln, sehr vage Vorstellungen und Konzepte vorhanden zu sein, wie Förderung angeschlossen werden kann. Dies zeigten insbesondere die untersuchten Teambesprechungen, in denen vielfältige Beschreibungen der Kinder, ihrer Tätigkeiten, Kompetenzen und Schwächen erfolgten, diese aber kaum aufeinander bezogen in eine, auch die Ressourcen des kindlichen Umfelds berücksichtigende Förderung münden. Die Förderung bleibt dabei auf den Kindergarten begrenzt, Eltern und Lehrkräfte werden dabei kaum beteiligt.

Zusammenfassend kann festgestellt werden, dass im Übergang vom Kindergarten in die Grundschule Prozesse der Kategorisierung von Kindern entlang von Normalvorstellungen beobachtbar sind, dass aber wiederum diese Kategorisierungen komplexe Prozesse der Differenzierung und Entdifferenzierung durchlaufen. Bemerkenswert ist daran erstens, dass die Vielfältigkeit der Informationen nicht dazu führt, dass auch kindbezogene Förderungen auch unter Beteiligung der Eltern angeschlossen werden und ganz andere Bedingungen als die kindlichen Kompetenzen zu Förderentscheidungen führen.

4   Schlussfolgerungen

Die geschichtliche Betrachtung hat deutlich gemacht, dass das Thema des Übergangs vom Kindergarten in die Grundschule stets eng mit der Frage nach der Funktion der außerfamiliären Betreuung vor der Schule und der Bildungskonzeption des Kindergartens verbunden war. Historisch haben sich Kindergarten und Grundschule in Deutschland als zwei Institutionen mit jeweils eigenem Profil heraufgebildet, wobei beim Kindergarten eine kompensatorische und schulvorbereitende Funktion zunehmend abgewiesen wurde. Allerdings wurden solche Funktionsbeschreibungen in Zeiten sozial- und bildungspolitischer Reformen – wie auch aktuell – immer wieder neu Thema. Dass schulvorbereitende Funktionen aktuell wieder hoch im Kurs der bildungspolitischen Debatten stehen, hängt eng mit Bemühungen zusammen, den Bildungsauftrag von Kindertageseinrichtungen neu zu formulieren. Allerdings bleiben die bildungspolitischen Dokumente zur Gestaltung des Übergangs in die Grundschule zur Frage der sozialen Ungleichheit eher vage, wird doch insgesamt eine Annäherung der beiden Institutionen angestrebt. Die im Anschluss an die bildungspolitische Diskussion entwickelten Maßnahmen zum Übergang richten sich mit Ausnahme von Sprachfördermaßnahmen an alle Kinder und ihre Familien und sind nicht im sekundärpräventiven Sinne auf spezifische Kinder- oder Familiengruppen mit spezifischen Risikolagen, Förderbedarfen etc. abgestimmt. Dass sie soziale Ungleichheiten abbauen sollen oder sogar verstärken könnten, ist ein hier eher vernachlässigtes Thema. Gleichzeitig wurde aber auch festgehalten, dass die in bildungspolitischen Rahmungen (re-)produzierten *Leitbilder,* eher einem Abbau von sozialer Ungleichheit entgegenstehen, weil sie spezifische Gruppen von Kindern und ihren Familien auf besondernde Weise darstellen und ausschließen. Dies dient der Legitimation der bildungspolitisch entworfenen Maßnahmen.

Bezogen auf kindliche Kompetenzen konnte herausgearbeitet werden, dass der Besuch eines Kindergartens einen Einfluss auf späteren Schulerfolg hat, dies aber wiederum sehr stark von familiären Faktoren abhängt. Insgesamt ist aber die Forschungslage zu den Effekten der Förderung von Kindern zwischen drei und sechs Jahren im Kindergarten eher inkonsistent. Zwar können einzelne Effekte in bereichsspezifischen Förderbereichen identifiziert werden, insgesamt kommen Studien aber zu dem Ergebnis, dass insbesondere bei den Sprachfördermaßnahmen keine besonderen Leistungszuwächse bei spezifisch geförderten gegenüber unspezifisch geförderten Kindern bestehen und der Leistungsabstand zu Kindern ohne Förderbedarf nicht verkleinert wird. Auch konnten keine Nachweise erbracht werden, dass die Unterschiede zwischen Kindern aus Elternhäusern mit unterschiedlichen bildungsbezogenen Hintergründen in schulnahen Fertigkeiten aufgehoben werden oder sozial benachteiligte Kinder von Übergangsmaßnahmen besonders profitieren. Allerdings ist die Anzahl der vorhandenen Studien so gering, dass hier auch keine hinreichend abgesicherten Aussagen getroffen werden können. Bemerkenswert ist auch, dass bislang keine Effekte auf die kindliche Bewältigung des Schuleintritts durch die Kooperation von Kindergarten und Grundschule gefunden werden konnten.

Weiterhin konnte herausgearbeitet werden, dass in der Übergangsforschung die Interessen, Perspektiven und Aktivitäten der Kinder im Übergang kaum untersucht sind und somit Kinder als Träger von Kompetenzen, aber nicht als Akteure in den Studien vorkommen. Wird der Blick auf die Prozesse der Übergangsbegleitung gelenkt, deutet sich im Übergang vom Kindergarten in die Grundschule die hohe Bedeutung von Prozessen der Kategorisierung von Kindern entlang von Normalvorstellungen an. Kindbezogene Förderungen werden allerdings unter Beteiligung der Eltern kaum angeschlossen. Entscheidend können dann für Förderentscheidungen z. B. (nicht) vorhandene Personalressourcen sein.

Vor dem Hintergrund der Befunde, dass Unterschiede in den kindlichen Kompetenzen relativ konstant über die Kindergartenzeit bestehen blieben, diese Unterschiede sich auch auf den Schulerfolg auswirken und familiäre Bildungshintergründe dabei eine hohe Bedeutung haben, bleibt die Frage weitgehend offen, wie ein Abbau von sozialen Ungleichheiten im Übergang vom Kindergarten in Grundschule gelingen kann. Weitgehend offen bleibt die Frage des didaktischen Umgangs mit sozialer Ungleichheit im Übergang insbesondere vor dem Hintergrund der Frage, wie Differenzen beachtet werden können, ohne dass sie zu einer ungleichheitsförderlichen Überbetonung führen (Kuhn 2014, S. XX). Dass dies auch, aber nicht allein ein didaktisch zu lösendes Problem ist, deuten insbesondere qualitative Studien an. Sie zeigen die Schwierigkeiten auf, die sich bei einer differenzsensiblen individuellen Förderung von Kindern auf Grundlage der Beobachtung von Kindern im Kindergarten ergeben. Sie verweisen auch auf die Trennung der unterschiedlichen Sozialisationsorte Familie und Kindergarten: Kindergarten und Erziehungsberechtigte können im Übergang bei der Unterstützung von Kindern kaum aneinander anschließen. Dies wäre aber eine Voraussetzung, sollen die familiär bedingten Unterschiede abgemildert werden. Sozialraumorientierte Perspektiven könnten hier möglicherweise hilfreich sein, zumal davon auszugehen ist, dass soziale Ungleichheiten sich auch sehr stark sozialraumbezogen abbilden und eine vorwiegend auf die individuelle Förderung ausgerichtete Perspektive zu kurz greift, wenn sie die in den Sozialräumen unterschiedlichen vorhandenen Kapitalsorten nicht berücksichtigt und in ihre Förderkonzepte nicht sozialraumbezogen aufgreift (Landhäußer und Ziegler 2011).

Die qualitativen Studien verdeutlichen aber auch, dass auf die Kinder und Eltern gerichtete Fördermaßnahmen im Übergang zum Abbau sozialer Ungleichheiten genau dann ins Leere laufen, wenn Prozesse der institutionellen Diskriminierung nicht reflektiert werden.

Literatur

Alasuutari, P., & Alasuutari, M. (2012). The domestication of early childhood education plans in Finland. *Global Social Policy, 12*(2), 129–148.

Autorengruppe Bildungsberichterstattung. (2016). *Bildung in Deutschland 2016.* Bielefeld: Bertelsmann.

Baader, M. S., Cloos, P., Hundertmark, M., & Volk, S. (2012). Soziale Ungleichheit in der frühkindlichen Bildung, Betreuung und Erziehung. In M. Kuhnshenne, I. Miethe, H. Sünker, & O. Venzke (Hrsg.), *(K)eine Bildung für Alle – Deutschlands blinder Fleck* (S. 17–49). Opladen: Budrich.

Beelmann, A. (2008). Förderung sozialer Kompetenzen im Kindergartenalter: Programme, Methoden. *Evaluation. Empirische Pädagogik, 22*(2), 160–177.

Betz, T. (2010). Kompensation ungleicher Starchancen. In P. Cloos & B. Karner (Hrsg.), *Erziehung und Bildung von Kindern als gemeinsames Projekt* (S. 113–134). Baltmannsweiler: Schneider Verlag Hohengehren.

Betz, T., de Moll, F., & Bischoff, S. (2013). Gute Eltern – schlechte Eltern. Politische Konstruktionen von Elternschaft. In L. Correll & J. Lepperhoff (Hrsg.), *Kompetenzteam Wissenschaft des Bundesprogramms „Elternchance ist Kinderchance", Frühe Bildung in der Familie* (S. 69–80). Weinheim: Beltz Juventa.

Beyer, B. (2013). Chancengleichheit im Kindergarten. In S. Siebholz, E. Schneider, S. Busse, S. Sandring, & A. Schippling (Hrsg.), *Prozesse sozialer Ungleichheit. Bildung im Diskurs* (S. 21–28). Wiesbaden: Springer VS.

Cloos, P., & Karner, B. (2010). Elternarbeit oder Erziehungspartnerschaft? In P. Cloos & K. Britta (Hrsg.), *Erziehung und Bildung von Kindern als gemeinsames Projekt* (S. 169–189). Baltmannsweiler: Schneider Verlag Hohengehren.

Cloos, P., & Schröer, W. (2011). Übergang und Kindheit. In S. Oehlmann, Y. Manning-Chlechowitz, & M. Sitter (Hrsg.), *Frühpädagogische Übergangsforschung* (S. 17–34). Weinheim: Juventa.

Cloos, P., Manning-Chlechowitz, Y., & Sitter, M. (2011). Kooperationsbemühungen im Übergang. In S. Oehlmann, Y. Manning-Chlechowitz, & M. Sitter (Hrsg.), *Frühpädagogische Übergangsforschung* (S. 121–142). Weinheim: Juventa.

Cloos, P., Oehlmann, S., & Sitter, M. (2013). Der Übergang vom Kindergarten in die Grundschule. In W. Schröer, B. Stauber, A. Walther, L. Böhnisch, & K. Lenz (Hrsg.), *Handbuch Übergänge* (S. 547–567). Weinheim: Beltz Juventa.

Corsaro, W. A., & Molinari, L. (2005). *I compagni. Understanding children's transition from preschool to elementary school.* New York: Teachers College Press.

Deutscher Bildungsrat. (1970). *Empfehlungen der Bildungskommission: Strukturplan für das Bildungswesen.* Bonn: Deutscher Bildungsrat.

Egert, F., & Hopf, M. (2016): Zur Wirksamkeit von Sprachförderung in Kindertageseinrichtungen in Deutschland. Ein narratives Review. *Kindheit und Entwicklung*,
doi:10.1026/0942-5403/a000199

Erning, G., Neumann, K., & Reyer, J. (1987). *Geschichte des Kindergartens* (Bd. 1 und 2).
Freiburg i. Br.: Lambertus.

Faust, G., Kratzmann, J., & Wehner, F. (2013). Psychosoziale Probleme und Erfolg bei der
Einschulung. In G. Faust (Hrsg.), *Einschulung* (S. 251–273). Münster: Waxmann.

Filipp, S.-H. (Hrsg.). (1995). *Kritische Lebensereignisse*. Weinheim: BeltzPVU.

Franke-Meyer, D., & Reyer, J. (2010). Das Verhältnis öffentlicher Kleinkinderziehung zur
Familie und zur Schule aus historisch-systematischer Sicht. In P. Cloos & B. Karner
(Hrsg.), *Erziehung und Bildung von Kindern als gemeinsames Projekt* (S. 26–40). Balt-
mannsweiler: Schneider Verlag Hohengehren.

Freund, U., & Roßbach, H.-G. (2011). Das Projekt KiDZ – Kindergarten der Zukunft in
Bayern. In S. Oehlmann, Y. Manning-Chlechowitz, & M. Sitter (Hrsg.), *Frühpädagogische Übergangsforschung* (S. 79–92). Weinheim: Juventa.

Gomolla, M., & Radtke, F.-O. (2009). *Institutionelle Diskriminierung. Die Herstellung ethnischer Differenz in der Schule*. Wiesbaden: VS Verlag.

Grab, M., & Schweda, A. (2015). Austauschgespräche über einzuschulende Kinder am
Übergang in die Grundschule. In M. Urban, M. Schulz, K. Meser, & S. Thoms (Hrsg.),
Inklusion und Übergang (S. 105–119). Bad Heilbrunn: Klinkhardt.

Griebel, W., & Niesel, R. (2004). *Transitionen*. Weinheim: Beltz.

Heiland, H. (2006). Fröbels Pädagogik aktuell. Eine Brücke zwischen den Institutionen.
In D. Diskowski, E. Hammes-DiBernado, S. Hebenstreit-Müller, & A. Speck-Hamdan
(Hrsg.), *Übergänge gestalten. Wie Bildungsprozesse anschlussfähig werden* (S. 54–65).
Weimar: Verlag das Netz.

Helsper, W. (2013). Die Bedeutung von Übergängen im Bildungsverlauf. In S. Siebholz, E.
Schneider, S. Busse, S. Sandring, & A. Schippling (Hrsg.), *Prozesse sozialer Ungleichheit. Bildung im Diskurs* (S. 141–151). Wiesbaden: Springer VS.

Honig, M.-S. (2009). Das Kind der Kindheitsforschung. In M.-S. Honig (Hrsg.), *Ordnungen der Kindheit* (S. 25–51). Weinheim: Juventa.

Horn, H. A., & Thiemel, F. (1982). Sozial- und schulpädagogische Zielsetzungen im
Zusammenwirken mit Gemeinwesenarbeit. In H. A. Horn (Hrsg.), *Kindergarten und
Grundschule arbeiten zusammen* (S. 49–54). Weinheim: Beltz.

JFMK & KMK. (2009). Den Übergang von der Tageseinrichtung für Kinder in die Grundschule sinnvoll und wirksam gestalten (Beschluss der Jugend- und Familienminister-
konferenz vom 05.06.2009/ Beschluss der Kultusministerkonferenz vom 18.06.2009).

Kammermeyer, G. (2013). Schuleingangsdiagnostik. In L. Fried & S. Roux (Hrsg.), *Pädagogik der Frühen Kindheit* (S. 272–284). Berlin: Cornelsen.

Kelle, H. (2008). „Normale" kindliche Entwicklung als kulturelles und gesundheitspoliti-
sches Projekt. In H. Kelle & A. Tervooren (Hrsg.), *Ganz normale Kinder* (S. 187–205).
Weinheim: Juventa.

Kelle, H., & Schweda, A. (2014). Differenzdokumentationen und -produktionen am Übergang vom Elementar- zum Primarbereich. In A. Tervooren, N. Engel, M. Göhlich, I.
Miethe, & S. Reh (Hrsg.), *Ethnographie und Differenz in pädagogischen Feldern*. Bielefeld: transcript.

Kluczniok, K., & Roßbach, H.-G. (2014). Probleme beim Übergang von Kindergarten zur Grundschule: Wahrheit oder Mythos? In A. B. Liegmann, I. Mammes, & K. Racherbäumer (Hrsg.), *Facetten von Übergängen im Bildungssystem* (S. 13–22). Münster: Waxmann.

KMK, JMK. (2004). *Frühe Bildung in Kindertageseinrichtungen. Gemeinsamer Rahmen der Länder.* Bonn: Beta Verlag & Marketinggesellschaft mbH.

Kotzerke, M., Röhricht, V., Weinert, S., & Ebert, S. (2013). Sprachlich-kognitive Kompetenzunterschiede bei Schulanfängern und deren Auswirkungen bis Ende der Klassenstufe 2. In G. Faus (Hrsg.), *Einschulung* (S. 111–135). Münster: Waxmann.

Kratzmann, J., & Schneider, T. (2009). Soziale Ungleichheit beim Schulstart. *Kölner Zeitschrift für Soziologie und Sozialpsychologie, 61*(2), 211–234.

Krötz, G. (1982). Kinder mit Problemen. In H. A. Horn (Hrsg.), *Kindergarten und Grundschule arbeiten zusammen* (S. 78–95). Weinheim: Beltz.

Kuhn, M. (2014). Vom Allgemeinen und Besonderen. Wissens- und differenzkritische Überlegungen zur Professionalisierung von kindheitspädagogischen Fachkräften in Migrationsgesellschaften. In T. Betz & P. Cloos (Hrsg.), *Kindheit und Profession* (S. 130–144). Weinheim: Beltz.

Kurz, K., von Maurice, J., Dubowy, M., Ebert, S., & Weinert, S. (2006). Kompetenzentwicklung und Bildungsentscheidungen im Vor- und Grundschulalter. In K.-S. Rehberg (Hrsg.), *Die Natur der Gesellschaft* (S. 310–337). Frankfurt a. M.: Campus.

Landhäußer, S., & Ziegler, H. (2011). Zur Empirie sozialräumlich orientierter Sozialer Arbeit – Soziales Kapital messen. In G. Oelerich & H.-U. Otto (Hrsg.), *Empirische Forschung und Soziale Arbeit* (S. 65–76). Wiesbaden: VS Verlag.

Lazarus, R. S. (1995). Stress und Stressbewältigung. In S.-H. Filipp (Hrsg.), *Kritische Lebensereignisse* (S. 198–232). Weinheim: Beltz PVU.

Lehrl, S. (2013). Die häusliche Lernumwelt im Vorschulalter – wie Eltern die kindliche Kompetenzentwicklung unterstützen. In G. Faust (Hrsg.), *Einschulung* (S. 51–67). Münster: Waxmann.

Leu, H. R., Flämig, K., Frankenstein, Y., Koch, S., Pack, I., Schneider, K., Schweiger, M. (2007). *Bildungs- und Lerngeschichten.* Weimar: Verlag Das Netz.

Mähler, C., Piekny, J., von Goldammer, A., Balke-Melcher, C., Schuchardt, K., & Grube, D. (2015). Kognitive Kompetenzen als Prädiktoren für Schulleistungen im Grundschulalter. In P. Cloos, K. Koch, & C. Mähler (Hrsg.), *Entwicklung und Förderung in der frühen Kindheit* (S. 60–77). Weinheim: Beltz Juventa.

Oehlmann, S., Manning-Chlechowitz, Y., & Sitter, M. (Hrsg.). (2011). *Frühpädagogische Übergangsforschung.* Juventa: Weinheim.

Prengel, A. (2014). *Inklusion in der Frühpädagogik.* München: Weiterbildungsinitiative Frühpädagogische Fachkräfte.

Retter, H. (1973). Vorwort. In Arbeitskreis Vorschulerziehung der PH Schwäbisch Gmünd unter Leitung von H. Retter (Hrsg), *Schlüsselbegriffe in der Vorschulerziehung* (S. 9–11). Freiburg i. Br.: Herder.

Reyer, J. (2013). Geschichte frühpädagogischer Institutionen. In L. Fried & S. Roux (Hrsg.), *Pädagogik der Frühen Kindheit* (S. 286–297). Berlin: Cornelsen.

Roßbach, H.-G. (2013). Institutionelle Übergänge in der Frühpädagogik. In L. Fried & S. Roux (Hrsg.), *Pädagogik der Frühen Kindheit* (S. 298–310). Berlin: Cornelsen.

Scheiwe, K. (2010). Institutionenwandel in der frühkindlichen Erziehung. In P. Cloos & B. Karner (Hrsg.), *Erziehung und Bildung von Kindern als gemeinsames Projekt* (S. 41–59). Baltmannsweiler: Schneider Verlag Hohengehren.

Schmude, C., & Pioch, D. (2014). *Schlüssel zu guter Bildung, Erziehung und Betreuung – Kita inklusiv!* Berlin: GEW.

Schmude, C., & Pioch, D. (2015). Normative Orientierungen und deren Reflexion als Grundlage inklusiver (Handlungs-) Kompetenz. In I. Nentwig-Gesemann, K. Fröhlich-Gildhoff, F. Becker-Stoll, & P. Cloos (Hrsg.), *Forschung in der Frühpädagogik VIII* (S. 59–87). Freiburg i. Br.: FEL.

Schnurrer, M., Tuffentsammer, M., & Roßbach, H.-G. (2010). Bilden und fördern? In P. Cloos & B. Karner (Hrsg.), *Erziehung und Bildung von Kindern als gemeinsames Projekt* (S. 98–112). Baltmannsweiler: Schneider Verlag Hohengehren.

Schulz, M. (2014). Lernende Kindergartenkinder. Professionstheoretische Perspektiven auf die Praktiken der Fallherstellung in Kindertageseinrichtungen. In T. Betz & P. Cloos (Hrsg.), *Kindheit und Profession* (S. 21–46). Weinheim und Basel: Beltz.

Schweda, A. (2014). Die interaktive Hervorbringung einer Bildungsentscheidung im Kontext des Übergangs vom Kindergarten in die Grundschule. In I. Miethe, J. Ecarius, & A. Tervooren (Hrsg.), *Bildungsentscheidungen im Lebenslauf* (S. 85–100). Opladen: Budrich.

Sitter, M. (2016). *PISAs fremde Kinder*. Wiesbaden: Springer VS.

Speck-Hamdan, A. (2010). Die flexible Eingangsstufe. In A. Diller, H. R. Leu, & T. Rauschenbach (Hrsg.), *Wie viel Schule verträgt der Kindergarten?* (S. 217–234). München: Verlag Deutsches Jugendinstitut.

Urban, M., Cloos, P., Meser, K., Objartel, V., Richter, A., Schulz, M., Thoms, S., Velten, J., & Werning, R. (2015). *Prozessorientierte Verfahren der Bildungsdokumentation in inklusiven Settings*. Opladen: Budrich.

Über den Autor

Cloos, Peter Dr. ist Professor für die Pädagogik der frühen Kindheit an der Universität Hildesheim, Fachbereich Erziehungs- und Sozialwissenschaften; Institut für Erziehungswissenschaft; er ist Sprecher des Kompetenzzentrums Frühe Kindheit Niedersachsen. Seine Forschungsschwerpunkte sind Erziehung und Bildung in Kindertageseinrichtungen, Qualitative Forschungsmethoden (der Pädagogik der Kindheit), institutionelle und situative Übergänge im Lebenslauf und Alltag von Kindern und professionelles Handeln in Arbeitsfeldern der Pädagogik der frühen Kindheit.

Neue Schulformen, neue Ungleichheiten

Sabine Klomfaß

Mit der Einführung neuer Sekundarschulformen ist die Erwartung verknüpft, eine gemeinsame Schule für alle Schüler_innen neben dem grundständigen Gymnasium anzubieten. Die Einsortierung der Schüler_innen in abschlussbezogene Bildungsgänge wird dabei vom Grundschulübergang in die Sekundarstufe I verschoben und erfolgt schulintern durch gestuft angelegte Differenzierungen. Die bundeslandspezifischen Schulformvarianten unterscheiden sich darin jedoch erheblich, was insbesondere in der Anlage von Cooling-out-Prozessen sichtbar wird, mit denen die leistungsschwachen Schüler_innen aus der allgemeinbildenden Schule heraus in berufliche Bildungsgänge gelenkt werden. Durch einen kontrastierenden Vergleich der niedersächsischen Oberschule und der Hamburger Stadtteilschule wird aufgezeigt, inwiefern der Anspruch an eine bundesweite Gleichheit der Schulverhältnisse durch die neue Schulformvielfalt weiter ausgehöhlt wird.

1 Die neuen Schulen für alle … *übrigen*

In der Rückschau kann die Zeit von der Wiedervereinigung bis heute als Angleichungsprozess der Bildungssysteme in der Sekundarstufe I in den ost- und westdeutschen Bundesländern dargestellt werden: Zunächst wurde im Osten das Schulsystem durch die Einführung der Gymnasien wieder durchgängig vertikal differenziert; dann begann eine Periode der Umwandlung oder Fusion von Haupt-, Real- und Gesamtschulen zu neuen Sekundarschulen. Diese ähnelten

S. Klomfaß (✉)
Stiftung Universität Hildesheim, Hildesheim, Deutschland
E-Mail: klomfass@uni-hildesheim.de

© Springer Fachmedien Wiesbaden GmbH 2017
M.S. Baader und T. Freytag (Hrsg.), *Bildung und Ungleichheit in Deutschland*, DOI 10.1007/978-3-658-14999-4_11

wiederum der in Ostdeutschland aus der Polytechnischen Oberschule hervorge-
gangenen Schulform (vgl. Zymek 2010). Es handelt sich dabei zwar um keine
„Schule für alle", die politisch nicht durchsetzbar wäre (vgl. Tillmann 2013,
S. 11), aber zumindest um eine ‚Schule für alle *übrigen*', die am Grundschulübergang ihre Schüler_innenschaft nicht selektiert. Damit ist die Erwartung
verknüpft, den Übergang zur Sekundarstufe I hinsichtlich der Entstehung von
sekundären Disparitäten zu entlasten (vgl. Baumert und Maaz 2010, S. 23) –
auch wenn sich beim frühen Zugang zum Gymnasium als wichtigstem Allokati-
onspunkt innerhalb des Bildungssystems nichts ändert (vgl. Wolter 2014, S. 27).
An den neuen Sekundarschulen wird die Zuweisung der Schüler_innen in einen
hauptschulischen, mittleren oder gymnasialen Bildungsgang (gemäß KMK 2014,
Abs. 3.2.1) jedoch nicht aufgehoben, sondern sie wird mehr oder weniger verzö-
gert und gedehnt, aber doch bis zum Ende der Sekundarstufe I vollzogen.

Das sogenannte „Elend der Hauptschule" (vgl. Tillmann 2013, S. 10 f.) gilt
als zentraler Faktor für die Einführung dieser neuen Schulformvarianten. Dahinter verbergen sich aber unterschiedliche Problemkonstellationen in den Bildungssystemen der Bundesländer (vgl. Neumann et al. 2013, S. 277 f.). Diese
Unterschiede sind ein Spiegel für die ungleichen Lebensbedingungen und Bildungschancen in Deutschland (vgl. Autorengruppe Bildungsberichterstattung
2014, S. 71; Berkemeyer et al. 2014). Grundgesetzlich kann (gemäß Artikel 72,
2) zur „Herstellung gleichwertiger Lebensverhältnisse im Bundesgebiet" allerdings der Anspruch abgeleitet werden, ungleichen Lebensbedingungen durch
eine Gleichheit der Schulverhältnisse zu begegnen (vgl. Hurrelmann 2013,
S. 460), indem „allen Bevölkerungsgruppen, unabhängig von Wohnort und Einkommen, ein qualitativ gleichwertiges Bildungsangebot" (Fend 2008, S. 100)
gemacht wird. In der Sekundarstufe I lässt sich derzeit eine solche Gleichwertigkeit am ehesten noch mit Blick auf das überall etablierte Gymnasium konstatieren (wenngleich genauere Analysen auch hier große Unterschiede sichtbar
machen, vgl. Helbig und Nikolai 2015). Unklar und zweifelhaft ist dies vor allem
aber bei den Sekundarschulen, für die unter Berücksichtigung jeweils spezifischer Bedingungen und Bedürfnisse unterschiedliche Modelle gewählt wurden:
Oberschule, Mittelschule, Regelschule, Stadtteilschule, Realschule plus usw. (vgl.
KMK 2014, Abs. 2). Die Unterschiede betreffen u. a. die Vorgaben zur inneren
und äußeren Differenzierung, die Qualifizierung der Lehrkräfte sowie den Ausbau
der Schulform bis zur Hochschulreife bzw. intensivierte Kooperationen mit dem
beruflichen Bildungssektor. Im Ganzen ist folglich von einer essenziellen Regio-
nalisierung der Sekundarschulen – jeweils bezogen auf das Gebiet der einzelnen
Bundesländer – auszugehen, die der Frage nach einer Gleichheit der Schulverhältnisse angesichts ungleicher Lebensbedingungen neue Relevanz verleiht.

Im grundständigen gymnasialen Bildungsgang bedeutet der Übergang in die Sekundarstufe II meist kaum mehr als die alljährliche Versetzungshürde, weil mit dem frühen Eintritt in das Gymnasium bereits das Abitur anvisiert wird. Im Unterschied dazu sind an den Sekundarstufenschulen folgenschwere und gleichzeitig mit Unsicherheiten behaftete Wahlen aus einer Vielzahl möglicher Bildungswege zwischen allgemeiner und beruflicher Bildung zu treffen, weil an dieser Schwelle im Sinne eines Trackings eine akademische oder berufliche (Vor-)Platzierung erfolgt, die zukünftige Bildungs- und Berufsverläufe meist dauerhaft prägt. Über die Dauer der Sekundarstufe I werden die Schüler_innen zu diesem Übergang geführt, indem sie das durch die Schulform bestimmte Regelwerk aus Selektions- und Allokationsmaßnahmen durchlaufen. Jede Schule der Sekundarstufe I übernimmt also auf schulformspezifische Weise eine Zubringerfunktion für das allgemeine bzw. berufliche System in der Sekundarstufe II.

Wie strukturieren nun die neuen Sekundarstufenschulen die zukünftigen Bildungs- und Berufswege ihrer Schüler_innenschaft vor? Vor der Beantwortung der Frage sei daran erinnert, dass diese Präformierung im deutschen Bildungssystem traditionell allein über die an Bildungsgänge gekoppelten Schulabschlüsse erfolgte. Deren Lenkungswirkung schrumpft jedoch durch die Bildungsexpansion: Die Abschlüsse sind längst zu notwendigen, aber immer weniger hinreichenden Voraussetzungen von Bildungs- und Berufswahlentscheidungen geworden (vgl. Wolter 2014, S. 34 f.). Wenn nun durch die Entkopplung von Schulform und Abschluss an den nicht-gymnasialen Schulformen das Erreichen aller Abschlüsse – mehr und mehr auch einer Hochschulreife – zum Standard gehört, wäre zu erwarten, dass die Kategorie der Schulform an Bedeutung einbüßt, solange es in terminalen Bildungssystemen für die Zugänge zu weiterführenden Bildungsgängen weiterhin maßgeblich auf das Berechtigungszertifikat ankommt. Für den Zugang in die gymnasiale Oberstufe bspw. ist es irrelevant, ob der qualifizierte Mittlere Abschluss an einer Haupt- oder einer Realschule erworben wurde. Zur Sicherung und Reproduktion bestehender gesellschaftlicher Verhältnisse muss die Schulform aber einen Unterschied machen, da sonst der gymnasiale ‚Königsweg‘ (vgl. Klomfaß 2013) im Bildungssystem seine bis dato zweifellose Vormachtstellung verlieren würde.

Fragt man dieser Fährte folgend, wodurch sich die Sekundarschulen von den Gymnasien mit Blick auf ihre Zubringerfunktion konstitutiv unterscheiden, kommt mit den verschiedenen möglichen, aber ungewissen Ab- und Anschlüssen die Gestaltung der Differenzierungsstrukturen in den Blick: Denn für die Zuordnung der Schüler_innen zu den Abschlussoptionen werden den Sekundarstufenschulen im Unterschied zum grundständigen gymnasialen Bildungsgang vielfältige, neue Möglichkeiten zur Verfügung gestellt. Dazu gehören insbesondere andere

Abschlussprüfungs-, Versetzungs- und Notenregeln, die Einrichtung von Kursen mit bestimmten Zugangsmodalitäten oder erweiterte Förder-, Beratungs- und Orientierungskonzepte. In der Tat ist die Bandbreite möglicher Differenzierungsstrukturen in den Sekundarstufenschulen der Bundesländer auffällig groß – vom traditionellen Sitzenbleiben bis zur Gewährung von mehr Lernzeit bis zum ersten Abschluss. Damit kommt den Selektions- und Allokationsentscheidungen innerhalb der Sekundarstufenschulen (auch im Vergleich zu den alten Gesamtschulen) eine neue Qualität zu, weil das ‚harte' Versetzungssystem durch ein Bündel eher ‚weicher' Maßnahmen ergänzt oder substituiert werden kann, wenn z. B. auf das ‚Sitzenbleiben' zugunsten von individuellen Fördermaßnahmen verzichtet wird.

In ihrer Zubringerfunktion müssen sich die verschiedenen Sekundarschulvarianten letztlich darin bewähren, dass sich ihre jeweilige Schüler_innenschaft erfolgreich – mit Abschluss und vor allem auch Anschluss – in das (regional) bestehende Bildungsangebot in der Sekundarstufe II einfädelt. Dabei zeichnen sich jedoch in den verschiedenen Schulmodellen der Bundesländer unterschiedliche Präferenzen ab, die Schüler_innen im allgemeinbildenden Bereich zu halten oder in den beruflichen Bildungssektor zu lenken. Dies deutet darauf hin, dass sich die zweite, regionalisierte Säule der Bildungssysteme insgesamt in einer Phase der Neubestimmung befindet: Bleibt sie der Ausgangspunkt für den Übergang in den beruflichen Bildungssektor oder bildet sich als Folge gestiegener Anspruchsniveaus in vielen Berufen, vor allem aber angesichts einer stetig wachsenden Bildungsnachfrage neben dem gymnasialen ‚Königsweg' ein weniger ‚steiler' Bildungsgang zum Abitur – ein neuer ‚Trampelpfad' – heraus?

Abhängig von der jeweiligen Ausrichtung wird dann in Kombination mit der gymnasialen Säule das Bildungssystem eines Bundeslandes ohne direkte Abituranbindung der nicht-gymnasialen Schulformen als zwei- oder mehrgliedrig bzw. mit direkter Abituranbindung aller Schulformen als Zwei-Wege-Modell bezeichnet (vgl. Hurrelmann 2013): Im gegliederten System wird das Schisma zwischen allgemeiner und beruflicher Bildung (vgl. Baethge 2006) am Ende der Sekundarstufe I tradiert, mit dem Ziel das Nebeneinander beider Bereiche in der Sekundarstufe II zu stabilisieren; dabei stehen vor allem die Übergänge in die Ausbildung im Fokus. Im Zwei-Wege-Modell werden mit dem Abitur als Standardabschluss Upgrading-Prozesse institutionalisiert und die Entscheidung für eine akademische oder berufliche Erstplatzierung wird mehr und mehr auf das Ende der Sekundarstufe II verschoben.

Im Folgenden wird mit Rückgriff auf das Konzept institutioneller Lenkung durch den Prozess des Cooling-out von Clark (1960) herausgearbeitet, inwiefern durch die unterschiedliche Gestaltung der Schulformen in den Bundesländern neue Chancenungleichheiten auf der Bildungssystemebene zu erwarten sind (Abschn. 2).

Diese These wird anschließend durch einen Vergleich der Oberschule im gegliederten Bildungssystem des Flächenlands Niedersachsen mit der Stadtteilschule im Zwei-Wege-Modell des Hamburger Stadtstaats entfaltet (Abschn. 3). Bilanziert wird, dass die föderale Zersplitterung der nicht-gymnasialen Säule durch die Einführung der neuen Schulformen zu einer weiteren Aushöhlung des Anspruchs auf eine bundesweite Gleichwertigkeit der Schulverhältnisse beiträgt (Abschn. 4).

2   Cooling-out

Ausgangspunkt für den analytischen Vergleich der Sekundarschulformen ist die bekannte Studie von Clark (1960) zu zweijährigen Colleges, die in den USA ebenfalls als eine Art ‚Schule für alle übrigen' eingeführt wurden. Den High School-Absolvent_innen sollte so ein breiterer Zugang zu hochschulischer Bildung ermöglicht werden, um das demokratische Versprechen einzulösen, allen eine Chance zu geben, durch individuelle Leistung einen Aufstieg erreichen zu können. Dies bewertet Clark (1960, S. 570) jedoch kritisch als Ideologie der Chancengleichheit:

> A major problem of democratic society is inconsistency between encouragement to achieve and the realities of limited opportunity. Democracy ask individuals to act as if social mobility were universally possible; status is to be won by individual effort, and rewards are to accrue to those who try. But democratic societies also need selective training institutions, and hierarchical work organizations permit increasingly fewer persons to succeed at ascending levels (Clark 1960, S. 569).

Durch den Verzicht auf eine Eingangsselektion wird die Hoffnung geweckt, dass die Schüler_innen die angebotenen Abschlüsse auch erreichen *können*, wenn sie sich anstrengen. Gleichzeitig wird aber daran festgehalten, dass eben nicht alle diese Ziele erreichen *werden*. Wie wird dieses Dilemma der geöffneten Bildungsinstitutionen gelöst? Um diese Frage zu beantworten, muss man untersuchen, wie an den zum Zweck der Allokation überhaupt erst eingerichteten Colleges Selektionsprozesse vollzogen werden. Clark geht davon aus, dass in den Organisationen für den Fall, dass die Schüler_innen den Anforderungen nicht gerecht werden, zwei Strategien zur Verfügung stehen: Erstens, die Schüler_innen fallen reihenweise durch die Prüfungen, was Clark (1960, S. 571) treffend als „slaughter of the innocents" beschreibt. Diese Strategie lässt sich öffentlich schlecht legitimieren, insofern sie der Logik der geöffneten Bildungseinrichtung widersprechen würde. Außerdem ginge dem College die eigene Klientel verloren. Stattdessen wird eine zweite Strategie angewendet, die Clark in Rückgriff auf Goffman

(1952) als „Cooling-out" bezeichnet: Intendiert wird über die Bildungsorganisation die als zu hoch eingeschätzten Bildungsaspirationen der Leistungsschwachen systematisch auszukühlen. In der Folge schwenken die Studierenden auf
weniger anspruchsvolle Bildungswege um und können diese für sich als angemessen akzeptieren. Das Ziel ist letztlich, den sogenannten Drop-out (die Studien-
abbruchquote) zu minimieren.

Clark identifiziert dabei verschiedene Praktiken, mit denen leistungsschwache Studierende auf ihren Bildungswegen gelenkt werden. Dazu gehören gleich
zu Beginn Lernstanddiagnosen und im Falle schlechter Ergebnisse die Teilnahme
an zusätzlichen Förderkursen. Die schnelle Zuweisung in solche Nachhilfekurse
lässt aber nicht nur die ersten Zweifel an den eigenen Fähigkeiten aufkommen,
sondern bewirkt darüber hinaus ein schrittweises Abgehängt-Werden aus den
Kursen der anderen. So konstatiert Clark (1960, S. 572): „The remedial courses
are, in effect, a subcollege." Zweitens finden regelmäßig Beratungsgespräche
über die Lernfortschritte statt, deren Ergebnisse dokumentiert werden. Gemäß
Clark (1960, S. 575) hat ein „record of poor performance" dann die Funktion, die
Organisation und ihre Akteure zu entlasten, denn: „The college offers opportunity; it is the record that forces denial" (Clark (1960, S. 575). Die ersten Zweifel
akkumulieren mit jedem weiteren Eintrag zur Gewissheit, dass die ursprünglichen
Ziele nicht erreicht werden können. Drittens werden die Studierenden zu ihren
beruflichen Anschlussperspektiven beraten. Dabei muss es den Berater_innen
gelingen, ihren Studierenden vor Augen zu führen, dass sie es selbst in der Hand
haben, ihr persönliches Scheitern noch zu verhindern, wenn sie auf weniger
anspruchsvolle (berufliche) Bildungswege ausweichen. Dazu gehört, glaubhaft
vermitteln zu können, dass die angebotene Alternative (bspw. juristische Fachan-
gestellte statt Juristin zu werden) ein guter Weg sei, um die eigenen Berufswün-
sche im Rahmen des vermeintlich Möglichen noch weitestgehend umsetzen zu
können.

Wichtig ist die Erkenntnis, dass es nicht die einzelne Maßnahme ist, die den
Cooling-out-Prozess bewirkt; es geht um die systematische Verkettung dieser
Maßnahmen, um den Effekt zu erzielen, so Clark (1960, S. 574), „to let down
hopes gently and unexplosively". Interessant dabei ist einerseits, dass terminie-
rende Selektionsmaßnahmen, die es auch an diesen Bildungsinstitutionen gibt,
nicht vollzogen werden müssen, und andererseits, dass allokative Elemente einer
Selektionsentscheidung vorgeordnet werden. So eröffnet die Einrichtung von Förderkursen doch die Chance, Versäumtes aufzuarbeiten, und individuelle Beratung
bezweckt die Potenziale des Einzelnen zu erschließen. Was steckt also dahinter,
wenn nicht einfach hart aussortiert, sondern selektive und allokative Maßnahmen
sorgfältig ausbalanciert werden? Clark vermutet ideologiekritisch:

„For an organization and its agents one dilemma of cooling-out role is that it must be kept reasonably away from public scrutiny and not clearly perceived or understood by prospective clientele. Should it become obvious, the organization's ability to perform it would be impaired" (Clark 1960, S. 575).

Auch wenn diese Interpretation heutzutage etwas verschwörungstheoretisch klingt, geht es letztlich doch immer wieder um das Grundproblem demokratischer Gesellschaften: Aufstieg durch Bildung soll für alle ermöglichen werden, gleichzeitig wird aber an bestehenden Herrschaftsverhältnissen festgehalten, die genau das verhindern.[1] Es ist Clarks Verdienst, den Blick geschärft zu haben für die sukzessiv über die Dauer des Bildungsgangs angeordnete Verkettung von Selektions- und Allokationselementen. Auf diese Weise lässt sich die Bildungsinstitution in ihrer Zubringerfunktion, d. h. als Schulform bestimmen.

Es ist davon auszugehen, dass sich Varianten solcher Cooling-out-Prozesse in allen Bildungsinstitutionen finden lassen, die einerseits einen offenen Zugang gewähren und die andererseits Zertifikate vergeben, die nur von einem Teil der Schüler_innenschaft erreicht werden können oder sollen. In den neuen Sekundarschulformen wird das jedoch mit der Vielfalt der möglichen Differenzierungsstrukturen sehr unterschiedlich gehandhabt. Dadurch dürften die bereits jetzt schon unterschiedlichen Abschlussquoten in den Bundesländern weiter auseinander driften.[2]

3 Vergleich der Schulformen in Niedersachsen und Hamburg

Voraussetzung für das Entstehen eines Cooling-out-Prozesses sind Differenzierungen, mit denen die Schüler_innen in der pädagogisch institutionalisierten Umwelt der Bildungsinstitution legitim gruppiert werden können. In demokratischen

---

[1]An diesem Punkt könnten diskurstheoretische Analysen weiterhelfen, um die in den Bildungsinstitutionen reproduzierten Machtstrukturen genauer zu erfassen, die sich in den Differenzierungspraktiken sedimentieren.

[2]Z. B. wird die höchste Abiturquote (gemessen am Anteil der gleichaltrigen Wohnbevölkerung) 2014 im Ländervergleich in Hamburg mit 55,8 % erreicht; in Niedersachsen beträgt die Quote 37,6 % und Schlusslicht ist Bayern mit 31,4 % (vgl. Statistisches Bundesamt 2015, S. 477 ff.). Ohne den ersten Schulabschluss wiederum verließen im selben Jahr in Hamburg und Niedersachsen je 4,9 % der gleichaltrigen Schüler_innen die allgemeinbildende Schule; die meisten Schulabgänger_innen ohne Abschluss gibt es in Sachsen-Anhalt mit 9,7 % (vgl. Statistisches Bundesamt 2015, S. 450).

Gesellschaften lässt sich kein Teil der schulpflichtigen Schüler_innen einfach so aussortieren, sondern die Schule ist aufgefordert, allen Schüler_innen Angebote entsprechend ihrer individuellen Leistungsfähigkeit und Neigungen zu machen.[3] Mit diesem Ansatz ließ sich das dreigliedrige Schulsystem so lange rechtfertigen, wie Eltern glaubten, dass die Hauptschule für ihr Kind eine gute Wahl sei. Unabhängig von der pädagogischen Qualität der Einzelschule scheint dieser Schulform ihre Legitimität mittlerweile jedoch weitgehend verloren gegangen zu sein. Der pädagogische Anspruch, jedem Kind durch Differenzierung ein individuell optimales Lernangebot zu machen, ist dem entgegen mit der Einführung der neuen Sekundarschulen stärker institutionalisiert worden. Auf diese Weise lässt sich allerdings leichter ein Cooling-out-Prozess verschleiern, insofern bei vielen kleinen statt einer großen Entscheidung die allokative Dimension einer Maßnahme von den Akteur_innen der Bildungsorganisationen betont, deren selektive Implikationen aber heruntergespielt oder ausgeblendet werden können.

Ein weiterer Punkt, der dazu beiträgt, dass Cooling-out gerade im deutschen Bildungssystem im Verborgenen bleibt, ist der hartnäckige Mythos von der Gleichwertigkeit akademischer und beruflicher Bildung (vgl. Teichler 2014, S. 63 f.), der jedoch in den letzten Jahrzehnten zu bröckeln begonnen hat. Es mag sein, dass im Dualen System, dem alten „Prunkstück des deutschen Bildungswesens" (Baethge 2008, S. 545), auch gegenwärtig noch attraktive Ausbildungsplätze angeboten werden; im Wettbewerb um diese Plätze unterliegen jedoch die schulisch geringer Qualifizierten zumeist ihren Mitbewerber_innen, die über höhere Schulabschlüsse verfügen. Ihnen stellt das Duale System angesichts deutlicher Verschiebungen auf dem Arbeitsmarkt (bspw. durch den Rückgang qualifizierter

---

[3]Ähnlich argumentieren auch Gomolla & Radtke (2007, S. 23):

> Die Erklärung der Ungleichverteilung von Bildungschancen und -abschlüssen kann die Ursachen entweder in den Eigenschaften der Kinder oder in den Entscheidungsprozeduren der Organisation Schule suchen, oder beide Ursachenkomplexe kombinieren. Wenn Pädagogen selbst ihre Tätigkeit beschreiben, wird die Schule als Organisation präsentiert, die mit dem Ziel arbeitet, die Schüler bestmöglich zu fördern. Dazu kommt es darauf an, ausgehend von einer zuverlässigen Diagnose der besonderen Begabungen, jedem Kind das bestmögliche Bildungsangebot zu machen, das seinen Fähigkeiten und Bedürfnissen gerecht wird. Auf dieser Basis werden Leistungen bewertet und Promotionsentscheidungen getroffen. […] Diese pädagogische Deutung hat den Vorzug, dass sie die Selektionsentscheidungen der Schule, die einen jeweils folgenreichen Eingriff in das Leben von Kindern bedeuten, mit dem Begriff des Förderns in mildem Licht weichzeichnet und als positive Dienstleistung an den Kindern und ihren Eltern erscheinen lässt.

Fertigungs-, Handwerks- und kaufmännischer Berufe, vgl. Baethge et al. 2007, S. 15 ff.) insgesamt immer weniger Chancen zum sozialen Aufstieg bereit.

Ziel ist es im Folgenden durch einen Vergleich zweier Schulformvarianten aufzuzeigen, dass sich allein durch die regulative Gestaltung der Differenzierungsstrukturen an den neuen Sekundarschulen unterschiedliche Cooling-out-Prozesse ergeben. Im Fokus stehen dabei Förderkonzepte zur Kompensation von Leistungsdefiziten, die Einsortierung der Schüler_innen in abschlussbezogene Bildungsgänge sowie die Entwicklung von Anschlussoptionen im beruflichen Bildungssektor. Empirisch zu überprüfen bleibt die von Clark genannte Folge, dass sich diese Prozesse tatsächlich auch unterschiedlich auf die Bildungsaspirationen der Schüler_innen auswirken. Dabei geht es nicht nur um Probleme divergierender Abschlussquoten oder der Vergleichbarkeit dieser Abschlüsse auf Bundesländerebene, sondern vor allem auch um die Frage, was solche ausgekühlten Hoffnungen für die Menschen langfristig persönlich und gesellschaftlich bedeuten.

Die für den Vergleich ausgewählten Schulformvarianten könnten in benachbarten Orten im Norden Deutschlands zu finden sein, getrennt nur durch die Elbe. Sie kontrastieren durch ihre Einbettung in das jeweilige Bildungssystem des Bundeslands: Die niedersächsische „Oberschule" ist eine Schulformalternative zum Gymnasium, der Realschule, der Hauptschule und der Gesamtschule in einem mehrgliedrigen Bildungssystem; die „Stadtteilschule" bildet mit dem Gymnasium das Hamburger Zwei-Wege-Modell.

3.1   Die niedersächsische Oberschule

Die Oberschule wurde zum Schuljahr 2011/2012 als neue Schulform eingeführt und umfasst die Jahrgänge 5–10 (vgl. NSchG, § 10a). Der Aufbau einer eigenen gymnasialen Oberstufe ist den Oberschulen nicht gestattet. Jedoch darf diese mit Abituroption am Ende des 12. Schuljahrgangs erhalten werden, wenn die neue Oberschule durch Umwandlung aus einer Gesamtschule mit gymnasialer Oberstufe entstanden ist. In den unteren Jahrgängen haben die Oberschulen Spielräume, den Unterricht nach Jahrgangsstufen oder schulzweigspezifisch (d. h. nach Bildungsgängen) zu erteilen; ab der 9. Jahrgangsstufe soll dann der schulzweigspezifische Unterricht überwiegen. Das Jahrgangsstufenmodell ähnelt dem integrativen Gesamtschultyp mit der Möglichkeit, sukzessiv eine Fachleistungsdifferenzierung in den Hauptfächern Englisch, Mathematik und Deutsch (sowie den Naturwissenschaften) einzurichten. Das Schulzweigmodell soll ab der 7. Jahrgangsstufe zum Einsatz kommen, wenn auch ein gymnasiales Angebot vorgesehen wird. Das Angebot gymnasialer Standards ist an den Oberschulen nicht selbstverständlich, sondern (gemäß NSchG, § 106, Abs. 3) davon abhängig, ob „der Besuch eines Gymnasiums im Gebiet des Landkreises oder der kreisfreien Stadt unter zumutbaren Bedingungen gewährleistet bleibt und der Schulträger desjenigen Gymnasiums zustimmt, das die Schülerinnen und Schüler sonst im Gebiet des Landkreises oder der kreisfreien Stadt besuchen würden". Oberschulen mit Gymnasialzweig können also nur ein Zusatzangebot sein, dürfen aber auf kommunaler Ebene das grundständige Gymnasium nicht tangieren. Anders sieht die Sache in Bezug auf die übrigen Schulformen aus, die durch die Errichtung einer Oberschule nicht nur ergänzt, sondern ggf. auch ersetzt werden dürfen. Hinter der Vielgliedrigkeit verbirgt sich also auch in Niedersachsen die Grundstruktur eines Zwei-Säulen-Modells. Angesichts einer rückläufigen Schüler_innenzahl im Flächenland ist (entgegen der Erwartung) deshalb davon auszugehen, dass insbesondere im dünn besiedelten ländlichen Raum keine Oberschulen mit Gymnasialzweig[4] entstehen werden, was die Entwicklungsmöglichkeiten dieser neuen Schulform in engen Grenzen hält. Anhand der Runderlasse „Die Arbeit in der Oberschule" (2011a) und „Berufsorientierung an allgemein bildenden Schulen" (2011b) sowie der „Verordnung über die Abschlüsse im Sekundarbereich I der allgemein bildenden Schulen" (AVO-Sek I) wird nun gezeigt, wie in der Oberschule Differenzierungen genutzt werden können, um sie im Sinne Clarks sukzessiv zu einem Cooling-out-Prozess zusammenzufügen.

Zunächst gelte es frühzeitig die „Lernstände zur Erarbeitung einer Förderplanung" (Runderlass 2011a, Abs. 3.2.4) festzustellen. Ab der 6. Jahrgangsstufe ist dann für leistungsschwache Schüler_innen in den Fächern Deutsch und Mathematik jeweils eine zusätzliche Unterrichtsstunde Pflicht (vgl. Runderlass 2011a, Abs. 3.2.14). Diese zwei Stunden zählen auf das Kontingent des vierstündigen Wahlpflichtunterrichts. Daher können diese Schüler_innen neben ihren beiden Zusatzstunden nur noch einen zweistündigen Wahlpflichtkurs wählen, während die übrigen Schüler_innen entweder vierstündig Französisch oder je zwei zweistündige Wahlpflichtkurse belegen. Mit anderen Worten: Ab der 6. Jahrgangsstufe teilt sich die Schüler_innenschaft in die Französisch-Gruppe, der damit die

---

[4]Die Ausnahme ist die Transformation von einer Gesamtschule. Welche Gründe könnte es aber geben, um im lokalen Bedingungsgefüge eine Gesamtschule in eine Oberschule zu transformieren? Vorstellbar sind sowohl politische Beweggründe der mit Entscheidungsmacht ausgestatteten Akteur_innen (Schulträger, Schulleitungen u. a.), eine ‚ungeliebte' Schulform loszuwerden, oder aber Anreize durch eine bessere finanzielle und personelle Ausstattung. Weniger wahrscheinlich sind hier hingegen pädagogische Erwägungen, weil die Konzepte der beiden Schulformen einander zu sehr gleichen.

Option auf einen Übergang in die Gymnasiale Oberstufe und ein Abitur nach zwölf Schuljahren eröffnet wird, und die Übrigen. Die zweite Stufe des Abgehängt-Werdens findet in der Gruppe der Übriggebliebenen zwischen denen statt, die (analog zum Realschulbildungsgang) in der 9. und 10. Jahrgangsstufe im Wahlpflichtbereich ein vierstündiges Profil (Wirtschaft, Technik oder Soziales und Gesundheit) wählen, und den leistungsschwachen Schüler_innen, die keine Profiloption, sondern weiterhin eine Zusatzstunde in Mathematik und Deutsch erhalten (vgl. Runderlass 2011a, Abs. 3.2.15). Letzteren bleibt wieder nur ein weiterer zweistündiger Wahlpflichtkurs. Anschlussperspektiven in mittleren Ausbildungsberufen oder beruflich-orientierten Fachoberschulen (die in den drei angebotenen Profilen vorgezeichnet sind) rücken damit für diese Gruppe just wegen des allokativ konzipierten Zusatzunterrichts in den Kernfächern in weite Ferne.

In ihrer Zubringerfunktion bestimmt sich die Oberschule neben der Profile im Wahlpflichtbereich insbesondere durch die Gestaltung der beruflichen Schwerpunktsetzung (Runderlass 2011a, Abs. 5): Schüler_innen im Gymnasialzweig absolvieren ab dem 9. Schuljahrgang ein zehntägiges Betriebspraktikum wie an einem grundständigen Gymnasium (vgl. Runderlass 2011b, Abs. 2.4). Die Möglichkeit, den gymnasialen Zeig abweichend von den Bestimmungen für das Gymnasium zu gestalten, wurde folglich nicht genutzt. Auch wenn (gemäß Runderlass 2011a, Abs. 5.1) in der Oberschule „Maßnahmen zur beruflichen Orientierung und beruflichen Bildung in Zusammenarbeit mit der Berufsberatung der Arbeitsagentur, berufsbildenden Schulen, den Kammern, Betrieben und anderen Einrichtungen *Teil des fächerübergreifenden schulischen Konzepts* zur Berufsorientierung und Berufsbildung" (Hervorh. von SK) sind, heißt das also weder ‚für alle' noch ‚gemeinsam'. Denn für die Schüler_innen, die im Wahlpflichtbereich an einem Profilangebot teilnehmen, sind 30 Tage für berufsorientierende und berufsbildende Maßnahmen reserviert und für die leistungsschwachen Schüler_innen noch einmal doppelt so viele. Ein wesentlicher Teil dieser 60 Tage (entspricht 14 Wochenstunden an zwei Schultagen) fließt in die berufliche Qualifizierung, die in Kooperation mit berufsbildenden Schulen durchgeführt wird (vgl. Runderlass 2011b, Abs. 3.2). Auf diese Weise soll es möglich sein, dass die leistungsschwachen Schüler_innen bereits in der Oberschule „eine berufliche Bildung erwerben, die den Inhalten des ersten Ausbildungsjahrs eines Ausbildungsberufs entspricht" (Runderlass 2011b, Abs. 2.3). Auch der Unterricht in den Fächern Deutsch, Mathematik und Naturwissenschaften wird dabei in diese Berufsqualifizierung integriert erteilt. Das allokative Ziel des Vorziehens beruflicher Bildungsprozesse ist es, für diese Klientel die Übergänge in voll qualifizierende Ausbildungsgänge zu erleichtern, indem betriebs- und praxisnah Einblicke in die Berufswelt gegeben und Kontakte geknüpft werden. Solche Maßnahmen gelten als vielversprechend, um gering qualifizierte Schulabgänger_innen in das Duale System zu integrieren (vgl. Fuchs-Dorn 2013; Kohlrausch und Solga 2012, S. 754; Thielen 2011). Man kann dies jedoch auch kritisch als Veränderung der Aufgabenbestimmung von Schule sehen, wenn dem Versorgen ein Vorrang gegenüber der Bildungsfunktion eingeräumt wird.

Zu resümieren ist, dass an den Oberschulen die alte Dreiteilung der Schüler_innenschaft tradiert wird, die ab der 6. Jahrgangsstufe im Wahlpflichtbereich beginnt und zu Beginn der 9. Jahrgangsstufe bei überwiegend bildungsgangspezifischem Unterricht voll entfaltet ist. Auf Basis dieser Differenzierungsstrukturen entsteht für die leistungsschwachen Schüler_innen ein dreistufiger Cooling-out-Prozess: Durch die verpflichtende Teilnahme an den Zusatzstunden in Deutsch und Mathematik wird bereits in der 6. Jahrgangsstufe machtvoll mitgeteilt, wer zur Gruppe der Leistungsschwachen gehört. Diesen Schüler_innen wird zweitens die Möglichkeit vorenthalten, sich für mittlere Berufe zu profilieren. Stattdessen werden drittens Elemente beruflicher Bildung nur für diese Gruppe vorgezogen, um möglichst friktionsfreie Übergänge in Ausbildungsberufe zu ermöglichen. Dabei ist zu bedenken, dass sich auf dem Arbeitsmarkt auch die Ansprüche an die Qualifizierung der Arbeitnehmer_innen verändert haben. So weisen Baethge, Solga und Wieck (2007, S. 75) darauf hin, dass die Berufsausbildung, die „ihre Begründungen im Wesentlichen aus der Bindung an das Erfahrungswissen" bezieht, zunehmend weniger in der Wirtschaft gebraucht werde. Und darüber hinaus stellen sie klar:

> Ohne Verstärkung der Anteile systematischen Wissens in der Berufsbildung müssten ihre Schüler/Auszubildenden wegen Defiziten in berufsübergreifenden kognitiven Kompetenzen gegenüber der Klientel der höheren Allgemeinbildung auch in einen kaum wieder aufzuholenden Nachteil in Bezug auf ihre Chancen auf eine autonome Gestaltung ihres Lebens und ihrer Berufsbiographie geraten (Baethge et al. 2007, S. 75).

Es steht daher zu befürchten, dass auch an der neuen Oberschule die ehemalige Hauptschulklientel weiter zu den Zurückgelassenen (vgl. Solga und Wagner 2010) gehören wird.

3.2   Die Hamburger Stadtteilschule

Das Bildungssystem Hamburgs ist nach einigen Änderungen des Schulgesetzes im Jahr 2010 im Vergleich aller Bundesländer politisch-regulativ am konsequentesten zu einem Zwei-Wege-Modell umgebaut worden. Das heißt, dass es mit der Einführung der Stadtteilschule neben dem Gymnasium nur eine weitere Schulform gibt, in der (gemäß HmbSG, § 15) ebenfalls das Abitur als Regelabschluss ausgewiesen ist. Daher führt die Stadtteilschule (ggf. kooperativ mit einer anderen Schule) auch eine eigene gymnasiale Oberstufe (HmbSG, § 16). Nicht zuletzt basiert die Idee des Zwei-Wege-Modells auf dem möglichst weitgehenden Verzicht auf eine Differenzierung nach Bildungsgängen, indem insbesondere kein gymnasialer Bildungsgang abgezweigt wird, der bereits nach zwölf Schuljahren zur Hochschulreife führt. Auf diese Weise kann die bei der Einschulung gegebene Durchmischung der Schüler_innenschaft möglichst lang erhalten bleiben. Die Stadtteilschule umfasst die Jahrgangsstufen 5 bis 13, wobei die letzten drei Jahre eine gymnasiale Oberstufe bilden. Die Schüler_innenschaft wird auch durch die Abschaffung der Klassenwiederholungen bis zum ersten Abschluss parallel getaktet und hat dann an der Stadtteilschule im Vergleich zum grundständigen Gymnasium ein Jahr länger Zeit für den Weg zum Abitur (‚Trampelpfad'-Modell). Wie sich an der Stadtteilschule Selektions- und Allokationsmaßnahmen zu einem Cooling-out-Prozess verketten, wird nun anhand der „Ausbildungs- und Prüfungsordnung" (APO-GrundStGy), der „Verordnung über die besondere Förderung von Schülerinnen und Schülern gemäß § 45 des Hamburgischen Schulgesetzes" (VO-BF) und der „Rahmenvorgaben für die Berufs- und Studienorientierung Stadtteilschule und Gymnasium" (Rahmenvorgaben 2011) sowie im direkten Vergleich mit den entsprechenden Regelungen in Niedersachsen analysiert.

Markantes Merkmal der Hamburger Schulreform ist die „besondere Förderung" der Schüler_innen, die (gemäß VO-BF, § 1) als wesentlicher Bestandteil des Unterrichts allen Schulen in Hamburg verordnet ist, aber schulformspezifisch ausgestaltet wird. Für die Stadtteilschule ist vorgesehen, dass in den Jahrgangsstufen 5 und 6 die Schüler_innen Förderung in den Fächern erhalten, in denen ihre Leistung mit der Note „mangelhaft" oder schlechter bewertet wird (vgl. VO-BF, § 3). Ab der 7. Jahrgangsstufe bekommen die Schüler_innen zusätzliche Unterstützung mit Blick auf den für sie voraussichtlich maximal erreichbaren Abschluss, wenn dieser nicht sicher erscheint. Ein Scheitern der Schüler_innen soll also vermieden werden. Einvernehmlich zwischen Schule und Schüler_innen bzw. den Sorgeberechtigten sind dabei aus einer breiten Palette Fördermaßnahmen auszuwählen, durchzuführen und zu evaluieren (VO-BF, § 6). Eine Herausbildung neuer Gruppen gemäß der alten Dreigliedrigkeit ist nicht zu erwarten, da die Förderung vorrangig additiv oder integrativ im gemeinsamen Unterricht anzusetzen ist. In der Allokation der besonderen Förderung jedoch scheint die zukünftige Selektion bereits auf, da die Notwendigkeit der Maßnahme mit der Gefahr begründet ist, dass die gleichzeitig gesetzten Abschlussziele prognostisch nicht (sicher) erreicht werden können. Zu bedenken ist deshalb neben einer möglichen Überforderung die Frage, was es für eine_n Schüler_in bedeutet, wenn er oder sie bspw. in jedem Fach additive Fördermaßnahmen erhalten müsste.

Im Unterschied zum niedersächsischen Modell, in der Quantität und Qualität der Berufsorientierung und -bildung abhängig von der Zuweisung in einen Schulzweig bzw. vom Wahlpflichtbereich konzipiert wird, soll in Hamburg Berufs- und Studienorientierung als ein individueller Prozess verstanden werden, der „aktiv vom Jugendlichen zu bewältigen ist" (Rahmenvorgaben 2010, S. 4). Dies soll u. a. durch eine im Unterricht integrierte Berufsorientierung im Jahrgang 8, Betriebspraktika im Umfang von ca. 30 Tagen im Jahrgang 9 und durch eine Übergangsqualifizierung im Jahrgang 10 stattfinden (vgl. BOSO 2013). Die Einzelschule wird dabei aufgefordert, ein für ihre Schüler_innenschaft passendes Konzept zu entwickeln, in der sechs obligatorische Themen zu bearbeiten sind (vgl. Rahmenvorgaben 2010, S. 6); einer davon ist die „Individuelle Übergangsplanung und Steuerung mit dem Berufs- und Studienwegeplan", der ab der Jahrgangsstufe 8 fortlaufend bis zum Schulabgang (d. h. ggf. bis zum Abitur) von allen Schüler_innen zu führen ist.

Auch die niedersächsischen Schüler_innen müssen ihre Teilnahme an den Maßnahmen zur Berufsorientierung und -bildung schriftlich festhalten (vgl. Runderlass 2011a, Abs. 5.5). In solchen Dokumentationen spiegelt sich einerseits der Berufsorientierungsprozess aus Sicht der Schüler_innen, andererseits aber auch, inwiefern die (von den in diesem Prozess involvierten schulischen und außerschulischen Akteur_innen erbrachten) Beratungsangebote und Unterstützungsmaßnahmen aufeinander abgestimmt worden sind. Wegen der Schwierigkeiten und Ungewissheiten des Übergangs am Ende der Sekundarstufe I scheint die Dokumentation des Berufsorientierungsprozesses auch als Angebot zur Selbstreflexion pädagogisch gut gerechtfertigt; mit Blick auf die leistungsschwachen Schüler_innen müsste jedoch empirisch überprüft werden, inwiefern durch solche Maßnahmen Protokolle des Versagens generiert werden, die in Rückgriff auf Clark (1960, S. 575) als ein wesentliches Element des Cooling-out-Prozesses zu verstehen sind.

Im Vergleich zu Niedersachsen wird das Hamburgische Konzept zur Entwicklung von Anschlussperspektiven flexibler gehandhabt, da es in erster Linie abhängig von den individuellen Bedürfnissen und Zielen der Schüler_innen gesehen wird. Auch wenn aus den Rahmenvorgaben nicht geschlossen werden kann,

inwiefern der Übergang in das berufliche Bildungssystem tatsächlich reibungslo-
ser verläuft,[5] ist doch festzuhalten, dass im Hamburger Modell über die Berufsorientierung und -bildung die leistungsschwachen Schüler_innen zumindest nicht
separiert werden, um auf diesem Wege eine besondere Lenkung dieser Gruppe in
bestimmte Ausbildungsberufe zu legitimieren.

Eine mit Blick auf Cooling-out interessante Regelung ist schließlich, dass die
Schüler_innen an der Stadtteilschule beginnend mit dem Halbjahreszeugnis der
9. Jahrgangsstufe einen Zeugnisvermerk über den höchsten Abschluss der Sekundarstufe I erhalten, der prognostisch erreicht werden kann (vgl. APO-GrundStGy
§ 10, Absatz 2). Von diesem Vermerk ist abhängig, ob die Schüler_innen an
den Prüfungen für den ersten Schulabschluss teilnehmen. Die Schüler_innen,
„die bei gleichbleibender Leistungsentwicklung voraussichtlich" die Verset-
zung in die gymnasiale Oberstufe schaffen werden, müssen keine Prüfungen
für den ersten Schulabschluss absolvieren; sie bekommen diesen Abschluss auf
dem Versetzungsweg zuerkannt. Dem entgegen sind auch die Schüler_innen zur
Prüfungsteilnahme verpflichtet, deren Kompetenzen für den Erwerb des ersten
Schulabschlusses prognostisch nicht genügen werden (dabei erfolgt eine schriftliche Warnung), sowie diejenigen, deren mittlerer Schulabschluss ungewiss ist.
Die Pflicht zur Prüfungsteilnahme erinnert an eine Ampel, die auf gelb geschal-
tet wird: Die Ungewissheit, ob sie auf rot oder grün umspringt, bremst. Dennoch
bleibt das Erreichen des ersten Abschlusses für die meisten (auch leistungsschwachen) Schüler_innen möglich, da die Noten der Abschlussprüfungen mit 40 %
in die Abschlussnote eingehen (gemäß APO-GrundStGy, § 24). So besteht die
Chance, durch eine gute Performance in den Prüfungen nicht ausreichende Zeug-
niszensuren aus dem Abschlussjahr zu kompensieren. Darüber hinaus können
die Schüler_innen, die an den Prüfungen am Ende der 9. Jahrgangsstufe erfolg-
los teilgenommen haben, das zehnte Schuljahr nutzen, um die Prüfungen zu wie-
derholen. Aber auch die Schüler_innen, die bereits den ersten Abschluss erreicht
haben, können einen zweiten Anlauf in einem oder mehreren Fächern unternehmen, um ihre Abschlussnote zu verbessern (vgl. APO-GrundStGy, § 18).

Verglichen mit Niedersachsen bedeuten diese Regelungen einen doppelten
Vorteil für die Schüler_innen der Hansestadt: Erstens gehen an niedersächsischen
Oberschulen die Noten der Abschlussprüfungen weniger stark, d. h. nur zu einem
Drittel in die Abschlussnoten ein (vgl. AVO-Sek I, § 29, Abs. 2), zweitens gibt es

---

[5]Dabei spielen auch viele Faktoren hinein, die die schulischen Steuerungsmöglichkeiten an
diesem Übergang übersteigen, z. B. die Einstellungspraktiken der Betriebe oder das regional bestehende Verhältnis von Angebot und Nachfrage in den einzelnen Ausbildungsberufen.

keine Möglichkeit zur Notenverbesserung bei bereits erreichten Abschlüssen (vgl.
AVO-Sek I, § 26). Dies betrifft einerseits die Schüler_innen mit erstem Schulabschluss, die sich durch eine bessere Abschlussnote größere Chancen beim Übergang in den beruflichen Bildungssektor versprechen könnten, und andererseits
die Schüler_innen, die auch eine Wiederholung des 10. Schuljahrgangs in Kauf
nehmen würden, um ihren bereits erreichten mittleren Schulabschluss um die
Zugangsberechtigung in eine gymnasiale Oberstufe oder Fachoberstufe zu erweitern.

Zusammengefasst sind die Strukturen, mit denen der Cooling-out-Prozess der
Hamburger Stadtteilschule präformiert wird, im Vergleich zur niedersächsischen
Oberschule als zurückhaltender und sanfter zu charakterisieren. Die regulativen
Vorgaben lassen deutlich den politischen Willen erkennen, die Schüler_innen-
schaft nicht gemäß der alten Dreigliedrigkeit unter dem neuen Dach der Stadt-
teilschule zu separieren: Es wird weder eine Gruppenbildung zur Kompensation
von Leistungsdefiziten, noch ein (überwiegend) schulzweigspezifischer Unter-
richt verordnet. Auch werden keine Inhalte aus der beruflichen Bildung für eine
Teilgruppe der Schüler_innenschaft vorgezogen, um gleitende Übergänge in das
Duale System der Berufsausbildung zu ermöglichen. Stattdessen wird das Phänomen des Cooling-out in der Hamburger Stadtteilschule in erster Linie in den
Praktiken der Einzelschule bzw. der Pädagog_innen zu suchen sein. Denn viele
Entscheidungen werden auf die Ebene der Interaktion zwischen den Beteiligten
verlagert und demonstrativ in die Verantwortung des individuellen Schülers, der
einzelnen Schülerin und ihrer Sorgeberechtigten gelegt, z. B. durch die einvernehmlich festzulegenden Maßnahmen bei der Teilnahme an der „besonderen Förderung" oder durch die Pflicht, den eigenen Berufsorientierungsprozess mithilfe
schulischer Ansprechpartner_innen selbst zu gestalten. Genau das entspricht aber
der Strategie der geöffneten Bildungsinstitution im Sinne Clarks, insofern die
Organisation und ihre Akteur_innen ihre Allokationsfunktion akzentuieren und
Chancen offerieren, die (Selbst-)Selektion dann ggf. aber vom Individuum erwarten. Die weich gestrickten Regelungen zum ersten Schulabschluss ermöglichen,
dem Scheitern auf dem Niveau heruntergekühlter Bildungsaspirationen sowohl
im Interesse des Individuums als auch der Schule zu guter Letzt noch entgehen zu
können, um den Cooling-out-Prozess erfolgreich abzuschließen.

4   Fazit

Mit der Einführung neuer Sekundarschulvarianten wurde die Entkopplung von
Schulform und Schulabschluss institutionalisiert: Es gehört nun zum Standard,
dass alle Abschlüsse der Sekundarstufe I angeboten werden. Trotz des gleichen

Angebots an Zertifikaten sind die Unterschiede zwischen den verschiedenen Sekundarschulformen jedoch sehr groß, wenn man die Differenzierungsstrukturen genauer analysiert, mit denen die Schüler_innen zu den unterschiedlichen Ab- und Anschlüssen am Ende der Sekundarstufe I geführt werden. In Anschluss an Ackeren und Klemm (2011, S. 59) ist daher in den föderalen Bildungssystemen ein „Prozess der strukturellen Zerfaserung" zu beobachten, der zu einer Zersplitterung der nicht-gymnasialen Säule geführt hat. Durch den Begriff der „Zerfaserung" wird dabei treffend zum Ausdruck gebracht, dass die neuen Unterschiede einzeln betrachtet zwar kleiner, in ihrer Anzahl aber weitaus größer sind als die alten Einteilungen nach Bildungsgängen an entsprechenden Schulformen. In der Konsequenz erinnert diese Entwicklung daher an die 1950er Jahre, die historisch als eine Phase der „Zersplitterung" gilt – damals allerdings bezogen auf die gymnasiale Säule in den westdeutschen Bundesländern (vgl. Gass-Bolm 2005, S. 95 f.). Der starke Föderalismus ist gegenwärtig politisch gewollt; legitimiert wird die Zersplitterung über bundeslandspezifische Gegebenheiten und Erfordernisse, die einer regionalen Bearbeitung bedürften. Mit neuen und wechselnden Koalitionen lösen sich dabei die alten Fronten zur Strukturfrage zwischen den Parteien über die Ländergrenzen hinweg auf. So steht Niedersachsens Oberschule (eingeführt von CDU und FDP, fortgeführt von SPD und Grünen) beispielhaft für eine Sekundarschulform, in der die Bildungsgänge unter demselben Dach schrittweise voneinander separiert werden. Von einer solchen Trennung der Schullaufbahnen, die zu unterschiedlichen Positionsansprüchen für das Beschäftigungssystem führt, profitieren die Mittel- und Oberschichten, schreiben Solga und Wagner (2010, S. 193); die bestehenden Machtverhältnisse können auf diese Weise stabilisiert werden. Für die Hamburger Stadtteilschule (gemeinsam getragen von der damaligen Koalition aus CDU und GAL sowie von SPD und Linken aus der Opposition) hingegen lässt sich dieser Schluss nicht so schnell ziehen. Zwar sind durch die politisch-regulativen Vorgaben harte Selektionsmaßnahmen (wie die Jahrgangsversetzung oder die Einrichtung von Bildungsgängen) weggefallen und die Differenzierungen sollen individuell und unter Einbezug der Schüler_innen als selbstverantwortliche Gestalter_innen ihres Bildungswegs erfolgen; ob es auf diese Weise in Hamburg allerdings besser gelingt, Bildungsungleichheiten zu verringern, bleibt abzuwarten.

Bei einigen der neuen Schulformvarianten zeichnen sich jedoch nicht nur Veränderungen bei der Lenkung der leistungsschwachen Schüler_innen ab, sondern es wird auch die Zielsetzung einer weiteren Erhöhung der Abiturient_innenquote sichtbar. Im Hamburger Zwei-Wege-Modell bspw. sind die Weichen für ein Warming-up (als Pendant zum Cooling-out) längst gestellt, um die Bildungsaspirationen von Schüler_innen zu ‚erwärmen' bzw. warm zu halten, möglichst hohe

Bildungsabschlüsse zu erreichen. Das beste Beispiel dafür ist die Verlängerung der Stadtteilschule bis zum Abitur durch die Installation der dreijährigen gymnasialen Oberstufe. Den Schüler_innen und ihren Sorgeberechtigten wird auf diese Weise mitgeteilt, dass erstens auch einer nicht-traditionell gymnasialen Schüler_ innenschaft die Allgemeine Hochschulreife zugetraut wird und dass zweitens der Stadtteilschule dafür ein besonderer Zubringerauftrag erteilt worden ist. De facto hat bereits ein knappes Drittel (31 %) des Abiturjahrgangs 2015 in Hamburg die Hochschulreife an einer Stadtteilschule erworben (vgl. Behörde für Schule und Berufsbildung 2015).

Auch wenn an dieser Stelle keine zweite Analyse mit Blick auf ein Warming-up erfolgen kann, sollte die Relevanz solcher Prozesse aufgezeigt worden sein, die sich im Zusammenspiel von Organisation und Akteur_innen bei der Umsetzung der schulformspezifischen Vorgaben entfalten. Denn es sind letztlich die schulischen Lehrkräfte, die entscheiden, wie sie die Differenzierungsoptionen anwenden. Welchem Kind werden also welche Angebote gemacht oder welche Pflichten auferlegt? Gemäß ihrer pädagogischen Professionalität orientieren sich die Lehrer_innen dabei am Kindeswohl, aber auch am Fortbestand der Organisation und den intern geteilten Vorstellungen über legitime Praktiken der Schulform (vgl. Gomolla und Radtke 2007, S. 24). So ist zu erwarten, dass im Vergleich zur Oberschule in der Stadtteilschule eher dafür Sorge getragen wird, ausreichend Schüler_innen für die gymnasiale Oberstufe zu akquirieren – wenn somit die Funktionsfähigkeit der eigenen Organisation gesichert wird.

Schulformspezifische Präformierungen von Bildungswegen, wie sie am Beispiel des Cooling-out-Prozesses herausgearbeitet worden sind, müssen den institutionellen Bedingungen zugerechnet werden, die neben Kompositionseffekten dazu beitragen, dass durch Schulformen „differenzielle Lern- und Entwicklungsmilieus" (Baumert et al. 2009, S. 37) entstehen, mit denen Bildungsungleichheiten junger Menschen „unabhängig von und zusätzlich zu ihren unterschiedlichen persönlichen, intellektuellen, kulturellen, sozialen und ökonomischen Ressourcen" (Baumert et al. 2006, S. 98 f.) verstärkt werden. Durch die großen Unterschiede der Sekundarschulformen in den Bildungssystemen der Bundesländer werden also neue Ungleichheiten erzeugt, deren Auswirkungen in den nächsten Jahren weiter empirisch zu erforschen sind. Dabei gilt es Schulformen nicht nur hinsichtlich erreichter Kompetenzniveaus und Abschlussquoten zu vergleichen, sondern auch die Bedeutung der Organisation für den Auf- oder Abbau von Bildungsaspirationen der Schüler_innen (z. B. durch Rückgriff auf neoinstitutionalistische und sozialpsychologische Zugänge) adäquat zu erfassen. Denn für weiterführende Bildungs- und Berufswahlen machen bei gleichen Abschlüssen die durch die Schulform geprägten Aspirationen der Absolvent_innen einen entscheidenden Unterschied.

Gesetze, Verordnungen und Vorgaben

Hamburg

Ausbildungs- und Prüfungsordnung (APO-GrundStGy) vom 22.07.2011, zuletzt geändert am 16.07.2015, HmbGV-Bl. S. 178.

Behörde für Schule und Berufsbildung (BOSO 2013). Berufs- und Studienorientierung in den Jahrgangsstufen 8, 9 und 10 in der Stadtteilschule. „Alle Jugendlichen sollen eine Berufsausbildung oder das Abitur machen" – Maßnahmen zur Verbesserung des Übergangs von der Schule in den Beruf. URL: http://www.hamburg.de/contentblob/4119874/data/uebergang-von-schule-in-beruf.pdf.

Behörde für Schule und Berufsbildung (Rahmenvorgaben 2010). Rahmenvorgaben für die Berufs- und Studienorientierung Stadtteilschule und Gymnasium. URL: http://li.hamburg.de/contentblob/2966772/data/download-pdf-rahmenvorgaben-fuer-die-berufs-und-studienorientierung.pdf.

Hamburger Schulgesetz (HmbSG) vom 16.04.1997, zuletzt geändert am 06.06.2014, HmbGVBl. S. 208. Der dort enthaltene § 16 zur Oberstufe wurde am 13.03.2010 beschlossen, der § 17 zur Stadtteilschule entspricht dem Stand vom 29.10.2010.

Verordnung über die besondere Förderung von Schülerinnen und Schülern gemäß § 45 des Hamburgischen Schulgesetzes (VO-BF) vom 22.09.2011, HmbGVBl. S. 405.

Niedersachsen

Berufsorientierung an allgemein bildenden Schulen (Runderlass 2011b). RdErl. d. MK vom 1.12.2011 – 32-81431 – VORIS 22410. URL: http://www.schure.de/22410/32,81431.htm.

Die Arbeit in der Oberschule (Runderlass 2011a). RdErl. d. MK vom 7.7.2011 – 32-81028 – VORIS 22410. URL: http://www.schure.de/22410/32,81028.htm.

Niedersächsisches Schulgesetz (NSchG) vom 3.03.1998, Nds. GVBl. S. 137, zuletzt geändert durch Artikel 1 des Gesetzes vom 3.06.2015, Nds. GVBl. S. 90.

Verordnung über die Abschlüsse im Sekundarbereich I der allgemein bildenden Schulen einschließlich der Freien Waldorfschulen (AVO-Sek I) vom 7.04.1994, Nds. GVBl. S. 197; SVBl. S. 140, zuletzt geändert durch Verordnung vom 11.08.2014, Nds. GVBl. S. 243; SVBl. S. 456.

Literaturverzeichnis

Ackeren, I. v, & Klemm, K. (2011). *Entstehung, Struktur und Steuerung des deutschen Schulsystems. Eine Einführung* (2., überarb. und aktual. Aufl.). Wiesbaden: VS Verlag.

Autorengruppe Bildungsberichterstattung (2014). *Bildung in Deutschland 2014. Ein indikatorengestützer Bericht mit einer Analyse zur Bildung von Menschen mit Behinderungen*. Bielefeld: Bertelsmann.

Baethge, M. (2006). Das deutsche Bildungs-Schisma: Welche Probleme ein vorindustriel-
les Bildungssystem in einer nachindustriellen Gesellschaft hat. *SOFI-Mitteilungen, 34*,
13–27.

Baethge, M. (2008). Das berufliche Bildungswesen in Deutschland am Beginn des 21.
Jahrhunderts. In: K. S. Cortina, J. Baumert, A. Leschinsky, K. U. Mayer, & L. Trommer
(Hrsg.), *Das Bildungswesen in der Bundesrepublik Deutschland* (überarbeitete Neuaus-
gabe, S. 541–597). Reinbek: Rowohlt.

Baethge, M., Solga, H., & Wieck, M. (2007). *Berufsbildung im Umbruch. Signale eines
überfälligen Aufbruchs.* Studie im Auftrag der Friedrich-Ebert-Stiftung. Berlin. http://
library.fes.de/pdf-files/stabsabteilung/04258/studie.pdf. Zugegriffen: 31. Okt. 2016.

Baumert, J., Stanat, P., & Watermann, R. (2006). Schulstruktur und die Entstehung differenzieller Lern- und Entwicklungsmilieus. In J. Baumert, P. Stanat, & R. Watermann
(Hrsg.), *Herkunftsbedingte Disparitäten im Bildungswesen. Differenzielle Bildungsprozesse und Probleme der Verteilungsgerechtigkeit. Vertiefende Analysen im Rahmen von
PISA 2000* (S. 95–188). Wiesbaden: VS Verlag.

Baumert, J., Maaz, K., Stanat, P., & Watermann, R. (2009). Schulkomposition oder Institution, was zählt? Schulstrukturen und die Entstehung schulformspezifischer Entwicklungsverläufe. *Die Deutsche Schule, 101*(1), 33–46.

Baumert, J., & Maaz, K. (2010). Ziel und Anliegen. In K. Maaz, J. Baumert, C. Gresch,
& N. McElvany (Hrsg.), *Der Übergang von der Grundschule in die weiterführende
Schule. Leistungsgerechtigkeit und regionale, soziale und ethnisch-kulturelle Disparitä-
ten* (S. 23–26). Bonn: BMBF.

Behörde für Schule und Berufsbildung (2015). *Schulabschluss Abitur 2015: Hamburgs Abiturienten bewältigen großes Zentralabitur erneut gut* (Pressemitteilung vom 10.07.2015).
http://www.hamburg.de/pressearchiv-fhh/4550352/2015-07-09-abitur-2015/. Zugegriffen:
31. Okt. 2016.

Berkemeyer, N., Bos, W., Manitius, V., Hermstein, B., Bonitz, M., & Semper, I. (2014).
Chancenspiegel 2014. Bertelsmann Stiftung: Regionale Disparitäten in der Chancengerechtigkeit und Leistungsfähigkeit der deutschen Schulsysteme. Gütersloh.

Clark, B. R. (1960). The „Cooling-Out" function in higher education. *The American journal of sociology, 65*(6), 567–576.

Fend, H. (2008). *Schule gestalten. Systemsteuerung, Schulentwicklung und Unterrichtsqua-
lität.* Wiesbaden: VS Verlag.

Fuchs-Dorn, A. (2013). *Den Schulabschluss schaffen. Erfolgsbedingungen einer schulischen Fördermaßnahme.* Wiesbaden: Springer VS.

Gass-Bolm, T. (2005). *Das Gymnasium 1945–1980. Bildungsreform und gesellschaftlicher
Wandel in Westdeutschland.* Wallstein: Göttingen.

Goffmann, E. (1952). Cooling the mark out: Some aspects of adaptation to failure. *Psychi-
atry, 15*(4), 451–463.

Gomolla, M., & Radtke, F.-O. (2007). *Institutionelle Diskriminierung. Die Herstellung ethnischer Differenz in der Schule.* Wiesbaden: VS Verlag.

Helbig, M., & Nikolai, R. (2015). *Die Unvergleichbaren. Der Wandel der Schulsysteme in
den deutschen Bundesländern seit 1949.* Bad Heilbrunn: Klinkhardt.

Hurrelmann, K. (2013). Das Schulsystem in Deutschland: Das „Zwei-Wege-Modell" setzt
sich durch. *Zeitschrift für Pädagogik, 59*(4), 455–468.

Klomfaß, S. (2013). Der Bologna-Prozess – ein Angriff auf den deutschen Königsweg? Ein Blick auf den Hochschulzugang in Deutschland unter den Bedingungen der Europäischen Bildungsreform. In E. Keiner, H.-C. Koller, & N. Ricken (Hrsg.), *Die Idee der Universität – revisited* (S. 127–141). Wiesbaden: Springer VS.

Köller, O. (2013). Wege zur Hochschulreife und Sicherung von Standards. In D. Bosse, F. Eberle, & B. Schneider-Taylor (Hrsg.), *Standardisierung in der gymnasialen Oberstufe* (S. 15–25). Wiesbaden: Springer VS.

Kohlrausch, B., & Solga, H. (2012). Übergänge in die Ausbildung: Welche Rolle spielt die Ausbildungsreife? *Zeitschrift für Erziehungswissenschaft, 15*(4), 753–773.

Kultusministerkonferenz (KMK 2014). *Vereinbarung über die Schularten und Bildungsgänge im Sekundarbereich I.* Beschluss der Kultusministerkonferenz vom 03.12.1993 i. d. F. vom 25.09.2014.

Neumann, M., Maaz, K., & Becker, M. (2013). Die Abkehr von der traditionellen Dreigliedrigkeit im Sekundarschulsystem: Auf unterschiedlichen Wegen zum gleichen Ziel? *Recht der Jugend und des Bildungswesens, 61*(3), 274–292.

Solga, H., & Wagner, S. (2010). Die Zurückgelassenen – die soziale Verarmung der Lernumwelt von Hauptschülerinnen und Hauptschülern. In R. Becker & W. Lauterbach (Hrsg.), *Bildung als Privileg* (4. Aufl., S. 191–219). Wiesbaden: VS-Verlag.

Statistisches Bundesamt (2015). *Bildung und Kultur. Allgemeinbildende Schulen. Fachserie 11, Reihe 1. Schuljahr 2014/15.* Wiesbaden: Destatis.

Teichler, U. (2014). *Hochschulsysteme und quantitativ-strukturelle Hochschulpolitik. Differenzierung, Bologna-Prozess, Exzellenzinitiative und die Folgen.* Münster: Waxmann.

Thielen, M. (Hrsg.). (2011). *Pädagogik am Übergang. Arbeitsweltvorbereitung in der allgemeinbildenden Schule.* Bad Heilbrunn: Klinkhardt.

Tillmann, K.-J. (2013). *Schulstrukturen in 16 deutschen Bundesländern. Zur institutionellen Rahmung des Lebenslaufs* (NEPS Working Paper No 28). Bamberg: Neps.

Wolter, A. (2014). Eigendynamik und Irreversibilität der Hochschulexpansion: Die Entwicklung der Beteiligung an Hochschulbildung in Deutschland. In U. Banscherus, M. Bülow-Schramm, K. Himpele, S. Staack, & S. Winter (Hrsg.), *Übergänge im Spannungsfeld von Expansion und Exklusion* (S. 19–38). Bielefeld: Bertelsmann.

Zymek, B. (2010). Nur was anschlussfähig ist, setzt sich auch durch. Was man aus der deutschen Schulgeschichte des 20. Jahrhunderts (gerade auch der der DDR und der ostdeutschen Bundesländer) lernen kann. *Die Deutsche Schule, 102*(3), 193–208.

Über die Autorin

Klomfaß, Sabine, Dr., ist wissenschaftliche Mitarbeiterin an der Stiftung Universität Hildesheim; Institut für Erziehungswissenschaft. Ihre Arbeitsgebiete sind Schulpädagogik in den Sekundarstufen I und II, Lehrer_innenbildung und Bildungsreformforschung.

Soziale Ungleichheiten im Schulsystem und das Desiderat einer Soziologie der Schule

Nils Berkemeyer und Sebastian Meißner

1 Einleitung

Trotz konjunktureller Schwankungen stehen seit den 1960er Jahren Fragen nach dem Zusammenhang von Bildung und sozialer Ungleichheit im Zentrum bildungssoziologischer Forschungen (Krais 2014, S. 272). Eine öffentlichkeitswirksame Renaissance erlangte die Thematik zu Beginn des 21. Jahrhunderts mit der Veröffentlichung der Ergebnisse international vergleichender Schulleistungsstudien (PISA, TIMSS, IGLU).

Speziell die Resultate der PISA-2000-Studie (z. B. Baumert und Schümer 2001) führten den BeobachterInnen aus Öffentlichkeit, Politik, Wissenschaft und Pädagogik vor Augen, dass in kaum einem anderen OECD-Land der Zusammenhang zwischen der Bildungsbeteiligung, der Kompetenzentwicklung und der sozialen Herkunft von SchülerInnen so eng wie in Deutschland war. Die darin zum Ausdruck kommenden sozialen Disparitäten offenbarten den paradoxalen Effekt der Bildungsexpansion der deutschen Nachkriegsphase: Obgleich der seit den 1960er Jahren zu verzeichnenden höheren Beteiligung aller sozialen Schichten an weiterführenden Bildungsgängen und der damit verbundenen Höherqualifizierung der Bevölkerung sind die Ungleichheitsverhältnisse zwischen den Schichten relativ stabil geblieben (Ditton 2010; Hadjar und Becker 2011; Geißler 2011). Während sich die Abhängigkeit des Bildungserfolgs und der Bildungsbeteiligung

N. Berkemeyer (✉) · S. Meißner
Friedrich-Schiller-Universität Jena, Jena, Deutschland
E-Mail: nils.berkemeyer@uni-jena.de

S. Meißner
E-Mail: sebastian.meissner@uni-jena.de

von der Religionszugehörigkeit ausgeglichen und im Hinblick auf das Geschlecht zugunsten von Mädchen und Frauen entwickelt hat, hängt der Erfolg im deutschen Bildungssystem trotz eines leichten Disparitätsabbaus (Breen et al. 2012) weiterhin von der sozialen Herkunft ab (Becker 2012, S. 139).

Im Gefolge des „PISA-Schocks" setzte eine erneute Debatte um die Herkunftsbedingtheit der Bildungschancen und des Bildungserfolgs ein. Die „Wiederentdeckung" der Thematik innerhalb der Bildungssoziologie ging mit einer Neubelebung der Bildungsungleichheitsforschung einher (Krüger et al. 2010). Obschon es sich um ein transdisziplinäres und äußerst heterogenes Feld handelt (Kopp 2009; Becker 2011a; Solga und Becker 2012; Krais 2014), konzentriert sich die gegenwärtige Forschung vorrangig auf die Frage, welche sozialen Gruppen welche Erfolgschancen im Bildungssystem haben und wie die sozialen Prozesse und Mechanismen der Genese und Reproduktion von Chancenungleichheiten erklärt werden können (Becker 2011b; Solga und Becker 2012; Müller und Reitz 2015).

Die zahlreichen Studien seit Mitte der 1990er Jahre haben zu einem differenzierten und vertieften Verständnis des Ausmaßes, der Ursachen und Folgen von Bildungsungleichheiten beigetragen. Gleichwohl zeichnen sich in der Erforschung sozialer Ungleichheiten im Schulsystem bezüglich leitender Fragestellungen sowie theoretisch-methodischer Vorgehensweisen gewisse Verengungstendenzen ab (Solga und Becker 2012; Müller und Reitz 2015).

Auffällig ist die Dominanz von handlungs- und entscheidungstheoretischen Ansätzen, die insbesondere die Übergänge im Bildungssystem betrachten und rekurrierend auf Raymond Boudon (1974) Bildungsungleichheiten als aggregierte Folge individuellen, sozialschichtabhängigen Entscheidungsverhaltens darstellen. Auf Grundlage der Differenzierung zwischen primären und sekundären Herkunftseffekten widmen sich die vorwiegend quantitativ verfahrenden Studien vor allem Fragen der sozialschichtspezifischen Bildungsbeteiligung, der Kompetenzentwicklung, dem Wahlverhalten an Übergängen sowie den Erfolgschancen unterschiedlicher sozialer Gruppen im Schulsystem.

Konflikttheoretische Ansätze im Anschluss an Bourdieu hingegen stellen die Passung zwischen dem in der Herkunftsfamilie erworbenen primären Habitus und dem sekundären schulischen Habitus zentral (Kramer 2015). Mittels qualitativer Verfahren können u. a. institutionelle Auswahlprozesse zur Herstellung optimaler Passungsverhältnisse sowie die Folgen von Nicht-Passungen für die Bildungsbiografie rekonstruiert werden (Helsper et al. 2014; Helsper und Krüger 2015). Aber auch die Bedeutung der herkunftsspezifischen Habitusmuster von Lehrkräften und deren Auswirkungen auf den schulischen Alltag werden untersucht (Lange-Vester 2015). Neuere Studien versuchen zudem die Verknüpfung von Schule,

Familie und Peer-Beziehungen zur (Re-)Produktion sozialer Ungleichheiten im Schulsystem zu untersuchen (Brake und Büchner 2013; Deppe 2013). Trotz ihrer je spezifischen Schwerpunktsetzungen konvergieren beide Forschungsperspektiven in dem Problem, dass sowohl in der quantitativen als auch in der qualitativen Bildungsungleichheitsforschung einerseits das Geschehen und die Prozesse innerhalb der Schule zumeist verborgen bleiben und andererseits die gesellschaftliche Einbettung der Schule bislang nicht ausreichend berücksichtigt wird (Krais 2014).

Eben dieses Desiderat der neueren deutschen Bildungssoziologie bildet den Ausgangspunkt des vorliegenden Beitrags. Ziel ist es, einen kurzen Überblick über die dominanten Perspektiven zur Erforschung herkunftsbedingter sozialer Ungleichheiten im Schulsystem zu geben und bisherige Leerstellen herauszustellen. Hierzu werden zunächst schlaglichtartig diejenigen Bereiche identifiziert, die im Hinblick auf die (Re-)Produktion von Bildungsungleichheiten vornehmlich untersucht werden. Ergänzt wird diese Darstellung um eine spezifische Entwicklung in der Ungleichheitsforschung, welche die Bedeutung regionaler Gelegenheitsstrukturen zur Erklärung schulischer Disparitäten herausstellt. Sodann werden in einer kurzen Zwischenbilanz grundlegende Desiderata der bisherigen Bildungsungleichheitsforschung benannt, um abschließend erste Überlegungen in Richtung einer Soziologie der Schule zu präsentieren.

2   Soziale Ungleichheiten im und durch das Schulsystem – zentrale Forschungsfelder der Bildungssoziologie

Vor dem Hintergrund ausgeprägter herkunftsbedingter Disparitäten werden Fragen nach der Genese, Verfestigung und Modifikation sozialer Ungleichheiten innerhalb und außerhalb des Schulsystems virulent. In der bildungssoziologischen Debatte haben sich zwei konkurrierende, teils ergänzende Theorieperspektiven entwickelt (Vester 2006), die auf Grundlage differenzieller methodischer Zugänge die (Re-)Produktionsmechanismen von Bildungsungleichheiten untersuchen.

Rekurrierend auf den mikrosoziologischen Rational-Choice-Ansatz von Raymond Boudon (1974) werden in der quantitativen ungleichheitsbezogenen Bildungsforschung unter Verwendung nationaler und internationaler Schulleistungsstudien vorwiegend die Übergänge im Bildungssystem und das sozialschichtabhängige Entscheidungsverhalten in den Blick genommen. Der Hauptfokus liegt hier besonders auf dem Übergang von der Grundschule auf die weiterführende Schule (Maaz und Nagy 2009; Maaz et al. 2010; Ditton 2011; Becker und Lauterbach 2010; Becker 2011b; Betz 2015; Kramer 2015). Ungleichheiten in der Bildungsbeteiligung stellen das Ergebnis individueller, zwischen den Sozialschichten variierender Entscheidungen dar, die im „institutionellen Kontext Bildungssystem getroffen werden" (Dumont et al. 2014, S. 143). Boudon differenziert zwischen primären und sekundären Effekten der sozialen Herkunft.

Schulische Leistungs- und Kompetenzunterschiede, die aus der Sozialschichtzugehörigkeit resultieren, werden als primäre Herkunftseffekte bezeichnet. Die variierende familiäre Ressourcenausstattung und die unterschiedlichen Erziehungs- und Sozialisationsverhältnisse gehen mit einer differenziellen schulischen Entwicklung der Heranwachsenden einher.

Sekundäre Herkunftseffekte bezeichnen hingegen die schichttypisch variierende Bildungsaspirationen sowie das davon abhängige unterschiedliche Entscheidungsverhalten der Eltern (vgl. Dumont et al. 2014, S. 143; Maaz et al. 2010; Ditton 2011). Modelliert wird die Übergangsentscheidung auf Grundlage des Rational-Choice-Paradigmas. Das Entscheidungskalkül orientiert sich an den zu erwartenden Kosten, der potenziellen Bildungsrendite und der Erfolgswahrscheinlichkeit der Heranwachsenden zur Bewältigung der bildungsgangspezifischen Anforderungen. Die Kosten-Nutzen-Kalkulation wird gleichsam beeinflusst vom Statuserhaltmotiv. Ausgehend von der aktuellen sozio-ökonomischen Position versuchen Akteure „für sich und ihre Kinder jede Form sozialer Abwärtsmobilität zu vermeiden" (Rogge und Groh-Samberg 2015, S. 28). In der Folge ergeben sich – unabhängig der schulischen Leistungen – „je nach Sozialschichtzugehörigkeit unterschiedliche Bildungswege" (Krais 2014, S. 279). Ungleichheiten in der Bildungsbeteiligung resultieren demnach aus dem Zusammenspiel zwischen primären und sekundären Herkunftseffekten (Maaz et al. 2010; Becker 2011b; kritisch Rogge und Groh-Samberg 2015; Krais 2014).[1] Ein eigenständiger Erklärungswert für den schulischen (Miss-)Erfolg wird neben den sozio-ökonomischen und sozio-kulturellen Merkmalen der Familie auch dem Geschehen innerhalb von und zwischen Bildungsinstitutionen beigemessen (Maaz und Nagy 2009; Maaz et al. 2010; Ditton 2011).

---

[1]Wert-Erwartungstheoretische Erweiterungen des Boudon-Modells (Eriksson und Johnson 1996; Breen und Goldthorpe 1997; Esser 1999; Maaz und Nagy 2009) beziehen zur Erklärung der (Re-)Produktion sozialer Ungleichheiten an den Übergangen des Bildungssystems weitere Faktoren, wie z. B. Schullaufbahnempfehlungen aber auch die Noten von SchülerInnen mit ein (Dumont et al. 2014, S. 144 f.).

Qualitative Zugänge bildungsbezogener Ungleichheitsforschung orientierten sich hingegen am konflikttheoretischen Ansatz von Pierre Bourdieu und dessen „komplexes relationales Modell von Struktur- und Akteursperspektiven, in dessen Zentrum das Konzept des Habitus steht" (Kramer 2015, S. 348).[2] Die sozialstrukturell unterschiedliche Ausstattung von Familien mit ökonomischen, kulturellen und soziale Kapital (Bourdieu 1983) führt zur Ausbildung eines klassenspezifischen Habitus. Diese im Sozialisationsprozess kulturell erworbenen Gewohnheiten, Haltungen und Praktiken gehen mit einer herkunftsabhängigen „Wahrnehmung und Prädisposition von Bildungsgängen und Bildungseinrichtungen als zum Beispiel ‚unerreichbar', ‚möglich' oder ‚normal' [einher]" (Helsper et al. 2014, S. 312; Bourdieu und Passeron 1971). Die habituellen Dispositionen werden im Schulsystem in unterschiedlicher Weise anerkannt und akzeptiert (Kramer 2015, S. 349 f.). Ursächlich hierfür ist die Orientierung des Bildungssystems an den spezifisch historischen Herrschaftsverhältnissen. Bourdieu zufolge ist die Schule in modernen Gesellschaften die „zentrale gesellschaftliche Institution zur Vermittlung der legitimieren Kultur" (Kahlert 2010, S. 76). Diese Ausrichtung wird gleichzeitig verschleiert und naturalisiert, beispielsweise durch die Anwendung des Leistungsgerechtigkeitsprinzips (Kramer 2015, S. 351; Solga 2005). Aus der Relation zwischen dem im familiären Bezugsmilieu erworbenen primären Habitus und dem in der spezifischen Schulkultur eingebetteten sekundären Habitus ergeben sich schichtspezifische Passungs- bzw. Abstoßungsverhältnisse (Kramer und Helsper 2010; Helsper et al. 2014, S. 315). SchülerInnen unterschiedlicher sozialer Schichten können demnach mehr oder weniger an die herrschende Kultur anschließen. Während für Heranwachsende privilegierter Schichten, an denen sich die pädagogische Arbeit orientiert, schulischer Erfolg als Resultat der eigenen Begabung erscheint, stellt das Schulsystem für mittlere Schichten das Versprechen sozialen Aufstiegs durch Lerneifer und eine hohe Anstrengungsbereitschaft dar (Kramer 2015). Im Gegensatz dazu erscheint die Schule für Angehörige unterer Schichten als „eine Zumutung, weil deren Imperative nur verweigert oder fraglos akzeptiert werden können" (Kramer 2015, S. 351).

Abgesichert wird dieser (Re-)Produktionsmodus durch das Handeln schulischer Agenten, die aufgrund ihrer v. a. mittelschichtorientierten habituellen Prägung

---

[2]Mit der Stärkung der quantitativen Bildungsungleichheitsforschung im Zuge nationaler und international vergleichender Schulleistungsstudien und der Dominanz der an Boudon orientierten Rational-Choice-Ansätzen, spielen konflikttheoretische Perspektiven gegenwärtig eher eine untergeordnete Rolle. Kritisiert wird u. a. die fehlende oder unzureichende Evidenz für die Wechselwirkungen zwischen Struktur- und Akteursmerkmalen (Maaz et al. 2010, S. 84).

„aktiv an der Reproduktion sozialer [(Ungleichheits-)Verhältnisse] beteiligt sind"
(Kramer 2015, S. 353). Bourdieu verweist damit auf die enge Verknüpfung zwischen dem Bildungssystem und den Strukturen der sozialen Schichtung, die über
„harte organisatorische Mechanismen", wie der frühen Selektion in einem mehrgliedrigen Schulsystem und „weiche kulturelle Mechanismen" (kapitalgestützte
sozialisatorische Differenzen) zur (Re-)Produktion von Bildungsungleichheiten
beitragen (Vester 2014, S. 244 f.).

Ausgehend von diesen beiden im bildungssoziologischen Diskurs vertreten-
den Theorieperspektiven können im Anschluss an Maaz et al. (2010, S. 70) vier
Bereiche identifiziert werden, die hinsichtlich der Frage der Entstehung, Zu- oder
Abnahme von herkunftsbedingten Bildungsungleichheiten vornehmlich untersucht werden (Tab. 1). Ein fünfter Bereich ist die regionale Ungleichheitsforschung, welche räumliche Disparitäten innerhalb und zwischen Bundesländern
und Regionen zentral stellt und damit nicht nur auf die divergierende Ausstattung
mit schulischer Infrastruktur, sondern auch auf den Einfluss regionaler Schulan-
gebotslagen auf das schichtspezifische Bildungs- und Entscheidungsverhalten
verweist (Berkemeyer et al. 2014, S. 331).

3   Regionale Disparitäten im Schulsystem

Raumbezogene Analysen zur Erforschung lokaler Schulsysteme erhalten in der
empirischen Bildungsforschung gegenwärtig wieder eine erhöhte Aufmerksamkeit (Berkemeyer et al. 2016; Kessl 2016). Bereits seit den 1960er Jahren wird
auf die Bedeutsamkeit des Zusammenhangs von Bildung und Region für die
(Re-)Produktion schulischer Ungleichheiten hingewiesen (Peister 1967). Raumbezogene Forschungen untersuchen sowohl aus angebots- als auch aus nachfra-
georientierter Perspektive regionalen Disparitäten im Schulsystem (Weishaupt
2010, S. 217). Als persistent erweist sich die regionalspezifisch divergierende
Ausstattung mit schulischer Infrastruktur (Ditton 2008, 2014). Angebotsdispari-
täten stehen zudem in einem engen Zusammenhang mit dem Nutzungs- und Wahlverhalten von Eltern und SchülerInnen (Kemper und Weishaupt 2011). Während
bildungsbewusste Eltern bei der Übergangsentscheidung ihrer Kinder auf eine
gewünschte Schule und Schulform auch weite Schulwege akzeptieren, tendieren
untere Sozialgruppen eher zu einem nahraumbezogenen Entscheidungsverhalten (Clausen 2006; Terpoorten 2014). Die Distanz zwischen dem Wohnort und
der Schule ist demnach einer der „wichtigsten Faktoren bei der Schulwahl" (Sixt
2013, S. 461). Neben der Bildungsbeteiligung beeinflusst die Struktur des Bil-
dungsangebotes auch den Bildungserfolg. Baumert et al. (2005, S. 360) konnten

Tab. 1 Zentrale Untersuchungsbereiche bildungssoziologischer Ungleichheitsforschung im Schulsystem. (© Berkemeyer und Meißner)

Untersuchungsfeld	Untersuchungsfokus	Erklärungsmodelle für die (Re-)Produktion von Bildungsungleichheiten
Ungleichheiten im Lebensverlauf	• Soziale Disparitäten der Bildungsbeteiligung an den Gelenkstellen des Bildungssystems (Bildungsübergänge)	• (primäre und) sekundäre Herkunftseffekte (Boudon 1974) • Wert-Erwartungstheoretische Erweiterungen des Boudon-Modells (Erikson und Jonsson 1996; Breen und Goldthorpe 1997; Esser 1999; Maaz et al. 2006)
Ungleichheiten innerhalb von Bildungsinstitutionen	• Beitrag organisatorischer Strukturen, Regeln und alltäglicher Praktiken zur dauerhaften und systematischen Benachteiligung sozialer Gruppen • Interaktionseffekte zwischen der sozialen Herkunft (primärer Habitus) und den schulischen Opportunitätsstrukturen (sekundärer Habitus) • Institutionelle Praktiken schulischer Agenten (Lehrkräfte)	• Institutionelle Diskriminierung (Gomolla und Radtke 2009) • Habitus- und Kapitaltheorie (Bourdieu und Passeron 1971; Bourdieu 1983, 1993) • Kulturelle Passungsverhältnisse (Helsper et al. 2008, 2009, 2014; Kramer und Helsper 2010; Kramer 2013, 2015) • Milieutheoretische Zugänge (Vester et al. 2001; Lange-Vester 2015)
Ungleichheiten zwischen Bildungsinstitutionen	• Innerschulisch und schulformspezifisch differenzierte Leistungs- und Lernzuwächse	• Differenzielle Lern- und Entwicklungsmilieus (Baumert et al. 2006, 2009)
Ungleichheiten außerhalb von Bildungsinstitutionen	• Familiär-sozialisatorische und peer-bezogene Effekte auf die Kompetenzentwicklung; Bildungsbeteiligung und Bildungsentscheidungen	• Primäre (und sekundäre) Herkunftseffekte (Boudon 1974) • Habitus- und Kapitalientheorie (Bourdieu 1983, 1993; Bourdieu und Passeron 1971) • Milieutheoretische Ansätze (Vester 2014)

(Fortsetzung)

Tab. 1 (Fortsetzung)

Untersuchungsfeld	Untersuchungsfokus	Erklärungsmodelle für die (Re-)Produktion von Bildungsungleichheiten
Ungleichheiten innerhalb und zwischen Regionen	• Zusammenspiel zwischen der Komposition und den Merkmalen der regionalen Bildungsinfrastruktur, dessen Nutzung und Auswirkungen auf die schulischen Erträge	• Vergleichende Ungleichheitsforschung regionaler Schulsysteme (Weishaupt 2010; Becker und Schulze 2013; Ditton 2014) • Regional-Governance-Forschung (Fürst 2007; Emmerich und Maag Merki 2010) • Raumtheoretisch orientierte Ansätze (Berkemeyer et al. 2014, 2015, 2016)

u. a. nachzeichnen, dass drei Prozent der Leistungsvarianz im Fach Mathematik auf regionale Strukturmerkmale, wie der Arbeitslosenquote, der Quote der Sozialhilfeempfänger und dem Anteil der SchulabsolventInnen mit Hochschulreife, rückführbar waren. Folglich ist die räumliche Lage des Schulortes ein für die bildungsbezogene Ungleichheitsforschung nicht zu vernachlässigender Faktor (ausführlich hierzu Weishaupt 2010; Kemper und Weishaupt 2011; Ditton 2014; Berkemeyer et al. 2014, 2015, 2016).

Die Untersuchung regionaler Disparitäten aus einer genuin gerechtigkeitstheoretischen Perspektive ist das Anliegen des Chancenspiegels 2014. Neben der zeitlich vergleichenden Betrachtung der Entwicklung der Chancengerechtigkeit in den 16 deutschen Bundesländern, wurde im aktuellen Chancenspiegel erstmals auch die Region, erfasst über die Kreise und kreisfreien Städte, als Betrachtungsebene der Schulsysteme berücksichtigt.

Der Chancenspiegel als problemzentriertes und indikatorenbasiertes Bildungsberichtssystem rückt die schulsystemische Chancengerechtigkeit in den Vordergrund. Ausgehend von der Annahme, dass Schulsysteme als ethisch zu reflektierende Gegenstände (Berkemeyer und Manitius 2013, S. 223) aufzufassen sind, richtet sich der Analysefokus auf die Frage, „was die Schulsysteme der Länder im Hinblick auf die Chancengerechtigkeit leisten" (Berkemeyer et al. 2014, S. 11). Das Gerechtigkeitsverständnis des Chancenspiegels speist sich aus der Theorie der Verteilungsgerechtigkeit von John Rawls (1971, 2006) dem Ansatz der Teilhabegerechtigkeit von Amartya Sen (2010) sowie der Anerkennungstheorie Axel Honneths (2011).

Unter Chancengerechtigkeit wird „die faire Chance zur freien Teilhabe an der Gesellschaft [verstanden], die auch gewährleistet wird durch eine gerechte Institution Schule, in der Schülerinnen und Schüler aufgrund ihrer sozialen und natürlichen Merkmale keine zusätzlichen Nachteile erfahren, sowie durch eine Förderung der Befähigung aller und durch eine wechselseitige Anerkennung der an Schule beteiligten Personen" (Berkemeyer et al. 2014, S. 15). Die empirische Analyse der Schulsysteme unter dem Gesichtspunkt der Chancengerechtigkeit wird anhand von vier schul- und gerechtigkeitstheoretisch hergeleiteten Gerechtigkeitsdimensionen erfasst: *Integrationskraft, Durchlässigkeit, Kompetenzförderung und Zertifikatsvergabe* (Berkemeyer und Manitius 2013, S. 234). Methodisch wird das Abschneiden der Länder in den jeweiligen Gerechtigkeitsdimensionen über einen Gruppenmittelwertvergleich dargestellt. Entsprechend der Gruppierungslogik des Chancenspiegels kann für jede Dimension eine obere (oberen 25 %), untere (unteren 25 %) und eine mittlere Ländergruppe (dazwischenliegenden 50 %) identifiziert werden (ausführlich hierzu Berkemeyer et al. 2014, S. 18).

Basierend auf der Gerechtigkeitskonzeption des Chancenspiegels werden die Schulsysteme der Länder im Zeitreihenvergleich untersucht (Abb. 1).[3] Die Analysen auf Grundlage der Indikatoren Integrationskraft, Durchlässigkeit und Zertifikatsvergabe zeigen, dass die Gerechtigkeitsausprägungen zwischen den Bundesländern variieren. Neben Gruppenwechseln können ebenso Kontinuitäten über die drei bisherigen Berichtsjahre konstatiert werden.

Erste Hinweise auf divergierende Ausprägungen unterhalb der Landesebene konnten mithilfe der länderinternen Streuungen (Abweichungen der einzelnen Regionen vom Landesmittelwert) für die Dimensionen der „Durchlässigkeit" und „Zertifikatsvergabe" nachgezeichnet werden, sodass die Schulsysteme der Länder nicht als in sich homogenen Einheiten verstanden werden dürfen (Berkemeyer et al. 2014, S. 25).

Die Offenlegung regionaler Disparitäten innerhalb der Länder erfordert daher tiefer gehende Analysen auf der Ebene der Kreise und kreisfreien Städte. Die Deskription der regional spezifischen schulischen Angebotsstrukturen sowie die Beschreibung regionaler Differenzen erfolgt in den Dimensionen „Durchlässigkeit" und „Zertifikatsvergabe". Insgesamt zeigen sich Unterschiede in der Chancengerechtigkeit nicht nur zwischen den Ländern, sondern auch innerhalb der

---

[3]Berichtet werden ausschließlich diejenigen Gerechtigkeitsdimensionen, die über die Zeitspanne von 2009/2010 bis 2012/2013 durchgängig berichtet werden können. Nicht berücksichtigt wird die Dimension der Kompetenzförderung, da im Vorjahr die Kompetenzstände der SchülerInnen im Primarbereich in der Domäne Lesen eruiert wurden.

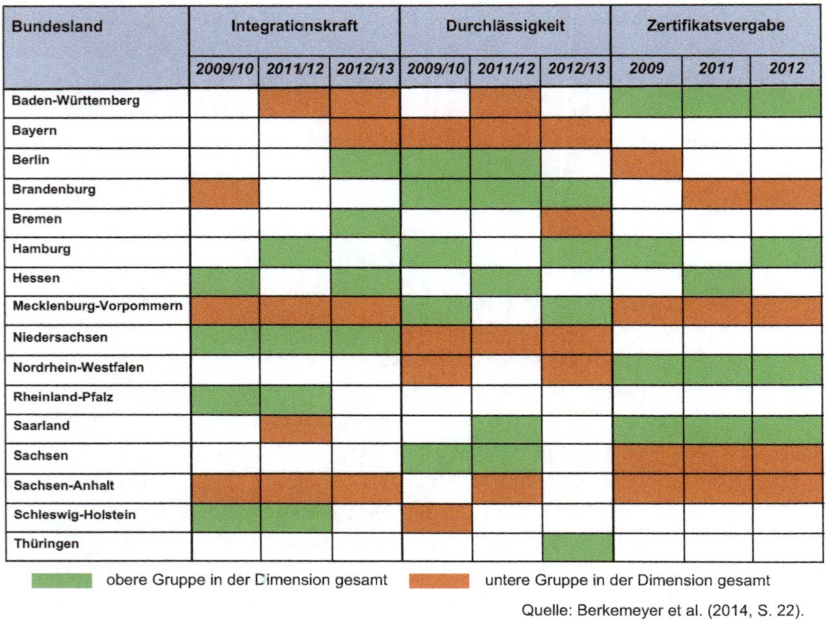

Bundesland	Integrationskraft			Durchlässigkeit			Zertifikatsvergabe		
	2009/10	2011/12	2012/13	2009/10	2011/12	2012/13	2009	2011	2012
Baden-Württemberg		O	O		O		G	G	G
Bayern			O	O	O				
Berlin		O	O	G	G		G		
Brandenburg	O							O	O
Bremen					O				
Hamburg		G	G			G	G		
Hessen	G								
Mecklenburg-Vorpommern	O								
Niedersachsen		G			O				
Nordrhein-Westfalen				O					
Rheinland-Pfalz		G							
Saarland		O					G	G	
Sachsen				G	G		G	O	O
Sachsen-Anhalt	O	O		O					
Schleswig-Holstein		G		G					
Thüringen			O	G		G			

🟩 obere Gruppe in der Dimension gesamt   🟧 untere Gruppe in der Dimension gesamt

Quelle: Berkemeyer et al. (2014, S. 22).

Abb. 1 Veränderungen in den Gerechtigkeitsdimensionen im Zeitreihenvergleich der Schuljahre 2009/2010 bis 2012/2013. (Quelle: Berkemeyer et al. 2014, S. 22)

Länder zwischen den einzelnen Gebietskörperschaften. Deutlich wird dies u. a. bei den Übergängen von der Grundschule auf das Gymnasium (Abb. 2).

Während in einigen Regionen Bayerns, Baden-Württembergs und Rheinland-Pfalz über 70 % aller Übergänge zu einem Gymnasium vollzogen werden, weisen andere Regionen Übergangsquoten von unter 20 % auf. Im Gegensatz zu Ländern wie Nordrhein-Westfalen und Niedersachsen zeichnen sich Bayern, Baden-Württemberg und Rheinland-Pfalz durch große Differenzen in den regionalen Schulsystemen auf. Tendenziell niedrigere Streubreiten weisen hingegen die ostdeutschen Bundesländer auf. Gleichzeitig schließen sich ein hoher Landesmittelwert und geringere Streuungen nicht aus, wie die Beispiele Brandenburg und Sachsen-Anhalt verdeutlichen.

Regionale Disparitäten können aber auch für andere Indikatoren, wie dem Verhältnis von Aufwärts- zu Abwärtswechseln innerhalb der Sekundarstufe, der Hochschulreifequoten oder dem Anteil der Abgänger ohne Hauptschulabschluss nachgewiesen werden (Berkemeyer et al. 2014, S. 338).

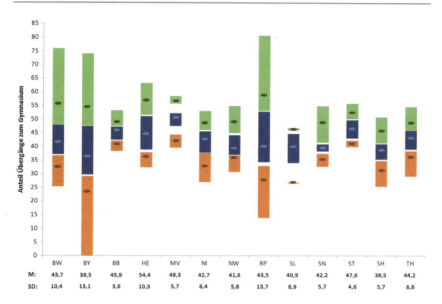

Abb. 2 Anteil der Fünftklässler(In Brandenburg werden neben den Übergängen aus der 6-jährigen Grundschule und in Mecklenburg-Vorpommern aus der Orientierungsstufe nach Klassenstufe 6 auch die Übergänge von Jahrgangsstufe 6 in Jahrgangsstufe 7 des Gymnasiums einbezogen, also jene Schülerinnen und Schüler, deren Übergang in den Sekundarbereich I bereits zwei Jahre zuvor (in Jahrgangsstufe 5) auf ein grundständiges Gymnasium erfolgte.), die nach der Grundschule auf ein Gymnasium übergehen im Schuljahr 2012/2013. (Quelle: Berkemeyer et al. 2014, S. 284)

Vertiefende Analyse zu Pendlerbewegungen über die Grenzen der Kreise und kreisfreien Städte hinweg, konnten am Beispiel der Städte Jena, Bonn und Speyer zusätzlich aufzeigen, dass diese Einpendlersysteme[4] für die umliegenden Nachbarregionen infrastrukturelle Versorgungsleistungen bereitstellen und dadurch eine Zentralstellung im regionalen schulsystemischen Gefüge einnehmen. Besonders das Gymnasium wird von den einpendelnden SchülerInnen adressiert: In Bonn sind 70,2 % aller einpendelnden SchülerInnen Gymnasiasten, in Jena 60,4 % und in Speyer 79,5 % (Berkemeyer et al. 2014, S. 302). Diese

---

[4]Während im Jenaer Schulsystem fast jeder/e fünfte SchülerIn (19,9 %) einen Wohnort außerhalb von Jena hat, betrifft dies in Bonn jeden/e vierte/n SchülerIn (25 %) und in Speyer annähernd die Hälfte aller SchülerInnen (49 %; Berkemeyer et al. 2014, S. 301).

überregionalen Angebotskonzentrationen wirken sich auf das Ausmaß landesspe-
zifischer regionaler Disparitäten aus.

Zusätzlich wurde danach gefragt, welchen Einfluss die regionalspezifischen
institutionellen Schulangebots- sowie die sozialstrukturellen Ausgangslagen
(Durchschnittliches Einkommen je Einwohner, SGB-II-Quote für die Bevölkerung unter 15 Jahren, Anteil der Bevölkerung mit einer Hochschulzugangsberechtigung) auf die Resultate der Gerechtigkeitsdimensionen „Durchlässigkeit"
und „Zertifikatsvergabe" haben. Die vertiefende Auswertung dreier ausgewählter
Landesschulsysteme (Bayern, Nordrhein-Westfalen, Thüringen), die auf Sozi-
alprofilbildungen mittels latenter Klassenanalysen basieren, zeigen tendenziell
vorteilhaftere Ergebnisse in den Gerechtigkeitsdimensionen von Regionen mit
günstigen sozialstrukturellen Voraussetzungen. Eben diese Ausgangslagen gingen
häufig mit einem gymnasial geprägten Schulangebot im Sekundarbereich einher.
Auf der Ebene der Kreise und kreisfreien Städte konnten demnach Korrespondenzen zwischen den sozialstrukturellen Voraussetzungen, der Schulangebotsstruktur
und den Ergebnissen der Gerechtigkeitsdimension aufgezeigt werden (Berkemeyer et al. 2014, S. 340).

Die Resultate des Chancenspiegels verdeutlichen aber auch, dass einzelne
Regionen nicht losgelöst von den sozialen Kontexten, in die ein Kreis oder eine
kreisfreie Stadt eingebettet ist, betrachtet werden können. Mehrebenenanalysen
verweisen darauf, dass die regionalspezifischen Differenzen in den Gerechtigkeitsdimensionen zwischen den Bundesländern teilweise durch die Länderebene
aufgeklärt werden kann. Folglich trägt die Lokalisierung einer Region in einem
bestimmten Land zur schulsystemischen Leistung dieser Region bei (Berkemeyer
et al. 2014, S. 297).

4   Zwischenfazit: Desiderata ungleichheitsbezogener Bildungssoziologie

Die anhaltend hohe Aktualität sozialer Ungleichheiten im deutschen Schulsystem hat seit Mitte der 1990er Jahre eine rege Forschungstätigkeit ausgelöst,
die wesentlich zur Aufklärung der Frage beigetragen hat, wie und wo ungleiche
Bildungschancen und -ergebnisse entstehen und (re-)produziert werden. Allerdings weist sowohl die quantitative als auch die qualitative bildungsbezogene
Ungleichheitsforschung thematische Engführungen und markante Leerstellen auf
(Allmendinger et al. 2010; Solga und Becker 2012; Krais 2014; Müller und Reitz
2015). Im Folgenden sollen einige dieser Desiderata benannt und gleichzeitig
potenzielle Anschlussmöglichkeiten aufgezeigt werden.

1. *Analysen auf der Makroebene:* Marginal thematisiert wurden bislang die Zusammenhänge zwischen bildungspolitischen und institutionellen Veränderungen im Schulsystem sowie deren Auswirkungen auf die bestehenden Ungleichheitsrelationen. Anknüpfungsfähig wären hier sowohl neo-institutionalistische Perspektiven, ebenso wie der Ansatz der Educational-Governance und gouvernementalitätstheoretische Zugänge. Ebenfalls unterbelichtet ist die Einbettung von Schule in gesellschaftliche Zusammenhänge und deren Entwicklungen (z. B. stärkere Wettbewerbsorientierung, Privatisierungs- und Ökonomisierungstendenzen). In einer solchen Perspektive würde das Bildungswesen nicht nur als Produzent von Bildungsungleichheiten auftreten, sondern gleichsam als Produkt sozialer Ungleichheitsverhältnisse (Kahlert 2010). Ausbaufähig sind aber auch räumliche Analysen, die das aktive Organisieren schulischer Angebotsstrukturen, ihre wechselseitigen Relationierungen und deren Auswirkungen auf regionale Disparitäten thematisieren (Berkemeyer et al. 2016). Lokale Schulsysteme erscheinen dann „nicht mehr als neutrale Orte des Lernens (...), sondern (...) als Ausdruck gesellschaftlicher Machtverhältnisse" (Berkemeyer et al. 2016, S. 58).

2. *Analysen auf der Mesoebene:* Die starke Fokussierung auf die Ungleichheitsentwicklung an den Übergängen im Schulsystem hat dazu geführt, dass die Schule als organisationaler Zusammenhang und die darin ablaufenden Prozesse bisher kaum untersucht wurden. Eine Ausnahme bildet hier die Studie von Gomolla und Radtke (2009). Neben der Schulorganisation gilt es, das Lehrpersonal näher zu analysieren. Bis auf die Studie von Kühne (2006) fehlen bislang Arbeiten zum Rekrutierungsfeld von Lehrkräften. Wenig bekannt ist zudem, welche impliziten Erwartungen, Klassifikationen, Alltagstheorien und Logiken Lehrkräfte im Unterricht anwenden und welche Folgen damit verbunden sind (Krais 2014). Anschlussfähig sind hier z. B. Arbeiten zu lehrerspezifischen Habitustypen (Lange-Vester 2015). In Verbindung mit makrostrukturellen Veränderungen ist zudem interessant, welche Auswirkungen institutionelle Veränderungen auf das Handeln von schulischen Akteuren haben und welche eigensinnigen Praktiken damit verbunden sind.

3. *Analysen auf der Mikroebene:* Kaum berücksichtigt sind bisher die vielfältigen „Identitätsbildungs-, Erziehungs- und Lernprozesse sowie die alltäglichen lebensweltlichen Praxen" (Solga und Becker 2012, S. 18) innerhalb und außerhalb der Schule zur Erklärung der sozialen Strukturierung von Bildungsprozessen. Hier gilt es, die „Alltagswelt Schule" (Brake und Bremer 2010), die Einflüsse von Peerbeziehungen sowie das Zusammenspiel von Schule, Familie und Peers verstärkt in den Blick zu nehmen (Deppe 2013). Ausbaufähig sind zudem Studien, die in Anlehnung an milieutheoretische

Ansätze die spezifischen Bildungs- und Abgrenzungspraktiken sozialer Milieus fokussieren. Eine der größten Lücken der bisherigen ungleichheitsbezogenen Bildungssoziologie betrifft aber die Erforschung von Lehr-Lernprozessen. Theoretisch anschlussfähig wären hier unter anderem die Arbeiten von Basil Bernstein. Sowohl die Codetheorie als auch die Ausführungen zum pädagogischen Diskurs eignen sich für die Analyse von schulischem Unterricht und dem Handeln von LehrerInnen und SchülerInnen (Sertl und Leufer 2012). Die Thematisierung impliziter Lehrziele und sozialer Gehalte jenseits der offiziellen Lehrpläne, die mit dem Topos des „heimlichen Lehrplans" (Zinnecker 1975) konnotiert sind, werden in der gegenwärtigen Bildungssoziologie kaum mehr thematisiert. Mithilfe einer praxeologischen Perspektive ließen sich jedoch die in Lehr-Lernprozessen „verborgenen Sinnmuster von Bildungs- und Unterrichtspraktiken" (Schmidt 2015, S. 127) und deren ungleichheitsverstärkende oder -mindernde Wirkung eruieren. Anschlussfähig sind zudem diskurs- und gouvernementalitätsanalytische Zugänge, die auf die spezifischen schulischen Subjektivitierungsprozesse aufmerksam machen und deren Folgen für SchülerInnenbiografien herausstellen (z. B. Pfahl 2011). Damit rückt die Schule als Subjektivierungsinstanz in den Vordergrund. Trotz erheblicher materieller Ungleichheiten in Deutschland existieren bislang nur wenige Studien, die sich dem Verhältnis von materieller und bildungsbezogener Ungleichheit widmen (Solga 2012).

Die überblicksartige Darstellung der bisherigen Forschungsfelder und Desiderata der gegenwärtigen Bildungssoziologie verdeutlicht, dass, obwohl soziale Ungleichheiten im Schulsystem einen der zentralen Forschungsschwerpunkte darstellen, die Bildungsungleichheitsforschung zum Geschehen innerhalb der Schule nur bedingt bzw. erst vereinzelt vordringt (Krais 2014, S. 278). Ebenso wird die Frage der Einbettung von Schule in Gesellschaft bislang kaum thematisiert.

5 Vorüberlegungen zu einer Soziologie der Schule

Die Idee, die hier abschließend vorgestellt werden soll, basiert auf der Annahme, dass eine umfassende Beschreibung und Analyse der Schule als Ort der Ungleichheits(re)produktion sowie als Ergebnis ungleicher gesellschaftlicher Formationen einer breiter angelegten *Soziologie der Schule* bedarf. Ansätze dieser Art wurden bereits in den 1970er Jahren thematisiert (Groß 1975, 1979; Hammerich 1975; Holstein 1972; Minsel und Wunberg 1978; Neuloh 1977; Rolff 1980).

Obgleich sie jedoch nicht systematisch ausformuliert und weitergeführt wurden, sollen sie als ideengeschichtliches Fundament für unsere Überlegungen genutzt werden, ohne jedoch in diesem Artikel näher auf die jeweiligen Arbeiten eingehen zu können.

Stärker als bislang sollen die Wechselverhältnisse von Schule und Gesellschaft in das Zentrum der Betrachtung rücken. Anknüpfend an eine weite Definition von Bildungssoziologie (Hurrelmann und Mansel 1997, S. 64; Becker 2011a; Solga und Becker 2012, S. 10; Löw und Geier 2014, S. 27) fokussiert eine Soziologie der Schule die Beschreibung und Erklärung der ökonomischen, politischen, kulturellen und sozialstrukturellen Rahmenbedingungen von Einzelschulen und Schulsystemen, deren Voraussetzungen, Interdependenzverhältnissen sowie den sich daraus ergebenden vielfältigen, spannungs- und konfliktreichen Dynamiken im Kontext historisch-gesellschaftlicher Entwicklungen und Kräfteverhältnisse. Eine so verstandene Soziologie der Schule bietet sowohl Anknüpfungsmöglichkeiten als auch Potenziale für eine kritische Schulsystementwicklungsforschung (Berkemeyer 2016). An dieser Stelle können nur erste Überlegungen in dieser Richtung präsentiert werden.

Wenngleich soziale Ungleichheitsverhältnisse im Schulsystem und damit verbundene Fragen nach Ursachen, Folgen und Mechanismen geschlechtsspezifischer, ethnischer, regionaler und herkunftsbedingter Disparitäten und deren Verwobenheit (zum Intersektionalitätsparadigma siehe Walgenbach 2012) weiterhin einen zentralen Bestandteil einer Soziologie der Schule bilden, soll diese, wie oben bereits angedeutet, jedoch darüber hinausgehen.

Ihren Ausgangspunkt kann eine Soziologie der Schule in der in Abb. 3 aufgezeigten Heuristik erhalten, welche die Schule im Kräftefeld der Gesellschaft verortet und grundsätzlich darauf verweist, dass Einzelschulen und Schulsysteme „in einer auf bestimmte Weise gesellschaftlich ‚eingerichteten' Welt" (Lessenich 2012, S. 82) situiert sind. Folglich müssen schulische Transformations- und Wandlungsprozesse ebenso wie Formen schulischer Ordnung und Ungleichheitsverhältnisse als durch gesellschaftliche Strukturen, Dynamiken und Entwicklungen bedingt betrachtet werden.

Mit dem Hinweis des gesellschaftlichen Charakters von Schulen gilt es jedoch gleichzeitig zu vermeiden, Schulsysteme als passiv und strukturdeterminiert aufzufassen, sondern die reziproken Verhältnisse zwischen den verschiedenen gesellschaftlichen Ordnungen und dem Schulsystem zu berücksichtigen. Analytisch geht es darum, herauszukristallisieren, ob und wenn ja wie gesellschaftliche Akteure, teilsystemische Interdependenzen und Transformationsprozesse im Mehrebenensystem Schule kondensieren, Spuren hinterlassen, sich auf organisationaler und individueller Ebene in die jeweiligen Handlungs- und Kommunikationspraktiken

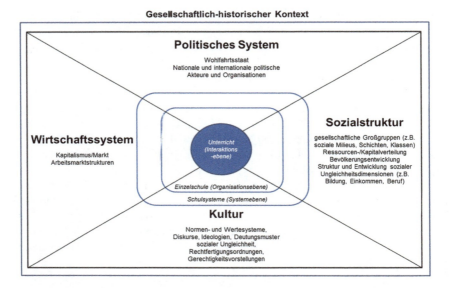

Abb. 3   Schule im Kräftefeld der Gesellschaft. (© Berkemeyer und Meißner)

einschreiben bzw. eigensinnig rekontextualisiert werden, deren Beziehungsge-
flechte beeinflussen und wie diese Dynamiken in die jeweiligen Ordnungssys-
teme respektiv auf die gesamtgesellschaftliche Ebene zurückwirken. Schulen
ebenso wie Schulsysteme erscheinen in einer solchen Perspektive in Anlehnung
an Anthony Giddens (1992) als strukturierte und zugleich strukturierende Strukturen, die Ordnungsrelationen sowohl stabilisieren als auch in konflikt- und span-
nungsreiche Beziehungen zu diesen treten können.

Vor allem die im Kontext der aktuellen Bildungsreformen kritisch geführte
Diskussion um die Ökonomisierung des Bildungssystems verweist auf die Notwendigkeit einer solchen umfassenden Analyseperspektive. Unabhängig der je
konkreten Bestimmung des Ökonomisierungsbegriffs (ausführlich hierzu Höhne
2015) wird auf das gewandelte Verhältnis von Staat, Ökonomie und des Bildungssystems insgesamt verwiesen. Daran anknüpfend werden Fragen virulent, über
welche Mechanismen und Vermittlungsformen ökonomische Logiken und ökonomisches Wissen in das schulische Feld diffundieren, wie sich dieser Prozess vollzieht (inkrementell, isomorph etc.) und inwieweit sich diese Formveränderungen
auf die institutionelle und organisationale Struktur von Schule, die Zielorientie-
rungen und Handlungslogiken schulsystemischer Akteure (Lehrer- und SchülerInnen, SchulleiterInnen, nationale und internationale Steuerungsakteure etc.)

Tab. 2 Exogene schulsystemische Entwicklungstreiber. (© Berkemeyer und Meißner)

	Ökonomischer Typus	Kultureller Typus	Politischer Typus	Wissenschaftlicher Typus	Sozialstruktureller Typus
Starke Treiber		Buchdruck	Revolution		Demografie
Mittelstarke Treiber	Prosperierende Wirtschaft	Digitalisierung, Sozialinnovationen I	Muss-Recht	Internationale Vergleichsstudien	
Schwache Treiber	Arbeitsmarkt	Ideologien, Sozialinnovationen II	Soll-Recht Strukturierung, Reformprogramme	Forschungsbefunde	Gesellschaftliche Raumverhältnisse
Reaktionäre Treiber		Ideologien	Revolution, Reformprogramme		

auswirken (Höhne 2015). Ebenso zentral sind Fragen danach, an welchen Stellen die Rekonfiguration des Schulsystems auf Widerstände und eigensinnige Umdeutungen treffen, inwiefern durch diese Verschiebungen schulische Ungleichheitsverhältnisse tangiert werden und welche Folgen sich für die Einzelschulen selbst sowie für die gesamtgesellschaftliche Funktion von Schulsystemen ergeben.

Um auch in zeitdiagnostischer Absicht den Wandel von Schulsystemen, die Einbettungs- und Wechselverhältnisse von Schule und Gesellschaft wie in Abb. 3 vereinfacht dargestellt systematisch untersuchen und beschreiben zu können, ist es notwendig, wesentliche Triebkräfte, die das Verhältnis von Schule und Gesellschaft mitbestimmen, in die Theoriebildung einzubeziehen. Eine erste exemplarische Idee, um solche Treiber zu systematisieren, bietet Tab. 2. In heuristischer Absicht werden hier zunächst beispielhaft exogene Faktoren aufgeführt, die ihren Bezugspunkt in verschiedenen Kraftfeldern haben und nach ihrer potenziellen Einflussstärke unterschieden werden können. Ebenfalls sei darauf hingewiesen, dass im Rahmen einer Soziologie der Schule endogene Triebkräfte ebenfalls berücksichtigt und in ihrem Verhältnis, Gewicht und ihrer Reichweite zu exogenen Faktoren in Beziehung gesetzt werden müssen.

In einem nächsten Systematisierungsschritt könnten die konkreten Triebkräfte anschließend näher auf ihre schulsystemische Wirkung hin analysiert werden. Exemplarisch können hierfür international vergleichende Schulleistungsstudien gelten.

PISA-2000 (Programme for International Student Assessment) markiert im bundesdeutschen Schulsystem eine „bildungspolitische Zäsur" mit weitreichenden Folgen für das Schulsystem (Niemann 2015, S. 141). Alarmiert durch das im internationalen Vergleich allenfalls mittelmäßige Abschneiden deutscher Schüler-Innen in den zentralen Kompetenzbereichen Lesen, Mathematik und Naturwissenschaften gelang es der Organisation für wirtschaftliche Zusammenarbeit und Entwicklung (OECD) mit der international vergleichenden Schulleistungsstudie nach einer Phase reformerischen Stillstandes seit Mitte der 1970er Jahre nicht nur umfassende Bildungsreformen, sondern auch einen politischen Paradigmenwechsel im Bildungsbereich zu initiieren – obgleich einige Reformen im Nachhinein auf PISA bezogen wurden (Niemann 2010, S. 60; Tillmann et al. 2008). Die erste PISA-Studie verstärkte und legitimierte u. a. den Übergang von der input- zur outputorientierten Steuerung des Schulsystems. Neben der Erhöhung der einzelschulischen Gestaltungsspielräume wurden Bildungsstandards sowie ein systematisches Bildungsmonitoring eingeführt. Die Möglichkeiten der Schulautonomie wurden damit gleichzeitig an eine umfassende Rechenschaftspflicht, die durch neue Akteure abgesichert wird (z. B. Schulinspektion), zurückgebunden (Altrichter und Maag Merki 2016; Altrichter et al. 2016). Im Zuge der PISA-Debatte veränderte sich zugleich die Perspektive auf Bildung. Gegenüber dem humboldtschen Bildungsideal gelang es der OECD eine stärker volkswirtschaftliche Perspektive auf Bildung zu implementieren. Mit dem gewandelten Bildungsverständnis ging die Fokussierung auf den Kompetenzbegriff einher.

Die hier nur kurz skizzierten Folgen der PISA-Studie sollen die Auswirkungen exogener Faktoren auf die Entwicklung des Schulsystems verdeutlichen und gleichsam auf die Wechselwirkung der jeweiligen Kraftfelder und sozialen Ordnungen untereinander verweisen. Darüber hinaus wird mit Rekurs auf Ereignisse wie PISA deutlich, dass die Beschreibung, Analyse und Bewertung schulsystemischer Transformations- und Wandlungsprozesse im Rahmen einer Soziologie der Schule immer auch die gesellschaftlich-historischen Kontextbedingungen sowie die Kontingenz spezifischer schulischer Verhältnisse reflektieren müssen. Schulische Reformen erscheinen dann nicht mehr ausschließlich als Ausgangspunkt zur Erklärung von Wandlungsprozessen, sondern müssen selbst Gegenstand der Erklärung werden, da Schulreformen immer auch das Ergebnis des Ringens um gesellschaftliche Ordnungsverhältnisse sind. Tangiert wird damit die bisher in der Bildungssoziologie vernachlässigte Frage, „warum es diese institutionelle Verfasstheit [des Schulsystems, N.B. und S.M] gibt" (Becker und Solga 2012, S. 15) und welche Trieb- und Beharrungskräfte die schulsystemische Gestalt beeinflussen.

An dieser Stelle konnten lediglich einige erste Überlegungen einer Soziologie der Schule vorgestellt werden, die es perspektivisch zu systematisieren und letztlich auch empirisch zu überprüfen gilt. Wie auch immer sich dieser Versuch in Zukunft entwickeln wird, feststeht, dass es einer elaborierten Soziologie der Schule bedarf, die auch als Korrektiv bzw. komplementär zur teils einseitig verfahrenen Bildungsforschung zu sehen ist.

Literatur

Allmendinger, J., Ebner, C., & Nikolai, R. (2010). Soziologische Bildungsforschung. In R. Tippelt & B. Schmidt (Hrsg.), *Handbuch Bildungsforschung* (3., durchges. Aufl., S. 47–70). Wiesbaden: VS Verlag.

Altrichter, H., & Maag Merki, K. (2016). Steuerung der Entwicklung des Schulwesens. In H. Altrichter & K. Maag Merki (Hrsg.), *Handbuch Neue Steuerung im Schulsystem* (2. Aufl., S. 1–27). Wiesbaden: Springer VS.

Altrichter, H., Rürup, M., & Schuchart, C. (2016). Schulautonomie und die Folgen. In H. Altrichter & K. Maag Merki (Hrsg.), *Handbuch Neue Steuerung im Schulsystem* (2. Aufl., S. 107–149). Wiesbaden: Springer VS.

Baumert, J., Carstensen, C. H., & Siegele, T. (2005). Wirtschaftliche, soziale und kulturelle Lebensverhältnisse und regionale Disparitäten des Kompetenzerwerbs. In M. Prenzel (Hrsg.), *PISA 2003. Der zweite Vergleich der Länder in Deutschland – Was wissen und können Jugendliche?* (S. 323–365). Münster: Waxmann.

Baumert, J., Maaz, K., Stanat, P., & Watermann, R. (2009). Schulkomposition oder Institution – was zählt? Schulstrukturen und die Entstehung schulformspezifischer Entwicklungsverläufe. *Die Deutsche Schule, 101*(1), 33–46.

Baumert, J., & Schümer, G. (2001). Familiäre Lebensverhältnisse, Bildungsbeteiligung und Kompetenzerwerb. In J. Baumert, E. Klieme, M. Neubrand, M. Prenzel, U. Schiefele, W. Schneider, P. Stanat, K.-J. Tillmann, & M. Weiss (Hrsg.), *PISA 2000: Basiskompetenzen von Schülerinnen und Schülern im internationalen Vergleich* (S. 323–407). Opladen: Leske + Budrich.

Baumert, J., Stanat, P., & Watermann, R. (2006). Schulstruktur und die Entstehung differentieller Lern- und Entwicklungsmilieus. In J. Baumert, P. Stanat, & R. Watermann (Hrsg.), *Herkunftsbedingte Disparitäten im Bildungswesen: Differenzielle Bildungsprozesse und Probleme der Verteilungsgerechtigkeit. Vertiefende Analysen im Rahmen von PISA 2000* (S. 95–188). Wiesbaden: VS Verlag.

Becker, R. (2011a). Bildungssoziologie – Was ist sie, was sie will, was sie kann. In R. Becker (Hrsg.), *Lehrbuch der Bildungssoziologie* (2. überarb. und erw. Aufl., S. 9–36). Wiesbaden: VS Verlag.

Becker, R. (2011b). Entstehung und Reproduktion dauerhafter Bildungsungleichheiten. In R. Becker (Hrsg.), *Lehrbuch der Bildungssoziologie* (2. überarb. und erw. Aufl., S. 87–138). Wiesbaden: VS Verlag.

Becker, R. (2012). Bildung. Die wichtigste Investition in die Zukunft. In S. Hradil (Hrsg.), *Deutsche Verhältnisse. Eine Sozialkunde* (S. 123–154). Bonn: bpb.

Becker, R., & Lauterbach, W. (2010). Bildung als Privileg – Ursachen, Mechanismen, Prozesse und Wirkungen. In R. Becker & W. Lauterbach (Hrsg.), *Bildung als Privileg. Erklärungen und Befunde zu Ursachen der Bildungsungleichheit* (4. überarb. und erw. Aufl., S. 11–49). Wiesbaden: VS Verlag.

Becker, R., & Schulze, A. (2013). Kontextuelle Perspektiven ungleicher Bildungschancen – eine Einführung. In R. Becker & A. Schulze (Hrsg.), *Bildungskontexte. Strukturelle Voraussetzungen und Ursachen ungleicher Bildungschancen* (S. 1–30). Wiesbaden: VS Verlag.

Berkemeyer, N. (2016). Kritische Schulsystementwicklungsforschung. Entwurf eines Forschungsprogramms. In U. Steffens & T. Bargel (Hrsg.), *Schulqualität – Bilanz und Perspektiven. Grundlagen der Qualität von Schule 1* (S. 201–220). Waxmann: Münster.

Berkemeyer, N., Bos, W., Manitius, V., Hermstein, B., Bonitz, M., & Semper, I. (2014). *Chancenspiegel 2014. Regionale Disparitäten in der Chancengerechtigkeit und Leistungsfähigkeit der deutschen Schulsysteme*. Gütersloh: Bertelsmann Stiftung.

Berkemeyer, N., Hermstein, B., & Manitius, V. (2015). Raum als Kategorie einer bildungssoziologischen Schulforschung. In T. Coelen, A. J. Heinrich, & A. Million (Hrsg.), *Stadtbaustein Bildung* (S. 331–340). Wiesbaden: Springer VS.

Berkemeyer, N., Hermstein, B., & Manitius, V. (2016). Auf dem Weg zu einer raumorientierten Schulsystemforschung. Was können raumsensible Sozialtheorien für die empirische Analyse regionaler Bildungsdisparitäten leisten. *Zeitschrift für Pädagogik, 62*(1), 48–61.

Berkemeyer, N., & Manitius, V. (2013). Gerechtigkeit als Kategorie der Analyse von Schulsystemen – das Beispiel Chancenspiegel. In K. Schwippert, M. Bonsen, & N. Berkemeyer (Hrsg.), *Schul- und Bildungsforschung. Diskussionen, Befunde und Perspektiven* (S. 223–240). Münster: Waxmann.

Betz, T. (2015). Ungleichheitsbezogene Bildungsforschung – Lehrkräfte im Fokus. *Zeitschrift für Soziologie der Erziehung und Sozialisation, 35*(4), 339–343.

Boudon, R. (1974). *Education, opportunity, and social inequality. Changing prospects in western society*. New York: Wiley.

Bourdieu, P. (1983). Ökonomisches Kapital, kulturelles Kapital, soziales Kapital. In R. Kreckel (Hrsg.), *Soziale Ungleichheiten. Soziale Welt*: Sonderbd. 2 (S. 186–198). Göttingen: Schwartz.

Bourdieu, P. (1993). *Sozialer Sinn. Kritik der theoretischen Vernunft*. Frankfurt a. M.: Suhrkamp.

Bourdieu, P., & Passeron, J.-C. (1971). *Die Illusion der Chancengleichheit. Untersuchungen zur Soziologie des Bildungswesens am Beispiel Frankreichs*. Stuttgart: Klett.

Brake, A., & Bremer, H. (Hrsg.). (2010). *Alltagswelt Schule. Die soziale Herstellung schulischer Wirklichkeit*. Weinheim: Juventa.

Brake, A., & Büchner, P. (2013). Stichwort: Familie, Peers und (informelle) Bildung im Kindes- und Jugendalter. *Zeitschrift für Erziehungswissenschaft, 16*(3), 481–502.

Breen, R., & Goldthorpe, J. H. (1997). Explaning educational differentials. Towards a formal rational action theory. *Rationality and Society, 9*(3), 275–305.

Breen, R., Luijkx, R., Müller, W., & Pollak, R. (2012). Bildungsdisparitäten nach sozialer Herkunft und Geschlecht im Wandel – Deutschland im internationalen Vergleich. In H. Solga & R. Becker (Hrsg.), *Soziologische Bildungsforschung* (Kölner Zeitschrift für Soziologie und Sozialpsychologie, Themenheft. 52, 340–373). Wiesbaden: Springer VS.

Clausen, M. (2006). Warum wählen Sie genau diese Schule? Eine inhaltsanalytische Untersuchung elterlicher Begründungen der Wahl der Einzelschule innerhalb eines Bildungsgangs. *Zeitschrift für Pädagogik, 52*(1), 69–90.

Deppe, U. (2013). Familie, Peers und Bildungsungleichheit. Qualitative Befunde zur interdepenten Bildungsbedeutsamkeit außerschulischer Bildungsorte. *Zeitschrift für Erziehungswissenschaft, 16*(3), 533–552.

Ditton, H. (2008). Schule und sozial-regionale Ungleichheit. In W. Helsper & J. Böhme (Hrsg.), *Handbuch Schulforschung* (2.,durchges. und erw. Aufl., S. 631–649). Wiesbaden: VS Verlag.

Ditton, H. (2010). Der Beitrag von Schule und Lehrern zur Reproduktion von Bildungsungleichheit. In R. Becker & W. Lauterbach (Hrsg.), *Bildung als Privileg. Erklärungen und Befunde zu Ursachen der Bildungsungleichheit* (4. aktual. Aufl., S. 247–275). Wiesbaden: VS Verlag.

Ditton, H. (2011). Familie und Schule – eine Bestandsaufnahme der bildungssoziologischen Schuleffektforschung von James S. Coleman bis heute. In R. Becker (Hrsg.), *Lehrbuch der Bildungssoziologie* (S. 245–264). Wiesbaden: VS Verlag.

Ditton, H. (2014). *Bildung und Region.* Bamberg: NEPS. (NEPS Working Paper No. 44).

Dumont, H., Maaz, K., Neumann, M., & Becker, M. (2014). Soziale Ungleichheiten beim Übergang von der Grundschule in die Sekundarstufe I: Theorie, Forschungsstand, Interventions- und Fördermöglichkeiten. In K. Maaz, M. Neumann, & J. Baumert (Hrsg.), *Herkunft und Bildungserfolg von der frühen Kindheit bis ins Erwachsenenalter. Forschungsstand und Interventionsmöglichkeiten aus interdisziplinärer Perspektive (Themenheft).* Zeitschrift für Erziehungswissenschaft, Bd. 24, (S. 141–165). Wiesbaden: VS Verlag.

Emmerich, M., & Maag Merki, K. (2010). Regionale Bildungsräume – Koordination einer neuen Steuerung unter der Bedingung sozialer Disparität. *Recht der Jugend und des Bildungswesens, 58*(2), 144–157.

Erikson, R., & Johnsson, J. O. (1996). Explaining class inequality in education: The Swedisch test case. In R. Erikson & J. O. Johnsson (Hrsg.), *Can education be equalized? The Swedisch test case in comparative perspective* (S. 1–63). Boulder: Westview Press.

Esser, H. (1999). *Soziologie. Spezielle Grundlagen. Bd. 1. Situationslogik und Handeln.* Frankfurt a. M.: Campus.

Fürst, D. (2007). Regional Governance. In A. Benz, S. Lütz, U. Schimank, & G. Simonis (Hrsg.), *Handbuch Governance. Theoretische Grundlagen und empirische Anwendungsfelder* (S. 353–365). Wiesbaden: VS Verlag.

Geißler, R. (2011). *Die Sozialstrukturanalyse Deutschlands. Zur gesellschaftlichen Entwicklung mit einer Bilanz zur Vereinigung* (6. Aufl.). Wiesbaden: VS Verlag.

Giddens, A. (1992). *Die Konstitution der Gesellschaft. Grundzüge einer Theorie der Strukturierung.* Frankfurt a. M.: Campus.

Gomolla, M., & Radtke, F.-O. (2009). *Institutionelle Diskriminierung. Die Herstellung ethnischer Differenz in der Schule.* Wiesbaden: VS Verlag.

Groß, E. (1975). *Einführung in die Bildungssoziologie. Bd.1. Institution – Organisation – Familie – Vorschulerziehung.* Bad Heilbrunn: Klinkhardt.

Groß, E. (1979). *Zur Soziologie und Psychoanalyse der Schule. Bd. 2. Einführung in die Bildungssoziologie.* Bad Heilbrunn: Klinkhardt.

Hadjar, A., & Becker, R. (2011). Erwartete und unerwartete Folgen der Bildungsexpansion in Deutschland. In R. Becker (Hrsg.), *Lehrbuch der Bildungssoziologie* (2. überarb. und erw. Aufl., S. 203–222). Wiesbaden: VS Verlag.

Hammerich, K. (1975). *Aspekte einer Soziologie der Schule*. Düsseldorf: Schwann.

Helsper, W., Busse, S., Hummrich, M., & Kramer, R.-T. (2008). Zur Bedeutung der Schule für Jugendliche. Ambivalenzen zwischen Schule als Lebensform und Schuldistanz. In G. Bingel, A. Nordmann, & R. Münchmeier (Hrsg.), *Die Gesellschaft und ihre Jugend. Strukturbedingungen jugendlicher Lebenslagen* (S. 189–209). Opladen: Budrich.

Helsper, W., Hummrich, M., & Kramer, R.-T. (2014): Schülerhabitus und Schulkultur – Inklusion, inkludierte Fremdheit und Exklusion am Beispiel exklusiver Schulen. In U. Bauer, A. Bolder, H. Bremer, R. Dobischat, & G. Kutscha (Hrsg.), *Expansive Bildungspolitik – Expansive Bildung?* (S. 311–333). Wiesbaden: Springer VS.

Helsper, W., Kramer, R.-T., Hummrich, M., & Busse, S. (2009). *Jugend zwischen Familie und Schule: Eine Studie zu pädagogischen Generationsbeziehungen*. Wiesbaden: VS Verlag.

Helsper, W., & Krüger, H.-H. (Hrsg.). (2015). *Auswahl der Bildungsklientel. Zur Herstellung von Selektivität in „exklusiven" Bildungsinstitutionen*. Wiesbaden: Springer VS.

Höhne, T. (2015). *Ökonomisierung und Bildung. Zu den Foren ökonomischer Rationalisierung im Feld der Bildung*. Wiesbaden: Springer VS.

Holstein, H. (1972). *Die Schule als Institution*. Ratingen: Henn.

Honneth, A. (2011). *Das Recht der Freiheit. Grundriss einer demokratischen Sittlichkeit*. Berlin: Suhrkamp.

Hurrelmann, K., & Mansel, J. (1997). Bildungssoziologie. In G. Reinhold, S. Lamnek, & H. Recker. (Hrsg.), *Soziologie-Lexikon* (S. 64–68). München: Oldenbourg.

Kahlert, H. (2010). Bildungs- und Erziehungssoziologie. In G. Kneer (Hrsg.), *Handbuch spezielle Soziologien* (S. 67–84). Wiesbaden: VS Verlag.

Kemper, T., & Weishaupt, H. (2011). Region und soziale Ungleichheit. In H. Reinders, H. Ditton, C. Gräsel, & B. Gniewosz (Hrsg.), *Empirische Bildungsforschung. Gegenstandsbereiche* (S. 209–219). Wiesbaden: VS Verlag.

Kessl, F. (2016). Erziehungswissenschaftliche Forschung zu Raum und Räumlichkeit. Eine Verortung des Thementeils „Raum und Räumlichkeit in der erziehungswissenschaftlichen Forschung". *Zeitschrift für Pädagogik, 62*(1), 5–19.

Kopp, J. (2009). *Bildungssoziologie. Eine Einführung anhand empirischer Studien*. Wiesbaden: VS Verlag.

Krais, B. (2014). *Bildungssoziologie. Die Deutsche Schule, 106*(3), 264–290.

Kramer, R.-T. (2013): Abschied oder Rückruf von Bourdieu? Forschungsperspektiven zwischen Bildungsentscheidungen und Varianten kultureller Passung. In F. Dietrich, M. Heinrich, & N. Thieme. (Hrsg.), *Bildungsgerechtigkeit jenseits von Chancengleichheit. Theoretische und empirische Ergänzungen und Alternativen zu ‚PISA'* (S. 115–135). Wiesbaden: Springer VS.

Kramer, R.-T. (2015). „Reproduktionsagenten" oder „Transformationsakteure". Lehrkräfte im Blick der Bildungssoziologie von Pierre Bourdieu. *Zeitschrift für Soziologie der Erziehung und Sozialisation, 35*(4), 344–359.

Kramer, R.-T., & Helsper, W. (2010). Kulturelle Passung und Bildungsungleichheit – Potenziale einer an Bourdieu orientierten Analyse der Bildungsungleichheit. In H.-H. Krüger, U. Rabe-Kleberg, & J. Budde (Hrsg.), *Bildungsungleichheiten revisited. Bildung und soziale Ungleichheit vom Kindergarten bis zur Hochschule* (S. 103–125). Wiesbaden: VS Verlag.

Krüger, H.-H., Rabe-Kleberg, U., Kramer, R.-T., & Budde, J. (2010). Bildungsungleichheiten revisited? – eine Einleitung. In H.-H. Krüger, U. Rabe-Kleberg, & J. Budde (Hrsg.), *Bildungsungleichheiten revisited. Bildung und soziale Ungleichheit vom Kindergarten bis zur Hochschule* (S. 7–21). Wiesbaden: VS Verlag.

Kühne, S. (2006). Das soziale Rekrutierungsfeld der Lehrer. Empirische Befunde zur schichtspezifischen Selektivität in akademischen Berufspositionen. *Zeitschrift für Erziehungswissenschaft, 9*(4), 617–631.

Lange-Vester, A. (2015). Habitusmuster von Lehrpersonen – auf Distanz zur Kultur der unteren sozialen Klassen. *Zeitschrift für Soziologie der Erziehung und Sozialisation, 35*(4), 360–376.

Lessenich, S. (2012). *Theorien des Sozialstaates zur Einführung.* Hamburg: Junius.

Löw, M., & Geier, T. (2014). *Einführung in die Soziologie der Bildung und Erziehung* (3. Aufl.). Opladen: Budrich.

Maaz, K., Baumert, J., & Trautwein, U. (2010). Genese sozialer Ungleichheit im institutionellen Kontext Schule: Wo entsteht und vergrößert sich soziale Ungleichheit? In H.-H. Krüger, U. Rabe-Kleberg, & J. Budde (Hrsg.), *Bildungsungleichheiten revisited. Bildung und soziale Ungleichheit vom Kindergarten bis zur Hochschule* (S. 69–102). Wiesbaden: VS Verlag.

Maaz, K., Hausen, C., McElvany, N., & Baumert, J. (2006). Stichwort: Übergänge im Bildungssystem. Theoretische Konzepte und ihre Anwendung in der empirischen Forschung beim Übergang in die Sekundarstufe. *Zeitschrift für Erziehungswissenschaft, 9*(3), 299–327.

Maaz, K., & Nagy, G. (2009). Der Übergang von der Grundschule in die weiterführenden Schulen des Sekundarschulsystems: Definitionen, Spezifikation und Quantifizierung primärer und sekundärer Herkunftseffekte. In J. Baumert, K. Maaz, & U. Trautwein (Hrsg.), *Bildungsentscheidungen (Themenheft).* Zeitschrift für Erziehungswissenschaft, Bd. 12, (S. 153–182). Wiesbaden: VS Verlag.

Minsel, W. R., & Wunberg, M. (Hrsg.). (1978). *Schule als Institution.* München: Urban & Schwarzenberg.

Müller, H.-P., & Reitz, T. (2015). Einleitung. Die Bildungsgesellschaft und die Bildungssoziologie. In H.-P. Müller & T. Reitz (Hrsg.), *Bildung und Klassenbildung. Kritische Perspektiven auf eine Leitinstitution der Gegenwart* (S. 8–24). Weinheim: Juventa.

Neuloh, O. (Hrsg.). (1977). *Soziale Innovation und sozialer Konflikt.* Göttingen: Vandenhoeck & Ruprecht.

Niemann, D. (2010). Deutschland – Im Zentrum des PISA-Sturms. In P. Knodel, K. Martens, D. de Olano, & M. Popp (Hrsg.), *Das PISA-Echo. Internationale Reaktionen auf die Bildungsstudie* (S. 59–90). Frankfurt a. M.: Campus.

Niemann, D. (2015). PISA in Deutschland: Effekte auf Politikgestaltung und -organisation. *Die Deutsche Schule, 107*(2), 141–157.

Peisert, H. (1967). *Soziale Lage und Bildungschancen in Deutschland.* München: Piper.

Pfahl, L. (2011). *Techniken der Behinderung. Der deutsche Lernbehinderungsdiskurs, die Sonderschule und ihre Auswirkungen auf Bildungsbiografien.* Bielefeld: transcript.

Rawls, J. (1971). *A theory of justice.* Cambridge: Harvard University Press.

Rawls, J. (2006). *Gerechtigkeit als Fairness. Ein Neuentwurf.* Frankfurt a. M.: Suhrkamp.

Rogge, B., & Groh-Samberg, O. (2015). Statuserhalt und Statusbewusstsein. In H.-P. Müller & T. Reitz (Hrsg.), *Bildung und Klassenbildung. Kritische Perspektiven auf eine Leitinstitution der Gegenwart* (S. 26–82). Weinheim: Juventa.

Rolff, H. G. (1980). *Soziologie der Schulreform*. Weinheim: Beltz.

Schmidt, R. (2015). Hidden curriculum revisited. In T. Alkemeyer, H. Kalthoff, & M. Rieger-Ladig (Hrsg.), *Bildungspraktiken – Körper, Räume, Artefakte* (S. 111–130). Weilerswist: Velbrück.

Sen, A. (2010). *Die Idee der Gerechtigkeit*. München: Beck.

Sertl, M., & Leufer, N. (2012). Bernsteins Theorie der pädagogischen Codes und des pädagogischen Diskurses. In U. Gellert & M. Sertl (Hrsg.), *Zur Soziologie des Unterrichts. Arbeiten mit Basil Bernsteins Theorie des pädagogischen Diskurses* (S. 15–62). Weinheim: Beltz.

Sixt, M. (2013). Wohnort, Region und Bildungserfolg. In R. Becker & A. Schulze (Hrsg.). *Bildungskontexte. Strukturelle Voraussetzungen und Ursachen ungleicher Bildungschancen* (S. 457–481). Wiesbaden: Springer VS.

Solga, H. (2005). *Ohne Abschluss in die Bildungsgesellschaft. Die Erwerbschancen gering qualifizierter Personen aus soziologischer und ökonomischer Perspektive*. Opladen: Budrich.

Solga, H. (2012). Bildung und materielle Ungleichheiten. Der investive Sozialstaat auf dem Prüfstand. In H. Solga & R. Becker (Hrsg.), *Soziologische Bildungsforschung (Themenheft)*. Kölner Zeitschrift für Soziologie und Sozialpsychologie, Bd. 52, (S. 459–487). Wiesbaden: Springer VS.

Solga, H., & Becker, R. (2012). Soziologische Bildungsforschung – eine kritische Bestandsaufnahme. In H. Solga & R. Becker (Hrsg.), *Soziologische Bildungsforschung (Themenheft)*. Kölner Zeitschrift für Soziologie und Sozialpsychologie, Bd. 52, (S. 7–43). Wiesbaden: Springer VS.

Terpoorten, T. (2014). *Räumliche Konfiguration der Bildungschancen. Bd. 3. ZEFIR-Materialien*. Bochum: ZEFIR.

Tillmann, K.-J., Dedering, K., Kneuper, D., Kuhlmann, C., & Nessel, I. (2008). *PISA als bildungspolitisches Ereignis. Fallstudien in vier Bundesländern*. Wiesbaden: VS Verlag.

Vester, M. (2006). Die ständische Kanalisierung der Bildungschancen. Bildung und soziale Ungleichheit zwischen Boudon und Bourdieu. In G. Werner (Hrsg.), *Soziale Ungleichheit im Bildungssystem. Eine empirisch-theoretische Bestandsaufnahme* (S. 13–54). Konstanz: UVK.

Vester, M. (2014). Bildungsprivilegien unter Druck. Die ständische Bildungsordnung und ihre Herausforderungen durch aktive Bildungsstrategien der Milieus. In U. Bauer, A. Bolder, H. Bremer, R. Dobischat, & G. Kutscha (Hrsg.), *Expansive Bildungspolitik – Expansive Bildung?* (S. 243–267). Wiesbaden: Springer VS.

Vester, M., von Oertzen, P., Geiling, H., Hermann, T., & Müller, D. (2001). *Soziale Milieus im gesellschaftlichen Strukturwandel*. Frankfurt a. M.: Suhrkamp.

Walgenbach, K. (2012). *Intersektionalität – eine Einführung*. http://portal-intersektionalitaet.de/theoriebildung/schluesseltexte/walgenbach-einfuehrung/. Zugegriffen: 14. März 2016.

Weishaupt, H. (2010). Bildung und Region. In R. Tippelt & B. Schmidt (Hrsg.), *Handbuch Bildungsforschung* (3., durchges. Aufl., S. 217–231). Wiesbaden: VS Verlag.

Zinnecker, J. (1975). *Der heimliche Lehrplan. Untersuchungen zum Schulunterricht*. Weinheim: Beltz.

Über die Autoren

Berkemeyer, Nils, Prof. Dr., ist Professor am Lehrstuhl Schulpädagogik und Schulentwicklung der Friedrich-Schiller-Universität Jena; Institut für Erziehungswissenschaft. Seine Arbeitsschwerpunkte sind Schulsystemforschung, schulische Anerkennungsverhältnisse, Lehrerbildung und Bildungsberichterstattung.

Meißner, Sebastian, M. A., ist wissenschaftlicher Mitarbeiter am Lehrstuhl für Schulpädagogik und Schulentwicklung an der Friedrich-Schiller-Universität Jena. Seine Arbeitsschwerpunkte sind Bildungs- und Raumsoziologie, Soziale Ungleichheit und Sozialstrukturanalyse, Schulentwicklung und „Neue Steuerung" sowie Arbeitsmarktsoziologie.

Zum Verhältnis von Schulkultur, Partizipation und Milieu

Anna Moldenhauer

1 Erklärungsansätze für die Entstehung und Reproduktion von Bildungsungleichheit

Die Entstehung und Reproduktion von Ungleichheit stellt nach wie vor ein zentrales Thema der bildungspolitischen Diskussion und der Forschung dar, das sich, aufgrund komplexer Zusammenhänge, einfachen Erklärungen entzieht. Trotz zahlreicher, unterschiedlicher Maßnahmen, mit denen versucht wird, Ungleichheiten entgegen zu wirken – so beispielsweise dem Ausbau von Ganztagsangeboten, der zunehmenden Einführung von Schulformen, die unterschiedliche Bildungsgänge vereinen, sowie verschiedener Maßnahmen, die infolge der Ratifizierung der UN-Behindertenrechtskonvention ergriffen wurden – konstatiert der Bildungsbericht 2014 eine weiterhin starke soziale Ungleichheit bei der Bildungsbeteiligung (vgl. Autorengruppe Bildungsberichterstattung 2014, S. 6).

Verschiedene Erklärungsansätze zur Entstehung und Reproduktion von Bildungsungleichheit haben die Diskussion entscheidend geprägt. Einige dieser Erklärungsansätze fokussieren verstärkt die ungleichen Ausgangslagen in Herkunftsfamilien, andere Ansätze fragen danach, wie Bildungsinstitutionen bzw. das Bildungssystem Bildungsungleichheiten hervorbringen und fortschreiben (vgl. Brake und Büchner 2011, S. 84 f.). Meist werden schulische und außerschulische Bildungszusammenhänge getrennt analysiert, obgleich sie – so Brake und Büchner (2011) – in einem engen Interdependenzverhältnis stehen. Wenige Erklärungsansätze rücken das Zusammenspiel von Organisationen und Milieus

A. Moldenhauer (✉)
Stiftung Universität Hildesheim, Hildesheim, Deutschland
E-Mail: molden@uni-hildesheim.de

© Springer Fachmedien Wiesbaden GmbH 2017
M.S. Baader und T. Freytag (Hrsg.), *Bildung und Ungleichheit in Deutschland*, DOI 10.1007/978-3-658-14999-4_13

in den Mittelpunkt der Aufmerksamkeit. Dieses Zusammenspiel bildet allerdings einen wichtigen Fokus der Forschungsarbeiten von Helsper und Kolleg_innen. Sie befassen sich auf unterschiedliche Art und Weise mit den Verhältnissen von Schulkulturen und Milieus (vgl. Helsper et al. 2001, 2009).

In diesem Beitrag wird die These vertreten, dass derartige Rekonstruktionen von Verhältnissen von Schulkultur und Milieu – einschließlich der mit der Schulkultur verbundenen Partizipations- und Anerkennungsverhältnissen – bedeutsam sind, um zu verstehen wie Bildungsungleichheiten entstehen bzw. reproduziert werden. Dazu werden zunächst die Begriffe „Schulkultur" und „Milieu" erläutert und es wird der Forschungsstand gesichtet. Anschließend wird das Verhältnis von Schulkultur und Milieu am Beispiel von Berliner Gemeinschaftsschulen sowie unter besonderer Berücksichtigung der Erfahrungen von Schüler_innen mit Partizipation diskutiert. Der Beitrag schließt mit einem Rückbezug zur eingangs genannten These und benennt kursorisch mögliche Schlussfolgerungen für Schulentwicklungsprozesse.

2 Schulkultur und Milieu

Der Begriff der Schulkultur wird in unterschiedlichen Kontexten und mit verschiedenen Bedeutungen verwendet, zentral geprägt wurde er von Helsper und Kolleg_innen (vgl. z. B. Helsper et al. 2001). Anders als beispielsweise Fend, der in seinen Arbeiten zu einer Theorie der Schule einen normativen Schulkulturbegriff zugrunde legt, verstehen Helsper und Kolleg_innen Schulkultur deskriptiv-analytisch „als Ergebnis der kollektiven und individuellen Auseinandersetzungen und Interaktionen der schulischen Akteure mit äußeren Vorgaben und damit als über Handlungen einzelschulspezifisch ausgeformte, regelgeleitete Struktur […], die ihrerseits wiederum konstitutiv für die schulischen Mikroprozesse ist und in den einzelschulspezifischen Interaktionen der schulischen Akteure reproduziert oder transformiert werden kann" (Helsper et al. 1998, S. 45).

Mit dem Begriff der Schulkultur wird mit anderen Worten die symbolische Ordnung einzelner Schulen bezeichnet, die sich wiederum in der Spannung zwischen Realem, Symbolischem und Imaginärem fassen lässt (vgl. Helsper 2008a, S. 66). Das Symbolische beschreibt die Interaktionen, Praktiken, Artefakte, Routinen und Arrangements einer jeweiligen Schule (vgl. Helsper 2008a, S. 68). Das Imaginäre der Schulkultur steht für die idealen pädagogischen Entwürfe einer Schule und damit verbundene institutionelle Selbstentwürfe schulischer Akteur_innen (vgl. Helsper 2008a, S. 67). Es ist auf unterschiedliche Weise auf das Reale bezogen, das selbst symbolisch strukturiert ist, und „die Schule in ihrer rahmenden gesellschaftlichen

Funktion bestimmt, einschließlich der aus dieser Rahmung resultierenden Antinomien und Dilemmata, denen sich die Akteure im Feld nicht entziehen können" (Krüger et al. 2015, S. 185).

Der Schulkulturansatz ermöglicht folglich die Beschreibung einzelschulischer Prozesse in ihrer Eigendynamik und vermittelt diese mit übergeordneten gesellschaftlichen und das Schulsystem betreffenden Ebenen (vgl. Idel und Stelmaszyk 2015, S. 58). Über Schulkulturen werden gesellschaftliche Fragen, wie sie beispielsweise mit Modernisierungsantinomien[1] verbunden sind, zugleich (mit-)konstituiert und schulspezifisch unterschiedlich bearbeitet (vgl. Helsper 2012, S. 88, 101).

In den symbolisch-kulturellen Ordnungen von Schulen dokumentiert sich das Ergebnis von Anerkennungskämpfen, von Auseinandersetzungen um „exzellente, tolerable, marginalisierte und tabuisierte kulturelle Entwürfe und Praktiken" und habituelle Haltungen (Helsper 2008a, S. 63), die eingestellt sind „in den Horizont übergreifender kultureller Kämpfe um die Anerkennung partikularer kultureller Ordnungen und Lebensformen" (Helsper 2008a, S. 72). Schulkulturen werden somit maßgeblich bestimmt durch Partizipations- und Anerkennungsverhältnisse und die mit diesen Verhältnissen verbundenen Prozesse der Inklusion und Exklusion. Helsper und Lingkost bezeichnen die Partizipations- und Anerkennungsverhältnisse daher auch als „Kernstruktur der Schulkultur" (Helsper und Lingkost 2004, S. 205; vgl. Helsper 2010, S. 110). Helsper geht davon aus, dass spezifische Schulkulturen für die Akteur_innen unterschiedliche „Möglichkeitsräume der Anerkennung und Artikulation ihres Selbst" (Helsper 2008a, S. 67) bieten. „[Sie;

---

[1]Es geht um die Individualisierungsantinomie, die Rationalisierungsantinomie, die Pluralisierungsantinomie sowie die Zivilisierungsantinomie, die im Zuge gesellschaftlicher Modernisierungsprozesse Veränderungen erfahren und auf verschiedene Weisen bearbeitet werden. Die Individualisierungsantinomie besagt, dass Kindern und Jugendlichen zwar größere Spielräume und Partizipationsmöglichkeiten zugestanden werden, ihnen gleichzeitig allerdings auch Selbstständigkeit abverlangt und auferlegt wird. Die Rationalisierungsantinomie verweist auf zunehmende ökonomische und organisatorische Rationalisierungen und einhergehende Zwänge. Autonomieansprüche stehen Platzierungszwängen und Rationalisierungen gegenüber. Vor dem Hintergrund zunehmender Eigenverantwortung werden Erfolg und Scheitern individualisiert. Mit der Pluralisierungsantinomie wird die Gleichzeitigkeit von Bildungsoptionen und lebensweltlichen Differenzierungen auf der einen Seite sowie Orientierungsherausforderungen und Entscheidungszwängen auf der anderen Seite gefasst. Die Zivilisierungsantinomie beschreibt das Aufeinandertreffen und die Zuspitzung unterschiedlicher Beziehungslogiken wie beispielsweise emotionale Peerbeziehungen und entpersönlichte, rationale Beziehungen sowie Selbststeuerungsanforderungen (vgl. Helsper 2012, S. 77 ff.; vgl. Helsper 2015a).

AM] bilden die Grundlage für die Möglichkeit unterschiedlicher Akteure, sich in schulischen Kommunikations- und Entscheidungsprozessen ‚Gehör zu verschaffen', Einfluss zu nehmen, Argumente und Gründe vortragen zu können und beteiligt zu werden" (Helsper und Lingkost 2004, S. 210).

Vor dem Hintergrund der Annahme, dass Schulkulturen mehr oder minder mit milieuspezifischen und biografischen Habitusformen korrespondieren (vgl. Helsper 2008a, S. 63), wurden vielfältige Bezüge und weiterführende Überlegungen zur Theorie des Habitus von Bourdieu herausgearbeitet (vgl. Kramer 2011; Kramer und Helsper 2010; Helsper et al. 2009; Kramer et al. 2009). Helsper und Kolleg_innen gehen davon aus, dass in Schulkulturen Schülerhaltungen entworfen werden, „die in einem passförmigen oder antagonistischen Verhältnis zu den Sinnmustern sozialer Milieus stehen" (Helsper et al. 2009, S. 276; vgl. Helsper 2009, S. 174). Schüler_innen aus unterschiedlichen Milieus werden auf diese Weise leichte Zugänge eröffnet oder diese werden erschwert oder gar verhindert (Kramer und Helsper 2010, S. 115). Helsper spricht in diesem Zusammenhang von sogenannten „Institutionen-Milieu-Komplexen" (Bremer 2012, S. 839) und verweist damit auf die Verortung von Schulen in sozialen Milieus und damit einhergehenden sozialen Differenzierungen. Er stellt fest, „die Schule ist von ihrem Anspruch daher universalistisch und spezifisch strukturiert, als konkret ausgestaltete schulkulturelle Ordnung durch das Handeln der Akteure aber immer mit partikularen und diffusen Bezügen ‚kontaminiert', weil die Akteure ihre milieuspezifischen Habitus und Biographien nicht einfach am Schuleingang abgeben können" (Helsper 2014, S. 148).

Milieus ihrerseits beschreiben soziale Gruppen anhand verschiedener Merkmale der sozialen Lage, Werthaltungen und Ebenen (vgl. Bremer 2012, S. 841; Weller und Pfaff 2013, S. 56). Milieu bezeichnet gemäß einer Forschungsgruppe um Vester, „gemeinhin die besondere soziale Umwelt, in deren Mitte (‚au milieu') Menschen leben, wohnen und tätig sind und die ihrem Habitus entspricht. Hier finden sie ihresgleichen, andere Menschen, mit deren ‚Art' sie zusammenpassen. Verbindend ist das Gewohnte (‚ethos') beziehungsweise eine gemeinsame Haltung (‚hexis', ‚habitus'), die sich im Zusammenleben nach und nach entwickelt hat" (Vester et al. 2001, S. 168 f.).

Während Milieus in der Forschung von Vester und Kolleg_innen noch eng an die Sozialstruktur der Gesellschaft gekoppelt sind (wenngleich sie vertikale und horizontale Unterscheidungen einbeziehen), geht es in wissenssoziologisch fundierten Ansätzen der Milieuforschung, beispielsweise mit der dokumentarischen Methode, die teilweise auch von Helsper und Kolleg_innen angewandt wird, um „Formen kollektiver Deutung und Bearbeitung sozialer Realität vor dem Hintergrund homologer Erfahrungen und struktureller Bedingungen der Lebensführung"

(Weller und Pfaff 2013, S. 57). Dabei können sozialstrukturelle Milieus ebenso in den Blick genommen werden, wie beispielsweise Generationen- oder Geschlechtermilieus. Die vielfach vorausgesetzte Differenz zwischen als objektiv gedachten gesellschaftlichen Strukturen und subjektiv konzipierten Verarbeitungsformen wird damit gelöst (vgl. Weller und Pfaff 2013, S. 70). Milieus bezeichnen folglich konjunktive Erfahrungsräume und Kontexte, in denen ähnlich habituelle Orientierungen und Praktiken hervorgebracht werden (vgl. Weller und Pfaff 2013).

Mithilfe der Milieuforschung kann soziale Ungleichheit, wie sie in Praktiken und Haltungen zum Ausdruck kommt, rekonstruiert und kontextualisiert werden (vgl. Bremer 2012, S. 841). Aneignungsformen lebensweltrelevanten Erfahrungswissens können erfasst und das Prozesshafte bei der Herstellung von sozialer Ungleichheit aufgezeigt werden (vgl. Bremer 2012, S. 841 f.; vgl. Grundmann et al. 2010, S. 54). Der Milieuansatz schließt damit an die Theorie des sozialen Raums und des Habitus von Pierre Bourdieu (1982) an (vgl. Bremer und Lange-Vester 2014b, S. 15).

Kramer und Helsper (2010) nähern sich dem Verhältnis von Schulkultur und Milieu über die Analyse von Passungsverhältnissen zwischen primären, in der familiären Sozialisation ausgebildeten Habitus, und sogenannten Schülerhabitus. Sie fokussieren damit Fragen des Verhältnisses von Bildung, Schule, Herkunft und Schülern und rekurrieren auf Bourdieu und Waquant sowie eine Konstitution des Habitus als das inkorporierte Soziale (vgl. Helsper et al. 2014, S. 8). „Wenn man von Habitus redet, dann geht man davon aus, dass das Individuelle und selbst das Persönliche, Subjektive etwas Gesellschaftliches ist, etwas Kollektives. Der Habitus ist die sozialisierte Subjektivität" (Bourdieu und Waquant 1996, S. 159). Mit verschiedenen Schülerhabitus werden – so Helsper (2008b) – jeweils milieuspezifische Varianten der Gestaltung von und des Umgangs mit Modernisierungsambivalenzen gefunden (vgl. Helsper 2008b, S. 936). Der Ansatz der Schulkultur und eventueller Passungsverhältnisse ermöglicht, biografische Sinngebungsprozesse in Relation zu schulischen Ordnungen sowie gesellschaftlichen Strukturen herauszuarbeiten und Transformationen sichtbar zu machen (vgl. Kramer et al. 2015, S. 211). Dabei variiert die Deutlichkeit der Schule-Milieu-Homologien: „Schulkulturen können […] enge Korrespondenzverhältnisse mit spezifischen Milieus aufweisen. Sie können jedoch auch offener und milieuunspezifischer gestaltet sein" (Kramer und Helsper 2010, S. 110).

Ein etwas anderer Zugriff auf das Verhältnis von Schule und Milieu sowie die Erklärung der Entstehung und Reproduktion von Bildungsungleichheiten – der hier nicht unerwähnt bleiben soll – findet sich in den Arbeiten von Grundmann und Kolleg_innen (vgl. Grundmann et al. 2006, 2010). Sie befassen sich mit der

Frage, „inwieweit die Handlungsbefähigung Jugendlicher von milieuspezifischen Sozialisationserfahrungen und Anregungspotentialen vorstrukturiert wird" (Grundmann et al. 2006, S. 13). Als eine zentrale Ursache identifizieren sie die Aufwertung institutioneller Bildung gegenüber lebensweltlichen Bildungsprozessen (vgl. Grundmann et al. 2010, S. 51). Eine ähnliche Schlussfolgerung ziehen auch Bremer und Lange-Vester und verweisen darauf, dass Formen des Zugangs zu Lerngegenständen daher in die Analyse von Schülerhabitus einbezogen werden müsse (vgl. Bremer und Lange-Vester 2014a, S. 78). Bremer und Lange-Vester sowie Grundmann und Kolleg_innen wenden sich auf diese Weise – in Anlehnung an Bourdieu (Bourdieu 1987 in: Bremer und Lange-Vester 2014a, S. 77) – gegen eine Hierarchisierung von Praxis- und Wissensformen.

Wenn Passungsverhältnisse analysiert werden, so führt kein Weg daran vorbei, auch Differenzen und Inkongruenzen zu rekonstruieren, die sich aus den symbolischen Ordnungen unterschiedlicher Felder ergeben. Es geht darum, zu erfassen, in welchen Verhältnissen Schulen zu Familien und Peers stehen. Auch diese Relationen werden in mehreren Forschungsprojekten in unterschiedlichen Settings rekonstruiert und dabei Momente der familialen Sozialisation einbezogen (vgl. z. B. Helsper et al. 2009, Krüger et al. 2010, 2012). Auf diese Weise werden auch Varianten der Transformation des Habitus herausgearbeitet, ohne die reproduktive Kraft der inkorporierten Habitusstrukturen zu ignorieren (vgl. Helsper et al. 2014, S. 20).

Mittlerweile sind im Kontext der Hallenser Schulkulturforschung eine Reihe von Studien entstanden, die den Blick auf einzelne Facetten und schulformspezifische Ausprägungen von Schülerhabitus richten und auch familiäre Beziehungsdynamiken und Generationenverhältnisse einbeziehen (vgl. im Überblick Helsper et al. 2014 sowie Helsper 2015a). Zusammenfassend kann dazu festgehalten werden, dass die Passungskonstellationen unterschiedliche Formen annehmen. So sprechen Kramer und Helsper von den zentralen Bezugsmilieus einer Schule, welche die idealen Schülerhabitus der jeweiligen Schule am deutlichsten repräsentieren (vgl. Kramer und Helsper 2010, S. 109 f., 116). „Können Kinder und Jugendliche mit diesen Milieubezügen etwa durch spezifische Auswahlprozesse der Schulen rekrutiert werden, dann lassen sich darüber starke ideale Passungen zwischen Schulkultur und Milieu erzeugen" (Helsper 2015b, S. 453). Von derartigen zentralen Bezugsmilieus werden weitere Bezugsmilieus der Schulkultur unterschieden, die mehr oder minder gut zu spezifischen Schulkulturen passen. Schüler_innen aus diesen anderen Bezugsmilieus müssen sich der jeweiligen Schulkultur anpassen, um Anerkennung zu erfahren (vgl. Helsper 2015b, S. 453). Passungskonstellationen können vor diesem Hintergrund Potenziale für Transformationen beinhalten – sowohl auf Seiten der Akteur_innen (vgl. Helsper et al.

2014, S. 15) als auch auf Seiten der Schulkultur, wobei die Forschung zu derartigen insbesondere schulkulturellen Veränderungsprozessen noch deutlich ausbaufähig ist (vgl. Helsper 2015b, S. 490). Helsper konstatiert darüber hinaus, in Gemeinschaftsschulen sei zu Fragen des Schülerhabitus und schulkultureller Passungsverhältnisse bislang nicht geforscht worden und auch für den Grundschul- und Förderschulbereich fehlten Studien (Helsper 2015b, S. 490).

3 Das Beispiel Gemeinschaftsschule

Die Einrichtung der Pilotphase Gemeinschaftsschule im Jahr 2008 ist als Reaktion des Landes Berlin auf die zu diesem Zeitpunkt vorherrschende bildungspolitische Diskussion zu verstehen, in der es insbesondere um mögliche Ursachen für die in Deutschland vergleichsweise hohe Korrelation von Bildungserfolg und sozialer Herkunft und um Maßnahmen zu deren Überwindung geht. Arnz und Maikowski schreiben, mit der Einführung von Gemeinschaftsschulen werde versucht, „einen Paradigmenwechsel hin zu einer optimalen Förderung jedes einzelnen Kindes" zu erwirken (2008, S. 32).

Die zentralen Ziele der Gemeinschaftsschulen wurden 2007 in einem Grundlagenpapier festgehalten (vgl. Senatsverwaltung für Bildung, Jugend und Wissenschaft 2007). Sie umfassen neben der Überwindung der Abhängigkeit von Bildungserfolg und sozialer Herkunft, die Vorbereitung der Kinder und Jugendlichen auf ihre Zukunft und die Teilhabe an einer demokratischen Gesellschaft. Der Erfolg oder Misserfolg der Gemeinschaftsschule als inklusive Schule bemisst sich gemäß Arnz und Maikowski daran, inwieweit eine „optimale Förderung" aller Gemeinschaftsschüler_innen gelingt, ob es zu einem Umdenken hinsichtlich eines ganzheitlichen Lernverständnisses kommt (vgl. Senatsverwaltung für Bildung, Jugend und Wissenschaft 2007, S. 33). „Selbstständiges, eigenverantwortliches Lernen als aktiver, individueller Prozess mit kompetenter Unterstützung durch die Lehrkräfte soll im Zentrum des Unterrichts stehen" so schreiben Arnz und Maikowski (Arnz und Maikowski 2008, S. 33).

Erreicht werden sollen diese Ziele über organisatorische und pädagogische Maßnahmen auf unterschiedlichen Ebenen. Organisatorische Maßnahmen umfassen vor allem die Gestaltung der Schulen als inklusive, sozialräumlich-vernetzte, mindestens dreizügige Ganztagsschulen. Die Berliner Gemeinschaftsschulen zeichnen sich darüber hinaus durch einen Zusammenschluss von Grund- und Sekundarstufe I, einen Verzicht auf äußere Fachleistungsdifferenzierung und Klassenwiederholungen, gemeinsames Lernen aller Schüler_innen von Klasse 1–10 ohne Abschulungen und die Möglichkeit des Erwerbs aller Schulabschlüsse, einschließlich eines Abiturs nach 13 Schuljahren aus (vgl. Senatsverwaltung für Bildung, Jugend und Wissenschaft 2007). Pädagogische Maßnahmen sollen die Entwicklung der Schulen zu demokratischen Lern- und Lebensräumen befördern, in denen alle in und mit der Schule agierenden Gruppen anerkannt und in die alle einbezogen werden. Über Maßnahmen zur Entwicklung individualisierten und selbstständigen Lernens der Schüler_innen in heterogenen Gruppen sollen die Schüler_innen optimal gefördert werden und die Abhängigkeit des Bildungserfolgs von der sozialen Herkunft soll deutlich reduziert werden (vgl. Senatsverwaltung für Bildung, Jugend und Wissenschaft 2007). Die von der Senatsverwaltung formulierten Ziele der Gemeinschaftsschulen werden in der Praxis jeweils auf unterschiedliche Weise aufgegriffen und konkretisiert.

Von 2008 bis 2015 wurden die Gemeinschaftsschulen wissenschaftlich begleitet. Nachfolgend wird Bezug genommen auf Ergebnisse der wissenschaftlichen Begleitung, insbesondere auf eine in diesem Rahmen durchgeführte Studie, in der mittels dokumentarischer Methode Erfahrungen von Schüler_innen mit Partizipation rekonstruiert wurden. Weder die wissenschaftliche Begleitung der Berliner Gemeinschaftsschulen noch die Studie zu den Erfahrungen von Schüler_innen mit Partizipation richteten den Fokus auf das Verhältnis von Schulkultur und Milieu und doch geben die Ergebnisse vielfältige Hinweise, die im Folgenden systematisch gesichtet werden. Insgesamt zeichnet sich ab, dass trotz des übergreifenden Ziels einer Reduzierung von Bildungsungleichheiten, welches die Gemeinschaftsschulen zumindest auf der Ebene des Imaginären eint, die symbolischen Ordnungen der verschiedenen Gemeinschaftsschulen große Unterschiede aufweisen, so dass schulformbedingte Ähnlichkeiten in den Schulkulturen nur eingeschränkt rekonstruiert werden können.

Im Rahmen der Studie zu Erfahrungen von Schüler_innen mit Partizipation in Gemeinschaftsschulen (Moldenhauer 2015) wurden zwei kontrastierende Gemeinschaftsschulen exemplarisch genauer in den Blick genommen. Bei der Gemeinschaftsschule Am Burggraben[2] handelt es sich um die Neugründung einer weiterführenden, evangelischen Reformschule. Der soziodemografische Hintergrund der Schüler_innen ist gemäß eines – in Anlehnung an den Sozialindex für Hamburger Schulen[3] (vgl. Bos et al. 2009) – von der wissenschaftlichen Begleitung ermittelten Belastungsindex hoch. Auch die Lernausgangslagen zu Beginn

---

[2]Die Schulnamen wurden geändert.

[3]Der Sozialindex beschreibt in Anlehnung an die Kapitaltheorie von Bourdieu (1982), die sozialen Rahmenbedingungen einzelner Schulen und lässt auf Schulebene Rückschlüsse auf die sozialen und familiären Ressourcen der Schüler_innen zu (vgl. Schulte et al. 2014).

der Jahrgangsstufe 7 sind vergleichsweise positiv (Bezugsgröße ist der Allgemeine Fachleistungsindex AFI; vgl. Senatsverwaltung für Bildung, Jugend und Wissenschaft 2012, S. 22, 26). In den Elternhäusern gibt es viele Bücher und viele Eltern haben ein Abitur oder einen universitären Abschluss[4]. Bei der Gemeinschaftsschule Blumenfeld handelt es sich um eine aufwachsende Grundschule in einem hinsichtlich des Sozialindex mittleren Umfeld. In den Elternhäusern der Schüler_innen der Gemeinschaftsschule Blumenfeld gibt es im Durchschnitt eher wenige Bücher und die Lernausgangslagen der Schüler_innen liegen zu Beginn der Jahrgangsstufe 7 in einem mittleren Bereich. Der Anteil der Schüler_innen mit nichtdeutscher Familiensprache ist in beiden Schulen eher niedrig (vgl. Senatsverwaltung für Bildung, Jugend und Wissenschaft 2012, S. 22, 26.).

Die Erfahrungen von Schüler_innen mit Partizipation bringen zum Ausdruck, dass – wie auch in anderen Schulformen – durchaus Schulkultur-Milieu-Homologien bestehen, die enger oder weiter gefasst sind. So gibt es einige Gemeinschaftsschulen, die ein sehr deutlich reformpädagogisch geprägtes Profil aufweisen und vor diesem Hintergrund gezielt von einer spezifischen schulbezogenen Elternschaft angewählt und auch von Lehrer_innen bewusst ausgewählt werden, wodurch es zu spezifischen Passungen von Schulkultur und familiären Milieus kommt (u. a. Gemeinschaftsschule Am Burggraben). Zugleich existieren Gemeinschaftsschulen mit einem weniger ausgeprägten Profil (u. a. Gemeinschaftsschule Blumenfeld). Vor dem Hintergrund der von Helsper (2012) in Bezug auf Schulkulturen dargelegten Modernisierungsambivalenzen (Individualisierungsantinomie, Rationalisierungsantinomie, Pluralisierungsantinomie, Zivilisierungsantinomie), die hier zum einen als Ausdruck der Anerkennungs- und Partizipationsverhältnisse verschiedener Schulkulturen und zum anderen als heuristischer Rahmen genutzt werden und mit spezifischen Milieus korrespondieren, lassen sich die Umgangsweisen der beiden Gemeinschaftsschulen mit diesen Modernisierungsambivalenzen folgendermaßen zusammenfassen:

Die Schulkultur der Gemeinschaftsschule Am Burggraben zeichnet sich in Bezug auf die Individualisierungsantinomie durch die Zuschreibung von Eigenverantwortlichkeit und die Aufforderung zur Autonomie aus, die Lehrpersonen wirken hierbei unterstützend. Den Schüler_innen werden auf diese Weise Individuation und Verselbstständigung sowie der Erwerb einer kritischen Selbst- und Weltsicht ermöglicht. Lehrende und Lernende begegnen sich überwiegend

---

[4]Buchbestand im Elternhaus sowie Art des Schulabschlusses und akademische Titel als Anhaltspunkte für kulturelles Kapital.

gleichberechtigt. Ihr Umgang ist geprägt von fortwährenden Aushandlungsprozessen. Je nach familiärem Bildungsmilieu kommt es – so zeigen die Erfahrungen der Schüler_innen – zu unterschiedlichen Varianten der Rationalisierungsantinomie, die sich zum Teil verstärkt durch eine umfassende Leistungs- und Zielorientierung auszeichnen, zum Teil die Übernahme gesellschaftlicher Verantwortung einfordern. Ähnlich wie Helsper es für eine reformorientierte Gesamtschule rekonstruiert hat (vgl. Helsper 2012, S. 92), ist auch die Gestaltung der Pluralisierungsantinomie an der Gemeinschaftsschule Am Burggraben gekennzeichnet durch eine „Konfrontation mit und Einführung in Vielfalt und diversifizierten Lebensformen, verbunden mit der Aufforderung der Auseinandersetzung mit und der Anerkennung pluraler Selbst- und Weltdeutungen bei Erziehung zu ökologisch alternativer Lebensführung" (Helsper 2012, S. 92). Unterricht findet an der Gemeinschaftsschule Am Burggraben in jahrgangsgemischten Lerngruppen statt; im Rahmen von Service Learning-Projekten sind die Schüler_innen gefordert, Verantwortung zu übernehmen. Die Zivilisierungsantinomie ist an der Gemeinschaftsschule Am Burggraben geprägt durch das Versprechen naher, verlässlicher und emotional stabilisierender pädagogischer Bindungen in schulisch-solidarischer Vergemeinschaftung. Die Schüler_innen erzählen wiederholt von ihrem guten Verhältnis zu den Lehrpersonen. In ihren Erzählungen dokumentieren sich diesbezüglich deutliche konjunktive Erfahrungen und es werden Abgrenzungen gegenüber anderen Schulen vorgenommen bzw. Besonderheiten der Gemeinschaftsschule Am Burgraben betont (vgl. Moldenhauer 2015). In Anlehnung an die von Kramer und Helsper beschriebenen Milieus (vgl. Kramer und Helsper 2010, S. 112) lässt sich als zentraler milieuspezifischer Bezugspunkt der Gemeinschaftsschule Am Burggraben eine Nähe zu alternativen und liberal-intellektuellen Milieus ausmachen.

Die Schulkultur der Gemeinschaftsschule Blumenfeld vermittelt in Bezug auf die Modernisierungsambivalenzen andere Antworten. Der Entwurf eines idealen Schülerhabitus ist an dieser Schule kaum ausgeprägt. In der Tendenz dokumentieren sich auf Basis der rekonstruierten Schülererfahrungen und im Rahmen derselben Studie durchgeführter Beobachtungen die nachfolgend skizzierten Formen des Umgangs mit Modernisierungsambivalenzen. So ist die Individualisierungsantinomie überwiegend gekennzeichnet durch Fremdkontrolle und Fremddisziplinierung mit starken Forderungen nach Anpassung an und Unterordnung unter eine schulische Ordnung. Klassensprecher_innen agieren an dieser Schule in einer ambivalenten Doppelrolle: als Vertreter_innen von Schülerinteressen und gleichzeitig als Helfer_innen bei der Aufrechterhaltung der schulischen Ordnung. Schüler_innen werden als Pausenaufsichten eingebunden und geraten auf diesem Wege teilweise in ambivalente Verhältnisse zu ihren Peers (vgl. Moldenhauer

2015). Es werden Anstrengungsbereitschaft und Disziplin eingefordert (Rationalisierungsantinomie), wobei diese Anforderung je nach Hintergrund der Schüler_innen und Lerngruppe entweder mit der Erfüllung des Schülerjobs bewältigt wird (vgl. Breidenstein 2006) oder der Versuch unternommen wird, zwischen eigenen Interessen und wahrgenommenen gesellschaftlichen Anforderungen zu vermitteln (vgl. Moldenhauer 2015). Schüler_innen der Gemeinschaftsschule Blumenfeld bringen klare Funktionsvorstellungen zum Ausdruck, denen zufolge die Lehrpersonen die Verantwortung für Unterricht und Lernen tragen. Hinsichtlich der Ausgestaltung von Fragen der Pluralisierung lassen sich unterschiedliche Erfahrungen rekonstruieren. Überwiegend dominiert eine Tendenz zur Begrenzung von Pluralität durch Formen diffuser Vergemeinschaftung und das Einfordern von Disziplin. Die Schulkultur der Gemeinschaftsschule Blumenfeld verweist vor diesem Hintergrund tendenziell auf Bezüge zu traditionellen und kleinbürgerlichen Arbeitnehmermilieus.

Für die Schüler_innen resultieren unterschiedliche Formen der Anerkennung sowie verschiedene Möglichkeitsräume der Auseinandersetzung mit den Modernisierungsambivalenzen sowie ihrer Bearbeitung (vgl. Helsper 2012, S. 101). Dies dokumentiert sich in den rekonstruierten handlungsleitenden Orientierungsmustern der Schüler_innen im Umgang mit Partizipation, die als Ausdruck der Schülerhabitus verstanden werden können. Die Erfahrungen der Schüler_innen mit Partizipation bzw. Teilhabe und Mitbestimmung geben zugleich Hinweise auf schulkulturspezifische Formen der Bearbeitung von Fragen der Chancengleichheit und Chancengerechtigkeit.

Die Studie zu Erfahrungen von Schüler_innen mit Partizipation in Gemeinschaftsschulen verweist zudem auf eine enge Kopplung der schulischen Kontexte (als spezifische Schulkultur-Milieu-Verbindungen) mit dem jeweils entwickelten handlungsleitenden Wissen der Schüler_innen, ohne dass direkt vom Kontext auf die habituellen Orientierungen geschlossen werden könnte. So zeichnen sich die handlungsleitenden Orientierungen von Schüler_innen der Gemeinschaftsschule Am Burggraben überwiegend durch die Muster Reflexivität und Zielorientierung aus. Die Orientierungen von Schüler_innen der Gemeinschaftsschule Blumenfeld sind demgegenüber vermehrt gekennzeichnet durch Objektivierung und die Vermittlung gemeinschaftlicher und eigener Interessen (vgl. ausführlich Moldenhauer 2015, S. 291 ff.). In den Erzählungen der Schüler_innen kommt zum Ausdruck, dass die im Verlauf der familiären und schulischen Sozialisation erworbenen und über eine mehrdimensionale Typenbildung rekonstruierten habituellen Orientierungen maßgeblich Einfluss darauf haben, inwiefern die in den Schulen gebotenen Möglichkeiten zur Partizipation zum einen beispielsweise als Lernchance erfahren, als gesellschaftliche Notwendigkeit und Verantwortung wahrgenommen oder als schulische Machaufgabe objektiviert oder auch unterlaufen werden.

4   Das Verhältnis von Schulkultur, Partizipation und Milieu in Gemeinschaftsschulen – Ein Fazit

Die Ergebnisse verweisen auf Erfahrungen von Schüler_innen mit einer Dialektik von Partizipation insgesamt, die in den Schulkulturen der Gemeinschaftsschulen und auf der Basis unterschiedlicher Schulkultur-Milieu-Verbindungen verschiedene Formen annimmt. Dies wurde exemplarisch anhand der Bearbeitung der Modernisierungsambivalenzen in zwei Gemeinschaftsschulen sowie unter Berücksichtigung der habituellen Orientierungen von Schüler_innen dieser Schulen in Bezug auf Partizipation nachgezeichnet.

Anerkennung wird häufig gemäß gesellschaftlicher Erwartungen gezollt, wie sie in Milieus und Schulkulturen und vor dem Hintergrund der familiären Sozialisation von Schüler_innen auf verschiedene Weise wahrgenommen und verarbeitet werden. Partizipation ist ohne Anerkennung nicht möglich. Schüler_innen werden vor diesem Hintergrund verschiedene Teilhabemöglichkeiten eröffnet oder auch verwehrt. Es ist somit davon auszugehen, dass Schulkultur-Milieu-Verbindungen bedeutsamen Einfluss auf die Entstehung und Reproduktion von Bildungsungleichheiten haben.

Schulkulturen und die mit ihnen verbundenen Partizipations- und Anerkennungsverhältnisse sowie die daraus resultierenden Schulkultur-Milieu-Homologien bilden daher zentrale Voraussetzungen, an denen Schulentwicklungsprozesse ansetzen müssen, wenn sie eine Reduktion von Bildungsungleichheiten zum Ziel haben (vgl. Helsper 2010, S. 110). Die Reflexion bestehender Partizipations- und Anerkennungsverhältnisse als Kernstruktur von Schulkulturen – so kann geschlussfolgert werden – muss im Zentrum von Veränderungsbemühungen stehen. Es ist anzunehmen, dass Schulen nur über eine bewusste Gestaltung eben dieser Verhältnisse als Bildungs- und Teilhaberäume für alle Schüler_innen gestaltet und milieuspezifische Benachteiligungen reduziert werden können. Gleichzeitig wird die Annahme einer umfassenden „Machbarkeit" von Schulen auf der Basis der Schulkulturtheorie sowie der Annahme von Schulkultur-Milieu-Verbindungen relativiert (vgl. Helsper 2010, S. 112).

Die Bedeutsamkeit der Partizipations- und Anerkennungsverhältnisse wurde in der Konzeption von Gemeinschaftsschulen grundsätzlich bedacht, wird allerdings – nicht zuletzt aufgrund der Komplexität dieser Verhältnisse und ihrer Verschränkung mit schulischen Kontexten – auf vielfältige Weise konkretisiert. Es zeichnet sich ab, dass die in Gemeinschaftsschulen existierenden Schulkultur-Milieu-Homologien mehr oder minder stark ausgeprägt sind.

Literatur

Arnz, S., & Maikowski, R. (2008). Auf dem Weg zur Gemeinschaftsschule. Über den schwierigen Versuch, die Gestaltung des Lernens in heterogenen Gruppen durch Systemänderungen anzugehen. *Lernende Schule, 11*(42), 32–35.

Autorengruppe Bildungsberichterstattung (2014). *Bildung in Deutschland. Ein indikatorengestützter Bericht mit einer Analyse zur Bildung von Menschen mit Behinderungen.* Bielefeld: Bertelsmann.

Bos, W., Gröhlich, C., & Bonsen, M. (2009). Der Belastungsindex für die Schulen der Sekundarstufe 1 in Hamburg. In W. Bos, M. Bonsen, & C. Gröhlich (Hrsg.), *KESS 7: Kompetenzen und Einstellungen von Schülerinnen und Schülern an Hamburger Schulen zu Beginn der Jahrgangsstufe 7* (S. 123–132). Münster: Waxmann.

Bourdieu, P. (1982). *Die feinen Unterschiede.* Suhrkamp: Frankfurt a. M.

Bourdieu, P., & Wacquant, L. J. D. (1996). *Reflexive Anthropologie.* Frankfurt a. M.: Suhrkamp (Originaltitel: Résponses pour une anthropologie reflexive. Paris 1992).

Brake, A., & Büchner, P. (2011). *Bildung und soziale Ungleichheit. Eine Einführung.* Stuttgart: Kohlhammer.

Breidenstein, G. (2006). *Teilnahme am Unterricht.* Wiesbaden: Springer.

Bremer, H. (2012). Die Milieubezogenheit von Bildung. In U. Bauer, U.-H. Bittlingmayer, & A. Scherr (Hrsg.), *Handbuch Bildungs- und Erziehungssoziologie* (S. 829–846). Wiesbaden: Springer VS.

Bremer, H., & Lange-Vester, A. (2014a). Die Pluralität der der Habitus- und Milieuformen bei Lernenden und Lehrenden. Theoretische und methodologische Überlegungen zum Verhältnis von Habitus und sozialem Raum. In W. Helsper, R.-T. Kramer, & S. Thiersch (Hrsg.), *Schülerhabitus. Theoretische und empirische Analysen zum Bourdieuschen Theorem der kulturellen Passung* (S. 56–81). Wiesbaden: Springer VS.

Bremer, H., & Lange-Vester, A. (2014b). Zur Entwicklung des Konzeptes sozialer Milieus und Mentalitäten. In H. Bremer & A. Lange-Vester (Hrsg.), *Soziale Milieus und Wandel der Sozialstruktur* (2. Aufl., S. 13–41). Wiesbaden: Springer VS.

Grundmann, M., Bittlingmayer, U. H., Dravenau, D., & Edelstein, W. (2006). *Handlungsbefähigung und Milieu. Zur Analyse milieuspezifischer Alltagspraktiken und ihrer Ungleichheitsrelevanz.* Münster: LIT.

Grundmann, M., Bittlingmayer, U. H., Dravenau, D., & Groh-Samberg, O. (2010). Bildung als Privileg und Fluch – Zum Zusammenhang zwischen lebensweltlichen und institutionalisierten Bildungsprozessen. In R. Becker & W. Lauterbach (Hrsg.), *Bildung als Privileg. Erklärungen und Befunde zu den Ursachen der Bildungsungleichheit* (4. Aufl., S. 51–78). Wiesbaden: Springer VS.

Helsper, W. (2008a). Schulkulturen – die Schule als symbolische Sinnordnung. *Zeitschrift für Pädagogik, 54*(1), 63–80.

Helsper, W. (2008b). Schülerbiographie und Schulkarriere. In W. Helsper & J. Böhme (Hrsg.), *Handbuch Schulforschung* (2. Aufl., S. 927–944). Wiesbaden: Springer VS.

Helsper, W. (2009). Schulkultur und Milieu – Schulen als symbolische Ordnungen pädagogischen Sinns. In W. Melzer & R. Tippelt (Hrsg.), *Kulturen der Bildung. Beiträge zum 21. Kongress der Deutschen Gesellschaft für Erziehungswissenschaft* (S. 155–176). DGfE: Opladen u. a.

Helsper, W. (2010). Der kulturtheoretische Ansatz: Entwicklung der Schulkultur. In T. Bohl, W. Helsper, H. G. Holtappels, & C. Schelle (Hrsg.), *Handbuch der Schulentwicklung* (S. 106–112). Bad Heilbrunn: UTB.

Helsper, W. (2012). Jugend in Modernisierungsambivalenzen und die ‚Antwort' von Schulkulturen. In J. Ecarius & M. Eulenbach (Hrsg.), *Jugend und Differenz. Aktuelle Debatten der Jugendforschung* (S. 77–106). Wiesbaden: Springer VS.

Helsper, W. (2014). Habitusbildung, Krise, Ontogenese und die Bedeutung der Schule – Strukturtheoretische Überlegungen. In W. Helsper, R.-T. Kramer, & S. Thiersch (Hrsg.), *Schülerhabitus. Theoretische und empirische Analysen zum Bourdieuschen Theorem der kulturellen Passung* (S. 125–158). Wiesbaden: Springer VS.

Helsper, W. (2015a). Schülerbiographie und Schülerhabitus – Schule und Jugend ein Ambivalenzverhältnis? In W. Helsper & H.-H. Krüger (Hrsg.), *Jugend. Theoriediskurse und Forschungsfelder* (S. 131–159). Wiesbaden: Springer VS.

Helsper, W. (2015b). Schulkultur revisited: Ein Versuch, Antworten zu geben und Rückfragen zu stellen. In M. Hummrich & R.-T. Kramer (Hrsg.), *Schulkultur. Theoriebildung im Diskurs* (S. 447–500). Wiesbaden: Springer VS.

Helsper, W., & Lingkost, A. (2004). Schülerpartizipation in den Antinomien modernisierter Schulkultur. In W. Helsper, M. Kamp, & K. Stelmaszyk (Hrsg.), *Schule und Jugendforschung zum 20. Jahrhundert* (S. 198–229). Wiesbaden: Springer VS.

Helsper, W., Böhme, J., Kramer, R.-T., & Lingkost, A. (1998). Entwürfe zu einer Theorie der Schulkultur und des Schulmythos – strukturtheoretische, mikropolitische und rekonstruktive Perspektiven. In J. Keuffer, H.-H. Krüger, S. Reinhardt, E. Weise, & H. Wenzel (Hrsg.), *Schulkultur als Gestaltungsaufgabe. Partizipation – Management – Lebensweltgestaltung* (S. 29–75). Weinheim: DSV.

Helsper, W., Böhme, J., Kramer, R.-T., & Lingkost, A. (2001). *Schulkultur und Schulmythos. Rekonstruktionen zur Schulkultur I.* Opladen: Leske + Budrich.

Helsper, W., Kramer, R.-T., Hummrich, M., & Busse, S. (2009). *Jugend zwischen Familie und Schule. Eine Studie zu pädagogischen Generationenbeziehungen.* Wiesbaden: VS Verlag.

Helsper, W., Kramer, R.-T., & Thiersch, S. (2014). Habitus - Schule - Schüler: Eine Einleitung. In W. Helsper, R.-T. Kramer, & S. Thiersch (Hrsg.), *Schülerhabitus. Theoretische und empirische Analysen zum Bourdieuschen Theorem der kulturellen Passung* (S. 7–29). Wiesbaden: Springer VS.

Idel, T.-S., & Stelmaszyk, B. (2015). „Cultural turn" in der Schultheorie? Zum schultheoretischen Beitrag des Schulkulturansatzes. In J. Böhme, M. Hummrich, & R.-T. Kramer (Hrsg.), *Schulkultur. Theoriebildung im Diskurs* (S. 51–70). Wiesbaden: Springer VS.

Kramer, R.-T. (2011). *Abschied von Bourdieu?* Wiesbaden: VS Verlag.

Kramer, R.-T., & Helsper, W. (2010). Kulturelle Passung und Bildungsungleichheit – Potenziale einer an Bourdieu orientierten Analyse der Bildungsungleichheit. In H.-H.

Krüger, U. Rabe-Kleberg, R.-T. Kramer, & J. Budde (Hrsg.), *Bildungsungleichheit revisited. Bildung und soziale Ungleichheit vom Kindergarten bis zur Hochschule* (S. 103–126). Wiesbaden: Springer VS.

Kramer, R.-T., Helsper, W., Thiersch, S., & Ziems, C. (2009). *Selektion und Schulkarriere. Kindliche Orientierungsrahmen beim Übergang in die Sekundarstufe I.* Wiesbaden: VS Verlag.

Kramer, R.-T., Thiersch, S., & Ziems, C. (2015). Schulkultur, Schülerbiografie und Bildungshabitus – Zum Stellenwert der Theorie der Schulkultur für die Analyse von Schulkarrieren und schulischen Übergängen. In J. Böhme, M. Hummrich, & R.-T. Kramer (Hrsg.), *Schulkultur. Theoriebildung im Diskurs* (S. 211–236). Wiesbaden: Springer VS.

Krüger, H.-H., Köhler, S.-M., & Zschach, M. (2010). *Teenies und ihre Peers. Freundschaftsgruppen, Bildungsverläufe und soziale Ungleichheit.* Opladen: Budrich.

Krüger, H.-H., Deinert, A., & Zschach, M. (2012). *Jugendliche und ihre Peers. Freundschaftsbeziehungen und Bildungsbiografien in einer Längsschnittperspektive.* Opladen: Budrich.

Krüger, H.-H., Keßler, C., & Winter, D. (2015). Schulkultur und soziale Ungleichheit. Perspektiven von Schulleitungen an exklusiven Gymnasien auf den Elite- und Exzellenzdiskurs. In J. Böhme, M. Hummrich, & R.-T. Kramer (Hrsg.), *Schulkultur. Theoriebildung im Diskurs* (S. 183–210). Wiesbaden: Springer VS.

Moldenhauer, A. (2015). *Dialektik der Partizipation. Eine rekonstruktive Studie zu Erfahrungen von Schülerinnen und Schülern mit Partizipation in Gemeinschaftsschulen.* Opladen: Budrich.

Schulte, K., Hartig, J., & Pietsch, M. (2014). Der Sozialindex für Hamburger Schulen. In D. Fickermann & N. Maritzen (Hrsg.), *Grundlagen für eine daten- und theoriegestützte Schulentwicklung* (S. 67–80). Münster: Waxmann.

Senatsverwaltung für Bildung, Wissenschaft und Forschung (2007). Grundlagen für die Pilotphase Gemeinschaftsschule, Berlin. https://www.berlin.de/imperia/md/content/sen-bildung/bildungswege/gemeinschaftsschule/grundlagen_pilotphase_gemeinschaftsschule.pdf?start&ts=1213351412&file=grundlagen_pilotphase_gemeinschaftsschule.pdf. Zugegriffen: 17. März 2014.

Senatsverwaltung für Bildung, Jugend und Wissenschaft (2012). Wissenschaftliche Begleitung der Pilotphase Gemeinschaftsschule Berlin. Bericht 2012. Berlin. https://www.berlin.de/imperia/md/content/sen-bildung/bildungswege/gemeinschaftsschule/wissenschaftl_begleitstudie_gms_2012.pdf. Zugegriffen: 01. März. 2016.

Vester, M., Oertzen, P. von, Geiling, H., Hermann, T., & Müller, D. (2001). *Soziale Milieus im gesellschaftlichen Strukturwandel. Zwischen Integration und Ausgrenzung.* Frankfurt a. M.: Suhrkamp.

Weller, W., & Pfaff, N. (2013). Milieus als kollektive Erfahrungsräume und Kontexte der Habitualisierung. Systematische Bestimmungen und exemplarische Rekonstruktionen. In P. Loos, A.-M. Nohl, A. Przyborsky, & B. Schäffer (Hrsg.), *Dokumentarische Methode. Grundlagen – Entwicklungen – Anwendungen* (S. 56–74). Opladen: Budrich.

Über den Autor

Moldenhauer, Anna, Dr., ist wissenschaftliche Mitarbeiterin am Institut für Erziehungswissenschaft der Universität Hildesheim. Ihre Arbeits- und Forschungsschwerpunkte sind
Schulentwicklungsforschung, Professionsforschung, inklusive Lehrer_innenbildung sowie
rekonstruktive Sozialforschung.

Eintrübungen sozialer Wirklichkeit

Soziale Ungleichheiten und Armut als Themen in Lehrbüchern für sozialpädagogische Fachschulen

Werner Thole, Björn Milbradt und Stephanie Simon

1   Kontexte und Erkenntnisinteresse – Einleitung

Schulbücher sollen Kindern und Jugendlichen das jeweils für ein Fach oder einen spezifischen Lehr- und Lerngegenstand gesellschaftlich vorgehaltene, sozial geteilte und akzeptierte kulturelle Wissen in einer verständlichen Form methodisch-didaktisch aufbereitet kommunizieren (vgl. Moser et al. 2013). Diese allgemeine Funktions- und Aufgabenbestimmung gilt sicherlich altersunabhängig für Schulbücher aller Schultypen und -formen. Schulbücher für berufsqualifizierende, berufsvorbereitende oder berufsbegleitende Unterrichtsangebote sollten neben Wissen darüber hinaus auch das jeweils besondere, spezifische Können erörtern und fachspezifisch aufarbeiten, über das die Schüler_innen zur Ausübung des Berufes verfügen sollten, den sie nach der beruflichen Ausbildung auszuüben anstreben. Für berufliche Ausbildungen, die überwiegend nicht in einem Betrieb, einer Verwaltung, Institution oder Organisation stattfinden, sondern über eine schulische Qualifikation erfolgen, also an Berufsfachschulen, Fachakademien oder Fachschulen, gelten sicherlich nochmals erweiterte Ansprüche. Sie haben

W. Thole (✉) · S. Simon
Universität Kassel, Kassel, Deutschland
E-Mail: wthole@uni-kassel.de

S. Simon
E-Mail: simon.s@uni-kassel.de

B. Milbradt
Deutsches Jugendinstitut/Außenstelle Halle, Halle, Deutschland
E-Mail: milbradt@dji.de

© Springer Fachmedien Wiesbaden GmbH 2017   271
M.S. Baader und T. Freytag (Hrsg.), *Bildung und Ungleichheit in
Deutschland*, DOI 10.1007/978-3-658-14999-4_14

das Können in einer besonderen Art und Weise exemplarisch zu verdeutlichen
und damit lehr- und lernbar zu präsentieren. Nochmals andere, komplexere Ansprüche haben Schulbücher zu erfüllen,
die Schüler_innen adressieren, die sich für keinen technischen, handwerklichen
oder einen dienstleistungsbezogen Beruf zu qualifizieren wünschen, sondern
eine berufliche Tätigkeit anstreben, in deren Zentrum die Vermittlung von Wissen und Können über die Realisierung von Bildungs- und Erziehungsprozessen,
vielleicht auch von Hilfe und Unterstützung stehen wird. Die enorme quantitative Bedeutung entsprechender Qualifizierungen dokumentieren die Anfänger_innen- und Absolvent_innenzahlen an sozialpädagogischen Fachschulen.
Eine berufliche Qualifizierung an einer der über eine Rahmenvereinbarung der
Kultusministerkonferenz (KMK 2013) einheitlich geregelten 600 bundesrepublikanischen Fachschulen konnten im Schuljahr 2013/2014 knapp 36.000 Schüler_
innen aufnehmen. Im selben Schuljahr schlossen knapp 27.000 Schüler_innen die
Ausbildung erfolgreich ab. Seit dem Schuljahr 2007/2008 ist damit die Zahl der
Absolvent_innen um über 50 % und die der Ausbildungsnoviz_innen um 72 %
gestiegen (vgl. Autorengruppe Fachkräftebarometer 2014). Die überwiegende
Mehrheit der Absolvent_innen von sozialpädagogischen Fachschulen wird nach
dem erfolgreichen Schulabschluss in Kindertageseinrichtungen beruflich aktiv.

Wird aktuellen Studien vertraut, dann sind die Absolvent_innen von Fachschulen in Bezug auf Tätigkeiten in Kindertageseinrichtungen nicht ausnahmslos
so hinreichend qualifiziert, dass es ihnen gelingt, bildungsorientierte Angebote
für Kinder im vorschulischen Alter in einer guten Prozessqualität unter Beachtung von herkunfts- und milieugebundenen Faktoren zu realisieren (vgl. Tietze
et al. 2013; auch Bos et al. 2010). Die vorliegenden empirischen Befunde weisen darauf hin, dass Erzieher_innen in der Interpretation ihres Alltages zumindest
teilweise auf binäre Ordnungsmuster zurückgreifen und insgesamt der Multiperspektivität kindheitspädagogischer Praxis wie auch der Vielfalt von Kindheiten sowie den persönlichen Hintergründen und Lebenslagen von Kindern nicht
durchgängig gerecht werden (Thole et al. 2016). Frithjof Grell ergänzt unter einer
auch ungleichheitsbezogenen Perspektive, dass das Konzept kindlicher „Selbstbildung" und die dahinterstehende Vorstellung des aktiven und initiativen Kindes,
Ideen also, die gegenwärtig in den elementarpädagogischen Konzeptionen prominent zu finden sind (vgl. u. a. Fthenakis 2015), in ihrer unterstellten Allgemeinheit eben keine ungetrübt innovativen Überlegungen darstellen, sondern gerade
Kinder, die aus individuellen oder sozialen Gründen eher ungünstige Bedingungen des Aufwachsen haben, systematisch benachteilige (vgl. Grell 2010, S. 13;
vgl. auch Baader 2004). Konzeptionen vom aktiven, kompetenten, ko-konstruierenden Kind spiegeln demnach nicht ausschließlich State of the Art, sondern

gerinnen zu hochproblematischen und soziale Ungleichheit eventuell verstärkenden Vorannahmen, wenn sie nicht selbst wieder relativiert werden (vgl. Kelle 2013).

Die damit kommunizierte Erkenntnis gewinnt an Bedeutung, wenn bedacht wird, dass soziale Problemlagen und gesellschaftlichen Prozesse wie der Wandel von Geschlechterrollen eine zunehmende Bedeutung erfahren, weil Kinder in verschiedenen Hinsichten verstärkt als „Zukunft der Gesellschaft" wie auch als potenzielle Risikofaktoren wahrgenommen werden (vgl. Bühler-Niederberger et al. 2010, S. 7). In eine ganz ähnliche Richtung argumentiert Tanja Betz (2010), wenn sie feststellt, dass

> eine empirisch gestützte Analyse der bildungsrelevanten Effekte [fehlt], die sich aus einer Entsprechung bzw. Nicht-Entsprechung zwischen den Vorstellungen, Haltungen und Praktiken von Kindern und Eltern aus unterschiedlichen sozialen Gruppen in Bezug auf die öffentlichen Einrichtungen und den milieuspezifisch geprägten Erwartungen und Haltungen der Fach- beziehungsweise Lehrkräfte gegenüber ihrem Klientel ergeben (Betz 2010, S. 138).

Sie vermutet, dass bestimmte Vorstellungen von „guter Kindheit" auch bildungs- und sozialpolitische Machtverhältnisse widerspiegeln oder sogar verfestigen. Das „Bild vom Kind", das die Sozialforschung entwirft, ist also keinesfalls – darauf weisen Studien nachdrücklich hin – ein wertfreies und „objektives", sondern trägt notwendig bestimmte Implikationen, die in Zeiten gesteigerter Aufmerksamkeit für Kinder und Kindheitspädagogik wie für Bildung allgemein durchaus schnell in Politik und Gesellschaft diffundieren.[1]

Die kulturwissenschaftlich motivierte Schulbuchforschung sieht in Schulbüchern „eine Quelle, die Rückschlüsse auf die Kategorien, die kognitiven Schemata oder Deutungsmuster erlaubt, mit deren Hilfe Menschen zu verschiedenen Zeiten und an verschiedenen Orten die Welt um sich herum wahrnehmen" (Christophe 2014, S. 1). Aufgrund von Perspektivierungen und den diese tragenden Interpretationen von Wirklichkeit sind Schulbücher strukturell immer defizitär angelegt, obwohl aus fachwissenschaftlicher Sicht zu erwarten ist, „dass der gesicherte Stand der Forschung eingehalten und die Pluralität wissenschaftlicher Auffassungen zum Ausdruck kommt" (Maier 2009, S. 2). Die Platzierung eines

---

[1]Diese Überlegung schließt implizit an die empirisch generierte Erkenntnis an, dass die Idee der jüngeren Kindheitsforschung, Kindheit als eigenständige Lebensphase zu verstehen und Kinder als autonome Akteure des Aufwachsens zu adressieren, im Kern den romantischen Kindheitsmythos der Pädagogik des 19. und beginnenden 20. Jahrhunderts revitalisiert (vgl. Baader 2004).

Buches in ein bestimmtes Lehr- und Lernsetting, welches von weiteren – auch gesellschaftlichen – Faktoren abhängt, kann nicht entkontextualisiert erfolgen. Ob und inwiefern Weltdeutungen, Ressentiments und Vorurteile durch den Vermittler „Schulbuch" transmittiert werden, ist ein noch weitgehend offenes Forschungsfeld. Vorliegende Schulbuchstudien weisen allerdings darauf hin, dass sich Jugendliche an den in Schulbüchern kommunizierten Weltdeutungen orientieren und damit auch dort kommunizierte Interpretationen von gesellschaftlichen Strukturen und Machtverhältnissen übernehmen beziehungsweise reproduzieren (Markom und Weinhäupl 2013; vgl. auch Bittner 2011; Marmer und Sow 2015; Djurović und Matthes 2010; Matthes und Schütze 2016). Untersuchungen von sozialpädagogischen Fachbüchern liegen bislang nicht vor.

Werden Ausbildungsmaterialien und -inhalte nicht als unproblematisches, also lediglich zu lernendes, fraglos gültiges Wissen angesehen, sondern als etwas, was selbst durch die Pädagog_innen wiederum kritisch zu reflektieren ist und situativ flexibel angewendet und modifiziert werden muss, dann sind Inhalte von Lehrbüchern durchaus von großer Relevanz für die Entwicklung reflexiver beruflicher Praxen. Neben biografisch erworbenen Deutungen formen Lehrmaterialien wesentlich die Bilder von Kindern und Kindheiten mit und präformieren so die nach der Ausbildung in der Praxis aufgerufenen Sichtweisen. Aufgrund der Bedeutung der sozialpädagogischen Fachschulausbildung ist davon auszugehen, dass in den dort verwendeten Fachbüchern der jeweils aktuelle Stand der didaktischen, erziehungswissenschaftlichen, soziologischen und anderer Forschungen zumindest annäherungsweise berücksichtigt wird. Gleichzeitig macht aber der Blick auf die Fülle nicht nur allein der Operationalisierungen und Vorstellungen von Kindheit deutlich, dass es den Stand der Forschung in diesem singulären Sinne gar nicht geben kann. Sollen also Kinder und Kindheit nicht eindimensional und festschreibend betrachten werden, sondern wird im Anschluss an zeitgenössische Konzepte der Kindheitsforschung davon ausgegangen, dass das Bild vom Kind nie bloßes Abbild der Realität, sondern immer auch ein soziales Konstrukt ist, so rückt die Relationalität des Verhältnisses von Erwachsenen und Kindern verstärkt in den Vordergrund erziehungs- und sozialwissenschaftlicher Betrachtungen. Insofern ist es durchaus eine empirisch zu klärende Frage, welche Standpunkte in den Büchern eingenommen, welche Bilder von Kindern und Kindheiten verwendet oder evoziert werden und wie mit der Perspektivenvielfalt umgegangen wird.

In dem Beitrag hier wird davon ausgegangen, dass Fachbücher erstens das gegenwärtig verfügbare und für Pädagog_innen als relevant bewertete Wissen kommunizieren und sie zweitens für die Erzieher_innenausbildung mehr sind als lediglich Medium der Wissensvermittlung. Sie sind als Teil eines Dispositivs (Agamben 2008) anzusehen, das auf der Mikroebene kindheitspädagogischer

Praxis zur Minderung, aber auch zur Verfestigung von sozialer Ungleichheit und den sie stützenden Machtverhältnissen beitragen kann – konkreter: Sozialpädagogische Fachbücher evozieren Deutungs- und Orientierungsmuster des beruflichen, pädagogischen Handelns. Insofern ist es weder unbedeutend noch uninteressant, ob und in welcher Form in den einschlägigen Lehr- und Lernbüchern der Erzieher_innenausbildung inhaltliche, methodische und didaktische Fragen aufgegriffen und diskutiert werden. Das Erkenntnisinteresse im Rahmen dieses Beitrags konzentriert sich auf die Darstellungen von „Sozialer Ungleichheit" und „Armut" in Lehrbüchern der Erzieher_innenausbildung.

2 Soziale Ungleichheit und Armut in ausgewählten Lehrbüchern für sozialpädagogische Fachschulen

Für die Erzieher_innenausbildung liegen unterschiedliche Einführungs- und Lehrbücher vor. Für diesen Beitrag werden der von Hermann Hobmair (2002, 2016) edierte Band „Pädagogik", der von Holger Küls et al. (2004, 2006) verantwortete Zweibänder „Lernfelder Sozialpädagogik", das von Hartmut Böcher (2013) herausgegebene Lehrbuch „Erziehen, bilden und begleiten" und das von unterschiedlichen Autor_innen verantwortete Lehrbuch „Kinder erziehen, bilden und betreuen" (Nicklas-Faust und Scharringshausen 2012) durchgesehen und diskutiert. Die getroffene Auswahl orientiert sich an dem Ergebnis einer kleinen, sondierenden Umfrage und den in dieser von den befragten Lehrkräften genannten, primär verwendeten Lehrbüchern.

Die Lehrbuchpublikationen präsentieren die Inhalte häufig ergänzt durch farbig unterlegte Merkkästchen oder Grafiken. Insbesondere die Ausgestaltung der Erstausgabe des Handbuches „Pädagogik" (Hobmair 2002) zeichnet sich zudem durch eine an wissenschaftliche Publikationen angelehnte Darstellungsform aus. Referiert werden so unter anderem Forschungsergebnisse und pädagogische, psychologische und soziologische Theorien und Konzepte werden erläutert. Darüber hinaus vermitteln Fußnoten mit genauen Quellenangaben sowie weiteren Literaturhinweisen den Schüler_innen einen Einblick in die Wissenschaftlichkeit ihres Arbeitsfeldes. In der sechsten Ausgabe (Hobmair 2016) werden des Weiteren aktuelle Ansätze der Sozialpädagogik vorgestellt, wie etwa der Capability Approach, und beispielsweise das Konzept der Inklusion erläutert. Themen wie Armut und soziale Benachteiligung werden in diesen Ergänzungen implizit mit erläutert. Das zweibändige Werk „Lernfelder Sozialpädagogik" (Küls et al. 2004, 2006) enthält demgegenüber viele Übungen für die Anwendung in der Praxis und zeichnet sich eher durch eine pragmatische als durch eine elaborierte, wissenschaftliche Sprache aus – obschon auch hier Quellenangaben die dargestellten Inhalte belegen. Ein genauerer Blick in die 500–800 Seiten starken Bände soll im Folgenden illustrieren, inwiefern die Thematik der sozialen Ungleichheit, Bildungsbenachteiligung und Armut in den Handbüchern zur Erzieher_innenausbildung aufgegriffen wird und welches Bild von Kindheit darüber vermittelt und reproduziert wird.

2.1 Thematisierungsweisen – eine deskriptive Annäherung

Das Inhaltsverzeichnis des Lehrbuches „Erziehen, bilden und begleiten" (Böcher et al. 2013) lässt aufgrund der dort gelisteten Begriffe und Themen nicht erkennen, dass in diesem Band „Soziale Ungleichheiten" zentral diskutiert werden. Im Stichwortverzeichnis wird aber immerhin der Begriff „Armut" aufgeführt. Verwiesen wird allerdings lediglich auf eine Stelle und unter Bezug auf den 13. Kinder- und Jugendbericht des Bundesministeriums für Familie, Senioren, Frauen und Jugend (BMFSFJ 2009) herausgestellt, dass Personen mit einem Migrationshintergrund „mehr als doppelt so häufig von einem geringen Einkommen leben als Personen ohne" und im Jahr 2010 „mehr als 60 Prozent der Familien mit Migrationshintergrund mit weniger als 2600 Euro im Monat auskommen" (Böcher et al. 2013, S. 175; zit. nach Reimann 2012). Gerahmt werden diese Ausführungen durch Hinweise auf das Konzept der Lebensweltorientierung und durch den Hinweis, dass die Lebensverhältnisse immer „im Zusammenhang mit den aktuellen gesellschaftlichen Bedingungen" stehen und „somit auch dem gesellschaftlichen Wandel" unterliegen (Böcher et al. 2013, S. 165). Weder wird über den im Text angedeuteten Kontext Armut in Zusammenhang mit vorliegenden gesellschaftlichen Ungleichheiten erörtert noch erfolgt eine breitere Erörterung von Armutslagen unabhängig von dem illustrierten Hinweis auf Migrationskulturen. Auf eine sozialpolitische oder gesellschaftstheoretische Kontextualisierung der schon sehr reduzierten Hinweise auf soziale Ungleichheiten und Armut wird in dem Band ebenso verzichtet wie auf eine prominent platzierte Thematisierung der Bedeutung dieser Themen in den kindheitsbezogenen und sozialpädagogischen Diskursen.

Eine Vertiefung dieser Hinweise ist in dem Lehrbuch auch an den Stellen nicht zu erkennen, wo auf die „Schicht- und Kulturzugehörigkeit der Erziehenden" (Böcher et al. 2013, S. 325 ff.) eingegangen wird. „Schicht" wird im Weiteren definiert als ein Zusammenhang von „Menschen […], die sich im Hinblick auf bestimmte Merkmale […] wie soziale Wertschätzung und gesellschaftliches Ansehen, Bildung, Einkommen, Vermögen und Lebensstandard" gleichen. Ergänzt wird diese allgemeine, kaum als präzise anzusehende und wissenschaftlichen Kriterien entsprechende Definition mit dem Hinweis, dass „der Begriff der sozialen Schicht [...] eine Bezeichnung für die hierarchische Struktur einer Gesellschaft" ist, „weshalb in der Soziologie stattdessen auch von ‚sozialer Ungleichheit' gesprochen wird" (Böcher et al. 2013, S. 325). Im Anschluss an eine Studie von Annette Lareau (2003) wird in diesem Zusammenhang zudem der Begriff „Unterschicht" eingeführt und explizit auf die hier im Kontrast zur „elaborierten" Sprache der Mittelschicht angeblich anzutreffende „restringierte Sprache" hingewiesen. Zwar wird angemerkt, dass die diesen Bezeichnungen zu Grunde liegende Theorie von Basil Bernstein (1973) mittlerweile nicht mehr in allen Punkten für richtig gehalten werde, jedoch diese Anmerkung zugleich über den Hinweis, dass soziologische Studien immer wieder den Einfluss der Schichtzugehörigkeit auf Sprache und Sprachkompetenz bestätigen, relativiert und ausgeführt, dass zu den „zentralen Aufgaben einer Erzieherin" zählt, die eigene Sprachkompetenz kontinuierlich weiterzuentwickeln „und den Kindern kindgemäß und gleichzeitig mit elaborierter Sprache zu begegnen" (Böcher et al. 2013, S. 327). Für die pädagogische Praxis wird anschließend auf die Notwendigkeit eines „partnerschaftlichen Umgangs" mit Kindern und Jugendlichen verwiesen sowie darauf, Angebote nicht zu „überfrachten und zu überfordern, wie dies in manchen Mittelschichtfamilien der Fall ist" (Böcher et al. 2013, S. 327), ein Gleichgewicht zwischen klaren Vorgaben und Freiraum herzustellen und die eigene Sozialisation immer wieder zu reflektieren.

Im Unterschied zum Lehrbuch „Erziehen, bilden und begleiten" (Böcher et al. 2013) finden sich im Schlagwortverzeichnis des Lehrbuches „Kinder erziehen, bilden und betreuen" (Nicklas-Faust und Scharringshausen 2012) fünf Fundstellen zum Stichwort Armut. Insgesamt bestätigt sich bei der Ansicht dieser Stellen der Eindruck, dass dem Thema Kinderarmut in diesem Schulbuch tendenziell mehr Platz eingeräumt wird als bei dem zuvor diskutierten. Unter der Überschrift „Grundlagen pädagogischen Handelns" (Knauf 2012) findet sich in dem Cornelsen Lehrbuch ein erster, kleiner Abschnitt zum Thema Kinderarmut, in dem betont wird, dass Mitarbeiter_innen „in Kindertageseinrichtungen soziale Unterschiede nicht ausgleichen oder auffangen können" und daher „im Bewusstsein der Grenzen der Wirkungen des eigenen Handelns" agiert werden muss (Knauf 2012, S. 195). Um sicherstellen zu können, dass Erziehung nicht zu einem Stigma wird, seien in Kindertageseinrichtungen entsprechende Bedingungen zu schaffen, beispielsweise können Anregungen zur Teilnahme an Sportangeboten oder das Fördern von Verabredungen mit Freund_innen bei von Armut betroffenen Kindern besonders wichtig sein, um ihnen „vielfältige Erfahrungsräume" (Knauf 2012, S. 195) zu ermöglichen. Im Vergleich zum folgendem ausführlichem Kapitel „Kinder mit Hochbegabung" (Knauf 2012, S. 197 f.) sind diese Hinweise eher ernüchternd. Im Kapitel „Soziologie" werden diese Hinweise allerdings erneut aufgegriffen und unter dem Punkt „Sozialisation" (Pfeffer 2012, S. 256) die diese prägenden schichtspezifischen Unterschiede herausgestellt. Betont wird außerdem, dass zwar klare Zusammenhänge von Gruppenzugehörigkeit und Sozialisation feststellbar seien, jedoch „Vorsicht bei allgemeinen und deterministischen […] Aussagen geboten" seien, „da sie zur Bildung von Vorurteilen beitragen" (Pfeffer 2012, S. 259). Auf den folgenden Seiten werden dann vertiefend – wenn auch in der für die hier betrachteten Lehrbücher typischen, eher kursorischen Art und Weise – verschiedene gesellschaftliche Faktoren und Entwicklungen wie der Wertewandel (Pfeffer 2012, S. 268) und die Pluralisierung von Lebensformen (Pfeffer 2012, S. 274 f.) referiert.

„Armut" und „Soziale Ungleichheit" nehmen insgesamt einen beträchtlichen Teil des soziologischen Kapitels in dem Cornelsen Lehrbuch ein. Auf elf Seiten wird unter anderem der Zusammenhang von sozialer Ungleichheit und Bildungsbeteiligung unter Bezug auf Schicht, Geschlecht und „ethnienspezifische Bildungschancen" erörtert (Pfeffer 2012, S. 277–287). Mit Blick auf geschlechts- sowie ethnienspezifische Differenzen wird unter anderem auf existierende Formen der institutionellen Diskriminierung und auf spezifische Ansätze zum Verstehen „des Chancendefizits von Kindern mit Migrationshintergrund" hingewiesen (Pfeffer 2012, S. 286 f.). Beispielsweise wird die These, dass Migrant_innenkinder wegen ihres „kulturellen Erbes" Defizite aufweisen, kritisch kommentiert und explizit darauf verwiesen, dass „empirische Belege", die entsprechende Annahmen bestätigen, noch ausstehen (Pfeffer 2012, S. 287). Auch wenn darauf verzichtet wird, diese Hinweise mit den Konzepten einer armuts- und ungleichheitssensiblen Pädagogik zu verknüpfen, dokumentiert sich insgesamt in diesem Kapitel ein Bemühen, gesellschaftliche Ursachen von Armuts- und Ungleichheitslagen zu erörtern, um so zu versuchen, eher alltagskompatiblen, etikettierend-zuschreibenden oder gar vorurteilsvollen Deutungen entgegenzutreten. Allerdings schimmern auch in den hier angeführten Passagen problematische Unterscheidungen durch. Beispielsweise wird pauschal zwischen „Migrantenkindern" und „deutschen Kindern" unterschieden und implizit davon ausgegangen, dass Kinder mit Migrationshintergrund nicht auch „deutsch" sein könnten. Die in dem sozialwissenschaftlichen Kapitel zu findende Sensibilität für gesellschaftliche Faktoren von Armut und sozialer Ungleichheit wird allerdings über schematische und verkürzende Thematisierungen von Armut in dem Kapitel „Psychologie" konterkariert. Ausgeführt wird, dass mit dem auf Urie Bronfenbrenner (1989) zurückgehenden Modell bestimmte Risikofaktoren für die kindliche Entwicklung erklärt werden können und unter anderem anhand des Modells gefragt, welche Faktoren dazu beitragen, „dass ein Kind [aus einer

Armutslage] weniger intelligent" (Koglin und Petermann 2012, S. 312) sei, ohne dabei beispielsweise das Konstrukt der Intelligenzmessung kritisch zu beleuchten. In den beiden älteren, hier untersuchten Schulbüchern „Pädagogik" von H. Hobmair (2002, 2016) und in dem von H. Küls et al. (2004, 2006) verantworteten Zweibänder „Lernfelder Sozialpädagogik" ist zunächst wiederum der Blick ins Inhaltsverzeichnis ernüchternd. In beiden Lehrbüchern tauchen soziale Ungleichheit, Armut oder verwandte Suchbegriffe wie Bildungsbenachteiligung weder im Inhaltsverzeichnis noch als Schlagwörter auf. In dem Kapitel „Erziehung unter besonderen Bedingungen" werden in dem Lehrbuch „Lernfelder Sozialpädagogik" vornehmlich individuelle Beeinträchtigungen, nicht jedoch sozio-ökonomische, soziale oder kulturelle Aspekte als strukturell sozialisationsriskante Dimensionen thematisiert. Gleichwohl bleiben die gesellschaftlichen Rahmenbedingungen in diesem Schulbuch keineswegs ausgeblendet. In dem Kapitel zur „Sprachförderung" wird auf entsprechende Zusammenhänge mittels eines Fallbeispiels illustrativ hingewiesen. „Das Einzugsgebiet ihrer Kindertagesstätte ist ländlich in relativer Nähe (vier Kilometer) zu einer Kleinstadt. Das Milieu, aus dem ein Großteil der Kinder stammt, ist geprägt von Arbeitslosigkeit, geringem Einkommen und sozialer Benachteiligung. Es ist festzustellen, dass einige der erstsprachlich deutschen Kinder in der Sprachentwicklung Defizite haben" (Kühls et al. 2004, S. 107). Das Wissen um den sozio-ökonomischen Hintergrund der Kinder, so kann angenommen werden, scheint den Autor_innen des Schulbuches „Lernfelder Sozialpädagogik" zur adäquaten Fallbearbeitung notwendig, in welcher Form dieser jedoch zu thematisieren ist, lassen sie offen, regen aber an, die Konsequenzen, die mit der Beschreibung einhergehen, zu reflektieren:

> Die weiteren Folgen sind absehbar: Häufig kommt es zur sozialen Isolation der Kinder mit mangelnden deutschen Sprachkenntnissen. Denn die Eltern und das Kollegium der Grundschule werden sich die Störungen auf Dauer nicht gefallen lassen und unter Umständen strenger gegen diese Kinder vorgehen. Die übrigen Schülerinnen werden sie meiden. Die Stigmatisierung der Kinder ohne ausreichende deutsche Sprachkompetenz nimmt ihren Lauf und erschwert nicht nur weitere Lern- und Bildungsprozesse, sondern auch die aktive Teilnahme am gesellschaftlichen oder sozialen Leben – einmal ganz abgesehen von den fehlenden Grundlagen für weitere Lern- und Bildungsprozesse (Kühls et al. 2004, S. 129).

In dem von H. Hobmair (2002, 2016) verantworteten Band werden zur selben Thematik die Ausführungen anders konzeptualisiert. In dem Abschnitt „soziale Folgeerscheinungen einer Behinderung" wird darzustellen versucht, durch welches, auch nonverbales Verhalten Ausgrenzung erzeugt und für die Betroffenen spürbar wird. In einer fast schon als reflexiv anzusehenden Form wird die Bedeutung integrativen Handelns herausgestellt, die dazu beitragen kann, dass die „aus der

Schädigung resultierenden, notwendigen besonderen Erziehungsmaßnahmen zur Absonderung und damit zur Isolation und zur Verstärkung der Behinderung führen" (Hobmair 2002, S. 354). In der aktuellen Ausgabe (Hobmair 2016) wird mit Bezug auf den Capability Approach auf die Thematik der sozialen Benachteiligung eingegangen. In das Thema Ungleichheit wird durch eine Einführung in die Theorie der lebensweltorientierten Sozialen Arbeit (Thiersch 2014) eingeleitet, wenn auch nicht explizit ausgeführt. Im Vergleich zur Erstausgabe (Hobmair 2002), in der „Probleme der familiären Erziehung" (Hobmair 2002, S. 327 f.) mit ökonomischer Unsicherheit als eine „außergewöhnliche Belastung" über eine Textpassage, die einer beim Erscheinen des Bandes gut zehn und inzwischen gut zwanzig Jahre alten Publikation von Martin Textor entnommen ist, erklärt werden – nämlich, dass „einige der schwersten Risikofaktoren in der Umwelt, die mit erhöhten Raten von Auffälligkeiten bei Kindern einhergehen, […] Armut, Zugehörigkeit zu einer ethnischen Minorität, elterliche Psychopathologie" (Hobmair 2002, S. 343) seien, präsentiert sich die aktuelle Ausgabe mit Hinzunahme der Lebensweltorientierung fundierter. Armut wird hier beispielsweise „nicht als Mangel an Einkommen, sondern als Mangel an Chancen" (Hobmair 2016, S. 358) beschrieben.

2.2 Verzicht auf Kontextualisierungen und ausgewiesene Thematisierungen

In allen vier Lehrbüchern wird weitgehend darauf verzichtet, „Soziale Ungleichheiten" und insbesondere „Armut" theorie- und empiriebasiert als zentrale Themen der fachschulischen Erzieher_innenausbildung zu präsentieren. Die im vorherigen Abschnitt diskutierten Textpassagen zeigen aber auch, dass die Herausgeber_innen und Autor_innen nicht durchgängig mit dem Hinweis konfrontiert werden können, davon abzusehen, auf ungleichheits- und milieubezogene Zusammenhänge zu verweisen, oder gänzlich darauf zu verzichten, Risiken und Bedingungen des Aufwachsens unter Beachtung der Bedeutung gesellschaftlicher Differenzierung zu thematisieren. Positiv ist vielleicht sogar zu registrieren, dass fast durchgängig versucht wird, „Soziale Ungleichheit" oder „Armut" anhand von vermeintlich praxisnahen Beispielen oder von pädagogischen Problemstellungen anschaulich aufzugreifen. An diese Darstellungsform, so ist zu vermuten, adressiert sich die Hoffnung, den Schüler_innen einen nachvollziehbaren, plastischen und damit verstehbaren Zugang zu ansonst abstrakten Sachverhalten zu ermöglichen. Doch einer mit dieser ambitionierten wie schüler_innenemphatischen Intention dokumentieren sich problematische Implikationen in der methodischen Umsetzung dieser schulbuchdidaktischen Grundidee:

Insgesamt ist – erstens – in allen vier sozialpädagogischen Schulbüchern ein Bemühen zu erkennen, den Schüler_innen die Erfolgsmöglichkeiten von pädagogischem Handeln zu vermitteln. Synchronisiert mit dieser Thematisierungsweise wird ein ambivalentes Bild von Kindheit präsentiert. Kinder werden einerseits als handlungsmächtige Subjekte, andererseits aber immer auch als Objekte von pädagogischen Handlungen konzipiert und diskutiert. Damit wird jüngeren Konstruktionen von Kindheit entsprochen und Kinder als handlungsfähige Akteure entworfen. Zugleich wird aber auch Positionen widersprochen, die davon ausgehen, intentional initiierte erzieherische wie bildungsorientierte Bemühungen scheitern angesichts der Widerborstigkeit der sozialen Milieubedingungen, in denen Heranwachsende einen bedeutsamen Teil ihres Alltags verbringen, oder aber an den Kindern und Jugendlichen jeweils individuell gegebenen Möglichkeiten, sich neue Welt- und Selbstdeutungen anzueignen. In dem von H. Hobmair (2002, S. 62) edierten Lehrbuch „Pädagogik" heißt es so beispielsweise, dass „ein Schüler [...] unabhängig von seinen schulischen Begabungen und von seiner elterlichen sowie schulischen Förderung seinen Schulerfolg erheblich mit beeinflussen" kann. Derartige Formulierungen regen an, Kindern jenseits ihrer sozialen Lage und den dort favorisierten Lebensformen Potenziale zuzusprechen, die es ihnen ermöglichen, an den schulischen Lern- und Bildungsangeboten zu partizipieren und ihr Leben aktiv lernend zu gestalten. Auch wenn in einem anderen Zusammenhang in diesem Schulbuch ausgeführt wird, dass „mögliche Defizite, die sich aus der unterschiedlichen Herkunft der Kinder mit ihren unterschiedlichen Voraussetzungen ergeben können, Erzieherinnen in den seltensten Fällen ausgleichen können" (Hobmair 2002, S. 333), wird kommuniziert, dass Lern- und Bildungsbiografien unabhängig von den gegebenen strukturellen Rahmenbedingungen individuell gestaltbar sind und dann gelingen, wenn die Subjekte entsprechend gefördert werden. Zugleich wird ebenfalls angeregt davon auszugehen, dass pädagogisches Handeln in nicht-schulischen Kontexten sich der Aufgabe erfolgreich stellen kann, auch gegen die institutionellen schulischen Bedingungen Kinder und Jugendliche zu unterstützen. Pädagogisches Handeln wird damit zu einem Akt des individuellen, persönlichen Engagements, das umso erfolgreicher ist, je gekonnter es von den Pädagog_innen inszeniert wird. Aus der erziehungswie sozialwissenschaftlichen Professionsforschung ist allerdings bekannt, dass erfolgreiches und gut bewertetes pädagogische Handeln zwar immer auch abhängig ist von der Performance der beruflich agierenden Pädagog_innen. Empirisch belegt ist aber auch, dass die jeweils gegebenen organisationalen Bedingungen und institutionell gerahmten professionellen Kulturen von enormer Bedeutung für die Gestaltung von pädagogischen Praxen sind. Weitgehend unbestritten ist inzwischen auch die Bedeutung des jeweiligen sozialen und familialen Herkunftsmilieus für den schulischen wie auch beruflichen Weg durchs Leben. Trotz gesellschaftlicher Modernisierungen müssen Kinder und Jugendliche ihre Lern- und Bildungskarrieren aus Milieus, denen lediglich ein eingeschränkter Zugriff auf das gesellschaftlich verfügbare kulturelle Kapital möglich ist, unter schwierigen und riskanten Bedingungen (vgl. u. a. Bauer et al. 2012; Büchner 2008).

Das Bemühen, abstrakte Zusammenhänge anschaulich darzustellen, wird – zweitens – um den Effekt einer Simplifizierung und Dekontextualisierung der jeweils vorgestellten Inhalte realisiert. In keinem der vorgestellten Lehr- und Lernbücher werden systematisch und unter Bezug auf differente theoretische Modelle und Konzeptionen die Themen „Soziale Ungleichheit" oder „Armut" erörtert. In deutlicher Distanz zu aktuellen empirischen Befunden findet sich in den Publikationen fast durchgehend eine sehr praxisverträgliche, komplexe Zusammenhänge stark reduzierende Darstellung der sozialstrukturellen Konstitution von Gesellschaften. Sozialstrukturelle gesellschaftliche Bedingungen, also die ökonomische, soziale und kulturelle Verfasstheit von Gesellschaft werden ausschließlich im Kontext von pädagogischen Fragen und Problemen zum Thema. In „Lernfelder Sozialpädagogik" (Küls et al. 2004, 2006) finden sich diese lediglich im Zusammenhang mit den Erörterungen zu „individuellen Beeinträchtigungen" angedeutet, in dem noch relativ aktuellen Band „Erziehen, bilden und begleiten" (Böcher et al. 2013) wird zwar auf die Bedeutung von ökonomischen und kulturellen Ressourcen bezüglich der Sozialisationsbedingungen verwiesen, zugleich dieser Hinweis jedoch fokussiert auf Migrationsmilieus. In dem Lehrbuch „Kinder erziehen, bilden und betreuen" (Cornelsen Verlag 2012) werden sozialwissenschaftliche Diskussionen zwar dokumentiert, diese aber weder durchgehend so theorie- noch empiriebezogen diskutiert, dass sie dazu animieren, unterschiedliche Konzeptionen von Kindheit vergleichend zu reflektieren. In der zweibändigen Publikation „Lernfelder Sozialpädagogik" werden sozialstrukturelle Zusammenhänge an pädagogische Fragen gekoppelt erörtert, beispielsweise in dem Abschnitt „Sozialverhalten und Schuleignung" (Küls et al. 2004, S. 102 f.). Aber auch hier werden damit zusammenhänge Aspekte von sozialer Differenz allenfalls angedeutet und wenn dezidiert ausgeführt, dann in einer sehr apodiktischen, keinesfalls zu Reflexion auffordernden Form.

Auch wenn davon ausgegangen werden sollte, dass ökonomische Klassenunterschiede heute nicht mehr durchgängig allein die sozialen Unterschiede in einer Gesellschaft determinieren, die Alltagrealität der Menschen in bürgerlich-kapitalistischen Gesellschaften vielmehr geprägt ist „von einem ‚komplexen Mischungsverhältnis' klassenspezifischer, milieuspezifischer und ‚atomisierter Erscheinungsformen der Ungleichheit'", wie Peter A. Berger und Michael Vester (1998, S. 14) annehmen, oder aber, wie Ulrich Beck (1986, S. 148) formuliert, sich Ungleichheitsfragen nicht mehr ausschließlich als Klassenfragen artikulieren, ist doch weiterhin davon auszugehen, dass der den Subjekten jeweils verfügbare gesellschaftliche Wohlstand und die Möglichkeiten, an den ökonomischen, sozialen und kulturellen Ressourcen einer Gesellschaft zu partizipieren, sich nicht unabhängig von ihrer sozialen Lage ergeben. In den hier diskutierten sozialpädagogischen Lehrbüchern finden soziologische, sozialwissenschaftliche oder gesellschaftstheoretische Überlegungen, die entsprechendes Wissen materialbezogen und theoretisch ausgewiesen kommunizieren, keine exklusiven Orte. Die feinen gesellschaftlichen Unterschiede (Bourdieu 1987) werden entweder über milieubezogene, in der Regel jedoch mittels implizit erwerbsarbeits- oder berufsbezogenen Schichtungsmodelle zu erklären versucht. Der weitgehende Verzicht auf eine wissenschaftliche Darstellung der ungleichheitssensiblen Inhalte entkoppelt diese zudem von der Chance, sie zum Gegenstand von Diskursen zu machen. Von theoretischen Rahmungen wie von empirischen Befunden entlastet, werden Fragen von „Sozialer Ungleichheit" und „Armut" zu Glaubensfragen. Eine vertiefende, auch wissenschaftlichen Argumenten aufgeschlossene Aneignung der Themen wird so nicht angeregt. Ein Unterricht, der im Kern darauf zielt, Bildungsprozesse zu initiieren, also intendiert, über die Ermöglichung von fundierten, reflektierenden Auseinandersetzungen mit unterschiedlichen Themen eine pädagogische Reflexivität zu entwickeln, kann über die Lehrbücher allenfalls kritisch, aber keineswegs durchgängig realisiert werden.

Die Themen „Soziale Ungleichheit" und „Armut" werden in den sozialpädagogischen Lehr- und Lernbüchern nicht verschleiert oder nicht-thematisiert. Dennoch findet sich eine schon als systematisch zu bezeichnende Dethematisierung gesellschaftstheoretischer und sozialstruktureller Zusammenhängen, gesellschaftlicher Diversität und Heterogenität in den hier diskutierten vier Publikationen. Schüler_innen wird es allein über die in den Lehrbüchern zu identifizierenden Aufarbeitungen kaum möglich sein, die sozialisations- und lebensprägende Bedeutung von sozialen Milieus ohne weitere, vertiefende Materialien kennen zu lernen.

3   Wissen, pädagogisches Handeln und Reflexivität – Anmerkungen zum Anregungspotenzial sozialpädagogischer Schulbücher

Nachvollziehbar und vielleicht sogar sympathisch ist, dass in allen vier Lehrbüchern Kindern und auch Jugendlichen gestalterische, selbstverantwortliche Rollen und Möglichkeiten, Leben aktiv zu gestalten, zugesprochen werden. Gleichwohl ist die formale Rahmung und die zuweilen doch sehr apodiktische Mixtur der Präsentation der Themen „Soziale Ungleichheit" und „Armut" in den Publikationen ambivalent zu sehen. Die Thematisierungen können dazu anregen, die Möglichkeiten pädagogischen Handelns und das ihm immer innewohnende Scheitern entweder zu über- oder zu unterschätzen oder aber das pädagogische Handeln angesichts einer Überbewertung der individuellen Autonomie von Heranwachsenden von der Herausforderung entlasten, Lern- und Bildungsmöglichkeiten zugänglich zu inszenieren.

Vollständig unthematisiert bleiben in den Lehrbüchern für sozialpädagogische Fachschulen jüngere sozialwissenschaftliche Erkenntnisse über die Verfasstheit von modernen Gesellschaften. Die Ambivalenzen zwischen regionaler Gebundenheit und den vielfach diskutierten Globalisierungsprozessen bleiben ebenso undiskutiert wie etwa die Relevanz familialer Kulturen für die Entwicklung von Welt- und Selbstdeutungen und den favorisierten sozialen Beziehungsformen. Fragen der gesellschaftlichen Spaltung, der kulturellen und ökonomischen Prekarisierung und Hinweise auf die Stabilisierung von Armutslagen und damit verbunden die Konsolidierung von Exklusionsprozessen bleiben in den Lehrbüchern ebenso weitgehend unthematisiert wie die schlichte Tatsache, dass heute allenfalls von Kindheiten, nicht jedoch mehr von einer einheitliche, von allen Kindern identisch gelebten Kindheit gesprochen werden kann.

Eine vergleichbare Tendenz zur Dethematisierung von Ungleichheiten, von „sozialen, aber auch ethnischen Unterschieden in den […] Lebensverhältnissen der Kinder" entdeckte Tanja Betz (2009, S. 462) in den Modernisierungsdiagnosen der jüngeren Kindheitsforschung (Betz 2009, S. 462). Wenn dieser Diagnose empirische Bedeutung zugesprochen werden kann, dann spiegeln die diskutierten Lehr- und Lernbücher Ausschnitte des wissenschaftlichen Diskurses und platzieren sich nicht einmal ignorant gegenüber diesem. Die zurückhalte Thematisierung von sozialen Ungleichheiten und die damit einhergehende Konstruktion einer einheitlichen Kindheitsphase wäre aus dieser Perspektive nicht die Folge einer unsensiblen Unaufmerksamkeit. Ohne ausdrückliche Hervorhebung könnte auch davon ausgegangen, dass die Herausgeber_innen und Autor_innen der Lehrbücher die Befunde einer modernisierungstheoretischen Sicht auf Kindheit aufgreifen und mit dieser davon ausgehen, dass „Kindheiten im Vergleich zu früher ,immer homogener'" werden „und die großen schichtspezifischen Unterschiede an Relevanz verloren" (Betz 2009, S. 458) haben.

Die Schüler_innen von sozialpädagogischen Fachschulen werden nach erfolgreichem Abschluss ihrer Ausbildung als professionelle Akteur_innen mit gesteigerten gesellschaftlichen Ansprüchen konfrontiert. Nicht zuletzt resultieren diese in den letzten Jahrzehnten gewachsenen Erwartungen aus der Bedeutung, die dem Wohlergehen von Kindern und der Kindheit als eigenständige und lebensgeschichtlich wie gesellschaftlich bedeutsame Lebensphase beigemessen wird.

Befunde der Kindheitsforschung empfehlen, von einem fundamental sich verändernden gesellschaftlichen Bild von Kindern auszugehen. Kindheit wird heute keineswegs mehr als eher zu vernachlässigende Phase des Aufwachsens gesehen (Ariès 2014, S. 46). Die Vorstellungen von Kindheit werden im wissenschaftlichen und Fachdiskurs zunehmend entessenzialisiert. Seit den 1970er Jahren entwickelt sich eine Perspektive auf Kinder und Kindheiten, die jene nicht mehr als bloße Naturtatsachen, sondern als gesellschaftlich und insbesondere durch die Sichtweisen von Erwachsenen strukturiert und konstruiert begreift – dieser historische Blick auf die Veränderungen von Kindheit und ihren Wahrnehmungen, so William Corsaro (2005, S. 62), löst – nicht nur – in der Geschichtswissenschaft eine Hinwendung zur Perspektive der Kinder aus. Dieser Paradigmenwechsel ist auch in der Erziehungswissenschaft und der Soziologie in einer zunehmenden Abkehr von erwachsenenzentrierten Ansätzen hin zu einer auch und gerade an der Perspektive von Kindern orientierten Forschung (vgl. u. a. Alanen 2005) zu erkennen. Insbesondere die Idee der Konstruktion generationaler Ordnungen, ihrer Kritik und einer entsprechend sensiblen und reflexiven Forschung wird auch und gerade in der erziehungswissenschaftlichen Kindheitsforschung breit diskutiert (Honig et al. 1999; Lange 1999; Kelle 2005). In der kindheitspädagogischen Praxis manifestieren sich diese Entwicklungen beispielsweise in Ansätzen, die, wie etwa der Situationsansatz, von der Lebenssituation der Kinder und ihren aktuellen Neigungen und Interessen ausgehen. Kindheit wird heute beschrieben als bedeutsames Lern- und Bildungsmoratorium und Kinder werden als „Zukunftsressource" gesehen und „zu emotionalen BeziehungspartnerInnen und SinnstifterInnen" (Kränzl-Nagl und Mierendorff 2007, S. 11) erhoben. Paradoxerweise – so legen zumindest verschiedene Studien nahe – führen diese Hinwendungen auf das „Kind selbst" nicht unbedingt zu einer durchgehenden Anerkennung von Kindern und einer Förderung ihrer gesellschaftlichen Teilhabemöglichkeiten, sondern produzieren selbst wiederum hoch problematische und bedeutungsschwer aufgeladene und oft dichotome Sichtweisen, Diskurse und Praxen, beispielsweise in der moralischen Überhöhung von Kindheit oder der erneuten Konstruktion kindlicher Normalität und der daran anschließenden Identifizierung wirklicher oder vermeintlicher Risikofaktoren (Zeiher 1996; Bühler-Niederberger 2005; Sünker 2010).

Die wiederkehrend sich aktualisierende Frage, in welcher Form Pädagog_innen in den institutionellen Betreuungs- und Bildungsarrangements der Pädagogik der frühen Kindheit einen migrations-, ungleichheits- und genderpädagogisch sensiblen Alltag konzipieren und realisieren, nimmt so beispielsweise immer noch einen prominenten Platz auf der Agenda einer herausforderungsvollen Pädagogik ein. So dokumentieren die Rekonstruktionen von Interviewausschnitten einer Studie zum Wissen und Können von Pädagog_innen in Kindertageseinrichtungen (vgl. Thole et al. 2016), dass die kulturellen Differenzen, die im pädagogischen Alltag eine Rolle spielen, in den Reflexionen der Pädagog_innen tendenziell nicht als soziale und damit veränderliche, sondern über die Entgegensetzung von „deutsch" und „ausländisch" als essenzielle beschrieben werden: Unterschiedliche Essgewohnheiten, der Verzicht auf bestimmte Lebensmittel, unterschiedliche Glaubensbekenntnisse, alltägliche Gewohnheiten sind Unterschiede, die nicht über den präferierten Gegensatz nachzuvollziehen sind, weil sie sich eben nicht als ethnische oder nationale Differenzen herstellen (vgl. Thole et al. 2013). Die heute erkennbare Pluralität von Heterogenität wird im pädagogischen Tagesgeschäft kulturalistisch verengt und damit von einer verstehenden Perspektive entkoppelt, die auf ihren gesellschaftlichen Herstellungsprozess hinweist.

Die hier erinnerten Zusammenhänge, die im Kern auf die Notwendigkeit einer reflexiv ausgelegten Thematisierung von „Sozialer Ungleichheit" und „Armut" in Lehrbüchern hinweisen, werden in den diskutierten vier sozialpädagogischen Schulbüchern nicht aufgegriffen. Die eigentlichen Dethematisierungen, die die Lehrbücher zeigen, finden also nicht lediglich darin Ausdruck, dass heterogenitätsbezogene Fragen nicht kontextualisiert werden. Dethematisierungen sind insbesondere darin auszumachen, dass die über gesellschaftliche Heterogenität und Differenz entstehenden Herausforderungen pädagogisch simplifiziert und damit verklärt werden. Das über die sozialpädagogischen Lehrbücher anzueignen angeregte Wissen entspricht nicht durchgängig dem vorliegenden Erkenntnisstand und wird nicht durchgängig wissenschaftlich grundiert präsentiert. Das präsentierte Wissen generiert so kaum Möglichkeiten, Schüler_innen auf ihre Rolle als Erzieher_in so vorzubereiten, dass sie über die Rezeption der Lehrbücher angeleitet oder motiviert werden, die komplexen Ansprüche und Erwartungen in den sozialpädagogischen Praxen zu verstehen, reflexiv und damit professionell zu bewältigen und zu gestalten, also angeregt werden, in ihrem praktischen Tun die Antinomien pädagogischen Handelns souverän auszubalancieren.

Literatur

Agamben, G. (2008). *Was ist ein Dispositiv?* Zürich: Diaphanes.

Alanen, L. (2005). Kindheit als generationales Konzept. In H. Hengst & H. Zeiher (Hrsg.), *Kindheit soziologisch* (S. 65–82). Wiesbaden: VS Verlag.

Ariès, P. (2014). *Geschichte der Kindheit.* München: Deutscher Taschenbuch Verlag.

Autorengruppe Fachkräftebarometer. (2014). *Fachkräftebarometer Frühe Bildung 2014.* München: Deutsches Jugendinstitut.

Baader, M. S. (2004). Der romantische Kindheitsmythos und seine Kontinuitäten in der Pädagogik und in der Kindheitsforschung. *Zeitschrift für Erziehungswissenschaft, 7*(3), 416–430.

Bauer, U., Bittlingmayer, U. H., & Scherr, A. (Hrsg.). (2012). *Handbuch Bildungs- und Erziehungssoziologie*. Wiesbaden: Springer VS.

Beck, U. (1986). *Risikogesellschaft. Auf dem Weg in eine andere Moderne*. Frankfurt a. M.: Suhrkamp.

Berger, P.A., & Vester, M. (1998). *Alte Ungleichheiten — Neue Spaltungen*. Wiesbaden: VS Verlag für Sozialwissenschaften.

Bernstein, B. (1973). Soziale Schicht, Sprache und Sozialisation. In G. Hartfiel & K. Holm (Hrsg.), *Bildung und Erziehung in der Industriegesellschaft* (S. 233-252). Opladen: Leske + Budrich.

Betz, T. (2009). „Ich fühl mich wohl" – Zustandsbeschreibungen ungleicher Kindheiten in der Gegenwart. *Diskurs Kindheits- & Jugendforschung, 4*(4), 457–470.

Betz, T. (2010). Kindertageseinrichtung, Grundschule, Elternhaus: Erwartungen, Haltungen und Praktiken und ihr Einfluss auf schulische Erfolge von Kindern aus prekären sozialen Gruppen. In D. Bühler-Niederberger, J. Mierendorff, & A. Lange (Hrsg.), *Kindheit zwischen fürsorglichem Zugriff und gesellschaftlicher Teilhabe* (S. 117–144). Wiesbaden: VS Verlag.

Bittner, M. (2011). *Geschlechterkonstruktionen und die Darstellung von Lesben, Schwulen, Bisexuellen, Trans* und Inter* (LSBTI) in Schulbüchern*. Berlin: Eigenverlag GEW.

Böcher, H., Ellinghaus, B., König, E., Langenmayr, M., Österreicher, H., Rödel, B., et al. (2013). *Erziehen, bilden und begleiten. Das Lehrbuch für Erzieherinnen und Erzieher*. Köln: Bildungsverlag EINS.

Bos, W., Stubbe, T. C., & Buddeberg, M. (2010). Einkommensarmut und schulische Kompetenzen. In J. Fischer & R. Merten (Hrsg.), *Armut und soziale Ausgrenzung von Kindern und Jugendlichen* (S. 58–72). Baltmannsweiler: Schneider Verlag Hohengrefe.

Bourdieu, P. (1987). *Die feinen Unterschiede. Kritik der gesellschaftlichen Urteilskraft*. Frankfurt a. M.: Suhrkamp.

Bronfenbrenner, U. (1989). *Die Ökologie der menschlichen Entwicklung: natürliche und geplante Experimente*. Frankfurt a. M.: Fischer-Taschenbuch-Verlag.

Büchner, P. (2008). Soziale Herkunft und Bildung. Über das Reproduktionsdilemma von Akademikerfamilien und das Aufwachsen in Bildungsarmut. In E. Liebau & J. Zirfas (Hrsg.), *Ungerechtigkeit der Bildung – Bildung der Ungerechtigkeit* (S. 133–151). Opladen: Budrich.

Bühler-Niederberger, D. (2005). *Kindheit und die Ordnung der Verhältnisse. Von der gesellschaftlichen Macht der Unschuld und dem kreativen Individuum*. Weinheim: Juventa.

Bühler-Niederberger, D., Mierendorff, J., & Lange, A. (2010). Einleitung. In D. Bühler-Niederberger, J. Mierendorff, & A. Lange (Hrsg.), *Kindheit zwischen fürsorglichem Zugriff und gesellschaftlicher Teilhabe* (S. 7–16). Wiesbaden: VS Verlag.

Bundesministerium für Familie, Senioren, Frauen und Jugend (BMFSFJ). (2009). 13. Kinder- und Jugendbericht. Bericht über die Lebenssituation junger Menschen und die Leistungen der Kinder- und Jugendhilfe in Deutschland. Berlin: BMFSFJ.

Christophe, B. (2014). *Kulturwissenschaftliche Schulbuchforschung – Trends, Ergebnisse und Potentiale* (Eckert.Working Papers 2014/6). http://www.edumeres.net/urn/urn:nbn:de:0220-2014-00216. Zugegriffen: 4. Jan. 2017.

Corsaro, W. (2005). *The sociology of childhood*. London: Sage.

Djurović, A., & Matthes, E. (2010). *Beiträge zur historischen und systematischen Schulbuchforschung Freund- und Feindbilder in Schulbüchern.* Bad Heilbrunn: Klinkhardt.

Fthenakis, W. (2015). Einleitung. In Hessisches Ministerium für Soziales und Integration, Hessisches Kultusministerium (Hrsg.), *Bildung von Anfang an. Bildungs- und Erziehungsplan für Kinder von 0–10 Jahren in Hessen* (S. 9–11). Wiesbaden: Hessisches Ministerium für Soziales und Integration. https://bep.hessen.de/irj/BEP_Internet. Zugegriffen: 4. Jan. 2017.

Grell, F. (2010). Über die (Un-)möglichkeit, Früherziehung durch Selbstbildung zu ersetzen. *Zeitschrift für Pädagogik, 56*(2), 154–167.

Hobmair, H. (Hrsg.). (2002). *Pädagogik* (3. Aufl.). Köln: Bildungsverlag EINS.

Hobmair, H. (Hrsg.). (2016). *Pädagogik* (5. Aufl.). Köln: Bildungsverlag EINS.

Honig, M., Lange, A., & Leu, H. (1999). Eigenart und Fremdheit. Kindheitsforschung und das Problem der Differenz von Kindern und Erwachsenen. In M. Honig, A. Lange, & H. Leu (Hrsg.), *Aus der Perspektive von Kindern? Zur Methodologie der Kindheitsforschung* (S. 9–32). Weinheim: Juventa.

Kelle, H. (2005). Kinder und Erwachsene. Die Differenzierung von Generationen als kulturelle Praxis. In H. Hengst & H. Zeiher (Hrsg.), *Kindheit soziologisch* (S. 83–108). Wiesbaden: VS Verlag.

Keller, H. (2013). Bilder vom Kind – ihre Implikationen für Entwicklung und Bildung. In C. Förster, K. Höhn, & S. Schreiner (Hrsg.), *Kindheitsbilder – Familienrealitäten. Prägende Elemente in der pädagogischen Arbeit* (S. 25–33). Freiburg i. Br.: Herder.

Knauf, H. (2012). Pädagogik. In J. Nicklas-Faust & R. Scharringhausen (Hrsg.), *Kinder erziehen, bilden und betreuen* (S. 190–239). Berlin: Cornelsen.

Koglin, U., & Petermann, F. (2012). Psychologie. In J. Nicklas-Faust & R. Scharringhausen (Hrsg.), *Kinder erziehen, bilden und betreuen* (S. 288–347). Berlin: Cornelsen.

Kränzl-Nagl, R. & Mierendorff, J. (2007). Kindheit im Wandel. Annäherungen an ein komplexes Phänomen. *Sozialwissenschaftliche Literaturrundschau 47*(1), 3–25.

Küls, H., Moh, P., & Pohl-Menninga, M. (2004). *Lernfelder Sozialpädagogik* (Bd. 1). Troisdorf: Bildungsverlag EINS.

Küls, H., Moh, P., & Pohl-Menninga, M. (2006). *Lernfelder Sozialpädagogik* (Bd. 2). Troisdorf: Bildungsverlag EINS.

Lange, A. (1999). Der Diskurs der neuen Kindheitsforschung. Argumentationstypen, Argumentationsfiguren und methodologische Implikationen. In M. Honig, A. Lange, & H. Leu (Hrsg.), *Aus der Perspektive von Kindern? Zur Methodologie der Kindheitsforschung* (S. 51–68). Weinheim: Juventa.

Lareau, A. (2003). *Unequal childhoods. Class, race, and family life, with an update a decade later.* New York: Holt.

Maier, R. (2009). *Was ist ein gutes Schulbuch?* (Eckert.Beiträge 2009/3). http://www.edumeres.net/urn/urn:nbn:de:0220-2009-00050. Zugegriffen: 4. Jan. 2017.

Markom, C., & Weinhäupl, H. (2013). Migration diskursiv: Problematisierung und Sprachkritik in Schulbuch und Schule. In S. Binder, H. Klien, & E. Kössner (Hrsg.), *Wenn KSA zur Schule geht: Kultur- und Sozialanthropolog_innen im Bildungsbereich zwischen Forschung und Praxis* (Austrian Studies in Social Anthropology, Sondernummer KSA-Tage 2013, S. 15–21). Wien: Verein der Absolventinnen und Absolventen des Instituts für Kultur- und Sozialanthropologie der Universität Wien.

Marmer, E., & Sow, P. (Hrsg.). (2015). *Wie Rassismus aus Schulbüchern spricht. Kritische Auseinandersetzung mit »Afrika«-Bildern und Schwarz-Weiß-Konstruktionen in der Schule – Ursachen, Auswirkungen und Handlungsansätze für die pädagogische Praxis.* Weinheim: Juventa.

Matthes, E., & Schütze, S. (Hrsg.). (2016). *Schulbücher auf dem Prüfstand.* Bad Heilbrunn: Klinkhardt.

Moser, F., Hannover, B., & Becker, J. (2013). Mechanismen der sozialen Konstruktion von Geschlecht in Schulbüchern. *Gender, 5*(3), 77–93.

Nicklas-Faust, J., & Scharringhausen, R. (Hrsg.). (2012). *Kinder erziehen, bilden und betreuen. Lehrbuch für Ausbildung und Studium.* Berlin: Cornelsen.

Pfeffer, S. (2012). Soziologie. In J. Nicklas-Faust & R. Scharringhausen (Hrsg.), *Kinder erziehen, bilden und betreuen* (S. 240–287). Berlin: Cornelsen.

Reimann, A. (27. Juni 2012). Regierungsbericht, Migranten starten Aufholjagd. *Spiegel-Online.* http://www.spiegel.de/politik/deutschland/auslaenderbericht-migranten-holen-bei-bildung-auf-a-841066.html.

Sünker, H. (2010). Kindheitsforschung, Kinderbilder, Kinderleben. Diesseits/jenseits von Schutz und Kontrolle. Notate zu einem Forschungsprogramm. In D. Bühler-Niederberger, J. Mierendorff, & A. Lange (Hrsg.), *Kindheit zwischen fürsorglichem Zugriff und gesellschaftlicher Teilhabe* (S. 73–89). Wiesbaden: VS Verlag.

Thiersch, H. (2014). *Lebensweltorientierte Soziale Arbeit – Aufgaben der Praxis im sozialen Wandel* (9. Aufl.). Weinheim: Juventa.

Thole, W., Göbel, S., & Milbradt, B. (2013). Kinder und Kindheiten im Blick unterschiedlicher Fachkulturen. In M. Stamm & D. Edelmann (Hrsg.), *Handbuch frühkindliche Bildungsforschung* (S. 23–37). Wiesbaden: Springer VS.

Thole, W., Milbradt, B., Göbel, S., & Rißmann, M. (2016). *Wissen und Reflexion. Der Alltag in Kindertageseinrichtungen im Blick der Professionellen* (Kasseler Edition Soziale Arbeit, Bd. 4). Wiesbaden: VS Verlag.

Tietze, W., Becker-Stoll, F., Bensel, J., Eckhardt, A.G., Haug-Schnabel, G., Kalicki, B., Keller, H., & Leyendecker, B. (Hrsg.). (2013). NUBBEK – Nationale Untersuchung zur Bildung, Betreuung und Erziehung in der frühen Kindheit. http://www.nubbek.de/media/pdf/NUBBEK%20Broschuere.pdf. Zugegriffen am: 10. Mai 2017.

Zeiher, H. (1996). Von Natur aus Außenseiter oder gesellschaftlich marginalisiert? Zur Einführung. In H. Zeiher, P. Büchner, & J. Zinnecker (Hrsg.), *Kinder als Außenseiter? Umbrüche in der gesellschaftlichen Wahrnehmung von Kindern und Kindheit* (S. 7–29). Weinheim: Juventa.

Über die Autoren

Björn Milbradt, Dr. phil., ist Leiter der Fachgruppe „Politische Sozialisation und Demokratieförderung" am Deutschen Jugendinstitut in Halle (Saale). Seine Arbeits- und Forschungsschwerpunkte sind Aspekte des Gelingens und Scheiterns von Sozialisations- und Bildungsprozessen, (De-)Radikalisierung, Vorurteile und Autoritarismus.

Stephanie Simon, B. A. Soziologie, M. A. Empirische Bildungsforschung, ist wissenschaftliche Mitarbeiterin im Forschungsprojekt „Umgang mit und Deutungen von Armut in Kindertagesstätten" im Verbundvorhaben des Evangelischen Fröbelseminars Kassel und der Universität Kassel, Fachbereich Humanwissenschaften, Fachgebiet Erziehungswissenschaft, Schwerpunkt: Soziale Arbeit; außerschulische. Forschungsschwerpunkte: Soziale Ungleichheit und Bildungssoziologie.

Werner Thole, Prof. Dr. phil. habil., Dipl. Pädagoge, ist Hochschullehrer für Erziehungswissenschaft, Schwerpunkt Soziale Arbeit und außerschulische Bildung an der Abteilung für Sozialpädagogik und Soziologie der Lebensalter und -lagen am Fachbereich Humanwissenschaften der Universität Kassel.

Arbeitsschwerpunkte: Theoretische, professionsbezogene und disziplinäre Fragen der Sozialpädagogik, Theorie und Praxis der Kinder- und Jugendhilfe, insbesondere der Pädagogik der Kindheit und der außerschulischen Kinder- und Jugendarbeit, Kinder- und Jugendforschung.

Teil IV
Hochschule

Die Übergangsentscheidung von der Schule zum Studium

Lea Domke

Die Entscheidung ein Studium zu beginnen ist eine weitreichende, die sich für die meisten im Alter von 18 bis 20 Jahren stellt. Für viele ist sie mit Unsicherheiten und Fragen verbunden, ist sie doch wegweisend für den weiteren Lebensweg. In kaum einem anderen Land hängt der Bildungsweg eines Kindes jedoch so stark vom Elternhaus ab wie in Deutschland (vgl. Deißner 2009, S. 74). Während die Studierchancen einer Person früher primär entlang der Unterscheidung zwischen Arbeiterinnen und Arbeitern, Angestellten, Beamtinnen und Beamten sowie Selbstständigen differenziert wurden, lassen sie sich heute vor allem anhand des Merkmals vorhersagen, ob die Eltern oder mindestens ein Elternteil bereits ein Hochschulstudium absolviert haben oder nicht (vgl. Wolter 2011).[1] In diesem Zusammenhang sorgte die Veröffentlichung der 20. Sozialerhebung des Deutschen Studentenwerkes für mediale Aufmerksamkeit. „Von 100 Akademiker-Kindern studieren 77. Von 100 Kindern aus Nicht-Akademiker-Familien schaffen es nur 23 an eine Hochschule" (Timmermann 2013, S. 2). – So eines der ernüchternden Ergebnisse der Studie. Die unterschiedlichen Bildungslaufbahnen vieler Schülerinnen und Schüler bezogen auf ihre soziale Herkunft sind in Deutschland trotz Reformen in den vergangenen Jahrzehnten noch immer stark ausgeprägt.

---

[1]In dem vorliegenden Artikel wird sich vorrangig auf die Unterscheidung Akademikereltern vs. Nicht-Akademikereltern beschränkt. Da in der Literatur allerdings häufig noch differenziertere Unterscheidungen gemacht werden, kommt es insbesondere bei Zitaten vor, dass u. a. von Arbeiterschichten etc. die Rede ist.

L. Domke (✉)
Leibniz Universität Hannover, Hannover, Deutschland
E-Mail: lea.domke@zqs.uni-hannover.de

© Springer Fachmedien Wiesbaden GmbH 2017
M.S. Baader und T. Freytag (Hrsg.), *Bildung und Ungleichheit in Deutschland*, DOI 10.1007/978-3-658-14999-4_15

Den Missstand zu beheben sollte aus zweierlei Gründen angestrebt werden. Zum einen spielen volkswirtschaftliche Gesichtspunkte eine Rolle. Diese Argumentation wurde vor allem in der bildungspolitischen Debatte der 1960er Jahre vertreten. Es stand besonders der „ökonomische Bedarf an Akademikern, der durch bislang unerschlossene Bildungsreserven gedeckt werden sollte" (Becker 2009, S. 564) im Vordergrund und Kinder aus bildungsfernen Familien stellen ungenutzte Potenziale dar, die es auszuschöpfen gilt. Zum anderen ist Bildung im humanistischen Bildungsideal aber auch ein Bürgerrecht, welches jedem Menschen unabhängig von bestimmten Faktoren wie eben auch der sozialen Herkunft zusteht. In diesem Zusammenhang spielt das in Deutschland angestrebte Meritokratieprinzip eine Rolle. Das bedeutet, dass alle Menschen unabhängig von ihrer sozialen Herkunft, ihrem Geschlecht, ihrer Religion, etc. dieselben Chancen auf Bildung haben sollten (vgl. Ditton 2010, S. 54). Eine Aufteilung in unterschiedliche Schulformen darf somit allein nach dem Leistungsprinzip erfolgen. Dieses Ziel kann in Deutschland allerdings noch nicht als verwirklicht angesehen werden, denn die Chancen eines Menschen auf höhere Bildung lassen sich noch immer stark durch das Bildungsniveau der Eltern vorhersagen. Woran liegt das und welche Rolle spielen hierbei die Übergangsentscheidungen am Ende der Schulzeit? Welche Faktoren werden bei dieser Entscheidung berücksichtigt und welche Unterschiede gibt es zwischen Personen aus akademischen Elternhäusern und Personen, deren Eltern nicht studiert haben?

1   Der Übergang von der Schule zur Hochschule

Seit den 1960er Jahren hat es zahlreiche Bildungsreformen gegeben, welche zu einer Bildungsexpansion geführt haben. So hat sich die Studienberechtigtenquote in den letzten 50 Jahren von 10 % auf etwa 50 % verfünffacht. Die Hochschulzugangsberechtigung (HZB) ist somit zu einem „Massenzertifikat" (Schindler 2012, S. 11) geworden.[2] Auch die Wege, die zu einer HZB führen, haben sich vervielfältigt. Während Ende der 1960er Jahre noch der weitaus größte Teil der HZB über den klassischen Weg des Gymnasiums erworben wurde, erlangten 2007 knapp die Hälfte der Studienberechtigten ihre HZB über andere Wege als am Gymnasium, nämlich beispielsweise über Gesamtschulen, berufsbildende Aufbauschulen oder

---

[2]Auf Studierende, die ohne HZB ein Studium aufnehmen, soll in diesem Artikel nicht eingegangen werden, da sie mit zurzeit unter 3 % nur einen geringen Anteil aller Studierenden ausmachen (vgl. Duoung und Püttmann 2014, S. 13 f.).

über den zweiten Bildungsweg (vgl. Schindler 2012, S. 3). Das Studium an einer Hochschule setzt also nicht mehr automatisch den Besuch eines Gymnasiums voraus. Zudem ließ auch die Einführung der Fachhochschulen die Studierendenzahlen wachsen. Der Weg von der Realschule über die Fachoberschule/Sekundarstufe II zur Fachhochschule eröffnete neue Möglichkeiten neben einem Universitätsstudium (vgl. Hopf 2010, S. 49). Unter den Studierenden sind heute im Vergleich zu früher auch prozentual mehr Personen, die als so genannte „First Generation" bezeichnet werden können. Sie sind die Ersten in ihrer Familie, die ein Studium aufgenommen haben. Dennoch sind Studierende ohne akademischen Familienhintergrund an deutschen Hochschulen noch lange kein Alltag.

Schaut man sich die Zusammensetzung der Schülerinnen und Schüler nach Art der HZB an, so fällt auf, dass Personen, die Eltern mit maximal Hauptschulabschluss haben, im Jahr 1976 nur zu 15 % eine Studienberechtigung erlangten und 2008 zu ca. 35 %, dass sich die Erhöhung allerdings vor allem auf die Erlangung der HZB für eine Fachhochschule bezieht. Im Gegensatz dazu ist der Anteil der Schülerinnen und Schüler mit HZB deren Eltern eine Hochschulreife haben relativ konstant zwischen 60 % und 70 % geblieben. Während die berufsbildenden Wege von Schülern aus den gebildeten Familien vergleichsweise selten in Anspruch genommen werden und über die Zeit nur einen geringen Bedeutungszuwachs erfuhren, wurde nahezu der gesamte Aufholprozess, der sich bei Schülern aus bildungsfernen Elternhäusern zeigt, über den Zuwachs der berufsbildenden Studienberechtigungen bewerkstelligt (Schindler 2012, S. 14). Dieses Ergebnis unterstreicht die Wichtigkeit der Einführung der Fachhochschulen und die Erlangung der HZB über berufsbildende Wege für die Herstellung der Chancengleichheit in Bezug auf die soziale Herkunft der Schülerinnen und Schüler.

Neben der Studienberechtigtenquote, die lediglich angibt, wie hoch der Anteil derjenigen eines Jahrgangs ist, die eine HZB erworben haben, gibt es auch die Studierquote, die angibt, wie hoch der Anteil derjenigen Personen mit HZB ist, die dann auch tatsächlich ein Studium aufnehmen. Hier gibt es einen weitreichenden Unterschied, ob es sich um eine Allgemeine Hochschulreife oder um eine Fachhochschulreife handelt. Während die Studierquote derjenigen Personen mit allgemeiner HZB seit den 1990er Jahren relativ konstant bei etwa 90 % liegt, weist die Studierquote derjenigen Personen mit einer Fachhochschulreife einen niedrigeren Trend auf, der von ca. 70 % in den 1970er Jahren bis heute auf sogar nur noch etwa 50 % gesunken ist (vgl. Schindler 2012, S. 18 f.). Ein immer größerer Teil der Studienberechtigten entscheidet sich also für eine Ausbildung im nicht-tertiären Sektor. Bedenkt man, dass nun aber vor allem bildungsferne Schülerinnen und Schüler eine HZB in Form einer Berechtigung für eine Fachhochschule erwerben, zeichnet sich die soziale Selektivität bereits hier ab. Wie sich die Studierenden je nach sozialer Herkunft letztendlich zusammensetzen, zeigen die regelmäßigen Sozialerhebungen des Deutschen Studentenwerks. In beiden Hochschulformen zeigt sich insbesondere in den 1990er Jahren der Trend zu einem stetig wachsenden Anteil an Akademikerkindern im Vergleich zu First Generation Studierenden. An Fachhochschulen befanden sich im Jahr 2012 mit 62 % mehr First Generation Studierende als Akademikerkinder (38 %) und an Universitäten befanden sich mit 56 % mehr Akademikerkinder als First Generation Studierende (44 %) (vgl. Middendorff et al. 2013, S. 95).

2   Erklärungsansätze

Als Erklärungsansatz für die unterschiedlichen Übergangsquoten je nach Bildungsherkunft lassen sich die primären und sekundären Effekte der sozialen Herkunft heranziehen. Vereinfacht ausgedrückt beziehen sich die primären Herkunftseffekte auf die schulischen Leistungen von Schülerinnen und Schülern und ihre Auswirkungen auf die Bildungserfolge (vgl. Becker 2011, S. 225).

> Primäre Disparitäten beruhen in erster Linie auf den sich über die gesamte Kindheit hinziehenden Unterschieden in der Entwicklungs- und Lernumwelt von Kindern, die in Familien unterschiedlicher sozialer Lage, kognitiver Kompetenzen, Erziehungsstile und unterschiedlicher kultureller Ressourcen und Praxen aufwachsen. Solche Unterschiede zwischen sozialen Klassen verändern sich weder schnell noch grundlegend (Klein et al. 2010, S. 51).

In diesem Zusammenhang spielen auch die von Bourdieu entwickelten unterschiedlichen Kapitalsorten in einer Familie eine Rolle und hier insbesondere das kulturelle Kapital und der damit verbundene Habitus. Damit sind Lebenseinstellungen, Denk-, Wahrnehmungs-, Urteils- und Handlungsmuster sowie Angewohnheiten, die ganz selbstverständlich in einer Familie vorherrschen gemeint. Gerade akademisch gebildete Eltern vermitteln ihren Kindern schulrelevante Bildungsinhalte oft im Alltag abseits des Schulunterrichts und pflegen kulturelle Praktiken, die mit den Bildungsidealen der Schule übereinstimmen (vgl. Schindler 2012, S. 9). Durch diese Erfahrungen sind Kinder aus gebildeten Elternhäusern, vorrangig Akademikerkinder, gegenüber Kindern aus weniger gebildeten Elternhäusern im Vorteil. Dieser Vorteil besteht nicht nur zu Beginn der Schulzeit, sondern bei allen Schritten in der Bildungslaufbahn des Kindes (vgl. Hurrelmann 2010, S. 9). Nun bieten die primären Herkunftseffekte einen Erklärungsansatz für die

Ungleichheit beim Erwerb der HZB. Ist diese aber erst einmal erworben, spielen sie beim Übergang von der Schule zum Studium allerdings keine bedeutende Rolle mehr, denn in Bezug auf die Leistung am Ende des Gymnasiums unterscheiden sich Schülerinnen und Schüler unterschiedlicher sozialer Herkunft nicht grundlegend voneinander (vgl. Schindler und Reimer 2010, S. 636 f.). Nun kommen die sekundären Effekte der sozialen Herkunft ins Spiel. Sie umfassen „Unterschiede im Bildungsverhalten, die sich bei gleichen Leistungen aufgrund herkunftsspezifisch verschiedener Entscheidungsmuster bei Bildungsentscheidungen ergeben" (Schindler und Reimer 2010, S. 624). Diese Bildungsentscheidungen kommen immer dann zum Tragen, wenn es einen Übergang im Bildungsverlauf gibt, also hier den Übergang von der Schule zum Studium oder in eine Ausbildung. Was bei diesen Entscheidungsprozessen eine Rolle spielt, lässt sich mithilfe des französischen Soziologen Boudon (1974) durch den Rational Choice Ansatzes erklären.[3] Dieser Ansatz besagt, dass Jugendliche und ihre Eltern aktiv und ganz rational die Kosten, Nutzen und die subjektiven Erfolgswahrscheinlichkeiten abwägen, die die Entscheidung für eine bestimmte Bildungslaufbahn mit sich bringen. Angestrebt wird ein möglichst hoher Nutzen bei möglichst minimalen Kosten.

2.1 Kosten

Die Kosten eines Studiums können monetäre Kosten durch Studiengebühren oder Lebenshaltungskosten am Studienort sein, aber ebenso auch Opportunitätskosten. Ein Studium, welches mehrere Jahre dauert, bedeutet Gehaltseinbuße, da in dieser Zeit kein Geld verdient wird, wie dies bei einer Ausbildung der Fall ist. Schließlich stellen auch die Informationskosten zur Beschaffung von Wissen in Bezug auf ein Studium eine Hürde dar (vgl. Schindler und Reimer 2010, S. 628).

---

[3]Der Rational Choice Ansatz, der sich allgemein betrachtet auch auf viele andere Entscheidungsprozesse anwenden lässt, fand nicht nur in den Sozialwissenschaften, sondern auch in den Bereichen Ökonomie und Politik großen Anklang. Die Theorie „verdankt ihre Erfolge der Tatsache, dass sie Phänomene auf ‚individualistische' Weise interpretiert, die auf den ersten Blick nicht in diesen Interpretationsrahmen passen" (Boudon 2013, S. 4).

2.2   Nutzen

Beim Nutzen eines Studiums spielt das Statuserhaltungsmotiv eine Rolle. Die Theorie des Statuserhalts besagt, dass Eltern im Allgemeinen daran interessiert sind, dass ihre Kinder zumindest den eigenen sozialen Status auch erreichen. Während hierfür ein Studium für Akademikerkinder Voraussetzung ist, reicht für Kinder aus nicht akademisch gebildeten Familien bereits eine weniger kostenintensive und weniger risikoreiche Ausbildung nach dem Abitur aus, um den Status der Eltern zu erhalten oder sogar leicht zu erhöhen (vgl. Schindler und Reimer 2010, S. 629). Die Vermeidung eines Statusverlustes wird dabei als subjektiv größerer Nutzen wahrgenommen als die Chance auf Aufwärtsmobilität, die statusniedrigere Herkunftsgruppen durch höhere Bildung erzielen könnten (vgl. Müller und Pollak 2010, S. 308).

2.3   Erfolgswahrscheinlichkeit

Die Einschätzung der Erfolgswahrscheinlichkeit kann in zwei verschiedene Überlegungen unterteilt werden. Auf der einen Seite steht die Einschätzung der Chancen, den gewählten Ausbildungsgang (Studium oder Berufsausbildung) erfolgreich zu durchlaufen. In diesen Punkt fließen die Anforderungen des jeweiligen Ausbildungsganges genauso mit ein wie „die Verfügbarkeit elterlicher Ressourcen zur Unterstützung bei der Bewältigung dieser Anforderungen" und schließlich spielen auch die Einschätzungen der eigenen Schulleistungen eine Rolle (Schindler und Reimer 2010, S. 628). Auf der anderen Seite stehen Überlegungen über die Chancen auf dem Arbeitsmarkt nach Beendigung des gewählten Ausbildungsganges. Zu nennen sind hier die Arbeitsmarktlage und die Art des Ausbildungsganges. Soziales Kapital in Form von guten Beziehungen spielt hier ebenfalls eine Rolle (vgl. Schindler und Reimer 2010, S. 628).

> Bei der Einschätzung aller drei Elemente führt das Kalkül in der Regel dazu, dass Kinder in ökonomisch besser gestellten Familien und in Familien, deren Eltern selbst eine höhere Bildung haben, weiterführende, anspruchsvollere, kostenträchtigere und risikoreichere Alternativen wählen als Kinder in weniger gut situierten Familien (Klein et al. 2010, S. 50).

Im Gegensatz dazu schätzen ökonomisch schlechter gestellte Personen, die zudem die Ersten in ihrer Familie wären, die sich für ein Studium entscheiden, die Kosten für ein Studium höher und den Nutzen sowie die Erfolgswahrscheinlichkeit geringer ein. Es liegt deshalb nahe, dass sie sich häufiger für eine Berufsausbildung nach dem Abitur als für ein Studium entscheiden, da ihnen diese weniger kostspielig, weniger riskant und weniger anspruchsvoll erscheint und trotzdem einen Statuserhalt innerhalb der Familie und Zugang zu qualifizierten Erwerbspositionen bedeutet (vgl. Müller und Pollak 2010, S. 308). Hinzu kommt, dass das Berufsbildungssystem in Deutschland sehr gefächert und attraktiv ist. Viele Ausbildungsberufe bieten lukrative Arbeitsmarkterträge und teilweise „werden sogar einige Ausbildungsgänge, die in anderen Ländern Teil der Hochschulbildung sind, in Deutschland innerhalb des Berufsbildungssektors angeboten" (Schindler 2012, S. 22). Das Berufsausbildungssystem hat also eine Ablenkungswirkung auf junge Menschen, die genauso gut auch ein Studium beginnen könnten. Diese Ablenkungswirkung betrifft aber vor allem Schülerinnen und Schüler aus bildungsfernen Elternhäusern, „die bei einer mittleren Erfolgserwartung eine geringe zeitliche Toleranz für die Kompensation der Ausbildungskosten haben, also vor allem für ein Studium hinreichend begabte Kinder aus ressourcenarmen Elternhäusern" (Müller und Pollak 2010, S. 312). Selbst wenn sie ein Studium anstreben, wählen sie eine Ausbildung zuvor gerne als Basis und Absicherung, falls ein späteres risikoreicheres Studium nicht erfolgreich verlaufen sollte (vgl. Müller und Pollak 2010, S. 312). „Die Logik der Wahl weniger aufwändiger und weniger riskanter Ausbildungen bei den Arbeiterkindern entspricht auch deren stärkere Bevorzugung der Fachhochschule auf dem Niveau der Hochschulausbildung" (Müller und Pollak 2010, S. 339). Ein Studium an einer Fachhochschule verspricht traditionell eine stärkere Praxisorientierung, eine höhere Strukturierung des Studiums, eine kürzere Ausbildungsdauer und niedrigere Drop-out Risiken (vgl. Müller und Pollak 2010, S. 312).

3   Forschungszugang

Um die Entscheidungsprozesse von Schülerinnen und Schüler am Ende der Schulzeit zu erkunden, wurden insgesamt acht Schülerinnen und Schüler eines niedersächsischen beruflichen Gymnasiums mit dem Schwerpunkt Gesundheit und Soziales mittels teilstandardisierten Leitfadeninterviews interviewt. Ein berufliches Gymnasium wurde deshalb gewählt, da davon ausgegangen werden kann, dass diese Schulform, die ab Klasse 11 beginnt, von den Schülerinnen und Schülern schon mit einer bestimmten Intention ausgewählt wurde. Die Befragten sind daher möglicherweise in der Entscheidungsfindung schon weiter vorangeschritten als Jugendliche auf einem allgemeinbildenden Gymnasium, die in der Regel bereits seit der 5. Klasse ihre Schule besuchen und somit eher übergangslos zur HZB gelangen, was eine frühe Entscheidungsfindung nicht notwendig macht. Die Jugendlichen im Alter von 18 bis 20 Jahren befanden sich zum Zeitpunkt des Interviews in der 13. Klasse und standen somit kurz vor dem Erwerb der HZB. Der Bildungsübergang war nah und daher waren sie mitten in der Phase der Abwägung, wie es nach der Schule für sie weiter gehen soll. Bei den Befragten handelt es sich um vier Mädchen und vier Jungen, wobei jeweils die Hälfte mindestens ein Elternteil hat, welches studiert hat und die andere Hälfte kein Elternteil hat, das studiert hat.

Zur Analyse der Schülerinnen- und Schülerinterviews wurde das Auswertungsverfahren nach Schmidt gewählt. Es handelt sich dabei um eine inhaltsanalytische Strategie mithilfe derer das Interviewmaterial nach Themen oder Einzelaspekten geordnet und zusammengefasst wird, wodurch Auswertungskategorien entstehen (vgl. Schmidt 2010, S. 473 f.). Insgesamt wurde eine explorative Vorgehensweise gewählt, damit Fallbeispiele unterschiedliche Entscheidungsmuster aufzeigen können.

4   Ergebnisse

In der Gesamtbetrachtung der Ergebnisse fällt im Theorie-Praxis-Vergleich auf, dass entgegen der Rational Choice Theorie fast alle Interviewten ein Studium anstreben und zwar sowohl diejenigen Schülerinnen und Schüler, die aus akademisch gebildeten Elternhäusern kommen, als auch diejenigen, die die Ersten in ihrer Familie an einer Universität sein werden. Die Ausnahme bildet lediglich das Akademikerkind Markus, das eine Ausbildung an einer Schauspielschule absolvieren möchte. Natürlich handelt es sich nur um eine kleine Stichprobe von Schülerinnen und Schülern und die hohe Studienwunschquote könnte zufallsbedingt zustande gekommen sein. Dennoch stellt das Ergebnis keine Überraschung dar. Schon 2002 wurden in der ersten TOSCA-Studie[4], die in Baden-Württemberg durchgeführt wurde, Unterschiede von allgemeinbildenden Gymnasien und beruflichen Gymnasien deutlich. So spielten primäre Herkunftseffekte an beruflichen Gymnasien eine geringere Rolle und sekundäre Effekte bei der Studienentscheidung konnten gar nicht nachgewiesen

---

[4]In der TOSCA-Studie 2002 („Transformation des Sekundarschulsystems und akademische Karrieren") wurden 4730 Schülerinnen und Schüler des Abschlussjahrgangs aus 59 beruflichen und 90 allgemeinbildenden Gymnasien in Bezug auf Fachleistungstests, soziokulturellem Hintergrund und Persönlichkeitsvariablen untersucht (vgl. Watermann und Maaz 2006, S. 225 f.).

werden (vgl. Watermann und Maaz 2006, S. 234 f.). Insgesamt war bei allen Schülerinnen und Schülern an beruflichen Gymnasien unabhängig von ihrer sozialen Herkunft die Studienintention sehr hoch (vgl. Watermann und Maaz 2006, S. 235). Dies wurde auf die hohe wahrgenommene Studienvorbereitung durch die fachspezifische Schwerpunktsetzung zurückgeführt, die „die psychologische Distanz zu einem Studium verringert" (Watermann und Maaz 2006, S. 235). Tatsächlich spielte auch in der vorliegenden Untersuchung die pädagogisch-psychologische Ausrichtung des beruflichen Gymnasiums für einige Schülerinnen und Schüler eine wichtige Rolle bei der Wahl des Studienfaches. Um einen wirklichen Vergleich ziehen zu können, müssten weitere Interviews mit Schülerinnen und Schülern eines allgemeinbildenden Gymnasiums geführt werden. Dennoch ist es an dieser Stelle interessant zu sehen, wie die Studienentscheidungen der Interviewten zustande kommen. Die befragten Schülerinnen und Schüler streben fast ausnahmslos ein Studium an und sprechen auch alle davon, eine Universität besuchen zu wollen. Eine Fachhochschule wurde von niemandem erwähnt. Der Studienwunsch ist wohl vor allem darauf zurückzuführen, dass die meisten zuvor eine Realschule besucht und sich nach dem erweiterten Realschulabschluss aktiv für den Besuch einer weiterführenden Schule entschieden haben, der ihnen durch die Erlangung der HZB die Möglichkeit eines Studiums offen hält. Es handelt sich somit sehr wahrscheinlich um eine selektive Gruppe bildungswilliger Schülerinnen und Schüler. Man könnte meinen, dass bei ihnen Ungleichheitsfaktoren keine Rolle spielen. Obwohl zwischen den Interviewten nach ihrer sozialen Herkunft keine wirklich gravierenden Unterschiede festgestellt werden können, zeigen sich an einigen Äußerungen jedoch unterschiedliche Einstellungen gegenüber einem Studium. Erwähnenswert ist z. B. die habituelle Einstellung der Schülerinnen und Schüler. Die Selbstverständlichkeit eines Studiums wird besonders bei den Akademikerkindern unter den Befragten deutlich. So möchte Silke ganz selbstverständlich Grundschullehrerin werden und zieht eine Ausbildung gar nicht in Betracht, da auch ihre gesamte Familie studiert hat. Ebenso ist sich Markus sicher, dass er studieren würde, wenn er sich nicht für die Ausbildung zum Bühnendarsteller entschieden hätte. Sophie berichtet davon, immer den Plan gehabt zu haben, studieren zu wollen. Vermutlich ist es aber ihre relativ schlechte erwartete Abiturnote, die sie nun auch für eine Ausbildung offen sein lässt. Richard hingegen kann sich eine Ausbildung vorstellen, wird aber von seinen Eltern eher zu einem Studium ermuntert.

Den vier Akademikerkindern stehen vier First Generation Kinder gegenüber, die zwar ebenfalls studieren möchten, bei denen aber besonders bei Kathi und Linda eine allgemeine Unsicherheit deutlich wird. Sie sind es auch, die immer wieder Zweifel äußern überhaupt einen Studienplatz im gewünschten Fach zu bekommen. Linda scheint ein Studium zudem einzig aus dem Grund absolvieren zu wollen, weil dieses für ihren Berufswunsch, nämlich die Arbeit im Jugendamt, erforderlich ist. Sean und Christian sind sich dagegen in Bezug auf ein Studium sehr sicher. Sie sind zuversichtlich einen Studienplatz zu bekommen und das angestrebte Studium meistern zu können und führen ihre guten Noten an, die im Sinne der Rational Choice Theorie dafür sprechen, dass sie eine besonders hohe Erfolgserwartung haben, ein Studium erfolgreich zu durchlaufen.

In Bezug auf den Rational Choice Ansatz lohnt sich eine genauere Betrachtung der erwarteten Kosten, Nutzen und Erfolgswahrscheinlichkeit. Es zeigt sich, dass der persönliche Nutzen eines Studiums von allen hoch eingeschätzt wurde. So wurden bessere Gehaltsaussichten durch ein Studium genauso genannt wie eine größere Wahlfreiheit an späteren Berufsfeldern. Eine hohe Nutzeneinschätzung eines Studiums von Personen aus nicht akademisch gebildeten Familien fand auch Becker (2009, 2011). Durch Rechenbeispiele kam er zu dem Schluss, dass die Verdeutlichung des Nutzens von Hochschulbildung für bildungsferne Gruppen nur zu einer geringen Steigerung des Hochschulzugangs führen würde (vgl. Becker 2009, S. 579). „Für die Mobilisierung von Abiturienten aus ‚bildungsfernen' Gruppen wäre es nicht zwingend nötig, ihre Bildungsmotivation mittels Informationskampagnen über Vorteile einer akademischen Ausbildung zu stärken, weil sie die Vorzüge eines Studiums bereits kennen" (Becker 2011, S. 232). Die Kosten eines Studiums, welche Becker als größten Faktor für den Verzicht eines Studiums gerade von Personen aus bildungsfernen Elternhäusern ausmachte (vgl. Becker 2011), spielten bei den acht Interviewten eine nur nebensächliche Rolle. Sie wurden ausnahmslos erst auf Nachfrage thematisiert und hier zeigte sich, dass alle auf die finanzielle Unterstützung ihrer Eltern zurückgreifen können. Außerdem zogen viele zusätzlich einen Nebenjob in Betracht. Nicht nur die Einschätzung der konkreten Kosten, sondern auch die Dauer eines Studiums und das damit einhergehende Hinauszögern der Erwerbstätigkeit wurden in den Interviews thematisiert. Allerdings erachtete niemand den Zeitfaktor als problematisch. Einige Interviewte bemerkten in diesem Zusammenhang, dass sich hinsichtlich ihrer finanziellen Situation verglichen mit dem Schülerinnen- und Schülerdasein keine Veränderungen ergeben würde, da sie planten noch im Elternhaus zu verbleiben. Es lässt sich vorstellen, dass finanzielle Kosten und der Zeitfaktor eines Studiums vorrangig für etwas ältere Personen eine gewichtigere Rolle spielen, die bereits eine Ausbildung absolviert haben und daran gewöhnt sind, ihren Lebensunterhalt selbst zu bestreiten. Für sie stellt ein Studium vermutlich eine stärkere finanzielle Einbuße dar.

Wie bereits erwähnt sind es also insbesondere die unterschiedlichen Erfolgserwartungen, welche bei den 18 bis 20-jährigen Interviewten einen Unterschied in der Sicherheit der Entscheidungsfindung machten, wobei sie ausschließlich von den angehenden First Generation Studierenden genannt wurden. Erst konkrete Gründe wie beispielsweise besonders gute Noten begünstigten bei ihnen die Entscheidung für ein Studium und sorgten für Zuversicht hinsichtlich der Zugangsvoraussetzungen. Diese wurden von den interviewten Akademikerkindern hingegen gar nicht thematisiert. Sie schienen tendenziell schon länger und selbstverständlicher davon ausgehen, dass sie einmal studieren werden. Es kann daher angenommen werden, dass der Rational Choice Ansatz vorrangig bei angehenden First Generation Studierenden zum Tragen kommt. Sie entscheiden sich eher bewusst für oder gegen ein Studium, wohingegen Akademikerkinder sich eher aus einer habituellen Selbstverständlichkeit für ein Studium entscheiden. Hierzu vermuten auch Becker und Hecken:

> Weil höhere Sozialschichten im Allgemeinen und Akademikerfamilien im Besonderen mit Hochschulbildung vertraut sind und möglicherweise eine entsprechende Bildungstradition über Generationen hinweg vorweisen können, werden sie im Unterschied zu den Arbeiterklassen solche an Konsequenzen reiche und mit Unsicherheiten behaftete Bildungsentscheidungen kaum im Sinne wohlüberlegter und kalkulierter Abwägungen von Vor- und Nachteilen eines Hochschulstudiums im Vergleich zu alternativen Ausbildungen treffen" (Becker und Hecken 2008, S. 23).

Sie entscheiden sich daher vermutlich zeitlich eher und insgesamt etwas sicherer für ein Hochschulstudium, auch weil Alternativen zum Studium kaum wahrgenommen werden (vgl. Becker und Hecken 2008, S. 23). Hier spielt sicherlich auch unbewusst das Statuserhaltungsmotiv sowie das soziale Netzwerk eine Rolle, welche dazu führen, dass Akademikereltern selbst bei ungünstigen Erfolgsaussichten ihrer Kinder, z. B. durch schlechte Noten, noch an den hohen Bildungszielen festhalten. „Mangelnder Bildungserfolg würde bei Familien in oberen Dienstklassen sowohl psychische Kosten durch Dissonanzen erzeugen als auch informelle Kosten wegen ‚Stigmatisierung' durch die Bezugsgruppen und Prestigeverlust verursachen" (Becker und Hecken 2008, S. 23). Bei den Befragten spielten die Eltern zwar keine entscheidende Rolle bei der Entscheidungsfindung, allerdings waren die beschriebenen Tendenzen bei den Schülerinnen und Schülern selbst zu finden, beispielsweise bei Silke. Sie kann sich eine Ausbildung nicht vorstellen, weil sie dann die einzige in ihrer Familie ohne Studium wäre. Es kann vermutet werden, dass sie einen Statusverlust gegenüber ihren Eltern und Geschwistern vermeiden möchte, weshalb für sie ausschließlich ein Studium infrage kommt. Silke ist darüber hinaus ein typisches Beispiel für die sogenannte Vererbung des Lehrerberufs. Sie gehört als Kind von Eltern, die beide auf Lehramt studiert haben, zu dem Viertel, das ebenfalls im Lehrerberuf tätig sein möchte (vgl. Kühne 2006, S. 626). Tatsächlich ist die Entscheidung Studium vs.

Ausbildung nur eine Etappe im Abwägungsprozess der Schülerinnen und Schüler. Gerade die Entscheidung für ein bestimmtes Studienfach stellt für viele eine ungleich größere Hürde dar. Oft wurde betont, wie schwierig es ist, eine so wichtige Entscheidung zu treffen, die für das ganze berufliche Leben wegweisend ist. Aus diesem Grund haben sich zwei Personen auch dazu entschlossen, nach der Schulzeit ein Jahr der Orientierung in Form eines FSJ bzw. Auslandsaufenthaltes zu durchlaufen. Sophie betont hier, dass sie das Jahr braucht, um sich bewusst zu werden, in welche Richtung sie beruflich gehen möchte. Die beiden Beispiele veranschaulichen den allgemeinen Trend, dass sich neben dem klassischen Weg des sofortigen Wechsels von der Schule zur Hochschule weitere Formen von Übergangsprozessen etabliert haben, „die häufig als Phasen der biographischen und beruflichen Orientierung genutzt werden" (Krawietz et al. 2013, S. 656).

Im Sinne der Heranführung an verschiedene berufsfeldspezifische Fächer, wie es die TOSCA-Studie dem beruflichen Gymnasium durch die Schulfächer bescheinigt, spielt bei allen Befragten der persönliche Zugang zu einem Bereich, sei es durch Schulfächer, Freizeitaktivitäten oder Praktika, die größte Rolle bei der Wahl eines Studienfaches bzw. Ausbildungsfeldes. Je intensiver die eigenen Erfahrungen sind, desto sicherer und insgesamt gefestigter scheinen die Schülerinnen und Schüler in ihrer Entscheidung zu sein. Ebenso spielen Vorbilder in der Familie oder im Freundeskreis eine wichtige Rolle. Wenn die eigenen Erfahrungen im angestrebten Fach fehlen, stellen sie eine wichtige Stütze zur Informationsbeschaffung dar. Während die befragten Akademikerkinder mit Studienwunsch alle mindestens eine Person in ihrer Verwandtschaft haben, die das Fach studiert hat, was auch sie selbst anstreben, informieren sich die angehenden First Generation Studierenden in ihrem Freundeskreis und bei Bekannten. Bei Sean, Linda und Christian wurde deutlich, dass der Austausch mit Bekannten, die dasselbe studieren oder studiert haben, was sie selbst anstreben, eine wichtige Rolle in Bezug auf die Sicherheit in ihrer Entscheidung spielt. Kathi dagegen kann sich als einzige mit niemandem über ihr angestrebtes Fach austauschen und stützt sich daher eher auf Klischees.

Insgesamt sind alle Interviewten sehr zuversichtlich ein Studium bewältigen zu können, sofern der erhoffte Spaß daran sich während des Studiums bestätigt. Zwar können sich alle auch Probleme vorstellen, die sich auf die eigene Motivation oder umfangreichen und schwierigen Lernstoff beziehen, allerdings sind diese für niemanden ein Grund, daran zu zweifeln, das Studium erfolgreich durchlaufen zu können. Während mögliche Schwierigkeiten im Studium offenbar bei der Entscheidungsfindung keine gravierende Rolle spielen, stellt der Studienort demgegenüber für viele ein wichtiges Kriterium bei der Studienwahl dar. Insgesamt tendierten die angehenden First Generation Studierenden eher zu einem

Studium im Heimatort oder einem nahe gelegenen Ort und Akademikerkinder waren eher für weiter entfernt liegende Orte offen. Auch Müller und Pollak berichten davon, dass „bei Kindern aus bildungsfernen Familien familiäre Gründe und örtliche Bindungen eine größere Rolle [spielen] als bei Akademikerkindern" (Müller und Pollak 2010, S. 335). Nun kann dieses Untersuchungsergebnis zum einen auf finanzielle Gründe zurückgeführt werden, da die Interviewten bei einem Studium in der näheren Umgebung des Heimatortes weiterhin bei den Eltern wohnen können und dadurch Kosten sparen, allerdings kann gemutmaßt werden, dass auch Sicherheitsaspekte eine Rolle spielen. Wenn das Studium selbst schon einen Schritt in Neuland darstellt, bei dem First Generation Studierende nicht auf familiäre Erfahrungswerte zurückgreifen können, so bietet zumindest der Verbleib im Elternhaus Rückhalt und Sicherheit. Das Zusammenspiel aus Sicherheit und neuen Erfahrungen kann sich bei Akademikerkindern dagegen tendenziell umgekehrt gestalten. Da für sie ein Studium eher selbstverständlich ist und sie in der Familie Vorbilder haben, die ihnen von der eigenen Studienzeit berichten können, können sie neue Erfahrungen eher durch einen Umzug in eine andere Stadt verwirklichen. Dies wurde besonders bei Silke deutlich, die mit einem Studium nicht nur allgemein der akademischen Laufbahn ihrer Eltern nacheifert, sondern mit einem Lehramtsstudium sogar dasselbe Studiengebiet wie ihre Eltern und ihre Schwester wählen wird. Sie ist es auch, die darauf besteht ein Studium in einer weit entfernten Stadt zu absolvieren.

Beim Thema Informationsbeschaffung zeigt sich ebenfalls ein Unterschied zwischen den befragten Akademikerkindern und den angehenden First Generation Studierenden. Während keines der befragten Akademikerkinder bisher eigenständig eine Beratung in Bezug auf ein Studium wahrgenommen hat, haben sich bis auf Kathi alle angehenden First Generation Studierenden schon durch Beratungsangebote, den Besuch von Vorlesungen speziell für Schülerinnen und Schüler, Tage der offenen Tür an der Universität des Heimatortes oder auch durch Internetrecherche mit dem Thema Studium und dem gewünschten Fach vertraut gemacht. Es kann gemutmaßt werden, dass sie durch mangelnde Informationsquellen in der Familie stärker für Unterstützungs- und Beratungsangebote offen sind. Diese Vermutung wird durch die Erfahrungen der Begründerin von Arbeiterkind.de gestützt, einer Initiative zur Unterstützung von First Generation Studierenden auf ihrem Weg zum Studium und im Studium. Durch ihre Beratungserfahrung weiß sie: „Es besteht ein großes Informationsdefizit bezüglich des Hochschulbesuchs: der Möglichkeit insgesamt, der Studienfinanzierung und der Berufsperspektiven" (Urbatsch 2011, S. 124). Oftmals fehle das Grundwissen über universitäre Begrifflichkeiten, die es Informationssuchenden ohne akademischen Familienhintergrund schwer mache, sich im Internet zu informieren (vgl. Urbatsch 2011, S. 125). Insgesamt scheint das

Aufsuchen von Unterstützungsangeboten die Schülerinnen und Schüler zu mehr Sicherheit und einer größeren Vertrautheit mit dem Studium geführt zu haben. Dies wirkte sich vorteilhaft auf ihre Erwartungen aus, ein Studium meistern zu können. Besonders deutlich zeigt sich diese Entwicklung bei Linda und Christian, die Vorlesungen an der ortsansässigen Universität besucht hatten. Sie waren anschließend positiv gestimmt, da sie die Erfahrung gemacht hatten, den Vorlesungen in Bezug auf den Schwierigkeitsgrad ohne größere Probleme folgen zu können.

5   Handlungsempfehlungen

Insgesamt ist die Vertrautheit mit dem Studium bzw. einem bestimmten Studienfach wohl der wichtigste Faktor bei der Entscheidungsfindung von Schülerinnen und Schülern. Informations- und Beratungsangebote haben hier für angehende First Generation Studierende ein höheres Gewicht als für Akademikerkinder, da sie meistens über weniger Informationsquellen bezogen auf ein Studium verfügen. Zeitlich sollten die Informationsveranstaltungen schon früh beginnen. Denkbar ist eine erste Orientierung in der 10. Klasse kurz vor dem Übertritt in die gymnasiale Oberstufe. Wie durch die Interviews deutlich wurde, sind Beratungs- und Informationsveranstaltungen aber auch in der Abschlussklasse noch hilfreich, da viele nur Themengebiete eingekreist, sich aber noch nicht für ein bestimmtes Fach entschieden haben. Wie aus der Untersuchung hervorging, scheinen gerade angehende First Generation Studierende vorrangig im Heimatort oder nahe gelegenen Orten studieren zu wollen. Durch konkrete Angebote der ortsansässigen Hochschulen und Universitäten können somit insbesondere Schülerinnen und Schüler, welche die Ersten in ihrer Familie sind, die ein Studium beginnen möchten, angesprochen werden. Gemeinsam sollte allen Angeboten sein, dass sie die Vielfalt an unterschiedlichen Berufsmöglichkeiten aufzeigen. Ist die Vertrautheit nicht durch ein Schulfach oder Freizeitaktivitäten gegeben, so können Informationsveranstaltungen zumindest die Aufmerksamkeit der Schülerinnen und Schüler auf Möglichkeiten der Studien- oder Berufswahl lenken, die sie bisher noch nicht in Betracht gezogen haben und dadurch ihren Horizont in Bezug auf Entscheidungsmöglichkeiten erweitern. Um Nachfragen zu Inhalten eines bestimmten Studienfaches oder Berufsaussichten stellen zu können, ist es neben reinen Informationsveranstaltungen auch sinnvoll, Personen in die Schulen einzuladen, die aus ihrer Berufspraxis berichten können. Zudem sollten auch Besuche an Universitäten ausgebaut werden, damit die Jugendlichen einen Eindruck vom studentischen Alltag und den Abläufen im Studium bekommen. Vorlesungsbesuche und Gespräche mit Studierenden können helfen, Unsicherheiten abzubauen. Denkbar wäre in diesem Zusammenhang die Initiierung eines Buddy-Programms, bei dem Studierende aus unterschiedlichen Fachbereichen als Patinnen und Paten für Schülerinnen und Schüler bereit stehen und sie über einen längeren Zeitraum in ihrer Entscheidungsfindung unterstützen. Fragen, die bei einer einmaligen Informationsveranstaltung möglicherweise gar nicht auftauchen, können durch den andauernden Kontakt auch später noch gestellt werden. Studierende stellen als Buddys durch die geringe altersmäßige Distanz und die nicht weit zurück liegende eigene Entscheidungsfindung für Schülerinnen und Schüler zudem wertvolle Stützen dar. Insbesondere angehende First Generation Studierende, die beim Thema Studium nicht auf Erfahrungswerte ihrer Eltern zurückgreifen können, würden davon profitieren. Aber auch Schülerinnen und Schüler, deren Eltern studiert haben, hätten Ansprechpersonen. Ihre Eltern sind möglicherweise mit den neuen Strukturen des Bachelor- und Mastersystems nicht vertraut oder haben ein völlig anderes Fach studiert als ihr Kind.

Die Universität in Hildesheim hat mit der Einrichtung der „Anker-Peers", einer Beratungsstelle von Studierenden für Studierende und Studieninteressierte bereits ein ähnliches Konzept umgesetzt. Hier bieten Studierende Workshops zum Thema Studium für Schulklassen an. Zudem sind sie in der Universität während offener Sprechzeiten für Fragen erreichbar (vgl. Scholz 2013, S. 119). Es wurde somit ein niedrigschwelliges Angebot geschaffen, an das sich Schülerinnen und Schüler während ihres Entscheidungsprozesses wenden können. Darüber hinaus kann das Beratungsangebot auch weiterhin wahrgenommen werden, wenn die Schülerinnen und Schüler selbst zu Studierenden geworden sind. Die Anker-Peers begleiten also den Übergang von der Schule zum Studium und stellen dadurch insbesondere für angehende First Generation Studierende wichtige Ansprechpersonen dar (vgl. Scholz 2013, S. 118).

Insgesamt ging es in der beschriebenen Untersuchung ausschließlich um die Entscheidungsprozesse von Schülerinnen und Schülern, die bereits kurz vor dem Erwerb der HZB stehen und somit zumindest theoretisch die freie Wahl zwischen einem Studium und einer Ausbildung haben. Die genannten Ansatzpunkte, die helfen können, mehr First Generation Studierende für ein Studium zu gewinnen, dürfen allerdings nicht darüber hinwegtäuschen, dass der wichtigste Grund für die geringe Beteiligung bildungsferner Gruppen an der Hochschulbildung noch immer vor allem darin besteht, „dass diese zu selten den Versuch unternehmen, die Hochschulreife zu erwerben" (Schindler 2012, S. 28). Etwa die Hälfte der Schülerinnen und Schüler, deren Eltern maximal über Hauptschulabschlüsse verfügen, waren „noch nie auf einer Schule, die zur Studienberechtigung führt. Zum Vergleich beträgt dieser Anteil bei Schülern aus akademisch gebildetem Elternhaus lediglich etwa 15 Prozent" (Schindler 2012, S. 28). Die Unterstützungsangebote beim Übergang in ein Studium stellen also nur Korrekturmöglichkeiten dar, können aber nicht zum vollständigen Ungleichheitsabbau beitragen. Wie schon im Laufe der gesamten vorigen Bildungslaufbahn von Schülerinnen und Schülern ein Abbau an Bildungsungleichheit verwirklicht werden kann, muss an anderer Stelle diskutiert werden. Insgesamt aber lässt sich festhalten, dass auf beiden Ebenen, den primären sowie den sekundären Herkunftseffekten angesetzt werden muss, um Chancengleichheit zu verwirklichen, denn: „Je universeller Bildung im Primar- und Sekundarbereich wird, umso wahrscheinlicher ist es, dass Ungleichheit produzierende Mechanismen verstärkt im Tertiärbereich zum Zuge kommen" (Müller und Pollak 2010, S. 306). Deshalb sollte sowohl daran angesetzt werden den Zugang zur Hochschulreife hürdenfreier zu gestalten, als auch die Motivation dann auch ein Studium zu beginnen zu erhöhen durch Anreize, die Schülerinnen und Schüler aus bildungsfernen Elternhäusern ansprechen und sie dazu ermuntern, ein Studium zu beginnen. Ziel bei allen Bemühungen sollte es allerdings nicht sein, alle Schülerinnen und Schüler zu einem Studium zu drängen. So werden immer wieder Forderungen laut, mehr Abiturientinnen und Abiturienten für eine berufliche Ausbildung zu begeistern, da aufgrund stetig steigender Studierendenzahlen ein Lehrlingsmangel befürchtet wird (vgl. Titz 2014). Unabhängig vom Bedarf an Auszubildenden ist für einige Personen eine Ausbildung das angestrebte Ziel. Daher sollte mit dem Heranführen der Schülerinnen und Schülern an ein Studium nicht die Abwertung einer beruflichen Ausbildung einhergehen. Diese ist ein ebenso möglicher und wertvoller Weg nach dem Erwerb der HZB. Jedoch sollte die Entscheidung Studium vs. Ausbildung in Zukunft losgelöst vom Bildungsstand der eigenen Eltern sein.

Literatur

Becker, R. (2009). Wie können „bildungsferne" Gruppen für ein Hochschulstudium gewonnen werden? Eine empirische Simulation mit Implikationen für die Steuerung des Bildungswesens. *Kölner Zeitschrift für Soziologie und Sozialpsychologie, 61*(4), 563–593. doi:10.1007/s11577-009-0081-6.

Becker, R. (2011). Warum bildungsferne Gruppen von der Universität fernbleiben und wie man sie für das Studium an der Universität gewinnen könnte. In Krüger, H.-H., et al. (Hrsg.), *Bildungsungleichheit revisited. Bildung und soziale Ungleichheit vom Kindergarten bis zur Hochschule* (2., durchges. Aufl., S. 223–235). Wiesbaden: VS Verlag. doi:10.1007/978-3-531-93403-7_12.

Becker, R., & Hecken, A. E. (2008). Warum werden Arbeiterkinder vom Studium an Universitäten abgelenkt? Eine empirische Überprüfung der „Ablenkungsthese" von Müller und Pollak (2007) und ihrer Erweiterung durch Hillmert und Jacob (2003). *Kölner Zeitschrift für Soziologie und Sozialpsychologie, 60*(1), 3–29. doi:10.1007/s11577-008-0001-1.

Boudon, R. (1974). *Education, Opportunity, and Social Inequality. Changing Prospects in Western Society.* New York: Wiley.

Boudon, R. (2013). *Beiträge zur allgemeinen Theorie der Rationalität.* Tübingen: Mohr Siebeck.

Deißner, D. (2009). Die Architektur der Bildungsentscheidungen: Ein Ausblick. In Vodafone Stiftung Deutschland (Hrsg.), *Transmission: Bd. 1. Zwischen Illusion und Verheißung: Soziale Mobilität in Deutschland.* Düsseldorf: Vodafone Stiftung Deutschland. http://www.vodafone-stiftung.de/pages/presse/publikationen/subpages/ct_49998/index. html. Zugegriffen: 21. Apr. 2014.

Ditton, H. (2010). Selektion und Exklusion im Bildungssystem. In G. Quenzel & K. Hurrelmann (Hrsg.), *Bildungsverlierer. Neue Ungleichheiten* (S. 53–71). Wiesbaden: VS Verlag.

Duong, S., & Püttmann, V. (2014). Studieren ohne Abitur: Stillstand oder Fortentwicklung? Eine Analyse der aktuellen Rahmenbedingungen und Daten. http://www.che.de/downloads/CHE_AP_177_Studieren_ohne_Abitur_2014.pdf. Zugegriffen: 21. Apr. 2014.

Hopf, W. (2010). *Freiheit – Leistung – Ungleichheit. Bildung und soziale Herkunft in Deutschland.* Weinheim: Beltz Juventa.

Hurrelmann, K. (2010). „Unproduktives Freizeitverhalten". In Vodafone Stiftung Deutschland (Hrsg.), *Transmission: Bd. 3. Herkunft und Chance: Wege zu mehr Bildungsgerechtigkeit an Deutschlands Schulen.* Düsseldorf: Vodafone Stiftung Deutschland. http://www.vodafone-stiftung.de/pages/presse/publikationen/subpages/ct_50000/index. html. Zugegriffen: 21. Apr. 2014.

Klein, M. et al. (2010). Soziale Disparitäten in der Sekundarstufe und ihre langfristige Entwicklung. In J. Baumert, K. Maaz, & U. Trautwein (Hrsg.), *Bildungsentscheidungen (Themenheft). Zeitschrift für Erziehungswissenschaft,* Bd. 12 (S. 47–73). Wiesbaden: VS Verlag. doi:10.1007/978-3.531-92216-4_3.

Krawietz, J., et al. (2013). Übergänge an der Hochschule. In W. Schröer, B. Stauber, A. Walther, L. Böhnisch, & K. Lenz (Hrsg.), *Handbuch Übergänge* (S. 651–687). Weinheim: Beltz Juventa.

Kühne, S. (2006). Das soziale Rekrutierungsfeld der Lehrer. Empirische Befunde zur schichtspezifischen Selektivität in akademischen Berufspositionen. *Zeitschrift für Erziehungswissenschaft, 9*(4), 617–631. doi:10.1007/s11618-006-0171-4.

Middendorff, E., Apolinarski, B., Poskowsky, J., Kandulla, M., & Netz, N. (2013). *Die wirtschaftliche und soziale Lage der Studierenden in Deutschland 2012. 20. Sozialerhebung des Deutschen Studentenwerks durchgeführt durch das HIS-Institut für Hochschulforschung.* Berlin: BMBF. http://www.bmbf.de/pub/wsldsl_2012.pdf. Zugegriffen: 21. Apr. 2014.

Müller, W., & Pollak, R. (2010). Weshalb gibt es so wenige Arbeiterkinder in Deutschlands Universitäten? In R. Becker & W. Lauterbach (Hrsg.), *Bildung als Privileg. Erklärungen und Befunde zu den Ursachen der Bildungsungleichheit* (4., aktual. Aufl., S. 305–344). Wiesbaden: VS Verlag.

Schindler, S. (2012). *Aufstiegsangst? Eine Studie zur sozialen Ungleichheit beim Hochschulzugang im historischen Zeitverlauf. Mit einem Kommentar von Walter Müller.* Düsseldorf: Vodafone Stiftung Deutschland. http://www.vodafone-stiftung.de/pages/thinktank/diskurs/presse/publikationen/subpages/aufstiegsangst_/index.html. Zugegriffen: 21. Apr. 2014.

Schindler, S., & Reimer, D. (2010). Primäre und sekundäre Effekte der sozialen Herkunft beim Übergang in die Hochschulbildung. *Kölner Zeitschrift für Soziologie und Sozialpsychologie, 62*(4), 623–653. doi:10.1007/s11577-010-0119-9.

Schmidt, C. (2010). Auswertungstechniken für Leitfadeninterviews. In B. Friebertshäuser, A. Langer, & A. Prengel (Hrsg.), *Handbuch Qualitative Forschungsmethoden in der Erziehungswissenschaft* (3., vollständig überarb. Aufl., S. 473–486). Weinheim: Beltz Juventa.

Scholz, M., et al. (2013). Das Anker-Peer-Programm – Studierende beraten Studierende. *Zeitschrift für Beratung und Studium (ZBS), 8*(4), 118–121.

Timmermann, D. (2013). Pressekonferenz 20. Sozialerhebung des Deutschen Studentenwerks. http://www.studentenwerk-karlsruhe.de/de/news/?page=1&id=1131. Zugegriffen: 21. April 2014.

Titz, C. (2014). Kampf gegen Lehrlingsmangel: Regierung will mehr Abiturienten arbeiten sehen. http://www.spiegel.de/unispiegel/studium/wissenschaftsrat-empfiehlt-mehr-werbung-fuer-die-lehre-a-964100.html. Zugegriffen: 21. Apr. 2014.

Urbatsch, K. (2011). *Ausgebremst. Warum das Recht auf Bildung nicht für alle gilt.* München: Heyne.

Watermann, R., & Maaz, K. (2006). Effekte der Öffnung von Wegen zur Hochschulreife auf die Studienintention am Ende der gymnasialen Oberstufe. *Zeitschrift für Erziehungswissenschaft, 9*(2), 219–239. doi:10.1007/s11618-006-0019-y.

Wolter, A. (2011). Hochschulzugang und soziale Ungleichheit in Deutschland. http://heimatkunde.boell.de/2011/02/18/hochschulzugang-und-soziale-ungleichheit-deutschland. Zugegriffen: 21. Apr. 2014.

Über den Autor

Domke, Lea, M.A., in Erziehungswissenschaft mit dem Schwerpunkt Diversity Education, Mitarbeiterin in der ZQS/Abteilung Schlüsselkompetenzen der Leibniz Universität Hannover; Seminarplanung und Organisation von Schlüsselkompetenz-Seminaren.

Soziale Ungleichheiten beim Übergang ins Studium und im Studienverlauf

Markus Lörz

1 Einleitung

Im Zuge der Bildungsexpansion haben sich die Wege zum Hochschulstudium grundlegend verändert. Im Vergleich zu vor fünfzig Jahren erhält mittlerweile ein deutlich höherer Anteil der deutschen Bevölkerung die Möglichkeit zu studieren (Statistisches Bundesamt 2013). Die sozialen Ungleichheiten im deutschen Bildungssystem blieben von dieser Entwicklung nicht unberührt. Während Anfang der 1960er Jahre insbesondere Frauen aus ländlichen Arbeiterfamilien zu der besonders benachteiligten Gruppe gehörten und mit dem Kunstbegriff des ‚katholischen Arbeitermädchens vom Lande' umschrieben wurden (Dahrendorf 1965), sind es heutzutage vielmehr die ‚Migrantensöhne aus Arbeiterfamilien' die von den Universitäten fern bleiben (Geißler 2005). Während die Ungleichheitsdimensionen ‚Region' und ‚Konfession' folglich heutzutage keine Rolle mehr spielen (Henz und Maas 1995), ist mit dem Migrationshintergrund eine ‚neue' Ungleichheitsdimension hinzugekommen und die geschlechtsspezifischen Unterschiede haben sich (teilweise) sogar umgekehrt (Helbig 2012). Bemerkenswert sind allerdings die hohen und über die Zeit vergleichsweise stabilen Bildungsunterschiede zwischen den verschiedenen Herkunftsgruppen. Damals wie heute sind Arbeiterkinder

Für die wertvollen Hinweise und Kommentare bedanke ich mich recht Herzlich bei Christoph Heine, der leider viel zu früh von uns gegangen ist, sowie Heiko Quast, Steffen Schindler, Marian Krawietz und Nicolai Netz.

M. Lörz (✉)
Leibniz Universität Hannover, Hannover, Deutschland
E-Mail: m.loerz@ish.uni-hannover.de

© Springer Fachmedien Wiesbaden GmbH 2017
M.S. Baader und T. Freytag (Hrsg.), *Bildung und Ungleichheit in Deutschland,* DOI 10.1007/978-3-658-14999-4_16

an deutschen Universitäten stark unterrepräsentiert (Müller und Pollak 2004) und gelangen deutlich seltener in die prestigeträchtigen Berufspositionen (Hartmann und Kopp 2001).

Warum die unteren Sozialgruppen seltener an die Universitäten gelangen und sich die intergenerationale Statusreproduktion gerade in Deutschland auf vergleichsweise hohem Niveau befindet, wurde in verschiedenen empirischen Studien in den vergangenen Jahrzehnten aufgearbeitet (für einen Überblick siehe Becker und Solga 2012; Becker und Schulze 2013; Watermann et al. 2014). In der Literatur wird hierbei oftmals zwischen vertikalen und horizontalen Ungleichheiten unterschieden: *Vertikale Ungleichheiten* beziehen sich auf die herkunftsspezifischen Unterschiede beim Übergang von der einen in die nächsthöhere Bildungsstufe und wirken sich auf den Erwerb eines höheren Bildungsabschlusses aus; *Horizontale Ungleichheiten* beschreiben demgegenüber herkunftsspezifische Unterschiede innerhalb einer Bildungsstufe und beziehen sich auf die Art der Bildungsbeteiligung (bspw. Studienfach, Hochschule, Abschlussart). Da gerade in Deutschland eine enge Verknüpfung zwischen Bildungs- und Beschäftigungssystem besteht, können sowohl die vertikalen als auch die horizontalen sozialen Ungleichheiten im Bildungssystem zur Reproduktion ungleicher Bedingungen auf dem Arbeitsmarkt beitragen (Leuze und Allmendinger 2008).

Vor dem Hintergrund der Auswirkungen ungleicher Bildungschancen für den individuellen Karriereverlauf (Solga 2012), dem in den Medien vielfach diskutierten Fachkräftemangel und damit einhergehenden Bedarf an Fähigkeiten und Fertigkeiten für den Arbeitsmarkt, sowie dem Anspruch moderner Gesellschaften, jedem die gleichen Bildungschancen einzuräumen (Geißler 2005), beschäftigt sich der vorliegende Beitrag mit drei Fragen:

1. Inwieweit bestehen beim Übergang ins Studium und im Studienverlauf herkunftsspezifische Unterschiede *(Ausmaß)?*
2. Auf welche Ursachen sind die herkunftsspezifischen Unterschiede zurückzuführen *(Mechanismen)?*
3. Wie haben sich diese Unterschiede in den vergangenen Jahrzehnten entwickelt *(Entwicklung)?*

Diesen Fragen entsprechend werden im nachfolgenden Abschnitt zunächst die grundlegenden Veränderungen im deutschen Bildungssystem in den vergangenen Jahrzehnten beschrieben (Abschn. 2). Im Anschluss daran wird aus verschiedenen theoretischen Perspektiven ein Erklärungsansatz für die bestehenden sozialen

Ungleichheiten skizziert (Abschn. 3) und vor dem Hintergrund der vorzufinden-
den empirischen Befunde besprochen (Abschn. 4). Abschließend werden die zentralen Ergebnisse zusammengefasst und vor dem Hintergrund bildungspolitische
Implikationen betrachtet (Abschn. 5).

2 Bildungsexpansion und Differenzierung des Bildungssystems

Zu Beginn des 20. Jahrhunderts war das Universitätsstudium lediglich einem
kleinen Teil der deutschen Bevölkerung vorbehalten (Windolf 1990). Erst mit
der Verankerung der allgemeinen Schulpflicht für Mädchen und Jungen in der
Weimarer Verfassung (1919), der Verlängerung der Schulpflicht auf neun Schuljahre (1929) und der Gliederung des Bildungssystems in Sonder-, Haupt- und
Realschulen auf der einen Seite und allgemeinbildenden Gymnasien und weiterführende berufliche Schulen auf der anderen Seite, ist die Bildungsbeteiligung
im Sekundarschulbereich sukzessive angestiegen (Windolf 1990). Trotz einer
zyklisch verlaufenden, aber insgesamt deutlich gestiegenen Bildungsnachfrage
(Teichler 2005; Wolter 2011) schien das deutsche Bildungssystem nach Auffassung verschiedener politischer und wissenschaftlicher Akteure Mitte der 1950er
Jahre dennoch nur bedingt in der Lage zu sein, den auf dem Arbeitsmarkt bestehenden Bedarf an qualifizierten Fachkräften hinreichend zu decken (Edding
1963). Vor dem Hintergrund des ‚Sputnik-Schocks‘ (1957) und des Ost-West-
konflikts wurde zunächst in den USA, dann aber auch in Europa im ingenieur-
und naturwissenschaftlichen Bereich ein Fachkräftemangel befürchtet, der die
westdeutsche Gesellschaft vor neue Herausforderungen stellen sollte (Bernet und
Gugerli 2011). Diese Problematik wurde Anfang der 1960er Jahre von einer international vergleichenden OECD-Studie (1963) erneut aufgegriffen und es wurde
der westdeutschen Regierung aus bildungsökonomischer und gesellschaftskriti-
scher Perspektive nahegelegt, finanziell stärker als bisher in höhere Bildung zu
investieren, das Bildungssystem umzustrukturieren und die sozialen Ungleichheiten abzubauen. Diese Forderungen gingen mit Schlagworten wie ‚die deutsche
Bildungskatastrophe‘ (Picht 1964) oder ‚Bildung als Bürgerrecht‘ (Dahrendorf
1965) einher und formierten die Leitbilder des Umbaus. Ein Ziel der daraufhin
erfolgten Maßnahmen bestand darin, über die Integration der traditionell bildungsfernen Gesellschaftsgruppen die Bildungsbeteiligung insgesamt zu erhöhen
und so auch dem sich abzeichnenden Fachkräftemangel entgegenzuwirken (Herrlitz et al. 2001).

Das Bildungssystem und die Bildungsnachfrage haben sich im Zuge dieser Diskussion deutlich verändert. Im schulischen Bereich wurden die allgemeinbildenden Gymnasien erheblich ausgebaut und mit der Einführung von Gesamtschulen, Waldorfschulen und insbesondere den beruflichen Schulen neue bzw. alternative Wege zur Hochschulreife geschaffen (Schindler 2014). Gleichzeitig hat sich die Hochschulbildung im Zuge der veränderten Eingangsbedingungen von einer so genannten ‚Elitenbildung' hin zur ‚Massenbildung' gewandelt (Trow 1972; Windolf 1990; Teichler 2005). Mit der Anerkennung und Einführung von Fachhochschulen, Gesamthochschulen, privaten Hochschulen, dualen Fachhochschulen und Berufsakademien werden seit Anfang der 1970er Jahre alternative Qualifizierungsmöglichkeiten im tertiären Bildungsbereich angeboten, die sich deutlich von dem bis dahin überwiegend universitären Studienangebot unterscheiden. Insbesondere die Anerkennung bzw. ‚Umbenennung' der Ingenieurschulen in Fachhochschulen hat den Hochschulbereich stark verändert und zu einem stärkeren Praxisbezug des Studienangebots geführt (Teichler 2005). Dementsprechend differenziert sich die Hochschullandschaft seither auf der einen Seite in die eher theoretisch orientierten universitären Studienrichtungen, die zeitlich länger angelegt sind und stärker auf eine akademisch-wissenschaftliche Karriere vorbereiten und die zeitlich kürzeren Fachhochschulangebote auf der anderen Seite, die Theorie und Praxis miteinander verbinden, dafür aber zum Teil mit geringeren Einkommens- und Karrierechancen einhergehen (Klein 2011; Spangenberg et al. 2012). In Abb. 1 werden diese veränderten Rahmenbedingungen im Sekundarschulbereich (linke Seite) und Hochschulbereich (rechte Seite) veranschaulicht.

Im Sekundarschulbereich hat der Ausbau der beruflichen Bildungswege maßgeblich zu der gestiegenen Bildungsbeteiligung beigetragen und im Hochschulbereich hat der Ausbau der Fachhochschulen auf mittlerweile über zweihundert Studienorte (inkl. Zweigstellen) dazu geführt, dass ein größerer Teil der Bevölkerung zu einem Hochschulabschluss gelangt (Statistisches Bundesamt 2013). Während 1975 nur knapp 5 % der altersgleichen Bevölkerung ein Fachhochschulstudium aufnahm, sind es mittlerweile knapp 18 %.

Die Expansion des Hochschulbereichs wirkte sich in verschiedener Hinsicht auf die Studien- und Aufnahmebedingungen an den Hochschulen aus. Zum einen wurden in Studienrichtungen mit begrenzten Kapazitäten ‚Numerus-Clausus-Regelungen' eingeführt. Was zur Folge hatte, dass die Aufnahme des Studiums nicht mehr allein vom Erwerb der Hochschulreife abhängig ist, sondern in manchen Studienrichtungen zusätzlich von den erbrachten schulischen Leistungen, Wartezeiten und bspw. im Falle eines Medizinstudiums auch von Leistungstests. Zum anderen veranlasste die Anfang der 1980er Jahre amtierende Bundesregierung – angesichts des demografischen Wandels und der wachsenden

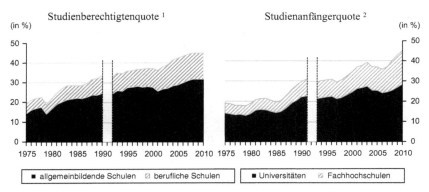

Abb. 1 Studienberechtigen- und Studienanfängerquote zwischen 1975 und 2010. (Eigene Berechnungen)

Studienanfängerzahlen – die Umstellung der staatlichen Ausbildungsförderung (BAföG) auf ein (zinsloses) Volldarlehen (Schmidt 2009). In den Folgejahren wurde diese Regelung zwar sukzessive wieder auf eine Ausbildungsförderung von fünfzig Prozent revidiert, allerdings rückt das Thema der Studienfinanzierung immer wieder in den hochschulpolitischen Fokus: In jüngster Vergangenheit ist hierbei an die Diskussion um die Einführung sowie Abschaffung von allgemeinen Studiengebühren zu denken (Hübner 2012).

Zeitgleich zeichnet sich seit Anfang 2000 ein weiterer, für den deutschen Hochschulbereich bislang wenig bekannter Differenzierungsprozess hinsichtlich der Reputation der Hochschulen ab: Während in den USA, Frankreich und England Elitehochschulen eine langjährige Tradition haben (Hartmann 2006), ist in Deutschland mit dem verstärkten Aufkommen von Hochschulrankings und der Exzellenzinitiative erst in den letzten Jahren eine ‚vertikale' Differenzierung der Hochschullandschaft zu erkennen (Wissenschaftsrat 2010). Die Unterscheidung von vermeintlich ‚prestigeträchtigen' und ‚weniger prestigeträchtigen' Hochschulen kann sich nicht nur in Unterschieden hinsichtlich der finanziellen Mittelvergabe und der Lehrqualität äußern, sondern dürfte sich auch auf den

Entscheidungsprozess der Studienanfänger und auf die späteren Berufschancen auswirken. Ein weiterer, für das deutsche Bildungssystem folgenreicher, Differenzierungsprozess wurde zuletzt mit der ‚Bologna-Reform' (1999) angestoßen. Im Zuge des Bologna-Prozesses wurde mit den neuen Bachelor- und Masterabschlüssen eine zusätzliche Selektionshürde im deutschen Bildungssystem eingeführt (Lörz et al. 2015) und zwei Hochschulabschlüsse etabliert, die mit unterschiedlichen Berufs- und Karriereaussichten verbunden sind (Alesi et al. 2010).

Zusammenfassend zeigt sich für den Hochschulbereich, dass sich in den vergangenen fünfzig Jahren die Rahmenbedingungen und Strukturen des deutschen Hochschulsystems deutlich gewandelt haben und sich weitere Veränderungsprozesse abzeichnen. Im Ergebnis haben die Bildungsexpansion sowie die beschriebenen Angleichungs- und Differenzierungsprozesse u. a. dazu geführt, dass mittlerweile sehr verschiedene Bildungswege zu einem Hochschulabschluss führen, welche wiederum mit unterschiedlichen Berufs- und Karrierechancen verbunden sind. Vor dem Hintergrund der sozialen Ungleichheiten gilt es in den nachfolgenden Abschnitten zu klären, welche Gesellschaftsgruppen von diesen veränderten Rahmenbedingungen im deutschen Bildungssystem besonders profitieren und inwieweit es im Zuge dessen zu einer Abnahme oder zu einer Zunahme sozialer Ungleichheit gekommen ist.

3   Entscheidungen im Hochschulbereich und unterschiedliche Voraussetzungen

Mit Blick auf den Übergang von der Schule zur Hochschule wird deutlich, dass die Studienberechtigten nach Erwerb der Hochschulreife vor vielen verschiedenen Entscheidungsoptionen stehen und diese Entscheidungen sowohl von Faktoren auf der Mikro- als auch auf der Makroebene beeinflusst werden (Reimer 2013). Neben der grundsätzlichen Frage, ‚ob' der Bildungsweg nach Schulabschluss im Rahmen einer Berufsausbildung bzw. eines Studiums fortgesetzt werden soll oder direkt in die Berufstätigkeit führt, müssen sich die Studienberechtigten auch mit den Fragen auseinandersetzen ‚was' sie studieren möchten, ‚wann' sie das Studium beginnen möchten sowie ‚wo' und mit ‚welchem' Abschlussziel. Diese Entscheidungen sind nicht unabhängig voneinander zu betrachten, sondern hängen häufig unmittelbar miteinander zusammen (Becker et al. 2010).

Wie aus verschiedenen Untersuchungen hervorgeht, bestehen bei diesen Entscheidungen in unterschiedlichem Ausmaß herkunftsspezifische Unterschiede.

Kinder aus unteren Sozialgruppen erwerben seltener die Hochschulreife (Neugebauer und Schindler 2012) und nehmen seltener ein Hochschulstudium auf (Quast et al. 2014). Sie sind folglich im Hochschulbereich deutlich unterrepräsentiert (vertikale Ungleichheit). Zudem zeigen sich auch in der Art der Bildungsbeteiligung deutliche Unterschiede (horizontale Ungleichheiten): Kinder aus bildungsfernen Familien präferieren oftmals ein technisches oder wirtschaftswissenschaftliches Studium (Heine et al. 2006), während Akademikerkinder häufiger ein Medizin- oder Jurastudium aufnehmen (Becker et al. 2010). Auch gelangen Kinder aus bildungsfernen Familien seltener in die universitären Studiengänge (Reimer und Pollak 2010) und entscheiden sich seltener für einen prestigeträchtigen Hochschulort (Lörz und Quast 2011).

Darüber hinaus bestehen im weiteren Studienverlauf herkunftsspezifische Unterschiede, etwa hinsichtlich des Umfangs einer studentischen Erwerbstätigkeit, der Studiendauer (Isserstedt et al. 2010), den Auslandserfahrungen (Heublein et al. 2011) sowie dem Studienerfolg (Sarcletti und Müller 2011). Auch sind Kinder aus bildungsfernen Familien in den Master- (Rehn et al. 2011) und Promotionsstudiengängen (Jakszat 2014) deutlich unterrepräsentiert und schlagen seltener eine akademische Berufskarriere ein (Jungbauer-Gans und Gross 2013). Die Wahl des Bildungsweges variiert demnach sowohl in vertikaler als auch in horizontaler Hinsicht deutlich mit den familiären Hintergrundmerkmalen.

Die Frage, warum es zu den herkunftsspezifischen Unterschieden in der Bildungsbeteiligung kommt, wurde bereits aus verschiedenen theoretischen Perspektiven aufgearbeitet. Aus Perspektive einer rationalen Entscheidungstheorie lässt sich die Wahl des Bildungsweges zunächst als das Resultat eines individuellen Abwägungsprozesses hinsichtlich der damit verbundenen Vor- und Nachteile betrachten (Esser 1999; Stocké 2010). Dieser Überlegung zufolge entscheiden sich die Studienberechtigten für den Bildungsweg, der aus ihrer Perspektive als am vorteilhaftesten erscheint. Die Attraktivität eines bestimmten Bildungsweges ergibt sich dabei aus den zu erwartenden Belastungen auf der einen Seite *(Kostenüberlegungen)* und den kurz- oder langfristig erhofften Vorzügen auf der anderen Seite *(Ertragsüberlegungen)*. Überwiegen die erwarteten Erträge die antizipierten Kosten eines bestimmten Bildungsweges, so wird dieser als eine attraktive Option empfunden.

Der ausschließliche Blick auf Kosten und Erträge scheint für den Übergang von der Schule in die Hochschule jedoch etwas zu kurz zu greifen. Erikson und Jonsson (1996) führen daher als weitere Komponente des Entscheidungsprozesses die antizipierten Erfolgsaussichten mit in die theoretischen Überlegungen ein. Dieser Argumentation zufolge werden sich die Studienberechtigten von einem Bildungsweg erst dann bestimmte Erträge erhoffen, wenn sie sich auch zutrauen diesen Bildungsweg erfolgreich abzuschließen *(Erfolgsaussichten)*. Welche konkreten Kosten, Erträge und Erfolgsaussichten auf den verschiedenen Bildungswegen zu erwarten sind, hängt wiederum von einer Reihe verschiedener vorgelagerter sowie auf institutioneller Ebene anzusiedelnder Faktoren ab. Aus der Lebensverlaufsperspektive wird die Entscheidung für einen bestimmten Bildungsweg stets vor dem Hintergrund der vorangegangenen Erfahrungen und den institutionell gegebenen Rahmenbedingungen betrachtet (Mayer und Blossfeld 1990; Hillmert und Jacob 2010). Müller und Mayer (1976) sprechen in diesem Zusammenhang auch von einer sozialen ‚Rahmung' der Entscheidungssituation. Ihr Blick richtet sich hierbei in erster Linie auf die familiären Rahmenbedingungen, welche die Entscheidungen der Kinder in sozialer, finanzieller und kultureller Hinsicht beeinflussen kann. Wird diese Perspektive um eine institutionelle Komponente des Entscheidungsprozesses erweitert, so lassen sich unter der ‚*Rahmung der Entscheidungssituation*' neben den Einflüssen des Elternhauses auch die aus den vorangegangenen bildungsbiografischen Weichenstellungen resultierenden Möglichkeiten sowie die mit den Bildungsoptionen verbundenen Erfordernisse fassen. Aus dieser erweiterten Perspektive ist die individuelle Entscheidungssituation folglich sowohl vor dem Hintergrund der bisherigen Erfahrungen, den gegenwärtigen Bedingungen als auch den künftigen Anforderungen zu betrachten.

Hinsichtlich der eingangs beschriebenen sozialgruppenspezifisch unterschiedlichen tertiären Bildungswege, schließt sich die Frage an, in welcher Weise und in welchem Ausmaß die theoretisch skizzierten Einflussfaktoren zur Genese herkunftsspezifischer Unterschiede beitragen. Die Erklärung für die herkunftsspezifischen Unterschiede am Hochschulübergang und im weiteren Studienverlauf müsste gemäß den oben skizzierten theoretischen Überlegungen in einer unterschiedlichen Einschätzung der Kosten *(i)*, Erträge *(ii)* sowie Erfolgsaussichten *(iii)* zu finden sein und zudem mit den vorgelagerten Bildungswegen sowie den familiär bzw. institutionell gegebenen Rahmenbedingungen *(iv)* zusammenhängen.

3.1   Unterschiedliche Rahmenbedingungen

Werden die verschiedenen Aspekte des Entscheidungsprozesses nach der sozialen Herkunft differenziert betrachtet, so wird bereits aus der deskriptiven Analyse ersichtlich, dass sich die Erwartungen und Voraussetzungen zwischen den verschiedenen Sozialgruppen erheblich unterscheiden (Lörz et al. 2011, 2012).

Ein Teil der Unterschiede wird bereits zu einem sehr frühen Zeitpunkt der Bildungskarriere angelegt. Kinder aus traditionell bildungsfernen Familien (bzw. deren Eltern) entscheiden sich beim Übergang von der Grundschule in die weiterführenden Bildungsgänge seltener für die ‚direkten' gymnasialen Bildungswege. Sie gelangen daher häufiger erst über den ‚zweiten' Bildungsweg ins Hochschulsystem (vgl. linke Seite von Abb. 2). Diese (beruflichen) Schulzweige bereiten die Studienberechtigten jedoch in unterschiedlichem Maße auf die Erfordernisse eines Hochschulstudiums vor, zudem erhält man an den beruflichen Schulen mit der Fachhochschulreife bzw. fachgebundenen Fachhochschulreife oftmals ein Bildungszertifikat, welches ausschließlich zu einem Studium an einer Fachhochschule berechtigt (Maaz et al. 2004). Der Weg über eine berufliche Schule ist außerdem häufig mit einer inhaltlichen Schwerpunktsetzung verbunden, die gezielt auf bestimmte Berufsfelder vorbereitet und die Studienberechtigten in ihren Interessen- und Fähigkeitsprofilen nachhaltig prägt (Heine et al. 2006; Nagy et al. 2010). Die eingeschlagenen Bildungs- und Berufswege sind dabei nicht unabhängig von den Erwartungen der Eltern zu sehen. In Akademikerfamilien

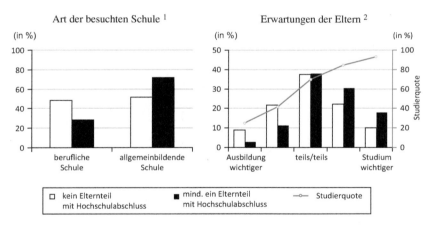

Anmerkungen:
[1] Auf der linken Seite wird dargestellt über welchen Schulzweig die Hochschulreife erworben wurde. Aufgeteilt in berufliche Schulen und allgemeinbildende Schulen.
[2] Auf der rechten Seite handelt es sich nicht ‚direkt' um die Erwartungen der Eltern, sondern lediglich um die ‚indirekten' Auskünfte der Studienberechtigten. Hierbei wurden die Studienberechtigten gefragt, inwieweit es ihren Eltern wichtig wäre, dass sie nach der Schule eine ‚Berufsausbildung' oder ein ‚Studium' aufnehmen. Ausgewiesen wird die Differenz aus diesen beiden Einschätzungen.

Abb. 2 Art der zur Hochschulreife führenden Schule und Erwartungen der Eltern nach Bildungsherkunft. (Quelle: DZHW-Studienberechtigtenbefragung 2010)

scheint es weitaus wichtiger zu sein, dass die Kinder ebenfalls einen akademischen Abschluss erreichen (vgl. rechte Seite von Abb. 2), wogegen in bildungsfernen Familien der Berufsausbildung ein höherer Stellenwert beigemessen wird.
Diese unterschiedlichen Erwartungen der Eltern beeinflussen insbesondere die
Weichenstellungen beim Übergang in den Sekundarschulbereich (Mare 1980;
Müller und Karle 1993), sie machen sich allerdings – wie auf der rechten Seite
von Abb. 2 zu erkennen ist – auch noch zu einem späteren Zeitpunkt der Bildungskarriere bemerkbar. Ist den Eltern die Aufnahme eines Studiums wichtig,
so spiegelt sich dies unmittelbar in einer höheren Studierbereitschaft der Kinder
wider (graue Linie).

Die Entscheidungssituation über den nachschulischen Verlauf stellt sich demnach je nach sozialer Herkunft unterschiedlich dar: So haben Studienberechtigte
aus bildungsfernen Familien aufgrund bildungsbiografischer Unterschiede oftmals nur begrenzte nachschulische Bildungsmöglichkeiten, sind in ihren Profilen und Erfahrungen in unterschiedlicher Weise geprägt und von ihrem sozialen
Umfeld werden auch andere Erwartungen hinsichtlich des weiteren Bildungsweges an sie herangetragen.

3.2   Leistungsbezogene Unterschiede

Die vorangegangenen Bildungswege sowie die Erwartungen und teilweise limi-
tierten Unterstützungsmöglichkeiten des Elternhauses führen dazu, dass Kinder
aus unteren Sozialschichten oftmals eher ungünstige Voraussetzungen für ein
Hochschulstudium mitbringen (Maaz 2006; Autorengruppe Bildungsberichterstattung 2014). Sowohl in der Schule als auch im Studium erzielen sie im Vergleich zu ihren Mitschülern und Mitstudierenden aus den oberen Sozialschichten
schlechtere Zensuren (Quast et al. 2014). Diese leistungsbezogenen Unterschiede
haben in verschiedener Hinsicht Konsequenzen für die weiteren Bildungswege:
Zum einen signalisiert die Schulabschlussnote den Studienberechtigten, über welche Kompetenzen sie verfügen und wie wahrscheinlich es ist, dass sie ein Hochschulstudium erfolgreich absolvieren werden (*subjektive Erfolgsaussichten*). Zum
anderen führen die Zugangsbeschränkungen in einzelnen Studiengängen dazu,
dass die Studienberechtigten mit schlechteren Schulabschlussnoten bei der Stu-
dienplatzvergabe einer ‚notenbesseren' Konkurrenz gegenüberstehen und oftmals
nicht das gewünschte Studienfach am gewünschten Studienort aufnehmen können (*objektive Erfolgsaussichten*, vgl. Lörz 2012). Die sozialgruppenspezifischen

Leistungsunterschiede sind hierbei nicht ausschließlich genereller Natur (vgl. rechte Seite von Abb. 3), sondern zeigen sich aufgrund der vorangegangenen Bildungswege und schulischen Schwerpunkte auch in einzelnen Leistungsbereichen (vgl. linke Seite). Van de Werfhorst et al. (2003) sprechen in diesem Zusammenhang von einem ‚comparative advantage' in bestimmten Leistungsbereichen, der den weiteren Bildungsweg und insbesondere die Studienfachwahl beeinflusst. Demnach entscheiden sich die Studienberechtigten nicht immer für den Fachbereich, in dem sie tatsächlich sehr gute Leistungen erzielen, sondern für den Fachbereich, in dem sie lediglich ihre individuelle Leistungsstärke sehen. Wie aus Abb. 3 (linke Seite) hervorgeht, attestieren sich Kinder aus bildungsfernen Familien im höheren Maße im handwerklichen (H) bzw. technischen Bereich (T) Leistungsstärken, während die relativen Vorteile der Kinder aus Akademikerfamilien weitaus stärker in den anderen Bereichen liegen. Diese leistungsbezogenen Unterschiede werden nicht nur durch unterschiedliche Bildungswege hervorgerufen, sondern hängen nach

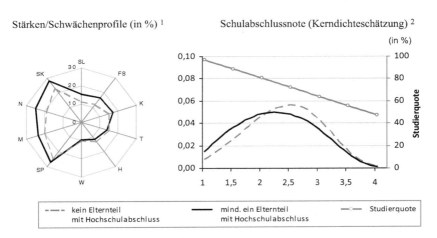

Anmerkungen:
[1] Auf der linken Seite werden die selbst eingeschätzten Stärken und Schwächen der Studienberechtigten auf verschiedenen Fachbereichen ausgewiesen (in %). Hierzu wurden die Studienberechtigten danach befragt, in welchen Bereichen sie ihre Stärken und Schwächen sehen. Unterschieden wurden die Bereiche sprachlich-literarisch (SL), fremdsprachlich (FS), künstlerisch-musisch (K), technisch (T), handwerklich (H), wirtschaftlich (W), sportlich (SP), mathematisch (M), naturwissenschaftlich (N) und sozial-kommunikativ (SK). Bei der Darstellung handelt es sich um die beiden oberen Antwort-Kategorien einer fünfstufigen Skala von ‚sehr schwach' bis ‚sehr stark'.
[2] Auf der rechten Seite wird die Verteilung der durchschnittlichen Schulabschlussnote (Kerndichte-Schätzung) von 1 (sehr gut) bis 4 (ausreichend) dargestellt. Zudem wird die Studierquote in Abhängigkeit der Schulabschlussnote ausgewiesen.

Abb. 3 Stärken-/Schwächenprofile und durchschnittliche Schulabschlussnote nach Bildungsherkunft. (Quelle: DZHW-Studienberechtigtenbefragung 2010)

Ansicht verschiedener Autoren auch eng mit den Rahmenbedingungen und der ‚Vertrautheit' des Elternhauses mit dem System der höheren Bildung zusammen (Bourdieu 1982; Vester 2006; Grundmann 2010). Unabhängig von den Ursachen für die leistungsbezogenen Unterschiede, erfüllen damit insbesondere die oberen Sozialgruppen die (leistungsbezogenen) Anforderungen eines Hochschulstudiums.

3.3 Kostenüberlegungen

Die sozialen Disparitäten beim Übergang ins Studium und im Studienverlauf sind nicht nur von leistungsbezogenen und bildungsbiografischen Unterschieden, sondern auch von unterschiedlichen finanziellen Möglichkeiten und subjektiven Erwartungen abhängig. Die Investitions- und Erfolgsrisiken fallen bezüglich eines Hochschulstudiums aufgrund der vergleichsweise langen Ausbildungsdauer i. d. R. höher aus als bei einer Berufsausbildung (Becker und Hecken 2008). Die unteren Sozialgruppen ziehen demnach aufgrund ihrer eingeschränkten finanziellen Möglichkeiten seltener ein Hochschulstudium in Betracht. Und selbst wenn sie sich für ein Studium entscheiden, kommen eher die kürzeren und mit einem klaren Berufsbild verbundenen Fachhochschulstudiengänge infrage (Quast et al. 2014). Die sich auf der rechten Seite von Abb. 4 abzeichnende höhere Kostensensibilität und Risikoaversion der bildungsfernen Gruppen muss dabei nicht ausschließlich mit der tatsächlichen Einkommenssituation zusammenhängen, sondern kann sich auch aus dem unterschiedlichen Wissen über den Hochschulbereich und einer Überschätzung der zu erwartenden Kosten ergeben. Mit Blick auf den späteren Studienverlauf ist diese Befürchtung nicht unbegründet, da die unteren Sozialgruppen neben dem Studium tatsächlich häufiger für ihren Lebensunterhalt sorgen müssen, während in besser situierten Familien die Lebenshaltungskosten in der Regel von den Eltern getragen werden (Isserstedt et al. 2010).

Die Kosten der verschiedenen Bildungswege beziehen sich dabei nicht nur auf materielle, sondern auch auf immaterielle Kostenaspekte. Aufgrund der unterschiedlichen Studienangebote erfordert ein Studium in vielen Fällen eine gewisse Mobilitätsbereitschaft und ist häufig damit verbunden, dass die Studienanfänger für das gewünschte Studium das gewohnte soziale und familiäre Umfeld verlassen müssen (Lörz 2008; Spiess und Wrohlich 2010). Wie sich auf der linken Seite von Abb. 4 zeigt, führen die unterschiedlichen Werdegänge und Erfahrungen im Vorfeld des Studiums jedoch dazu, dass die örtlichen Bindungen zwischen den verschiedenen Herkunftsgruppen variieren. Kinder aus Akademikerhaushalten

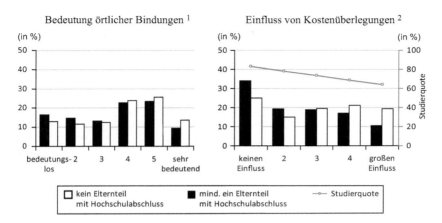

Anmerkungen:
[1] Auf der linken Seite wird aus Sicht der Studienberechtigten verdeutlicht, welche Bedeutung ‚örtliche Bindungen' bei der Wahl des nachschulischen Werdegangs haben.
[2] Auf der rechten Seite wird auf Basis der Studienberechtigtenangaben dargestellt, welcher Einfluss den Kosten eines Studiums bei der Entscheidung für oder gegen ein Studium beigemessen wird.

Abb. 4 Bedeutung örtlicher Bindungen und Einfluss finanzieller Belastungen nach Bildungsherkunft. (Quelle: DZHW-Studienberechtigtenbefragung 2010)

haben weitaus häufiger bereits während der Schulzeit eine gewisse Zeit im Ausland verbracht und sind nicht in demselben Maße an ihren Heimatort gebunden wie die Kinder aus bildungsfernen Familien (Lörz et al. 2011). In der Planung des nachschulischen Werdegangs kommen demnach in den verschiedenen Herkunftsgruppen recht unterschiedliche materielle und immaterielle Kostenüberlegungen zum Tragen.

3.4 Ertragsüberlegungen

Ein Studium ist kurzfristig zwar mit gewissen Nachteilen verbunden, bietet dafür aber langfristig eine Reihe an Vorzügen: Zum einen haben die Studienzeit sowie die Verwirklichung eigener Interessen und das im Studium erworbene Wissen einen eigenen Wert. Zum anderen stellt ein Studium – trotz der oftmals diskutierten Deflation von Bildung (Bourdieu 1982) – langfristig noch immer den besten Schutz vor Arbeitslosigkeit dar und es ermöglicht eine bessere Einkommens- und Karrieresituation als der Weg über die berufliche Bildung (Gebel 2009; Spangenberg et al. 2012). Die Bildungserträge variieren hierbei beträchtlich zwischen den verschiedenen Studienrichtungen (Rehn et al. 2011), sodass die Ertragsdifferenz zwischen beruflicher und hochschulischer Bildung je nach Fachbereich unterschiedlich hoch ausfällt. Es ist demnach nicht nur die Entscheidung für oder gegen ein Studium, sondern es sind auch die ‚kleineren' Weichenstellungen hinsichtlich der Hochschul- und Fachrichtungswahl, die mit unterschiedlichen Konsequenzen für den weiteren Berufs- und Lebensweg verbunden sind. Die später zu erwartenden Arbeitsmarktaussichten fließen in den Entscheidungsfindungsprozess mit ein und finden bereits ein halbes Jahr nach Schulabgang bei der Planung des nachschulischen Werdegangs Berücksichtigung (Lörz et al. 2012). Hinsichtlich der Ertragsüberlegungen finden sich in zweierlei Hinsicht herkunftsspezifische Unterschiede: Wie Abb. 5 verdeutlicht, streben Studienberechtigte aus bildungsnahen Familien zum einen in etwas höherem Maße eine prestigeträchtige Berufsposition an (linke Seite); zum anderen erwarten sie von einem Studium deutlich bessere Berufsaussichten als von einer Berufsausbildung (rechte Seite). Die herkunftsspezifischen Unterschiede äußern sich demnach nicht nur in den langfristigen Berufszielen, sondern auch in der Einschätzung, welche Erträge mit welchen Bildungswegen erzielt werden können.

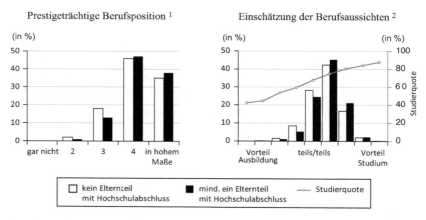

Anmerkungen:
[1] Auf der linken Seite wird dargestellt in welchem Maße die Studienberechtigten ‚hohes Ansehen und eine prestigeträchtige Berufsposition' anstreben.
[2] Auf der rechten Seite wird demgegenüber ausgewiesen, inwieweit sich die Studienberechtigten von einem ‚Studium' vs. einer ‚Berufsausbildung' vorteilhafte Arbeitsmarktaussichten versprechen. Dargestellt ist die Differenz aus den erwarteten Berufsaussichten der verschiedenen Bildungswege.

Abb. 5 Angestrebte Berufsposition und antizipierte Berufsaussichten nach Bildungsherkunft. (Quelle: DZHW-Studienberechtigtenbefragung 2010)

Zusammengenommen zeigen die angeführten deskriptiven Befunde, dass sich die verschiedenen Herkunftsgruppen erheblich in den Rahmenbedingungen, den Erwartungen des Elternhauses sowie den subjektiven Kosten-, Ertrags- und Erfolgseinschätzungen unterscheiden. Allerdings lassen sich auf Basis deskriptiver Befunde die Wirkungszusammenhänge nicht hinreichend aufzeigen. Hierfür ist es erforderlich, die verschiedenen Erklärungsprozesse simultan in einem gemeinsamen Modell zu betrachten (siehe Abschn. 4). Aus den deskriptiven Ergebnissen wird allerdings ersichtlich, dass sich die Voraussetzungen zwischen den Sozialgruppen unterscheiden und die Erklärung für die eingangs beschriebenen Unterschiede in einer oder mehreren der skizzierten Erklärungsgrößen liegen dürfte.

4   Empirische Befunde zu sozialen Ungleichheiten im Hochschulbereich

Die empirische Bildungsforschung beschäftigt sich bereits seit mehreren Jahrzehnten mit der Entwicklung und den Ursachen sozialer Ungleichheit. Während im Bereich der Schulforschung seit Mitte der 1960er Jahre und nochmals verstärkt durch PISA 2000 (Baumert et al. 2001) vermehrt Forschungsaktivitäten zu beobachten sind (Becker und Solga 2012), blieb im Hochschulbereich eine solch intensive und kontinuierliche Auseinandersetzung mit den zugrunde liegenden Mechanismen des Bildungsverhaltens zunächst eher die Ausnahme. Seit Anfang des neuen Jahrhunderts erfreut sich allerdings auch die empirische Hochschulforschung einer erhöhten wissenschaftlichen Aufmerksamkeit (Wolter 2011), die sich insbesondere in einer steigenden Anzahl an Publikationen in referierten Fachzeitschriften äußert. Das gestiegene wissenschaftliche Interesse an hochschulbezogenen Fragestellungen hängt mit verschiedenen Faktoren zusammen. *Erstens,* hat der Hochschulsektor in den letzten Jahren aufgrund der auf dem Arbeitsmarkt gestiegenen Anforderungen an Bedeutung gewonnen (Lenz und Wolter 2001). *Zweitens,* stellt Hochschulbildung heutzutage kein gesellschaftliches Randphänomen dar, sondern schließt aufgrund der Bildungsexpansion mittlerweile mehr als ein Drittel der Bevölkerung ein (OECD 2011). Und *drittens,* wurde der Zugang zu hochschulbezogenen Datensätzen in den letzten Jahren sukzessive verbessert und die Daten der halb-amtlichen Statistik eignen sich immer mehr zur Beantwortung wissenschaftlicher Fragestellungen (Becker und Solga 2012).

Um die Mechanismen sozialer Ungleichheit aufzeigen zu können, ist es erforderlich Daten heranzuziehen, die eine Operationalisierung der zugrunde liegenden Prozesse ermöglichen und es ist eine methodische Vorgehensweise zu wählen, bei der die verschiedenen Mechanismen simultan berücksichtigt werden. In den nachfolgenden Abschnitten werden vorwiegend eigene empirische Untersuchungen vorgestellt, die in den letzten Jahren auf Basis der *Studienberechtigtenbefragung* des Deutschen Zentrums für Hochschul- und Wissenschaftsforschung (DZHW) entstanden sind und die sich mit den Mechanismen sozialer Ungleichheit beschäftigen. Bei der DZHW-Studienberechtigtenbefragung handelt es sich um eine seit 1976 in regelmäßigen Abständen durchgeführte und für Deutschland repräsentative Befragungsreihe. Befragt wurden in regelmäßigen Abständen verschiedene Studienberechtigtenkohorten ein halbes Jahr vor (1. Welle), ein halbes Jahr nach (2. Welle) und dreieinhalb bis viereinhalb Jahre nach Schulabgang (3. Welle). Im Unterschied zu vielen anderen Befragungen haben die DZHW-Studienberechtigtendaten drei wesentliche Vorteile: *Erstens,* lassen sich anhand des Paneldesigns Wirkungsmechanismen methodisch adäquat bestimmen; *zweitens,* ermöglichen die ab 2006 stärker theoretisch fundierten Befragungsinstrumente, eine hinreichende Operationalisierung der den sozialen Ungleichheiten zugrunde liegenden Mechanismen; und *drittens,* zeichnen sich alle Datensätze seit 1976 aufgrund eines einheitlichen Kernvariablensets durch eine hohe Vergleichbarkeit über die Zeit aus. Mit den vorliegenden Daten lassen sich demnach sowohl die Ursachen sozialer Ungleichheiten im individuellen Lebensverlauf als auch im historischen Zeitverlauf repräsentativ für Deutschland untersuchen.

4.1   Soziale Ungleichheiten beim Übergang ins Studium

Wie in den vorangegangenen Abschnitten beschrieben, sind beim Übergang ins Studium verschiedene Entscheidungen zu treffen, die sowohl zu vertikalen als auch horizontalen Unterschieden zwischen den Sozialgruppen führen können.

,Wer nimmt ein Studium auf und warum?' ist eine in der Hochschulforschung von verschiedenen wissenschaftlichen Disziplinen untersuchte Fragestellung (Müller und Pollak 2004; Maaz 2006; Mayer et al. 2007; Becker und Hecken 2008; Lörz et al. 2012). Hierbei zeigt sich unabhängig von der Datenquelle und Forschungsinstitution, dass insbesondere Studienberechtigte aus unteren Sozialgruppen auf eine Studienaufnahme verzichten. Die Unterschiede zeigen sich hierbei sowohl nach dem Bildungshintergrund (Quast et al. 2014), der beruflichen Stellung (Müller und Pollak 2004) als auch dem Berufsprestige der Eltern

(Lörz 2012). Die soziale Herkunft lässt sich demnach nicht an einem einzelnen Indikator festmachen, sondern ist vielmehr als ein ‚mehrdimensionales Konzept' aufzufassen. In Anlehnung an Bourdieu (1982) lassen sich die verschiedenen Hintergrundmerkmale des Elternhauses einer vertikalen und einer horizontalen Dimension zuordnen: *vertikal* bestimmt sich der soziale Hintergrund über das Einkommen und Berufsprestige der Eltern; *horizontal* über die kulturellen Ressourcen und Möglichkeiten im Elternhaus. Vor dem Hintergrund der Frage, welche Aspekte des Elternhauses die Studienentscheidung beeinflussen, konnte Lörz (2012) zeigen, dass sich insbesondere die vertikalen Aspekte des Elternhauses auf den Übergang ins Studium auswirken. Zudem machen die Ergebnisse deutlich, dass der Haupterklärungsanteil in der höheren Kostensensibilität der unteren Sozialgruppen liegt (36 %), gefolgt von leistungsbezogenen Unterschieden (15 %), unterschiedlichen Ertragsüberlegungen (12 %) und unterschiedlichen Weichenstellungen auf dem vorangegangenen Bildungsweg (5 %). Trotz Abschaffung von Schulgeld und Studiengebühren sind es demnach – *ceteris paribus* – weiterhin hauptsächlich Kostenüberlegungen, die die unteren Sozialgruppen vor einer Studienaufnahme zurückschrecken lassen.

Im Unterschied zur *generellen* Studienentscheidung wird die *Studienfachwahl* weitaus stärker vom fachlich-kulturellen Familienhintergrund bestimmt (horizontale Herkunftsdimension). Studienberechtigte entscheiden sich oftmals für ein Studienfach, welches inhaltlich mit dem Beruf des Vaters korrespondiert (Van de Werfhorst et al. 2003). Während sich beispielsweise Kinder von Medizinern weitaus häufiger für ein Medizinstudium entscheiden, nehmen Studienberechtigte aus einem MINT-Elternhaus (Mathematik, Informatik, Naturwissenschaften und Technik) eher ein MINT-Studium auf. Die Mechanismen, die dieser engen Verknüpfung zwischen Elternberuf und Studienfachwahl zugrunde liegen, lassen sich jedoch nicht auf einen einzelnen Wirkungsmechanismus zurückführen. Denn, wie nach Fachbereich getrennte Analysen verdeutlichen (Lörz 2012), unterscheiden sich die Einflussfaktoren zwischen den verschiedenen Fachbereichen erheblich und damit auch die den sozialen Ungleichheiten zugrunde liegenden Wirkungsmechanismen. Während im Falle eines Medizin- und Jurastudiums auch Prozesse der Statusreproduktion zum Tragen kommen (vertikale Herkunftsdimension) und die Aufnahme eines Medizinstudiums überdurchschnittlich gute Noten erfordert, spielen bei der Aufnahme eines MINT-Studiums die relativen Leistungsstärken im technisch-mathematischen Bereich *(Comparative Advantage)* eine deutlich größere Rolle und können ein Teil der fachlich-kulturellen Berufsvererbung erklären (Lörz 2012). Das Elternhaus wirkt sich in diesem Fall vermittelt über die schulische Schwerpunktsetzung auf die Leistungsprofile der Kinder aus. Ein theoretischer Erklärungsansatz, dem in diesem Zusammenhang ein hoher Stellenwert zukommt, ist das Berufswahlmodell von Holland (1997). Diesen Überlegungen zufolge streben die Studienberechtigten nach einer möglichst guten Passung zwischen den Anforderungen eines Studienfachs und den eigenen Interessen. Der enge Zusammenhang zwischen Elternberuf und Studienfachwahl ließe sich demnach möglicherweise über den Vorbildcharakter der Eltern, herkunftsspezifischer Unterstützungsleistungen und die Herausbildung unterschiedlicher Interessen- und Begabungsprofile erklären. Während diese Zusammenhänge hinsichtlich der geschlechtsspezifischen Unterschiede (teilweise) untersucht wurden (Nagy et al. 2010), steht eine solche Analyse hinsichtlich der herkunftsspezifischen Unterschiede noch aus.

Neben den Fragen ‚ob‘ und ‚was‘ studiert werden soll, zeigen sich zudem deutliche herkunftsspezifische Unterschiede in der Entscheidung ‚wo‘ das Studium aufgenommen wird. Studienberechtigte aus bildungsfernen Familien studieren zum einen – u. a. aufgrund höherer sozialer Bindungen – signifikant häufiger in unmittelbarer Nähe zum Heimatort (Lörz 2008; Spiess und Wrohlich 2010). Zum anderen entscheiden Sie sich oftmals für ein zeitlich kürzeres und praxisorientiertes Fachhochschulstudium (Reimer und Pollak 2010). Mit Blick auf die zugrunde liegenden Mechanismen wird deutlich, dass bei der Hochschulwahl insbesondere die unterschiedlichen Bildungswege zur Hochschulreife und die oftmals eingeschränkten Studienoptionen der unteren Sozialgruppen zu herkunftsspezifischen Unterschieden führen (Lörz 2013). Während Akademikerkinder mit dem Abitur sowohl an Universitäten als auch an Fachhochschulen studieren können und auch eine deutlich höhere Mobilitätsbereitschaft aufweisen, beschränken sich die Studienmöglichkeiten der bildungsfernen Gruppen in vielen Fällen auf die Fachhochschulen. Des Weiteren zeichnen sich vor dem Hintergrund der Exzellenzinitiative auch soziale Unterschiede in der Wahl einer vermeintlich ‚prestigeträchtigen‘ Hochschule ab. Den Analysen von Weiss et al. (2015) zufolge präferieren insbesondere die oberen Sozialgruppen einen ‚hoch gerankten‘ Hochschulort. Eine Erklärung für dieses vergleichsweise neue Ungleichheitsphänomen liegt den Analysen von Lörz und Quast (2011) zufolge erneut in Mobilitätsunterschieden sowie leistungsbezogenen Unterschieden. Welche Auswirkungen die ‚vertikale‘ Differenzierung der Hochschulen für den Hochschulbereich insgesamt hat und für die sozialen Ungleichheiten im Besonderen, wird sich jedoch in seinem gesamten Ausmaß erst in den nächsten Jahren zeigen.

4.2 Soziale Ungleichheiten im Studienverlauf

Neben den sozialen Unterschieden beim Übergang ins Studium bestehen auch im weiteren Studienverlauf vertikale und horizontale Unterschiede. In horizontaler Hinsicht unterscheiden sich die Studierenden hinsichtlich der Studiendauer (Autorengruppe Bildungsberichterstattung 2014), der Erwerbstätigkeit neben dem Studium (Isserstedt et al. 2010), den Hochschul- und Fachwechseln (Quast et al. 2014), sowie der Entscheidung zwischenzeitlich an einer ausländischen Hochschule zu studieren (Lörz und Krawietz 2011). Auch zeigen sich vertikale Unterschiede in den Fragen, ob das Studium erfolgreich abgeschlossen wird (Sarcletti und Müller 2011) oder im Anschluss an einen Bachelorabschluss ein Masterstudium folgen soll (Lörz et al. 2015).

Die sozialen Unterschiede in diesen Entscheidungen resultieren dabei teilweise aus den unterschiedlichen Eingangsbedingungen und Weichenstellungen des vorherigen Bildungsweges. Beispielsweise wirken sich die im vorangegangenen Abschnitt beschriebenen Mobilitätsunterschiede beim Übergang ins Studium auch auf die Mobilitätsbereitschaft im weiteren Studienverlauf aus. Dies betrifft insbesondere die Aufnahme eines Auslandsstudiums. Bei der Entscheidung im Ausland zu studieren, handelt es sich um eine folgenreiche Entscheidung: zum einen für den weiteren Studienverlauf; zum anderen hinsichtlich der späteren Arbeitsmarktperspektiven. Der Schritt ins Ausland ist nach Netz (2012) als das Ergebnis eines mehrstufigen Entscheidungsprozesses anzusehen, dem zunächst eine individuelle Auseinandersetzung mit den Vor- und Nachteilen eines solchen Aufenthalts vorausgeht. Trotz der Vorzüge eines Auslandsstudiums finden sich allerdings sowohl in der Absicht (Lörz und Quast 2013) als auch der Entscheidung im Ausland zu studieren (Lörz und Krawietz 2011) deutliche herkunftsspezifische Unterschiede. Die Ursachen dieser Unterschiede sind erneut in der Schulzeit zu suchen (Lörz und Quast 2013): Studierende aus Akademikerfamilien haben oftmals schon während der Schulzeit eine längere Zeit im Ausland verbracht und auf diese Weise Kompetenz- und Interessenprofile ausgebildet, die ein späteres Auslandsstudium erleichtern. Zudem schätzen sie die Belastungen im Rahmen eines Auslandsaufenthaltes geringer ein und versprechen sich von einem Auslandsstudium häufiger verbesserte Karriereaussichten. Die herkunftsspezifischen Unterschiede in der Auslandsmobilität lassen sich demzufolge zum Teil auf diese vorgelagerten Erfahrungen während der Schulzeit und daraus resultierende unterschiedliche Voraussetzungen zurückführen. Da sowohl das Studienfach, die Art der Hochschule als auch die Auslandserfahrungen mit unterschiedlichen Einkommens- und Karriereaussichten einhergehen (Spangenberg et al. 2012; Rodrigues 2013), liegt die Vermutung nahe, dass ein Teil der herkunftsspezifischen

Unterschiede auf dem Arbeitsmarkt mit horizontalen Unterschieden in der Bildungsbeteiligung zusammenhängen.

Ebenfalls mit Konsequenzen auf dem Arbeitsmarkt verbunden ist die Entscheidung, das Studium vorzeitig abzubrechen oder nach dem Bachelorabschluss das Studium im Rahmen eines Masterstudiums fortzusetzen (vertikale Unterschiede, vgl. Spangenberg et al. 2012). Bei beiden Entscheidungen bestehen deutliche herkunftsspezifische Unterschiede. Studierende aus finanziell schwächeren Gruppen brechen häufiger das Studium ab (Sarcletti und Müller 2011) und von denjenigen, die das Bachelorstudium erfolgreich abschließen, nimmt ein deutlich kleinerer Anteil ein Masterstudium auf (Auspurg und Hinz 2011). Der im Rahmen der Bologna-Reform (1999) angestrebte Abbau sozialer Ungleichheiten, scheint daher auf den ersten Blick nur bedingt zu gelingen. Erneut zeigt sich, dass die sozialen Ungleichheiten beim Bachelor-/Masterübergang auf eine Reihe vorgelagerter Entscheidungsprozesse zurückzuführen sind. Studienberechtigte aus bildungsfernen Familien haben andere kulturelle Rahmenbedingungen, schlagen eher praxisorientierte Bildungswege ein und bilden Kompetenz- und Interessenprofile aus, die nur bedingt zu einem theoriebasierten Masterstudium führen (Lörz et al. 2015). Interessanterweise finden sich in den vorliegenden Analysen bislang kaum empirischen Hinweise auf ‚bewusste' Prozesse der intergenerationalen Statusreproduktion. Diese scheinen vielmehr in vorgelagerten Prozessen eine Rolle zu spielen oder finden in dieser Entscheidungssituation (wenn überhaupt) eher unterbewusst statt.

4.3 Soziale Ungleichheiten im Zeitverlauf

Wie aus den vorangegangenen Abschnitten deutlich wurde, bestehen trotz Bildungsexpansion bis heute in hohem Maße herkunftsspezifische Ungleichheiten – sowohl in vertikaler als auch in horizontaler Hinsicht. Die Bildungssoziologie hat sich in diesem Zusammenhang auch mit der Frage auseinandergesetzt, ob die sozialen Ungleichheiten im Zuge der Bildungsexpansion zugenommen oder abgenommen haben bzw. inwieweit sich die Ungleichheitsmechanismen verändert haben (Shavit und Blossfeld 1993; Müller und Haun 1994; Becker 2006; Mayer et al. 2007). In den neueren Arbeiten von Lörz und Schindler (2011), Schindler und Lörz (2012) sowie Lörz (2013) werden verschiedene Argumentationslinien skizziert, wie und warum sich die sozialen Ungleichheiten im Zuge der Bildungsexpansion und den erweiterten Studienoptionen entwickelt haben könnten. Die Überlegungen reichen von Statusreproduktionsprozessen (Bourdieu 1982), über

Ablenkungs- (Mayer et al. 2007), Defizit- (Teichler und Wolter 2004) und Hete-
rogenisierungsprozesse (Neugebauer und Schindler 2012) bis hin zu veränderten
institutionellen Rahmenbedingungen und deren Auswirkungen auf das Bildungsverhalten der verschiedenen Sozialgruppen. Lörz und Schindler (2011) betrachten
hierbei sowohl die Ungleichheitsentwicklung im sekundären als auch im tertiären
Bildungsbereich und versuchen beide Entwicklungen in Verbindung zueinander
zu setzen. Wie aus den empirischen Ergebnissen hervorgeht, finden an den beiden
entscheidenden Statuspassagen des deutschen Bildungssystems im Zeitverlauf
recht unterschiedliche Entwicklungen statt. Während die sozialen Unterschiede
beim Erwerb der Hochschulzugangsberechtigung abnehmen, nehmen sie beim
anschließenden Übergang ins Studium tendenziell eher zu. Es kommt demnach zu
einer Verlagerung der Ungleichheiten von den frühen auf die späteren Bildungs-
übergänge. Insbesondere mit der Umstellung des BAföG auf eine Darlehensrege-
lung Anfang der 1980er Jahre sinken die Studierquoten in allen Herkunftsgruppen
erheblich. Mit der teilweisen Rücknahme dieses finanziellen Einschnitts steigt die
Studierbereitschaft in den Folgejahren zwar sukzessive wieder an, die herkunftsspezifischen Unterschiede haben sich jedoch speziell in dieser Phase deutlich
vergrößert und verbleiben auf vergleichsweise hohem Niveau. Hierbei sind es
insbesondere Frauen aus Arbeiterfamilien, die zu Beginn der 1980er Jahre überproportional häufig auf ein Studium verzichten (Lörz und Schindler 2011). Während Frauen aus bildungsfernen Familien im Sekundarschulbereich noch zu den
Gewinnern der Bildungsexpansion gehören (Becker und Müller 2011), zeichnet
sich gerade diese wachsende Gruppe am Übergang ins Studium durch eine hohe
Kostensensibilität und Risikoaversion aus, welche sich negativ auf die Studienas-
piration auswirkt.

Mit Blick auf die diesen Ungleichheiten zugrunde liegenden Mechanismen
geht aus den Zeitreihenanalysen hervor, dass ein Großteil der zunehmenden
Ungleichheiten am Übergang ins Studium mit dem Ausbau der beruflichen Bildungswege zusammenhängt und in den bildungsfernen Gruppen gerade Frauen
zunehmend aufgrund von Kostenüberlegungen auf eine Studienaufnahme verzichten (Lörz 2013).

Vor dem Hintergrund der veränderten Rahmenbedingungen wird zudem oftmals die Vermutung geäußert, dass im Zuge der Bildungsexpansion horizontale
Unterschiede an Bedeutung gewinnen und sich in diesen ‚feineren' Entscheidungen zunehmend soziale Ungleichheiten widerspiegeln (Bourdieu 1982;
Lucas 2001; Vester 2006). Hintergrund dieser Überlegung ist, dass aufgrund
einer zunehmenden Konkurrenzsituation auf dem Arbeitsmarkt Extraqualifika-
tionen an Bedeutung gewinnen und insbesondere von den oberen Sozialgruppen für die intergenerationale Statusreproduktion genutzt werden. Wenn diese

horizontalen Unterschiede bei der Genese sozialer Disparitäten tatsächlich an Bedeutung gewinnen, dann sollte sich dies, aufgrund der wachsenden Bedeutung von Auslandserfahrungen auf dem Arbeitsmarkt, auch in der Entscheidung, (zwischenzeitlich) an einer ausländischen Hochschule zu studieren, zeigen. Den Ergebnissen von Lörz und Krawietz (2011) zufolge gibt es tatsächlich Hinweise darauf, dass herkunftsspezifische Mobilitätsunterschiede bestehen und diese im Zeitverlauf an Bedeutung gewinnen. Es verbringen immer mehr Studierende eine gewisse Zeit im Ausland und die herkunftsspezifischen Unterschiede haben (zumindest) mit Blick auf die absoluten Prozentsatzdifferenzen zwischen 1990 und 2002 tendenziell zugenommen. Die zunehmende Bedeutung horizontaler Aspekte bei der Reproduktion sozialer Ungleichheiten spiegelt sich zudem (zum Teil) auch in der Hochschulwahl wider. Müller und Pollak (2004) vermuten in diesem Zusammenhang, dass gerade der Ausbau der Fachhochschulstudiengänge zu einer ‚Ablenkung‘ der unteren Sozialgruppen von den Universitäten geführt haben könnte, da diese aufgrund der kürzeren Ausbildungszeiten für die unteren Sozialgruppen eine attraktive Studienoption darstellen. Mit Blick auf die Entwicklungen seit 1976 zeigen sich zwar erwartungsgemäß zunehmende herkunftsspezifische Unterschiede in der Aufnahme eines Universitätsstudiums (Lörz 2013), allerdings liegt dies weniger an einer Ablenkung an die Fachhochschulen, sondern vielmehr an einer generellen Ablenkung vom Hochschulstudium insgesamt. Zudem finden sich auch hinsichtlich der Reputation des Hochschulortes erste Hinweise auf zunehmende soziale Unterschiede. Den Ergebnissen von Weiss et al. (2015) zufolge, nehmen die sozialen Selektivitäten bei der Wahl einer ‚hoch gerankten‘ Hochschule tendenziell zu. Inwieweit sich dieser Trend im Zuge der Exzellenzinitiative weiter fortsetzt und welche Konsequenzen dies für die Nutzung vorliegender Bildungspotenziale hat, wird sich in den nächsten Jahren zeigen.

5   Zusammenfassung und Ausblick

Insgesamt machen die empirischen Studien deutlich, dass auf dem Weg zum Hochschulabschluss ‚größere‘ und ‚kleinere‘ Entscheidungen anstehen, die den nachfolgenden Bildungs-, Berufs- und Lebensweg in verschiedener Hinsicht beeinflussen.

Hierbei finden sich in den meisten Bildungsentscheidungen in hohem Maße herkunftsspezifische Unterschiede und diese werden von einer Vielzahl verschiedener Faktoren auf Mikro- und Makroebene beeinflusst.

Da sich die Einflussfaktoren und Wirkungsmechanismen zwischen den verschiedenen Entscheidungen unterscheiden, lässt sich nicht eine einzelne Erklärungskomponente als ursächlich für die sozialen Ungleichheiten benennen, sondern es finden verschiedene Prozesse statt, die zur Genese sozialer Ungleichheit beitragen. Der Erwerb eines Hochschulabschlusses lässt sich demnach in Anlehnung an Kristen (1999) sehr treffend als das Resultat eines individuellen, komplexen, sequenziellen und vielschichtigen Entscheidungsprozesses unter den jeweils gegebenen Rahmenbedingungen beschreiben. Für ein umfassendes Verständnis, in welchem Ausmaß und in welcher Weise im Hochschulbereich soziale Ungleichheiten bestehen, welche Ursachen diesen Unterschieden zugrunde liegen und wie sich diese in den vergangenen Jahrzehnten entwickelt haben, ist daher eine differenzierte und den gesamten Bildungsverlauf umfassende Perspektive empfehlenswert.

Die Bildungslaufbahn wird dabei nicht ausschließlich von der finanziellen Ausstattung des Elternhauses bestimmt, sondern bei manchen Entscheidungen ist es vielmehr der kulturelle Hintergrund und die daraus resultierenden individuellen Berufs- und Lebensziele. Folglich sind es verschiedene (horizontale und vertikale) familiäre Hintergrundmerkmale, die sich auf die Bildungsentscheidungen und den Bildungsverlauf auswirken. Für ein umfassendes Verständnis über die Prozesse intergenerationaler Statusreproduktion ist es daher auch empfehlenswert soziale Herkunft als ein mehrdimensionales Konzept aufzufassen und die verschiedenen Merkmale des Elternhauses in der Analyse zu berücksichtigen. Zudem reicht es nicht aus, nur die Ungleichheiten bei den Zugangswegen zur Hochschulreife und ins Hochschulsystem zu betrachten (vertikale Ungleichheiten). Vielmehr müssen auch die ‚feineren Unterschiede' in der Wahl des Studienfachs, des Hochschulorts sowie im weiteren Studienverlauf berücksichtigt werden (horizontale Ungleichheiten).

Des Weiteren geht aus den genannten Studien hervor, dass sich die sozialen Unterschiede von den frühen Entscheidungen auf Schulebene bis in den Hochschulbereich fortsetzen bzw. im Zeitverlauf im tertiären Bereich sogar zunehmen. Insgesamt ist in den vergangenen Jahrzehnten eine Verlagerung der herkunftsspezifischen Unterschiede vom Sekundarschulbereich auf den Hochschulbereich zu erkennen. Diese Verlagerung der Ungleichheiten macht sich (teilweise) auch in einer Zunahme horizontaler Ungleichheiten bemerkbar. So spiegeln sich beispielsweise in der Hochschulwahl und der Auslandsmobilität zunehmend Muster sozialer Ungleichheit wider.

Der quantitative Ausbau der verschiedenen Bildungswege ist demnach nicht zwangsläufig mit einem Abbau der sozialen Unterschiede verbunden. Die in den 1960er Jahren in die Wege geleiteten bildungspolitischen Maßnahmen zum

Abbau der Bildungsungleichheiten, sind demnach in ihren langfristigen Auswirkungen mit etwas mehr Zurückhaltung zu bewerten. Es gelangt zwar mittlerweile ein deutlich größerer Anteil der Bevölkerung zu einem Hochschulabschluss, allerdings wurden in vertikaler und in horizontaler Hinsicht Ungleichheitsprozesse angestoßen bzw. verstärkt, die diesen Egalisierungstendenzen zum Teil entgegenwirken.

Literatur

Alesi, B., Schomburg, H., & Teichler, U. (2010). Humankapitalpotenziale der gestuften Hochschulabschlüsse. In B. Alesi (Hrsg.), *Aktuelle hochpolitische Trends im Spiegel von Expertisen* (S. 129–195). Kassel: Jenior.

Auspurg, K., & Hinz, T. (2011). Master für Alle? Der Einfluss sozialer Herkunft auf den Studienverlauf und das Übertrittsverhalten von Bachelorstudierenden. *Soziale Welt, 62*(1), 75–99.

Autorengruppe Bildungsberichterstattung. (2014). *Bildung in Deutschland 2014.* Bielefeld: Bertelsmann.

Baumert, J., Klieme, E., Neubrand, M., Prenzel, M., Schiefele, U., Schneider, W., Stanat, P., Tillmann, K.-J., & Weiß, M. (2001). *PISA 2000: Basiskompetenzen von Schülerinnen und Schülern im internationalen Vergleich.* Opladen: Leske + Budrich.

Becker, R. (2006). Dauerhafte Bildungsungleichheiten als unerwartete Folge der Bildungsexpansion? In A. Hadjar & R. Becker (Hrsg.), *Die Bildungsexpansion* (S. 27–61). Wiesbaden: VS Verlag.

Becker, R., & Hecken, A. E. (2008). Warum werden Arbeiterkinder vom Studium an Universitäten abgelenkt? *Kölner Zeitschrift für Soziologie und Sozialpsychologie, 60*(1), 3–29.

Becker, R., & Müller, W. (2011). Bildungsungleichheiten nach Geschlecht und Herkunft im Wandel. In A. Hadjar (Hrsg.), *Geschlechtsspezifische Bildungsungleichheiten* (S. 55–75). Wiesbaden: VS Verlag.

Becker, R., & Schulze, A. (2013). *Bildungskontexte: Strukturelle Voraussetzungen und Ursachen ungleicher Bildungschancen.* Wiesbaden: VS Verlag.

Becker, R., & Solga, H. (2012). *Soziologische Bildungsforschung.* Wiesbaden: VS Verlag.

Becker, R., Haunberger, S., & Schubert, F. (2010). Studienfachwahl als Spezialfall der Ausbildungsentscheidung und Berufswahl. *Zeitschrift für Arbeitsmarktforschung, 42*(4), 292–310.

Bernet, B., & Gugerli, D. (2011). Sputniks Resonanzen. Der Aufstieg der Humankapitaltheorie im Kalten Krieg – eine Argumentationsskizze. *Historische Anthropologie, 19*(3), 433–446.

Bourdieu, P. (1982). *Die feinen Unterschiede.* Suhrkamp: Frankfurt a. M.

Dahrendorf, R. (1965). *Bildung ist Bürgerrecht. Plädoyer für eine aktive Bildungspolitik.* Osnabrück: Nannen.

Edding, F. (1963). *Ökonomie des Bildungswesens: Lehren und Lernen als Haushalt und als Investition.* Freiburg: Rombach.

Erikson, R., & Jonsson, J. O. (1996). *Can education be equalized?* Stockholm: Westview.

Esser, H. (1999). *Soziologie. Spezielle Grundlagen: Bd. 1. Situationslogik und Handeln.* Frankfurt a. M.: Campus.

Gebel, M. (2009). Wage effects of education: The impact of educational expansion in Germany. In R. Becker & A. Hadjar (Hrsg.), *Expected and unexpected consequences of the educational expansion* (S. 261–270). Wien: Haupt.

Geißler, R. (2005). Die Metamorphose der Arbeitertochter zum Migrantensohn. In P. A. Berger & H. Kahlert (Hrsg.), *Institutionalisierte Ungleichheiten* (S. 71–102). Weinheim: Juventa.

Grundmann, M., Bittlingmayer, U. H., Dravenau, D., & Groh-Samberg, O. (2010). Bildung als Privileg und Fluch. In R. Becker & W. Lauterbach (Hrsg.), *Bildung als Privileg?* (S. 51–78). Wiesbaden: VS Verlag.

Hartmann, M. (2006). Die Exzellenzinitiative – ein Paradigmenwechsel in der deutschen Hochschulpolitik. *Leviathan, 34*(4), 447–465.

Hartmann, M., & Kopp, J. (2001). Elitenselektion durch Bildung oder durch Herkunft? *Kölner Zeitschrift für Soziologie und Sozialpsychologie, 53*(3), 436–466.

Heine, C., Kerst, C., Egeln, J., Müller, E., & Park, S.-M. (2006). *Ingenieur- und Naturwissenschaften: Traumfach oder Albtraum?* Baden-Baden: Nomos.

Helbig, M. (2012). Die Umkehrung – Geschlechterungleichheiten beim Erwerb des Abiturs im Wandel. In R. Becker & H. Solga (Hrsg.), *Soziologische Bildungsforschung. Kölner Zeitschrift für Soziologie und Sozialpsychologie*: Sonderbd 52 (S. 374–392). Wiesbaden: VS Verlag.

Henz, U., & Maas, I. (1995). Chancengleichheit durch die Bildungsexpansion? *Kölner Zeitschrift für Soziologie und Sozialpsychologie, 47*(4), 605–633.

Herrlitz, H.-G., Hopf, W., & Titze, H. (2001). *Deutsche Schulgeschichte von 1800 bis zur Gegenwart.* Weinheim: Juventa.

Heublein, U., Hutzsch, C., Schreiber, J., & Sommer, D. (2011). *Internationale Mobilität im Studium 2009.* Hannover: HIS.

Hillmert, S., & Jacob, M. (2010). Selections and social selectivity on the academic track: A life-course analysis of educational attainment in Germany. *Research in Social Stratification and Mobility, 28*(1), 59–76.

Holland, J. L. (1997). *Making vocational choices: A theory of vocational personalities and work environments.* Odessa: Psychological Assessment Resources.

Hübner, M. (2012). Do tuition fees affect enrollment behavior? *Economics of Education Review, 31*(6), 949–960.

Isserstedt, W., Middendorff, E., Kandulla, M., Borchert, L., & Leszczensky, M. (2010). *Die wirtschaftliche und soziale Lage der Studierenden in der Bundesrepublik Deutschland 2009.* Bonn: BMBF.

Jaksztat, S. (2014). Bildungsherkunft und Promotionen: Wie beeinflusst das elterliche Bildungsniveau den Übergang in die Promotionsphase? *Zeitschrift für Soziologie, 43*(4), 286–301.

Jungbauer-Gans, M., & Gross, C. (2013). Determinants of success in university careers: Findings from the German academic labor market. *Zeitschrift für Soziologie, 42*(1), 74–92.

Klein, M. (2011). Trends in the association between educational attainment and class destinations in Germany: Looking inside the service class. *Research in Social Stratification and Mobility, 29*(4), 427–444.

Kristen, C. (1999). *Bildungsentscheidungen und Bildungsungleichheit – ein Überblick über den Forschungsstand* (Arbeitspapiere – Mannheimer Zentrum für Europäische Sozialforschung, Nr. 5). Mannheim: MZES.

Lenz, K., & Wolter, A. (2001). Abitur als Statuspassage: Ein Beitrag zum Funktionswandel des Gymnasiums. In W. Melzer & U. Sandfuchs (Hrsg.), *Was Schule leistet – Funktionen und Aufgaben von Schule* (S. 175–202). Weinheim: Juventa.

Leuze, K., & Allmendinger, J. (2008). Ungleiche Karrierepfade. In B. M. Kehm (Hrsg.), *Hochschule im Wandel* (S. 65–79). Frankfurt a. M.: Campus.

Lörz, M. (2008). Räumliche Mobilität beim Übergang ins Studium und im Studienverlauf. *Zeitschrift für Bildung und Erziehung, 61*(4), 413–436.

Lörz, M. (2012). Mechanismen sozialer Ungleichheit beim Übergang ins Studium: Prozesse der Status- und Kulturreproduktion. In R. Becker & H. Solga (Hrsg.), *Soziologische Bildungsforschung. Kölner Zeitschrift für Soziologie und Sozialpsychologie,* Sonderbd 52 (S. 302–324). Wiesbaden: VS Verlag.

Lörz, M. (2013). Differenzierung des Bildungssystems und soziale Ungleichheit. *Zeitschrift für Soziologie, 42*(2), 118–137.

Lörz, M., & Krawietz, M. (2011). Internationale Mobilität und soziale Selektivität: Ausmaß, Mechanismen und Entwicklung herkunftsspezifischer Unterschiede zwischen 1990 und 2005. *Kölner Zeitschrift für Soziologie und Sozialpsychologie, 63*(2), 185–205.

Lörz, M., & Quast, H. (2011). Hochschulwahl und soziale Ungleichheit. *HIS Magazin, 2011*(4), 2–4.

Lörz, M., & Quast, H. (2013). Erfahrungen, Entscheidungsprozesse und Auslandsmobilität. In J. Asdonk, S. U. Kuhnen, & P. Bornkessel (Hrsg.), *Von der Schule zur Hochschule* (S. 323–338). Münster: Waxmann.

Lörz, M., & Schindler, S. (2011). Bildungsexpansion und soziale Ungleichheit: Zunahme, Abnahme oder Persistenz ungleicher Chancenverhältnisse. Eine Frage der Perspektive? *Zeitschrift für Soziologie, 40*(6), 458–477.

Lörz, M., Quast, H., & Roloff, J. (2015). Konsequenzen der Bologna-Reform: Warum bestehen auch am Übergang vom Bachelor- ins Masterstudium soziale Ungleichheiten? *Zeitschrift für Soziologie, 44*(2), 137–155.

Lörz, M., Quast, H., & Woisch, A. (2011). *Bildungsintentionen und Entscheidungsprozesse.* Forum Hochschule 14. Hannover: HIS.

Lörz, M., Quast, H., & Woisch, A. (2012). *Erwartungen, Entscheidungen und Bildungswege.* (Forum Hochschule 5). Hannover: HIS.

Lucas, S. R. (2001). Effectively maintained inequality: Education transitions, track mobility, and social background effects. *American Journal of Sociology, 106*(6), 1642–1690.

Maaz, K. (2006). *Soziale Herkunft und Hochschulzugang. Effekte institutioneller Öffnung im Bildungssystem.* Wiesbaden: VS Verlag.

Maaz, K., Chang, P.-H., & Köller, O. (2004). Führt institutionelle Vielfalt zur Öffnung im Bildungssystem? In O. Köller, R. Watermann, U. Trautwein, & O. Lüdtke (Hrsg.), *Wege zur Hochschulreife in Baden-Württemberg* (S. 153–204). Opladen: Leske + Budrich.

Mare, R. D. (1980). Social background and school continuation decisions. *Journal of the American Statistical Association, 75*(370), 295–305.

Mayer, K. U., & Blossfeld, H.-P. (1990). Die gesellschaftliche Konstruktion sozialer Ungleichheit im Lebenslauf. In P. A. Berger & S. Hradil (Hrsg.), *Lebenslagen, Lebensläufe und Lebensstile. Soziale Welt,* Bd. 7 (S. 297–318). Göttingen: Schwartz.

Mayer, K. U., Müller, W., & Pollak, R. (2007). Germany: Institutional change and inequalities of access in higher education. In Y. Shavit, R. Arum, & A. Gamoran (Hrsg.), *Stratification in higher education* (S. 240–265). Stanford: Stanford Univ. Press.

Müller, W., & Haun, D. (1994). Bildungsungleichheit im sozialen Wandel. *Kölner Zeitschrift für Soziologie und Sozialpsychologie, 46*(1), 1–42.

Müller, W., & Karle, W. (1993). Social selection in educational systems in Europe. *European Sociological Review, 9*(1), 1–22.

Müller, W., & Mayer, K. U. (1976). *Chancengleichheit durch Bildung?* Stuttgart: Klett.

Müller, W., & Pollak, R. (2004). Weshalb gibt es so wenige Arbeiterkinder in Deutschlands Universitäten? In R. Becker & W. Lauterbach (Hrsg.), *Bildung als Privileg?* (S. 311–352). Wiesbaden: VS Verlag.

Nagy, G., Trautwein, U., & Lüdtke, O. (2010). The structure of vocational interests in Germany: Different methodologies, different conclusions. *Journal of Vocational Behavior, 76*(2), 153–169.

Netz, N. (2012). Studienbezogene Auslandsmobilität und Berufsverbleib von Hochschulabsolvent(inn)en. In M. Grotheer, S. Isleib, N. Netz, & K. Briedis (Hrsg.), *Hochqualifiziert und gefragt* (S. 259–313). Hannover: HIS.

Neugebauer, M., & Schindler, S. (2012). Early transitions and tertiary enrolment: The cumulative impact of primary and secondary effects on entering university in Germany. *Acta Sociologica, 55*(1), 203–205.

OECD. (2011). *Bildung auf einen Blick 2011.* Paris: wbv.

Picht, G. (1964). *Die deutsche Bildungskatastrophe.* Olten: Walter.

Quast, H., Scheller, P., & Lörz, M. (2014). *Bildungsentscheidungen im nachschulischen Verlauf.* (Forum Hochschule 9). Hannover: DZHW.

Rehn, T., Brandt, G., Fabian, G., & Briedis, K. (2011). *Hochschulabschlüsse im Umbruch.* (Forum Hochschule 17). Hannover: HIS.

Reimer, D. (2013). Kontexteffekte und soziale Ungleichheit beim Übergang von der Schule zur Hochschule. In R. Becker & A. Schulze (Hrsg.), *Bildungskontexte* (S. 405–429). Wiesbaden: VS Verlag.

Reimer, D., & Pollak, R. (2010). Educational expansion and its consequences for vertical and horizontal inequalities in access to higher education in West Germany. *European Sociological Review, 26*(4), 415–430.

Rodrigues, M. (2013). Does student mobility during higher education pay? Evidence from 16 European countries. Luxemburg: European Commission.

Sarcletti, A., & Müller, S. (2011). Zum Stand der Studienabbruchforschung. *Zeitschrift für Bildungsforschung, 1*(3), 235–248.

Schindler, S. (2014). *Wege zur Studienberechtigung – Wege ins Studium? Eine Analyse sozialer Inklusions- und Ablenkungsprozesse.* Wiesbaden: VS Verlag.

Schindler, S., & Lörz, M. (2012). Mechanisms of social inequality development: Primary and secondary effects in the transition to tertiary education between 1976 and 2005. *European Sociological Review, 28*(5), 647–660.

Schmidt, N. (2009). Bundesausbildungsförderung von den Anfängen bis 2007. *Wirtschaft und Statistik, 2,* 157–168.

Shavit, Y., & Blossfeld, H. P. (1993). *Persistent inequality – changing educational attainment in thirteen countries.* Boulder: Westview.

Solga, H. (2012). Bildung und materielle Ungleichheiten. In R. Becker & H. Solga (Hrsg.), *Soziologische Bildungsforschung. Kölner Zeitschrift für Soziologie und Sozialpsychologie,* Bd. 52 (S. 459–487). Wiesbaden: VS Verlag.

Spangenberg, H., Mühleck, K., & Schramm, M. (2012). *Erträge akademischer und nicht-akademischer Bildung.* (Forum Hochschule 11). Hannover: HIS.

Spiess, C. K., & Wrohlich, K. (2010). Does distance determine who attends a university in Germany? *Economics of Education Review, 29*(3), 470–479.

Statistisches, Bundesamt (Hrsg.). (2013). *Bildung und Kultur. Studierende an Hochschulen.*(Fachserie 11, Reihe 4.1). Wiesbaden: Statistisches Bundesamt.

Stocké, V. (2010). Der Beitrag der Theorie rationaler Entscheidung zur Erklärung von Bildungsungleichheit. In G. Quenzel & K. Hurrelmann (Hrsg.), *Bildungsverlierer. Neue Ungleichheiten* (S. 73–94). Wiesbaden: VS Verlag.

Teichler, U. (2005). *Hochschulstrukturen im Umbruch.* Frankfurt a. M.: Campus.

Teichler, U., & Wolter, A. (2004). Zugangswege und Studienangebote für nicht-traditionelle Studierende. *Die Hochschule, 13*(2), 64–80.

Trow, M. (1972). The expansion and transformation of higher education. *International Review of Education, 18*(1), 61–84.

Van de Werfhorst, H. G., Sullivan, A., & Cheung, S. Y. (2003). Social class, ability and choice of subject in secondary and tertiary education in Britain. *British Educational Research Journal, 29*(1). 41–62.

Vester, M. (2006). Die ständische Kanalisierung der Bildungschancen. In W. Georg (Hrsg.), *Soziale Ungleichheit im Bildungssystem* (S. 13–54). Konstanz: UVK.

Watermann, R., Daniel, A., & Maaz, K. (2014). Primäre und sekundäre Disparitäten des Hochschulzugangs. In K. Maaz, M. Neumann, & J. Baumert (Hrsg.), *Herkunft und Bildungserfolg von der frühen Kindheit bis ins Erwachsenenalter [Themenheft]. Zeitschrift für Erziehungswissenschaft,* Bd. 24, (S. 233–261). Wiesbaden: VS Verlag.

Weiss, F., Schindler, S., & Gerth, M. (2015). *Hochschulrankings als Kriterium für neue soziale Selektivität in der Studienentscheidung.* Paper präsentiert auf der 4. Jahrestagung der Gesellschaft für empirische Bildungsforschung in Bochum.

Windolf, P. (1990). *Die Expansion der Universitäten 1870–1985.* Stuttgart: Enke.

Wissenschaftsrat. (2010). *Empfehlungen zur Differenzierung der Hochschulen.* Berlin: Wissenschaftsrat.

Wolter, A. (2011). Hochschulzugang und soziale Ungleichheit in Deutschland. In Heinrich Böll Stiftung (Hrsg.), *Öffnung der Hochschule – Chancengerechtigkeit, Diversität, Integration* (S. 9–15). Berlin: Springer.

Über den Autor

Lörz, Markus (geb. 1976), Dr. rer. soc. an der Universität Mannheim (2013), seit 2013 akademischer Rat an der Leibniz Universität Hannover, davor wissenschaftlicher Mitarbeiter und Projektleiter am HIS-Institut für Hochschulforschung in Hannover (seit 2006). Forschungsschwerpunkte: Hochschulforschung, Ungleichheitsforschung, Methoden der empirischen Sozialforschung und Längsschnittdatenanalyse.

Ungleichheiten in der strukturierten Promotionsförderung – mehr Chancengleichheit durch Strukturierung?

Meike Sophia Baader und Svea Korff

Empirische Grundlage des Beitrages bildet eine bundesweite und fächerübergreifende Untersuchung zu Chancengleichheit in der strukturierten Promotionsförderung an deutschen Hochschulen, die insbesondere auch den Geschlechteraspekt in die Analyse einbezieht.[1] Dabei wurde in einer vorgeschalteten Diskursanalyse deutlich, dass dem Aspekt der Chancengleichheit in wissenschafts- und bildungspolitischen Texten und Erklärungen bei der Einführung der strukturierten Promotionsförderung eine bedeutsame Rolle zukam (Baader und Korff 2015; Korff und Roman 2013). Die Diskursanalyse entsprechender Dokumente aus den 2000er Jahren konnte drei verschiedene Sichtweisen auf Chancengleichheit identifizieren. Erstens: Frauen, insbesondere mit Kindern, sind in ihrer Entscheidung für die Wissenschaft zu unterstützen. Zweitens wurden Aspekte des Diversity-Managements aufgerufen, die darauf zielten, brachliegende Potenziale von Frauen im Wettbewerb zu nutzen. Und drittens wurde Chancengleichheit mit vergleichbaren

---

[1]Dabei handelt es sich um das Forschungsprojekt *Chancengleichheit in der strukturierten Promotionsförderung an deutschen Hochschulen – Gender und Diversity* (2008–2012; FKZ: 01FP0836/37) der Stiftung Universität Hildesheim, welches aus Mitteln des Bundesministeriums für Bildung und Forschung (BMBF) im Rahmen der Bekanntmachung „Frauen an die Spitze" und aus dem Europäischen Sozialfonds der Europäischen Union gefördert wurde.

M.S. Baader (✉) · S. Korff
Stiftung Universität Hildesheim, Hildesheim, Deutschland
E-Mail: baader@uni-hildesheim.de

S. Korff
E-Mail: svea.korff@uni-hildesheim.de

© Springer Fachmedien Wiesbaden GmbH 2017
M.S. Baader und T. Freytag (Hrsg.), *Bildung und Ungleichheit in Deutschland*, DOI 10.1007/978-3-658-14999-4_17

Strukturen durch Transparenz im Zugang, durch Standardisierung, Verzeitlichung und Curricularisierung als Basis für die Bestenauslese in Verbindung gebracht (Oppermann und Schröder 2013). Eine Vereinheitlichung und stärkere Strukturierung von Programmen sollte demnach mehr Chancengleichheit mit sich bringen. Damit wird dreierlei deutlich: erstens ist das den wissenschafts- und bildungspolitischen Dokumenten zugrunde liegende Verständnis von Chancengleichheit keineswegs einheitlich, zweitens kommt die klassische Ungleichheitskategorie der sozialen Herkunft im Kontext der Aspirationen, mit denen die neuen Formen der strukturierten Promotionsförderung seit 2000 auf den Weg gebracht wurden, eher nicht vor und drittens steht das Verständnis von Chancengleichheit in der strukturierten Promotion in einem Zusammenhang mit Bestenauslese und Meritokratie. Das meritokratische Argument im Kontext des Diskurses über Chancengleichheit in der strukturierten Promotion ist unübersehbar und teilweise auch mit einem Begabungsdiskurs verbunden, wie er sich etwa in dem Satz „In Deutschland wird grundsätzlich allen begabten und interessierten Absolventen die Möglichkeit zur Promotion gegeben" (Berning und Falk 2004, S. 32), zeigt. Anders als im wissenschafts- und bildungspolitischen Diskurs zur strukturierten Promotionsförderung spielt Chancengleichheit jedoch in der Umsetzung der Programme sowohl bei den Programmverantwortlichen als auch seitens der Promovierenden kaum eine Rolle (Baader et al. 2013). Im Gegenteil: Chancengleichheit und Geschlechtergerechtigkeit erweisen sich auf der Ebene der Umsetzung unter verschiedenen Aspekten als Tabu (Baader und Korff 2015) und gehen damit auf dem Weg vom wissenschaftspolitischen Diskurs zur konkreten Umsetzung an den Hochschulen gewissermaßen verloren.

Nachdem wir in den genannten Beiträgen nach dem Verständnis von Chancengleichheit auf der Ebene des wissenschafts- und bildungspolitischen Diskurses gefragt haben und auch die Thematisierung bzw. Dethematisierung bei der Umsetzung der Programme untersucht haben, analysieren wir im vorliegenden Beitrag Chancengleichheit auf verschiedenen Ebenen innerhalb der Programme und nehmen damit die tatsächlichen Effekte der Strukturierung auf die Ungleichheit(en) von Promotionsprogrammen und Promovierenden in den Blick. Tragen die „neuen Strukturen" der Reform im Rahmen der dritten Stufe des Bologna-Prozesses 1999 und der Lissabonner Strategie (Lisbon summit 2000) tatsächlich zu mehr Chancengleichheit bei? In einem ersten Kapitel werden die Rahmenbedingungen der strukturierten Promotion in Deutschland etwas genauer benannt, und es wird ein kurzer Abriss des Forschungsstandes vorgenommen (1), im Anschluss erfolgt die Erläuterung der Datengrundlage unserer eigenen Studie (2). Im dritten Schritt werden die Ergebnisse auf

Ebene der Programme und der Promovierenden analysiert und interpretiert (3). Abschließend wird zusammenfassend diskutiert, inwiefern die strukturierte Promotionsförderung Chancengleichheit und Geschlechtergerechtigkeit reproduziert, verringert oder auch „neue" Ungleichheiten hervorbringt (4). Leitend für die Perspektive ist ein Verständnis von Chancengleichheit, das diese mit Geschlechtergerechtigkeit zusammen denkt. Zugleich verzichten wir für diesen Beitrag auf eine grundsätzliche Erläuterung unseres Verständnisses von Chancengleichheit, da es uns um die Analyse tatsächlicher Effekte auf verschiedenen Ebenen und unter verschiedenen Aspekten geht. Grundsätzlich schließen wir uns jedoch einem Verständnis von Chancengleichheit an, wie es die DFG formuliert hat (DFG 2015; Baader et al. 2013; Baader und Korff 2015).

1 Strukturierte Promotionsförderung in Deutschland – Forschungsstand

Die in den letzten Jahrzehnten im deutschen Wissenschaftssystem viel debattierten Defizite in der „klassischen" Promotionsförderung führten dazu, dass nicht nur die gegenseitige Anerkennung der Hochschulabschlüsse im Zentrum des Bologna-Prozesses standen, sondern auch eine Verbesserung der Rahmenbedingungen der Doktorand_innenausbildung bei den Auswahlverfahren, Finanzierungsmöglichkeiten und der Betreuungssituation von Promovierenden. Mit der Einführung der strukturierten Promotionsförderung seit den 1990er Jahren waren darüber hinaus noch weitere Hoffnungen verbunden: So soll für mehr Chancengleichheit gesorgt, der steigenden Anzahl an Promotionen begegnet, überlange Promotionszeiten verkürzt, den hohen Abbruchquoten entgegengewirkt und die mangelnde Vernetzung und Sichtbarkeit verbessert werden – vor allem in Bezug auf die Anlaufschwierigkeiten bei der Positionierung als junge Wissenschaftler_innen und Wissenschaftler auf dem akademischen Arbeitsmarkt –, um damit den Wissenschaftsstandort Deutschland zu stärken (Allmendinger und Schorlemmer 2010; Mau und Gottschall 2008; Wintermantel 2010; Korff und Roman 2013; Korff 2015; Andres et al. 2015).

Das amerikanische PhD Modell diente bei der bildungs- und hochschulpolitischen Strukturreform des deutschen Hochschulraums als Vorbild bei der Strukturierung der Promotionsphase im Rahmen der dritten Stufe des Bologna-Prozesses 1999 und der Lissabonner Strategie (Lisbon summit 2000). Dem amerikanischen Modell wird eine klare Struktur zugesprochen (Kreckel 2012) und das nicht nur aufgrund der formalen Komponente einer verpflichtenden Kursphase, die in

Deutschland häufig als eine übermäßige Verschulung der Promotion kritisiert wird (Hauss und Kaulisch 2012). So wurden dem traditionellen Promovieren „in Einsamkeit und Freiheit" (Schelsky 1963; Engler 2001; Tiefel 2006) verschieden stark strukturierte Formen der Doktorand_innenausbildung – in sogenannten Promotionsprogrammen wie z. B. Graduiertenkollegs, Graduate Schools oder Promotionsstudiengänge – an die Seite gestellt (Bosbach 2009). „Optimistisch beschreiben diejenigen, die mit ihren Entscheidungen die gegenwärtige Situation verantworten, diese als eine „Vielfalt der Wege zur Promotion", die es zu erhalten gilt [...]" (Moes 2010, S. 42). Zwar hat die Anzahl der Promovierenden, die sich der strukturierten Promotion zuordnen lassen, zugenommen und liegt 2017 bei einem Schätzwert von 23 % (BuWiN 2017, S. 146), dennoch promovieren Doktorand_innen in Deutschland weiterhin überwiegend im Format der Individualpromotion.

Gleichzeitig hält sich der meritokratische Glaube – in der Wissenschaft zählt allein die Leistung (Ulmi und Maurer 2005) – als Legitimation von ungleichen Bildungschancen (Solga 2005) hartnäckig, trotz des bereits vielfältig nachgewiesenen Gegenteils (Beaufaÿs 2003): So konnte die bisherige Forschung nachweisen, dass Chancengleichheit im Diskurs um die strukturierte Promotionsförderung zwar mit dem Versprechen auf eine Verbesserung von Chancengleichheit verbunden ist, aber in der praktischen Umsetzung weder Chancengleichheit noch Geschlechtergerechtigkeit eine zentrale Rolle für die Akteur_innen im Feld spielen (Baader und Korff 2015; Korff und Roman 2013). Und das obwohl Untersuchungen zur Ungleichheit bei Promovierenden zeigen, dass z. B. beim Zugang zur Promotion oder beim weiteren Karriereverlauf selektive Mechanismen von wissenschaftlicher Leistungsbewertung und Anerkennungspraxen Anwendung finden (Beaufaÿs 2003, 2012), die es nur bestimmten Personen(gruppen) erlaub eine wissenschaftliche Karriere zu verfolgen. Auch die Untersuchung von Jaksztat (2014) zum Einfluss des elterlichen Bildungsniveaus auf den Übergang in die Promotionsphase konnte eindeutige Effekte von der Bildungsherkunft auf die Wahrscheinlichkeit der Aufnahme einer Promotion nachweisen. Diese lassen ich vor allem auf eine herkunftsspezifische Fachrichtungswahl (Fachrichtungen mit traditionell hohen Promotionsquoten wie z. B. Human- und Zahnmedizin), Leistungsunterschiede (bessere Schul- und Examensnoten) und die Aufnahme einer Hilfskrafttätigkeit während des Studiums zurückführen.

Auf der anderen Seite finden sich Untersuchungen, die die „neuen" Formen der Promotionsmodelle und die klassische Individualpromotion vergleichend untersuchen. So gibt es vergleichende Untersuchungen, in denen die unterschiedlichen Modelle der Individualpromotion und strukturierten Promotion nach ihrem Kontext (in Forschungsprojekten, am Lehrstuhl oder als „frei promovierend" im Vergleich zu Graduiertenkollegs, Graduate Schools und Promotionsstudiengänge) und den dazugehörigen Promotions- und Arbeitsbedingungen analysiert wurden (Berning und Falk 2006; Jaksztat et al. 2012). Während in der Studie „Neue Ausbildungsformen – andere Werdegänge?" untersucht wurde, wie sich die Qualifizierungsbedingungen in den Graduiertenkollegs der Deutschen Forschungsgesellschaft (DFG) von anderen Qualifizierungszusammenhängen unterscheiden (Kottmann und Enders 2010, S. 53), verglichen Hauss et al. (2010) Strukturmerkmale der Betreuung der Individualpromotion mit dem Betreuungsmodell der strukturierten Promotion. Unterschiedliche Programmbezeichnungen werden in diesen Untersuchungen meist mit einer bestimmten Art der Strukturierung assoziiert (Herz et al. 2012). Diese Untersuchungen belegen vor allem, dass in Deutschland weder ein ausgebautes System der strukturierten Promotion existiert (Mau und Gottschall 2008, S. 3) noch ein einheitliches, denn unter dem Begriff der strukturierten Promotion werden die unterschiedlichsten Promotionsmodelle subsumiert (Bosbach 2009; Korff und Roman 2013; Korff 2015).

Erst die Analysen von Herz et al. (2012) brachte die unterschiedlichen Strukturierungsgrade von Programmen der strukturierten Promotionsförderung mit Chancengleichheit bzw. Geschlechtergerechtigkeit zusammen: So sind es die fordernden Programme mit einer hohen Anzahl an verpflichtenden Tätigkeiten, in welchen einerseits die Gerechtigkeit zwischen den Geschlechtern – betrachtet anhand der wahrgenommenen Intensität der Unterstützungsangebote durch Hochschullehrende – am stärksten zum Ausdruck kommt. In diesen Programmen bestehen andererseits aber auch die höchsten durchschnittlichen Arbeitsstunden, die höchste wahrgenommene Arbeitsbelastung sowie der höchste Anteil an Promovierenden mit Abbruchgedanken.

Ist Chancengleichheit und Geschlechtergerechtigkeit im deutschen Wissenschaftssystem also nur auf Kosten von hohen Leistungsanforderungen möglich? Oder produzieren die neuen Mechanismen der Steuerung und Strukturierung Dimensionen von Ungerechtigkeit (z. B. über Tätigkeitsanforderungen), die jenseits geschlechtlicher Einteilungen liegen (Herz et al. 2012)? Welche neuen Ungleichheiten werden durch die Forderung nach mehr Struktur produziert? Erzeugt mehr Struktur auch tatsächlich mehr Chancengleichheit?

2　　Datengrundlage

Im Mittelpunkt dieses Beitrags stehen die Ergebnisse aus zwei Studien „Promovieren nach Plan?" (Korff und Roman 2013) und „Lost in Structure" (Korff 2015), die auf dem Datenmaterial des Projektes „Chancengleichheit in der strukturierten Promotionsförderung an deutschen Hochschulen – Gender und Diversity" basieren. Grundlage, der im vorliegenden Beitrag diskutierten Ergebnisse, bilden 1) Daten aus einer repräsentative Untersuchung von Internetpräsenzen strukturierter Promotionsprogramme deutscher Hochschulen, 2) Daten, die mittels einer deutschlandweiten und fächerübergreifenden Online-Befragung von Promovierenden und Promovierten erhoben wurden sowie 3) Daten aus Gruppendiskussionen mit Promovierenden strukturierter Promotionsprogramme. Als praktisches Ergebnis im Projekt „Chance:Docs" wurde ein Instrument zur Selbstevaluation und Förderung von Chancengleichheit „Ein Köcher voller Fragen" entwickelt (Baader et al. 2013). Gesamtziel des Forschungsvorhabens war es, über bundesweite Erhebungen und -analysen, Formen einer strukturierten Promotionskultur an Hochschulen zu identifizieren, Empfehlungen zur Optimierung entsprechender Angebote zu entwickeln und so einen wirksamen Beitrag zur Qualitätssicherung in der Nachwuchsförderung und Geschlechtergleichstellung zu leisten.

3   Empirische Ergebnisse

3.1   Ungleichheiten strukturierter Promotionsprogramme

Beginnend bei den Ungleichheiten auf der Ebene der Programme, zeigen wir in dem folgenden Kapitel (1) anhand eine Typenbildung von strukturieren Programmen, dass „strukturiert" nicht immer auch für mehr Struktur steht und dass sich (2) die Strukturierung durch eine Curricularisierung mal mehr, mal weniger an einen „Verschulungsprozess" der Promotionsphase bzw. an den dritten Zyklus des Bologna-Prozesses als „Studienphase" annähert. Die unterschiedlichen Promotionsprogramme halten sich jedoch nicht an einen allgemeingültigen Lehrplan. Und wir zeigen (3), dass die Promovierenden innerhalb der unterschiedlichen Programmstrukturen zusätzlich zum „offiziellen" Lehrplan unterschiedliche „Schattenprogramme" – promotionsbegleitende verpflichtende Tätigkeiten – absolvieren „müssen", was dazu führt, dass die Promovierenden in den verschiedenen Typen von Promotionsprogrammen unterschiedliches lernen, unterschiedlich sozialisiert werden und ungleiche Behandlung erfahren.

3.1.1 Typen von strukturierten Promotionsprogrammen

Wie in der Hinführung zum Thema dieses Beitrags deutlich wurde, existiert in Deutschland weder ein ausgebautes System der strukturierten Promotion (Mau und Gottschall 2008, S. 3) noch ein einheitliches, denn unter dem Begriff der strukturierten Promotion werden die unterschiedlichsten Promotionsmodelle subsumiert, die in einer Binnendifferenzierung von wenig bis stark strukturiert reichen

können (Korff 2015; Korff und Roman 2013; Bosbach 2009). Um die Ungleichheiten auf Ebene der Programme aufzeigen zu können, wird eine Typenbildung
von Promotionsprogrammen – anhand der Aussagen der Promovierenden in der
Online-Befragung zu den Merkmalen Zugangsverfahren, Anzahl der Betreuungspersonen, Kooperationen mit Wissenschaftler_innen außerhalb der Programme,
der Anzahl angebotener Veranstaltungen und der Finanzierung[2] – herangezogen.
Bei der Auswertung der Daten anhand von Clusteranalysen kristallisierten sich
drei Typen von strukturierten Promotionsprogrammen heraus, die anhand des
„Grades ihrer Strukturiertheit" in eine Rangfolge gebracht werden konnten (Korff
2015, vgl. Tab. 1):

1. Die „leistungsbezogenen (Gemeinschafts-)Programme" als der Typus mit den
   meisten organisationalen Vorgaben. Das Promovieren in „leistungsbezogenen
   (Gemeinschafts-) Programmen" ist gekennzeichnet durch kompetitive Aufnahmeprüfungen, Betreuung in Teams und den Besuch von durchschnittlich sieben promotionsbegleitende Veranstaltungen.
2. Das Promovieren im Typus „lehrplanorientierte Programme (für Externe)"
   hingegen weist im Vergleich zu „leistungsbezogenen (Gemeinschafts-)Pro-
   grammen" weniger kompetitive Prüfungen auf, gleicht dies aber durch die
   Anwendung von Assessment-Centern aus. Dieser Typus weist „nur" eine
   Einzelbetreuungsstruktur auf, aber eine gesteigerte Verpflichtung zu Kooperationen mit anderen Wissenschaftler_innen außerhalb des Programms (im
   Vergleich zu den „offenen Programmen"). Mit sechs angebotenen Veranstaltungen ist das Angebot an promotionsbegleitenden Veranstaltungen wie bei
   den „leistungsbezogen (Gemeinschafts-) Programmen" ähnlich hoch.
3. Das Promovieren in einem „offenen Programm (für Interne)" bildet in der
   Rangfolge das Schlusslicht. Neben der angebotenen Doppelbetreuung finden
   sich hauptsächlich transparente, weniger kompetitive Zugangsverfahren, es
   werden am wenigsten Veranstaltungen für die Promovierenden angeboten, und
   der verpflichtend wissenschaftliche Austausch anhand von Kooperationen ist
   ebenfalls eher gering.

Schaut man sich im Folgenden die Verteilung der unterschiedlichen Bezeichnungen der Programme an (vgl. Tab. 2), wird deutlich, dass die Bezeichnungen nicht
direkt mit einer bestimmten Art der Strukturierung gleichzusetzen sind. So findet

---

[2]Konstituierende Elemente aus der Literatur und dem Diskurs um die strukturierte Promotionsförderung (Korff 2015).

Tab. 1 Clustermerkmale im Vergleich zwischen den Typen (Zeilenprozente)

Items	Cluster I Offene Programme (n = 195)		Cluster II Lehrplanorientierte Programme (n = 191)		Cluster III Leistungsorientierte Programme (n = 293)	
	%	n	%	n	%	n
Zugangsverfahren						
Schriftliche Bewerbung	27,8	168	27,3	165	44,9	271
Vorstellungsgespräch	27,8	136	25,4	124	46,8	229
Aufnahmeprüfung	10,2	6	20,3	12	69,5	41
Assessment-Center	26,7	4	40,0	6	33,3	5
Sonstiges	26,3	10	26,3	10	47,4	18
Anzahl der Betreuungspersonen						
(M)	2		1		3	
Kooperation(en) mit anderen Wissenschaftler_innen außerhalb des Programms						
	20,8	30	29,9	43	49,3	71
Anzahl der angebotenen Veranstaltungen						
(M)	3		6		7	
„Beschäftigungsverhältnis" während der Promotion im Programm						
Stelle im Programm	33,0	32	29,9	29	37,1	36
Stelle außerhalb des Programms	22,8	28	34,1	42	43,1	53
Stipendium im Programm	31,2	112	24,2	87	44,6	160
Externes Stipendium	25,0	15	30,0	18	45,0	27
Sonstiges	20,8	5	37,5	9	41,7	10

Anmerkung: Ergebnisse aus der Clusteranalyse (Ward-Verfahren mit anschließender K-means-Optimierung)

Tab. 2 Verteilung der Programmbezeichnungen innerhalb der Typen (Spaltenprozente)

	Cluster I		Cluster II		Cluster III	
	($n = 195$)		($n = 191$)		($n = 293$)	
	%	n	%	n	%	n
Graduiertenkolleg	35,4	69	22,0	42	25,3	74
Graduiertenschule/Graduate School	19,5	38	27,7	53	38,6	113
Promotionskolleg	6,2	12	7,9	15	3,4	10
Ph.D.-Programm	10,3	20	8,9	17	16,0	47
Research School	10,3	20	7,3	14	4,4	13
Promotionsprogramm	4,6	9	7,9	15	3,4	10
Doktorandenkolleg	1,5	3	2,1	4	2,0	6
Promotionsstudiengang	9,2	18	12,6	24	3,4	10
Sonstiges	3,1	6	3,7	7	3,4	10

sich die Bezeichnung „Graduiertenkolleg" unter allen drei Typen von Promotionsprogrammen. Dennoch kann festgehalten werden, dass Graduiertenkollegs eher dem Typus I „offene Programme" zuzuordnen sind, Promotionsstudiengänge sind prozentual eher in Typus II „lehrplanorientierte Programme" vertreten, während Graduate Schools bzw. Graduiertenschulen eher dem Typus III „leistungsbezogene (Gemeinschafts-)Programme" zuordnen sind.

Festzuhalten bleibt also, dass sich anhand der Merkmale Zugangsverfahren, Anzahl der Betreuungspersonen, der Kooperationen mit Wissenschaftler_innen außerhalb der Programme, der Anzahl angebotener Seminare und dem Beschäftigungsverhältnis bzw. der Finanzierung während der Promotion, eine Binnendifferenzierung von drei unterschiedliche Typen von Programmen der „strukturierten Promotionsförderung" aus den Daten abbilden ließ, deren Grad der Strukturierung von wenig bis stark strukturiert reicht.

3.1.2 Strukturierung durch Curricularisierung

Eine deutschlandweite standardisierte Online-Inhaltsanalyse alle Promotionsprogramme (Korff und Roman 2013) konnte veranschaulichen, welche Bedeutung dem formalisierten Ablauf des Promotionsprozesses und den „Ausbildungsinhalten" in der strukturierten Promotionsförderung zukommt. Gut 70 % aller analysierten strukturierten Promotionsprogramme ($N = 824$) gaben auf ihrer Internetpräsenz an über ein Curriculum bzw. einen Lehrplan – mit angebotenen

Veranstaltungen wie z. B. Kolloquien, Vorlesungen, Seminaren bis hin zu speziellen Veranstaltungen zu wissenschaftlichen Methoden, Sprachkursen oder praxis- und berufsbezogenen Veranstaltungen – zu verfügen. Der Verbindlichkeitsgrad der im Rahmen der Programme angebotenen Veranstaltungen verdeutlicht jedoch, dass die Strukturierung bzw. Formalisierung durch eine Curricularisierung differenzierter betrachtet werden muss, denn nur auf 416 Homepages fanden sich Angaben dazu: 33 % ($n = 316$) der strukturierten Promotionsprogramme gaben auf ihren Homepages den Besuch der angebotenen Veranstaltungen (im Curriculum) als verbindlich an, während 52 % ($n = 216$) lediglich Teile bzw. bestimmte Veranstaltungen als verbindlich herausstellten. Völlig unverbindlich angebotene Veranstaltungen fanden sich bei 15 % ($n = 64$) der untersuchten Programmhomepages[3].

Kommt man von der Außendarstellung der Programme auf die Ebene der Umsetzung und analysiert die Angaben der Promovierenden in der Online-Befragung zu ihren Promotionsprogrammen, können auch hier die angebotenen Veranstaltungen bzw. Seminare als Merkmal von „Struktur" – eine Strukturierung durch Curricularisierung – herangezogen werden bzw. sie können den Grad der „Verschulung" des Promotionsprozesses im Rahmen von Programmen der strukturierten Promotionsförderung offen legen und so Ungleichheiten durch die Curricularisierung aufdecken (Herz und Korff 2013; Korff 2015):

1. So zeigt ein Vergleich der Typen bezüglich ihrer angebotenen Veranstaltungen, dass die angebotenen Veranstaltungen bzw. Seminare, welches die Promovierenden in „offenen Programmen" besuchen können, sich auf drei bis vier ($M = 3.47$) Lehrveranstaltungen beschränkt (vgl. Cluster I in Tab. 3). Das Angebot setzt sich zusammen aus Doktorand_innenkolloquien, speziellen Vorlesungen und Seminaren für Doktorand_innen, Methodenseminaren oder Workshops sowie Veranstaltungen zum wissenschaftlichen Arbeiten (vgl. Cluster I in Tab. 3).

2. Die Anzahl der promotionsbegleitenden Angebote ist mit sechs Veranstaltungen in den „lehrplanorientierten Programmen" recht breit gefächert ($M = 6.22$). So können die Promovierenden Veranstaltungen wahrnehmen wie Doktoranden- oder interdisziplinären Kolloquien, speziellen Vorlesungen und Seminaren für Doktoranden, Methodenseminaren oder -workshops, Veranstaltungen zum wissenschaftlichen Arbeiten und zum Forschungsmanagement (vgl. Cluster II in Tab. 3).

---

[3]Auf den restlichen Homepages von strukturierten Promotionsprogrammen fanden sich keinerlei Angaben zum Verbindlichkeitsgrad eines angebotenen Curriculums.

Tab. 3 Angebotene Veranstaltungen innerhalb der Typen (Mehrfachnennungen waren möglich)

	Cluster I		Cluster II		Cluster III	
	($n = 195$)		($n = 191$)		($n = 293$)	
	%	n	%	n	%	n
Doktorandenkolloquium	82,5	156	96,9	185	97,3	284
Spezielle Vorlesungen/Seminare	80,5	153	94,7	180	99,0	289
Methodenseminar/-workshops	61,9	117	94,7	178	96,0	281
Veranstaltungen zum wiss. Arbeiten	63,1	118	99,5	188	99,7	292
Angebote zum Forschungsmanagement	16,1	29	78,4	145	88,1	252
Interdisziplinäre Forschungskolloquien	44,7	80	89,1	163	91,6	263
Praxis- und berufsbez. Veranstaltungen	12,2	22	76,2	141	85,0	244
Sonstige Veranstaltungen	1,0	2	3,7	7	5,5	16

3. Die Anzahl der promotionsbegleitenden Angebote ist mit sieben Veranstaltungen in den „leistungsorientierten (Gemeinschafts-)Programmen" am breitesten gefächert ($M = 6.56$). Promovierende dieses Typus können Veranstaltungen besuchen, wie Doktorand_innen- oder interdisziplinäre Kolloquien, spezielle Vorlesungen und Seminare für Doktorand_innen, Methodenseminare oder -workshops, Veranstaltungen zum wissenschaftlichen Arbeiten, zum Forschungsmanagement oder Praxis- und berufsbezogene Veranstaltungen (vgl. Cluster III in Tab. 3).

Doch die Struktur der Programme ist nicht nur von unterschiedlichen angebotenen Veranstaltungen, wie Seminaren und Vorlesungen bestimmt, sie kann auch aus den promotionsbegleitenden Tätigkeiten oder Verpflichtungen der Promovierenden abgeleitet werden, wie der folgende Abschnitt deutlich macht.

3.1.3 Promotionsbegleitende verpflichtende Tätigkeiten – das „Schattenprogramm" in der strukturierten Promotionsförderung

Weitere Erkenntnisse und Einblicke zur Lehr- und Lernsituation in strukturierten Promotionsprogrammen (aus der Sicht von Promovierenden) lassen vermuten, dass es neben dem offiziellen Lehrangebot, der „offiziellen" Curricularisierung, die auch mit dem Erwerb von Credits verbunden sein kann, ein begleitendes „Schattenprogramm" gibt. Damit sind Aktivitäten wie bspw. die Mitarbeit in der Lehre, Schreiben von Projektanträgen, Beteiligung an der wissenschaftlichen Selbstverwaltung oder Kooperation mit anderen Wissenschaftler_innen gemeint.

Da die Abarbeitung des „Schattenprogramms" keinem Modul zugeordnet ist, können diesbezüglich auch keine Credits erworben werden – obwohl Leistungen erbracht werden. Zudem ist ein solches Programm nicht transparent und wird durch evtl. Evaluierungen nicht erfasst. Beaufaÿs (2003) weist grundsätzlich auf die Bedeutsamkeit dieser Aktivitäten hin, wenn es um die Frage geht, wie Wissenschaftler_innen gemacht werden. Gerade unter dem Aspekt von Gender kann gezeigt werden, dass genau dieses „Schattenprogramm" eine ungleiche Behandlung in der strukturierten Promotionsförderung mit sich bringt (Herz und Korff 2013). Es finden Lehr- und Lernprozesse statt, die außerhalb der Programme nicht sichtbar sind oder allenfalls über das Ergebnis deutlich werden (eine Tagung, die organisiert wurde, eine Publikation, die veröffentlicht wurde etc.), wenn die Aktivität mit einem solchen verknüpft ist.

Ungleiche Struktur = Ungleiches Schattenprogramm.
Zieht man auch hier die drei Typen von Promotionsprogrammen zum Vergleich heran, zeigen sich Unterschiede in den jeweiligen „Schattenprogrammen" (vgl. Tab. 4): vor allem der Vergleich der „lehrplanorientierten Programme" (Cluster II)

Tab. 4 Promotionsbegleitende (verpflichtende) Tätigkeiten im Vergleich zwischen den Typen

	Cluster I		Cluster II		Cluster III	
	($n = 195$)		($n = 191$)		($n = 293$)	
	%	n	%	n	%	n
Durchführung eigener Lehrveranstaltungen	30,8	52	39,7	69	34,9	94
Zuarbeit zur Lehre	20,7	35	26,4	46	18,2	49
Betreuung Studierender	29,0	49	40,8	71	31,6	85
Mitarbeit bei Projektanträgen	20,7	35	23,0	40	15,2	41
Publikationen zur eigenen wiss. Arbeit	52,1	88	58,6	102	59,1	159
Tagungsbesuche	44,4	75	50,0	87	51,3	138
Vorträge auf wissenschaftlichen Tagungen	43,8	74	47,7	83	46,5	125
Organisation von Tagungen u. Workshops	23,7	40	26,4	46	20,1	54
Teilnahme am Doktorand_innenkolloquium	81,7	138	78,7	137	80,3	216
Kooperation mit anderen Wissenschaftler_innen	17,8	30	24,7	43	26,4	71
Auslandspraktikum bzw. -semester	5,9	10	5,7	10	7,8	21
Auslandsaufenthalte für Forschung und Lehre	11,8	20	10,3	18	13,4	36
Mitarbeit in der wiss. Selbstverwaltung	4,7	8	5,7	10	3,7	10
Sonstiges	0,6	1	–		–	

mit den „leistungsorientierten (Gemeinschafts-) Programmen" (Cluster III) macht eine stärkere Fokussierung des einen Typus auf *Lehre* im Vergleich zu einer *Output- bzw. Forschungsorientierung* des anderen Typus deutlich. Während in den „lehrplanorientierten Programmen" eine Verpflichtung in der Durchführung eigener Lehrveranstaltungen, in der Zuarbeit zur Lehre und der Betreuung Studierender gesehen wird, stehen die Publikationen zur eigenen wissenschaftlichen Arbeit, Tagungsbesuche und Vorträge auf wissenschaftlichen Tagungen als verpflichtende Tätigkeiten in den „leistungsbezogenen (Gemeinschafts-) Programmen" im Mittelpunkt. Bei letztgenanntem kommt noch die Verpflichtung zum Aufbau von internationalen Kooperationen hinzu.

Schattenprogramm und Geschlecht.
Die Ergebnisse der Online-Befragung zeigen auch wie unterschiedlich die verpflichtenden Tätigkeiten zwischen Frauen und Männern wahrgenommen werden: Während Frauen die Durchführung eigener Lehrveranstaltung (42,5 % der Frauen und 41,8 % der Männer), die Zuarbeit zur Lehre (39,4 % der Frauen und 36,3 % der Männer) und die Betreuung Studierender (44,5 % der Frauen und 41,8 % der Männer) im Verpflichtungsgrad höher einschätzen, sind es bei den männlichen Promovierenden die Publikationen zur eigenen wissenschaftlichen Arbeit (54,7 % der Frauen und 57,0 % der Männer) und Tagungsbesuche (43,8 % der Frauen und 45,0 % der Männer). Frauen sehen sich dagegen eher dazu verpflichtet Tagungen und Workshop zu planen und zu organisieren (38,7 % der Frauen und 26,6 % der Männer), aber auch Kooperationen mit anderen Wissenschaftler_innen aufzubauen (23,2 % der Frauen und 18,2 % der Männer). Männer fühlen sich hingegen eher dazu verpflichtet das Doktoranden_innenkolloquium zu besuchen (78,4 % der Frauen und 80,4 % der Männer). Es konnte jedoch nur bei der „Planung und Organisation von Tagungen und Workshops" ein signifikanter Zusammenhang zwischen der verpflichtenden Tätigkeit und dem Geschlecht der Promovierenden nachgewiesen werden (χ^2 (1, $n = 716$) $= 8.973$; $p = 0.003$; *Cramers-V* $= 0.112$; vgl. Tab. 5 und Herz und Korff 2013).

Das Ergebnis bezüglich signifikanter Geschlechterunterschiede in den „Schattenprogrammen" wirft die Fragen nach dem Stellenwert der Organisation von Tagungen und Workshops für die Spiele der Wissenschaft und ihrer Kapitalsorten auf. Bei der Organisation von Workshops und Tagungen handelt es sich um Aktivitäten, die eher auf der Hinterbühne als auf der Vorderbühne anzusiedeln sind und die nicht gleichermaßen output-orientiert sind wie eigene Vorträge oder Publikationen.

Tab. 5 Verpflichtende Aktivitäten während der Promotionszeit differenziert nach Geschlecht
der Befragten (%)

	Frauen	Männer
	($n = 639$)	($n = 441$)
	%	%
Durchführung eigener Lehrveranstaltungen	42,5	41,8
Zuarbeit zur Lehre	39,4	36,3
Betreuung Studierender	44,5	42,8
Mitarbeit bei Projektanträgen	34,0	33,9
Publikationen zur eigenen wissenschaftlichen Arbeit	54,7	57,0
Tagungsbesuche	43,8	45,0
Vorträge auf wissenschaftlichen Tagungen	45,2	42,8
Planung u. Organisation von Tagungen u. Workshops*	38,7	26,6
Teilnahme an einem Doktorand_innenkolloquium	78,4	80,4
Kooperation mit anderen Wissenschaftler_innen	23,2	18,2
Auslandspraktikum bzw. -semester	18,2	19,1
Auslandsaufenthalte für Forschung und Lehre	19,5	19,4
Mitarbeit in der wissenschaftlichen Selbstverwaltung	10,0	8,9
Sonstiges	–	1,0

*Signifikanter Geschlechterunterschied

3.1.4 Zwischenfazit

Als Zwischenfazit kann festgehalten werden, dass sich Ungleichheiten auf der
Ebene der Programme anhand der Strukturierung – von wenig bis stark strukturiert – aufzeigen lassen, die wiederum Auswirkungen auf die Curricularisierung
und die Schattenprogramme haben. Die unterschiedliche Curricularisierung und
die unterschiedlich ausfallenden Schattenprogramme – mit dem Fokus auf Lehre
einerseits und Forschung andererseits – haben wiederum unterschiedliche Auswirkungen auf Chancengleichheit bzw. Geschlechtergerechtigkeit unter den Promovierenden der Programme. Lernen und Lehren scheint in den Programmen der
strukturierten Promotionsförderung insgesamt komplexer und undurchsichtiger
zu sein als angenommen – obwohl ein Curriculum ja gerade Transparenz sicherstellen soll. Es ist unterschiedlich verbindlich, findet an unterschiedlichen Orten
bzw. in unterschiedlichen Settings und situativen Kontexten bzw. in unterschiedlichen Promotionsprogramm-Typen statt. Bisher geht es auch „nur" um die äußere

Struktur und noch nicht um vermittelte Inhalte. Damit ist auch die Lehre und das stets als Novum der strukturieren Promotionsförderung unterstrichene „Curriculum" noch eine „Black Box" innerhalb der „Black Box strukturierte Promotionsförderung", für die jedoch inzwischen erste relevante Ergebnisse vorliegen (Korff und Roman 2013; Korff et al. 2011). Zudem können Gründe für einen Abbruch der Dissertation auch in der Struktur und organisationalen Kultur der Promotionsprogramme und damit in den dort möglichen Lehr- und Lernprozessen liegen (Korff 2015; Lovitts 2001).

3.2 Ungleichheiten Promovierender in strukturierten Promotionsprogrammen

Bei der Frage, wer in strukturierten Promotionsprogrammen einem Promotionsvorhaben nachgeht, lassen sich unter einer Ungleichheitsperspektive verschiedene Aspekte analysieren. Dies betrifft 1) den Zugang und 2) den Grad der Strukturiertheit der Promotionsprogramme sowie soziodemografische Merkmale der Promovierenden 3) und schließlich „neue" Ungleichheiten, die von den Programmen hervorgebracht werden.

3.2.1 Mehr Chancengleichheit durch transparente Zugangsverfahren?

Vergleicht man die Angaben der Promovierenden in der Online-Befragung zu den Auswahlverfahren, die sie in strukturierten Programmen durchlaufen haben, so thematisiert man damit Chancengleichheit oder -ungleichheit beim Zugang zur Promotion. Während die Forderung nach transparenten Auswahlverfahren für Programme strukturierter Promotion so alt ist wie die Diskussion um Chancengerechtigkeit in der strukturierten Promotion allgemein, so verwundert es, wie wenig ausschlaggebend transparente Auswahlverfahren für die Promovierenden selbst bei der Entscheidung für ein Programm sind. Entsprechend beantworteten über die Hälfte der Befragten das Item „Ich promoviere in einem Promotionsprogramm, weil ich mir eine gerechtere Behandlung bei der Auswahl in solchen Programmen versprach" mit „trifft überhaupt nicht zu" ($52\,\%$, $n = 1.016$). Auch wenn sich Frauen etwas mehr Gleichbehandlung versprechen, so sind die Unterschiede zwischen den Geschlechtern nicht signifikant (M(Frauen) $= 2.46$; M(Männer) $= 2.29$; $F = 2.114$; $p = 0.146$).

Bei der Beantwortung der Frage „Welche Zugangsverfahren durchlaufen strukturiert Promovierende?" wird deutlich, dass schriftliche Bewerbungen ($86,8\,\%$) und Vorstellungsgespräche ($69,4\,\%$) die meistgenannten Auswahlverfahren sind. Aufnahmeprüfungen ($8,5\,\%$) oder Assessment-Center ($2,0\,\%$) sind weniger verbreitet (vgl. Tab. 6). Überraschend ist, dass immerhin 6,7 % aller Befragten Zugang zu einem Programm erhalten haben, ohne ein Auswahlverfahren zu durchlaufen. Dieser Befund lässt deutliche Zweifel an der Transparenz und an der Chancengleichheit in den Zugangsverfahren zur strukturierten Promotionsförderung aufkommen. Im Vergleich zur Kontrollgruppen der Individualpromovierenden ($n = 181$), von denen 19,3 % angegeben haben kein Auswahlverfahren durchlaufen zu haben, kann man hingegen durchaus von einer „Verbesserung" sprechen.

Differenziert nach dem Geschlecht der Befragten zeigen sich nur für bestimmte Auswahlverfahren in der strukturierten Promotion Unterschiede: Die Verteilung von Männern und Frauen bei den Zugangswegen schriftliche Bewerbung (88,6 % versus 84,0 %) und Vorstellungsgespräch (70,7 % versus 67,4 %) zeigt, dass Frauen eher formelle Zugangsverfahren durchlaufen (vgl. Tab. 6). Dies zeigt sich auch daran, dass Männer eher (7,9 %) als Frauen (5,9 %) ohne jegliches Auswahlverfahren Zugang zum Promotionsprogramm erhalten. Während die Unterschiede zwischen den Geschlechtern vergleichsweise gering ausfallen, schlägt sich das Vorhandensein eines Migrationshintergrundes deutlicher in den Ergebnissen nieder: Auffällig ist, dass Personen mit Migrationshintergrund häufiger Auswahlverfahren durchlaufen (vgl. Tab. 6). Dabei zeigt sich, dass promovierende Frauen mit Migrationshintergrund eher an Vorstellungsgesprächen

Tab. 6 Zugangsverfahren differenziert nach Geschlecht und Migrationshintergrund der Promovierenden

	Frauen insgesamt	Frauen mit Migrationshintergrund	Männer insgesamt	Männer mit Migrationshintergrund	Individualpromovierende
	($n = 678$)	($n = 162$)	($n = 445$)	($n = 96$)	($n = 181$)
	%	%	%	%	%
Schriftliche/digitale Bewerbung	88,6	87,7	84,0	88,5	54,5
Vorstellungsgespräch	70,7	75,9	67,4	69,8	56,8
Aufnahmeprüfung	8,7	15,4	8,1	19,8	2,3
Assessment-center	2,1	3,7	2,0	5,2	–
Sonstiges	6,9	3,7	4,7	4,2	4,5
Kein Auswahlverfahren	5,9	3,7	7,9	5,2	19,3

teilnehmen (75,9 %) als Männer mit Migrationshintergrund (69,8 %). Entscheidend beim Aspekt der Herkunft ist, dass sowohl weibliche als auch männliche strukturiert Promovierende mit Migrationshintergrund (15,4 % und 19,8 %) etwa doppelt so oft wie Promovierende insgesamt (8,7 % und 8,1 %) Zugang über Aufnahmeprüfungen erlangen (vgl. Tab. 6).

3.2.2 Soziodemografie der Promovierenden

Wer erfolgreich die Zugangsverfahren durchläuft und anschließend den Promotionsprozess in einem strukturierten Promotionsprogramm durchläuft, soll der folgende Abschnitt zeigen (vgl. Tab. 7):

An der Online-Erhebung beteiligten sich insgesamt mehr Frauen als Männer (57,7 % versus 42,3 %). Hinsichtlich des Alters der Promovierenden bestehen keine Unterschiede zwischen den Geschlechtern, da sowohl die weiblichen als auch die männlichen Promovierenden aus Programmen strukturierter Promotion durchschnittlich 30 Jahre alt sind (Frauen: $SD = 3,7$; Männer: $SD = 4,1$). Sie kommen zu ca. 65 % aus akademischen Elternhäusern, bei denen beide oder mindestens ein Elternteil eine akademische Ausbildung aufweist (Frauen: 67,2 %; Männer: 62,2 %). Insgesamt sind etwa zwei Drittel der Befragten verheiratet oder leben in fester Partnerschaft. Der Anteil an Frauen in fester Partnerschaft ist mit 55 % und der Anteil an verheirateten Frauen mit 20,2 % höher als der Anteil der Männer in fester Partnerschaft mit 49,9 % und der Anteil an verheirateten Männern mit 17,3 %. Der Anteil von männlichen Promovierenden mit Kind beträgt 9 %, und nur gering davon abweichend liegt der Anteil weiblicher Promovierender mit Kind bei rund 10 %. Auch bei der Anzahl der Kinder bestehen kaum Unterschiede zwischen den Geschlechtern (Frauen: $M = 1,4$; versus Männer: $M = 1,3$ Kinder; vgl. Tab. 7). Rund ein Viertel der Befragten sind Promovierende mit Migrationshintergrund. Auch wenn, prozentual gesehen, Frauen mit Migrationshintergrund etwas stärker als Männer mit Migrationshintergrund in der Befragung vertreten sind, deuten diese Zahlen allgemein keine geschlechtsspezifischen Unterschiede in der Soziodemografie der Promovierenden an. Und wie finanzieren die Promovierenden ihre Promotion? Betrachten wir die Beschäftigungsverhältnisse, die mit der Promotion in Promotionsprogrammen verbunden sind, so lässt sich eine klare Tendenz festhalten. Deutlich mehr als die Hälfte der Promovierenden wird durch ein Stipendium in ihrem Promotionsprogramm (50,1 %) oder durch ein externes Stipendium (9,1 %) gefördert. Allgemein zeigen sich bei den Finanzierungsmodellen kaum Unterschiede zwischen Frauen und Männern, doch finanzieren sich etwas weniger Frauen (59 %) als Männer (62 %) durch ein Stipendium. Etwas mehr Frauen (14,6 %) haben eine befristete Stelle (als wissenschaftliche Mitarbeiter_in) im Rahmen des Promotionsprogramms als Männer

Tab. 7 Verteilung der soziodemografischen Merkmale differenziert nach Geschlecht der Befragten ($n = 1.468$)

	Frauen	n	Männer	n	Gesamt	n
Geschlecht (Anteil in %)	57,7	847	42,3	621	100,0	1.468
Alter (Mittelwert in Jahren)	29,7	841	29,8	614	29,8	1.455
Bildungshintergrund (in %)						
– keine Akademiker	32,8	269	37,8	227	34,9	496
– ein Elternteil Akademiker	28,2	232	25,6	154	27,1	386
– beide Elternteile Akademiker	39,0	320	36,6	220	38,0	540
Partnerschaft (in %):						
– ohne feste Partnerschaft	24,8	207	32,8	199	28,2	406
– in fester Partnerschaft	55,0	458	49,9	303	52,8	761
– verheiratet	20,2	168	17,3	105	19,0	273
Mit Kind(-ern) (in %)	10,1	84	9,0	55	9,6	139
Anzahl der Kinder (Mittelwert)	1,4	83	1,3	52	1,4	135
Migrationshintergrund (in %)	25,1	211	23,9	147	24,6	358
Beschäftigungsverhältnis (in %):						
– Stipendium im Promotionsprogramm	49,3	412	53,0	324	50,9	736
– befr. Stelle außerhalb des Prom.-Prog. (wiss. Mit.)	17,8	149	17,0	104	17,5	253
– befr. Stelle im Prom.-Prog. (wiss. MitarbeiterIn)	14,6	122	12,9	79	13,9	201
– extern gefördertes Stipendium	9,6	80	8,7	53	9,2	133
– keine Finanzierung der Promotion	4,2	35	3,9	24	4,1	59
– wissenschaftliche Hilfskraft	2,0	17	2,6	16	2,3	33
– sonstiges	2,5	21	1,6	10	2,0	31
– unbefr. Stelle (wiss. MitarbeiterIn)	–	–	0,2	1	0,1	1

Tab. 8 Soziodemografische Merkmale der Promovierenden innerhalb der drei Typen

		Cluster I		Cluster II		Cluster III	
		(n = 195)		(n = 191)		(n = 293)	
		%	n	%	n	%	n
Geschlecht (%)	Frauen	66,7	130	57,6	110	61,8	181
	Männer	33,3	65	42,4	81	38,2	112
Alter *(M)*		30,0	194	29,8	191	29,6	291
Anzahl der Kinder *(M)*		1,3	18	1,3	17	1,3	23
Bildungshintergrund (%)	Akademiker HH	69,7	139	64,4	123	65,5	192
	Kein Akademiker HH	29,7	58	34,0	65	32,4	95
Migrationshintergrund (%)	Mit	13,8	27	29,5	56	24,3	71
	Ohne	86,2	168	70,5	134	75,7	221

(12,9 %; vgl. Tab. 7). Auch hinsichtlich der Höhe des Einkommens (brutto wie netto) und der Gelder aus (familiärer) Unterstützung lassen sich keine signifikanten Unterschiede zwischen den Geschlechtern ausmachen.

Festzuhalten ist also, dass die befragten „strukturiert" Promovierenden in Deutschland einer – unter sozialstrukturellen Gesichtspunkten – homogenen Gruppe angehören: „strukturiert" Promovierende sind jung (durchschnittlich 30 Jahre alt), befinden sich zum Großteil in einer Partnerschaft, sind überwiegend kinderlos und kommen überwiegend aus einem akademischen Elternhaus, bei denen beide oder mindestens ein Elternteil eine akademische Ausbildung aufweist. Und sie finanzieren sich und ihre „strukturierte" Promotion zumeist über ein Stipendium.

3.2.3 Mehr Struktur, weniger Ungleichheiten?

Bei einem Vergleich der Promovierenden, die innerhalb der drei Typen von strukturierten Promotionsprogrammen promovieren, lassen sich auch Ungleichheiten hinsichtlich der soziodemografischen Merkmale, wie dem Geschlecht, dem Alter, der Anzahl der Kinder, der sozialen Herkunft und dem Vorhandensein eines Migrationshintergrunds aufzeigen (vgl. Tab. 8):

1. Männliche Promovierende finden sich zwar eher in den „lehrplanorientierten Programmen (für Externe)", während Frauen eher in „offenen Programmen (für Interne)" promovieren (Frauen: 66,7 %; Männer: 42,4 %), dennoch ergab sich kein signifikanter Zusammenhang zwischen der Strukturierung der Programme und dem Geschlecht der Promovierenden.

2. Beim Alter ergaben sich ebenfalls keine signifikanten Unterschiede zwischen den Typen. Im Durchschnitt sind die Promovierenden in allen drei Typen 30 Jahre alt.

3. Auch die Unterschiede bezüglich der Anzahl der Kinder ergaben keinen signifikanten Zusammenhang. Durchschnittlich haben die Promovierenden in allen drei Typen strukturierter Programme 1,3 Kinder.

4. Zum Bildungshintergrund[4] der befragten Promovierenden kann festgehalten werden, dass in den „offenen Programmen (für Interne)" – mit einem Verhältnis von 70/30 – im Vergleich zu den „lehrplanorientierten Programmen (für Externe)" und „leistungsbezogenen (Gemeinschafts-)Programmen" die Ungleichheit bzgl. der Bildungsherkunft etwas größer ausfällt. Ein Zusammenhang konnte jedoch nicht nachgewiesen werden.

5. Promovierende mit Migrationshintergrund sind mit 30 % häufiger in den „lehrplanorientierten Programmen (für Externe)" anzutreffen als in den „offenen Programmen (für Interne)" (13,8 %) oder den „leistungsbezogenen (Gemeinschafts-)Programmen" (24,3 %). Allein bei diesem Merkmal ergab sich ein mittelstarker Zusammenhang, der hoch signifikant ist (χ^2 (2, $n = 677$) = 14.092, $p = 0.001$, *Cramer's V* = 0.144).

Auch wenn es sich nur in Ansätzen zeigt, scheinen doch Ungleichheiten hinsichtlich der Herkunft (Bildungsherkunft und Migrationshintergrund) in den „strukturierteren" Programmen (in Cluster II und III) geringer auszufallen als in den „offenen" Programmen (Cluster I).

3.2.4 Neue Ungleichheiten bei den Promovierenden durch die Strukturierung

Die strukturierte Promotionsförderung birgt jedoch auch die Gefahr, dass aus erwünschter Vielfalt neue Ungleichheiten entstehen, denn die klassischen Differenzlinien (Geschlecht, soziale Herkunft und Migrationshintergrund) können durch neue überlagert oder verdrängt werden und so neue Chancenungleichheiten hervorbringen. Sprache, ist so eine neue Differenzlinie, welche sich durch die Analyse der Gruppendiskussionen offenbarte. Während Chancengleichheit

---

[4]Der „Bildungshintergrund" wurde aus den Variablen „höchster Bildungsabschluss der Mutter" und „höchster Bildungsabschluss des Vaters" gebildet. Für die dichotome Variable wurden die Kategorien „ein Elternteil Akademiker" und „beide Elternteile Akademiker" zusammengefasst zu „Akademiker-HH". In der Tab. 8 werden keine 100 % erreicht, da einige Befragungspersonen keine Angaben zu den abgefragten Items gemacht haben.

im Zusammenhang mit Geschlechtergerechtigkeit eher tabuisiert und wenn überhaupt nur latent angesprochen wird (Baader und Korff 2015), sind Sprachkenntnisse oder Auslandsaufenthalte Teil der Internationalisierungsstrategie und der Ziele, die Besten zu bekommen. So sind fehlende Deutschkenntnisse nicht unbedingt ein Ausschlusskriterium für den Zugang zu strukturierten Promotionsprogrammen. Viele deutsche Universitäten streben eine Internationalisierung an und stehen deshalb formal auch ausländischen Bewerber_innen offen gegenüber. Um die Bedürfnisse der in die Programme strukturierter Promotion aufgenommenen ausländischen Promovierenden berücksichtigen zu können, wird oft neben Deutsch auch Englisch als sogenannte Amts- oder Arbeitssprache gewählt. „Dabei bleibt oftmals vage, welche Sprache im gemeinsamen Arbeitsprozess konkret verwendet wird, wie die Gruppendiskussionen zeigen. Die Bestimmungen bezüglich der Arbeitssprache werden in den Gruppendiskussionen unterschiedlich eingeschätzt – die Bandbreite reicht von Unsicherheiten in der Umsetzung bis hin zur Überforderung" (Steinhöfel und Voß 2013, S. 159 f.):

Die Umsetzung der Zweisprachigkeit bezeichnen die Promovierenden als ein Problem, dass vor allem mit Mitpromovierenden ohne jegliche Deutschkenntnisse auf komme. Geforderten werden dann z. B. entweder Schonzeiten zum Deutschlernen oder aber die Erwägung nur einer einzigen Arbeitssprache und zwar Englisch. Letztes führt aber eher zu von den Promovierenden als „absurd" bezeichneten Situationen, wie Kolloquien auf Englisch abzuhalten, obwohl nur deutsche Promovierende anwesend sind. Dies wurde allerdings auch als Vorteil bezüglich der Verbesserung von Englischkenntnissen angesehen. Nicht selten entstehen aber vor allem Spannungen, die zum Ausschluss von Peerbeziehungen führen können, wie das folgende Zitat deutlich macht:

[...] es gibt mehrere [...], die wirklich kein Deutsch können, oder wenig Deutsch können, und die sich SEHR unwohl fühlen, WEIL unter anderem teilweise, zum Beispiel in der Mensa, nur Deutsch gesprochen wird. Oder ich hatte das gestern: [...] die Mehrheit hat die ganze Zeit Deutsch gesprochen. Und da hatten wir aber drei Leute, die, ja, nicht so viel Deutsch sprechen, und die waren dann total still, und dann saßen die halt neben mir. Und dann haben sie halt angefangen, so ein bisschen immer wieder auf Englisch zu sprechen, und die Leute haben gar nicht darauf geachtet. [...] Bei diesem [Bezeichnung des Mittagessens] kommen halt immer nur die Deutschsprachigen an der [Name der Universität], und WENIG Internationale, weil sie sich einfach sehr unwohl fühlen. Es sei denn, diese Internationalen haben eine laute Stimme, und können die Leute SO gut [...] wieder mit einbeziehen in das Gespräch, dass sie halt jetzt Englisch sprechen. Aber das ist sehr selten der Fall (GD 6, Zeilen 1295–1310).

Diese Passage zeigt, dass die Pflege von Peer Relations – wie der Austausch beim gemeinsamen Essen – für die ausländischen Promovierenden ohne deutsche Sprachkenntnisse nur eingeschränkt möglich ist. Die Mehrheit – in diesem Fall die Deutschsprachigen – bestimmt über die Wahl der Sprache in Peer Relations und somit über die Integration und das „(Un-)Wohlfühlen" der ausländischen Peers. „Insgesamt entsteht der Eindruck, dass, obwohl den Nicht-Deutschsprachigen Zugang zu Programmen strukturierter Promotion gewährt wird, die Qualität und Intensität der Zusammenarbeit in der Realität stark von ihrer eigenen Fähigkeit abhängt, sich zurechtzufinden und von der Aufnahmebereitschaft der (deutschsprachigen) Gruppe. Wie bereits erwähnt, sind die Schwierigkeiten ausländischer Mitpromovierender, wie beispielsweise beim Knüpfen von Kontakten, den Peers bekannt. In einer der Gruppendiskussionen werden deshalb Forderungen an das Promotionsprogramm formuliert" (Steinhöfel und Voß 2013, S. 162):

> […] wenn man sagt, man will halt, dass hier nur Englisch gesprochen wird, dann macht das halt auch keinen Sinn, von dreißig Leuten vier Leute aufzunehmen, die Englisch, also die Englisch als Muttersprache oder als Arbeitssprache hier sprechen müssen, weil sie kein Deutsch können. Sondern dann muss man so versuchen, ein ausgewogenes Verhältnis herzustellen und zu sagen „okay, dann schaffen wir hier internationalen Kontext". Weil, bei uns haben eben die wenigen Leuten den Status von „oh, jetzt kommt der und der, na gut okay, jetzt reden wir mal Englisch, weil sonst versteht er uns nicht" oder so (GD 1, Zeilen 898–993).

In dieser Passage wird von der Sonderstellung derjenigen Peers gesprochen, die „kein Deutsch können". Es wird für ein „ausgewogene[s] Verhältnis" zwischen Deutschsprachigen und Nicht-Deutschsprachigen im Promotionsprogramm plädiert, welches die soziale Etikettierung „oh, jetzt kommt der und der" überflüssig machen soll (Steinhöfel und Voß 2013, S. 162).

So erwies sich die Sprache, als eine neue bedeutsame Differenzlinie in Programmen der strukturierten Promotion. Die Frage „Wer spricht gut Englisch?" zeigt, dass Diversity auch dazu dienen kann, neue Homogenisierungen hervorzubringen (Baader et al. 2016). „In der strukturierten Promotionsförderung, in der sich, wie in einem Brennglas, Strukturen der neuen unternehmerischen Universität abbilden, wird Diversity mit Internationalisierung gleichgesetzt und bringt dadurch neue Vereinheitlichungen hervor" (Baader 2013). Dieses Beispiel für das Diversity-Management in der strukturierten Promotionsförderung deutet paradigmatisch die bisherige Schwerpunktlegung an: Die Norm Diversity in der strukturierten Promotionsförderung soll in erster Linie dazu beitragen, die eigene Organisation im internationalen Wettbewerb zu platzieren und die Besten zu bekommen. Sie ist bisher weniger darauf ausgerichtet, Chancengleichheit herzustellen und Benachteiligungen abzubauen (Baader 2013).

4   Resümee: Mehr Struktur, mehr Chancengleichheit?

Die Untersuchung der verschiedenen Ebenen und Aspekte zeigt, dass sich die Frage nach Gleichheit und Ungleichheit äußerst komplex darstellt. Zunächst wurde deutlich, dass die ungleiche Strukturierung von Programmen unterschiedliche (Un)Gleichheiten bei den Promovierenden erzeugt. Denn die Bezeichnung „strukturiertes Programm" ist nicht in jedem Fall gleichbedeutend mit einer starken Struktur. Die Strukturierung der strukturierten Programme weist jedoch Effekte bezüglich Gleichheit/Ungleichheit auf. Folgende Unterschiede lassen sich zunächst bezüglich der Struktur der Programme identifizieren:

Es gibt unterschiedliche Curricularisierungen (Schwerpunkt auf Forschung oder auf Lehre). Unterschiedliche Schattenprogramme erzeugen (vor allem bezogen auf das Geschlecht) eine ungleiche Sozialisation und Behandlung von Promovierenden und sind damit relevant für Praktiken der Hervorbringung von Wissenschaftler_innen, also für die Frage, wie Wissenschaftler_innen gemacht werden (Beaufaÿs 2003). In diesem Zusammenhang wurde beispielsweise deutlich, dass Frauen stärker zu bestimmten Tätigkeiten auf der Hinterbühne, wie Workshops und Tagungen organisieren, herangezogen werden als ihre männlichen Kollegen. Dieser Aspekt kann als Teil von weniger sichtbaren Strukturen, das heißt von „hidden gender structures", an den Universitäten betrachtet werden (Baader 2015). Diese zu erfassen, erfordert für die Forschung auch andere Zugänge als das reine Auszählen von Köpfen nach Geschlechtszugehörigkeit. Insgesamt haben wir es in der wettbewerbsförmigen Universität der Wissensgesellschaft oder der „unternehmerischen Universität" (Aulenbacher et al. 2012) bezogen auf Geschlechterungleichheiten stärker mit jenen unsichtbareren Prozessen, solchen der Subtilisierung (Metz-Göckel 2011) und der „small stories" am Rande von akademischen Handlungsräumen (Böhringer 2016 in diesem Band) zu tun.

Darüber hinaus zeigten sich in unserer Analyse auch unterschiedliche Zugangsstrukturen bei der Auswahl der Promovierenden. In diesem Kontext ist das Ergebnis bemerkenswert, dass Männer eher *ohne* Zulassungsverfahren und Frauen eher *mit* Zulassungsverfahren Zugang zu strukturierten Programmen erhalten. Geschlechterdifferierende und Geschlechterungleichheit erzeugende Aspekte spielen also weiterhin auch beim Zugang zur strukturierten Promotion eine Rolle. Schließlich ist ein weiteres zentrales Ergebnis, dass eine stärkere Strukturierung der Programme und eine kompetitive Struktur Chancengleichheit tendenziell bezogen auf soziale Herkunft und auf den Migrationshintergrund fördert. Unbedingt festzuhalten ist aber auch, dass im gesamten Spektrum der strukturierten Programme die Promovierenden aus einem akademischen Elternhaus mit 2/3 überwiegen, und dass dies in den schwächer strukturierten, offeneren Programmen noch stärker ausgeprägt ist. Damit weisen die stark strukturierten Programme mit geregelten schriftlichen Zugangsverfahren tatsächlich eine Tendenz auf, Ungleichheiten bezogen auf Geschlecht, auf soziale Herkunft bzw. Bildungshintergrund und Migrationshintergrund zu reduzieren.

Aber die neuen Strukturen erzeugen auch neue Ungleichheiten, etwa bezogen auf die Sprache, insbesondere die Fähigkeit, gut englisch zu sprechen. Dies verweist auf neue Ungleichheiten, die durch Internationalisierung und Globalisierung hervorgebracht werden.

Und schließlich erzeugen die Programme eine recht homogene Altersstruktur. In dieser Hinsicht sind Vergleiche zur Gruppe der Individualpromovierenden von Interesse. Während die Promovierenden in der strukturierten Promotion im Durchschnitt 30 Jahre alt sind ($n = 1455$; $M = 29,8$; $SD = 3,9$; $Min/Max = 21/65$), sind die Individualpromovierenden im Durchschnitt zwei Jahre älter und weisen eine wesentlich höhere Varianz in der Altersstruktur auf ($n = 174$; $M = 32,2$; $SD = 5,9$; $Min/Max = 23/63$). Dieser Unterschied konnte als signifikant nachgewiesen werden ($t(192) = 5.241$, $p = .000$). Unter dem Aspekt von Alter fördert die strukturierte Promotion demnach keine Diversität, sondern führt zu jüngeren Promovierenden. Auch Fragen von Einschränkungen und Disabilities stellen relevante Aspekte von Chancengleichheit dar, spielen aber im Diskus um die strukturierte Promotionsförderung bislang keine Rolle.

In der strukturierten Promotionsförderung bleiben Ungleichheiten entlang der klassischen Differenzlinien im intersektionalen Paradigma, Geschlecht, soziale Herkunft und Migrationshintergrund, bestehen und werden zudem von neuen überlagert oder sogar verdrängt. Erwünschte Vielfalt kann so zu unerwünschter Ungleichheit werden. Hier setzt das Instrument „Ein Köcher voller Fragen" zur Förderung von Chancengleichheit an (Baader et al. 2013, 2016). Das Instrument dient der Selbstevaluation und ist prozessorientiert sowie organisationsbezogen angelegt. Es schließt an das Verständnis von Chancengleichheit der Deutschen Forschungsgemeinschaft (DFG) an und umfasst Aspekte von „Gender" und „Diversity". Mit dem „Köcher voller Fragen" wurde ein zielgruppengerechtes Instrument zur Herstellung von Chancengleichheit in Programmen der strukturierten Promotion entwickelt, mit dem auf unterschiedlichen organisationalen Ebenen reflektiert werden kann, welche Differenzen vorhanden sind, ob und wie sie durch organisationale Aspekte erzeugt werden, sowie ob und in welcher Form aus ihnen wiederum Chancen(un)gleichheit entsteht. Das Instrument soll dazu beitragen, die Herstellung von Chancengleichheit zu fördern.

Literatur

Allmendinger, J., & Schorlemmer, J. (2010). Karrierewege in der wissenschaftlichen Nachwuchsförderung. Das Geschlecht macht einen Unterschied. In M. Wintermantel (Hrsg.), *Promovieren heute. Zur Entwicklung der deutschen Doktorandenausbildung im europäischen Hochschulraum* (S. 124–136). Hamburg: Edition Körber-Stiftung.

Andres, L., Bengtsen, S. S. E., Castaño, L. G., Crossouard, B., Keefer, J. M., & Pyhältö, K. (2015). Drivers and interpretations of doctoral education today: National comparisons. *Frontline Learning Research, 3*(3), 5–22.

Aulenbacher, B., Binner, K., Riegraf, B., & Weber, L. (2012). Wissenschaft in der Entrepreneurial University feminisiert und abgewertet? *WSI-Mitteilungen, 65*(6), 405–411.

Baader, M. S. (2013). Diversity Education in der Erziehungswissenschaft. „Diversity" as a buzzword. In K. Hauenschild, S. Robak, & I. Sievers (Hrsg.), *Diversity Education. Zugänge – Perspektiven – Beispiele* (S. 38–59). Frankfurt a. M.: Brandes & Apsel.

Baader, M. S. (2015). Erziehung, Bildung, Geschlecht und Wissenschaft. Vexierspiele, De-Thematisierungen, Hidden Gender Structures und Verschiebungen in einem komplexen Verhältnis. In K. Walgenbach & A. Stach (Hrsg.), *Geschlecht in gesellschaftlichen Transformationsverhältnissen* (S. 159–176). Opladen: Budrich.

Baader, M. S., & Korff, S. (2015). Chancengleichheit durch die strukturierte Promotionsförderung – ein Tabu in der Umsetzung? *Die Hochschule: Journal für Wissenschaft und Bildung, 2,* 58–78.

Baader, M. S., Korff, S., & Schröer, W. (2013). Ein Köcher voller Fragen – Instrument zur Selbstevaluation. In S. Korff & N. Roman (Hrsg.), *Promovieren nach Plan? Chancengleichheit in der strukturierten Promotionsförderung* (S. 207–226). Wiesbaden: Springer VS.

Baader, M. S., Korff, S., & Schröer, W. (2016). *Ein Köcher voller Fragen – Instrument zur Selbstevaluation* (2. überarbeitete Aufl.). Hildesheim. https://hochschuleundbildung.de/publikationen/. Zugegriffen: 08. Jan. 2017.

Beaufaÿs, S. (2003). *Wie werden Wissenschaftler gemacht? Beobachtungen zur wechselseitigen Konstitution von Geschlecht und Wissenschaft.* Bielefeld: Transcript.

Beaufaÿs, S., Engels, A., & Kahlert, H. (Hrsg.). (2012). *Einfach Spitze? Neue Geschlechterperspektiven auf Karrieren in der Wissenschaft.* Frankfurt a. M.: Campus.

Berning, E., & Falk, S. (2004). Promotionsstudium – ein Beitrag zur Eliteförderung. *Beiträge zur Hochschulforschung, 26*(3), 54–76.

Berning, E., & Falk, S. (2006). *Promovieren an den Universitäten in Bayern. Praxis – Modelle – Perspektiven.* http://www.ihf.bayern.de/uploads/media/ihf_studien_hochschulforschung-72.pdf. Zugegriffen: 08. Febr. 2014.

Böhringer, D. (2017). „Gut gemacht Mädchen!" Geschlechterdifferenz und Geschlechterungleichheit an Hochschulen. In M. S. Baader & T. Freytag (Hrsg.), *Bildung und Ungleichheit in Deutschland*, S. 493–510. Wiesbaden: Springer VS.

Bosbach, E. (2009). *Von Bologna nach Bosten? Perspektiven und Reformansätze in der Doktorandenausbildung anhand eines Vergleichs zwischen Deutschland und den USA.* Leipzig: Akademische Verlagsanstalt.

BuWiN – Bundesbericht Wissenschaftlicher Nachwuchs (2017). Bielefeld: Bertelsmann. http://www.buwin.de. Zugegriffen: 15. Mai 2017.

DFG – Deutsche Forschungsgemeinschaft (2015). *Allgemeine Informationen zur Chancengleichheit als Aufgabenfeld der DFG.* http://www.dfg.de/foerderung/grundlagen_rahmenbedingungen/chancengleichheit/allgemeine_informationen/index. html#micro13639705. Zugegriffen: 07. Mai 2015.

Engler, S. (2001). *In Einsamkeit und Freiheit. Zur Konstruktion der wissenschaftlichen Persönlichkeit auf dem Weg zur Professur.* Konstanz: UVK.

Hauss, K., & Kaulisch, M. (2012). Alte und neue Promotionswege im Vergleich. Die Betreuungssituation aus der Perspektive der Promovierenden in Deutschland. In N. Huber, A. Schelling, & S. Hornbostel (Hrsg.), *Der Doktortitel zwischen Status und Qualifikation* (S. 163–172). Berlin: Institut für 'Forschungsinformation und Qualitätssicherung.

Hauss, K., Hornbostel, S., & Kaulisch, M. (2010). Neue Strukturen gleich bessere Betreuung? Eine erste Bestandsaufnahme aus dem Promovierendenpanel ProFile. In M. Wintermantel (Hrsg.), *Promovieren heute. Zur Entwicklung der deutschen Doktorandenausbildung im europäischen Hochschulraum* (S. 110–123). Hamburg: Edition Körber Stiftung.

Herz, A., & Korff, S. (2013). Promovieren in strukturierten Promotionsprogrammen aus Sicht der AdressatInnen – Ergebnisse der standardisierten Online-Befragung. In S. Korff & N. Roman (Hrsg.), *Promovieren nach Plan? Chancengleichheit in der strukturierten Promotionsförderung* (S. 75–116). Wiesbaden: Springer VS.

Herz, A., Korff, S., & Roman, N. (2012). Strukturiert, aber gerecht? Auf der Spur nach Strukturen in Programmen strukturierter Promotion. *Erziehungswissenschaft, 23*(45), 46–60.

Jaksztat, S. (2014). Bildungsherkunft und Promotionen: Wie beeinflusst das elterliche Bildungsniveau den Übergang in die Promotionsphase? *Zeitschrift für Soziologie, 43*(4), 286–301.

Jaksztat, S., Preßler, N., & Briedis, K. (2012). *Promotionen im Fokus. Promotions- und Arbeitsbedingungen Promovierender im Vergleich.* Hannover: HIS.

Korff, S. (2015). *Lost in Structure? Abbruchgedanken von NachwuchswissenschaftlerInnen in der strukturierten Promotion.* Wiesbaden: Springer VS.

Korff, S., & Roman, N. (Hrsg.). (2013). *Promovieren nach Plan? Chancengleichheit in der strukturierten Promotionsförderung.* Wiesbaden: Springer VS.

Korff, S., Oppermann, C., Roman, N., & Schröder, J. (2011). Bleibt alles anders? – Chancengleichheit in der strukturierten Promotionsförderung an deutschen Hochschulen. In B. Blätter, A. Franzke, & A. Wolde (Hrsg.), *Neue Karrierewege für Frauen an der Hochschule?* (S. 143–161). Sulzbach: Ulrike Helmer.

Kottmann, A., & Enders, J. (2010). Vorbild Graduiertenkolleg? Die DFG-Graduiertenkollegs der 1990er-Jahre im Vergleich mit anderen Promotionswegen. In M. Wintermantel (Hrsg.), *Promovieren heute. Zur Entwicklung der deutschen Doktorandenausbildung im europäischen Hochschulraum* (S. 53–67). Hamburg: Edition Körber-Stiftung.

Kreckel, R. (2012). Die Forschungspromotion. Internationale Norm und nationale Realisierungsbedingungen. In N. Huber, A. Schelling, & S. Hornbostel (Hrsg.), *Der Doktortitel zwischen Status und Qualifikation* (iFQ-Working Paper 12, S. 141–160).

Lisbon Summit. (2000). European Council, 23 and 24 March 2000, Lisbon Presidency conclusions. http://www.europarl.europa.eu/summits/lis1_de.htm. Zugegriffen: August 2016.

Lovitts, B. E. (2001). *Leaving the ivory tower: The causes and consequences of departure from doctoral study*. London: Rowman & Littlefield.

Mau, S., & Gottschall, K. (2008). Strukturierte Promotionsprogramme in den Sozialwissenschaften. *Soziologie, 37*(1), 41–60.

Metz-Göckel, S. (2011). Gender – ein Thema für die Hochschullehre? In KoSI-Kompetenzzentrum der Universität Siegen (Hrsg.), Managingdiversity, Werkstattbericht: Hochschuldidaktik 2 (S. 29–64). Siegen. http://dokumentix.ub.uni-siegen.de/opus/volltexte/2011/555/pdf/HSD_Werkstattbericht_ManagingDiversity.pdf.

Moes, J. (2010). Die strukturierte Promotion in Deutschland. In M. Wintermantel (Hrsg.), *Promovieren heute. Zur Entwicklung der deutschen Doktorandenausbildung im europäischen Hochschulraum* (S. 42–52). Hamburg: Edition Körber-Stiftung.

Oppermann, C., & Schröder, J. (2013). Die Rezeptur der strukturierten Promotionsförderung oder der Wandel muss kommen – eine diskursanalytische Rekonstruktion der Konstrukte „strukturierte Promotionsförderung" und „Chancengleichheit". In S. Korff & N. Roman (Hrsg.), *Promovieren nach Plan? Chancengleichheit in der strukturierten Promotionsförderung* (S. 15–39). Wiesbaden: Springer VS.

Schelsky, H. (1963). *Einsamkeit und Freiheit. Idee und Gestalt der deutschen Universität und ihrer Reformen*. Reinbek bei Hamburg: Rowohlt.

Solga, H. (2005). Meritokratie – die moderne Legitimation ungleicher Bildungschancen. In P. A. Berger & H. Kahlert (Hrsg.), *Institutionalisierte Ungleichheiten: Wie das Bildungswesen Chancen blockiert* (S. 19–38). Weinheim: Juventa.

Steinhöfel, J., & Voß, J. (2013). Zur Formung der Promovierenden als AdressatInnen von Programmen strukturierter Promotion – Ergebnisse der Gruppendiskussionen. In S. Korff & N. Roman (Hrsg.), *Promovieren nach Plan? Chancengleichheit in der strukturierten Promotionsförderung* (S. 117–166). Wiesbaden: Springer VS.

Tiefel, S. (2006). Promovieren in Kollegs und Zentren: Entwicklung, Zielsetzungen und Angebote verschiedener Modelle strukturierter Promotion in Deutschland. In C. Koepernik, J. Moes, & S. Tiefel (Hrsg.), *GEW-Handbuch Promovieren mit Perspektive. Ein Ratgeber von und für DoktorandInnen* (S. 252–264). Bielefeld: Bertelsmann.

Ulmi, M., & Maurer, E. (2005). Geschlechterdifferenz und Nachwuchsförderung in der Wissenschaft. http://www.gleichstellung.uzh.ch/oeffentlichkeitsarbeit/publikationen/studien/SOWI_Diss_Studie3.pdf. Zugegriffen: 08. Febr. 2014.

Wintermantel, M. (Hrsg.). (2010). *Promovieren heute. Zur Entwicklung der deutschen Doktorandenausbildung im europäischen Hochschulraum*. Hamburg: Körber-Stiftung.

Über die Autoren

Meike Sophia Baader Dr. phil., Professorin für Allgemeine Erziehungswissenschaft an der Universität Hildesheim. Forschungsschwerpunkte: Kindheit, Jugend und Familie in der Moderne; Erziehung, Bildung und Geschlecht; Sexualisierte Gewalt und Erziehung; 68 und die Pädagogik; Erziehung, Bildung und soziale Bewegungen; Discourses on Motherhood; internationale Reformpädagogik; Religion und Erziehung in der Moderne; Erziehung zur Demokratie; Erinnerungskulturen und Pädagogik; Diversität und Erziehung; Gender und Hochschule als Bildungsorganisation. Mitbegründerin des Forschungsclusters „Hochschule und Bildung" an der Universität Hildesheim, seit 2012 Sprecherin des Graduiertenkollegs „Gender und Bildung" an der Universität Hildesheim und seit 2011 Mitglied des Fachkollegiums 109 „Erziehungswissenschaft und Bildungsforschung" der DFG.

Svea Korff Dr., wissenschaftliche Mitarbeiterin und Sprecherin des Forschungsclusters „Hochschule und Bildung" der Institute für Sozial- und Organisationspädagogik und für Allgemeine Erziehungswissenschaft der Stiftung Universität Hildesheim. Forschungsschwerpunkte: empirische Hochschul- und Bildungsforschung, Ausstiegsprozesse im akademischen Kontext, Strukturen der Nachwuchsförderung, soziale Ungleichheit und Geschlechterverhältnisse in der Wissenschaft, Kompetenzforschung sowie Methoden der quantitativen und qualitativen Sozialforschung.

Teil V
Außerschulische Bildung und Weiterbildung

Bildungsungleichheit an den außerschulischen Bildungsorten Familie und Peergroup

Ulrike Deppe

Der Beitrag widmet sich dem Problem der ungleichen Bildungsbeteiligung und deren (Mit-) Entstehung an den außerschulischen Bildungsorten Familie und Peergroup sowie den Wechselwirkungen zur subjektiven Deutung von Schule und Bildung. Dazu wird die Bildungsrelevanz der Sozialisationsinstanzen Familie und Peergroup und ihr Verhältnis zueinander geklärt. Des Weiteren wird ein Bildungsbegriff eingeführt, der es ermöglicht, auch Bildung und Bildungsungleichheiten außerhalb von institutionalisierten Bildungsorten, wie vor allem der Schule, zu erfassen und zu analysieren. Daran anschließend werden zentrale theoretische und forschungsmethodische Bezüge referiert, mit denen Bildungsungleichheiten, die an außerschulischen Bildungsorten entstehen, erklärt und erforscht werden. In einem weiteren Schritt werden zentrale Ergebnisse aus der aktuellen Forschung vorgestellt und abschließend Perspektiven einer zukünftigen Forschung und Konsequenzen für die Praxis erörtert.

1 Begriffliche Bestimmung – Familie und Peers als informelle Bildungsorte

Familie und insbesondere Peers wurden lange, bevor ihnen eine Bildungsbedeutsamkeit bzw. -funktion zugeschrieben wurde, bereits als wichtige Sozialisationsinstanzen betrachtet (z. B. Eisenstadt 1966). Erst mit der Etablierung eines

U. Deppe (✉)
Martin-Luther- Universität Halle-Wittenberg, Halle, Deutschland
E-Mail: ulrike.deppe@zsb.uni-halle.de

© Springer Fachmedien Wiesbaden GmbH 2017
M.S. Baader und T. Freytag (Hrsg.), *Bildung und Ungleichheit in Deutschland,* DOI 10.1007/978-3-658-14999-4_18

erweiterten Bildungsbegriffs durch den Zwölften Kinder- und Jugendbericht (BMFSFJ 2005) wurde es jedoch möglich, außerschulische Bildungsprozesse und -orte sowie deren Verschränkung anzuerkennen. So wird Bildung „als umfassender Prozess der Entwicklung einer Persönlichkeit in der Auseinandersetzung mit sich und ihrer Umwelt" verstanden (BMFSFJ 2005, S. 23) und geht davon aus, dass sich das Subjekt in einem aktiven Ko-Konstruktions- bzw. Ko-Produktionsprozess bildend die Welt aneignet (BMFSFJ 2005, S. 23).

„Formale Bildung findet statt in den formalen Institutionen des Bildungssystems im engeren Sinne: Schule, Ausbildung und Hochschule. Der Ort informeller Bildung ist der Alltag von Kindern, Jugendlichen und Erwachsenen in der Familie, in der Nachbarschaft, in der Arbeit und der Freizeit" (Rauschenbach et al. 2004, S. 29). Wenn von non-formaler Bildung die Rede ist, sind „Formen organisierter Bildung mit Freiwilligkeits- und Angebotscharakter bzw. einem geringeren Grad an Formalisierung als schulische Bildung, u. a. in Kindertageseinrichtungen" (Betz 2007, S. 168, FN 7), aber auch in Vereinen und ‚Nebenschulen' wie Nachhilfeeinrichtungen und Musikschulen gemeint. Informelle Bildung schließt demgegenüber „alle Formen kultureller (Bildungs-) Praktiken außerhalb unterrichtlich organisierter und gezielter Bildungsveranstaltungen" (Betz 2007, S. 168) ein und „ist meist interessengesteuert, vor allem aber ungeplant, implizit und beiläufig" (Betz 2007, S. 168). Zu den prominenten Orten informeller Bildung wird die Familie gezählt, dazu gehören aber auch verschiedene Formen der Mediennutzung, (informelle) Freizeitaktivitäten sowie die Peergroup (Betz 2007, S. 168).

Die Unterscheidung der verschiedenen Bildungsformen und -orte ist insbesondere auch der Erklärung von Bildungsungleichheit dienlich, da in der empirischen Bildungsforschung häufig die Anteile der informellen und non-formalen Bildungsprozesse ignoriert bzw. als sekundär und kontrollierbar marginalisiert werden (Betz 2007, S. 166). Erst durch die Anerkennung des Beitrags von Familie und Peers zu Bildung und der Bedeutung familialer und peerbezogener Bildungsanlässe und -praktiken ist es möglich, diese in ihrer „(Dys-)Funktionalität für den schulischen Bildungserfolg" zu untersuchen (Betz 2007, S. 169; Deppe 2013, S. 534 f.).

Wenn nun also von Bildungsprozessen in der Familie die Rede ist, so wird vorausgesetzt, dass es sich bei Familien um einen intergenerationalen Zusammenhang von mindestens zwei aufeinander folgenden Generationen handelt, die in einen Sozialisationskontext eingebunden sind. Erziehung, Bildung und Sozialisation sind innerhalb von Familien untrennbar miteinander verwoben und an die alltäglichen Praktiken und Interaktionen ihrer Mitglieder gebunden (Deppe 2015). Peerbeziehungen werden in Relation zu Eltern-Kind-Beziehungen als freiwillig, symmetrisch, selbst initiiert und aufkündbar und damit sich durch Gleichheit und

Ebenbürtigkeit auszeichnend charakterisiert. Demgegenüber werden Eltern-Kind-Beziehungen als vorgegeben, unkündbar und hierarchisch typisiert. Peerbeziehungen werden damit fundamental unterschiedlich zu Eltern-Kind-Beziehungen und zugleich als komplementär zu diesen konzipiert (Fend 2005, S. 306). Informelle Bildungsprozesse in der Peergroup beinhalten zum einen Lernprozesse, die durch die spezifische Art von Auseinandersetzungen und Konflikten (z. B. sich Erklärungen zu schulden, Lösungen, Regeln, Standards für eine geteilte Moral zu finden, die die Beziehung aufrecht zu erhalten hilft usw.) einen Beitrag zur Herausbildung des autonomen Selbst und einer interpersonalen Moral leisten (zsmf. Wagner und Alisch 2006, S. 77 f.). Zum anderen sind diese Bildungsprozesse auch in konkreten kulturellen Praktiken aufgehoben, die zwischen Peers in der Gestaltung der gemeinsamen non-formalen Freizeit, ob nun in (Freizeit-)Organisationen, wie Sportvereinen, sozialpädagogischen Angeboten, Musikschulen oder kirchlich bzw. politischen Jugendorganisationen, oder in der informellen Freizeit, z. B. im Umgang mit Medien, Konsum oder der Bewältigung schulischer Anforderungen, geteilt werden (z. B. Scherr 2010, S. 86).

Dabei handelt es sich bei den Bildungsprozessen in Familie und Peergroup um soziale und kulturelle Praktiken, die einerseits durch ihre Anschlussfähigkeit an schulische Bildungsinhalte und -modi zum schulischen Erfolg beitragen, aber andererseits auch „quer zu den in der Schule vermittelten Bildungsformen und -inhalten liegen" (Grundmann et al. 2003, S. 27) können. Bezieht man den Gedanken mit ein, dass unterschiedliche soziale Milieus spezifische kulturelle Praktiken erzeugen und bestimmte Verhaltensweisen wertschätzen, so erscheint es naheliegend, dass es gerade diese jeweils individuell anerkannten oder missachteten kulturellen Praktiken sein müssen, die durch soziale Interaktion zu einem Handlungs- und Erfahrungswissen führen über das, was im jeweiligen Umfeld ‚Gang und Gäbe' bzw. sozial erwünscht ist. Dieses Wissen und diese Erfahrungen bilden in habitualisierter Form für den Heranwachsenden eine Art inneren ‚Kompass', an dem sie sich orientieren und der analytisch rekonstruiert werden muss (Deppe 2015, S. 11).

2 Zentrale Forschungszugänge zur Untersuchung von Bildungsungleichheit in Familie und Peergroup

Bei der Erklärung des Zusammenhangs von Schulerfolg und sozialer Herkunft wird bei einem prominenten Teil der quantitativen Bildungsforschung davon ausgegangen, dass soziale Ungleichheiten in der Bildungsbeteiligung hauptsächlich durch Selektions- und Wahlentscheidungen an Bildungsübergängen entstehen (Maaz et al. 2009, S. 13). Diese Sicht schließt an Boudons (1974) Theorie zur Wahl von Bildungswegen an, die die sozial ungleich verteilte Bildungsbeteiligung als Ergebnis individueller Entscheidungen, die innerhalb des Bildungssystems getroffen werden müssen, betrachtet (Maaz et al. 2009, S. 13 f.). Bildungsentscheidungen ergeben sich demzufolge aus den attestierten Schulleistungen, den Selektionsmechanismen des Bildungssystems und der familialen Bewertung von Bildung (Maaz et al. 2009, S. 14). Boudon (1974) unterscheidet für die Erklärung der jeweiligen Bildungsentscheidungen primäre und sekundäre Effekte der Sozialschichtzugehörigkeit (Maaz et al. 2009, S. 14) und macht insbesondere weniger die sozialschichtspezifische Sozialisation als primären Effekt, als vielmehr die familialen Bildungsaspirationen in Abhängigkeit von der Schichtzugehörigkeit als sekundärem Effekt für die ungleiche Bildungsbeteiligung verantwortlich. Dabei wird davon ausgegangen, dass die in den Familien getroffenen Bildungsentscheidungen rational, d. h. auf der Grundlage von Kosten-Nutzen-Kalkülen erfolgen (Diefenbach 2000, S. 177).

Zur familialen Sozialisation als primärem Effekt der Sozialschichtzugehörigkeit werden Einflüsse, also die Auswirkungen einer unterschiedlichen Ausstattung von Familien mit ökonomischem, sozialem und kulturellem Kapital gezählt, die sich direkt auf die kognitiven und sozialen Kompetenzen sowie auf die Schulleistungen auswirken (Maaz et al. 2009, S. 14). An diesem Vorgehen kritisieren Lareau und Weininger (2003) nicht nur die Gleichsetzung von kulturellem Kapital mit Bildung, sondern weisen auch darauf hin, dass Schulnoten und Kompetenzen untrennbar mit dem Entstehungszusammenhang im familialen Herkunftskontext und mit der Lehrendenbeurteilung verbunden sind (Betz 2007, S. 167). Dass bei der Notenvergabe, Beurteilung und Schullaufbahnempfehlungen zentral auch die soziale Herkunft der SchülerInnen eine Rolle spielt, ist durch eine Reihe von Studien nachgewiesen worden (z. B. Bos et al. 2007, S. 271–297; Ditton 2007). Ebenso zeigten sich in kompetenzdiagnostischen Studien mit SchülerInnen unterschiedlicher sozialer Herkunft bei Konstanthaltung der Schulform keine signifikanten Unterschiede in der Kompetenzentwicklung (z. B. Ehmke et al. 2006; Caro und Lehmann 2009), d. h. die sozial ungleiche Bildungsbeteiligung ist nicht Ergebnis gesellschaftlich ungleich verteilter Begabungen oder Kompetenzentwicklungen, sondern der sozialen Selektivität des Bildungssystems. In diesen Studien kommen standardisierte Testverfahren und Fragebögen zum Einsatz.

In Bezug auf die Erklärung des Zusammenhangs von Schulerfolg und sozialer Herkunft gibt es eine zweite Linie, die an die Arbeiten von Bourdieu und

Passeron (1971) anschließt. Diese Studien (z. B. Büchner und Brake 2006; Helsper et al. 2009; Kramer 2011; Silkenbeumer und Wernet 2011; Thiersch 2014) arbeiten meistens mit der Annahme, dass ein in Familie und Herkunftsmilieu qua Sozialisation generierter, primärer Habitus der Schüler auf einen jeweils von der Schule geforderten, sekundären Habitus in Form von spezifischen Haltungen, Regeln, Praktiken und Wissensbeständen trifft, der im Zuge der Schulzeit inkorporiert werden muss, um schulische Anerkennung zu erhalten (Helsper et al. 2009, S. 275). Die Untersuchungen schließen häufig auch an ein Sozialisationsverständnis an, welches davon ausgeht, dass gerade durch die unterschiedlichen soziokulturellen und sozioökonomisch gerahmten Kontexte spezifische Lebenserfahrungen und Wissensbestände entstehen, die zu differierenden Selektionsdynamiken führen können, indem sie in gesellschaftlichen Institutionen (z. B. der Schule) unterschiedlich wertgeschätzt werden (Grundmann 2011, S. 66). Häufig kommen in den Studien qualitative Methoden wie Interviews, Gruppendiskussionen, ethnografische Verfahren und Tischgespräche als besondere Form teilnehmender Beobachtung zum Einsatz.

Untersuchungen, die den Zusammenhang von Peergroups, informeller Bildung und Schulerfolg zum Gegenstand haben, sind erst infolge der begrifflichen Debatte um informelle und formale Bildung in Gang gekommen (Harring 2007; Grunert 2012). Dabei ist informelle Bildung in der Peergroup einerseits gekennzeichnet durch den Erwerb sozialer und emotionaler Kompetenzen, die nach Du Bois-Reymond (2000) in Anlehnung an Bourdieu (1983) auch als Peerkapital bezeichnet werden, und andererseits durch den Erwerb von Sach- und Fachkompetenzen bzw. kognitiven Wissenserwerb durch die Gestaltung und die Teilnahme an gemeinsamen Freizeitaktivitäten (Harring 2007, S. 244 f.; Grunert 2012, S. 124). Dabei sind Interaktionserfahrungen in engeren Freundschaften sowie in Gruppen „für die meisten Jugendlichen bezogen auf die Lebensführung, Freizeitgestaltung und soziale Orientierung ein zentraler Bestandteil der Lebensphase Jugend und nehmen damit eine bedeutsame und bildungsrelevante Rolle ein" (Harring 2010, S. 32; Grunert 2012, S. 123). Die Kompetenzen, von denen hier die Rede ist, sind mit Grunert (2012, S. 75) als Produkte von Bildungsprozessen zu verstehen. Dabei wird zwischen sozialen Kompetenzen sowie Selbst-, Sach- und Methodenkompetenzen unterschieden, die Kinder und Jugendliche im Umgang mit Peers erwerben (Grunert 2012, S. 128 ff.). Die Forschungsansätze arbeiten zum einen mit soziometrischen Analysen, um den Zusammenhang zwischen Beliebtheitsrang, sozialer Herkunft, Schulleistungsstatus und Freundschaftsbeziehungen zu untersuchen (z. B. Oswald und Krappmann 2004). Zum anderen dominieren Verfahren der Messung von Kapital, das in den Freizeitaktivitäten und Interaktionen mit den Peers erworben werden soll (z. B. Senkbeil und

Wittwer 2009; Harring 2011). Qualitative Untersuchungen zur Rolle der Peergroup für die Re-Produktion von Bildungsorientierungen und sozialer Ungleichheit rekonstruieren mittels teilnehmender Beobachtung, qualitativen Interviews
und Gruppendiskussionen die Bildungs-, Peer- und Freizeitorientierungen von
Kindern, Jugendlichen und ihren Peergroups (z. B. Krüger et al. 2010b; Krüger
et al. 2012b).

3   Aktuelle Ergebnisse zur Entstehung von Bildungsungleichheit in Familie und Peergroup

Den oben referierten Forschungszugängen liegen unterschiedliche Annahmen
darüber zugrunde, was unter außerschulischer Bildung und dem dort erworbenen
Kapital zu verstehen ist und wie sich dieses auf den schulischen Bildungserwerb
bzw. Schulerfolg von Kindern und Jugendlichen auswirkt. Dementsprechend
komplex stellt sich die Befundlage dar.

So zeigen quantitative Studien, dass der elterliche Einfluss auf die formalen
Bildungsabschlüsse und die Bildungsbeteiligung insbesondere durch Entscheidungen an den Bildungsübergängen durchschlägt (z. B. Becker 2008; Fend 2009;
Maaz et al. 2009). Qualitative Studien dokumentieren überdies, dass Schulwahlentscheidungen nicht allein aufseiten der Eltern, sondern in Aushandlung mit den
Kindern und auf Basis der Schulerfahrungen der Kinder sowie der Wissensbestände der Eltern über Schule getroffen werden (Thiersch 2014, S. 296; Kramer
et al. 2009; Deppe 2015).

Weitere Untersuchungen, die die Sozialisation im Elternhaus als wichtige
Ursache von Bildungsungleichheit betrachten, weisen darauf hin, dass im Inter-
aktionszusammenhang der Familie die Eltern nicht nur erklären, was sie von
ihrem Kind erwarten und wofür die erworbenen Zertifikate nützlich sind, sondern darüber es wird darüber hinaus ein Habitus, eine Einstellung zu formeller
und informeller Bildung, kulturellen Gütern und Traditionen vermittelt (Deppe
2015). Damit wird Familie zum ‚Gatekeeper' für bildungsrelevante Erfahrungen
und für die Partizipation der Kinder in außerfamilialen Settings wie der Schule,
der Freizeit und der Peerwelt (Grunert 2012). Ausgehend von Rekonstruktionen
eines familialen Bildungshabitus und eines schulisch geforderten Schülerhabitu-
sideals zeigen Studien, dass Familie und Schule Bildungs- und Individuations-
prozesse nicht nur ergänzend fördern und auslösen, sondern auch hemmen und
unterdrücken können (Helsper et al. 2009; Busse 2010). Die größten Schwierigkeiten entstanden für die Jugendlichen dort, wo der schulische Sekundärhabitus
und der von der sozialen Herkunft bestimmte primäre Habitus nicht passfähig

waren (Helsper et al. 2009; Busse 2010; Deppe 2015). Die Auswirkungen schulischer Zurückweisungen für das schulische Selbstbild der Heranwachsenden sind nicht zu unterschätzen und können zusammen mit widersprüchlichen elterlichen Bildungserwartungen und familialen Bildungspraktiken mitunter biografische Problemaufschichtungen und bildungsbiografische Misserfolgserlebnisse verursachen (z. B. Wiezorek 2005; Brake 2006; Grundmann et al. 2006; Deppe 2015). Hier lässt sich allgemein feststellen, dass es die Bildungspraktiken und die Stellung des Kindes innerhalb der Familie sind, durch die sich eine Passfähigkeit zur Schule entwickelt und weniger die Abschlusswünsche oder Bildungserwartungen der Eltern. Grgic und Bayer (2015) liefern den interessanten Befund, dass ein (statistisches) Konstrukt des Bildungshabitus, gebildet aus einer hohen idealistischen Bildungsaspiration und einem hohen allgemeinen wie schulbezogenen Selbstkonzept, mehr zur Erklärung von Schulleistungen beiträgt als andere statistische Merkmale. Dabei fungiere der bildungsbezogene Habitus als Mediator für schulische Leistungen des Kindes (Grgic und Bayer 2015, S. 185). Auch weisen sie anhand einer statistischen Modellanalyse nach, dass „über bildungsbezogene Austauschprozesse auf der Ebene von Interaktionen zwischen Eltern und Kind" (Grgic und Bayer 2015, S. 186) die schulische Selbsteinschätzung und die Aspirationen im Hinblick auf zukünftige Bildungsabschlüsse geprägt werden (Grgic und Bayer 2015; auch Büchner und Brake 2006; Kramer et al. 2009; Deppe 2015).

Diese Befunde bestätigen in quantitativer Hinsicht Befunde qualitativer Analysen. Zudem wurde bereits herausgearbeitet, dass es ungleichheitsrelevante Unterschiede bei den Eltern auch in der Steuerung des Freizeitverhaltens und der Ausgestaltung der Freundschaftskontakte gibt, bei der Art und Weise der Auswahl der weiterführenden Schulen und Unterstützung im Umgang mit den schulischen Anforderungen, der Anerkennung schulischer und weiterer Bildungsleistungen und Kompetenzen (Deppe 2014). In den wenigen Studien zur Verbindung zwischen den Bildungsorten Familie und Peergroup (Phelan et al. 1998; Beckert-Ziegelschmid 2006; Stewart 2008; Nagel et al. 2011) bleibt offen, wie Lern- und Bildungsprozesse in Interaktionen in Familie und Peergroup aufeinander bezogen sind und in welchem Verhältnis die Bildungsorte zueinander stehen (Brake 2010, S. 410; Deppe 2015, S. 70).

Insgesamt sind Eltern mit höheren Bildungsabschlüssen und sozialem Status viel stärker in alle Aspekte involviert und steuern diese intensiver. So lässt sich ein deutlicher Einfluss der sozialen Herkunft in Form des elterlichen Einflusses auf den schulischen wie außerschulischen Bildungserwerb und die Freundschaften feststellen. Während in den oberen Milieus Freundschaften häufig selektiv und restriktiv behandelt werden, tendieren Eltern aus unteren Milieus dazu,

Freundschaften und informelle Aktivitäten insgesamt unabhängig vom Einfluss auf die Haltungen gegenüber der Schule zu fördern und zu schätzen (Deppe 2014, S. 237). Eltern mit höheren Bildungsabschlüssen und sozialem Status verantworten ebenfalls eine häufigere Teilnahme an außerschulischen bildungsrelevanten Freizeitaktivitäten und wirken aktiv an der Auswahl der Freundschaften mit. Durch ihr habitualisiertes Wissen um die Anforderungen der Institution Schule und ihre impliziten Regeln vermitteln sie aktiv Wissen im Umgang damit oder unterstützen ihre Kinder bei Misserfolgen (Deppe 2015, S. 201 f.).

Für den Einfluss der Familie auf die Partizipation an organisierten Freizeitaktivitäten existieren ungleichheitsrelevante Unterschiede zwischen sozialen Gruppen, inwiefern Freizeitaktivitäten als schulergänzendes Curriculum oder unorganisierte Freizeit als autonomer Handlungsraum wahrgenommen und genutzt werden. Die (Nicht-)Teilnahme von Kindern und Jugendlichen an organisierten Freizeitaktivitäten ist auch ein Ausdruck der Bildungsorientierungen der Eltern (z. B. Lareau 2003; Betz 2006; Büchner und Brake 2006).

Kinder weisen zudem bereits in der Grundschule deutlich unterschiedliche Leistungsniveaus nach sozialer Herkunft[1] auf, ebenso unterscheidet sich das leistungsbezogene Selbstbild der Kinder und die gefühlte Unterstützung durch die Eltern (Betz 2006; Kramer et al. 2009). Kinder aus Familien mit geringerer „Kapitalausstattung" (Betz 2006, S. 191) gehen zudem auch weniger schulnahen bzw. schulähnlichen Freizeitangeboten nach (z. B. Hertel et al. 2008; Grunert 2012; Stürzer et al. 2012), was sich direkt auf die Anschlussfähigkeit an das schulische Curriculum auswirkt, wie bspw. der Besuch einer Musikschule, der zu besseren Noten im Musikunterricht führt (Betz 2006; Engels und Thielebein 2011). Das gilt insbesondere für viele Kinder und Jugendliche mit Migrationshintergrund, bei denen oft eine geringe Ressourcenausstattung mit einer ethnischen Benachteiligung kumuliert (Solga und Dombrowski 2009, S. 38; Stürzer et al. 2012). Auch geschlechtsspezifische Unterschiede lassen sich finden, bspw. dass insbesondere Jungen aus ressourcenarmen Familien ihre Freizeit vor allem mit Internetsurfen, Computerspielen und Fernsehen verbringen (Budde 2008), und dass diese Unterschiede durch ethnische Ungleichheiten noch verstärkt werden. Jungen mit türkischem Migrationshintergrund schauen mehr fern und spielen mehr Computerspiele im Vergleich zu ihren Altersgenossen ohne Migrationshintergrund (Pfeiffer et al. 2007).

In Bezug auf die Frage der Entstehung von Bildungsungleichheit in der Peergroup lässt sich festhalten, dass sich Freundesgruppen relativ homogen zusammensetzen, sowohl leistungsspezifisch wie auch in Bezug auf die soziale und ethnische Zugehörigkeit (zsmf. Krüger et al. 2010a, 2012a). Oswald und Krappmann (2004) wiesen enge Zusammenhänge zwischen dem Schulerfolg, den Bildungsstatus der Eltern und dem soziometrisch gemessenen Beliebtheitsrang der Kinder nach. Darüber hinaus haben Kinder von Eltern mit hohem Einkommen und Bildungsniveau deutlich bessere Chancen, in der Schulklasse einflussreich zu sein (Oswald und Krappmann 2004, S. 491). Die Homogenität von Leistung, sozialer Herkunft und Ethnie scheint sich Längsschnittstudien zufolge auch über den Übergang in die weiterführenden Schulen hinaus nicht grundlegend aufzulösen (zsmf. Krüger et al. 2012b).

In den Studien zum Zusammenhang von Peereinbindung und Schulerfolg wurde festgestellt, dass die in der Peergroup geteilten schulbezogenen Orientierungen zwar indirekt, aber ganz wesentlich mit dem Schulerfolg der einzelnen Jugendlichen in Verbindung stehen bzw. mit der Einstellung zur Schule und zu schulischen Ansprüchen (z. B. Meier 2004; Krüger et al. 2010a; Krüger et al. 2010b, S. 14). Der Einfluss der Peereinbindung bzw. der Freundschaften äußert sich meistens indirekt in Form von geteilten Normen und Werten und der Art und Weise im Umgang mit schulischen Anforderungen (zsmf. Stewart 2008). Gerade aber diese in der Freundesgruppe vermittelten Umgangsformen mit schulischen Anforderungen können in bereits schwierigen schulischen Bildungsbiografien einen zusätzlichen gefährdenden Faktor darstellen (Deppe 2015). Dabei sind heute ganz und gar schulentfremdete Haltungen (wie noch bei Willis 1979) in den Peergroups nicht mehr aufzufinden, sondern die meisten der schulfernen Freundesgruppen halten an dem Anspruch „eines Schulabschlusses als notwendige Voraussetzung für einen erfolgreichen Berufsübergang" (Krüger et al. 2012b, S. 62) fest. Häufig handelt es sich bei den betreffenden Gruppen jedoch um einen programmatischen Anspruch, der in Widerspruch zu den lebensweltlichen Orientierungen steht, in denen schulische Ansprüche und Anforderungen zurückgewiesen oder gering geschätzt werden. Daher sollte der Befund, dass heute schulentfremdete Haltungen insbesondere der Schülerschaft aus den untersten Bildungsgängen des allgemeinbildenden Schulsystems zwar nicht mehr zu schulischen Abbrüchen führen müssen, aber insofern relativiert werden, als dass eine Selbstselektion in das niedrigere Leistungssegment stattfindet und damit gute Abschlüsse bzw. der avisierte erfolgreiche Übergang in eine Berufsausbildung gefährdet sind (Deppe 2015, S. 205).

Die wenigen aktuellen Befunde zu Bildungsaufsteigern (z. B. Silkenbeumer und Wernet 2011; El-Mafaalani 2012; Schneider 2014) zeigen, dass die Heranwachsenden bei einem Bildungsaufstieg auf die Unterstützung und Anerkennung signifikanter Anderer außerhalb der Familie wie Peers, aber auch Erwachsene an (bildungs-)biografisch entscheidenden Stellen angewiesen sind (Deppe 2015, S. 229). Denn es zeigt sich, dass jene Heranwachsenden, deren soziale Herkunft nicht bereits eine Nähe zur schulischen Bildung beinhaltet, die jedoch schulbildungsnahe Orientierungen aufweisen, durch ihren persönlichen Einsatz im Feld der schulischen Bildung eine Habitustransformation hin zu den Eigenschaften der schulischen bzw. der „legitimen Kultur" (Bourdieu 1982, S. 36, 80), also der Fähigkeit zur Rezeption und Decodierung von Hochkultur, vollziehen müssen. Im Zuge des Transformationsprozesses lassen sich Fremdheitsgefühle und Entfremdung von der sozialen Herkunft, der Familie und oft auch den Peers aus dem ursprünglichen Umfeld feststellen (Deppe 2015, S. 216; El-Mafaalani 2012), die von den Betroffenen bewältigt werden müssen, soll der Bildungsaufstieg erfolgreich sein (Reay et al. 2009, S. 1105).

4   Perspektiven zukünftiger Forschung und Konsequenzen für die Praxis

Zusammenfassend kann konstatiert werden, dass in den Bereichen der ungleichheitsorientierten Familien- und Peerforschung zahlreiche Befunde vorliegen, die die Bildungs- und die Ungleichheitsrelevanz der beiden Sozialisationsinstanzen sowie die Abhängigkeit des außerschulischen Bildungs- und Kompetenzerwerbs von der sozialen Herkunft belegen. Dennoch ist die Verschränkung der beiden Bildungsorte für die Reproduktion von Ungleichheit bislang erst in Ansätzen erforscht. Auch Studien zum Einfluss von Geschwister- und Mehrgenerationenbeziehungen auf Bildungsbiografien und -verläufe gibt es bislang noch zu selten (Brake 2010, S. 402; Deppe 2015; Grgic und Bayer 2015). Bereits vorhandene Ansätze zur Entwicklung eines theoretischen und methodischen Instrumentariums in Bezug auf eine Soziogenese des Habitus (z. B. Helsper et al. 2014), zur qualitativen Triangulation (Helsper. et al. 2010; Deppe 2015) sowie zur weiteren Ausdifferenzierung des außerschulischen Bildungs- und Kompetenzerwerbs (Harring et al. 2016) können dabei helfen, die komplexen Interdependenzen zu erfassen.

Fragt man nun nach Möglichkeiten der pädagogischen Professionellen, in ihrer alltäglichen Arbeit auf herkunftsbedingte Ungleichheiten zu reagieren, so scheinen in der Debatte zwei Themenkomplexe Antworten zu bieten: zum einen die Ganztagsschule und zum anderen die Strategie der Inklusion, wobei sich beides nicht ausschließt. So gilt in den Diskussionen um die Einflussmöglichkeiten der Schule bei der Förderung und Integration benachteiligter Schülerklientel und der Abmilderung sozial bedingter Ungleichheiten in der Bildungsbeteiligung die Ganztagsschule als „Allheilmittel" (zsmf. Holtappels et al. 2007, S. 38). Es wird aber auch häufig auf die Grenzen der staatlichen Intervention in Form der schulischen Bildung hingewiesen (Holtappels et al. 2007, S. 40 ff.). Insbesondere wird wiederholt festgestellt, dass die Ganztagsschule vorrangig von einer Eltern- und Schülerschaft aus den mittleren gesellschaftlichen Milieus angenommen wird, während die bildungsambitionierten und akademischen Milieus die Halbtagsschule bevorzugen und individuelle, kulturelle Freizeitangebote nutzen (Züchner et al. 2007, S. 120 ff.). Somit kann die Ganztagsschule ihre kompensierende Wirkung nicht entfalten (Meyer-Hamme 2014), da sie keine flächendeckende Durchsetzung erfährt und die gesellschaftlichen Gruppen der privilegierten und unterprivilegierten Milieus nur unzureichend erreicht.

Neben der strukturellen Bearbeitung des Problems durch eine ganztägige und längere gemeinsame Beschulung, plädieren bereits Bourdieu und Passeron (1971) für eine Veränderung und Reflexion der pädagogischen Praktiken in Schulen und Hochschulen. Eine aktuelle Entsprechung findet sich im erziehungswissenschaftlichen Diskurs zum Thema Inklusion. So verstehen Budde und Hummrich (2016) in einem breiten Verständnis Inklusion „als Leitfigur für pädagogische Institutionen [...], die dem Abbau von Bildungsungleichheit verpflichtet ist" (Budde und Hummrich 2016, S. 36). Dieses Verständnis und dieser Anspruch stehen jedoch im Gegensatz zu dem aktuellen Leistungsverständnis der Schule (Budde und Hummrich 2016). Yildiz kritisiert, dass Inklusion als politisches Instrument im Kontext national organisierter Wohlfahrtsstaaten vielmehr Exklusion und Ungleichheit kontrolliert und reguliert, statt sie zu beheben und der Diskurs an sich zugleich kritische Positionen in den Hintergrund drängt (Yildiz 2016, S. 54 f.). Die VertreterInnen dieses kritisch-reflexiven Inklusionsverständnisses sind sich einig, dass Inklusion „in dieser Anlehnung sowohl auf das Wahrnehmen und Ernstnehmen von Differenzen und das Sichtbarmachen von darin eingeschriebener Benachteiligung, als auch auf den Verzicht auf Festschreibung und Verlängerung impliziter Normen durch deren Dekonstruktion" (Budde und Hummrich 2016, S. 38) zielt. Dies hätte sowohl auf der Ebene der pädagogischen Praxis, was den Umgang mit Differenzen betrifft (z. B. El-Mafaalani 2011), als auch auf der Ebene der Ausbildung und der Professionalisierung des Lehrerberufs (z. B. Häcker und Walm 2016) Konsequenzen. So müsste stärker an den Übergängen im Bildungssystem berücksichtigt werden, dass fehlende Erfahrungen der Eltern im Umgang mit dem höheren Bildungswesen zu einem Verkennen, aber auch zu einem Überschätzen von möglichen Handlungsoptionen sowie zu einem verstärkten Angewiesensein der SchülerInnen auf unterstützende Personen außerhalb der Familie führen (Deppe 2015, S. 229). Gerade im Hinblick auf Bildungsaufsteiger sollten höhere Schulen und Hochschulen aufsteigende SchülerInnen und Studierende aus unteren Bildungsgängen mit ihren spezifischen, aus den unterschiedlichen Leistungsniveaus und Curricula der Bildungsgänge resultierenden Problemen und Schwierigkeiten nicht allein lassen und feste Beratungs- und Begleitangebote implementieren.

Literatur

Becker, R. (2008). Soziale Ungleichheit von Bildungschancen und Chancengerechtigkeit. In R. Becker & W. Lauterbach (Hrsg.), *Bildung als Privileg. Erklärungen und Befunde zu den Ursachen der Bildungsungleichheit* (3. Aufl., S. 161–189). Wiesbaden: Springer VS.

Beckert-Ziegelschmid, C. (2006). Informalisiertes Lernen. Lernen zwischen Elternhaus und Peers am Beispiel von Lebensstilen Jugendlicher. In C. J. Tully (Hrsg.), *Lernen in flexibilisierten Welten. Wie sich das Lernen der Jugend verändert* (S. 77–93). Weinheim: Juventa.

Betz, T. (2006). ,Gatekeeper' Familie. Zu ihrer allgemeinen und differenziellen Bildungsbedeutsamkeit. *Diskurs Kindheits- und Jugendforschung, 1*(2), 181–195.

Betz, T. (2007). Formale Bildung als „Weiter-Bildung" oder „Dekulturation" familialer Bildung? In C. Alt (Hrsg.), *Kinderleben – Start in die Grundschule* (S. 163–187). Wiesbaden: Springer VS.

Bos, W., Hornberg, S., Arnold, K.-H., Faust, G., Fried, L., Lankes, E.-M., Schwippert, K., & Valtin, R. (2007). *IGLU 2006 Lesekompetenzen von Grundschulkindern in Deutschland im internationalen Vergleich.* Münster: Waxmann.

Boudon, R. (1974). *Education, opportunity, and social inequality. Changing prospects in Western society.* New York: Wiley.

Bourdieu, P. (1982). *Die feinen Unterschiede. Kritik der gesellschaftlichen Urteilskraft.* Frankfurt a. M.: Suhrkamp.

Bourdieu, P. (1983). Ökonomisches Kapital, kulturelles Kapital, soziales Kapital. In R. Kreckel (Hrsg.), *Soziale Ungleichheit.* (S. 183–198). Göttingen: Schwartz (*Soziale Welt, 2*, Themenheft).

Bourdieu, P., & Passeron, J.-C. (1971). *Die Illusion der Chancengleichheit. Untersuchungen zur Soziologie des Bildungswesens am Beispiel Frankreichs.* Stuttgart: Klett.

Brake, A. (2006). Das Sichtbare und das Unsichtbare. Bildungsstrategien als Strategien des Habitus. In P. Büchner & A. Brake (Hrsg.), *Bildungsort Familie. Transmission von Bildung und Kultur im Alltag von Mehrgenerationenfamilien* (S. 81–108). Wiesbaden: Springer VS.

Brake, A. (2010). Familie und Peers. Zwei zentrale Sozialisationskontexte zwischen Rivalität und Komplementarität. In M. Harring, O. Böhm-Kasper, C. Rohlfs, & C. Palentien (Hrsg.), *Freundschaften, Cliquen und Jugendkulturen. Peers als Bildungs- und Sozialisationsinstanzen* (S. 385–405). Wiesbaden: Springer VS.

Büchner, P., & Brake, A. (Hrsg.). (2006). *Bildungsort Familie. Transmission von Bildung und Kultur im Alltag von Mehrgenerationenfamilien.* Wiesbaden: Springer VS.

Budde, J. (2008). *Bildungs(miss)erfolge von Jungen und Berufswahlverhalten bei Jungen/männlichen Jugendlichen Expertise im Auftrag des BMBF.* Bonn: Bundesministerium für Bildung und Forschung.

Budde, J., & Hummrich, M. (2016). Inklusion aus erziehungswissenschaftlicher Perspektive. *Erziehungswissenschaft, 26*(51), 33–41.

Bundesministerium für Familie, Senioren, Frauen und Jugend. (2005). *Zwölfter Kinder- und Jugendbericht. Bericht über die Lebenssituation junger Menschen und die Leistungen der Kinder- und Jugendhilfe in Deutschland. Bildung, Betreuung und Erziehung vor und neben der Schule.* Berlin: Bundesministerium für Familie, Senioren, Frauen und Jugend.

Busse, S. (2010). *Bildungsorientierungen Jugendlicher in Familie und Schule. Die Bedeutung der Sekundarschule als Bildungsort.* Wiesbaden: Springer VS.

Caro, D. H., & Lehmann, R. (2009). Achievement inequalities in Hamburg schools. How do they change as students get older? *School effectiveness and school improvement, 20*(4), 407–431.

Deppe, U. (2013). Familie, Peers und Bildungsungleichheit. Qualitative Befunde zur interdependenten Bildungsbedeutsamkeit außerschulischer Bildungsorte. *Zeitschrift für Erziehungswissenschaft, 16*(3), 533–552.

Deppe, U. (2014). Eltern, Bildung und Milieu. Milieuspezifische Differenzen in den bildungsbezogenen Orientierungen von Eltern. *Zeitschrift für Qualitative Forschung, 14*(2), 221–242.

Deppe, U. (2015). *Jüngere Jugendliche zwischen Familie Peers und Schule. Zur Entstehung von Bildungsungleichheit an außerschulischen Bildungsorten.* Wiesbaden: Springer VS.

Diefenbach, H. (2000). Stichwort: Familienstruktur und Bildung. *Zeitschrift für Erziehungswissenschaft, 3*(2), 169–187.

Ditton, H. (2007). Der Beitrag von Schule und Lehrern zur Reproduktion von Bildungsungleichheit. In R. Becker & W. Lauterbach (Hrsg.), *Bildung als Privileg? Erklärungen und Befunde zu den Ursachen der Bildungsungleichheit* (2., akt. Aufl., S. 243–271). Wiesbaden: Springer VS.

Du Bois-Reymond, M. (2000). Jugendkulturelles Kapital in Wissensgesellschaften. In H.-H. Krüger & H. Wenzel (Hrsg.), *Schule zwischen Effektivität und sozialer Verantwortung* (S. 235–254). Opladen: Leske + Budrich.

Ehmke, T., Hohensee, F., & Siegle, T. (2006). Soziale Herkunft, elterliche Unterstützungsprozesse und Kompetenzentwicklung. In M. Prenzel, J. Baumert, W. Blum, R. Lehmann, D. Leutner & M. Neubrand et al. (Hrsg.), *PISA 2003. Untersuchungen zur Kompetenzentwicklung im Verlauf eines Schuljahres* (S. 225–248). Münster: Waxmann.

Eisenstadt, S. N. (1966). *Von Generation zu Generation. Altersgruppen und Sozialstruktur.* München: Juventa.

El-Mafaalani, A. (2011). Ungleiches ungleich behandeln. Inklusion bedeutet Umdenken. *Berufsbildung in Wissenschaft und Praxis, 40*(2), 39–42.

El-Mafaalani, A. (2012). *BildungsaufsteigerInnen aus benachteiligten Milieus. Habitustransformation und soziale Mobilität bei Einheimischen und Türkeistämmigen.* Wiesbaden: Springer VS.

Engels, D., & Thielebein, C. (2011). *Zusammenhang von sozialer Schicht und Teilnahme an Kultur-, Bildungs-und Freizeitangeboten für Kinder und Jugendliche. Schlussbericht des Forschungsprojekts.* Köln: Institut für Sozialforschung und Gesellschaftspolitik.

Fend, H. (2005). *Entwicklungspsychologie des Jugendalters* (Nachdr. der 3., durchges. Aufl. 2003). Wiesbaden: Springer VS.

Fend, H. (2009). Was die Eltern ihren Kindern mitgeben – Generationen aus Sicht der Erziehungswissenschaft. In H. Künemund & M. Szydlik (Hrsg.), *Generationen. Multidisziplinäre Perspektiven* (S. 81–103). Wiesbaden: Springer VS.

Grgic, M., & Bayer, M. (2015). Eltern und Geschwister als Bildungsressourcen? Der Beitrag von familialem Kapital für Bildungsaspirationen, Selbstkonzept und Schulerfolg von Kindern. *Zeitschrift für Familienforschung, 27*(2), 173–192.

Grundmann, M. (2011). Sozialisation – Erziehung – Bildung: Eine kritische Begriffsbestimmung. In R. Becker (Hrsg.), *Lehrbuch der Bildungssoziologie* (2., überarb. und erw. Aufl., S. 61–83). Wiesbaden: Springer VS.

Grundmann, M., Groh-Samberg, O., Bittlingmayer, U. H., & Bauer, U. (2003). Milieuspezifische Bildungsstrategien in Familie und Gleichaltrigengruppe. *Zeitschrift für Erziehungswissenschaft, 6*(1), 25–45.

Grundmann, M., Dravenau, D., Bittlingmayer, U. H., & Edelstein, W. (2006). *Handlungsbefähigung und Milieu. Zur Analyse milieuspezifischer Alltagspraktiken und ihrer Ungleichheitsrelevanz.* Berlin: LIT.

Grunert, C. (2012). *Bildung und Kompetenz. Theoretische und empirische Perspektiven auf außerschulische Handlungsfelder.* Wiesbaden: Springer VS.

Häcker, T., & Walm, M. (2016). Inklusion als Herausforderung an eine reflexive Erziehungswissenschaft. Anmerkungen zur Professionalisierung von Lehrpersonen in „inklusiven" Zeiten. *Erziehungswissenschaft, 26*(51), 81–89.

Harring, M. (2007). Informelle Bildung – Bildungsprozesse im Kontext von Peerbeziehungen im Jugendalter. In M. Harring, C. Rohlfs, & C. Palentien (Hrsg.), *Perspektiven der Bildung. Kinder und Jugendliche in formellen, nicht-formellen und informellen Bildungsprozessen* (S. 237–258). Wiesbaden: Springer VS.

Harring, M. (2010). Freizeit, Bildung und Peers – informelle Bildungsprozesse im Kontext heterogener Freizeitwelten und Peer-Interaktionen Jugendlicher. In M. Harring, O. Böhm-Kasper, C. Rohlfs, & C. Palentien (Hrsg.), *Freundschaften, Cliquen und Jugendkulturen. Peers als Bildungs- und Sozialisationsinstanzen* (S. 21–59). Wiesbaden: Springer VS.

Harring, M. (2011). *Das Potenzial der Freizeit. Zur Interdependenz des sozialen, kulturellen und ökonomischen Kapitals im Kontext heterogener Freizeitwelten Jugendlicher.* Wiesbaden: Springer VS.

Harring, M., Witte, M. D., & Burger, T. (Hrsg.). (2016). *Handbuch informelles Lernen. Interdisziplinäre und internationale Perspektiven.* Weinheim: Beltz Juventa.

Helsper, W., Kramer, R.-T., Hummrich, M., & Busse, S. (2009). *Jugend zwischen Familie und Schule. Eine Studie zu pädagogischen Generationsbeziehungen.* Wiesbaden: Springer VS.

Helsper, W., Hummrich, M., & Kramer, R.-T. (2010). Qualitative Mehrebenenanalyse. In B. Friebertshäuser, A. Langer, & A. Prengel (Hrsg.), *Handbuch qualitative Forschungsmethoden in der Erziehungswissenschaft* (3., vollst. überarb. Aufl., S. 119–135). Weinheim: Juventa.

Helsper, W., Kramer, R.-T., & Thiersch, S. (Hrsg.). (2014). *Schülerhabitus. Theoretische und empirische Analysen zum Bourdieuschen Theorem der kulturellen Passung.* Wiesbaden: Springer VS.

Hertel, S., Klieme, E., Radisch, F., & Steinert, B. (2008). Nachmittagsangebote im Sekundarbereich und ihre Nutzung durch die Schülerinnen und Schüler. In M. Prenzel, C. Artelt, J. Baumert, W. Blum, M. Hammann, & E. Klieme, et al. (Hrsg.), *PISA 2006 in Deutschland. Die Kompetenzen der Jugendlichen im dritten Ländervergleich* (S. 297–318). Münster: Waxmann.

Holtappels, H. G., Klieme, E., Radisch, F., Rauschenbach, T., & Stecher, L. (2007). Forschungsstand zum ganztägigen Lernen und Fragestellungen in StEG. In H. G. Holtappels, E. Klieme, T. Rauschenbach, & L. Stecher (Hrsg.), *Ganztagsschule in Deutschland. Ergebnisse der Ausgangserhebung der „Studie zur Entwicklung von Ganztagsschulen" (StEG)* (S. 37–50). Weinheim: Juventa.

Kramer, R.-T. (2011). *Abschied von Bourdieu? Perspektiven ungleichheitsbezogener Bildungsforschung.* Wiesbaden: Springer VS.

Kramer, R.-T., Helsper, W., Thiersch, S., & Ziems, C. (2009). *Selektion und Schulkarriere. Kindliche Orientierungsrahmen beim Übergang in die Sekundarstufe I.* Wiesbaden: Springer VS.

Krüger, H.-H., Deppe, U., & Köhler, S.-M. (2010a). Mikroprozesse sozialer Ungleichheit an der Schnittstelle von Schule und Peerkultur in einer Längsschnittperspektive. In H.-H. Krüger, S.-M. Köhler, & M. Zschach (Hrsg.), *Teenies und ihre Peers. Freundschaftsgruppen, Bildungsverläufe und soziale Ungleichheit* (S. 31–51). Leverkusen: Budrich.

Krüger, H.-H., Grunert, C., Pfaff, N., & Köhler, S.-M. (2010b). Der Stellenwert von Peers für die präadoleszente Bildungsbiografie – Einleitung. In H.-H. Krüger, S.-M. Köhler, & M. Zschach (Hrsg.), *Teenies und ihre Peers. Freundschaftsgruppen, Bildungsverläufe und soziale Ungleichheit* (S. 11–30). Leverkusen: Budrich.

Krüger, H.-H., Deinert, A., & Zschach, M. (2012a). *Jugendliche und ihre Peers. Freundschaftsbeziehungen und Bildungsbiografien in einer Längsschnittperspektive.* Leverkusen: Budrich.

Krüger, H.-H., Deinert, A., & Zschach, M. (2012b). Mikroprozesse sozialer Ungleichheit im Überschneidungsbereich von Schule und Peerkultur vom Beginn bis zum Ausgang der Sekundarstufe I. In H.-H. Krüger, A. Deinert, & M. Zschach (Hrsg.), *Jugendliche und ihre Peers. Freundschaftsbeziehungen und Bildungsbiografien in einer Längsschnittperspektive* (S. 33–63). Leverkusen: Budrich.

Lareau, A. (2003). *Unequal childhoods. Class, race, and family life.* Berkeley: University of California Press.

Lareau, A., & Weininger, E. B. (2003). Cultural capital in educational research. A critical assessment. In D. L. Swartz (Hrsg.), *The sociology of symbolic power. A special issue in memory of Pierre Bourdieu* (S. 567–606). Dordrecht: Kluwer (*Theory and Society,* Themenheft).

Maaz, K., Baumert, J., & Trautwein, U. (2009). Genese sozialer Ungleichheit im institutionellen Kontext der Schule: Wo entsteht und vergrößert sich soziale Ungleichheit? In J. Baumert, K. Maaz, & U. Trautwein (Hrsg.), *Bildungsentscheidungen* (S. 11–46). Wiesbaden: Springer VS (*Zeitschrift für Erziehungswissenschaft,* Sonderheft 12).

Meier, U. (2004). Familie, Freundesgruppe, Schülerverhalten und Kompetenzerwerb. In G. Schümer, K.-J. Tillmann, & M. Weiss (Hrsg.), *Die Institution Schule und die Lebenswelt der Schüler. Vertiefende Analysen der PISA-2000-Daten zum Kontext von Schülerleistungen* (S. 187–216). Wiesbaden: Springer VS.

Meyer-Hamme, A. (2014). *Außerunterrichtliche Aktivitäten und herkunftsbedingte Diversität. Konzeption und Wahrnehmung an Ganztagsschulen.* Weinheim: Beltz Juventa.

Nagel, I., Ganzeboom, H. B., & Kalmijn, M. (2011). Bourdieu in the network. The influence of high and popular culture on network formation in secondary school. In J. Rössel & G. Otte (Hrsg.), *Lebensstilforschung* (S. 424–446). Wiesbaden: Springer VS (*Kölner Zeitschrift für Soziologie und Sozialpsychologie, 51).*

Oswald, H., & Krappmann, L. (2004). Soziale Ungleichheit in der Schulklasse und Schulerfolg. Eine Untersuchung in dritten und fünften Klassen Berliner Grundschulen. *Zeitschrift für Erziehungswissenschaft, 4,* 479–496.

Pfeiffer, C., Mößle, T., Kleimann, M., & Rehbein, F. (2007). *Die PISA-Verlierer – Opfer ihres Medienkonsums. Eine Analyse auf der Basis verschiedener empirischer Untersuchungen.* Hannover: Kriminologisches Forschungsinstitut Niedersachsen.

Phelan, P., Davidson, A. L., & Yu, H. C. (1998). *Adolescents' worlds. Negotiating family, peers, and school.* New York: Teachers College Press.

Rauschenbach, T., Mack, W., Leu, H. R., Lingenauber, S., Schilling, M., Schneider, K., & Züchner, I. (2004). *Konzeptionelle Grundlagen für einen Nationalen Bildungsbericht – Non-formale und informelle Bildung im Kindes- und Jugendalter.* Berlin: Bundesministerium für Bildung und Forschung.

Reay, D., Crozier, G., & Clayton, J. (2009). 'Strangers in Paradise'? Working-class students in elite universities. *Sociology, 43*(6), 1103–1121.

Scherr, A. (2010). Cliquen/informelle Gruppen: Strukturmerkmale, Funktionen und Potentiale. In M. Harring, O. Böhm-Kasper, C. Rohlfs, & C. Palentien (Hrsg.), *Freundschaften, Cliquen und Jugendkulturen. Peers als Bildungs- und Sozialisationsinstanzen* (S. 73–90). Wiesbaden: Springer VS.

Schneider, E. (2014). Herausbildung habitualisierter Bildungsorientierungen im Rahmen eines biografischen Wardlungsprozesses – Das Fallbeispiel einer aufsteigenden Hauptschülerin im Längsschnitt. In W. Helsper, R.-T. Kramer, & S. Thiersch (Hrsg.), *Schülerhabitus. Theoretische und empirische Analysen zum Bourdieuschen Theorem der kulturellen Passung* (S. 332–349). Wiesbaden: Springer VS.

Senkbeil, M., & Wittwer, J. (2009). Antezedenzien und Konsequenzen informellen Lernens am Beispiel der Mediennutzung von Jugendlichen. In M. Prenzel & J. Baumert (Hrsg.), Vertiefende Analysen zu PISA 2006 (S. 107–128). Wiesbaden: Springer VS *(Zeitschrift für Erziehungswissenschaft, 10,* Themenheft).

Silkenbeumer, M., & Wernet, A. (2011). *Die Mühen des Aufstiegs. Von der Realschule zum Gymnasium – Fallrekonstruktionen zur Formierung des Bildungsselbst.* Opladen: Budrich.

Solga, H., & Dombrowski, R. (2009). *Soziale Ungleichheiten in schulischer und außerschulischer Bildung. Stand der Forschung und Forschungsbedarf.* Düsseldorf: Hans-Böckler-Stiftung (Hrsg.).

Stewart, E. B. (2008). School structural characteristics, student effort, peer associations, and parental involvement. The influence of school- and individual-level factors on academic achievement. *Education and Urban Society, 40*(2), 179–204.

Stürzer, M., Täubig, V., Uchronski, M., & Bruhns, K. (2012). *Schulische und außerschulische Bildungssituation von Jugendlichen mit Migrationshintergrund. Jugend-Migrationsreport. Ein Daten- und Forschungsüberblick.* München: Deutsches Jugendinstitut (Hrsg.).

Thiersch, S. (2014). *Bildungshabitus und Schulwahl.* Wiesbaden: Springer VS.

Wagner, J. W. L., & Alisch, L.-M. (2006). Zum Stand der psychologischen und pädagogischen Freundschaftsforschung. In L.-M. Alisch & J. W. L. Wagner (Hrsg.), *Freundschaften unter Kindern und Jugendlichen. Interdisziplinäre Perspektiven und Befunde* (S. 11–91). Weinheim: Juventa.

Wiezorek, C. (2005). *Schule, Biografie und Anerkennung. Eine fallbezogene Diskussion der Schule als Sozialisationsinstanz.* Wiesbaden: Springer VS.

Willis, P. (1979). *Spaß am Widerstand. Gegenkultur in der Arbeiterschule.* Frankfurt a. M.: Syndikat-Verlags-Gesellschaft.

Yildiz, S. (2016). Inklusion!? Was ist daran wahr? *Erziehungswissenschaft, 26*(51), 53–60.

Züchner, I., Arnoldt, B., & Vossler, A. (2007). Kinder und Jugendliche in Ganztagsangeboten. In H. G. Holtappels, E. Klieme, T. Rauschenbach, & L. Stecher (Hrsg.), *Ganztagsschule in Deutschland. Ergebnisse der Ausgangserhebung der „Studie zur Entwicklung
von Ganztagsschulen" (StEG)* (S. 106–122). Weinheim: Juventa.

Über die Autorin

Deppe, Ulrike, Dr. phil., ist wissenschaftliche Mitarbeiterin (postdoc) am Zentrum für
Schul- und Bildungsforschung der Martin-Luther-Universität Halle-Wittenberg in Halle
mit dem Schwerpunkt qualitative Bildungsforschung: Kindheit, Jugend, Familie, Peers,
Biografieforschung, qualitative Methoden, qualitative Triangulation, Bildungsungleichheit,
Elitebildung.

Bildung und Ungleichheit – Ein Blick auf außerschulische Bildung

Gunther Graßhoff

Während Schule im Diskurs um Bildungsungleichheit weitgehend als Täterin thematisiert wird, ist die Rolle der außerschulischen Bildung eher die einer wohlwollenden Samariterin: Dass Bildungsungleichheit im System Schule nicht gemindert, sondern verstärkt wird, ist weit über ein fortschrittliches Milieu hinaus gesellschaftlicher Konsens. Außerschulische Bildung hingegen taucht im Diskurs um Bildungsungleichheit dann auf, wenn mögliche kompensatorische Interventionen und Handlungsmöglichkeiten formuliert werden. Im Diskurs um Bildungsungleichheit bleibt die außerschulische Bildung jedoch auch bescheiden. Die Samaritermetapher weiter führend geht es klar darum, erste Hilfe für die exkludierten Bildungsversager_innen zu leisten und in selbstloser Aufopferung zumindest das schlimmste zu verhindern. Strukturell jedoch lässt sich Bildungsarmut (Allmendinger 1999) nicht durch außerschulische Bildungsorte beheben, sondern kann durch diese lediglich vermindert werden.

Mit diesen einführenden Bemerkungen soll deutlich werden, dass Schule und außerschulische Bildungsorte in unterschiedlicher Weise mit dem Thema Bildungsungleichheit verwoben sind. Die polarisierende Gegenüberstellung sollte zeigen, dass vor allem seit Anfang der 2000er Jahre außerschulische Bildung vermehrt im Kontext sozialer Ungleichheit diskutiert wird: Man kann sagen, die Renaissance außerschulischer Bildung ist überhaupt nur über die Schockstarre der internationalen Bildungsforschung zu erklären (Krüger et al. 2011). Wenn in diesem Beitrag von außerschulischer Bildung die Rede ist, dann muss zunächst geklärt werden, welche Bildungsorte mit diesem zunächst unspezifischen Begriff

G. Graßhoff (✉)
Stiftung Universität Hildesheim, Hildesheim, Deutschland
E-Mail: grasshof@uni-hildesheim.de

© Springer Fachmedien Wiesbaden GmbH 2017
M.S. Baader und T. Freytag (Hrsg.), *Bildung und Ungleichheit in Deutschland*, DOI 10.1007/978-3-658-14999-4_19

adressiert werden. Außerschulische Bildung umfasst zunächst vor allem die andere Seite der Bildung (Otto und Rauschenbach 2004) und kann durch sozialpädagogische Kontexte der Kinder- und Jugendhilfe gerahmt werden. Die Grenzen und Übergänge zu anderen Feldern sind jedoch fließend.

Soziale Arbeit mischt sich damit in den „neueren" Diskurs um Bildungsgerechtigkeit ein. In der Post-PISA Zeit scheint der Bildungsdiskurs wieder um das Thema der Gerechtigkeit zu kreisen, auch wenn die Beweggründe offensichtlich ganz unterschiedliche sein können (vgl. kritisch Stojanov 2011). Endlich, so könnte man zunächst vermuten, lassen sich ur-sozialpädagogische Themen nun auch auf den institutionellen Bereich von Bildung übertragen und sind neue Allianzen von Schule und sozialpädagogischen Handlungsfeldern, hier vor allem die Jugendhilfe, denkbar. Bildungspolitisch scheint die außerschulische Bildung unbestritten einen tragenden Beitrag zum Abbau von Bildungsbenachteiligung leisten zu können. Im 12. Kinder- und Jugendbericht wird der bildungspolitische Auftrag der Kinder- und Jugendhilfe so umrissen:

> Die Bundesregierung begrüßt es, wenn andere Systeme von der Kinder- und Jugendhilfe lernen und deren Prinzipien der Teilhabe und Verantwortung übernehmen. Sie hält es auch für wichtig, dass bei dem Ausbau eines integrierten Systems von Bildung, Erziehung und Betreuung die Potenziale der Kinder- und Jugendhilfe eingesetzt werden. Allerdings erachtet sie es für unerlässlich, dass hierbei die originäre Funktionsbestimmung der Kinder- und Jugendhilfe und ihre Strukturen Beachtung finden(Bundesministerium für Familie 2005, S. 14).

In diesem Beitrag wird die mögliche Rolle der Sozialen Arbeit im Kontext der Debatte um Bildungsgerechtigkeit nicht grundsätzlich negiert. Es wird aber eine Diskrepanz zwischen der bildungspolitischen Relevanz der außerschulischen Bildung für die Durchsetzung von Bildungsgerechtigkeit auf der einen Seite und dem empirischen Wissen, worin diese Relevanz genau bestehen kann auf der anderen Seite, herausgearbeitet.

1   Außerschulische Bildung – Die andere Seite der Bildung?

In der aktuellen Beteuerung von Kooperation und Komplementarität von Sozialer Arbeit und Schule kann leicht vergessen werden, dass das Verhältnis dieser beiden Institutionen lange Zeit von Desinteresse oder gar Konkurrenz geprägt war. Knapp formuliert bringt Speck (2009) dieses Verhältnis so auf den Punkt: „Die Schule war für die ‚normalen', die Jugendhilfe kompensatorisch und nachgeordnet für die auffälligen Jugendlichen zuständig" (Speck 2009, S. 9). Während

aus der Perspektive des Bildungssystems Jugendhilfe weitgehend als Ausfall-
bürge bedeutsam ist, wird Schule als Selektions- und Allokationsmaschinerie
von der Sozialpädagogik meist nur verächtlich abgewertet. Zusammenarbeit mit
der Schule gehört zum leidigen Geschäft der Mitarbeiter_innen der Jugendhilfe.
Schule kann aus der Perspektive der Sozialpädagogik deshalb nur in dieser ambivalenten Funktion hin gedeutet werden: Notwendig als Realität gesellschaftlicher
Allokationsinstanz, aber aus bildungstheoretischer Perspektive nur instrumentell
zu handhaben. Das Klientel der Jugendhilfe muss so weit unterstützt werden,
dass sie trotz Schule Selbstwert, Selbstwirksamkeit und Handlungsmächtigkeit
erfahren. Etwas diplomatischer formuliert Thiersch dies im Hinblick auf soziale
Gerechtigkeit: „Die Intentionen auf soziale Gerechtigkeit in der Schule bremsen
sich – trotz der zweifelsohne erschlossenen egalisierenden Effekte – ebenso an
der Selektions- und Ausgrenzungsfunktion von Leistungsbemessungen wie an
der die Ungleichheiten stützenden und reproduzierenden Struktur eines mehrgliedrigen Schulwesens" (2008, S. 982). Die Rollenverteilung im punkto soziale
Gerechtigkeit ist in diesem Szenario klar: Die Schule perpetuiert Ungleichheit
und die Soziale Arbeit wirkt dieser entgegen.

Nach dem „Auftauen" aus der PISA-Starre hat sich der öffentliche Bildungsdiskurs gewandelt. Sehr schnell ist jetzt von einem neuen Verhältnis von
Jugendhilfe und Schule die Rede (Bundesjugendkuratorium) mit der Formel:
„Zukunftsfähigkeit sichern! – Für ein neues Verhältnis von Bildung und Jugendhilfe" oder den sogenannten Leipziger Thesen „Bildung ist mehr als Schule"
(BJK 2002). Explizit werden bildungspolitisch die Möglichkeiten der Kinder-
und Jugendhilfe als Bildungsinstanz propagiert und zwar nicht in einer Arbeits-
teilung, die für die außerschulische Bildung nur die „soziale Seite von Bildung"
vorsieht. Es soll nun an dieser Stelle nicht die Frage gestellt werden, mit welchen Motiven die Diskussion um die „andere Seite der Bildung" geführt wird
(vgl. ausführlicher Graßhoff 2014). Das Spektrum der Einschätzungen reicht von
eher „niederen" Beweggründen (Winkler 2006), die vor allem machttheoretische
Argumente anführen und das Problem formulieren, dass die Sozialpädagogik vor
allem auch ein Stück von dem Kuchen abhaben möchte, der infolge des Megathemas Bildung zu verteilen ist. Bildungstheoretische Argumente wären demnach
weniger konzeptionell als „professionspolitisch" motiviert. Andere Positionen
sehen die Möglichkeiten, auf der Welle des Megathemas Bildung mitzuschwim-
men, pragmatischer und betonen die Möglichkeit, sozialpädagogische Kernideen
neu zu beleben und vergessene Traditionen wiederzuentdecken (Deinet und Reutlinger 2004).

Wenn in diesem Beitrag nun von „außerschulischer Bildung" die Rede ist,
dann müssen unterschiedliche Perspektiven bzw. Verwendungsweisen unterschieden werden. Man kann in einem ersten Zugang zwischen „ortsbezogenen" und

„tätigkeitsbezogenen" Bedeutungen differenzieren. In beiden Fällen wird die Analyse bezogen auf die Lebensphasen Kindheit und Jugend, denn außerschulische Bildung endet nicht mit dem Erwachsenenalter (obwohl in der Literatur außerschulische Bildung und außerschulische Jugendbildung zum Teil synonym verwendet werden).

Außerschulische Bildung schließt damit zunächst solche Orte jenseits der Schule ein, in denen Bildungsprozesse bedeutsam sind. Klassisch wird sich hier auf non formale Bildungssettings wie Jugendarbeit, Jugendsozialarbeit oder auch Erziehungshilfen bezogen. Insgesamt könnte man das gesamte Leistungsangebot des SGB VIII als Rahmen solcher außerschulischen Bildungsinstitutionen fassen (auch wenn sicherlich der Schwerpunkt nicht in allen Hilfen in gleicher Weise auf Bildung ausgerichtet ist, vgl. z. B. für die Erziehungshilfe Hast et al. 2009). Darüber hinaus gibt es jedoch auch andere Orte außerschulischer Bildung, die nicht über die Kinder- und Jugendhilfe strukturiert sind: Vor allem Kulturelle Bildung ist hier zu nennen, z. B. Musikschulen und Jugendkunstschulen; Angebote auf dem kommerziellen Markt von Freizeitangeboten werden auch zunehmend wichtiger und haben explizite Ausrichtung auf Bildungsprozesse. Zusammenfassend könnte man resümieren, dass mit außerschulischen Bildungsorten vor allem institutionalisierte Formen von verschiedenen Bildungs- und Unterstützungsangeboten fokussiert werden; informelle Settings wie Familien oder auch Peers werden hierbei nicht thematisiert. Wie breit man auch zum Beispiel kommerzielle Angebote hierunter fasst liegt mit Sicherheit an dem jeweiligen Verständnis von Bildung insgesamt.

Neben einer Ortsbestimmung wird jedoch unter außerschulischer Bildung auch ein bestimmter Modus von Bildungsprozessen verstanden: Auch hier kann das schulische Lernen als Kontrast dienen und Handlungsmaximen wie Freiwilligkeit, Partizipation, Lebensweltbezug, Subjektbezug sind der Kern außerschulischer Bildung. Während es vor allem im allgemeinpädagogischen Diskurs Überlegungen gibt, wie sich die Grundstruktur pädagogischen Handelns rekonstruieren lässt (Prange 2005), sind diese Überlegungen nicht direkt auf außerschulische Bildungssettings zu übertragen. Trotzdem gibt es Konsens, dass außerschulische Bildung andere Lernumgebungen schafft, die vor allem über die oben beschriebenen Handlungsmaximen identifizierbar sind.

Abschließend lässt sich festhalten, dass außerschulische Bildung kein klar strukturiertes Handlungsfeld in der Sozialen Arbeit darstellt, sondern lediglich, meist in Abgrenzung zu schulischen Bildungsprozessen, über verschiedene Strukturprinzipien und Bildungsorte umrissen werden kann.

2 Bildungsungleichheit, Bildungsgerechtigkeit und Soziale Arbeit

Mit dem Diskurs um Bildungsungleichheit unmittelbar verbunden ist die Feststellung, dass bestehende Ungleichheiten unbedingt beseitigt werden müssen. Ungleichheiten müssen durch verschiedene Interventionen behoben und damit Gleichheit garantiert werden (Brake und Büchner 2012). Über die Wege, wie im Mehrebenensystem Schule nun gesteuert werden kann – ob strukturelle Reformen auf Makroebene, organisationale Veränderungen auf der Mesoebene (z. B. Organisationskultur) oder aber neue Formen schulischer Interaktion notwendig sind – wird immer noch gestritten. In den letzten Jahren wird vermehrt Ungleichheit im Bildungssystem unter gerechtigkeitstheoretischen Aspekten diskutiert. Für Norbert Ricken ist diese Diskursverschiebung kein Zufall, sondern eine zunächst logische Folge:

> Dabei scheint die darin erkennbare Schrittfolge zunächst ebenso einleuchtend wie zwingend, führt sie doch – exemplarisch seit PISA – gleichsam folgerichtig *vom* Erschrecken und der Empörung über die Ausprägung der Ungleichheit auch in Fragen der Bildung *über* die daran anschließenden und inzwischen überaus zahlreichen empirischen Studien der sozial- wie erziehungswissenschaftlichen Bildungsforschung zu Ausprägungen und Verläufen, den vielfältigen Ursachen, Faktoren und Auswirkungen der Bildungsungleichheit nun auch *hin zu* normativen Fragen der Bewertung bzw. zur Diskussion der normativen Kriterien der Bewertung ebendieser Ungleichheit (Ricken 2015, S. 131).

Mit dieser Diskursverschiebung hin zu Bildungsgerechtigkeit, die von Ricken in ihrer Ambivalenz rekonstruiert wird, werden ganz unterschiedliche Aspekte des Bildungsgeschehens und damit verbundenen Gerechtigkeitsfragen aufgeworfen. Bildungsprozesse unterscheiden sich damit in diesen Hinsichten:

> von den Lernvoraussetzungen und deren sozial-kultureller Bedingtheit, die sich auch in differenten Lernbereitschaften niederschlagen (können), über die Lerngelegenheiten, deren (un-)eingeschränkte Zugänglichkeit und doch jeweilig unterschiedliche Nutzung bis hin zu den sicher differenten Lernergebnissen als erworbenen Fähigkeiten und (weiterführenden) Zertifikaten (Ricken 2015, S. 131).

Stojanov hat versucht, diese verschiedenen Dimensionen im Blick auf das Bildungsgeschehen in der Unterscheidung von Verteilungs-, Teilhabe- und Anerkennungsgerechtigkeit (2011) zu trennen. Wird von Bildungsgerechtigkeit gesprochen, so müssen diese Ebenen zunächst differenziert werden und sollten eigentlich nicht nur vereinzelte Aspekte hervorgehoben werden. In diesem Beitrag wird die These entwickelt, dass gerade im Feld der außerschulischen Bildung zwischen verschiedenen Gerechtigkeitsbegriffen jongliert wird. Vor allem dann, wenn es um die kompensatorischen Möglichkeiten außerschulischer Bildung geht, überwiegen eher diffuse Gegenstandsbestimmungen.

Soziale Arbeit ist wie keine andere Profession mit dem Thema Gerechtigkeit verwoben. In den ethischen Grundlagen der Berufsverbände taucht das Thema soziale Gerechtigkeit explizit als normative Orientierung auf, z. B. wenn es heißt, dass „Sozialarbeiter/innen eine soziale Verpflichtung haben, soziale Gerechtigkeit zu fördern in Bezug auf die Gesellschaft im Allgemeinen und in Bezug auf die Person, mit der sie arbeiten" (DBSH 1997, S. 1).

Soziale Gerechtigkeit ist jedoch nicht nur eine professionelle, sondern auch eine disziplinäre Orientierung (Böllert et al. 2011). Micha Brumlik legte bereits Anfang der 90iger Jahre mit der Idee einer advokatorischen Ethik 1992 eine dezidiert gerechtigkeitstheoretische Begründung von sozialpädagogischen Interventionen vor. Für Thiersch ist Soziale Arbeit gar im Kontext von Modernisierung ein Projekt zur „Realisierung von sozialer Gerechtigkeit" (2003). Der „Zentralwert der Gerechtigkeit" ist damit die identitätsstiftende Formel (Schrödter 2007) die Tätigkeiten der Sozialen Arbeit von denen anderer Professionen unterscheidbar macht.

Aktuell ist im (sozial-)pädagogischen Diskurs bei dem Thema Gerechtigkeit vor allem der Capability Approach dominant. Die erziehungswissenschaftliche Rezeption des Capability Approach hat ihren Ausgangspunkt maßgeblich im Kontext der Sozialpädagogik (Otto und Ziegler 2008). Im Rekurs auf eine aristotelische Ethik stellt der Capability Approach eine international zunehmend diskutierte Gerechtigkeitstheorie dar, die die Frage nach dem guten Leben bzw. nach gelingender Lebensführung in den Mittelpunkt rückt. Für die sozial- und bildungspolitische Diskussion sind die Überlegungen von Sen und Nussbaum vor allem deshalb hoch anschlussfähig, weil der Capability Approach trotz seiner theoretisch komplexen Anlage, klare normative Modelle des guten Lebens liefert und somit in verschiedensten Kontexten zu Evaluationszwecken herangezogen wird (z. B. in der Armutsberichterstattung und der Evaluation der Wirkungen von Erziehungshilfen: Polutta 2013). Obwohl in diesem Beitrag die Perspektive von Sen und Nussbaum nicht weiter verfolgt wird, muss dennoch die disziplinäre Bedeutung dieses Konzeptes insgesamt für die Sozialpädagogik hervorgehoben werden.

Aufgrund der Geschichte der Sozialen Arbeit, die als die Historie einer Gerechtigkeitsprofession erzählt wurde, scheinen die disziplinären Bezüge und Leistungen zur Arbeit an einer gerechteren Gesellschaft immanent. In ausgewählten empirischen Bezügen sollen nun jedoch zunächst in verschiedenen Feldern der außerschulischen Bildung Bezüge, Wirkungen und Grundlagen von Bildungsprozessen skizziert werden.

3 Effekte und Wirkungen außerschulischer Bildung zum Abbau von Bildungsungleichheit

Wenn sich empirisch der Frage genähert wird, welche „Effekte" außerschulische Bildungsinstitutionen zum Abbau von Bildungsungleichheit haben, dann klingt diese Perspektive zunächst irritierend instrumentell. Dennoch soll hier das empirische Wissen in ausgewählten Feldern außerschulischer Bildung dahin gehend geprüft werden, was über deren konkrete Bedeutung im Zusammenhang mit Bildungsungleichheit bekannt ist. Aufgrund der Heterogenität des Feldes werden nur einzelne Handlungsbereiche untersucht.

3.1 Kinder und Jugendarbeit als Bildungsort

Wie kaum ein anderes Feld bestimmt der Bildungsdiskurs die Kinder- und Jugendarbeit. Jugendarbeit ist der Ort außerschulischer Bildung, der vor allem niedrigschwellig Zugänge für benachteiligte Nutzer_innengruppen bereithält. Auffällig ist, dass Jugendliche aus bildungsferneren Schichten und mit Migrationshintergrund in den Angeboten überrepräsentiert sind (Strack 1987). Jugendzentren scheinen demnach Einrichtungen zu sein, in denen sich „bildungsarme" Heranwachsende in die Gemeinschaft integrieren, um ihre eigenen Lebensbedingungen verbessern zu können (Schmidt 2011, S. 59). Vor allem die Möglichkeiten der Partizipation von jungen Menschen kennzeichnen das Feld der Jugendarbeit. Es gibt jedoch eine Diskrepanz zwischen der Wahrnehmung der Jugendarbeitsmitarbeiter_innen und der Besucher_innen in Hinblick auf Möglichkeiten der Teilhabe. In jeder zweiten Einrichtung wird Partizipation institutionell praktiziert, in fast allen ereignet sie sich informell. Koss und Fehrlen (2003) zeigen z. B. für Baden-Württemberg, dass in drei von vier Einrichtungen die jugendlichen Nutzer_innen bei der Durchführung von Angeboten mitwirken. Partizipation erfolgt hier meist beiläufig. Nach Rauschenbach u. a. (2000) existieren Gremien, Beiräte und Arbeitsgemeinschaften zur Mitwirkung in Einrichtungen der Kinder- und Jugendarbeit nur selten und werden auch von den Kindern und Jugendlichen kaum in Anspruch genommen. Eigene Rechte und Möglichkeiten von Mitbestimmung sind Kindern und Jugendliche noch nicht mal selbstverständlich bekannt. Dies schließt auch an die Studie Hellmanns (2002) an, wonach Besucher_innen nicht wissen, wie sie Einfluss auf die Einrichtung nehmen können. Nach Klöver und Straus (2005) ergeben sich Partizipationsformen meist erst aus einer regelmäßigen Teilnahme der Jugendlichen in der Einrichtung. Sie ereignen sich vor allem informell (Bröckling und Schmidt 2012, S. 50). Professionelle Mitarbeiter der Jugendarbeit sehen nur ein geringes Interesse der Jugendlichen an Mitwirkung und Mitbestimmung. Insgesamt bestätigt sich damit das empirische Bild, dass immer noch eine Differenz von konzeptionellen Ansprüchen und tatsächlicher Realisierung von Partizipationsmöglichkeiten in der Kinder- und Jugendarbeit besteht. Die Studie von Scherr und Delrhas (2005) macht deutlich, dass die Deutungen der Akteure im Hinblick auf Bildungswirkungen und die tatsächliche Praxis weit auseinanderklaffen.

Bildungsprozesse ereignen sich in der Jugendarbeit zu einem erheblichen Teil als Effekt der gegebenen strukturellen Bedingungen und ohne eine bewusste Ein- bzw. Mitwirkung durch die Hauptamtlichen, die darauf zielen, die Diskussions- und Reflexionsprozesse der Jugendlichen zu unterstützen und voranzubringen (Scherr und Delmas 2005, S. 106).

Anders muss die Situation im Rahmen der Jugendverbandsarbeit resümiert werden. Während es in der Jugendarbeit insgesamt gelingt, breite Nutzer_innengruppen zu integrieren, sind Jugendverbände immer noch selektiv. „Häufig sind Geschlechtsunterschiede hinsichtlich der Mitgliedschaft in Jugendverbänden dokumentiert. Generell, so wird immer wieder festgestellt, sind Mädchen und junge Frauen weniger häufig aktiv in einem Verein oder Verband" (Gadow und Pluto 2014, S. 110). Ähnlich selektiv sind die Mitgliedschaften im Zusammenhang mit dem Bildungsgrad. Prein und van Santen (2012) gehen gar von der These aus, „Je gehobener der angestrebte Bildungsgrad, desto höher ist der Anteil der Kinder und Jugendlichen, die Mitglied in einem Verein sind" (Prein und van Santen 2012, S. 76). Aktuell am häufigsten diskutiert werden die verschiedenen Zugangsbarrieren von Kindern- und Jugendlichen mit Migrationshintergrund in Jugendverbänden (vgl. Jagusch 2014). Eine Ausnahme hier bilden vor allem die Sportvereine, denen eine höhere „integrative" Kraft zugeschrieben wird (Gadow und Pluto 2014, S. 113). Insgesamt lässt sich damit resümieren, dass in der verbandlichen Jugendarbeit keinesfalls gesellschaftliche Ungleichheiten aufgeweicht, sondern weiter zementiert werden. Die Sekundäranalyse (Gadow und Pluto 2014) demonstriert noch einmal deutlich, dass Jugendverbände als soziale Milieus sich aus dem Familien- und Freundeskreis, dessen Mitglieder schon im Verein aktiv sind, rekrutieren.

Allerdings heben biografisch angelegte Studien die Bedeutsamkeit von Jugendverbänden hervor (Lehmann und Mecklenburg 2006). Roth und Olk (2007) kommen in ihren Analysen zu dem Ergebnis, dass jedoch die Beteiligung von Kindern und Jugendlichen selbst nach sozialstruktureller Herkunft variiert. In Anlehnung an die Expertise des 12. Kinder- und Jugendberichts kann man deshalb polarisierend zuspitzen, dass es zu einer sozialen Selektivität von Vereinsmitgliedschaft kommt: „Die vorherrschende Angebotsform der Jugendarbeit korrigiert von sich aus soziale Ungleichheitsstrukturen nicht, sondern setzt diese tendenziell fort" (Bundesministerium für Familie 2005, S. 390).

Ohne die Bedeutung der Jugendarbeit als zentralen Bildungsort mindern zu wollen gibt es, wie gezeigt wurde, jedoch in diesem Handlungsfeld ein Bedarf, die eigene Rolle im Zusammenhang mit Bildungsungleichheit zu reflektieren. Während Erfahrungen vor allem in offenen und niedrigschwelligen Bildungsangeboten vorliegen, müssen diese noch mehr in den Kontext gesellschaftlicher Ungleichheitsdiskurse gestellt werden.

3.2   Kulturelle Bildung

In den letzten 15 Jahren haben vor allem Pilotprojekte die Bedeutung von „Kultureller Bildung" massiv verschoben. In den öffentlich wirksam inszenierten Projekten, z. B. „Jedem Kind ein Instrument" (www.jekits.de) sind benachteiligte Kinder- und Jugendliche vorwiegend Zielgruppe der Angebote. Die zum Teil hoch selektive Praxis der Kulturellen Bildung wird nun an der Frage gemessen, welche Teilhabemöglichkeiten die Angebote für bislang eher ausgeschlossene Adressat_innen bieten. Kulturelle Bildung folgt dabei einem weiten Bildungsverständnis:

> Es geht darum, dass Kinder und Jugendliche ihre Persönlichkeit (nicht „nur" ihre Kompetenzen) entwickeln können und all ihre Kräfte im Wechselspiel von Selbst und Welt angeregt werden. Es geht also um nichts weniger als den ganzen Menschen. Entsprechend bezieht sich Kulturelle Bildung auf emotional-affektive (Herz), kognitiv-intellektuelle (Kopf), körperlich-sinnliche (Hand/Sinne) und sozial-kulturelle Prozesse. Der weite Bildungsbegriff besagt zudem, dass sich Kulturelle Bildung höchst individuell und subjektorientiert auf dem Prinzip des Sich-Bildens gründet (Hübner 2016).

Empirische Untersuchungen belegen, dass die Angebote der Kulturellen Bildung immer noch nach der sozialen Herkunft sehr unterschiedlich genutzt werden (vgl. Lehmann-Wermser et al. 2010). Züchner und Arnold (2011) sehen einen weniger starken bzw. keinen empirischen Zusammenhang zwischen sozialer Herkunft und der Teilnahme an musisch-kulturellen Angeboten, wenn diese im Rahmen der Ganztagsschule durchgeführt werden. Auch im Kontext der Jugendkunstschulen gibt es nachweisbare Tendenzen, dass vor allem die Kooperation mit Ganztagsschulen sich positiv auf die Besucher_innenstruktur auswirkt (Eickhoff 2007).

Im Feld der Kulturellen Bildung wird die Herausforderung besonders deutlich, dass die Erschließung neuer Nutzer_innengruppen nicht zwangsläufig mit einem Abbau sozialer Ungleichheit verbunden ist (Treptow 2012). Kulturelle Bildung selbst ist voraussetzungsvoll oder in den Worten von Kuschel und Reinwand-Weiss:

> Mit Blick auf die *Grenzen* Sozialer Kulturarbeit sei betont, dass diese keine Strukturprobleme lösen, allenfalls auf Problemlagen hinweisen könne [...]. Ein weiterer bedeutsamer Punkt in diesem Zusammenhang ist, dass Kulturelle Bildung insofern voraussetzungsvoll ist, als sie nicht nur befähigt, sondern immer auch Bildung, Wissen und Fähigkeiten für künstlerisch-kreatives Gestalten und die Auseinandersetzung mit Fremdem voraussetzt, die oftmals gerade benachteiligte Zielgruppen nicht erwerben konnten (Kuschel und Reinwand-Weiss 2016).

Mit Bezug auf die Ungleichheitsforschung lässt sich diese Kritik insofern untermauern, da die Bearbeitung von „Feinen Unterschieden" gerade im kulturellen Feld herausfordern ist (Bourdieu 1987). Denn schnell kann ja auch eine vermeintliche Inklusion zu einer praktischen Exklusion werden: Es kann sichtbar werden, welche jungen Menschen sich im kulturellen Feld sicher bewegen und die symbolische Ordnung verbürgen und welche sich durch Nichtkenntnis der impliziten Regeln selbst exkludieren. Benachteiligte Kinder und Jugendliche einfach nur ins Museum, die Kunsthalle oder die Musikschule zu bringen reicht damit nicht aus.

3.3 Außerschulische Bildung in der Schule – Ganztagsbildung

In dem letzten Schritt wird die zunehmende Grenzverschiebung von schulischer und außerschulischer Bildung thematisiert. Die Ausdehnung von Schule auf den ganzen Tag ist eine bildungspolitische Leitlinie, die strukturell die Kooperation mit außerschulischen Partnern mitdenkt. Ohne die Kooperation mit örtlichen Trägern und Vereinen der außerschulischen Bildung sind Ganztagsschulen gar nicht denkbar. Es zeigt sich, dass die Kooperationsformen zwischen den Schulen und außerschulischen Bildungsinstitutionen vielfältig sind (Arnoldt 2011), Organisationen der Kinder- und Jugendhilfe sind jedoch die quantitativ wichtigsten Kooperationspartner.

Die Qualität dieser außercurricularen Angebote lassen sich, so die These, bislang ausschließlich in Abgrenzung zu schulpädagogischem Handeln skizzieren. Ganztagsbildung im Kontext der Sozialen Arbeit soll als Kontextualisierung von unterschiedlichen Akteuren, Settings und Institutionen dienen. „Über diesen Zugang spannt der Begriff ein innovatives Spektrum auf, vor dessen Hintergrund disparate Felder zusammengedacht, getrennte Organisationen zusammengeführt, Schülerinnen und Schüler als Kinder und Jugendliche bzw. Adressatinnen und Adressaten unterschiedlicher Bildungssphären wahrgenommen [...] werden" (Coelen und Otto 2011, S. 445).

Über die Wirkungen und Effekte dieser neuen Kooperation wissen wir wenig und diese sind kaum beschreibbar. Coelen (2008) kann in unterschiedlichen Evaluationsprojekten ausschließlich deskriptiv das Feld ordnen: Die aufgeführten Evaluationsprojekte können kaum als Wirkungsforschung herangezogen werden und zeigen, dass es kein Wissen über Effekte von außerunterrichtlichen Angeboten gibt sondern lediglich offene Fragen, die auf institutioneller Ebene und auf der Ebene der Akteure (Personal und Adressaten) verortet sind.

Forschung im Kontext des StEG Programms (Studie zur Entwicklung von Ganztagsschulen) (Radisch et al. 2008) adaptiert schulpädagogische Modelle der Schuleffektivitätsforschung. Als Ausgangspunkt für die Übertragbarkeit dient den Autor_innen dabei die Annahme, dass es sich sowohl beim Unterricht als auch bei außerunterrichtlichen (Lern-)Angeboten um pädagogisch gestaltete Lernumgebungen handelt. Trotz den vorgenommenen theoretischen Erweiterungen fehlt ein Bezug zur sozialpädagogischen Wirkungsforschung (Albus und Ziegler 2013). In der Operationalisierung kann dann nicht mehr zwischen unterschiedlichen außerunterrichtlichen Angeboten differenziert werden, sondern wird „Ganztagsschule" insgesamt als Grundlage für Effekte auf Schülerebene modelliert. Die relevanten strukturellen Differenzen von außerunterrichtlichen Angeboten wie Setting und Personal werden in dieser Variante homogenisiert. Dieses Desiderat wird selbst von den zentralen Akteuren der Kompetenzmessung nicht bestritten (Klieme und Leutner 2006).

Die hier skizzierten sozialpädagogischen Diskurslinien im Kontext der Ganztagsbildung und damit der zunehmenden Verzahnung von formalen und non formalen Bildungsinstitutionen zeigen, dass die Sozialpädagogik bislang ausschließlich normativ und programmatisch an den Bildungsdiskurs anschließt (Winkler 2006).

Neben der Ganztagsbildung und der Kooperation von Trägern der Jugendhilfe an Schulen sind mittlerweile Sozialpädagog_innen immer häufiger an Schulen tätig. Soziale Arbeit findet innerhalb der Schule statt und dies vor allem dort, wo die Bildungsbenachteiligung von Kindern- und Jugendlichen am Größten ist. Die Bedeutung von Schulsozialarbeit ist hierbei bildungspolitisch unbestritten, der Blick in die Praxis zeigt jedoch, dass das Handlungsfeld Schulsozialarbeit keineswegs klar umrissen zu sein scheint. Unter dem Label Schulsozialarbeit verbinden sich Tätigkeiten von Sozialpädagog_innen an Schulen, die ganz unterschiedliche Arbeitsaufträge markieren. Das hängt auch mit der unbestimmten Rechtslage von Schulsozialarbeit zusammen, die weder eindeutig in den Schulgesetzen noch im SGB VIII zu verorten ist. Dies betrifft auch die finanzielle Förderung von Schulsozialarbeit, die aus ganz unterschiedlichen Mitteln kommt (vgl. zusammenfassend Speck , S. 55).

Resümierend für die Frage, welche Rolle die außerschulische Bildung in der Schule im Hinblick auf Bildungsungleichheit haben kann, muss festgehalten werden, dass die propagierten Transformationen einer schulischen Lernkultur durch außerschulische Partner empirisch noch zu zeigen wäre. Erste Hinweise gibt es dafür, dass Schulsozialarbeit den Zugang zu Leistungen im Rahmen des Bildungs- und Teilhabegesetzes erleichtert (Kastirke und Holtbrink 2014). Dies jedoch direkt im Kontext von sozialer Ungleichheit zu sehen wäre verkürzt.

4   Außerschulische Bildung und soziale Ungleichheit – Perspektiven

Mit dem Überblick über einzelne Felder außerschulischer Bildung und deren Bedeutsamkeit im Hinblick auf kompensatorische Effekte beim Abbau von Bildungsungleichheit soll jetzt nicht mit einem skeptischen Blick geendet werden. In dem Beitrag soll dafür sensibilisiert werden, die Potenziale außerschulischer Bildung noch stärker herauszuarbeiten und sich nicht vorschnell als Ausfallbürgen schulischer Selektionslogik instrumentalisieren zu lassen. Die pädagogische Bearbeitung von sozialer Ungleichheit muss immer als antinomischer Prozess verstanden werden: Auch in Settings der außerschulischen Bildung wird in der Adressierung von „benachteiligten" Zielgruppen Ungleichheit mit hergestellt und zementiert (Graßhoff 2015). Der Prozess der Adressierung muss deshalb reflexiv eingeholt werden, kann aber strukturell nicht aufgelöst werden.

In den aufgezeigten Feldern außerschulischer Bildung liegen Erfahrungen und Konzepte zugrunde, jungen Menschen Bildungsprozesse jenseits des Unterrichts zu ermöglichen. Mit der Darstellung soll keine Gegenüberstellung von Schule und außerschulischer Bildung vorgenommen werden: In der Pointierung der Möglichkeiten außerschulischer Settings darf nicht vergessen werden, dass auch im Kontext von Schule innovative Prozesse der Schulentwicklung zu verzeichnen sind (Breidenstein und Schütze 2008). Auch das Bildungssystem darf nicht als monolitischer Block betrachtet werden, sondern ist in sich ausdifferenziert. Reform- und Alternativschulen sind auch derzeit ein wichtiger Motor bei der Entwicklung anderer Schulen (Idel und Ullrich 2004). Dennoch wird hier abschließend auf drei Dimensionen rekurriert, die für die reflexive Weiterentwicklung des Bildungssystems im Kontext von sozialer Ungleichheit relevant sind.

In Settings außerschulischer Bildung ist *Partizipation* von jungen Menschen strukturell angelegt. Auch wenn Idee und Wirklichkeit noch nicht immer übereinstimmen (Betz et al. 2010) gibt es zentrale Erfahrungen, Kinder- und Jugendliche in vielfältiger Weise in der Angebotsplanung und Durchführung zu beteiligen. In Settings außerschulischer Bildung können junge Menschen damit zentrale Erfahrungen machen, wie komplex demokratische Formen der Mitbestimmung sind (Walther 2010). Zentrale Kompetenzen hierzu müssen an pädagogischen Orten erst mal gelernt werden und können nicht selbstverständlich vorausgesetzt werden. Es ist aus der Praxis der außerschulischen Bildung bekannt, dass Partizipation und Mitbestimmung nicht immer konfliktfrei stattfindet, sondern gerade in der Konfliktbearbeitung ihren Kern hat.

Aufgrund der meist niedrigschwelligen Zugänge pädagogischer Orte zum Beispiel der Jugendarbeit, aber auch den Konzepten in den Erziehungshilfen entstehen somit Lernfelder auch für solche Jugendliche, die in institutionalisierten Feldern der Mitbestimmung wenig Stimme haben. Auf die Notwendigkeit, auch im Kontext der außerschulischen Settings auf eigene Exklusionsmechanismen hinzuweisen, habe ich ausführlich hingewiesen. Die Diskussion um Inklusion in der Sozialen Arbeit kann zu diesem Thema beitragen: Sensibilisiert doch das Konzept der Inklusion gerade auf die organisationale Herstellung von Teilhabe wie auch von Ausschluss in pädagogischen Feldern, die sich bislang noch wenig mit den eigenen Ausgrenzungsmechanismen auseinandergesetzt haben.

Das Verständnis von Bildung im Kontext außerschulischer Settings erweitert einen in den letzten Jahren auf Kompetenzerwerb ausgerichteten schulischen Bildungsdiskurs (Siebholz 2013). Ohne polarisierend die derzeitige Dominanz schulpädagogischer Bildungsforschung gänzlich kritisieren zu wollen sensibilisiert die sozialpädagogische Auseinandersetzung mit Bildung für mehr als die Einordnung von Schüler_innen in Kompetenzstufen. Im Anschluss an eine *kritische Bildungstheorie* (Scherr 2002) ist Bildung dann eine zentrale pädagogische Kategorie, in der die Auseinandersetzung von jungen Menschen mit der gesellschaftlichen Wirklichkeit im Vordergrund steht. In wichtigen Handlungsfeldern der Kinder- und Jugendhilfe kann gezeigt werden, dass dieses kritische Bildungsverständnis nicht nur eine diskursive Sensibilisierung erzeugt, sondern auch „praktische"

Konsequenzen hat (vgl. für die Jugendarbeit: Lindner 2003; für die Erziehungshilfen: Hast et al. 2009).

Schließlich ermöglicht der *sozialpädagogische Blick* (Schmidt et al. 2015)
im Kontext der außerschulischen Bildung eine andere Sicht auf junge Menschen
und deren Bildungsverläufe. In Schule herrscht eine auf das Individuum bezogene Form pädagogischen Fallverstehens vor und ist auch strukturell so angelegt,
während sozialpädagogisches Fallverstehen stärker auf das Zusammenspiel von
Individuum und „Umwelt" rekurriert. Individuelle Verhaltensdispositionen von
Schüler_innen können damit im Kontext von Lebenslagen erschlossen werden
(Braun et al. 2011). Im Kontext von sozialer Ungleichheit ist ein solches Fallverstehen insofern relevant, da eine Aberkennung milieuspezifischer Erfahrungsdi-
mensionen in der „Schule" bekannt ist (Grundmann et al. 2006). Schulkulturen
sind damit für mittelschichtorientierte Milieus immer noch anschlussfähiger, als
dies für „bildungsfernere" Milieus der Fall ist (Helsper et al. 2001).

Am Ende sollte jedoch nochmals darauf verwiesen werden, dass alle pädagogischen Versuche der Bearbeitung von sozialer Ungleichheit immer eingebettet sein müssen in sozialpolitische Veränderungen (Allmendinger und Leibfried
2005). Sonst laufen zentrale pädagogische Ambitionen Gefahr, selbst zur Individualisierung sozialer Probleme beizutragen.

Literatur

Albus, S., & Ziegler, H. (2013). Wirkungsforschung. In G. Graßhoff (Hrsg.), *Adressaten,
Nutzer, Agency. Akteursbezogene Forschungsperspektiven der Sozialen Arbeit* (S. 163–
180). Wiesbaden: VS Verlag.
Allmendinger, J. (1999). Bildungsarmut. Zur Verschränkung von Bildungs- und Sozialpoli-
tik. *Soziale Welt, 50*(1), 35–50.
Allmendinger, J., & Leibfried, S. (2005). Bildungsarmut. Zum Zusammenhang von Sozialpolitik und Bildung. In *Bildungsreform als Sozialreform. Zum Zusammenhang von Bil-
dungs- und Sozialpolitik* (S. 45–60). Wiesbaden: VS Verlag.
Arnoldt, B. (2011). Kooperation zwischen Ganztagsschule und außerschulischen Partnern.
Entwicklung der Rahmenbedingungen. In N. Fischer, H. G. Holtappels, E. Klieme, T.
Rauschenbach, L. Stecher, & I. Züchner (Hrsg.), *Ganztagsschule. Entwicklung, Quali-
tät, Wirkungen: Längsschnittliche Befunde der Studie zur Entwicklung von Ganztagsschulen (StEG)* (S. 312–329). Weinheim: Beltz Juventa.
Betz, T., Gaiser, W., & Pluto, L. (Hrsg.). (2010). *Partizipation von Kindern und Jugend-
lichen. Forschungsergebnisse, Bewertungen, Handlungsmöglichkeiten.* Schwalbach:
Wochenschau.
BJK. (2002). Bildung ist mehr als Schule. http://www.bundesjugendkuratorium.de/pdf/1999-
2002/bjk_2002_bildung_ist_mehr_als_schule_2002.pdf. Zugegriffen: 12. Dez. 2015.

Böllert, K., Otto, H.-U., Schrödter, M., & Ziegler, H. (2011). Gerechtigkeit. In H.-U. Otto, H. Thiersch, & K. Grunwald (Hrsg.), *Handbuch soziale Arbeit. Grundlagen der Sozialarbeit und Sozialpädagogik* (4., völlig neu bearb. Aufl., S. 517–527). München: Reinhardt.

Bourdieu, P. (1987). *Die feinen Unterschiede. Kritik der gesellschaftlichen Urteilskraft* (1. Aufl.). Frankfurt a. M.: Suhrkamp.

Brake, A., & Büchner, P. (2012). *Bildung und soziale Ungleichheit. Eine Einführung.* Stuttgart: Kohlhammer.

Braun, A., Graßhoff, G., & Schweppe, C. (2011). *Sozialpädagogische Fallarbeit.* München: Reinhardt.

Breidenstein, G., & Schütze, F. (2008). *Paradoxien in der Reform der Schule. Ergebnisse qualitativer Sozialforschung.* Wiesbaden: VS Verlag.

Bröckling, B., & Schmidt, H. (2012). Partizipation in der Offenen Kinder- und Jugendarbeit zwischen Anspruch und Wirklichkeit. *Neue Praxis, 42*(1), 44–59.

Brumlik, M. (1992). *Advokatorische Ethik. Zur Legitimation pädagogischer Eingriffe.* Bielefeld: Böllert KT.

Bundesjugendkuratorium. (2002). Zukunftsfähigkeit sichern! Für ein neues Verhältnis von Bildung und Jugendhilfe. In R. Münchmeier, H.-U. Otto, & U. Rabe-Kleberg (Hrsg.), *Bildung und Lebenskompetenz. Kinder- und Jugendhilfe vor neuen Aufgaben* (S. 159–173). Opladen: Leske + Budrich.

Bundesministerium für Familie, Senioren, Frauen und Jugend. (Hrsg.). (2005).*12. Kinder und Jugendbericht.* Berlin: Deutsches Jugendinstitut.

Coelen, T. (2008). Wirkungen von Jugendarbeit in Kooperation mit Schulen. In T. Coelen & H.-U. Otto (Hrsg.), *Grundbegriffe der Ganztagsbildung. Beiträge zu einem neuen Bildungsverständnis in der Wissensgesellschaft* (2. Aufl., S. 918–928). Wiesbaden: VS Verlag.

Coelen, T., & Otto, H.-U. (2011). Ganztagsbildung. In H.-U. Otto, H. Thiersch, & K. Grunwald (Hrsg.), *Handbuch soziale Arbeit. Grundlagen der Sozialarbeit und Sozialpädagogik* (4., völlig neu bearb. Aufl., S. 445–454). München: Reinhardt.

DBSH. (Hrsg.). (1997). Grundlagen für die Arbeit im DBSH e.V. Ethik in der Sozialen Arbeit. www.dbsh.de/fileadmin/downloads/Ethik.Vorstellung-klein.pdf. Zugegriffen: 12. Dez. 2015.

Deinet, U., & Reutlinger, C. (Hrsg.). (2004). *„Aneignung“ als Bildungskonzept der Sozialpädagogik. Beiträge zur Pädagogik des Kindes- und Jugendalters in Zeiten entgrenzter Lernorte.* Wiesbaden: VS Verlag.

Eickhoff, M. (2007). Fragen ans Leben. Zur Kooperation von Jugendkunstschulen und Ganztagsschulen. In M. Zeller (Hrsg.), *Die sozialpädagogische Verantwortung der Schule. Kooperation von Ganztagsschule und Jugendhilfe* (S. 119–136). Baltmannsweiler: Schneider-Verl. Hohengehren.

Gadow, T., & Pluto, L. (2014). Jugendverbände im Spiegel der Forschung. In M. Oechler & H. Schmidt (Hrsg.), *Empirie der Kinder- und Jugendverbandsarbeit. Forschungsergebnisse und ihre Relevanz für die Entwicklung von Theorie, Praxis und Forschungsmethodik* (S. 101–192). Wiesbaden: Springer VS.

Graßhoff, G. (2014). Bildung oder Agency – Fluchtpunkte sozialpädagogischer Forschung? *Zeitschrift für Pädagogik, 60*(3), 428–445.

Graßhoff, G. (2015). *Adressatinnen und Adressaten der Sozialen Arbeit. Eine Einführung.* Wiesbaden: Springer Fachmedien.

Grundmann, M., Dravenau, D., Bittlingmayer, U. H., & Edelstein, W. (2006). *Handlungsbefähigung und Milieu. Zur Analyse milieuspezifischer Alltagspraktiken und ihrer Ungleichheitsrelevanz.* Münster: LIT.

Hast, J., Nüsken, D., Rieken, G., Schlippert, H., Spernau, X., & Zipperle, M. (Hrsg.). (2009). *Heimerziehung und Bildung. Gegenwart gestalten – auf Ungewissheit vorbereiten* (1. Aufl.). Frankfurt a. M.: IGfH-Eigenverl., Regensburg: Walhalla-Verlag IGfH.

Hellmann, W. (2002). *Das Offene Kinder- und Jugendzentrum in der Lebenswelt seiner NutzerInnen.* Aachen: Shaker.

Helsper, W., Böhme, J., Kramer, R.-T., & Lingkost, A. (2001). *Schulkultur und Schulmythos. Gymnasien zwischen elitärer Bildung und höherer Volksschule im Transformationsprozeß.* Opladen: Leske + Budrich.

Hübner, K. (2016). Kulturelle Bildung: Bildungskonzepte für mehr Teilhabegerechtigkeit und soziale Inklusion. *Sozialmagazin, 41*(1–2), 24–33.

Idel, T.-S., & Ullrich, H. (2004). Reform- und Alternativschulen. In W. Helsper & J. Böhme (Hrsg.), *Handbuch der Schulforschung* (S. 367–387). Wiesbaden: VS Verlag.

Jagusch, B. (2014). Interkulturelle Öffnung der Jugendverbände. In M. Oechler & H. Schmidt (Hrsg.), *Empirie der Kinder- und Jugendverbandsarbeit. Forschungsergebnisse und ihre Relevanz für die Entwicklung von Theorie, Praxis und Forschungsmethodik* (S. 195–207). Wiesbaden: Springer VS.

Kastirke, N., & Holtbrink, L. (2014). *Evaluation zum Beitrag der Schulsozialarbeit in Dortmund zur Realisierung der Ziele des Bildungs- und Teilhabepaketes.* Dortmund: Sozialamt der Stadt Dortmund (Hrsg.).

Klieme, E., & Leutner, D. (2006). Kompetenzmodelle zur Erfassung individueller Lernergebnisse und zur Bilanzierung von Bildungsprozessen. Beschreibung eines neu eingerichteten Schwerpunktprogramms der DFG. In *Zeitschrift für Pädagogik 52*(6), 876–903 (auch online unter http://nbn-resolving.de/urn:nbn:de:0111-opus-44936).

Klöver, B., & Straus, F. (2005). *Wie attraktiv und partizipativ sind Münchens Freizeitstätten?*(IPP Arbeitspapiere Nr. 4). München: Institut für Praxisforschung und Projektberatung IPP (Hrsg.). http://www.ipp-muenchen.de/texte/ap_4.pdf. Zugegriffen: 12. Dez. 2016.

Koss, T., & Fehrlen, B. (2003). *Topographie der offenen Jugendarbeit in Baden-Wuerttemberg.* Leinfeld-Echterdingen: Fehrlen

Krüger, H.-H., Rabe-Kleberg, U., Kramer, R.-T., & Budde, J. (Hrsg.). (2011). *Bildungsungleichheit revisited. Bildung und soziale Ungleichheit vom Kindergarten bis zur Hochschule* (2., durchges. Aufl.) Wiesbaden: VS Verlag.

Kuschel, S., & Reinwand-Weiss, V.-I. (2016). Kulturelle Bildung und Soziale Arbeit – Ähnliche Praxisformen, unterschiedliche Ziele. *Sozialmagazin, 41*(1–2), 14–22.

Lehmann, T., & Mecklenburg, K. (2006). *Jugendverbände als biografisch bedeutsame Lebensorte.* Baltmannsweiler: Schneider-Verl. Hohengehren.

Lehmann-Wermser, A., Naacke, S., Nonte, S., Ritter, B., Campos, S., & Jessel, C. (2010). *Musisch-kulturelle Bildung an Ganztagsschulen. Empirische Befunde, Chancen und Perspektiven.* Weinheim: Juventa.

Lindner, W. (Hrsg.). (2003). *Kinder- und Jugendarbeit als Bildungsprojekt.* Opladen: Leske + Budrich.

Otto, H.-U., & Rauschenbach, T. (Hrsg.). (2004). *Die andere Seite der Bildung. Zum Verhältnis von formellen und informellen Bildungsprozessen.* Wiesbaden: VS Verlag.

Otto, H.-U., & Ziegler, H. (2008). Der Capabilities-Ansatz als neue Orientierung in der Erziehungswissenschaft. In H.-U. Otto & H. Ziegler (Hrsg.), *Capabilities – Handlungsbefähigung und Verwirklichungschancen in der Erziehungswissenschaft* (S. 9–13). Wiesbaden: VS Verlag.

Polutta, A. (2013). Wirkungsorientierung in der Jugendhilfe. In G. Graßhoff (Hrsg.), *Adressaten, Nutzer, Agency. Akteursbezogene Forschungsperspektiven der Sozialen Arbeit* (S. 195–220). Wiesbaden: VS Verlag.

Prange, K. (2005). *Die Zeigestruktur der Erziehung. Grundriss der operativen Pädagogik.* Paderborn: Schöningh.

Prein, G., & Santen, E. van. (2012). Wie verteilt der Sozialstaat seine Angebote. Zu den Effekten der Ausgestaltung sozialstaatlicher Angebote auf deren Inanspruchnahme. In T. Rauschenbach & W. Bien (Hrsg.), *Aufwachsen in Deutschland. AID:A – der neue DJI-Survey* (S. 68–84). Weinheim: Beltz Juventa.

Radisch, F., Stecher, L., Fischer, N., & Klieme, E. (2008). Wirkungen außerunterrichtlicher Angebote an Ganztagsschulen. In T. Coelen & H.-U. Otto (Hrsg.), *Grundbegriffe der Ganztagsbildung. Beiträge zu einem neuen Bildungsverständnis in der Wissensgesellschaft* (2. Aufl., S. 929–937). Wiesbaden: VS Verlag.

Rauschenbach, T. et al. (2000). *Dortmunder Jugendarbeitsstudie 2000. Evaluation der Kinder- und Jugendarbeit in Dortmund.* Dortmund (unveröffentl. Abschlussbericht).

Ricken, N. (2015). Was heißt jemandem gerecht werden? Zum Problem der Anerkennungsgerechtigkeit im Kontext von Bildungsgerechtigkeit. In V. Manitius, B. Hermstein, N. Berkemeyer, & W. Bos (Hrsg.), *Zur Gerechtigkeit von Schule. Theorien, Konzepte, Analysen* (S. 131–149). Münster: Waxmann.

Roth, R., & Olk, T. (2007). Vereine als bürgerschaftliche Lernorte. In Bertelsmann Stiftung (Hrsg.), *Kinder- und Jugendbeteiligung in Deutschland. Entwicklungsstand und Handlungsansätze* (1. Aufl., S. 205–219). Gütersloh: Bertelsmann-Stiftung.

Scherr, A. (2002). Subjektbildung in Anerkennungsverhältnissen. Über "soziale Subjektivität" und "gegenseitige Anerkennung" als pädagogische Grundbegriffe. In B. Hafeneger, P. Henkenborg, & A. Scherr (Hrsg.), *Pädagogik der Anerkennung. Grundlagen, Konzepte, Praxisfelder* (S. 26–44). Schwalbach: Wochenschau.

Scherr, A., & Delmas, N. (2005). Bildungspotenziale der Jugendarbeit. Ergebnisse einer explorativen empirischen Studie. *Deutsche Jugend 53*(3), 105–109.

Schmidt, H. (2011). Zum Forschungsstand der Kinder- und Jugendarbeit. Eine Sekundäranalyse. In H. Schmidt (Hrsg.), *Empirie der Offenen Kinder- und Jugendarbeit* (1. Aufl., S. 13–130). Wiesbaden: VS Verlag.

Schmidt, F., Schulz, M., & Graßhoff, G. (Hrsg.). (2015). *Pädagogische Blicke.* Weinheim: Beltz Juventa.

Schrödter, M. (2007). Soziale Arbeit als Gerechtigkeitsprofession. Zur Gewährleistung von Verwirklichungschancen. *Neue Praxis, 37*(1), 3–28.

Siebholz, S. (Hrsg.). (2013). *Prozesse sozialer Ungleichheit. Bildung im Diskurs.* Wiesbaden: Springer VS.

Speck, K. (2009). *Schulsozialarbeit. Eine Einführung* (2., überarb. Aufl.). München: Reinhardt.

Stojanov, K. (2011). *Bildungsgerechtigkeit. Rekonstruktionen eines umkämpften Begriffs* (1. Aufl.). Wiesbaden: VS Verlag.

Strack, G. (1987). *Das Jugendhaus im Leben seiner Besucher. Eine Analyse der Lebenswelt von Arbeiterjugendlichen.* München: Deutsches Jugendinstitut.

Thiersch, H. (2008). Bildung als Projekt der Moderne. In T. Coelen & H.-U. Otto (Hrsg.), *Grundbegriffe der Ganztagsbildung. Beiträge zu einem neuen Bildungsverständnis in der Wissensgesellschaft* (2. Aufl., S. 977–983). Wiesbaden: VS Verlag.

Thiersch, H. (2003). Soziale Arbeit und Soziale Gerechtigkeit. In W. Hosemann & B. Trippmacher (Hrsg.), *Soziale Arbeit und Soziale Gerechtigkeit* (S. 82–99). Baltmannsweiler: Schneider-Verl. Hohengehren.

Treptow, R. (2012). *Wissen, Kultur, Bildung. Beiträge zur Sozialen Arbeit und kulturellen Bildung* (1. Aufl.). Weinheim: Beltz Juventa.

Walther, A. (2010). Partizipation oder Nicht-Partizipation? Sozialpädagogische Vergewisserung eines scheinbar eindeutigen Konzepts zwischen Demokratie, sozialer Integration und Bildung. *Neue Praxis, 40*(2), 115–136.

Winkler, M. (2006). Bildung mag zwar die Antwort sein – das Problem ist aber Erziehung. *Zeitschrift für Sozialpädagogik, 4*(2), 182–201.

Züchner, I., & Arnoldt, B. (2011). Schulische und außerschulische Freizeit- und Bildungsaktivitäten. Teilhabe und Wechselwirkung. In N. Fischer, H. G. Holtappels, E. Klieme, T. Rauschenbach, L. Stecher, & I. Züchner (Hrsg.), *Ganztagsschule. Entwicklung, Qualität, Wirkungen: Längsschnittliche Befunde der Studie zur Entwicklung von Ganztagsschulen (StEG)* (S. 267–290). Weinheim: Beltz Juventa.

Strukturelle Bildungsgerechtigkeit in der Erwachsenenbildung/ Weiterbildung

Steffi Robak

1 Einleitung – Bildungsungleichheit im Lebens(ver) lauf

Bildung im Erwachsenenalter hat es sich in ihrem genuinen Auftrag zum Ziel gesetzt, in schulischen Institutionen faktische und erfahrene Ungleichheiten in den Bildungs- und Aufstiegschancen zu kompensieren sowie ungenutzte Potenziale und Ressourcen in den individuellen Entfaltungsmöglichkeiten zu aktivieren und dafür Gelegenheitsstrukturen für Bildungsteilhabe zu offerieren, die einerseits an gesellschaftlich formulierte und durch die Lebenswelt evozierte Bildungsbedarfe in allen privaten Lebenszusammenhängen und im Beruf anschließen und andererseits die individuell vorhandenen und entstehenden Bildungsbedürfnisse und Bildungsinteressen aufgreifen. Die seit den 1970er Jahren geschaffenen Weiterbildungsgesetze in den Bundesländern – die meisten Länder verfügen über ein solches Gesetz – tragen mit verschiedenen Auslegungen und Akzentsetzungen der Bildungsförderung diesem Auftrag in subsidiärer Weise Rechnung. Weiterbildung schließt dabei immer an die strukturellen und individuellen Erfahrungen in Bezug auf Lernen und Leistungsbewertung aus der Schule an.

Für die Schule zeigt die Bildungsforschung, dass Herkunft und Bildungsleistungen und die weitere (Bildungs-)Beteiligung in Deutschland besonders eng aneinander gekoppelt sind (vgl. Baumert et al. 2006; siehe Bohmeyer 2011, S. 25). Es sind weniger die individuellen Leistungen, die ausschlaggebend sind,

S. Robak (✉)
Leibniz Universität Hannover, Hannover, Deutschland
E-Mail: steffi.robak@ifbe.uni-hannover.de

© Springer Fachmedien Wiesbaden GmbH 2017
M.S. Baader und T. Freytag (Hrsg.), *Bildung und Ungleichheit in Deutschland*, DOI 10.1007/978-3-658-14999-4_20

sondern die soziale Herkunft der Kinder, die über die weitere Bildungskarriere entscheidet, wie z. B. an den Gymnasialempfehlungen der Lehrer empirisch nachgewiesen werden kann (Lehmann et al. 1999). Struktur- und Zugangsentscheidungen werden für die Kinder getroffen und sind in der Regel nicht selbst gewählt. So wirken sich die Klassenzusammensetzung, die Schulen, die regionale Platzierung der Schulen auf Bildungserfolge und -entscheidungen aus: besonders das aggregierte Leistungsniveau, die Selbsteinschätzung der Schüler und die Einschätzung durch den Lehrer, der Anteil bildungsferner Familien, hohe Wiederholerzahlen, ein hoher Anteil bildungsferner Migranten sowie gering qualifizierter Eltern, Arbeitslosigkeit, ein gewaltbereites Umfeld und soziale Bezugsgruppen haben einen Einfluss (siehe die Literaturauswertung in Martin et al. 2015a, S. 14 ff.). Besonders Kinder aus sozial schwächeren Familien müssen sich um ein vielfaches mehr anstrengen, um eine Gymnasialempfehlung von den Lehrern zu erhalten. Auf der anderen Seite verhalten sich die Eltern je nach Herkunft unterschiedlich in Bezug auf die Empfehlung (Harazd 2007). Daran wird sichtbar, wie Herkunft als Habitus in den Interaktionsraum der Familie eingeschweißt ist, sich strukturell in den Erfahrungen mit Bildungsinstitutionen niederschlägt und entsprechend zu einem Teil des Lernhabitus gerinnt (vgl. Herzberg 2004). Leistung wird nicht nur in den Bildungseinrichtungen milieuspezifisch gemessen und bewertet, sondern auch die Selbstzuschreibung der Eltern und daran anhängende Zuschreibungen von Leistungen der Kinder sind milieuspezifisch geprägt. Dies sollte u. a. ein wichtiges Thema für die Eltern- und Familienbildung sein. Es stellen sich weiterführende Fragen für die Erwachsenenbildung und Weiterbildung: Wirken strukturelle Entwicklungen und Barrieren, die Habitus formend sind, in der Erwachsenenbildung und Weiterbildung weiter? Wie sind die strukturellen Angebote in der Erwachsenenbildung und Weiterbildung angelegt, um (Bildungs) ungleichheit aufzufangen? Erwachsenenbildung und Weiterbildung muss für alle Diversitätskonstellationen und für alle Formen der Bildungserfahrungen, inklusive ermöglichter und nicht realisierter Abschlüsse, Bildungserwartungen, Interessen und biografischer Brüche Zugänge, Programme und Angebote realisieren, um in ihrem Teilsystem Ungleichheiten auszugleichen. Ich gehe davon aus, dass es dafür einen Ansatz struktureller Bildungsgerechtigkeit braucht.

Für die Gestaltung solch eines Ansatzes gibt es keine einfachen Antworten, weil die individuellen Konstellationen für Bildungspartizipation von hoher Diversität geprägt sind (vgl. Robak 2013). Die geronnenen Erfahrungen, Movitations- und Emotionsstrukturen, die das Lern- und Bildungsverhalten prägen wirken nach Verlassen der Sekundarschule in die zu treffenden Bildungsentscheidungen ein. Weitere Bedarfe, Bedürfnisse und Interessen entstehen aus den Gegebenheiten der Lebenswelt und den situativen Anforderungen; dies beginnt bereits in der

Ausbildung, und zwar egal in welchem System diese absolviert wird. Bildung ist ein Ort, wo über die Lebensspanne nach Antworten für alle biografischen Gestaltungsanforderungen gesucht wird. Modernisierungsprozesse und neue sich verdichtende Lebenslaufregime (Diewald 2010; Dörre 2010), die neoliberalen Interessen folgen, haben weitere gesellschaftliche Anforderungen, vor allem im beruflichen Bereich produziert, die die Bereitschaft zum Lebenslangen Lernen (vgl. Hof 2009) als ein Leistungsmerkmal an sich herausstellen.

Im Folgenden gehe ich von Bildungsgerechtigkeit in der Erwachsenenbildung und Weiterbildung aus, wenn das Prinzip der gerechten Teilhabemöglichkeiten eingelöst ist. Das bedeutet, wenn alle Bevölkerungsgruppen, wenn jedes Individuum die Möglichkeit hat, an Bildung zu partizipieren, wenn dabei das Individuum an Bildungsentscheidungen und an der thematischen Ausrichtung der angewählten Bildungsentscheidung beteiligt ist, und wenn das Weiterbildungssystem diese Teilhabe institutionell und regional absichert; weiterhin wenn Bildung für alle bezahlbar ist und für alle Bevölkerungsgruppen und Individuen beschreitbare Zugangsportale gestaltet werden. Das meint, dass Lernzugänge und Themen entsprechend der Diversität jedes Einzelnen gestaltet sind. Dabei gehe ich nicht von einer Gleichheit der Ergebnisse und auch nicht von einer Gleichheit der Individuen aus, denn sie bringen unterschiedliche Lebensläufe, Biografien, Erfahrungen, Deutungen und Lerninteressen mit und avisieren unterschiedliche Nutzungszusammenhänge. Das Prinzip der Gleichheit gilt aber für die Option, dass alle einen möglicherweise mit der Weiterbildung verbundenen Abschluss erwerben können, und zwar milieuunabhängig. Es kann dann weiterführend gefragt werden, ob Bildungsteilhabe weitere Effekte mit sich bringt, die auf Gerechtigkeitsaspekte wie beruflichen Aufstieg, finanziellen Zugewinn (vgl. Brandt und Kil 2011, S. 20 f.) und breiteren Nutzen verweisen (Fleige 2011; Manninen et al. 2014), letzterer bedarf noch weiterer Forschungen. Bildungsgerechtigkeit, die auf soziale und bildungsbezogene Ungleichheiten antwortet, bezieht sich in einem breiteren Bildungsverständnis auch auf Bereiche der individuellen Entwicklung, die nicht den messbaren Faktoren von Bildungsgerechtigkeit unterliegen, wie sie z. B. durch Bildungsmonitorings festgelegt werden. Hinzu kommen Aspekte, die bislang im Hofe eines neoliberalen Primates ausgespart worden sind: Gesellschaftliche Beteiligung kann heißen, Gerechtigkeit für die Gestaltung einer globalen Weltgesellschaft neu auszulegen. Nicht nur die aktuell kaum noch angeführten Aspekte von Mündigkeit, Emanzipation und Aufklärung können neu Zugang finden, sondern Interrelationalität und Verantwortung werden in den Kontext der gemeinsamen Gestaltung von Kultur gestellt. Die jüngsten Ereignisse von Fluchtmigration aufgrund kriegerischer Auseinandersetzungen, des nun ernst genommenen Klimawandels und die weitreichenden

Auswirkungen des Ungleichgewichtes zwischen ökonomischer und kultureller Globalisierung bieten vielfältige Anknüpfungspunkte, um strukturelle Gestaltungsoptionen der Realisierung von (Bildungs-)gerechtigkeit umfänglich als Bildungsziel, Inhalt und strukturelles Prinzip zu diskutieren.

Diese weite Auslegung von Bildungsgerechtigkeit hat dann drei grundlegende Konnotationen: zum einen die oben genannte Bildungspartizipation zu sichern, die es ermöglicht in allen Bereichen der Lebenswelt, unabhängig von Herkunft, eine aktive Gestaltung der Bildungsbiografie, inklusive der dazu notwendigen Abschlüsse, Bildungs- und Aufstiegsaspirationen, und der Gestaltung der Lebenszusammenhänge zu realisieren; Zum anderen den vielfältigen individuell relevanten Bildungsinteressen sowie Bildungsbedürfnissen gerecht zu werden. Zum dritten Gerechtigkeit als inhaltliches, persönlichkeitsbildendes und -entfaltendes Prinzip zu entwickeln, das einem breiten Bildungsbegriff gerecht wird und darüber hinaus ein (nicht selbstbezogenes) Prinzip der Reflexion der globalen Interdependenzen, der Verantwortlichkeit, des Mitgefühls und der kritisch-reflexiven Selbstvergewisserung der eigenen Praktiken in Bezug auf alle Lebenszusammenhänge entwickelt. Gerechtigkeit bedeutet dann, dem gemeinsamen Leben in einer Weltgesellschaft gerecht zu werden.

Im Folgenden konzentrieren wir uns auf strukturelle Aspekte der Realisierung von Bildungsteilhabe, die für einen Ansatz der strukturellen Bildungsgerechtigkeit relevant sind.

2   Realisierung von Bildungsteilhabe aus institutionsstruktureller Perspektive

Während für den gesamten schulischen Bildungsbereich die Strukturen durch entsprechende Gesetzgebungen abgesichert sind und für jedes Kind eine Schulpflicht besteht, ist die Teilnahme an Weiterbildung überwiegend freiwillig, es gibt kein Bundesweiterbildungsgesetz. Die verschiedenen Träger verpflichten sich selbst, Institutionen zu schaffen und Angebote zu offerieren. Unter dieser Perspektive können wir fragen: Gibt es für alle ausreichend abgesicherte Institutionalstrukturen für Bildungsteilhabe?

Zunächst werden Überblicksdaten vorgestellt, es folgen Ergebnisse aus regionalspezifischen Analysen.

Das Feld der Erwachsenenbildung und Weiterbildung ist plural gestaltet, fluide und zum Teil unübersichtlich. Mit dem Weiterbildungskataster liegen in 2008 (Dietrich et al. 2008) erstmals Ergebnisse über die etwaige Gesamtzahl an Weiterbildungsanbietern vor. Dabei wurden unter Weiterbildungsanbietern alle institutionalisierten oder betrieblich verfassten Anbieter verstanden, die Weiterbildung als Haupt- oder Nebenaufgabe regelmäßig oder wiederkehrend offen zugänglich anbieten. Weiterbildung umfasst dabei alle organisierten Bildungsangebote, die sich an ausgebildete oder erfahrene Erwachsene richten. Folgende Übersicht wird in dem Forschungsbericht erarbeitet (Abb. 1).

Die Erhebung geht von etwa 25.000 Weiterbildungsanbietern aus, wobei die Anzahl sich ständig verändert und keine letztendliche Aussage getroffen werden kann. Mit weitem Abstand am häufigsten sind demnach private Bildungsanbieter vertreten (41,3 %), gefolgt von den Volkshochschulen, auf die knapp ein Viertel der Antworten entfallen (23,5 %). Dann folgen mit einigem Abstand Einrichtungen eines „anderen" Vereins oder Verbands (7,5 %). Die Einrichtungen der Wirtschaft machen etwa 5 % aus, die übrigen Anbietertypen jeweils unter 4 %. Den geringsten Anteil haben Einrichtungen einer politischen Partei oder Stiftung mit 0,6 %.

56 % der Einrichtungen geben an, berufliche Weiterbildung anzubieten, 6 % geben an, allgemeine, politische oder kulturelle Bildung anzubieten und 37 % geben an, beides anzubieten. Es wird sichtbar, dass der Stellenwert der beruflichen Weiterbildung hoch ist, gleichwohl die Angebote zwischen beruflicher und allgemeiner Weiterbildung nicht trennscharf zu bestimmen sind, da z. B. Schlüsselqualifikationen, die der allgemeinen Weiterbildung zuzuordnen sind, nun auch aufgrund ihrer beruflichen Nutzung der beruflichen Weiterbildung zugeordnet werden.

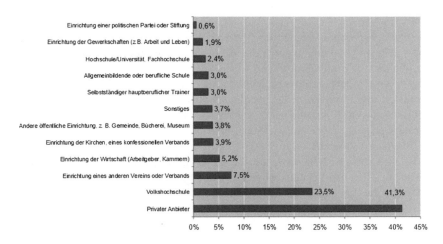

Abb. 1 Anbietertypen. (Quelle: Dietrich et al. 2008, S. 27)

3   Der öffentliche Weiterbildungssektor – zwischen Partizipation und interessebezogenem Bildungsauftrag

Welche Aussagen lassen sich über die Zugangsmöglichkeiten, die regionale Verteilung und die thematischen Anwahlmöglichkeiten treffen, die den verschiedenen Bildungsinteressen der erwachsenen Bevölkerung gerecht werden wollen? Betrachten wir die oben genannten Weiterbildungsanbieter, so fällt auf, dass der kommerzielle Sektor sich im Wachstum befindet, dieser sorgt vor allem für beruflich nutzbare Qualifikationen und Kompetenzen. Es ist weiterführend zu erforschen, wie zugänglich er eigentlich für wen ist. Darunter fällt ein Bereich, der öffentliche Förderprogramme nutzt und berufliche Weiterbildung, z. B. auch für Arbeitssuchende und Langzeitarbeitslose anbietet. Es gehört aber auch ein Bereich dazu, der mit verschiedenen Preisniveaus Angebote der individuellen beruflichen Weiterbildung unterbreitet, für die die Einzelnen selbst zahlen müssen, sofern sich nicht die Unternehmen beteiligen. Beteiligen sich die Unternehmen finanziell an Weiterbildung wird diese der betrieblichen Weiterbildung zugeordnet (Käpplinger 2013). Insbesondere die berufliche Weiterbildung wird von der betrieblichen Weiterbildung offeriert, und zwar für diejenigen, die in Arbeit sind, allerdings finden sich in dem Bereich eigene Selektionsmechanismen (siehe weiter unten). Die individuelle berufliche Weiterbildung muss unter anderem auch deswegen auf verschiedenen Niveaus, dies auch öffentlich gefördert, zugänglich sein. Ob das in ausreichendem Maße der Fall ist, müsste empirisch untersucht werden.

Selektionsprozesse finden nicht nur in Unternehmen statt, sondern die Träger selbst nehmen Selektionen durch die Wahrnehmung bestimmter Trägerinteressen vor, die sich in Bildungsaufträgen widerspiegeln. Alle oben genannten Anbieter folgen verschiedenen Bildungsaufträgen, die vor dem Hintergrund von Trägerinteressen spezifisch ausgelegt werden. Wie können diese antizipiert werden? Geben vorliegende Systematisierungen darüber Auskunft? Vorliegende Systematisierungsversuche zeigen eher, wie die plurale Trägerstruktur Bedarfe, Bedürfnisse und Interessen aufgreift.

Kil und Schlutz (2008) etwa unterscheiden die Anbieter nach ihrem Leistungsspektrum: Kerndienstleistung allgemeine Weiterbildung und berufliche Weiterbildung – dies entspricht der klassischen, lange Zeit vorgenommenen Zuordnung – Leistungsmix Bildung und andere Dienstleistungen, Bildung als interne Dienstleistung, Bildung ergänzende Dienstleistung sowie Grenzfälle, das meint Angebote mit Lernpotenzial. Diese Systematisierung wird der Entwicklung gerecht, dass die verschiedenen Bildungsbereiche sich vermischen und differenzieren, dass Bildung, z. B. die betriebliche Weiterbildung, als interne Aufgabe in Institutionen, die andere Hauptaufgaben haben, an Stellenwert gewinnt und dass sie in Kombination mit anderen Aufgaben, z. B. Beratung, angeboten wird und sich darüber hinaus in Institutionen anlagert, wie z. b. Museen und anderen Kunst- und Kulturinstitutionen, die Vermittlung als einen Teilbereich weiterentwickeln. Gieseke spricht von einer beigeordneten Bildung, die sich in einem rhizomartigen Wachstum vollzieht (vgl. Fleige et al. 2015). Beigeordnete Bildung gewinnt in vielfältigen Formen an Gestalt (vgl. Gieseke et al. 2005). Diese Entwicklung ist Ausdruck davon, dass Bildungsbedarfe, -bedürfnisse und -interessen von verschiedenen Akteuren, die nicht in der Bildung tätig sind, antizipiert werden, Angebote daraufhin entwickelt und Institutionalstrukturen gefunden werden, die Bildung für den sogenannten Markt offerieren. Diese fluiden Strukturen sind jedoch nicht institutionell abgesichert, d. h. sie sind weder finanziell gesichert, noch sind sie mit professionell ausgestattetem Personal versehen. Am Beispiel der kulturellen Bildung in Berlin konnte für 2003 gezeigt werden, wie sie sich in verschiedenen anderen Institutionen anlagert und Themen zugänglich macht, die von der öffentlichen Förderung vernachlässigt werden, wie z. b. die interkulturelle Bildung, die in den 1990er Jahren schlecht finanziert wurde, und wofür sich zahlreiche Angebote z. B. in Galerien, Cafés und Vereinen fanden. Die Bevölkerung der jeweiligen Stadtteile und Kieze besucht dann diese Angebote, so zeigte eine Fallstudie für Berlin Kreuzberg-Friedrichshain (Börjesson und Zimmermann 2005). Obwohl die Preise nicht empirisch erhoben wurden, ist davon auszugehen, dass es sich um finanziell niedrigschwellige Zugänge handelt.

Eine andere Systematik zeigt, wie die Trägerstruktur gewachsen ist und verweist auf die Selbstverpflichtungen und mögliche Adressaten. Tippelt (2009) geht davon aus, dass die einzelnen Anbieter die Wertebindung ihrer Angebote erhöhen werden. Er unterscheidet mehrere Strukturebenen. Erste Weiterbildungsstruktur: Etablierte Institutionen der Weiterbildung – verbandsnahe, öffentliche, gewerkschaftliche, kirchliche, Angebote der Landes- und Bundeszentralen.

Zweite Weiterbildungsstruktur: Betrieblich orientierte und unternehmensnahe Weiterbildungsträger und -institutionen wie Arbeitgeberverbände, Handwerksorganisationen, externale und internale Weiterbildungsangebote der Betriebe.

Dritte Weiterbildungsstruktur: Zivilgesellschaftliches Engagement, d. h. neue Initiativen, Selbsthilfegruppen, Vereins- und Bürger/innenbewegungen. Die organisationale Absicherung geschieht entweder durch eigene Institutionalisierungen oder enge Vernetzungen mit Weiterbildungseinrichtungen.

Vierte Weiterbildungsstruktur: Wissenschaftliche Weiterbildung an Universitäten und Hochschulen sowie in der betrieblichen Weiterbildung.

Fünfte Weiterbildungsstruktur: Private Bildungsunternehmen und kommerzielle Anbieter mit rasch steigender Anzahl (Tippelt 2009, S. 456). Andere Systematiken entwickeln Schrader (2011) und Herbrechter und Schemmann (2010).

Die Auslegungen der Bildungsaufträge, die Profile der Institutionen und die angesprochenen Adressaten lassen sich besonders gut nachvollziehen, wenn man die Programme (vgl. z. B. Gieseke und Opelt 2003) und die Träger- und Verbandspublikationen analysiert. So kann z. B. für die Evangelische Erwachsenenbildung sehr gut nachvollzogen werden, wie der Dachverband der Evangelischen Erwachsenenbildung (DEAE) und die dort angesiedelten thematisch ausgerichteten Arbeitsgruppen um die Ausrichtung des Bildungsauftrages zwischen kirchlichem und öffentlichem Auftrag ringen und um eine Positionierung in diesem Spannungsfeld. Die Auswirkungen für die Bildungsplanung sind weitreichend. Die Leiter/innen und Planer/innen in den Einrichtungen müssen das Angebot selbstständig und möglichst autonom in diesem Spannungsfeld so gestalten, dass sich nicht nur die Trägerkultur darin widerspiegelt, sondern auch eine entwickelte Partizipationskultur (vgl. Fleige 2011). Dabei zeigten Programmanalysen: Nur die Präsenz eines breiter ausgelegten Allgemeinbildungsbegriffes, der auch kulturelle und politische Bildung mit aufklärerischen Interessen zulässt, eröffnet verschiedenen, auch nicht religiös gebundenen Gruppen einen Zugang zu Bildung in evangelischer Trägerschaft (vgl. Heuer und Robak 2000). Dies ist auch deshalb notwendig, da die Institutionen eine öffentliche Förderung erhalten. Kirchliche Interessenvertreter möchten Aspekte der religiösen Bindung verstärken und drängen auf eine Fokussierung der religiösen Bildung. Evangelische Erwachsenenbildung behält, auch durch thematische Steuerung und die Gestaltung der Lernzugänge ein selektives Moment. Organisational verfügt sie über eine spezifische Struktur der Bildungsarbeit in Bildungshäusern, in den Gemeinden und durch die Einbindung von Ehrenamtlichen, womit eine regionale Erreichbarkeit gesichert werden soll. Derzeitig sind in Kooperation mit der DEAE und verschiedenen Lehrstühlen Fallstudien in Planung, die sich mit der Entwicklung des Programmes und den Mechanismen der Planung befassen.

Am deutlichsten ist der öffentliche Auftrag mit seinem Anspruch der breiten Partizipation bei den Volkshochschulen formuliert (Süßmuth und Sprink 2009). Zielstellung ist es, breiten Bevölkerungsgruppen ein umfassendes Allgemeinbildungsangebot zu offerieren, das verschiedenen Lernzugänge und Wissensniveaus gerecht wird. Der Bildungsauftrag enthält die deutlichsten Bezüge zu einem aufklärerischen Bildungsverständnis, das mit Partizipation im umfänglichen Sinne, auf alle Lebensbereiche bezogen, verbunden ist. Die Volkshochschulen allein können eine Flächendeckung für sich beanspruchen: In Deutschland gibt es 917

Volkshochschulen (573 in kommunaler Trägerschaft, 293 eingetragene Vereine und spezielle Rechtsformen) sowie weitere 3103 regionale Außenstellen (vgl. http://www.dvv-vhs.de/der-verband/volkshochschulen.html). Die Volkshochschulen gewinnen ihr Profil durch eine kontinuierliche, durch den Bundes- und die Landesverbände bildungspolitisch abgesicherte, professionelle Planungsarbeit, die sich den gesellschaftlichen Herausforderungen und der Begleitung gesellschaftlicher Transformationsprozesse stellt (vgl. Gieseke und Opelt 2003). Auch für diese Institutionen steigen die Eigenfinanzierungsanteile: Mittlerweile finanzieren sie sich zu 40 % aus den Teilnahmegebühren, die öffentlichen Zuschüsse der Kommunen liegen bei ca. 27 % und der Länder bei ca. 14 %. Hinzu kommt ein steigender Anteil an Drittmittelmittelfinanzierungen aus SGB-III, Bundes- und EU-Mittel, der bei ca. 19 % liegt (http://www.dvv-vhs.de/der-verband/volkshochschulen.html). Das bedeutet, dass bei einem steigenden Stellenwert der Teilnahmegebühren von steigenden Teilnahmesummen für die Angebote auszugehen ist. Es bedarf hier weiterer Forschungen, um zu eruieren, ob Teilnehmer/innen eventuell auch wegbleiben, da die Kurse zu teuer werden. Thematisch sind die Volkshochschulen oftmals Vorreiter in der Entwicklung und Umsetzung von Standards und von Innovationen. Die jährlichen Statistiken belegen z. B. die groben thematischen Entwicklungen, zuletzt für das Jahr 2014 (Huntemann und Reichart 2015). Diese können standardisiert für die Bereiche Politik, Gesellschaft und Umwelt; Kultur und Gestalten; Gesundheit; Arbeit und Beruf; Sprachen; Grundbildung und Schulabschlüsse bundesweit nachvollzogen werden. Von der Anzahl der Angebote her dominiert der Bereich Gesundheit, gefolgt von Sprachen – viele Jahre lag der Sprachenbereich an erster Stelle –, es folgt der Bereich Kultur und Gestalten, dann Arbeit und Beruf, gefolgt von Politik und am Schluss Grundbildung und Schulabschlüsse (Huntemann und Reichart 2015, S. 66). Die anhaltend hohe Nachfrage nach Angeboten der Gesundheitsbildung verweist auf das hohe Interesse an Selbst(vor)sorge, Stressbewältigung und von einem Interesse an Wohlbefinden. Dass es sich bei den Teilnehmenden um ca. 75 % Frauen handelt, wird genutzt, um diese wichtige Institution anzugreifen; schlechte Imagezuweisungen wollen nicht verebben. Am stärksten vertreten sind die 35- bis 64-Jährigen (Huntemann und Reichart 2015, S. 39), gerne möchten die Volkshochschulen sowohl die Jüngeren als auch die verschiedenen Milieus der Älteren gewinnen. Die Volkshochschule steht vor verschiedenen Herausforderungen, um ihren Anspruch der breiten Bildungsteilhabe einzulösen: Sie muss bezahlbar bleiben und die verschiedenen Bildungsinteressen antizipieren, um das Angebotsspektrum für verschiedene Adressatengruppen auszudifferenzieren; dies unter Auslegung eines spezifischen Bildungsauftrages, der die gesellschaftlichen Entwicklungen und Transformationsanforderungen aufgreift.

4   Betriebliche Weiterbildung – strukturelle Kontingenz und selektiver Zugang

Kommen wir auf die oben bereits angesprochene betriebliche Weiterbildung zurück. Diese nimmt eine Sonderrolle unter allen Formen der Weiterbildung ein. Ihr wird ein zunehmend wichtiger Stellenwert zugesprochen. Sie ist ebenfalls eine Form der beigeordneten Bildung und hat eine fragile Stellung, die sie aus ihrer sekundären Bedeutung für die Unternehmen heraus bezieht. Käpplinger (2013) spricht vom Prinzip der Kontingenz. Betriebliche Weiterbildung ist den Zwecken des Unternehmens untergeordnet und es bedarf bestimmter Konstellationen, damit Unternehmen überhaupt Bildung, Qualifizierung und Kompetenzentwicklung anbieten. Die Strukturierung und der Professionalisierungsgrad sind divers und es gibt keine gesicherten Standards. Es gibt auch keine Pflicht Weiterbildung anzubieten und Regelungen, an wen diese zu adressieren ist. Davon zeugen folgende Auswertungen zur Weiterbildungsaktivität der Unternehmen (Käpplinger 2007): Diese hängt vom Ausmaß des betrieblichen Qualifikationsbedarfs ab, vom Grad formalisierter Personalarbeit, von technologischen und organisationalen Innovationen. Entsprechend konnten 33 % der Unternehmen identifiziert werden, die keine Weiterbildung anbieten, die Gruppe der „Nicht-Trainer". Die meisten Unternehmen, die sogenannten „Otto-Normal-Unternehmen" (47 %) bieten Weiterbildung an, sie tun dies allerdings selektiv und adressieren nur 24 % der Belegschaft. Es gibt einen Typus an Unternehmen, der einen partizipativen Ansatz hat, die „Partizipativ-intensiven Trainer", dieser adressiert 85 % der Belegschaft, allerdings macht dieser Typus nur 15 % der Unternehmen aus. Es gibt dann noch eine kleine Gruppe, die ihre Weiterbildung sehr selektiv an Leitungskräfte adressiert, die „Intensiv-Trainer für Leitungskräfte" (4 %) (Käpplinger 2007). Für die Unternehmen müssen also zunächst die komplexen Prozesse verstanden werden, die überhaupt zur Strukturierung von Weiterbildung führen. Sie folgen einer bestimmten Unternehmenspolitik, welche völlig separiert vom öffentlich geführten Bildungsdiskurs unternehmensspezifisch erlassen wird. Die Angebotsstruktur, die Formen der Personalentwicklung, an die Weiterbildung geknüpft ist und die Struktur der (professionellen) Planung sind jeweils spezifisch zu entschlüsseln, ebenso wie die internen Prozesse, Auswahlkriterien, Auswahlkonstellationen und die Möglichkeiten Bildungsentscheidungen zu treffen (siehe dazu die Fallstudien von Heuer 2010). Die Zusammenschau der wenigen vorhandenen empirischen Detailanalysen und vorhandene Bildungsmonitoringstudien machen erst in der Zusammenschau sichtbar, welche Aspekte selektiv in die Struktur- und Bildungsentscheidungen einwirken.

Dies betrifft dann insbesondere die Kriterien, die explizit oder implizit als Partizipationskriterien für die Belegschaft gelten: Berufliche Position (diese korreliert meist mit dem Bildungshintergrund), Vollzeit- bzw. Teilzeiterwerbstätigkeit, Art der Tätigkeit (vgl. Friebel et al. 2000); Alter (wenn auch mittlerweile abgeschwächt, die Entwicklung ist in Bewegung (vgl. Schmidt 2009; Schmidt-Hertha 2013)); Geschlecht (dies korreliert mit Elternschaft, Art der Erwerbstätigkeit und weiteren Faktoren); Migrationshintergrund (korreliert mit weiteren Faktoren). Strukturell hat einen Einfluss, dass Bildungsentscheidungen von wechselnden Personengruppen (Nicht-Pädagogen) getroffen werden, die keine professionelle Ausbildung in Personalentwicklung oder Weiterbildung haben (siehe Heuer 2010). Die Definition von Weiterbildungsbedarf ist umkämpft und kann unterschiedlichen Machtinteressen und Auslegungen folgen (Bahnmüller und Fischbach 2003), auch an der Aushandlung von Weiterbildungsbedarf sind nicht unbedingt die professionell Planenden beteiligt. Es gibt weitere Faktoren, die zu erforschen sind. Die letzte Erhebung des Adult Education Survey ergab, dass die Unternehmen wieder mehr investieren in die Finanzierung der Weiterbildung (Behringer et al. 2013), jedoch möchten sie immer zuerst den Nutzen des Unternehmens gesichert sehen und sind sehr misstrauisch, was die Finanzierung von transferierbaren Qualifikationen und Kompetenzen betrifft.

Es lässt sich festhalten, dass Unternehmen sehr selektiv in der Strukturierung und Ausgestaltung der betrieblichen Weiterbildung vorgehen und sehr selektiv und selbstreferenziell nutzenorientiert in der Auswahl der Adressaten von Bildung. Betriebliche Weiterbildung entwickelt sich als Parallelsystem, unabhängig vom öffentlichen Sektor, der Auftrag ist oftmals nur vor dem Hintergrund der Unternehmensphilosophie und der Unternehmenskultur einordenbar, dabei ist die Absicherung von Partizipation und ein breiter Bildungsbegriff eher die Ausnahme.

5   Partizipationskriterien Milieu und Region

Bildungsteilhabe hat einen hohen Milieubezug, dies ist seit den Untersuchungen von Bourdieu und der daran anschließenden Rezeption in der Erwachsenenbildung und Weiterbildung, auch als Forschungsinteresse aufgenommen worden (vgl. Bremer 2007; Bremer und Teiwes-Kügler 2012; Vester 2004). Das Milieu legt sich, wie oben bereits erwähnt, in einen familiär geprägten Lernhabitus ein, der die Bildungsaspiration und die daran anschließenden Bildungsaktivitäten weitreichend beeinflusst (vgl. Herzberg 2004). Obwohl das Milieu nie genau

zugeschrieben werden kann, weil hohe Überlappungen zwischen Zugehörigkeiten zu verschiedenen Milieus bestehen, wirkt das Milieu, so zeigen Studien,
in die Institutionen auf verschiedene Weise hinein. Zum einen prägen die Teil-
nehmer/innen die Institutionen mit und zum anderen wirkt sich Milieu auf das
Anwahlverhalten von Institutionen aus. Die Milieustudien, die von Barz und
Tippelt (2004) sowie Tippelt et al. (z. B. Tippelt et al. 2003, 2008) durchgeführt
wurden, untersuchten unter anderem, welche Bildungsauslegungen die Individuen
der einzelnen Milieus haben und welche Weiterbildungsanbieter sie besuchen
bzw. präferieren. Deutlich wurde, dass es milieuspezifische Präferenzen gibt.
Diese können graduell sein. Sichtbar wurde aber auch ein deutlicher Schichtbe-
zug. Die mittleren Milieus interessieren sich für verschiedene Institutionalformen,
ein berufliches Bildungsinteresse wird in verschiedenen Institutionen des öffentlichen und betrieblichen Bereiches eingelöst. Die oberen Mittelschichtsmilieus
und das postmoderne Oberschichtsmilieu bevorzugen Einrichtungen, wie etwa
Akademien, unternehmensbezogene Institutionen und die Hochschulen, die mit
lernniveauhomogenen Ansätzen arbeiten. Die Milieus, die der sogenannten unteren Schicht zugeordnet werden, sind zum einen schwer erreichbar für Bildung,
sie benennen kaum Bildungsinteressen und können sich in keiner Institution
beheimaten. Es wirken langfristig nicht nur der erreichte, meist niedrige Bildungshintergrund, sondern auch schlechte Lern- und Bildungserfahrungen. Eine
entscheidende Frage war und bleibt, wie die Ansprache dieser Gruppen, etwa
durch aufsuchende Bildungsberatung unterstützt werden kann.

Der Aspekt Ort/Region liegt auf einer anderen Ebene als Milieu, erweist sich
aber auch als zentral für die Beschreibung struktureller Aspekte für die Bildungsteilhabe. Das Vorhandensein von Institutionen im erreichbaren Nahbereich ist ein
Schlüsselkriterium für die Breite der Bevölkerung, um eine Weiterbildungsein-
richtung aufzusuchen. Dies kann sich auf eine Stadt, eine Region, einen Bezirk,
den Sozialraum beziehen.

So zeigte Wittpoth am Beispiel der Seminarbelegungen in der Volkshochschule und in den fünf Familienbildungsstätten in Bochum, welche Seminare in
welchen Institutionen von welchen Teilnehmenden aus welchen Stadtteilen belegt
werden. Er kommt zu dem Schluss, dass Erreichbarkeit und Gelegenheitsstruktur einen hohen Stellenwert für Bildungsteilhabe haben (Wittpoth 2007). Es gibt
darüber hinaus einen „mentalen Raumbezug", das heißt eine Präferenz, die Institution zu besuchen, die der eigenen örtlichen Lebenswelt am nächsten steht.
Herbrechter et al. (2011) arbeiten für Hessen heraus, wie das regionale Umfeld als
territoriale Ungleichheitsdimension Einfluss nehmen kann. Innerhalb der Regie-
rungsbezirke konnte eine Zentrum-Peripherie-Differenz identifiziert werden, d. h.,
die ländliche Bevölkerung muss größere räumliche Distanzen überwinden, um an

Weiterbildung teilzunehmen. Eine Verbesserung des Angebotes ergibt sich mit steigendem strukturräumlichen Verdichtungsgrad des Wohnortes. Des Weiteren wurde ein Süd-Nord-Gefälle identifiziert. So können die Einwohner des Kasseler Verdichtungsraumes trotz vorteilhafter Wohnlage Weiterbildungsangebote weniger flexibel nutzen als Einwohner des Darmstädter Verdichtungsraumes, da die Weiterbildungsanbieter in Kassel deutlich breiter in die Regionen ausstreuen (Herbrechter et al. 2011, S. 30). Dies ist nun ein paradoxer Effekt, da die Streuung in die Gemeinden gleichzeitig die Partizipationsmöglichkeiten in den Gemeinden erhöht.

Eine von der Bertelsmann-Stiftung finanzierte und vom Deutschen Institut für Erwachsenenbildung durchgeführte Studie zur Teilnahme und zum Angebot in den Bundesländern und in 96 Raumordnungsregionen zeigt auf der Grundlage der Auswertung der Mikrozensus-Daten und sieben regionaler Fallstudien auf, dass die Sozial- Wirtschafts- und Infrastrukturen der Regionen einen Einfluss auf die Weiterbildungsteilnahme haben, diese aber zugleich nur zum Teil erklären, warum eine Weiterbildungsteilnahme gering ausfällt. Die wirtschaftliche Stärke hat besonders Einfluss auf die betriebliche Weiterbildung. Diese Daten ergeben, dass sich der Osten weniger weiterbildet als der Westen (Bürmann und Frick 2015; Martin et al. 2015b). Dieses Ergebnis stimmt nicht mit den Daten des Adult Education Survey überein, dieser ergab, dass der Osten in der beruflichen Weiterbildung partizipationsstärker ist als der Westen (vgl. Bilger et al. 2013). Eine mögliche Erklärung könnte in den Unterschieden der Datenzuordnung liegen, z. B. erfasst der Mikrozensus kein informelles Lernen. Weitere Ergebnisse sind: Grob betrachtet ist die Weiterbildungsbeteiligung im Norden geringer als im Süden. Nach Bundesländern sind Bayern und Baden-Württemberg die Bundesländer mit der stärksten Weiterbildungspartizipation. Betrachtet man jedoch die regionalen Unterschiede wird deutlich, dass diese z. B. aus dem hohen Angebot an betrieblicher Weiterbildung in München und der Region Oberland in Bayern resultiert (Bürmann und Frick 2015, S. 36). Differenziertere Aussagen ergibt die Regionsperspektive: Spitzenreiter in der Weiterbildungsteilnahme sind nach Regionen Schleswig-Holstein Süd-West, Starkenburg und Würzburg. Für die Geringqualifizierten zeigt sich eine durchgängige geringe Weiterbildungsteilnahme, die wiederum auch regionsspezifisch ausfällt. Dabei hat der Osten weniger Geringqualifizierte, die höchste Teilnahme dieser Gruppe findet sich in Regionen in Thüringen. Als weitere entscheidende Faktoren, besonders dort, wo die Teilnahme nicht mit sehr guten Wirtschafts- Sozial- und Infrastrukturen erklärt werden kann, zeigen die vertiefenden Fallstudien folgende auf: Erreichbarkeit mit öffentlichen Verkehrsmitteln, Kooperationen und Vernetzungen unter relevanten Akteuren, besonders die Herstellung von Synergieeffekten zwischen mehreren Einrichtungen sowie mit der Wirtschaft und eine unabhängige Weiterbildungsberatung. Von letzterer verspricht man sich zukünftig eine verbesserte Ansprache Geringqualifizierter. Ernüchternd fallen die Ergebnisse hinsichtlich der Angebotsverteilungen aus: Die Angebote der Volkshochschulen variieren stark zwischen Ost und West. Ein Beispiel: In der Prignitz-Oberhavel werden 1,9 Kurse pro 1000 Einwohner offeriert und in Oberfranken-West 12,9 Kurse pro 1000 Teilnehmer (Bürmann und Frick 2015, S. 28). Im Mittel werden in den westdeutschen Regionen 7,7 Kurse pro 1000 Teilnehmer entrichtet und in ostdeutschen Regionen (ohne Berlin) 3,11. Es wird festgestellt, dass die Entwicklung des regionalen VHS-Angebotes mit der Weiterbildungsteilnahme korreliert und umgekehrt. Dieses Ergebnis verweist auf notwendige zu steigernde finanzielle Anstrengungen, um Bildungsinteressen zu erfassen und mit Angeboten zu beantworten. Strukturell und historisch wird die geringe Angebotsdichte in den Neuen Bundesländern mit einem geringeren Stellenwert der Volkshochschulen erklärt und damit, dass nach der Wiedervereinigung vor allem der privatwirtschaftliche Weiterbildungsbereich stark angewachsen ist, um den Bedarf an beruflichen Qualifikationen aufzugreifen. Auch diese Studie über die Regionen beschreibt eine wichtige Rolle der betrieblichen Weiterbildung und verweist auf umfassendere Zusammenhänge zur Weiterbildungsteilhabe insgesamt. So korreliert die betriebliche Weiterbildung stark mit der wirtschaftlichen Situation vor Ort. Wird betriebliche Weiterbildung ausgebaut und es finden sich viele Angebote, steigt die Partizipation an Weiterbildung insgesamt, dies zieht dann wieder eine positive Partizipation nach sich, da mehr Bedarf und Nachfrage mit mehr Angeboten beantwortet wird (Bürmann und Frick 2015, S. 38).

Alle Ergebnisse verweisen auf die Notwendigkeit Erwachsenenbildung und Weiterbildung strukturell als öffentliche Daseins-vor- und -fürsorge zu verstehen, die nicht in von der wirtschaftlichen Stärke abhängig gemacht werden kann, da das Angebot eine Erhöhung der Partizipation nach sich zieht (vgl. Martin et al. 2015c, S. 95, 101). Es wird nicht nur einer sozialen Ungleichheit aufgrund regionaler Zuweisung begegnet, sondern es ist auch ein Zusammenhang zu Regionalentwicklungen und Innovationen identifizierbar, etwa durch enge Vernetzungen innovationstragender Wirtschaftszweige, Verwaltung, Schulen und Weiterbildungsanbietern in der Region (vgl. die regionalen Fallstudien in Martin et al. 2015c, S. 95, 101).

6   Weitere wichtige Gesetzgebungen und bildungspolitische Initiativen zur Absicherung struktureller Bildungsgerechtigkeit

Es soll an dieser Stelle auf eine wichtige Gesetzgebung hingewiesen werden, die sich explizit dem Zugang zu Bildung für Bildungsbenachteiligte und bildungsferne Gruppen widmet: die Bildungsfreistellung. Die Bildungsfreistellungsgesetze, die in vielen Bundesländern in den 1970er Jahren und nach 1989 in den neuen Bundesländern eingerichtet wurden – das jüngste Gesetz wurde in 2015 in Baden-Württemberg eingerichtet – sind seit je her umkämpft und werden mit einem schlechten Image belegt. Sie sind die einzigen Gesetze, die den Individuen eine Freistellung während der Arbeitszeit ermöglichen, die vom Arbeitgeber mitfinanziert wird und wofür selbst gewählte Themen belegt werden können. Unsere jüngste Untersuchung am Beispiel des Bildungsurlaubs in Bremen zeigte, dass der Bildungsurlaub, trotz bundesweit niedriger Partizipationsquoten, für einige Gruppen zugangserweiternd ist und Gruppen für Bildung erreicht werden, die im regulären System stark von Bildungsbenachteiligung betroffen sind und deutlich weniger den Weg in die Einrichtungen finden (vgl. Robak et al. 2015). Die über einen Fragebogen befragten Bildungsurlaubsteilnehmenden[1] haben mehrheitlich ein mittleres bis hohes Bildungsniveau. Dabei sind die niedrigen bis mittleren Bildungsabschlüsse im Bildungsurlaub stärker vertreten als in anderer Weiterbildung. Die Teilnehmenden sind mehrheitlich (75 %) Angestellte oder Arbeiter/innen, sowie in Großunternehmen beschäftigt. Beschäftigte von Kleinstunternehmen sind im Bildungsurlaub unterrepräsentiert. 42 % der erwerbstätigen Befragten arbeiten in Schichtarbeit, für diese Gruppe ist der Bildungsurlaub meist die einzige Möglichkeit überhaupt an Bildung zu partizipieren. Im Bildungsurlaub werden sowohl weiterbildungsaktive Personen erreicht, diese Gruppe nimmt auch an Veranstaltungen der regulären Weiterbildung teil; Es werden aber auch diejenigen erreicht, die andernorts wenig an Weiterbildung teilhaben (können). So geben 75 % der Teilnehmenden an, dass es im Herkunftsunternehmen Weiterbildungssupportstrukturen gibt, diese jedoch keine Angebote für die jeweilige Berufsgruppe adressieren (vgl. Heidemann 2015). Auffällig ist weiterhin, dass 90 % der Herkunftsunternehmen einen Betriebsrat haben. Es braucht Gatekeeper in den Unternehmen, um eine Bildungsfreistellung zu ermöglichen. Die Teilnahmeentscheidung für den aktuellen Bildungsurlaub erfolgt mehrheitlich

---

[1]Ausgewertet wurden 561 Fragebögen von Teilnehmenden aus 52 Bildungsurlaubsveranstaltungen.

alleine oder gemeinsam mit anderen Personen, zumeist Kollegen, die dann auch
Bildungsfreistellung in Anspruch nehmen. Die Lerninteressen und Verwertungs-
bezüge sind auf alle relevanten Lebenszusammenhänge ausgerichtet: Es besteht
ein berufliches Interesse, das der individuellen beruflichen Weiterentwicklung
und den unmittelbaren Arbeitsplatz betrifft. Es gibt gleichzeitig meist auch Interessen, die sich auf Persönlichkeitsentwicklung im breiteren Sinne beziehen.
Die Teilnehmenden möchten sich neue Wissensstrukturen erschließen und auch
vorhandene vertiefen. Die Analyse der Programmstrukturen zeigte, dass das Programm einem breiten Interesse an spezifischen beruflichen Themen nachkommt:
EDV-Grund- und Spezialwissen liegt an erster Stelle, gefolgt von Schlüsselqualifikationen. Insgesamt verweist die Programmstruktur auf ein hohes Interesse an
individueller Selbstvorsorge mit thematischen Schwerpunkten der allgemeinen
Weiterbildung an Gesundheit, gefolgt von den Fremdsprachen und Kultureller
Bildung und an zunehmend allgemeinbildenden Themen und Themen des sozialen und regionalen Nahbereichs in der politischen Bildung (Rippien 2015a). Die
Teilnehmerstatistik weist grob betrachtet, ein spezifisches thematisches Anwahlverhalten verschiedener Gruppen aus: bei den niedrigen formalen Bildungsabschlüssen findet sich eine starke Konzentration auf die politische Weiterbildung,
mit den formalen Abschlüssen steigt das Interesse an Gesundheit. Bei den höheren Abschlüssen liegt Gesundheit auf Platz 1, in der jüngsten Gruppe liegen
Fremdsprachen vorne. Mit steigendem Alter gewinnen Gesundheit und politische
Weiterbildung dazu. Je höher der formale Abschluss und je niedriger das Alter,
desto breiter die Anwahloptionen (Rippien 2015b). Bildungsurlaub realisiert für
die verschiedenen Gruppen verschiedene Einstiege bzw. bedient spezifische Bildungsinteressen. Die hohe Nachfrage nach Gesundheitsbildung verweist, wenn
man die Aussagen der quantitativen und qualitativen Befragungen hinzuzieht
(Heidemann 2015; Robak 2015) auf ein hohes Bedürfnis nach leiblich-emotiona-
ler Stabilität und Möglichkeiten der beruflichen Stressbewältigung. Kritisch anzu-
merken ist, dass insgesamt weniger Frauen an Bildungsurlaub teilnehmen als im
regulären Weiterbildungssystem. Für die Frauen wäre noch einmal gesondert zu
fragen, welche Konstellationen eine breitere Teilnahme ermöglichen würden.

Eine noch anhaltende bildungspolitische Initiative will Bildungsgerechtigkeit
auch in der Weiterbildung über den Inklusionsdiskurs stärken. Viele der Zielstel-
lungen sind bekannt und nicht wirklich neu. Übergreifendes Ziel von Inklusion ist
es dabei, allen Menschen den Zugang zu Bildung zu ermöglichen, dafür die institutionellen Zugangsoptionen auszudifferenzieren (Meisel 2015) und gleichzeitig die (gemeinsamen) Lernmöglichkeiten aller neu auszuloten und zu gestalten.
Insofern sollte das Ziel die Gestaltung eines inklusiven Systems des lebenslangen

Lernens sein (Schreiber-Barsch und Fawcett 2015). Es lassen sich drei Auslegungen von Inklusion identifizieren: Umgang mit Behinderung und Bildungsteilhabe behinderter Menschen, Inklusion als Interventionsstrategie gegen Exklusion im Sinne sozialer Ausgrenzung und Ungleichheit sowie eines gerechten Zugangs zu Bildung, Diversität produktiv einbeziehen für die Realisierung einer inkludierenden Bildung (siehe dazu Werning et al. 2016). Welche strukturellen Gestaltungsperspektiven daraus erwachsen sind und werden, bleibt abzuwarten und ist zu erforschen.

Strukturelle Bildungsgerechtigkeit ist nur zu erreichen, wenn es einen öffentlich finanzierten Bereich gibt, der regional zugänglich, ausdifferenziert gestaltet und bezahlbar ist. Auch dieser Bereich weist Lücken auf und es bleiben Gruppen, wie etwa Geringqualifizierte außen vor. Weitere Träger sorgen für spezifische, oftmals beruflich orientierte Bildungsangebote, wie z. B. die kommerziellen Anbieter. Die Zuschnitte der Programme werden, so zeigen Durchsichten von Programmen im Archiv der Abteilung Erwachsenenbildung/Weiterbildung an der Humboldt-Universität Berlin, immer spezifischer und tragen so den beruflichen Spezialisierungen und Qualifikationsanforderung Rechnung. Die Segregationen sind jedoch, wie auch in der betrieblichen Weiterbildung, hoch. Die entstehenden Parallelsysteme sind kritisch zu hinterfragen, es braucht offensichtlich Kooperationen und Vernetzungen auch, um strukturelle Bedarfsdeckungen abzubilden. Die beigeordneten Bildungseinrichtungen, insbesondere die nicht-betrieblichen antizipieren Bildungsinteressen, die neu entstehen, für die keine Strukturen vorhanden sind. Sie spiegeln auch zivilgesellschaftlich relevante Themen, Bedarfe und Bedürfnisse, und sorgen so für lebendige Partizipationsformen.

Literatur

Bahnmüller, R., & Fischbach, S. (2003). Betriebliche Weiterbildungspraxis und Erwartungen an den Qualifizierungstarifvertrag. Ergebnisse der Befragung von Personalmanagern und Betriebsräten der der Metall- und Elektroindustrie Baden-Württembergs. Tübingen. http://www.fatk.uni-tuebingen.de/files/befragungsergebnisse-1.pdf. Zugegriffen: 31. Okt. 2016.

Barz, H., & Tippelt, R. (Hrsg.). (2004). *Weiterbildung und soziale Milieus in Deutschland, Band 2: Adressaten- u. Milieuforschung zu Weiterbildungsverhalten und –interessen.* Bielefeld: W. Bertelsmann.

Baumert, J., Stanat, P., & Watermann, R. (Hrsg.). (2006). *Herkunftsbedingte Disparitäten im Bildungswesen. Differenzielle Bildungsprozesse und Probleme der Verteilungsgerechtigkeit. Vertiefende Analysen im Rahmen von PISA 2000.* Wiesbaden: Springer VS.

Behringer, F., Bilger, F., & Schönfeld, G. (2013). Segment: Betriebliche Weiterbildung. In F. Bilger, F. D. Gnahs, J. Hartmann, & H. Kuper (Hrsg.), *Weiterbildungsverhalten in*

Deutschland. Resultate des Adult Education Survey 2012 (S. 139–163). Bielefeld: Bertelsmann.

Bilger, F., Gnahs, F., Hartmann, J., & Kuper H. (Hrsg.). (2013). *Weiterbildungsverhalten in Deutschland. Resultate des Adult Education Survey 2012.* Bielefeld: Bertelsmann.

Bohmeyer, A. (2011). Bildung und Gerechtigkeit. Ethische Reflexionen des normativ imprägnierten Bildungsdiskurses. *DIE Zeitschrift für Erwachsenenbildung, 2011*(2), 24–26.

Börjesson, I., & Zimmermann, U. (2005). „Und dann gibt es noch Bildungsangebote…" Regionalanalysen zu beigeordneten kulturellen Bildungsangeboten im Berliner Stadtbezirk Friedrichshain-Kreuzberg und in der brandenburgischen Uckermark. In W. Gieseke, K. Opelt, H. Stock, & I. Börjesson (Hrsg.), *Kulturelle Erwachsenenbildung in Deutschland. Exemplarische Analyse Berlin/Brandenburg.* Münster: Waxmann.

Brandt, P., & Kil, M. (2011). Stichwort „Bildungsgerechtigkeit". *DIE Zeitschrift für Erwachsenenbildung, 2011*(2), 20–21.

Bremer, H. (2007). *Soziale Milieus, Habitus und Lernen: Zur sozialen Selektivität des Bildungswesens am Beispiel der Weiterbildung.* Weinheim: Juventa.

Bremer, H., & Teiwes-Kügler, C. (2012). Milieu. In B. Schäffer & O. Dörner (Hrsg.), *Handbuch Qualitative Erwachsenen- und Weiterbildungsforschung* (S. 448–461). Opladen: Budrich.

Bürmann, M. & Frick, F. (2015). *Deutscher Weiterbildungsatlas 2015. Zusammenfassung der Ergebnisse. Hrsg. v. Bertelsmann Stiftung.* Gütersloh: Bertelsmann Stiftung.

Dietrich, S., Schade, H.-J., & Behrensdorf, B. (2008). Ergebnisbericht Projekt Weiterbildungskataster. Kooperationsprojekt des Deutschen Instituts für Erwachsenenbildung in Bonn und des Bundesinstituts für Berufsbildung in Bonn (BIBB) in Zusammenarbeit mit dem Institut für Entwicklungsplanung und Strukturforschung an der Universität Hannover (IES). 2, Juni 2008. http://www.die-bonn.de/doks/dietrich0803.pdf. Zugegriffen: 31. Okt. 2016.

Diewald, M. (2010). Lebenslaufregime: Begriff, Funktion und Hypothesen zum Wandel. In A. Bolder, R. Epping, R. Klein, G. Reutter, & A. Seiverth (Hrsg.), *Neue Lebenslaufregimes – neue Konzepte der Bildung Erwachsener?* (S. 25–43). Wiesbaden: VS Verlag.

Dörre, K. (2010). Die Selbstmanager. Biographien und Lebensentwürfe in unsicheren Zeiten. In A. Bolder, R. Epping, R. Klein, G. Reutter, & A. Seiverth (Hrsg.), *Neue Lebenslaufregimes – neue Konzepte der Bildung Erwachsener?* (S. 139–150). Wiesbaden: VS Verlag.

Fleige, M. (2011). *Lernkulturen in der öffentlichen Erwachsenenbildung. Theorieentwickelnde und empirische Betrachtungen am Beispiel evangelischer Träger.* Münster: Waxman.

Fleige, M., Gieseke, W., & Robak, S. (2015). *Kulturelle Erwachsenenbildung. Strukturen – Partizipationsformen – Domänen.* Bielefeld: Bertelsmann.

Friebel, H., Epskamp, H., Knobloch, B., Montag, S., & Toth, S. (2000). *Bildungsbeteiligung: Chancen und Risiken. Eine Längsschnittstudie über Bildungs- und Weiterbildungskarrieren in der „Moderne".* Opladen: Leske & Budrich.

Gieseke, W., & Opelt, K. (2003). *Erwachsenenbildung in politischen Umbrüchen. Das Programm der Volkshochschule Dresden 1945–1997.* Opladen: Leske & Budrich.

Gieseke, W., Opelt, K., Stock, H. & Börjesson, I. (2005). Kulturelle Erwachsenenbildung in Deutschland – Exemplarische Analyse Berlin/Brandenburg (Europäisierung durch Kulturelle Bildung. Bildung – Praxis – Event; Bd. 1). Münster u.a.

Harazd, B. (2007). *Die Bildungsentscheidung. Zur Ablehnung der Schulformempfehlung am Ende der Grundschulzeit.* Münster: Waxmann.

Heidemann, L. (2015). Quantitative Teilnehmendenbefragung: Bildungspartizipation, Anschlusslernen und Lern-Verwertungsinteressen. In S. Robak, H. Rippien, L. Heidemann, & C. Pohlmann (Hrsg.), *Bildungsurlaub – Planung, Programm und Partizipation. Eine Studie in Perspektivverschränkung* (S. 273–322). Frankfurt a. M.: Lang.

Herbrechter, D., & Schemmann, M. (2010). Organisationstypen der Weiterbildung. Eine empirische Analyse aus der Perspektive des Neo-Institutionalismus. In K. Dollhausen, T. C. Feld, & W. Seitter (Hrsg.), *Erwachsenenpädagogische Organisationsforschung* (S. 125–141). Wiesbaden: VS Research.

Herbrechter, D., Loreit, F., & Schemmann, M. (2011). (Un-)Gleichheit in der Weiterbildung unter regionalen Vorzeichen. *DIE Zeitschrift für Erwachsenenbildung, 2*(2011), 27–30.

Herzberg, H. 2004. *Biographie und Lernhabitus. Eine Studie im Rostocker Werftarbeitermilieu.* Frankfurt a. M., New York: Campus

Heuer, U. (2010). Betriebliche Weiterbildungsentscheidungen: Aushandlungsprozesse und Bildungscontrolling. Fallstudienbericht. In: Bundesinstitut für Berufsbildung (Hrsg.), Wissenschaftliche Diskussionspapiere, 115, (S. 16–55). Bonn: BIBB.

Heuer, U., & Robak, S. (2000). Programmstruktur in Konfessioneller Trägerschaft – Exemplarische Programmanalysen. In W. Gieseke (Hrsg.), *Programmplanung als Bildungsmanagement? Qualitative Studie in Perspektivverschränkung* (S. 115–209). Recklinghausen: Bitter.

Hof, C. (2009). *Lebenslanges Lernen. Eine Einführung.* Stuttgart: Kohlhammer.

Huntemann, H., & Reichart, E. (2015). Volkshochschul-Statistik: 53. Folge, Arbeitsjahr 2014. Bonn 2015. http://www.die-bonn.de/doks/2015-volkshochschule-statistik-36.pdf. Zugegriffen: 31. Okt. 2016.

Käpplinger, B. (2007). Welche Betriebe in Deutschland sind weiterbildungsaktiv? Nutzung des CVTS Datensatzes zur Analyse der betrieblichen Weiterbildung. Rat für Sozial- und Wirtschaftsdaten. Berlin. http://www.ratswd.de/download/RatSWD_RN_2007/RatSWD_RN_06.pdf. Zugegriffen: 31. Okt. 2016.

Käpplinger, B. (2013). Ambivalenzen in der betrieblichen Weiterbildung: Hochkonjunktur in der Politik – Stagnation in der Praxis – Defizite in der Theorie. In H. von Felden, C. Hof, & S. Schmidt-Lauff (Hrsg.), *Erwachsenenbildung im Spannungsfeld von Wissenschaft, Politik und Praxis. Jahrestagung 2012 der Sektion der Erwachsenenbildung/Weiterbildung der DGfE* (S. 116–128). Baltmannsweiler: Schneider.

Kil, M., & Schlutz, E. (2008). Veränderungen und Ausdifferenzierungen im Anbieter- und Leistungsspektrum der organisierten Weiterbildung. In C. Hof, J. Ludwig, & C. Zeuner (Hrsg.), *Strukturen Lebenslangen Lernens* (S. 64–75). Baltmannsweiler: Schneider.

Lehmann, R., Gänsfuß, R. & Peek, R. (1999). Ergebnisse der Erhebung von Aspekten der Lernausgangslage und der Lernentwicklung – Klasse 7 (LAU 7). *Hamburg macht Schule. Zeitschrift für Hamburger LehrerInnen und Elternräte, 11*(6), 27–29.

Manninen, J., Sgier, I., Fleige, M., Thöne-Geyer, B., Kil, M. et al. (2014). Benefits of Lifelong Learning in Europe: Main Results of the BeLL – Project Research Report. Bonn. http://www.bell-project.eu/cms/wp-content/uploads/2014/06/BeLL-Research-Report.pdf. Zugegriffen: 3. Juni 2014.

Martin, A., Schömann, K., Schrader, J., & Kuper, H. (Hrsg.). (2015a). *Deutscher Weiterbildungsatlas*. Bielefeld: wbv.

Martin, A., Schömann, K., Schrader, J., & Kuper, H. (2015b). Der Weiterbildungsatlas. In A. Martin, K. Schömann, J. Schrader, & H. Kuper (Hrsg.), *Deutscher Weiterbildungsatlas* (S. 11–25). Bielefeld: wbv.

Martin, A., Schömann, K., Schrader, J., & Kuper, H. (2015c). Ausgewählte Ergebnisse: Die Wiederentdeckung der Bedeutung der Region. In A. Martin, K. Schömann, J. Schrader, & H. Kuper (Hrsg.), *Deutscher Weiterbildungsatlas* (S. 26–30). Bielefeld: wbv.

Meisel, K. (2015). Inklusion als Aufgabe der Organisationsentwicklung. *Hessische Blätter für Volksbildung, 65*(4), 355–362.

Rippien, H. (2015a). Programmanalyse – Bildungsbereiche, Anbieter und Formate im Diachronen Vergleich. In S. Robak, H. Rippien, L. Heidemann, & C. Pohlmann (Hrsg.), *Bildungsurlaub – Planung, Programm und Partizipation. Eine Studie in Perspektivverschränkung* (S. 113–186). Frankfurt a. M.: Lang.

Rippien, H. (2015b). Teilnehmendenstruktur und Anwahlverhalten im Bildungsurlaub. In S. Robak, H. Rippien, L. Heidemann, & C. Pohlmann (Hrsg.), *Bildungsurlaub – Planung, Programm und Partizipation. Eine Studie in Perspektivverschränkung* (S. 187–205). Frankfurt a. M.: Lang.

Robak, S. (2013). Diversität in der Erwachsenenbildung(sforschung) im Spiegel theoretischer und empirischer Reflexionen – eine Standortdiskussion. In S. Robak, I. Sievers, & K. Hauenschild (Hrsg.), *Diversity Education. Zugänge – Perspektiven – Beispiele* (S. 183–203). Frankfurt a. M.: Brandes & Apsel.

Robak, S. (2015). Qualitative Interviews mit Bildungsurlaubsteilnehmenden: Funktionen der Partizipation an Bildungsurlaub. In S. Robak, H. Rippien, L. Heidemann, & C. Pohlmann (Hrsg.), *Bildungsurlaub – Planung, Programm und Partizipation. Eine Studie in Perspektivverschränkung* (S. 207–272). Frankfurt a. M.: Lang.

Robak, S., Rippien, H., Heidemann, L., & Pohlmann, C. (2015). *Bildungsurlaub – Planung, Programm und Partizipation. Eine Studie in Perspektivverschränkung*. Frankfurt a. M.: Lang.

Schmidt, B. (2009). Bildungsverhalten und -interessen älterer Erwachsener. In C. Hof, J. Ludwig, & C. Zeuner (Hrsg.), *Strukturen Lebenslangen Lernens* (S. 112–134). Baltmannsweiler: Schneider.

Schmidt-Hertha, B. (2013). Alter und Generation. In K. Hauenschild, S. Robak, & I. Sievers (Hrsg.), *Diversity Education. Zugänge – Perspektiven – Beispiele* (S. 101–115). Frankfurt a. M.: Brandes & Apsel.

Schrader, J. (2011). *Struktur und Wandel der Weiterbildung*. Bielefeld: Bertelsmann.

Schreiber-Barsch, S., & Fawcett, E. (2015). Mehrwert Inklusion: Gesellschaft, Institutionen der Erwachsenenbildung, Lernende. *Hessische Blätter für Volksbildung, 65*(4), 349–354.

Süßmuth, R., & Sprink, R. (2009). Volkshochschule. In: R. Tippelt & A. v. Hippel (Hrsg.), *Handbuch Erwachsenenbildung/Weiterbildung*. (3. überarb. und erw. Aufl., S. 473–490). Wiesbaden: Springer VS.

Tippelt, R. (2009). Institutionenforschung in der Erwachsenenbildung/Weiterbildung. In R. Tippelt & A. v Hippel (Hrsg.), *Handbuch Erwachsenenbildung/Weiterbildung* (S. 453–471). Wiesbaden: Springer VS.

Tippelt, R., Weiland, M., Panyr, S., & Barz, H. (2003). *Weiterbildung, Lebensstil und soziale Lage in einer Metropole.* Bielefeld: Bertelsmann.

Tippelt, R., Reich, J., Hippel, A. v, Barz, H., & Baum, D. (2008). *Weiterbildung und soziale Milieus: Bd. 3. Milieumarketing implementieren.* Bielefeld: Bertelsmann.

Vester, M. (2004). Die sozialen Milieus und die gebremste Bildungsexpansion. *Report,* 27(1), 15–34.

Werning, R., Gillen, J., Lichtblau, M., & Robak, S. (2016). Inklusive Bildung im Lebenslauf. In H.-C. Koller, H. Faulstich-Wieland, H. Weishaupt, & I. Züchner (Hrsg.), *Datenreport Erziehungswissenschaften* (S. 211–251). Opladen: Budrich.

Wittpoth, J. (2007). Neue Ziele für die Bildungsforschung. Kulturelle Bildung im kommunalen Raum – Sozialraumanalyse. *Weiterbildung. Zeitschrift für Grundlagen, Praxis und Trends, 2007*(1), 33–35.

Über den Autor

Robak, Steffi, Prof. Dr.; Professur für Bildung im Erwachsenenalter an der Leibniz Universität Hannover, zugleich geschäftsführende Leiterin der Arbeitsstelle Diversität, Migration und Bildung (DiversitAS). Arbeitsschwerpunkte: Institutionen-, Programm- und Lernkulturforschung, Bildungsmanagement, Kulturelle und Transkulturelle Bildung, Diversität.

Bildungsungleichheit im Erwachsenenalter

Carola Iller

1 Einleitung

Nach wie vor lassen sich in Deutschland deutliche soziale Unterschiede in der Schulwahl und dem Schulerfolg feststellen. Aber auch vor, nach und außerhalb der Schule greifen Mechanismen der Selektion und der Ungleichbewertung im Bildungssystem (vgl. die Beiträge in diesem Band sowie Krüger et al. 2011). In der Erwachsenenbildung hat die Forschung zu sozialer Ungleichheit in der Bildungsbeteiligung eine lange Tradition. Lange bevor das Lernen Erwachsener in den politischen Debatten jenen Stellenwert erhielt, den es im Diskurs um lebenslanges Lernen heute einnimmt, hat sich die Erwachsenenbildungsforschung schon mit der ungleichen Teilhabe an Erwachsenenbildung beschäftigt und Konzepte zur Kompensation von Benachteiligung entwickelt.

Bereits in den 1950er Jahren untersuchte Wolfgang Schulenberg in der sogenannten „Hildesheimer Studie" die Diskrepanz zwischen der hohen Wertschätzung von Bildung und dem eigenen Weiterbildungsverhalten in der erwachsenen Bevölkerung (Schulenberg 1957). Seitdem ist die Weiterbildungsbeteiligung in Deutschland kontinuierlich angestiegen und hat im Jahr 2014 ihren historischen Höchststand von 51 % der Bevölkerung im erwerbsfähigen Alter erreicht (BMBF 2015, S. 13). Die Hälfte der Erwachsenen im Alter zwischen 18 und 64 Jahren nimmt also an Weiterbildung teil. Allerdings zeigt die Forschung zur Weiterbildungsbeteiligung über die Jahrzehnte hinweg robuste Ergebnisse in Bezug auf Ungleichheit: Vollzeiterwerbstätige beteiligen sich deutlich häufiger an Weiterbildung als Teilzeitbeschäftigte oder

C. Iller (✉)
Stiftung Universität Hildesheim, Hildesheim, Deutschland
E-Mail: carola.iller@uni-hildesheim.de

© Springer Fachmedien Wiesbaden GmbH 2017
M.S. Baader und T. Freytag (Hrsg.), *Bildung und Ungleichheit in Deutschland*, DOI 10.1007/978-3-658-14999-4_21

gar Erwerbslose; Angestellte und Beamte nehmen häufiger teil als Arbeiter_innen, Fach- und Führungskräfte deutlich häufiger als Un- und Angelernte (BMBF 2015, S. 26 ff.). Männer beteiligen sich häufiger an Weiterbildung als Frauen, sofern nicht der Erwerbsstatus berücksichtigt wird, denn unter den Erwerbstätigen sind die Frauen weiterbildungsaktiver als die Männer. Deutliche Unterschiede in der Weiterbildungsbeteiligung lassen sich nach wie vor hinsichtlich der Altersgruppen identifizieren: die Teilnahmequote steigt bis zur Lebensmitte, danach fällt sie wieder ab (BMBF 2015, S. 37). Der Abstand zwischen den Altersgruppen hat sich allerdings in den vergangenen drei Jahrzehnten reduziert, was vor allem auf Kohorteneffekte[1] und eine veränderte Arbeitsmarkt- und Rentenpolitik in den vergangenen Jahren zurückgeführt werden kann (vgl. Iller 2012).

Wenn auch auf einem höheren Niveau so haben sich alles in allem die Unterschiede in der Weiterbildungsbeteiligung in den vergangenen Jahrzehnten erhalten. Gesellschaftliche Veränderungen, höhere Bildungsaspirationen in der Bevölkerung, eine Reihe von bildungspolitischen Interventionen, Reformprogrammen und stetige Bemühungen der Weiterbildungsanbieter haben daran nichts geändert. Vor dem Hintergrund dieser ernüchternden Bilanz soll im Folgenden diskutiert werden, mit welchen Erklärungen und Gestaltungsansätzen der Ungleichheit in der Weiterbildungsbeteiligung bislang begegnet wurde, bevor im Sinne eines Ausblicks intersektionale Zusammenhänge der Bildungsungleichheit und daran anknüpfende Perspektiven für die Weiterbildung aufgezeigt werden. In Ergänzung zu dem Beitrag von Steffi Robak in diesem Band, der vor allem angebotsseitige Erklärungen, wie institutionelle Rahmenbedingungen, Förderung und Finanzierung der Weiterbildung erörtert, soll hier der Fokus auf die Teilnehmenden bzw. Nicht-Teilnehmenden gerichtet werden.

---

[1]Als ein Kohorteneffekt ist der steigende Anteil von Personen mit höheren Bildungsabschlüssen in der Altersgruppe der „Älteren" anzusehen. Bis vor wenigen Jahren waren in den älteren Altersgruppen Personen mit niedrigen Schulabschlüssen, ohne oder nur kurzen Berufsausbildungen und einer niedrigen Weiterbildungsbeteiligung im weiteren Lebensverlauf überproportional vertreten. Da Personen mit niedriger Formalqualifikation auch in anderen Altersgruppen seltener an Weiterbildung teilnehmen, war nicht eindeutig zu erkennen, ob die niedrige Teilnahmequote bei den Älteren auf das Alter oder die niedrige Formalqualifikation zurückzuführen ist. Mittlerweile steigt das Aus- und Weiterbildungsniveau der älteren Altersgruppen, da nun allmählich die Geburtskohorten der Bildungsexpansion der 1960er und 70er Jahre mit höheren Bildungsabschlüssen in diese Altersgruppe nachrücken.

2 Erklärungsansätze

Etwa die Hälfte der erwachsenen Bevölkerung in Deutschland nimmt an Weiterbildung teil, die andere Hälfte nimmt nicht teil. Dass Weiterbildung ungleich in Anspruch genommen wird, liegt also auf der Hand. Aufgrund der in der Regel freiwilligen Teilnahme an Weiterbildung lässt sich bereits in der Weiterbildungsstatistik erkennen, wer an Bildung partizipiert und wer nicht[2]. Die Daten zeigen Unterschiede hinsichtlich sozialstruktureller Merkmale, die auf soziale Selektionsprozesse bei der Teilhabe an Bildung im Erwachsenenalter hinweisen. Dabei ist zu berücksichtigen, dass die oben genannten Daten zur Weiterbildungsbeteiligung sehr verschiedene Formate mit einer sehr unterschiedlichen Intensität des Lehr-Lern-Arrangements umfassen.[3] Das Ausmaß der Ungleichheit in der Bildungsbeteiligung ist durch die Gesamtteilnahmequote also noch kaum erfasst. Zudem legt die Beschreibung der (Nicht)Teilnahme nach soziodemografischen Merkmalen nahe, dass diese Merkmale zugleich auch die Gründe für die (Nicht) Beteiligung liefern. Diese naheliegende Erklärung lässt sich im Lichte der Ergebnisse der Adressaten- und Teilnahmeforschung in der Weiterbildung jedoch nicht bestätigen. Vielmehr verweisen sowohl entscheidungs- wie auch subjekttheoretisch begründete Erklärungsansätze auf ein Zusammenwirken von Fremd- und Selbstselektionsprozessen, die von individuellen und strukturellen Einflussfaktoren bestimmt werden.

Die ersten groß angelegten empirischen Studien zur Weiterbildungsbeteiligung (1957 die Hildesheimer, 1966 die Göttinger und 1978 die Oldenburger Studie) zeigen deutliche kollektive Muster der Bildungsteilnahme in Abhängigkeit von schichtspezifischen Bildungsaspirationen (vgl. Schulenberg 1957; Strzelewicz et al. 1966; Schulenberg et al. 1978). Für die weitere Forschung zu ungleicher Weiterbildungsbeteiligung war dabei der Befund wegweisend, dass vermeintlich objektive Hindernisse, wie Zeit- und Geldmangel, in ihrer Bedeutung unterschiedlich

---

[2]Im Unterschied zur Schule, insbesondere der Grundschule, in der sich die ungleiche Teilhabe erst auf den zweiten Blick erschließt, treten die Unterschiede in der Weiterbildung offener zutage, wobei auch hier ein Verdeckungszusammenhang besteht, wie unten noch ausgeführt wird.

[3]So lag 2014 der Schwerpunkt der Weiterbildung von Geringqualifizierten bei betrieblichen Veranstaltungen mit einer Dauer von weniger als acht Stunden, wohingegen Hochschulabsolvent_innen häufiger an länger dauernden Weiterbildungsveranstaltungen teilnahmen (Arbeitsgruppe Bildungsberichterstattung 2016, S. 145 f.). Differenzierte personenbezogene Statistiken, die Aussagen über das gesamte Angebotsspektrum zuließen, liegen nicht vor.

gewichtet werden. Der Mangel an Zeit, die Beanspruchung durch die Erwerbsarbeit und der Wunsch nach Entspannung und freier Zeit wird beispielsweise in der
Hildesheimer Studie von den Befragten durchgängig als Hindernis für eine Teilnahme an Kultur und Bildung benannt und dennoch wurden diese Hindernisse von
einigen Gruppen überwunden, während sie bei anderen zur Nicht-Teilnahme führten. Folgende Gründe wurden genannt, die trotz Hindernissen die Besucher in kulturelle und bildende Veranstaltungen führen:

a. Die Menschen gehen, um ein soziales Prestige zu erhalten oder zu gewinnen.
b. Die Menschen gehen, um sich selbst weiterzubilden.
c. Die Menschen gehen, weil ihnen das Gebotene durch Herkunft und Schulbildung vertraut und wertvoll geworden ist (Schulenberg 1957, S. 93).

Zeit- und Geldmangel als Barriere für eine Bildungsbeteiligung relativieren
sich demnach entsprechend der soziokulturellen Bedeutsamkeit, die Bildung in
der jeweiligen Schicht genießt. Ist sie relevant für das Sozialprestige oder selbstverständlich in der sozialen Gruppe, dann ist Weiterbildung auch bei hoher zeitlicher und finanzieller Belastung erstrebenswert. Besitzt sie diese Bedeutsamkeit
nicht, ist die Bereitschaft Zeit und Geld zu investieren, entsprechend gering.
    Eine Weiterentwicklung dieser soziokulturellen Einordnung der Bildungsakti-
vitäten ist in der bildungswissenschaftlichen Milieuforschung zu sehen. In diesem
Verständnis ist Bildungsbeteiligung nicht nur aus den „objektiven" sozialstrukturellen Gruppenmerkmalen zu verstehen, sondern ergibt sich aus den milieuspezifischen Werthaltungen und Einstellungen zu Bildung. Milieus sind demzufolge
Gruppen von Menschen mit ähnlicher Lebensführung, wobei die Lebensführung
nicht unabhängig von Einkommen, Alter, Beruf etc. ist. Sie lässt sich aber nicht
darauf reduzieren, denn die Gestaltung relevanter Lebensbereiche wie Familie,
Freizeit, Arbeit und eben auch Bildung ist – neben den objektiv zur Verfügung
stehenden Ressourcen – auch davon abhängig, welche Bedeutung ihnen beigemessen wird und mit welchen Erwartungen sie angestrebt oder gemieden werden.
    Die prominenteste Milieustudie – die Sinus-Milieus von sociovi-
sion – ermittelte in den vergangenen 20 Jahren mehrfach für Deutschland 8 bis 10 gesellschaftlich relevante Milieus. Bildung ist einer der
„Milieubausteine", denn die Einstellung zu Bildung kann neben anderen Werthaltungen erklären, warum Menschen mit gleicher oder zumindest ähnlicher sozialer Lage unterschiedliche Lebensziele verfolgen,
unterschiedliche Freizeitinteressen haben oder sich unterschiedlich für das
Gemeinwesen engagieren. Die Bedeutung von sozialen Milieus für die Einstellungen zur und Teilnahme an Weiterbildung ist in verschiedenen Studien

untersucht worden (vgl. Barz und Tippelt 2004, Tippelt et al. 2008, Bremer und Lange-Vester 2006, Bremer und Kleemann-Göhring 2011). Als zentrales Ergebnis der Milieuforschung in der Weiterbildung lässt sich zusammenfassen, dass es kein einheitliches Bildungsverständnis und kein übergreifendes Bild von Bildung gibt, d. h. was dem einen gefällt, kann dem anderen unwichtig sein. Während die einen „Bildung" mit Prestige verbinden, ist sie für andere ein notwendiges Übel. Für die einen ist sie Selbstverwirklichung, für die anderen eine Pflichterfüllung. Die verschiedenen Sichtweisen sind jedoch nicht beliebig in der Gesellschaft verteilt, sondern lassen sich aus der Milieuzugehörigkeit heraus erklären.

In der Systematisierung von Bremer und Lange-Vester (2006) werden fünf Traditionslinien sozialer Milieus unterschieden, die jeweils ein ähnliches Bildungsverständnis aufweisen. Zu einer ähnlichen Unterscheidung gelangen Tippelt et al. (2008), die entsprechende Einteilungen in Bildungsmilieus vornehmen. Zusammengefasst wurden folgende Bildungsvorstellungen identifiziert:

- Bildung als Selbstverwirklichung
- Bildung als Prestige
- Bildung als Statussicherung und
- Bildung zur Vermeidung von Ausgrenzung.

Während in den oberen sozialen Milieus (den Postmodernen, liberal-intellektuellen und den konservativ-technokratischen Milieus) Bildung als „Habitus der Arrivierten", als Selbstverwirklichung und Mittel zur Distinktion angesehen wird, ist in den mittleren sozialen Milieus (den Facharbeiter- und bürgerlichen Milieus) Bildung pragmatisch zur Statussicherung oder als Vehikel für Aufstieg und Autonomiegewinn relevant („Habitus der Strebenden") (vgl. Bremer et al. 2015, S. 22 f.). Für die unterprivilegierten Milieus der traditionslosen Arbeitnehmermilieus ist Bildung eine Notwendigkeit, um mitzuhalten und Ausgrenzung zu vermeiden („Habitus der Notwendigkeit") (vgl. Bremer et al. 2015, S. 22 f.). Die Studien liefern damit eine plausible Erklärung für das Ineinandergreifen von Fremd- und Selbstselektionsprozessen, denn in den Bildungsvorstellungen verbinden sich Wertvorstellungen und Zuschreibungen von Bildung mit Erfahrungen, die mit Bildung gemacht wurden.

> Wenn etwa Schule schon immer eher „Auswärtsspiel" als „Heimspiel" war, also eine fremde Welt, in die man sich nicht einbezogen fühlte, dann sind Misstrauen und Skepsis gegenüber institutioneller Bildung tief verankert (Bremer und Kleemann-Göhring 2011, S. 10).

Der Milieuansatz nimmt insofern eine Erweiterung der sozialstrukturellen Betrachtung von ungleicher Weiterbildungsbeteiligung vor und relativiert die formalen Merkmale von beruflichem Status und Bildungsniveau. Die Milieuzugehörigkeit erklärt nicht alle Unterschiede in der Bildungsbeteiligung, aber sie erweitert den Blick auf Faktoren der Teilnahmeentscheidung und damit mögliche Ansätze zur Erhöhung der Bildungsteilhabe. Nicht der Status als ungelernte Arbeiterin oder der niedrige Schulabschluss sondern das damit verbundene geringe Sozialprestige von Bildung, der Mangel an Verwertbarkeit und Vertrautheit mit institutioneller Bildung sind die Gründe für die Nichtteilnahme an Weiterbildung. Ansätze zum Abbau ungleicher Bildungsbeteiligung müssen diesem Umstand Rechnung tragen, z. B. indem Nutzenperspektiven für verschiedene Milieus aufgezeigt werden und lebensweltnahe Angebote zum Einstieg in Weiterbildung ermöglicht werden (s. u.).

Daraus ergibt sich – als ein weiterer Erklärungsansatz – ein Mechanismus, den Bracker und Faulstich (2014) mit „doppelter Selektivität" bezeichnen. Mit der sozialen Lage sind weiterbildungsförderliche oder hinderliche Bedingungen verbunden, die als soziale Selektivität der Weiterbildungsteilnahme wahrnehmbar sind. Diese Bedingungen erklären aber nicht die subjektiv als angemessen akzeptierten Begründungen für eine Nichtteilnahme (Bracker und Faulstich 2014, S. 337). Entscheidungen für oder gegen eine Teilnahme treffen die Subjekte nämlich „bedingt frei" (Bracker und Faulstich 2014, S. 337), sie lassen sich nicht unmittelbar aus den strukturellen Rahmenbedingungen ableiten. Die bedingte Freiheit kann von den Subjekten jedoch unterschiedlich genutzt werden, sodass Weiterbildungsentscheidungen einem weiteren – also doppelten – Selektionsprozess unterworfen sind.

Ähnlich wie in der Milieuforschung wird in diesem Erklärungsansatz auf subjektive, soziokulturell geprägte Wahrnehmungen der Bedeutsamkeit von Bildungsaspirationen aufmerksam gemacht, die eine sozial ungleiche Entscheidung für Weiterbildung begründen können. Dabei werden jedoch weniger die sozial unterschiedlichen Bildungsmotivationen als vielmehr die subjektiven Interpretationen der eigenen Handlungs- und Entscheidungsfähigkeit thematisiert, die biografisch und situativ geprägt sind. Entscheidungen zur Teilnahme oder Nichtteilnahme sind in dieser Hinsicht rational, insofern Rationalität nicht als ein objektiver Tatbestand, sondern als eine individuelle, erfahrungsgesättigte Funktion der Entscheidungsfähigkeit angesehen wird:

> Rationality can be seen as a function of personal experience and the perceived experience of others and not as an absolute or objective lens shared by all (Desjardin und Rubenson 2013, S. 263).

Ob Weiterbildung als bedeutsam angesehen wird und institutionelle Weiterbildungsangebote in Anspruch genommen werden, hängt deshalb auch von den Erfahrungen mit institutionalisierter Bildung ab. Dabei greifen zwei Aspekte ineinander, die durch die Weiterbildungsforschung empirisch gut belegt sind: vorgelagerte positive Bildungserfahrungen erhöhen die Wahrscheinlichkeit, freiwillig an organisierter Bildung teilzunehmen, wohingegen die Erfahrung mangelnder Sinnhaftigkeit Widerstände gegen organisierte Bildung erzeugt und damit die Selektivität verstärkt.

Dieser Effekt wird vor allem in der Untersuchung von Bolder und Hendrich (2000) zur „Weiterbildungsabstinenz" festgestellt. In der Untersuchung werden in Fallstudien Berufs- und Bildungsbiografien von Weiterbildungsteilnehmer_innen und Nicht-Teilnehmer_innen verglichen und dabei festgestellt, dass Nichtteilnehmende häufig den Aufwand im Vergleich zum erwarteten Ertrag einer Weiterbildung als unverhältnismäßig hoch erleben. Dies ist vor allem dann der Fall, wenn vorangegangene Weiterbildungsteilnahmen mit Enttäuschungen verbunden waren oder – wie in arbeitsmarktpolitischen Maßnahmen – mit bildungsfremden Erwartungen (z. B. der Vermittlung in ein Beschäftigungsverhältnis) verknüpft aber nicht eingelöst wurden. Die Erfahrung erfolgloser (Weiter)Bildungsanstrengungen wird dann im weiteren Verlauf der Bildungsbiografie – eher habituell als bewusst entschieden – zu einer rationalen Begründung der Weiterbildungsabstinenz.

Nichtteilnahme an Weiterbildung kann in diesem Verständnis als eine legitime Entscheidung gegen die gesellschaftliche Erwartungshaltung einer uneingeschränkten Weiterbildungsbereitschaft gesehen werden. In der Diskussion über ungleiche Bildungsteilhabe wird leicht übersehen, dass „Dabeisein" nicht alles ist. Die in der Weiterbildungspraxis weitgehend etablierten Qualitätsmanagementsysteme suggerieren ein hochwertiges Bildungsangebot, das an Kundenwünschen orientiert für alle sozialen Gruppen ein attraktives Angebot offeriert. Tatsächlich sind Weiterbildungsangebote aber durchdrungen von milieubezogenen Bildungsvorstellungen und Zielsetzungen, die nicht alle Erwachsenen gleichermaßen ansprechen. In den Zufriedenheitskriterien der Qualitätsmodelle werden diese Zielsetzungen und Bildungsvorstellungen in der Regel nicht erfasst, sondern ein vermeintlich neutrales Verständnis von guter Qualität zugrunde gelegt. Häufig haben die Teilnehmenden auch nicht die Möglichkeit, umfassenderer auf die Konzeption von Bildungsangeboten Einfluss zu nehmen – ihnen bleibt deshalb nur die Wahl zwischen verschiedenen mehr oder weniger passenden Angeboten und der Weiterbildungsabstinenz.

Die vorgelagerten Bildungserfahrungen kommen aber nicht nur in den Erwartungen und Sinnzuschreibungen einer Weiterbildungsteilnahme zum Tragen, sondern lassen sich auch hinsichtlich der Kompetenzen feststellen, die in der bisherigen

Bildungsbiografie erworben wurden. Wie eigene Analysen mit Daten des PIAAC[4] zeigen, lässt sich der schon bekannte Befund der Ungleichheit beim Bildungszugang auch in den Kompetenzniveaus feststellen (vgl. Schlögl et al. 2014). Die Kompetenzwerte jener Personen, die sich an Weiterbildung beteiligen, unterscheiden sich signifikant von jenen, die nicht teilnehmen, wobei festgestellt werden kann, dass je höher das erreichte Kompetenzniveau umso höher die Teilnahme. Bei allen Personen erhöht sich die Wahrscheinlichkeit auf eine Weiterbildungsteilnahme mit zunehmenden Kompetenzwerten. Paradoxerweise nehmen Personen mit hohen Kompetenzwerten auch dann überdurchschnittlich an Weiterbildung teil, wenn sie subjektiv gar keinen Weiterbildungsbedarf sehen (Schlögl et al. 2014, S. 92). Es zeigt sich, dass Personen in den höchsten (Lese-)Kompetenzstufen mit einer 4-fach höheren Wahrscheinlichkeit an Weiterbildung teilnehmen, als jene Personen mit Kompetenzen der zweitniedrigsten Stufe (Schlögl et al. 2014, S. 90). Dies legt die Vermutung nahe, dass nicht nur der formale Schulabschluss, sondern die tatsächlich erworbenen Kompetenzen auf die Weiterbildungsteilnahme Einfluss haben. Die höheren Kompetenzen könnten von Vorteil sein bei der Auswahl geeigneter Veranstaltungen oder auch bei einer bewussten und souveränen Umsetzung des Gelernten im Alltag und der Arbeit. Beides könnte dazu beitragen, dass Menschen mit hohen Kompetenzen realistische Erwartungen an Weiterbildung haben und sie dann auch eher als nützlich erleben können.

Insgesamt – so könnte man die Befunde und Erklärungsansätze zusammenfassen – ist die Ungleichheit in der Bildungsteilhabe im Erwachsenenalter also eine Folge der Bildungsungleichheit in der Kindheit und Jugend, da die Erfahrungen mit institutioneller Bildung auf die Erwartungen an zukünftige Bildungsbemühungen übertragen werden. Darüber hinaus wirken aber auch soziokulturell geprägte kollektive Bildungsvorstellungen, die Bildung als erstrebenswert oder als Belastung erscheinen lassen und damit die individuelle Wahrnehmung von Bildungsangeboten beeinflussen. Und schließlich wirken objektive Barrieren, der

---

[4]Im „programme for the International Assessment of Adults Competencies (PIAAC)", dem sogenannten Erwachsenen-PISA, wurden Kompetenzmessungen in den Bereichen Lesen, Rechnen und im Umgang mit Informations- und Kommunikationstechnologien bei Erwachsenen durchgeführt und mit Befragungen zur Bildungs- und Berufsbiografie und soziodemografischen Angaben kombiniert, sodass Zusammenhänge zwischen Kompetenzniveaus und Bildungsungleichheit untersucht werden können (vgl. OECD 2013). PIAAC wurde in über vierzig Ländern durchgeführt. Unsere Analysen zur (Nicht-)Teilnahme an Weiterbildung basieren auf den Erhebungen in Österreich. Da die Ergebnisse allgemein große Ähnlichkeit mit den Befunden für Deutschland aufweisen, liegt eine Übertragbarkeit für den hier konstatierten Zusammenhang zwischen Kompetenz und Weiterbildungsteilnahme nahe.

Mangel an Zeit und Geld für Bildung im Erwachsenenalter. Diese Barrieren wirken kumulativ bei jenen Menschen, die auch in anderen Lebensbereichen hohen Belastungen ausgesetzt sind (Armut, Krankheit, Erwerbslosigkeit). Ansätze zur Veränderung müssen also diese multiplen Hindernisse im Blick haben, wenn sie zum Abbau der Bildungsbenachteiligung beitragen wollen.

3 Ansätze zur Erhöhung von Teilhabechancen in der Weiterbildung

Das Bemühen um eine gleichberechtigte Teilhabe an Bildung im Erwachsenenalter hat eine lange Tradition, man könnte sogar sagen, dass es für die Entwicklung der Profession und der Erwachsenenbildungswissenschaft konstitutiv ist. Die ersten konzeptionellen Debatten über eine erwachsenengerechte Didaktik begannen in der zweiten Hälfte des 19. Jahrhunderts und kreisten um einen professionellen Umgang mit der Heterogenität der erwachsenen Lernenden unter Berücksichtigung der besonderen Lebens- und Arbeitssituation der sozial benachteiligten Bevölkerung, vor allem der Fabrikarbeiter_innen (vgl. zusammenfassend Seitter 2007). Die Befassung mit den besonderen Bedingungen des Lernens im Erwachsenenalter, nach einem langen und körperlich anstrengenden Arbeitstag, war Begründung für die Abgrenzung der Erwachsenenbildung von der schulisch orientierten Didaktik und der Forderung nach eigenen Konzepten und professionellen Handlungsansätzen in der Weiterbildung.

Später wurden diese mikrodidaktischen Ansätze erweitert um makrodidaktische Elemente, z. B. Gesetze zur Förderung und öffentlichen Finanzierung der Weiterbildung sowie spezifische Programme zur Unterstützung einzelner Zielgruppen. Wie eingangs festgestellt wurde, sind die Bemühungen der Weiterbildungspraxis und die bildungspolitischen Programme bislang aber nur mäßig erfolgreich gewesen. Im Folgenden sollen die Ansätze kurz skizziert und ihre Wirkungsannahmen reflektiert werden.

Die Realisierung einer gleichberechtigten Teilhabe an Weiterbildung für alle erfordert in der Praxis Maßnahmen auf der politisch-administrativen Ebene (vor allem Ressourcen für ein bezahlbares und für alle zugängiges Bildungsangebot), aber auch Maßnahmen auf der Meso- und Mikroebene, den institutionellen Arrangements, der konkreten Gestaltung der Lehr-Lernprozesse und damit vor allem geeignete Verfahren und Arbeitsweisen für Planende und Lehrende. Dahinter steht die Überzeugung, dass bei der Planung und Durchführung von Bildungsangeboten die jeweilige Lebenssituation, Lernerfahrungen sowie die daraus resultierenden Problem- und Interessenslagen der Teilnehmenden in den

Bildungsprozessen berücksichtigt werden müssen, da ansonsten die Bildungsangebote nicht in Anspruch genommen werden (vgl. Iller 2009).

Dieses Verständnis wurde in der Erwachsenenbildungsforschung unter den Begriffen „Adressaten- und Zielgruppenorientierung" und „Teilnehmerorientierung" in den 1970er und 80er Jahren prominent diskutiert. Zum Verständnis ist zunächst die Unterscheidung zwischen Adressaten- und Zielgruppenorientierung einerseits und Teilnehmerorientierung andererseits wichtig. Während Teilnehmerorientierung im engeren Sinne erst stattfinden kann, wenn Menschen sich für eine Teilnahme entschieden haben und in Kontakt mit der Bildungseinrichtung treten, setzt die Adressaten- und Zielgruppenorientierung bereits bei der Planung und Öffentlichkeitsarbeit an. Dies ist vor allem dann wichtig, wenn Zielgruppen erreicht werden sollen, die bislang nicht an Weiterbildung teilnehmen.

Mittlerweile wird in den Diskussionen um eine differenzierte Ansprache von potenziellen Teilnehmenden eine weitere Unterscheidung zwischen Adressaten- und Zielgruppenorientierung vorgenommen. Von Zielgruppenorientierung im engeren Sinne wird dann gesprochen, wenn es um die bildungspolitisch motivierte, didaktische Planung und Durchführung von Bildungsprogrammen mit bildungsbenachteiligten Lerner_innen geht. In Abgrenzung dazu meint Adressatenorientierung eine Differenzierung in der Planung, Werbung, Programmgestaltung etc. nach unterschiedlichen Teilgruppen der Bevölkerung, z. B. nach Alter, sozialem Milieu, Beruf oder Ähnlichem, ohne dass damit zugleich eine Benachteiligung konstatiert und deren Beseitigung durch Bildungsarbeit angestrebt wird. Während Zielgruppenarbeit also Chancengleichheit in der Bildung anstrebt, ist die Adressatenorientierung zunächst nur auf eine differenziertere Gewinnung von Teilnehmer_innen ausgerichtet, wobei dies letztendlich auch zu einer stärkeren Beteiligung bislang benachteiligter Personengruppen führen kann.

Wie oben bereits dargelegt ist im Kontext der Bildungsarbeit mit Benachteiligten zu berücksichtigen, dass die bildungspolitisch motivierte Feststellung eines (Weiter) Bildungsbedarfs sich nicht zwangsläufig mit dem subjektiven Erleben der als bildungsbenachteiligt bezeichneten Personengruppe decken muss. Es kann also durchaus sein, dass die angesprochenen Zielgruppen keinen Veränderungsbedarf sehen und an den Bildungsangeboten nicht interessiert sind. Die Zielgruppenarbeit setzt deshalb bereits dort an, wo normativ eine Benachteiligung konstatiert und damit aus der Perspektive der Politik und der Weiterbildungspraxis ein Handlungsbedarf definiert wird. Mader und Weymann (1979) haben in ihrem Modell der Zielgruppenarbeit die *Zielgruppenentwicklung* in Phasen gegliedert, die den Prozess von der Definition einer Benachteiligtengruppe zur Aktivierung einer Zielgruppe strukturieren. Sie empfehlen, dass die Weiterbildner_innen zunächst die strukturellen Barrieren und mögliche Lernhindernisse erfassen, sich dann konkret mit den potenziellen Teilnehmenden auseinandersetzen und diese an der Ausformulierung der Lernziele[5] beteiligen (vgl. Mader und Weymann 1979, S. 352 ff.).

Mit der *antizipierenden Teilnehmerorientierung* hat Tietgens (1980) einen weiteren Impuls zur Zielgruppenforschung in den 1980er Jahren gegeben. Die antizipierende Teilnehmerorientierung knüpft an den Überlegungen zur Gewinnung von Erwachsenen für organisierte Bildungsangebote an, bezieht dabei aber auch explizit die Mikroebene der Gestaltung von Lehr-Lernprozessen mit ein. Die Bedürfnisse der Erwachsenen sollen demnach nicht nur im Vorfeld bei der Planung, sondern auch in der konkreten Seminarsituation einbezogen werden. Dabei betont Tietgens die Bedeutung von inhaltlicher didaktischer Planung und nimmt eine deutliche Gegenposition zu jenen Auslegungen der „Teilnehmerorientierung" ein, die darin ein methodisches Prinzip der Gestaltung des Lehr-Lernprozesses sehen und inhaltliche Fragen weitgehend ausblenden (Tietgens 1980, S. 187 f.).

Demgegenüber wird in der auf Tietgens zurückgehenden didaktischen Tradition der Erwachsenenbildung ein Verständnis von Teilnehmerorientierung vertreten, bei dem die methodische *und* inhaltliche Gestaltung gemeinsam von Planenden, Lehrenden und Lernenden vorgenommen wird (Tietgens 1999). Dies setzt voraus, dass die Lernbedürfnisse der Teilnehmenden bereits vor Beginn des Kurses in die Planung einbezogen und dann während des Kurses die Planungen zur Diskussion gestellt werden (Frank und Iller 2013).

Diese didaktischen Konzepte erfordern Zeit und eine erwachsenenpädagogische Professionalität, die vielfach bei den Lehrenden nicht vorhanden ist. Die gemeinsame Entwicklung von Bildungsveranstaltungen im Dialog mit den Teilnehmenden wird deshalb nur in Teilbereichen der Erwachsenenbildung realisiert, beispielsweise in den mehrwöchigen Lehrgängen der Heimvolkshochschulen, die allerdings auch nur noch einen kleinen Teil der Veranstaltungsangebote ausmachen (von Ameln 2014). Als ein Problem der Gestaltungsansätze muss deshalb konstatiert werden, dass sie zwar konzeptionell gut ausgearbeitet sind, aber in der Praxis nicht weiträumig umgesetzt werden konnten.

Die Teilnehmerorientierung hat dennoch eine große Bedeutung in der Didaktik der Erwachsenenbildung erlangt. Zudem hat die Antizipation der Teilnehmerinteressen in der Programmplanung ihren Niederschlag gefunden (vgl. Gieseke 2011). Der Diskurs und die Konzeptentwicklung wurden in den 1980er und 90er Jahren vor allem unter dem Begriff des Selbstgesteuerten Lernens weiter geführt

---

[5]Hier handelt es sich ausdrücklich um Lern- und nicht um Lehrziele, da es um die Ziele der Lernenden geht.

und in einer Reihe von Modellprojekten in der Praxis erprobt (vgl. Dietrich et al. 1999).

Die Modellprojekte bezogen sich überwiegend auf die Gestaltung der Lehr-Lern-Arrangements und damit verbunden die Ausdifferenzierung der Rollen der Lehrenden, die nun auch für die Beratung, Lernbegleitung und die Gestaltung der Lernumgebungen zuständig sind. Damit haben sie wichtige Anregungen für die mikrodidaktische Gestaltung der Erwachsenenbildung gegeben und das Repertoire der Interaktionsmöglichkeiten zwischen Lehrenden und Lernenden erweitert. Strukturelle Fragen einer Teilhabe an Bildung wurden nicht unmittelbar im Zusammenhang mit selbstgesteuertem Lernen thematisiert, obwohl sich einige der Modellprojekte an bildungsferne Zielgruppen richteten.

Obwohl Professionalität und die Ausdifferenzierung der Lehrendenrolle in der teilnehmerorientierten Didaktik und im Konzept des selbstgesteuerten Lernens eine hohe Bedeutung haben, wird in keinem der Ansätze der „blinde Fleck" der professionellen Weiterbildner_innen hinsichtlich der Bildungsaspirationen ihrer Adressat_innen problematisiert. Dabei haben die Bildungsvorstellungen, wie oben dargelegt, einen milieuspezifischen Bias – auch professionelle Weiterbildner_innen sind davor nicht gefeit. Die Sensibilität für die Nähe oder auch die Distanz der potenziellen Weiterbildungsteilnehmer_innen zu den eigenen Vorstellungen von Bildung sind deshalb eine professionelle Herausforderung und erfordern ein hohes Maß an pädagogischer Reflexivität, damit „Weiterbildner_innen ihren Adressat_innen auf Augenhöhe begegnen" (Bremer et al. 2015, S. 31).

Die Milieuorientierung der Lehrenden und des pädagogischen Personals allgemein spielen deshalb in den Konzepten der bildungswissenschaftlichen Milieuforschung zum Abbau von Bildungsbenachteiligung im Erwachsenenalter eine zentrale Rolle. Allgemein, d. h. nicht nur auf Bildungsbenachteiligung bezogen, steht mit dem adressatengerechten Milieumarketing von Tippelt et al. (2008) ein praxiserprobtes Instrumentarium zur Verfügung, das Einrichtungen der Erwachsenenbildung bei der Diagnose ihrer Angebote und institutionellen Routinen unter dem Aspekt einer bewussten oder unbewussten Milieuorientierung unterstützt. Eine milieubezogene Überprüfung der eigenen Arbeit ist ein erster Schritt, um dann im Weiteren Veränderungen im Angebot, in der Außendarstellung und in der eigenen Organisation planen zu können.

Explizit als Ansatz zum Abbau von Bildungsbenachteiligung sind die Projekte zur „Aufsuchenden Bildungsarbeit" (Bremer 2015) zu verstehen, deren Konzepte ebenfalls theoretisch aus den Ergebnissen der Milieuforschung begründet werden. Mit der „aufsuchenden Bildungsarbeit und -beratung" werden Konzepte der Sozialen Arbeit aufgegriffen, in der die Komm-Struktur der Erwachsenenbildung, bei der die Teilnehmenden in die Seminare *kommen* müssen, um eine Geh-Struktur ergänzt wird, bei der die Bildungsinstitutionen zu den Adressat_innen *gehen* (Bremer 2015, S. 25). Die Brücke zu den Adressat_innen bilden Menschen, die eine soziokulturelle Nähe zur Zielgruppe aufweisen. Erfolgreich in der Praxis erprobt wurden beispielsweise Konzepte, in denen „Brückenmenschen" qualifiziert wurden (Bremer 2015, S. 67 ff.). Mit „Brückenmenschen" sind Personen gemeint, die im Milieu der Zielgruppe verankert sind und vertrauensvolle Beziehungen zu den Angehörigen der Zielgruppe aufbauen können, sie beraten und für eine Weiterbildungsteilnahme mobilisieren. Für diese Aufgabe werden sie qualifiziert und durch hauptberufliche Pädagog_innen in ihrer Arbeit unterstützt. Ergänzt wird die Arbeit der „Brückenmenschen" durch eine zielgruppengerechte Bildungsarbeit, die aus spezifisch qualifizierten Berater_innen, einer mobilen Beratung und offenen Bildungsangeboten im Quartier besteht.

Ebenfalls mit Bezug auf Ergebnisse der Milieuforschung und Konzepte zum Milieumarketing haben wir in einem Forschungs- und Entwicklungsprojekt in Oberösterreich mit Erwachsenenbildungseinrichtungen einen „Ideenpool" mit Formaten und ergänzenden Maßnahmen zur Gewinnung neuer Zielgruppen, insbesondere bislang unterrepräsentierten sozialen Gruppen, zusammen gestellt (vgl. Iller 2014). Bei der Aufarbeitung der Ideen und Praxiserfahrungen zeigt sich, ähnlich wie in der „aufsuchenden Bildungsarbeit", dass sozialraumnahe Angebote und eine Kombination von Bildungsformaten mit kulturellen oder lebenspraktischen Aktivitäten zur Öffnung der Erwachsenenbildung für neue, bislang unterrepräsentierte Gruppen beitragen.

„Andersorte", wie Bibliotheken, Parks, Bahnhöfe, können je nach Thema und Zielgruppe für Bildung erschlossen werden. So können Bildungsangebote im Privatraum (z. B. Bildungsfrühstück) oder in öffentlichen Räumen (z. B. Deutschkurse im Park) Hemmschwellen vor dem Besuch einer Erwachsenenbildungseinrichtung überwinden helfen. Auch eine Vernetzung zu sozialen Dienstleistungen, z. B. Familienzentren, Gesundheitszentren, kann den Zugang zu Weiterbildung erleichtern. Die Verbindung von Bildungsthemen mit Freizeitangeboten oder handwerklichen Beschäftigungen bietet eine zusätzliche Möglichkeit, ins Gespräch zu kommen und soziale Beziehungen aufzubauen. Offene Angebote wie zum Beispiel sogenannte „Lernfoyers" oder „Lernläden" können einen unkomplizierten ersten Zugang zu Bildungsangeboten schaffen.

Als ein weiteres didaktisches Gestaltungselement kann die Dauer und zeitliche Lage von Bildungsangeboten genutzt werden, um die Teilnahmemöglichkeiten zu erhöhen. Die von uns befragten Weiterbildungseinrichtungen berichten von einer zunehmend erwarteten Flexibilität, die unter anderem in kurzfristigen Anmeldungen bzw. Abmeldungen zum Ausdruck kommt. Sie ist möglicherweise eine Folge flexibilisierter Arbeitszeiten und erschwert die Planbarkeit einer Weiterbildungsteilnahme für Erwerbstätige, vor allem jene in prekären Beschäftigungsverhältnissen. Durch Kurzzeit-Angebote und Zertifizierung von Einzelveranstaltungen können die Teilnahmebarrieren abgebaut werden. Zudem können zusätzliche Serviceleistungen, wie persönliche Beratung vor und nach der Weiterbildungsteilnahme, die Teilnahmebereitschaft erhöhen. Wichtig ist vor allem, die Gründe für eine Nichtteilnahme ernst zu nehmen und den Informationsbedarf hinsichtlich der Erreichbarkeit, Kosten und Nutzen von Weiterbildung aufzugreifen und Unterstützung am Arbeitsplatz und der Anerkennung von vorhandenen Kompetenzen anzubieten.

Die genannten Ansätze zur Veränderung von Weiterbildungsangeboten basieren auf erfolgreich erprobten Modellprojekten. Damit wird ersichtlich, dass die Weiterbildungsbeteiligung von bisher in der Weiterbildung unterrepräsentierten Bevölkerungsgruppen erhöht werden kann, sofern entsprechende konzeptionelle Maßnahmen ergriffen werden. Allerdings scheitert eine flächendeckende und dauerhafte Implementation dieser Konzepte meist an der „Förderlogik" der Weiterbildungspolitik (Bremer et al. 2015, S. 70). Die finanzielle Förderung der Weiterbildung richtet sich in der Regel nach den Teilnahmestunden oder -tagen und unterstützt damit vor allem Angebote für bereits Weiterbildungsinteressierte.

Die aufwendige Ansprache und Beratung von bildungsabstinenten Zielgruppen wird deshalb nur im Rahmen von Sonderprogrammen und Modellprojekten realisiert. Aber auch diese Projekte können nur dann langfristig wirken, wenn sie mit einer weitreichenden Implementationsstrategie in das Weiterbildungssystem eingeführt werden. Dies ist vielfach nicht in den Programmen vorgesehen, sodass Ergebnisse und Beispiele „guter Praxis" zwar bekannt gemacht, aber nach dem Ende der Förderung nicht mehr umgesetzt werden.

Hinzukommt, dass Sonderprogramme und Maßnahmen zum Abbau von Bildungsungleichheit meist mit der politischen Erwartungshaltung verknüpft sind, gesellschaftlich bedingte Probleme mit pädagogischen Konzepten lösen zu können. Tatsächlich kann Weiterbildung aber nur einen Beitrag zur gleichberechtigten Teilhabe in der Gesellschaft leisten. Ohne ergänzende arbeitsmarkt- und sozialpolitische Maßnahmen kann sie diese Effekte nicht erzielen. Es ist deshalb notwendig, die Limitierungen der Programme zur Diskussion zu stellen, um nicht unterkomplexen Lösungsansätzen Vorschub zu leisten.

Ein weiterer Kritikpunkt an den bisherigen Handlungsansätzen bezieht sich auf die mangelnde Differenziertheit der Beschreibung von Zielgruppen. Angesichts der Ausdifferenzierung von Lebenslagen lassen sich soziale Benachteiligungen kaum mehr eindeutig an dauerhaften und sozialstrukturellen Faktoren festmachen. Zudem liegt den meisten Ansätzen eine Defizitperspektive zugrunde, die mit der Definition von Bildungsbenachteiligung einhergeht. Dies ist umso problematischer, als die benachteiligten Gruppen zunächst nur als statistisch ermittelte Merkmalsträger existieren. Wie oben gezeigt wurde, sind die individuellen und kollektiven Bildungsvorstellungen, die für die Teilnahmeentscheidung relevant sind, damit noch nicht erkennbar.

4   Intersektionale Zusammenhänge der Bildungsungleichheit – ein Ausblick

Die Bildungsteilhabe im Erwachsenenalter ist nach wie vor sozial ungleich verteilt. Dabei zeigen die aktuellen Daten zur Beteiligung an Weiterbildung, dass alte Ausgrenzungsmechanismen nicht beseitigt sind und neue entstehen. Interessant ist, dass in den Studien zu Bildungsungleichheit im Erwachsenenalter die Frage der Auswahl und Gewichtung von Merkmalen sozialer Benachteiligung nicht diskutiert wird, sondern offenbar ein allgemein geteilter Konsens über die relevanten Kriterien – Geschlecht, soziale Herkunft, Migration, Alter – unterstellt wird. Dadurch werden in der Analyse die Mechanismen der Herstellung von sozialer Ungleichheit mit der Beschreibung von Erscheinungsformen sozialer Ungleichheit vermischt. Alter, Geschlecht, Klassenzugehörigkeit sind Merkmale ungleicher Bildungsteilhabe, diese Merkmale verdecken aber die dahinter liegenden Machtverhältnisse, die Ungleichheit produzieren. Um diesen Verdeckungszusammenhang aufzulösen, ist eine Analyse der Wechselwirkungen und Widersprüche notwendig, wie sie seit einigen Jahren im Intersektionalitätsdiskurs[6] entwickelt wird. Anstelle eines Ausblicks sollen im Folgenden einige Überlegungen und Fragen zu intersektionalen Zusammenhängen in der Bildungsteilhabe im Erwachsenenalter ausgeführt werden.

Das Konzept der Intersektionalität ist für Analysen des hier relevanten gesellschaftlichen Feldes anregend, da in der Auseinandersetzung mit Bildungsungleichheit gut nachvollzogen werden kann, dass die Feststellung einer Benachteiligung noch wenig Aufschluss über die zugrunde liegenden Mechanismen der Herstellung von Ungleichheit gibt (vgl. auch Iller 2013). Für eine feldspezifische Anwendung des Konzepts ist es deshalb wichtig, verschiedene Ebenen der Herstellung von Ungleichheit und des Abbaus dieser Mechanismen im jeweiligen Feld zu unterscheiden.

---

[6]Im deutschsprachigen Raum z. B. im portal-intersektionalitaet.de.

In ihrer „intersektionalen Mehrebenenanalyse" haben Winker und Degele (2009) hier vor allem den Blick auf Wechselwirkungen von Identitätskonstruktionen, sozialstrukturellen Bedingungen und symbolischen Repräsentationen gerichtet. Am Beispiel von narrativen Interviews mit Erwerbslosen zeigen sie, wie durch eine stufenweise Analyse dieser drei Ebenen in den Schilderungen der Interviewten das Zusammenwirken von Struktur, Identität und Repräsentation aber auch Widersprüche zwischen diesen Ebenen offengelegt werden können. Auf den drei Ebenen lassen sich soziale Differenzen feststellen, die aber jeweils verschieden wirken. So ist die Feststellung, ob man gesund oder krank ist, auf der Identitätsebene anders zu bewerten, als die symbolische Repräsentation der Norm, dass sich jede_r selbst für oder gegen eine gesunde Lebensweise entscheiden kann, auf der Strukturebene schließlich spiegeln sich die Differenzen z. B. im Ausmaß der Belastungen durch Arbeit, Wohnumfeld etc., die je nach sozialer Position ertragen werden müssen oder vermieden werden können.

Durch die Analyse der Wechselwirkungen zwischen den drei Ebenen kann gezeigt werden, dass Intersektionalität nicht eine additive Anhäufung von Benachteiligungen – als behinderte, erwerbslose Migrantin – nahelegt, sondern die Benachteiligungen aus unterschiedlichen Richtungen kommen und Maßnahmen zum Abbau der Benachteiligungen deshalb auch gezielt dort ansetzen müssen. Die Beispiele von Winker und Degele (2009) zeigen aber bereits, wie vielschichtig die Mechanismen sind. Die individualisierten Strategien zur Lebensbewältigung einer obdachlosen, alkoholabhängigen Frau sind konfrontiert mit einer Sozialpolitik, die vermeintlich Eigeninitiative fördern will, faktisch aber eine Zwangslage herstellt, die individuell gar nicht mehr zu bewältigen ist (Winker und Degele 2009, S. 99–140).

Bislang hat das Konzept der Intersektionalität seine Stärken vor allem in einer theoretisch fundierten Analyse und Erklärung von Ungleichheit bewiesen. Mit dieser Zielsetzung wird es auch vorwiegend in der Bildungsarbeit eingesetzt, wobei die wenigen öffentlich zugänginen Informationen einen Schwerpunkt der Praxisprojekte in der Bildungs- und Beratungstätigkeit vor allem mit Jugendlichen und jungen Erwachsenen erkennen lassen, wie beispielsweise die „Anti-Bias-Werkstatt" (vgl. anti-bias-werkstatt.de). In den Projekten wird vor allem eine kritische Wahrnehmung von Machtverhältnissen im Alltag gefördert, wobei das Feld der Bildung hier nicht zum Gegenstand gemacht wird.

Bezogen auf Bildungsteilhabe im Erwachsenenalter könnte das Konzept aber weitergehend herangezogen werden, um genau diese Ungleichheitsverhältnisse durch Bildung zu analysieren und angemessene Maßnahmen zum Abbau von

Bildungsbenachteiligung zu begründen. Ungleichheit wird nämlich nicht nur durch den eingeschränkten Zugang zu Bildung hergestellt, sondern auch durch den ungleichen emanzipatorischen Gehalt von Bildung und die gesellschaftliche Bewertung von Bildungsinhalten und Bildungswegen, insbesondere in Form von Bildungsabschlüssen, in denen Ungleichheit fortgeschrieben wird. Bezogen auf die oben genannten Maßnahmen zum Abbau von Benachteiligung in der Weiterbildung legt der Ansatz der Intersektionalität die Vermutung nahe, dass einzelne pädagogische Interventionen zur zeitlichen oder räumlichen Gestaltung, zur finanziellen Förderung oder Orientierungsberatung nicht wirksam sein können, solange nicht auf den jeweils anderen Ebenen ebenfalls Benachteiligungen abgebaut werden.

Anders als im antidiskriminierungsrechtlichen Entstehungskontext des Konzepts Intersektionalität muss Bildung allerdings nicht Gleichheit oder Gleichbehandlung gewährleisten. Im Gegenteil setzt sich zunehmend die Erkenntnis durch, dass Bildungsangebote differenziert auf die individuellen Bildungswege zugeschnitten sein müssen. Darüber hinaus konnten lebenslaufanalytische Untersuchungen zu Bildungs- und Erwerbsverläufen zeigen, dass im Laufe des Lebens immer wieder Stationen passiert werden müssen, die – im Bild der Intersektionalität – Kreuzungen mit erhöhten Benachteiligungsrisiken sind. Nicht selten werden so im Zeitverlauf tradierte Laufbahnen reproduziert. Die Individuen planen solche Laufbahnen nicht, sie können nur der Macht der vorstrukturierten Wege nichts entgegen setzen.

Auch in diesem Sinne könnte der Intersektionalitätsansatz Denkanstöße für die Weiterbildungsforschung geben. Bildungsbenachteiligung ist kein biografisches Ereignis, das temporär auf die Lebenssituation von Individuen einwirkt und mehr oder weniger massive Spuren im weiteren Lebensverlauf hinterlässt. Im Gegenteil wirkt sie meist schon vor Eintritt in die Schule, teilweise schon in der Eltern- und Großeltern-Generation, und geht einher mit weiteren sozialen Benachteiligungen. Meist verfügen die Betroffenen nur über limitierte soziale und ökonomische Ressourcen und können ihre Lebenssituation kaum selbstbestimmt gestalten. Bildung wäre deshalb eine Chance und zugleich eine Bedingung für ein eigenständiges Leben. Bislang wird in den Analysen zur Bildungsungleichheit die Pfadabhängigkeit der Bildungskarrieren in ihrem Aufwärts- oder Abwärtstrend in den Fokus genommen. Vielleicht wäre es an der Zeit, nach den Kreuzungen zu suchen, die andere Entwicklungsrichtungen zulassen?

Literatur

Ameln, F. von. (2014). *Lernort Heimvolkshochschule. Eine empirische Studie*. Bielefeld: Bertelsmann.

Arbeitsgruppe Bildungsberichterstattung. (2016). Bildung in Deutschland 2016. Ein indikatorengestützter Bericht mit einer Analyse zu Bildung und Migration. http://www.bildungsbericht.de/de/bildungsberichte-seit-2006/bildungsbericht-2016/pdf-bildungsbericht-2016/bildungsbericht-2016. Zugegriffen: Juli 2016.

Barz, H. & Tippelt, R. (2004). *Weiterbildung und soziale Milieus in Deutschland*. Bielefeld: wbv.

Bolder, A. & Hendrich, W. (2000). *Fremde Bildungswelten. Alternative Strategien lebenslangen Lernens*. Opladen: Leske + Budrich

Bracker, U. R., & Faulstich, P. (2014). Weiterbildungsbeteiligung – Bedingungen und Begründungen doppelter Selektivität. In U. Bauer, A. Bolder, H. Bremer, R. Dobischat, & G. Kutscha (Hrsg.), *Expansive Bildungspolitik – Expansive Bildung?* (S. 335–356). Wiesbaden: Springer.

Bremer, H., & Kleemann-Göhring, M. (2011). Weiterbildung und „Bildungsferne". Forschungsbefunde, theoretische Einsichten und Möglichkeiten für die Praxis. Abschlussbericht der wissenschaftlichen Begleitung des Projektes „Bildungsferne – Ferne Bildung". http://www.laaw-nrw.de/uploads/media/Bremer-Kleemann-Goehring_ArbeitshilfePotenziale2_Juni2011.pdf. Zugegriffen: Juli 2016.

Bremer, H., Kleeman-Göhring, M., & Wagner, F. (2015). *Weiterbildung und Weiterbildungsberatung für „Bildungsferne". Ergebnisse, Erfahrungen und theoretische Einordnungen aus der wissenschaftlichen Begleitung von Praxisprojekten in NRW*. Bielefeld: Bertelsmann.

Bremer, H., & Lange-Vester, A. (2006). *Soziale Milieus und Wandel der Sozialstruktur*. Wiesbaden: VS Verlag für Sozialwissenschaften.

Bundesministerium für Bildung und Forschung (BMBF). (2015). Weiterbildungsverhalten in Deutschland 2014, Ergebnisse des Adult Education Survey, AES-Trendbericht. https://www.bmbf.de/pub/Weiterbildungsverhalten_in_Deutschland_2014.pdf. Zugegriffen: Juli 2016.

Desjardins, R., & Rubenson, K. (2013). Participation patterns in adult Education: The role of institutions and public policy frameworks in resolving coordination problems. *European Journal of Education, 48*(2), 262–280.

Dietrich, S., & Fuchs-Brüninghoff, E. et al. (1999). Selbstgesteuertes Lernen – auf dem Weg zu einer neuen Lernkultur, DIE-Materialien für die Erwachsenenbildung, Frankfurt. http://www.die-bonn.de/esprid/dokumente/doc-1999/dietrich99_01.pdf. Zugegriffen: Juli 2016.

Frank, S., & Iller, C. (2013). Kompetenzorientierung – mehr als ein didaktisches Prinzip. In P. Gonon, E. Gruber, E. Nuissl, J. Schrader (Hrsg.), Report. *Zeitschrift für Weiterbildungsforschung, 2013*(4), 32–44 (Erwachsenengerechte Didaktik).

Gieseke, W. (2011). Professionalisierung in der Erwachsenenbildung/Weiterbildung. In R. Tippelt & A. von Hippel (Hrsg.), *Handbuch Erwachsenenbildung/Weiterbildung* (5. Aufl., S. 385–403). Wiesbaden: VS Verlag.

Iller, C. (2009). Zielgruppen. In T. Fuhr, P. Gonon & C. Hof (Hrsg.), *Handbuch Erziehungswissenschaft: Bd. II/2. Erwachsenenbildung/Weiterbildung* (S. 987–997). Paderborn: Schöningh-Verlag.

Iller, C. (2012). Weiterbildungsteilnahme und alternsgerechte Weiterbildungskonzepte. In: H. Allmer & R. Becker (Hrsg.), *Demographischer Wandel – Grundlagen, Ergebnisse, Maßnahmen. Serie Betriebliches Gesundheitsmanagement und Prävention arbeitsbedingter Gesundheitsverfahren* (Bd. 36, S. 88–99). Bremerhaven: Wirtschaftsverlag NW.

Iller, C. (2013). Anmerkungen zum Intersektionalitäts-Diskurs aus der Perspektive der Bildungswissenschaft – Kommentar zum Hauptartikel von Gudrun-Axeli Knapp. *Erwägen – Wissen – Ethik (EWE), 24* (3), 100–103.

Iller, C. (2014). Die Zukunft des Bildungsmarketings unter Berücksichtigung der Bildungsmilieus und der Bildungsbeteiligung. Endbericht zum Forschungs- und Zukunftsprojekt. Amt der Oö. Landesregierung. http://www.ooe-zukunftsakademie.at/ Projektbericht-Bildungsmilieus-Bildungsmarketing.pdf. Zugegriffen: Juli 2016.

Krüger, H.-H., Rabe-Kleberg, U., Kramer, R.-T., & Budde, J. (Hrsg.). (2011). *Bildungsungleichheit revisited. Bildung und soziale Ungleichheit vom Kindergarten bis zur Hochschule.* Wiesbaden: VS Verlag.

Mader, W., & Weymann, A. (1979). Zielgruppenentwicklung, Teilnehmerorientierung und Adressatenforschung. In H. Siebert (Hrsg.), *Taschenbuch der Weiterbildungsforschung* (S. 346–376). Baltmannsweiler: Burgbücherei Schneider.

OECD. (2013). OECD skills outlook 2013. Paris: Organisation for economic co-operation and development. http://www.oecd.org/skills/piaac/Skills%20volume%201%20(eng)–full%20v12–eBook%20(04%2011%202013).pdf. Zugegriffen: Juli 2016.

Schlögl, P., Gruber, E., & Iller, C. (2014). Teilnahme und Nicht-Teilnahme an formaler und nicht-formaler Erwachsenen- bzw. Weiterbildung. In: STATISTIK AUSTRIA (Hrsg.): *Schlüsselkompetenzen von Erwachsenen – Vertiefende Analysen der PIAAC-Erhebung 2011/12* (S. 144–159). Wien: STATISTIK AUSTRIA.

Schulenberg, W. (1957). *Ansatz und Wirksamkeit der Erwachsenenbildung. Eine Untersuchung im Grenzgebiet zwischen Pädagogik und Soziologie.* Stuttgart: Enke.

Schulenberg, W., Loeber, H.-D., Loeber-Pautsch, U. & Pühler, S. (1978). *Soziale Faktoren der Bildungsbereitschaft Erwachsener.* Stuttgart: Klett-Cotta.

Seitter, W. (2007). *Geschichte der Erwachsenenbildung: Eine Einführung.* Bielefeld: Bertelsmann.

Strzelewicz, W., Raapke, H.-D., & Schulenberg, W. (1966). *Bildung und gesellschaftliches Bewusstsein. Eine mehrstufige soziologische Untersuchung in Westdeutschland.* Stuttgart: Enke.

Tietgens, H. (1980). Teilnehmerorientierung als Antizipation. In G. Breloer, H. Dauber, & H. Tietgens (Hrsg.), *Teilnehmerorientierung und Selbststeuerung in der Erwachsenenbildung* (S. 177–235). Braunschweig: Westermann.

Tietgens, H. (1999). Was aus der Teilnehmerorientierung geworden ist … In: R. Evers (Hrsg.), *Leben lernen: Beiträge der Erwachsenenbildung; zum 65. Geburtstag von Gerhard Breloer* (S. 89–103). Münster: Waxmann.

Tippelt, R., Reich, J., Hippel, A. von, Barz, H., & Baum, D. (2008). *Weiterbildung und soziale Milieus in Deutschland: Bd. 3. Milieumarketing implementieren.* Bielefeld: Bertelsmann.

Winker, G., Degele, N. (2009). *Intersektionalität. Zur Analyse sozialer Ungleichheiten.* Bielefeld: transcript.

Über die Autorin

Prof. Dr. Carola Iller, ist Professorin für Fort- und Weiterbildung an der Stiftung Universität Hildesheim am Institut für Erziehungswissenschaft, Abt. Allgemeine Erziehungswissenschaft. Arbeitsschwerpunkte: Bildungswissenschaftliche Alternsforschung, betriebliche Weiterbildung, Familienbildung, universitäre Weiterbildung.

Teil VI
Durchkreuzungen – Durchquerungen

Zuschreibung von Nicht-/Behinderung und Benachteiligung in der informellen und formellen Bildung

Albrecht Rohrmann und Hanna Weinbach

1 Einleitung

Der demografische Wandel, Veränderungen in der Erwerbsstruktur, die angestrebte Steigerung der Erwerbsbeteiligung von Müttern sowie das Abschneiden von deutschen Schülern und Schülerinnen bei internationalen Schulvergleichsstudien geben Anlass, über das Thema Bildung neu nachzudenken. Insbesondere die Bedeutung von vor- und außerschulischer Bildung für die Lebensverläufe und Teilhabechancen junger Menschen ist in der Folge von PISA, IGLU etc. zunehmend in den Fokus der bildungs-, jugend-, familien-, sozial- und arbeitsmarktpolitischen Aufmerksamkeit gerückt. In der Debatte um die Bildungsanforderungen in einem sich als Wissensgesellschaft verstehenden Land mit einem hohen und zukünftig weiter steigenden Anteil älterer Personen an der Gesamtbevölkerung und einer im internationalen Vergleich niedrigen Geburtenrate werden Ambivalenzen offensichtlich: Einerseits geht es um bevölkerungspolitische Bestrebungen, künftiges Humankapital zu sichern und die Produktivität der Menschen zu befördern – Prozesse, die sich aus einer pädagogischen Perspektive auch als Effektivierung von Kindheit beschreiben lassen. Dies bleibt in der politischen Diskussion allerdings weitgehend ent-thematisiert (Kutscher 2013; Wustmann 2015). Gleichzeitig knüpfen sich an den Ausbau öffentlicher Kleinkindbetreuung, die angestrebte Überwindung des (west-)deutschen Halbtagsschulsystems

A. Rohrmann (✉) · H. Weinbach
Universität Siegen, Siegen, Deutschland
E-Mail: rohrmann@zpe.uni-siegen.de

H. Weinbach
E-Mail: hanna.weinbach@uni-siegen.de

© Springer Fachmedien Wiesbaden GmbH 2017   449
M.S. Baader und T. Freytag (Hrsg.), *Bildung und Ungleichheit in Deutschland*, DOI 10.1007/978-3-658-14999-4_22

und, damit verbunden, neue Formen der Kooperation zwischen Jugendhilfe und Schule auch bildungspolitische Hoffnungen. Diese beziehen sich darauf, den engen Zusammenhang zwischen sozialer Herkunft, zugeschriebenen Merkmalen und Bildungserfolg in Deutschland zu überwinden und damit sozialer Ungleichheit und Benachteiligung entgegenwirken zu können. Innerhalb der sozial- und erziehungswissenschaftlichen Forschung ist bereits von einer „Renaissance der Bildungsungleichheitsforschung" (Krüger et al. 2011, S. 7) die Rede.

Die Differenzierung von Menschen anhand der Kategorie Nicht-/Behinderung – bzw. in ihrer schulbezogenen Variante als sonderpädagogisch (nicht-)förderbedürftig – steht mit Prozessen und Phänomenen von Bildungsbenachteiligung und sozialer Ungleichheit in einem wechselseitigen Verhältnis. Behinderung stellt „in unserer Gesellschaft, vermittelt durch soziale Mechanismen und Institutionen, eine zentrale Form sozialer Ungleichheit" (Maschke 2007, S. 299) dar. Der Zugang zu regulären Bildungssettings und, damit verbunden, die Überwindung des segregierenden Förderschulsystems sind für den Abbau von Bildungsbenachteiligung von Kindern und Jugendlichen mit Behinderungen in Deutschland von zentraler Bedeutung. Eine alleinige Konzentration auf diese Aspekte greift jedoch zu kurz. Wenn es um die Verwirklichung von Inklusion und Teilhabe in Bezug auf Bildungsprozesse junger Menschen geht, erscheinen gerade die Verknüpfungen und gegenseitigen Abhängigkeiten von schulischem und außerschulischem Alltag, Familien-, Peerbeziehungen und Freizeitaktivitäten von hoher Relevanz. Nicht-/Behinderung kann dabei nicht isoliert, sondern muss im Sinne von Intersektionalität als verflochten und durchkreuzt (Winker und Degele 2010) mit anderen Kategorien der Humandifferenzierung verstanden werden.

Die Zusammenhänge von Bildung in unterschiedlichen Kontexten, Benachteiligung und Nicht-/Behinderung sollen im Folgenden diskutiert werden. Innerhalb dieses weiten Feldes konzentriert sich dieser Beitrag auf die Bedingungen und Folgen der formalen Zuschreibung einer Behinderung im Rahmen institutionalisierter Verfahren, die im Kindes- und Jugendalter insbesondere mit dem Zugang zu bzw. dem Verweis auf sonderpädagogische Förderung in Förder- oder allgemeinbildenden Schulen sowie Maßnahmen wie z. B. Schulbegleitung verbunden sind, aber auch die Voraussetzung für die Inanspruchnahme von medizinischen, therapeutischen und pädagogischen Unterstützungsleistungen und Nachteilsausgleichen außerhalb der Schule bilden.

Auf der Grundlage eines veralltäglichten Bildungsverständnisses (Brake und Büchner 2013), das im ersten Abschnitt skizziert wird (1), wird erörtert, wie die Differenzierungskategorie Nicht-/Behinderung im Zusammenhang mit institutions- und professionsgeschichtlichen Entwicklungen in der ersten Moderne hervorgebracht worden ist und wie sich das Verständnis von Behinderung durch das politische Engagement der Selbsthilfebewegungen behinderter Menschen und ihrer Angehörigen gewandelt hat (2). Daraufhin werden die Verfahren zur Feststellung einer Behinderung und der Bewilligung von Unterstützungsleistungen im Kindes- und Jugendalter in den Blick genommen (3). Auch ein Jahrzehnt nach Verabschiedung der UN-Behindertenrechtskonvention durch die UN-Generalversammlung begründen letztere zumeist „Sonderangebote [...] von Sonderlehrer/innen in Sonderstunden und Sonderräumen nach Sonderprogrammen im Rahmen von Sondercurricula mit Sondermethoden für Sonderkinder" (Hinz 1997, S. 160), deren Folgen für die Teilhabe am außerschulischen Alltag Gleichaltriger sowie für den späteren Eintritt ins Arbeitsleben aufgezeigt werden (4). Abschließend werden ausgehend von dem Ansatz der UN-BRK Anforderungen an ein inklusives Bildungssystem skizziert (5).

2   Zum Verhältnis von inszenierter und informeller Bildung

Neuere Konzeptionen, die Bildung vom Subjekt aus entwerfen, stimmen in Abgrenzung von einem Verständnis von Bildung als ‚Hochkultur' darin überein, dass Bildung über den mit entsprechenden Bildungszertifikaten bzw. Qualifikationsnachweisen bestätigten Erwerb kanonisierter Wissensbestände und Kompetenzen im Rahmen formaler Bildungssettings hinausgeht. Setzt man ein Verständnis von Bildung voraus, in dem sie „vom Subjekt aus gedacht wird, dann ist alle Bildung zunächst informelle, alltagsbezogene Bildung" (Sting 2013, S. 34). Familien- und Peerbeziehungen, Freizeitaktivitäten sowie der Umgang mit Medien und Kultur sind für Bildungsprozesse, global verstanden als Transformationen des Verhältnisses von Selbst und Welt (Marotzki 1990), von zentraler Bedeutung. Menschen eignen sich in Auseinandersetzung mit ihrer Umgebung Welt an – *vor und neben* sowie – so könnte man den Bezug auf den programmatischen Titel des 12. Kinder- und Jugendberichts der Bundesregierung, der Fragen der frühkindlichen Bildung, Erziehung und Betreuung ebenso wie der Ganztagsbildung konzeptionell aufgenommen und politisch vorangetrieben hat, ergänzen – im Sinne lebenslangen Lernens, *nach der Schule* (BMFSFJ 2005).
    Bildung vollzieht sich als Eigenleistung des Subjekts in Form von kontingenten, d. h. offenen, prinzipiell unabgeschlossenen Prozessen. Thiersch (2008) beschreibt die anthropologischen Grundannahmen dieses Verständnisses von Bildung – das normativ am Ideal der Ausbildung von Identität in der Demokratie orientiert ist (Thiersch 2008, S. 243) – folgendermaßen:

Der Mensch findet sich in einer Lebenswelt vor, in ihr muss er sich zurechtfinden. Er findet sich in Ressourcen, in Beziehungen, in Rollenmustern, in Deutungsvorgaben. Sie bestimmen ihn, in ihnen findet er – in Prozessen der Aneignung, der Auseinandersetzung, der Selektion und der produktiven Weiterentwicklung – einen eigenen Weg, also seine spezifischen Kompetenzen und darin sein eigenes Lebensprofil. Im Lauf seines Lebens erwirbt er sich seine Geschichte und darin sein Bild von der Welt und von sich selbst. [...]. Bildung – in diesem Sinne – meint die Selbstverständlichkeit der in gegebenen Lebensprozessen sich ereignenden Bildung, meint Lebensbildung. Solche Bildung ist die Basis unserer Bildungskultur (Thiersch 2008, S. 239).

Lernen in institutionalisierten und professionalisierten Bildungssettings ist also immer in informelle Bildungsprozesse eingebettet (Thiersch 2008, S. 251). Versteht man Bildung entsprechend eines solchen weiten Verständnisses „im Sinne einer Entwicklung einer allgemeinen Lebensführungs- und Lebensbewältigungskompetenz" (Rauschenbach 2009, S. 94), dann richtet sich der Blick verstärkt auf „die Bedeutung der vor allem im Familien- und Peeralltag eingebetteten Gelegenheitsstrukturen der Aneignung aller Wissensbestände (im weiteren Sinn, also nicht nur der kognitiven), welche zu einer erweiterten Handlungsfähigkeit der Akteure beitragen" (Brake und Büchner 2013, S. 497). Aspekte der non-formalen und informellen Bildung, ihrer Räume und Orte, Inhalte, Modi, Prozesse und Konstitutionen werden in ihrem Gewicht gegenüber formalisierten bzw. scholarisierten Bildungssettings stärker gewürdigt.

Der 12. Kinder- und Jugendbericht unterscheidet begrifflich zum einen Bildungsorte (Kindergarten, Schule, Jugendarbeit) von Lernwelten (Peers, Medien, Schülerjobs) sowie von der Bildungswelt Familie; zum anderen wird in formelle und informelle Bildungsprozesse sowie formale und non-formale Bildungssettings differenziert. Das Zusammenspiel von formellen und informellen Bildungsprozessen in formalen und non-formalen Bildungssettings wird als Bildungsmodalitäten bezeichnet und in einem Schaubild (vgl. Abb. 1) grafisch dargestellt, wobei herausgestellt wird, dass

[m]it Blick auf den Grad der Formalisierung von Bildungsprozessen [...] ein fließender Übergang zwischen formellen und informellen Bildungsprozessen zu vermuten [ist]; auch Bildungssettings können mehr oder weniger formalisiert sein. In Bezug auf Bildungssettings ist eine Überlagerung formeller und informeller Bildungsprozesse am selben Ort durchaus möglich (etwa bei der Computerclique, die sich in der Schule „findet" und trifft). So können an einem formalen Bildungsort sowohl formalisierte als auch informelle Bildungsprozesse ablaufen; an einem non-formalen Ort können sich unter Umständen ebenfalls formelle Bildungsprozesse realisieren (etwa wenn in einer Urlaubssituation ein Sprachkurs belegt wird) (BMFSFJ 2005, S. 129).

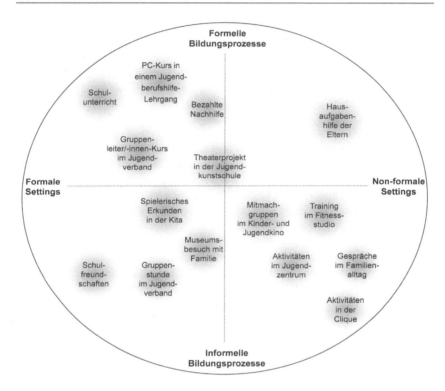

Abb. 1 Bildungsmodalitäten. (Quelle: BMFSFJ 2005, S. 130)

Humandifferenzierungen wie *gender*, ‚race', *class* und *(dis)ability* liegen gewissermaßen quer zu den bildungsbezogenen informellen und formellen Prozessen in non-formalen und formalen Settings. Um sich dies zu vergegenwärtigen, ist es hilfreich, sich die Bildungsmodalitäten einmal nicht zweidimensional, also quasi ‚von oben', sondern räumlich vorzustellen. Diese gedankliche Konstruktion ermöglicht es, nachzuvollziehen, dass Menschen in ihrem Leben unterschiedliche Bildungsmodalitäten, die in komplexer Weise zueinanderstehen, lose oder intensiver untereinander verbunden und gekoppelt sind, gleichsam – im Wortsinne – ‚durchlaufen'. Soziale Differenzierungskategorien stellen sozusagen den Boden dar, auf dem Menschen sich durch die unterschiedlichen Bildungsorte und Lernwelten bewegen – die subjektive Auseinandersetzung und Aneignung von Welt, die sich in Bildungsprozessen vollzieht, kann nicht unabhängig von sozialer Ungleichheit betrachtet werden. Wie die PISA-Studien belegen, stellen der sozioökonomische Hintergrund und der Bildungsstand der Eltern entscheidende Einflussfaktoren für den Erfolg oder Misserfolg einer Schulkarriere dar (OECD 2014, S. 253). Aus einer ungleichheitstheoretischen Perspektive sind es die non-formalen Settings – insbesondere die Familie – an denen primäre und sekundäre Herkunftseffekte entstehen (Boudon 1974) bzw. ökonomisches, soziales und kulturelles Kapital weitergegeben wird – oder eben nicht (Bourdieu 1982), das ein Gelingen oder Scheitern formaler Bildung wesentlich bedingt. Um in dem Bild zu bleiben: Ausgestattet mit dem notwendigen ökonomischen, sozialen und kulturellen Kapital aus dem informellen und non-formalen Bereich kann eine formale Bildungskarriere ‚glatt' verlaufen, ohne dass größere Stolpersteine im Weg liegen. Ein flexibles Hin- und Herswitchen zwischen den einzelnen Settings ist möglich, wenn den institutionellen Leistungs- und Normalitätserwartungen in der Bildungswelt Familie und in den informellen Lernwelten, in denen man sich bewegt, entsprochen wird. Das Terrain kann in Abhängigkeit von sozialer Herkunft, Geschlechtszugehörigkeit, ‚Migrationshintergrund' und/oder Nicht-/Behinderung jedoch uneben, die Ebene schief, der Weg ‚steinig' werden. Unter den Bedingungen von Armut sind bestimmte Bildungsgelegenheiten schlichtweg nicht verfügbar. Bildungsbenachteiligung heißt dann, dass Menschen der Zugang zur Teilhabe an Bildung erschwert wird. Diesbezügliche Prozesse und Phänomene werden seit PISA insbesondere mit Bezug auf die Zusammenhänge von sozialer Herkunft, ‚Migrationshintergrund' und Geschlecht diskutiert – der muslimische Junge aus armen Verhältnissen hat das in der Bildungsdebatte der 1960er Jahre prominente katholische Arbeitermädchen vom Lande als Prototyp des/der Bildungsverlierer/in ersetzt, wodurch das Thema Bildungsbenachteiligung im Diskurs wiederum ethnisiert wird (Sitter 2016, S. 323). Die Etikettierung von Schülerinnen und Schülern als nicht-/behindert bzw. sonderpädagogisch (nicht) förderbedürftig hängt, wie etwa die Statistik der Förderschule mit dem Schwerpunkt Lernen, deren Schülerschaft sich zum großen Teil aus Jungen aus armen Familien mit ‚Migrationshintergrund' zusammensetzt, zeigt, mit *gender,* ‚race' und *class* eng zusammen.

3   Nicht-/Behinderung als Differenzierungsmerkmal in modernen Gesellschaften

Betrachtet man die historische Entwicklung des Verständnisses von Nicht-/Behinderung, so lässt sich anschaulich zeigen, wie dieses in enger Verwobenheit von Institutionen und Professionen – als Gatekeepern (Maschke 2007) – konstruiert und reproduziert wird[1]. In einem viel zitierten Aufsatz hat Dörner (1994) darauf aufmerksam gemacht, dass „[w]ir [...] die Geschichte der Moderne nur mit den Behinderten vollständig [verstehen]" (vgl. zum Folgenden Weinbach 2016; Rohrmann 2007). Mit der Auflösung vormoderner Lebensformen, in deren konstitutiver Einheit von Arbeit und Sorge ein über die verwandtschaftliche Familie hinausgehender Gruppenverband mit weiteren Personen gemeinsam lebte und den Verrichtungen des Alltags nachging, bedingen die grundlegenden gesellschaftlichen Modernisierungsprozesse im Zuge von Industrialisierung und Verstädterung tief greifende Veränderungen nicht nur von Arbeits-, sondern davon ausgehend auch von Alltags- und Lebensstrukturen und von *care*. Die Frage, was mit Personen geschehen soll, die den Leistungsanforderungen in einem kapitalistischen Wirtschaftssystem und einer industriellen Produktionsweise nicht entsprechen, wird nun, in der anbrechenden Moderne, mit dem Aufbau zentralisierter Anstalten mit religiöser, medizinischer und pädagogischer Ausrichtung beantwortet, die sich in Deutschland seit der Mitte des 19. Jahrhunderts rasant entwickeln (Dörner 1994, S. 371; Moser und Sasse 2008; Weinbach 2016, S. 82).

Im Zusammenspiel mit caritativ-religiösen Motiven bringen medizinische Diagnostik und Klassifikation unter den institutionellen Bedingungen einer Sonderwelt ein dichotomes Verständnis von Nicht-/Behinderung hervor, das die Profession der Heil- und Sonderpädagogik in ihrer Gründungs- und Aufbauphase legitimiert und von der das Arbeitsfeld bis heute geprägt ist (Moser 2000). Die ursprünglich pädagogisch orientierten Einrichtungen für behinderte Menschen entwickeln sich auf der Basis der von dem Psychiater Emil Kraepelin geprägten Leitdogmen – der Unheilbarkeit, Irreversibilität, Therapieresistenz und Lern- und Bildungsunfähigkeit (Feuser 1989, S. 15) – zunehmend zu reinen Pflege-, Versorgungs- und Verwahranstalten. Die Pädagogik konzentriert sich infolgedessen auf den Bereich der Anstalts- und Hilfsschulen, die sich in Konkurrenz zueinander etablieren (Bradl 1991, S. 582). Von Beginn ihrer Berufsgeschichte an wehren sich berufsständische Vertreter der Sonderpädagogik gegen Ansätze einer gemeinsamen Unterrichtung behinderter und nicht-behinderter Schüler – die es sehr wohl auch gab – und gegen die Profilierung der Sonderpädagogik als Allgemeine Pädagogik (Schädler 2002, S. 46).

---

[1]Der Begriff des „Gatekeepers" steht für Akteure, die in Bezug auf einzelne gesellschaftliche Teilbereiche, wie etwa das Bildungssystem, „die institutionell fixierten Bedingungen, an die der Zugang geknüpft ist, [repräsentieren] und [...] diesen gegenüber den an Inklusion Interessierten [begrenzen]" (Maschke 2007, S. 307).

Die Geschichte der Heil- und Sonderpädagogik als Profession, die sich – im Gefolge der sich als Teildisziplin der Medizin etablierenden Psychiatrie – entwickelt, kann daher, wie Droste (1999, S. 73) bemerkt, auch als „Ausgrenzungsgeschichte" beschrieben werden. Ihr professionspolitischer ‚Erfolg', der bis in die Gegenwart anhält, beruht auf der Reklamation einer genuinen Zuständigkeit dieser Berufsgruppe für und eines der allgemeinen Pädagogik überlegenen fachlichen Wissens über ein kategorial und diagnostisch definiertes und damit erst hervorgebrachtes Klientel: das behinderte Kind bzw. der/die behinderte Schüler/in.

Auf den historischen Tiefpunkt der Ermordung und Zwangssterilisation Hunderttausender Menschen mit Behinderungen im Nationalsozialismus folgt in der Mitte des 20. Jahrhunderts die Formierung der Selbsthilfebewegungen behinderter Menschen und ihrer Angehörigen, die in einem jahrzehntelangen politischen Kampf um Bürgerrechte einen grundlegenden Wandel im Verständnis von Nicht-/Behinderung und, im Zusammenspiel mit anderen sozialen Bewegungen, im gesellschaftlichen Umgang mit Heterogenität bewirken. Die im Jahr 1958 gegründete Elternvereinigung Lebenshilfe setzt das Recht auf Bildung für Kinder mit sogenannter geistiger Behinderung durch. Es beginnt ein Prozess, der Jahrzehnte später mit der Etablierung von Inklusion, Teilhabe und Selbstbestimmung als internationalen behindertenpolitischen Leitlinien als „Paradigmenwechsel in der Behindertenhilfe" (Hohmeier 2004) bezeichnet werden wird, in der im Jahr 2006 von der Generalversammlung der VN verabschiedeten UN-Behindertenrechtskonvention (UN-BRK) ihren völkerrechtlichen Ausdruck findet und sich als Strategie reflexiver Modernisierung lesen lässt (Rohrmann 2007).

Die politische Behindertenbewegung setzt einem auch heute nach wie vor wirkmächtigen medizinischen oder individualistischen Verständnis von Behinderung als defizitärer persönlicher Eigenschaft oder überdauerndem, statischen Merkmal eines Menschen eine Vorstellung von Teilhabeeinschränkungen als Folge komplexer Wechselwirkungsprozesse zwischen Menschen mit Beeinträchtigungen und einstellungs- und umweltbedingten Barrieren entgegen. Dieses sogenannte soziale Modell von Behinderungen findet sich in der UN-BRK wieder, in der es heißt: „Persons with disabilities include those who have longterm physical, mental, intellectual or sensory impairments which in interaction with various barriers may hinder their full and effective participation in society on an equal basis with others" (UN-BRK, Art. 1). Die sich in Deutschland seit etwa einem Jahrzehnt etablierende, ebenfalls aus den Selbsthilfebewegungen hervorgegangene Disziplin der Disability Studies geht darüber hinaus. Sie versteht Behinderung im Sinne des cultural turn als verkörperte Differenz, deren Hervorbringung sich in historischen und kulturwissenschaftlichen Studien nachweisen lässt und „deren Erforschung zu Erkenntnissen führt, die nicht nur für die auf

‚Behinderung' spezialisierten gesellschaftlichen Teilsysteme und die so genannten ‚Betroffenen', sondern für die allgemeine Gesellschaft und für das Verständnis des Zusammenlebens von Menschen schlechthin relevant sind" (Waldschmidt
und Schneider 2007, S. 13). Die Förderung der Teilhabe an Bildung im Sinne der Umsetzung eines inklusiven Bildungssystems und lebenslangen Lernens (Art. 24 UN-BRK) setzt vor dem
Hintergrund eines menschenrechtsbasierten Verständnisses von Nicht-/Behinde-
rung also die Analyse ungünstiger Wechselwirkungen in Lebenssituationen von
Kindern und Jugendlichen mit Beeinträchtigungen sowie der Prozesse und Phänomene, in denen verkörperte Differenz hervorgebracht und reproduziert wird,
voraus. In diesem Zusammenhang rücken insbesondere die formalen Verfahren in
den Blick, mit denen Nicht-/Behinderung festgestellt wird und die als Grundlage
für die Bewilligung von Unterstützungsleistungen dienen.

4   Verfahren zur Feststellung einer Behinderung und der Bewilligung von Unterstützungsleistungen

Kinder und Jugendlichen stehen im Prozess ihres Aufwachsens hinsichtlich ihrer
Entwicklung unter einer zunehmenden Beobachtung (vgl. die Beiträge in Kelle
2010). Diese beginnt mit der Pränataldiagnostik bereits vor der Geburt und setzt
sich nach der Geburt unter anderem in den mittlerweile neun kinderärztlichen
Untersuchungen mit einem hohen Verpflichtungsgrad fort. Eltern haben zumeist
verinnerlicht und werden dazu angehalten, ihre Kinder hinsichtlich der Unterscheidung zwischen einer ‚normalen' und einer ‚auffälligen' Entwicklung zu
beobachten und beobachten zu lassen. Dabei dominiert eine medizinische Perspektive, die durch entsprechende Praktiken in Institutionen des Erziehungs- und
Bildungswesens ergänzt wird. An dem Kind und später am Jugendlichen beob-
achtbare Auffälligkeiten und möglichst feststellbare Abweichungen stehen dabei
im Vordergrund. In der Phase der frühen Kindheit ist die Kommunikation über solche Abweichungen bestimmt von Semantiken der ‚Entwicklungsverzögerung' und
der Wirksamkeit einer ‚frühen Förderung' (Marks 2011). Kinder müssen sich in
solchen Prozessen als kompetent darstellen und eignen sich die Bedeutung einer
unauffälligen Entwicklung an. Im Falle einer wahrgenommenen Auffälligkeit lernen sie durch die entsprechenden Verfahren der ‚Abklärung', der Durchführung
von erweiterten Testverfahren und Förderung. Je mehr Zeit diese Verfahren in
Anspruch nehmen und je stärker sie in spezialisierten Settings stattfinden, umso
stärker nehmen die Kinder sich vermutlich als besonders wahr und konnotieren

dies wie ihre Umwelt als problematisch. Sie lernen, dass ihre Auffälligkeit in den Mittelpunkt gestellt wird und mit einer hohen Priorität bearbeitet wird.

Mit der Dauerhaftigkeit der Auffälligkeit, medizinischen Diagnosen und der Kommunikation als Erschwernis bei Aufnahme in formale Erziehungs- und Bildungseinrichtungen setzt sich die Semantik einer Behinderung durch. Wenngleich häufig im Kindes- und Jugendalter noch auf die Beantragung der amtlichen Feststellung einer Behinderung verzichtet wird, ist eine an dieser Kategorie orientierte Diagnostik und Bedarfsfeststellung die Grundlage für die Mobilisierung von Ressourcen der Förderung und der Ermöglichung des Zugangs zu bzw. des Verbleibs in Einrichtungen des Erziehungswesens. Die Zuschreibung einer Behinderung markiert eine Grenze, bei deren Überschreitung eine besondere Behandlung als notwendig erachtet wird und eine besondere Entwicklung erwartet wird.

Der Kern der Feststellung einer Behinderung oder der Bewilligung von Leistungen, die auf eine Behinderung bezogen sind, ist die Erstellung eines Gutachtens oder einer Bedarfsfeststellung. Menschen gelten nach dem Sozialrecht als behindert, wenn „ihre körperliche Funktion, geistige Fähigkeit oder seelische Gesundheit mit hoher Wahrscheinlichkeit länger als sechs Monate von dem für das Lebensalter typischen Zustand abweichen und daher ihre Teilhabe am Leben in der Gesellschaft beeinträchtigt ist" (§ 2, Abs. 1 SGB IX). Anders als in dem bereits vorgestellten Ansatz zum Verständnis von Behinderung in der UN-Behindertenrechtskonvention steht bei der Überprüfung von Leistungsansprüchen nicht die Analyse von ungünstigen Wechselwirkungen im Mittelpunkt, sondern die Feststellung von abweichenden Zuständen.

Für die Auswirkungen auf die kindliche Entwicklung und den Bereich informellen Bildung muss dabei berücksichtigt werden, dass im Prozess der Feststellung einer Behinderung und der Bewilligung von Leistungen eine Fülle von sehr unterschiedlichen Begutachtungs- und Abklärungsverfahren durchlaufen werden muss, die eine erhebliche Belastung für die Leistungsberechtigten und ihre Angehörigen darstellen. Eltern bzw. Personensorgeberechtigte, die eine Beeinträchtigung ihres Kindes wahrnehmen, sollen diese „einer gemeinsamen Servicestelle oder einer sonstigen Beratungsstelle für Rehabilitation oder einem Arzt zur Beratung über die geeigneten Leistungen zur Teilhabe vorstellen" (§ 60 SGB IX). Dieser Verpflichtung steht in der Realität kein hinreichendes und vor allen Dingen kein aufeinander abgestimmtes Beratungsangebot gegenüber, das einen Überblick über mögliche und sinnvolle Unterstützungsmöglichkeiten bietet. „Die Praxis ist durch Abgrenzungen zwischen Sozialhilfe, Jugendhilfe, den Krankenkassen und dem Bildungsbereich geprägt. Die Angebote für behinderte Menschen stehen oft isoliert für sich und können dadurch den individuellen Hilfebedarf nur eingeschränkt aufgreifen" (Müller-Fehling 2010, S. 127).

Kinder mit Beeinträchtigungen, verfügen häufig bereits bei der Einschulung über zahlreiche Erfahrungen mit Verfahren der Abklärung von Ansprüchen und Unterstützungsleistungen, die mehr oder weniger sensibel gegenüber der individuellen Lebenssituation sind. Fachkräfte unterschiedlicher Professionen setzen ihre spezialisierte Sicht auf die Problemlage und darauf bezogene Interventionen durch. Für die Koordination der Leistungen und die Einbettung in alltägliche Lebensvollzüge wird in der Regel die Familie in die Pflicht genommen (vgl. Engelbert 1999). Im Falle von Schulkindern werden häufig Ansprüche auf und die Inanspruchnahmen von medizinischen, pflegerischen, therapeutischen und pädagogischen Unterstützungsleistungen außerhalb der Schule realisiert. Für den Schulbesuch muss darüber hinaus die Notwendigkeit einer zusätzlichen Förderung, die durch Sonderpädagog/inn/en geleistet wird, und gegebenenfalls einer Schulbegleitung geklärt werden. In beiden Fällen müssen dazu aufwendige Verfahren absolviert werden. Nicht selten stellt sich die Notwendigkeit einer rechtlichen Klärung. Anhand der dazu notwendigen Verfahren soll das Ausmaß der Belastung im Folgenden verdeutlicht werden.

Die Feststellung des sonderpädagogischen Förderbedarfs ist in den einzelnen Bundesländern sehr unterschiedlich geregelt. In jedem Falle handelt es sich um ein Verfahren, das dem Bildungswesen in der Zuständigkeit der Kultusbehörden zugeordnet ist. In Nordrhein-Westfalen steht ein gemeinsames Gutachten einer sonderpädagogischen Lehrkraft und einer Lehrkraft der allgemeinen Schule im Mittelpunkt, das ggf. durch eine schulärztliche Untersuchung und Gutachten weiterer Fachdienste ergänzt wird. Wie die beiden pädagogischen Gutachter/innen bei der Ermittlung des sonderpädagogischen Förderbedarfs vorgehen, ob und welche (teil-) standardisierten (Diagnose-)Instrumentarien sie dabei einsetzen, welche Beobachtungs- und Bewertungskriterien sie ihrer Ermittlung und Einschätzung zugrunde legen, ist ihnen ebenso wie der Aufbau des Gutachtens anheimgestellt. In jedem Fall müssen sie die Eltern zum Gespräch einladen und sie über ihren Auftrag, den Ablauf des Verfahrens und weitere Beratungsangebote informieren (§ 13 Abs. 2 AO-SF). Das Gutachten sowie die weiteren Unterlagen müssen den Eltern von der Schulaufsichtsbehörde zur Einsicht zur Verfügung gestellt werden (§ 13 Abs. 7 AO-SF). Es handelt sich also um ein sehr aufwendiges, keineswegs vergleichbar ablaufendes Verfahren. Empirische Untersuchungen zu Feststellungsverfahren machen deutlich, dass über die regional unterschiedlichen administrativen Verfahrensweisen hinaus, weiteren Variablen entscheidende Bedeutung im Zuschreibungsprozess zukommt. Die Feststellung eines sonderpädagogischen Förderbedarfs hängt empirisch belegt ganz wesentlich davon ab, ob der begutachtete junge Mensch sozial benachteiligt aufwächst oder einen Migrationshintergrund hat (Kottmann 2006, 2007; Hänsel 2012). Darüber hinaus ist es von Gutachtervariablen abhängig, ob ein Kind oder Jugendlicher einen sonderpädagogischen Förderbedarf attestiert bekommt: Ob der/die Gutachter/in über eigene Erfahrungen mit dem Gemeinsamen Unterricht verfügt oder in seinem bisherigen Berufsleben nur in der Sonderschule tätig war, beeinflusst seine Einschätzung entscheidend (Mand 2002). Klemm (2015, S. 34) zufolge muss die Verlässlichkeit der Diagnosen zudem infrage gestellt werden, da nicht objektive Förderbedarfe die unterschiedlichen Förderquoten erklären, sondern diese auch mit der Finanzausstattung des jeweiligen Bundeslandes zusammenhängen können. Insgesamt lässt sich somit für das „Spezialgebiet der Gutachtenerstellung [...] unzweifelhaft feststellen, dass die sonderpädagogische Diagnostik noch verbreitet institutionsorientiert ausgerichtet ist" (Knebel 2010, S. 236).

Wird zusätzlich zur sonderpädagogischen Förderung eine Schulbegleitung als notwendig für den Schulbesuch erachtet, so ist diese Gegenstand eines weiteren Beantragungs-, Feststellungs- und Bewilligungsverfahrens. Hier kommen nicht die Ausdifferenzierung der sonderpädagogischen Förderbedarfe, sondern die Unterscheidung zwischen ,seelischen' Behinderungen auf der einen Seite sowie ,geistigen' und ,körperlichen' auf der anderen Seite zum Tragen. Danach unterscheidet sich nicht nur, ob der Antrag beim Jugendamt oder beim Sozialamt zu stellen ist, sondern auch mit welchen Verfahren welcher Unterstützungsbedarf festgestellt wird. Im Falle der Jugendhilfe werden eine fachärztliche Stellungnahme und ein Hilfeplanverfahren benötigt, um eine Behinderung und die daraus resultierende Beeinträchtigung der Teilhabe festzustellen. Im Falle der Sozialhilfe muss durch ein amtsärztliches Gutachten eine „wesentliche Behinderung" festgestellt werden, ein Hilfeplanverfahren findet in der Regel nicht statt. Ebenfalls unterschiedlich geregelt sind u. a. die Heranziehung von Einkommen und Vermögen der Eltern, die Erwartungen an die Qualifikation der Schulbegleiter/innen, die Vergütung und die Aufgabenstellung. Noch stärker als bei der Feststellung des sonderpädagogischen Förderbedarfs unterscheidet sich die regionale Bewilligungspraxis.

Eine Bildungsbenachteiligung ergibt sich bereits durch die Unübersichtlichkeit, den Aufwand und die Willkür der Bewilligungsverfahren. In diesen Verfahren lernen das Kind und seine Angehörigen, wie Schwierigkeiten im Alltag und in formalisierten Erziehungs- und Bildungsprozessen sich zu einer Behinderung verfestigen. Sie werden in einem abweichenden, defizitären Zustand begründet, der dem Kind als Eigenschaft zugeschrieben wird und in den Verfahren zur Feststellung und Überprüfung jedes Mal erneut aktenkundig gemacht wird. Entgegen der Intention der Förderung, der Teilhabe oder der Eingliederung wird dabei vor allem der Zugang zu den regulären Einrichtungen infrage gestellt. Er wird von dem Erfolg der eigenen Anstrengungen und der Förderung abhängig gemacht.

5   Behinderung durch Besonderung

Die Wahrnehmung einer auffälligen Entwicklung und die damit zusammenhängende Feststellung einer Behinderung löst Aktivitäten aus, die dem Umgang mit einer Krankheit ähneln (vgl. Parsons 1958, S. 16). Die Krankenrolle legitimiert durch ärztliches Urteil die Befreiung von Rollenverpflichtungen, verbunden mit der Verpflichtung zur Gesundung beizutragen und dazu fachkundige Hilfe in Anspruch zu nehmen. Die ‚Krankenrolle' ist konzipiert als Unterbrechung bis zur Wiederherstellung des vorherigen Status. Dies markiert den zentralen Unterschied zum Status einer/eines anerkannten Schwerbehinderten. Die Dauerhaftigkeit stellt infrage, ob der vorherige Status wiederhergestellt werden kann.

Das Leistungssystem ist durch den Widerspruch gekennzeichnet, dass mit den Zielbestimmungen der Rehabilitation, der Teilhabe oder auch der Eingliederung ein Zustand der (Wieder)Herstellung eines gesellschaftlich üblichen Status zwar angestrebt, in der Regel jedoch nicht erreicht wird. Die Leitorientierung des gegenwärtigen Unterstützungssystems für Menschen mit Behinderungen wird von Hohmeier als ‚therapeutisch-rehabilitatives' Paradigma bezeichnet: „Zentrale Handlungskategorien sind Förderung, Training und Therapie; Prototyp der Institutionen ist die nicht allzu große spezialisierte Einrichtung, in der Fachleute mit verschiedenen, jeweils hochqualifizierenden Ausbildungen gemeinsam am ‚Werkstück Behinderter' arbeiten" (Hohmeier 2004, S. 133). Die Rehabilitation oder auch die gleichberechtigte Teilhabe am gesellschaftlichen Leben wird als Fernziel dargestellt, das in der Gegenwart eine Besonderung notwendig macht.

Sondereinrichtungen für Menschen mit Behinderungen im Erziehungs- und Bildungsbereich legitimieren sich durch die Möglichkeiten einer spezialisierten Förderung. Sie sind gekennzeichnet durch Einzelförderung oder die Arbeit in kleinen Gruppen von in ähnlicher Weise beeinträchtigter Menschen. Die Interaktion in diesen Settings ist gekennzeichnet durch einen starken Bezug auf pädagogisches und therapeutisches Handeln der speziell geschulten Fachkräfte. Für den Bereich der schulischen Bildung ist dabei die Annahme leitend, dass Kinder am besten in homogenen Gruppen lernen können. Die Gegenposition hingegen geht davon aus, dass die Anerkennung von Vielfalt und die Zusammenarbeit in heterogenen Gruppen für individuelle Entwicklungs- und Bildungsprozesse förderlich sind (vgl. Prengel 2006). Diese Position hat in Bezug auf die Kategorie Nicht-/Behinderung mit der UN-Behindertenrechtskonvention eine menschenrechtliche Fundierung erhalten. Der damit einhergehende Ansatz der Inklusion wird ausgehend von der internationalen Bildungskonferenz der UNESCO im Jahre 1994 zunehmend diskutiert. In dem Abschlussdokument heißt es: „We believe and proclaim that […] regular schools with this inclusive orientation are the most effective means of combating discriminatory attitudes, creating welcoming communities, building an inclusive society and achieving education for all" (UNESCO 1994, S. IX).

Die UN-Behindertenrechtskonvention verpflichtet die Vertragsstaaten zur Entwicklung eines „inclusive education system at all levels" (Art. 24)[2]. Auf dieser Grundlage ist der Anteil der Schüler/innen mit sonderpädagogischem Förderbedarf an Regelschulen erheblich angestiegen. Es zeigt sich jedoch, dass dies einer häufigeren Zuschreibung eines sonderpädagogischen Förderbedarfs geschuldet ist. Der Anteil der Schüler/innen, die an Sonderschulen unterrichtet werden ist ebenfalls im Steigen begriffen (Klemm 2015). Gleichzeitig ist ein starker Anstieg der Bewilligung von Schulbegleitung festzustellen[3]. Es ist daher zu konstatieren, dass die Besonderung von Schüler/innen mit Behinderungen in Folge der Umsetzung der UN-Behindertenrechtskonvention nicht aufgehoben wurde. Es ist vielmehr zu konstatieren, dass durch die Praktiken der sonderpädagogischen Förderung und der Schulbegleitung die Besonderung von Kindern mit Behinderungen in Regelschulen implementiert wird. Die Praktiken bilden um die unterstützten Kinder eine Art Blase, die ihre Teilhabemöglichkeiten an formellen und informellen Bildungsprozesse im Schulgeschehen erschweren.

Im Falle des Besuchs von Förderschulen sind die Folgen für die gleichberechtigte Teilhabe von Kindern mit Behinderungen an außerschulischen Aktivitäten und Peer Kontakten erheblich beeinträchtigt. „Kinder und Jugendliche, die Förderschulen besuchen, sind in der Regel aus ihrem Sozialraum herausgezogen. Lange Fahrtwege, ganztägige Betreuungsangebote und Therapiezeiten schaffen eine andere Lebenswelt" (Voigts 2013, S. 20 f.).

Von besonderer Bedeutung sind die stigmatisierenden Folgen der Besonderung im Zusammenhang des Schulbesuchs durch institutionalisierte Selektionsmechanismen und „blaming the victim" für die Selbstwahrnehmung

---

[2]Der Text der Konvention wird hier in der völkerrechtlich verbindlichen englischen Fassung zitiert, da die bisherige deutsche Übersetzung umstritten ist.

[3]Die Anzahl der Schulbegleitungen werden in der amtlichen Statistik nicht gesondert erfasst. In Bayern wurde in einer Auswertung als Antwort auf eine parlamentarische Anfrage für die Schulbegleitungen in der Zuständigkeit des Sozialhilfeträgers zwischen 2009 und 2013 in Regelschulen um fast 200 % und in Förderschulen um etwa 80 % festgestellt (vgl. Bayerischer Landtag 2015, S. 2). Es ist davon auszugehen, dass die Entwicklung in anderen Bundesländern ähnlich verläuft.

und Identitätsentwicklung, die vergleichsweise gut erforscht sind (vgl. z. B. Schumann 2007; Powell und Pfahl 2012; Pfahl 2014; Hofmann-Lun 2011; Drucks-Bauer 2014). So zeigt etwa Hoffman-Lun (2011, S. 146) anhand empirischer Daten, wie das Stigma ‚Förderschüler/in' weit über den Förderschulbesuch hinaus anhält:

> Der Besuch der Förderschule wird von den meisten für die Jugendlichen relevanten Personen und Institutionen negativ bewertet, vor allem von den gleichaltrigen Freundinnen und Freunden, aber auch von Eltern und anderen Familienmitgliedern, sogar von den Lehrkräften der Förderschulen und später von Ausbildern und Arbeitgebern. Somit bleibt der ‚Makel' des Förderschulbesuchs haften und beeinträchtigt nicht nur die beruflichen, sondern auch die sozialen Lebenschancen nachhaltig (Hoffman-Lun 2011, S. 146).

Zu konstatieren ist, dass mit jedem Übergang von einer Bildungsstufe zur nächsten die Besonderung von jungen Menschen mit Behinderungen und damit das Exklusionsrisiko weiter steigt (Klemm 2015, S. 35). Während im Bereich der frühkindlichen Bildung, Erziehung und Betreuung noch 67 % der Kinder mit sonderpädagogischem Förderbedarf gemeinsam mit Kindern ohne Behinderungen eine Tageseinrichtung besucht, sinkt ihr Anteil an der altersspezifischen Schülerschaft in der Grundschule bei 46,9 % bis auf 29,9 % in der Sekundarstufe I. Diese Tendenz verstärkt sich in der Sekundarstufe II im schulischen Bereich sowie beim Übergang in die berufliche Bildung weiter (Klemm 2015).

Dass mit 80 % der allergrößte Teil der Förderschüler/innen die Förderschule ohne Hauptschulabschluss verlässt (Niehaus et. al. 2012, S. 25), zeigt, dass sie in ihren Chancen auf gesellschaftliche Teilhabe, die „unter den Bedingungen industrieller Produktionsweisen […] in der Regel […] an eine Erwerbstätigkeit gebunden" (Buchmann und Bylinski 2013, S. 147) ist, extrem benachteiligt sind. Der ‚Schonraum Förderschule' entpuppt sich somit bei näherem Hinsehen als ‚Schonraumfalle' (Schumann 2007; Bos et al. 2010).

Im Falle des Besuchs allgemeinbildender Schulen sind die Wirkungen auf außerschulische Beziehungen und Aktivitäten bislang, ebenso wie die Frage einer späteren Einmündung in den Arbeitsmarkt, noch nicht hinreichend untersucht. Auch hier ist zu vermuten, dass die Besonderung im schulischen Kontext die Gestaltung von außerschulischen Beziehungen erschweren kann. Schulbegleitungen reichen zudem durch die Begleitung des Schulweges und in Angeboten der schulischen Betreuung stark über das Unterrichtsgeschehen hinaus und signalisieren auch hier eine Besonderung der unterstützten Kinder.

6   Ausblick

Die Grundlage der hier dargestellten Überlegungen bildete ein Verständnis von
Bildung als am Ideal von Ausbildung von Identität in der Demokratie orientiert
(Thiersch 2008, S. 243) und eine Vorstellung von zusammenfließenden und wechselseitig voneinander abhängigen formellen und informellen Bildungsprozessen
in formalen und non-formalen Settings, die als Bildungsmodalitäten darstellbar
sind (vgl. Abb. 1) und zu denen soziale Differenzierungs- bzw. Ungleichheitska-
tegorien quer liegen. Mit Blick auf die Konstruktion, Reproduktion und Folgen
von Nicht-/Behinderung könnten die auf wahrgenommene Abweichungen von
der statistischen Norm kindlicher Entwicklung bezogenen pädagogischen und
medizinisch-therapeutischen Settings in das obige Schaubild aufgenommen werden. Zu nennen wären hier z. B. Sonderkindergärten, Förderschulen und Inter-
nate, aber auch Rehabilitationseinrichtungen, Physio-, Ergo-, Logo- und andere
„Bindestrichtherapien" ebenso wie etwa sonderpädagogische Förderung im Rahmen Gemeinsamen Lernens, die Maßnahme der Schulbegleitung im Schulalltag,
aber auch spezielle Freizeitangebote und Unterstützungsmaßnahmen außerhalb
der Schule. Während diese und andere institutionelle und professionelle ‚Bear-
beitungsweisen' von Nicht-/Behinderung die Förderung und Teilhabe an Bildung
intendieren, führen sie – wie die Ausführungen gezeigt haben – insbesondere,
jedoch nicht allein mit dem Verweis auf separate Bildungsorte gleichzeitig dazu,
dass für junge Menschen der Zugang zu den für das Lebensalter typischen Bildungsorten und Lernwelten und damit verbundenen Aktivitäten infrage gestellt
oder an Voraussetzungen geknüpft, sprich: behindert wird und somit die Kategorie Nicht-/Behinderung (re-)produziert wird. Von besonderer Bedeutung sind
dabei die Stigmatisierung, exkludierende Funktion und Wirkung von Zuschrei-
bungsprozessen in formalisierten Settings insbesondere mit Blick auf die Exklusion vom ersten Arbeitsmarkt und damit verbundene erheblich eingeschränkte
ökonomische und soziale Teilhabechancen. Da die Bildungsmodalitäten vielfältig
verflochten sind und sich kreuzen, hat die Besonderung von Schüler/innen zudem
weitreichende Folgen für Aktivitäten im außerschulischen Bereich.

Das Spannungsverhältnis zwischen einer auf Beeinträchtigungen bezogenen
Förderung und Unterstützung und einer selbstverständlichen, gleichberechtigten
Teilhabe in allen Lebensbereichen lässt sich vermutlich nicht vollständig aufheben.
Der Ansatz der Inklusion, der sich in den Vorgaben der UN-Behindertenrechts-
konvention konkretisiert, kann jedoch zur Überwindung von Ausgrenzung und
Benachteiligung beitragen. Grundlegend ist nach der Konvention „respect for dif-
ference and acceptance of persons with disabilities as part of human diversity and
humanity" sowie „respect for the evolving capacities of children with disabilities

and respect for the right of children with disabilities to preserve their identities"
(Art. 4 UN-Behindertenrechtskonvention).

Eine Beeinträchtigung darf demnach nicht zur Folge haben, dass der selbstverständliche Zugang und die gleichberechtigte Teilhabe an bedeutsamen Lebensbereichen infrage gestellt werden. Mit dem Ansatz der Inklusion werden Einrichtungen und Dienste in die Pflicht genommen, die Inanspruchnahme auf der Basis der Gleichberechtigung sicherzustellen. Dies kann nicht dadurch eingelöst werden, dass die Einbeziehung an zusätzliche externe Ressourcen gebunden wird, deren Mobilisierung an ein zugeschriebenes Merkmal gekoppelt und in die Verantwortung der Betroffenen sowie ihrer Angehörigen gestellt wird. Es kann als durchaus sinnvoll erachtet werden, dass in Bildungseinrichtungen unterschiedliche Fachkräfte zusammenarbeiten. Dies muss sich jedoch durch den Auftrag der Einrichtung begründen, der in seiner Umsetzung der Heterogenität der Nutzer/innen gerecht werden muss. Die kategoriale Unterscheidung Nicht-/Behinderung erweist sich als nicht geeignet Bildungsbenachteiligungen zu überwinden und eine diskriminierungsfreie Teilhabe an Bildung zu ermöglichen.

Dem Verständnis von Behinderung als ungünstiger Wechselwirkung zwischen Menschen mit Beeinträchtigungen und einstellungs- und umweltbedingten Barrieren zufolge müssen solche Situationen im Bildungsgeschehen analysiert und überwunden werden. Verfahren der Diagnostik und Abklärung von Unterstützungsbedarfen müssen Beeinträchtigungen und Barrieren in ihrem Zusammenhang betrachten und aus institutioneller Perspektive in erster Linie zur Überwindung von Barrieren führen. Sie müssen zudem eine Sensibilität entwickeln gegenüber den Wirkungen und Folgen in anderen Lebensbereichen.

Damit verbindet sich nicht zuletzt ein kritisch-reflexiver Umgang mit den eingangs skizzierten Tendenzen einer ‚Effektivierung von Kindheit'. Bildung als Aneignung von Welt ist auf die Auseinandersetzung mit Verschiedenheit angewiesen, die auch schwierige Situationen nicht ausklammert.

Literatur

Bayerischer Landtag. (2015). Situation der Schulbegleitung für behinderte Schülerinnen und Schüler in Bayern. Schriftliche Anfrage des Abgeordneten Thomas Gehring BÜNDNIS 90/DIE GRÜNEN vom 14.08.2014 und Antwort des Staatsministeriums für Bildung und Kultus, Wissenschaft und Kunst vom 23.01.2015 (Drucksache 17/5021).

Bos, W., Müller, S., & Stubbe, T. C. (2010). Abgehängte Bildungsinstitutionen: Hauptschulen und Förderschulen. In G. Quenzel & K. Hurrelmann (Hrsg.), *Bildungsverlierer: Neue Ungleichheiten* (S. 375–397). Wiesbaden: VS Verlag.

Boudon, R. (1974). *Education, opportunity, and social inequality: Changing prospects in Western society.* New York: Wiley.

Bourdieu, P. (1982). *Die feinen Unterschiede: Kritik der gesellschaftlichen Urteilskraft* (24. Aufl.). Frankfurt a. M.: Suhrkamp.

Bradl, C. (1991). *Anfänge der Anstaltsfürsorge für Menschen mit geistiger Behinderung („Idiotenanstaltswesen").* Frankfurt a. M.: Afra.

Brake, A., & Büchner, P. (2013). Stichwort: Familie, Peers und (informelle) Bildung im Kindes- und Jugendalter. *Zeitschrift für Erziehungswissenschaft, 16*(3), 481–502.

Buchmann, U., & Bylinski, U. (2013). Ausbildung und Professionalisierung von Fachkräften für eine inklusive Berufsbildung. In H. Döbert & H. Weishaupt (Hrsg.), *Inklusive Bildung professionell gestalten: Situationsanalyse und Handlungsempfehlungen* (S. 147–202). Münster: Waxmann.

Bundesministerium für Familie, Senioren, Frauen und Jugend. (2005). *Zwölfter Kinder- und Jugendbericht: Bericht über die Lebenssituation junger Menschen und die Leistungen der Kinder und Jugendhilfe in Deutschland. Bildung, Betreuung und Erziehung vor und neben der Schule.* Berlin: Bundesministerium für Familie, Senioren, Frauen und Jugend.

Dörner, K. (1994). Wir verstehen die Geschichte der Moderne nur mit den Behinderten vollständig. *Leviathan, 22*(3), 367–390.

Droste, T. (1999). *Die Historie der Geistigbehindertenversorgung unter dem Einfluß der Psychiatrie seit dem 19. Jahrhundert: Eine kritische Analyse neuerer Entpsychiatrisierungsprogramme und geistigbehindertenpädagogischer Reformkonzepte.* Münster: LIT.

Drucks, S., & Bauer, U. (2014). Schulische Behinderung und funktionaler Analphabetismus. Die Fortsetzung benachteiligender Identitätsangebote. In J. Hagedorn (Hrsg.), *Jugend, Schule und Identität: Selbstwerdung und Identitätskonstruktion im Kontext Schule* (S. 585–603). Wiesbaden: Springer VS.

Engelbert, A. (1999). *Familien im Hilfenetz: Bedingungen und Folgen der Nutzung von Hilfen für behinderte Kinder.* Weinheim: Juventa.

Feuser, G. (1989). Allgemeine integrative Pädagogik und entwicklungslogische Didaktik. *Behindertenpädagogik, 28*(1), 4–48.

Hänsel, D. (2012). Wie die Sonderschule sozial Benachteiligte schwerstbehindert: Der Fall des Schülers S. *Zeitschrift für Schulverwaltung, 23*(11), 311–313.

Hinz, A. (1997). „Integrative Diagnostik" zwischen Ressourcenbeschaffung und Verstehensprozessen. In K. Meissner (Hrsg.), *Integration: Schulentwicklung durch integrative Erziehung* (S. 159–169). Berlin: Diesterweg-Hochsch.

Hofmann-Lun, I. (Hrsg.). (2011). *Förderschüler/innen im Übergang von der Schule ins Arbeitsleben: Beruflich-soziale Integration durch gesonderte Förderung?* München: Dt. Jugendinst.

Hohmeier, J. (2004). Die Entwicklung der außerschulischen Behindertenarbeit als Paradigmenwechsel – Von der Verwahrung zur Inklusion. In R. Forster (Hrsg.), *Soziologie im Kontext von Behinderung: Theoriebildung, Theorieansätze und singuläre Phänomene* (S. 127–141). Bad Heilbrunn: Klinkhardt.

Kelle, H. (Hrsg.). (2010). *Kinder unter Beobachtung: Kulturanalytische Studien zur pädiatrischen Entwicklungsdiagnostik.* Opladen: Budrich.

Klemm, K. (2015). *Inklusion in Deutschland. Daten und Fakten: Im Auftrag der Bertelsmann-Stiftung.* Gütersloh: Bertelsmann.

Knebel, U. von. (2010). Auf dem Weg zu einer inklusionstauglichen Diagnostik: Entwicklungsnotwendigkeiten und Orientierungsgrundlagen – exemplarisch konkretisiert für den Förderschwerpunkt Sprache. *Sonderpädagogische Förderung heute, 55*(3), 231–251.

Kottmann, B. (2006). *Selektion in die Sonderschule: Das Verfahren zur Feststellung von sonderpädagogischem Förderbedarf als Gegenstand empirischer Forschung.* Bad Heilbrunn: Klinkhardt.

Kottmann, B. (2007). Die Feststellung von sonderpädagogischem Förderbedarf: Benachteiligung der Benachteiligten. In I. Demmer-Dieckmann & A. Textor (Hrsg.), *Integrationsforschung und Bildungspolitik im Dialog* (S. 99–108). Bad Heilbrunn: Klinkhardt.

Krüger, H., Rabe-Kleberg, U., Kramer, R., & Budde, J. (2011). Bildungsungleichheit revisited? – eine Einleitung. In H. Krüger (Hrsg.), *Bildungsungleichheit revisited: Bildung und soziale Ungleichheit vom Kindergarten bis zur Hochschule* (2. durchges. Aufl., S. 7–21). Wiesbaden: VS Verlag.

Kutscher, N. (2013). Ambivalenzen frühkindlicher Bildung im Kontext sozialstaatlicher Politiken und Programme. In Sektion Sozialpädagogik und Pädagogik der frühen Kindheit (Hrsg.), *Konsens und Kontroversen: Sozialpädagogik und Pädagogik der frühen Kindheit im Dialog* (S. 45–55). Weinheim: Beltz Juventa.

Mand, J. (2002). Sonderschule oder Gemeinsamer Unterricht?: Zum Einfluss von Gutachtervariablen auf Schullaufbahnentscheidungen für schulschwache oder auffällige Kinder und Jugendliche. *Zeitschrift für Heilpädagogik, 53*(1), 8–13.

Marks, D. (2011). *Konstruktionen von Behinderung in den ersten Lebensjahren: Unter besonderer Berücksichtigung der Strukturkategorie Geschlecht.* Bochum: Projekt-Verl.

Marotzki, W. (1990). Entwurf einer strukturalen Bildungstheorie: Biographietheoretische Auslegung von Bildungsprozessen in hochkomplexen Gesellschaften. In O. Hansmann & W. Marotzki (Hrsg.), *Univ., Habil.-Schr.-Hamburg, 1989, Dr. nach Typoskript. Studien zur Philosophie und Theorie der Bildung* (Bd. 3). Weinheim: Dt. Studien-Verl.

Maschke, M. (2007). Behinderung als Ungleichheitsphänomen – Herausforderung an Forschung und politische Praxis. In A. Waldschmidt & W. Schneider (Hrsg.), *Disability Studies, Kultursoziologie und Soziologie der Behinderung: Erkundungen in einem neuen Forschungsfeld* (S. 299–320). Bielefeld: Transcript.

Moser, V. (2000). Disziplinäre Verortungen: Zur historischen Ausdifferenzierung von Sonder- und Sozialpädagogik. *Zeitschrift für Pädagogik, 46*(2), 175–192.

Moser, V., & Sasse, A. (2008). *Theorien der Behindertenpädagogik.* München: Reinhardt.

Müller-Fehling, N. (2010). Was Familien brauchen! Zur Bedarfslage von Familien mit behinderten Angehörigen im Spiegel des 13. Kinder- und Jugendberichts. *Teilhabe, 49*(3), 126–130.

Niehaus, M., Kaul, T., Friedrich-Gärtner, L., Klinkhammer, D., & Menzel, F. (2012). *Zugangswege junger Menschen mit Behinderung in Ausbildung und Beruf. Berufsbildungsforschung.* Bonn: Bundesministerium für Bildung und Forschung (BMBF).

OECD. (2014). *Bildung auf einen Blick 2014: OECD-Indikatoren.* Bielefeld: Bertelsmann.

Parsons, T. (1958). Struktur und Funktion der modernen Medizin: Eine soziologische Analyse. In R. König & M. Tönnesmann (Hrsg.), *Probleme der Medizin-Soziologie* (S. 10–55). Opladen: Westdeutscher Verlag.

Pfahl, L. (2014). Techniken der Behinderung: Der deutsche Lernbehinderungsdiskurs, die Sonderschule und ihre Auswirkungen auf Bildungsbiografien. *Disability Studies: Bd. 7. Körper – Macht – Differenz* Bielefeld: transcript.

Powell, J. J., & Pfahl, L. (2012). Sonderpädagogische Fördersysteme. In U. Bauer, U. H. Bittlingmayer, & A. Scherr (Hrsg.), *Handbuch Bildungs- und Erziehungssoziologie* (S. 721–739). Wiesbaden: Springer VS.

Prengel, A. (2006). *Pädagogik der Vielfalt: Verschiedenheit und Gleichberechtigung in interkultureller, feministischer und integrativer Pädagogik* (3. Aufl.). Wiesbaden: VS Verlag.

Rauschenbach, T. (2009). *Zukunftschance Bildung: Familie, Jugendhilfe und Schule in neuer Allianz.* Weinheim: Juventa.

Rohrmann, A. (2007). *Offene Hilfen und Individualisierung: Perspektiven sozialstaatlicher Unterstützung für Menschen mit Behinderung. Klinkhardt Forschung.* Bad Heilbrunn: Klinkhardt.

Schädler, J. (2002). *Paradigmenwechsel in der Behindertenhilfe unter Bedingungen institutioneller Beharrlichkeit: Strukturelle Voraussetzungen der Implementation Offener Hilfen für Menschen mit geistiger Behinderung.* Dissertation, Universität Siegen, elektronische Veröffentlichung.

Schumann, B. (2007). *„Ich schäme mich ja so!" Die Sonderschule für Lernbehinderte als „Schonraumfalle".* Bad Heilbrunn: Klinkhardt.

Sitter, M. (2016). *PISAs fremde Kinder: Eine diskursanalytische Studie.* Wiesbaden: Springer Fachmedien.

Sting, S. (2013). Bildung im Kontext: Perspektiven von Selbstbildung im Rahmen sozialer Formierungs- und Differenzierungsprozesse. In S. Ahmed, A. Ahmed, L. Schwanenflügel, & B. Stauber (Hrsg.), *Bildung und Bewältigung im Zeichen von sozialer Ungleichheit: Theoretische und empirische Beiträge zur qualitativen Bildungs- und Übergangsforschung* (S. 34–46). Weinheim: Beltz Juventa.

Thiersch, H. (2008). Bildung und Soziale Arbeit. In H. Otto & T. Rauschenbach (Hrsg.), *Die andere Seite der Bildung: Zum Verhältnis von formellen und informellen Bildungsprozessen* (2. Aufl., S. 237–252). Wiesbaden: VS Verlag.

United Nations Educational, Scientific and Cultural Organization. (1994). Salamanca statement on principles, policy and practise in special needs education. Adopted by the world conference on special needs education: Access and quality, Salamanca, Spain, 7–10 June 1994. http://www.unesco.org/education/pdf/SALAMA_E.PDF. Zugegriffen: 18. Febr. 2016.

Voigts, G. (2013). Partizipation von Kindern und Jugendlichen mit Behinderungen in der Kinder- und Jugendarbeit: Auf dem Weg zu einem inklusiven Gestaltungsprinzip. *Teilhabe, 52*(1), 18–25.

Waldschmidt, A., & Schneider, W. (2007). Disability Studies und Soziologie der Behinderung. Kultursoziologische Grenzgänge – eine Einführung. In A. Waldschmidt & W. Schneider (Hrsg.), *Disability Studies, Kultursoziologie und Soziologie der Behinderung: Erkundungen in einem neuen Forschungsfeld* (S. 9–28). Bielefeld: transcript.

Weinbach, H. (2016). *Soziale Arbeit mit Menschen mit Behinderungen: Das Konzept der Lebensweltorientierung in der Behindertenhilfe.* Weinheim: Beltz Juventa.

Winker, G., & Degele, N. (2010). *Intersektionalität: Zur Analyse sozialer Ungleichheiten* (2. Aufl.). Bielefeld: transcript.

Wustmann, C. (2015). Pädagogisierung der Kindheit – Ambivalenzen im aktuellen Diskurs über die Bildung von Kindern. *Zeitschrift für Sozialpädagogik, 13*(1), 20–30.

Über die Autoren

Rohrmann, Albrecht, Prof. Dr., ist Professor für Sozialpädagogik mit den Schwerpunkten soziale Rehabilitation und Inklusion an der Universität Siegen, sowie Sprecher des Zentrums für Planung und Evaluation Sozialer Dienste (ZPE) der Universität Siegen. Arbeits- und Forschungsschwerpunkte: Unterstützung von Menschen mit Beeinträchtigungen; Inklusion; Institutionen der Behindertenhilfe; Teilhabeplanung; Sozialwissenschaftliche Aspekte von Behinderung; Behindertenpolitik.

Weinbach, Hanna, Dr., ist wissenschaftliche Mitarbeiterin im Department Erziehungswissenschaften und Psychologie der Fakultät II der Universität Siegen. Ihre Arbeits- und Forschungsschwerpunkte sind: Folgen sozialer Hilfen für Kinder, Jugendliche und erwachsene Menschen mit Beeinträchtigungen, Lebensweltorientierte Soziale Arbeit, Unterstützung von Menschen mit Beeinträchtigungen.

Soziale Ungleichheit, Migration und Bildung

Merle Hummrich

In der öffentlichen Diskussion um Migration tauchen gegenwärtig Migrant*innen entweder als das Bildungssystem bereits belastende oder als künftig kritische Masse auf. Die vermeintliche Belastung erwächst aus den bereits anwesenden „Personen mit Migrationshintergrund", jenen Menschen also, die schon eine längere Geschichte mit Deutschland verbindet, die zumeist hier geboren und aufgewachsen sind, weil ihre Eltern (oder Großeltern) – oft als Arbeitsmigrant*innen – nach Deutschland kamen. Die vermeintliche Bedrohung oder Herausforderung steht aus – sie wird repräsentiert durch die große Anzahl der zu erwartenden Flüchtlinge und die EU-Binnenmigrant*innen aus dem osteuropäischen Raum.

Gegenwart und Zukunft der Wissensgesellschaft scheinen damit auf Migrationsfragen zuzulaufen (Hamburger 2005). Dies hat seinen Grund darin, dass globalisierte Lebenspraxen – und Migration stellt sich als solche Praxis dar – nationale Teilhabechancen auf die Probe stellen. Sie verweisen auf die Grenzen der Inklusionsversprechen demokratischer Gesellschaften, indem sie die Exklusionsrisiken auf den Plan rufen. Der Gesellschaft wird der Spiegel vorgehalten. Migration wird damit zum Paradigma des gesellschaftlichen Umgangs mit sozialer Ungleichheit. Und weil gesellschaftliche Chancen unter Bedingungen der funktionalen Differenzierung wesentlich durch das Bildungssystem beeinflusst werden, kann soziale Ungleichheit pointiert am Zusammenhang von Migration und Bildung diskutiert werden.

Der vorliegende Beitrag verfolgt die Frage, wie in erziehungswissenschaftlicher Perspektive mit den hier genannten gesellschaftlichen Entwicklungen umge-

M. Hummrich (✉)
Europa- Universität Flensburg, Flensburg, Deutschland
E-Mail: merle.hummrich@uni-flensburg.de

M.S. Baader und T. Freytag (Hrsg.), *Bildung und Ungleichheit in Deutschland*, DOI 10.1007/978-3-658-14999-4_23

471

gangen werden kann. Um dieses Ziel zu erreichen, soll im Folgenden der Blick auf soziale Ungleichheit gerichtet werden und das dialektische Verhältnis von Inklusion und Exklusion in den Mittelpunkt gestellt werden[1]. Im Anschluss daran ist zu betrachten, welche Bedeutung Migration in der gegenwärtigen Diskussion um Bildung hat. Dazu wird einerseits auf den Zusammenhang von Migration und Bildung eingegangen, andererseits werden Überlegungen im Rahmen einer empirischen Studie zum Umgang mit Migration in Deutschland und den USA (allerdings sehr kursorisch) vorgestellt. Abschließend ist zu überlegen, inwiefern der Umgang des Bildungssystems mit Migration paradigmatisch für den Umgang mit sozialer Ungleichheit mit Blick auf die Konsequenzen für den erziehungswissenschaftlichen Umgang mit dem Thema Migration zu bündeln.

1   Soziale Ungleichheit und gesellschaftliche Teilhabe am Beispiel der Schule

Unter Bedingungen der Globalisierung und der Postdemokratie (Crouch 2008) werden alte, z. B. milieuspezifische oder nationale Gewissheiten des Innen und Außen unsicher. Zwar existieren Nationen weiter und damit auch nationale Institutionen wie das Bildungssystem; ihnen stehen aber supranationale und globale Akteure wie die Europäische Union oder die Weltbank gegenüber, welche Demokratisierungsprozesse zugunsten einer Ökonomisierung rückläufig werden lassen (Habermas 2008). Damit geraten auch alte Gewissheiten von Teilhabe und Solidarität ins Wanken. Gerade dies bringt lokal Menschen dazu, um ihre „Pfründe" zu fürchten. Zwei Beispiele mögen dies hier deutlich machen, wobei eines sich bereits auf Migration beziehen lässt, das andere eher die Haltung von Eltern in Bildungsinstitutionen in den Blick nimmt:

Erstens, zieht der Beitritt einiger osteuropäischer Staaten zur EU und die damit einhergehende Annahme künftiger Migrationsbewegungen von Sinti und Roma nationale Reaktionen nach sich, welche die Rede von Teilhabe und Demokratie, die ansonsten in der bürgerlichen Mitte der Gesellschaft hoch im Kurs

---

[1]Der Inklusionsbegriff ist dabei nicht auf seine gegenwärtig prominente Verwendung in der Debatte um die Teilhaberechte von Menschen mit Behinderung gerichtet. Inklusion wird als dialektisches Dependant zu Exklusion verstanden und bezeichnet im ganz allgemeinen, man möchte hier sagen im Simmel'schen (1992) Sinne, Teilhabe und Ausschluss. Darum werden die Begriffe Inklusion und Teilhabe sowie Exklusion und Ausschluss auch synonym verwendet.

steht, ad absurdum führen. Europäischer Staat ist plötzlich nicht mehr gleich europäischer Staat, die Herkunft aus ärmeren Nationen und Kulturen, mit denen die „westliche Vergemeinschaftung" in Europa gewinnbringend funktioniert, wird hier infrage gestellt. Internationale und interkulturelle Begegnung entfaltet offenbar nur dann ihre positive Wirkung, wenn sie passager – also die Abreise der Begegnenden erwartbar – ist oder wenn die als „Andere" markierten Personen „ihre Kultur" in den Dienst der Dominanzkultur stellen (ein Restaurant eröffnen, auf Schulfesten etwas Landestypisches kochen).

Zweitens kann die vermeintliche Bedrohung der Teilhabegewissheiten der bürgerlichen Mitte auch an den Schlagworten „Bildungspanik" und „Helikoptereltern" verdeutlicht werden. Beide bezeichnen Phänomene eines Elternverhaltens, das auf die Ökonomisierungstendenzen reagiert und darum bemüht ist, das eigene Kind international anschlussfähig zu machen: ersteres mit Blick auf die Zugänge zu den begehrten Gymnasialplätzen; letzteres mit Bezug auf die Behütung und Überwachung des Kindes und seiner u. a. durch außerschulische Bildungsangebote gestützten Karriereplanung. Diese Phänomene sind – das ist nicht erstaunlich – vornehmlich in sogenannten bildungsnahen Milieus anzutreffen, die angesichts steigender Bildungsbeteiligung um ihre Privilegien fürchten. Der Begriff der „Helikoptereltern" taucht interessanterweise auch in anderen westlichen Gesellschaften (z. B. in Frankreich, den USA und England) auf. Er führt vor Augen, welche Wirkmächtigkeit die mediale Präsenz von Monitoring-Studien hat (z. B. PISA), denn die Legitimation außerschulischer privater Bildungsangebote, die Frage der richtigen und möglichst frühen, aber dennoch nachhaltigen Förderung von Kindern, ist eine, die seither im gesellschaftlichen Diskurs sehr dominant geworden ist. Der Zwang zur Selbstoptimierung, der von Ulrich Bröckling (2007) im „Unternehmerischen Selbst" angesprochen wird, betrifft eben auch schon die Kindheit und es ist nicht auszuschließen, dass auch Eltern in ihrer Elternschaft darum bemüht sind und deshalb z. B. Gymnasien mit niedriger Migrantenrate anwählen, die ihrerseits Kinder mit ausländischem Namen ablehnen. Die Kritik, die indes mit den Schlagworten „Bildungspanik" und „Helikopter-Eltern" einhergeht sucht häufig nach dem Ursprünglichen der Kindheit (Hörnlein, in der ZEIT 8/2015) und verkennt die sozialen Konflikte, die sich hier auftun.

Die zwei knappen Beispiele zeigen nicht nur, wie die gegenwärtigen Entwicklungen die Gewissheiten von Teilhabe und Ausschluss unsicher werden lassen, sondern führen auch die Grenzen von Inklusion in funktional differenzierten Gesellschaften und unter Bedingungen der nationalen Rahmung von Bildungssystemen, die auf globale Entwicklungen nur reagieren können, vor Augen. Inklusion an den Grenzen verweist damit zwangsläufig auf Exklusion. Beide Begriffe stehen in einem dialektischen Verhältnis[2]. Der späte Niklas Luhmann verweist darauf, wenn er ausführt, dass die zunehmende Inklusion moderner Gesellschaften durch Verelendung und Entrechtung (er nennt als Beispiel die brasilianischen Favelas) gefährdet ist. Inklusion beschreibt das, „was [die Gesellschaft, MH] als Teilnahme- bedingung setzt bzw. als Teilnahmechance in Aussicht stellt. Exklusion ist das, was unmarkiert bleibt" (Luhmann 1995, S. 262). Nach Pierre Bourdieu (2000) bleibt jedoch meist sowohl das Wissen um Teilhabe als auch das um Ausschluss impli- zit. Teilhabechancen werden in Abhängigkeit von den jeweils in sozialen Räumen geltenden Bewertungen des kulturellen und des ökonomischen Kapitals gewährt. Inklusion ergibt sich über Reaktionen und Homologien zu einem „wiederum rela- tional bestimmten Ensemble von Tätigkeiten [...] oder Gütern" (Pierre Bourdieu 2000, S. 17). Machterhalt und Machtgewinn sind Folgen von symbolischen Kämp- fen um begehrte Güter. Vor diesem Hintergrund bildet sich der Habitus aus, der einerseits eine Inklusion in bestimmte Milieuzugehörigkeiten verspricht, anderer- seits andere Zugehörigkeiten ausschließt (vgl. Hummrich 2011, S. 21). Teilhabe am Bildungssystem zielt in modernen Gesellschaften einerseits auf Vollinklusion – alle 6 bis 18 jährigen werden verpflichtet Schulen zu besuchen; andererseits gehen mit ihr und ihren Selektionsmechanismen Exklusionsrisiken einher, die durch immer wieder auf den Plan gerufene habituelle und milieubedingte Ausschlusskri- terien bedingt sind (Bourdieu und Champagne 1971; Kramer 2011).

Das Schulsystem wird schließlich zum Spiegel gesellschaftlicher Ordnungs- strukturen. Hier kann mit Michel Foucault (2006) angeschlossen werden und ein weiterer Aspekt der Relationierung von Inklusion und Exklusion beleuchtet wer- den. In seinem Aufsatz über „Andere Räume" oder „Heterotopien" beschreibt Foucault gesellschaftliche Institutionen wie das Gefängnis oder die Klinik als Mahnmale der Exklusion, die gleichermaßen auf der Grundlage gesellschaftlicher Ordnungsstrukturen errichtet werden und einen Beitrag zur Herstellung gesell- schaftlicher Ordnung leisten. Schule kann in diesem Verständnis auch als Hetero- topie gelten (Hummrich 2011), die vor allem das richtige Verhalten herstellen soll (wobei die Korrektur von Fehlverhalten sich in den Mikropraktiken nachvollziehen lässt). Der normierende Blick, die Qualifizierung und die Klassifikationen – all dies sind Merkmale von Heterotopien und sie kommen in der Schule vor. Durch Nor- mierung, Qualifizierung und Klassifikation werden räumliche Anordnungs- und Lagerungsstrukturen hervorgebracht, die soziale Teilhabe ermöglichen – oder ver- wehren. In der Schule lassen sich unter anderem Prüfungen als Ordnungsinstru- mente verstehen (Foucault 1977). Dies wird etwa daran deutlich, wie Lehrer*innen

---

[2]Zu dem Folgenden: vgl. Hummrich 2015).

die Prüfung als Disziplinierungsinstrument einsetzen, wenn es darum geht, durch sie eine weitere Selektionsstufe zu bewältigen oder – dies fällt in die gleiche Kategorie – einen Abschluss zu bewältigen. Die Prüfung ermöglicht Machtausübung. Da sie mit einem bürokratischen Akt einhergeht, wird in ihr gewissermaßen das Individuum produziert (Foucault 1977, S. 250). Die Teilhabe an Prüfung bedeutet nicht nur die Möglichkeit als Individuum anerkannt zu werden, sondern geht auch mit der Unterwerfung unter anerkennungsfähige Regeln einher (Butler 1998; Balzer 2014; Hummrich 2015). Die Wirkmächtigkeit der Prüfung, unter der zugleich das Individuum gebildet wird zeigt sich zwar in jeder Mikropraxis der unterrichtlichen Prüfung (dem Tafelgespräch, der Hausaufgabenüberprüfung, dem unangekündigten Test, der Klausur und sogar im Unterrichtsgespräch, der Sitzordnung usw.). Es zeigt sich aber besonders deutlich in den schulischen Übergangsritualen: der ärztlichen Schuleingangsprüfung, den Prüfungen, die wichtig für die Anschlussschule nach dem vierten Schuljahr sind, die Bewährungsprüfungen, den über die Zulassung für die Abschlussprüfung entscheiden. Die Menschen werden hier als Lernende erfasst, zu Schüler*innen gemacht und damit treten sie als vergesellschaftete Individuen in Erscheinung. Sie verbleiben (zumindest in Deutschland) in dieser Art der Vergesellschaftung, weil ihre Diszipliniertheit als Schüler*innen (normativ und leistungsbezogen) auch über Anschlussoptionen in der Hochschule entscheidet.

Die symbolischen Kämpfe um Privilegierung im Bildungssystem sind mit Bourdieu zu einem Kampf um Teilhabechancen zu verstehen (unter anderem: Kramer 2011; Helsper et al. 2009, 2013, 2014). Jene Teilhabechancen unterwerfen jedoch selbst – dies wird mit Bezug auf Foucault deutlich – das Individuum unter die Teilhabebedingungen: zum Beispiel die internationale Anschlussfähigkeit und Orientierung im Kindesalter als Ermöglichungsstruktur für eine gelingende Bildungsbiografie, die Anerkennung der Übergänge und Hürden des Bildungssystems und der Erhalt und die Reproduktion der milieuspezifischen Ordnungsstruktur (vgl. u. a. Hummrich 2010). Mehr noch: die Anerkennung als Individuum ist nur möglich unter Anerkennung dieser auf ungleichen Prinzipien rekurrierenden Ordnungsstruktur.

Ein kurzer Ausblick auf die Bedeutung, die diese Ungleichheitsstrukturiertheit für Migrant*innen hat zeigt, dass diese die Institution Schule auch dann nicht vermeiden könnten, wenn sie explizit um die Benachteiligungsrisiken und Teilhaberestriktionen wissen. Sie müssen sich in ihr bewähren und damit in einer Ordnung (nicht gegen eine Ordnung), die sie möglicherweise doppelt subordiniert: als Benachteiligte und als zu Benachteiligende. Benachteiligte sind sie durch die gesellschaftliche Struktur, zu zu Benachteiligenden werden sie durch die Schule – darauf haben zahlreiche Studien verwiesen (beispielhaft: Gomolla und Radtke 2003; Hummrich 2009; Helsper und Hummrich 2005; Schümer et al. 2004).

Damit sollen nicht überkommene Defizit- und Problemperspektiven geschürt werden, sondern die gesellschaftliche Strukturlogik sozialer Ungleichheit verdeutlich werden. Mit Foucault stellt sich dies als Unmöglichkeit dar, sich dem gesellschaftlichen Hintergrund zu entziehen. Dies wirft besonders mit Blick auf Globalisierung und Postdemokratie neue Fragen auf, denn soziale Ungleichheiten und deren Analysen betreffen zunächst intra-gesellschaftliche Konzeptionen, indem von sozialen Klassen oder von sozialer Differenz(ierung) die Rede ist – oder indem von Arbeitsmigrant*innen als Personen gesprochen wird, die zur gesellschaftlichen „Unterschichtung" beigetragen haben: im Zuge des allgemeinen Aufstiegs der Gesellschaft in der Zeit des deutschen Wirtschaftswunders brach die Unterschicht weg und wurde durch Zugewanderte aus Südeuropa ersetzt (Hoffmann-Nowotny 1970). Die Rede von Unterschichtung, aber auch die von Ethnizität, bringt dies paradigmatisch zum Ausdruck. Die Unterschichtung zeigt an, dass es zur gesellschaftlichen Normalitätskonstruktion gehört, eine (oder mehrere) Unterschicht(en) zu haben. Ethnizität ist eng verknüpft mit Zugehörigkeitsvorstellungen in Bezug auf Volk, Nation, Ethnie und Staat. Damit sind jene Konstruktionen von Zugehörigkeit impliziert, die auf der Annahme territorialer Grenzen als natürlicher Differenzierungsgrundlage für soziale Unterschiede beruhen (Radtke 2011).

Erst auf der Grundlage von Ethnizität über den Umweg Migration gelingt eine Infragestellung der uneingeschränkten Teilhabemöglichkeiten am Bildungssystem. Nicht-Zugehörigkeitskonstruktionen werden an (vermeintlich kulturell bedingten) Differenzen der Familienbeziehungen und Sprachkompetenzen festgemacht. Wenn etwa politisch gefordert wird, in Migrantenfamilien deutsch zu sprechen, haben wir es mit beidem zu tun – der Differenzierung von familialen Bindungen in förderliche und nicht förderliche Beziehungen, und der Annahme, dass andere Sprachen als die deutsche zu Bildungsbenachteiligung führen und Familien, die nicht deutsch sprechen weniger bildungsorientiert sind. Dahinter steckt die einheimische Angst vor dem Nicht-Verstehen und die Bedrohung der Migrant*innen mit Ausschluss bei Nicht-Erfüllen. Dahinter verbirgt sich ein Rassismus, der mit der Ent-Fremdung von Migrant*innen arbeitet – kulturelle Fremdheit wird mit sprachlicher Differenz und beides zusammen wird mit mangelhaften Bildungschancen gleichgesetzt, die nicht von der Schule, sondern von der Familie verursacht werden (vgl. auch: Hormel 2010). Diese Konstruktion insgesamt verkennt die Bedeutsamkeit, die Familie auch sprachunabhängig bei der Unterstützung von Bildungsaspirationen hat (Hamburger 1994, 2009; Hummrich 2003, 2009).

Die neuen Fragen, die unter Bedingungen von Globalisierung und Postdemokratie auftauchen, verweisen nun darauf, dass soziale Ungleichheit nicht an den Toren von Gesellschaften Halt macht. Mit John W. Meyer (2005) lässt sich zwar feststellen, dass die westlichen Prinzipien die Welt durchdringen – was unter anderem am Bildungssystem nachvollziehbar ist (auch: Hasse und Krücken 2005): die meritokratischen Strukturen lösen die Vermittlung von Lebenschancen qua Geburt ab. Diese Perspektive verweist auf die historische Bedeutsamkeit der Umsetzung einer universellen Bildungsidee. Sie blickt indes nicht auf die Differenzen der Beteiligungschancen, wie dies etwa Untersuchungen in der Vergleichenden Erziehungswissenschaft machen (vgl. z. B. Powell 2013; Fritzsche 2013; Hummrich 2013). So zeigt sich im deutsch-amerikanischen Vergleich, wie Maryellen Schaub und David P. Baker (2013) ihn vornehmen, dass die in das deutsche Bildungssystem eingelagerte Differenzierungsstruktur in Hauptschule und Realschule und Gymnasium gegenüber der vergleichsweise geringeren Differenziertheit des öffentlichen amerikanischen Highschool-Wesens eine Reminiszenz an feudale Strukturen in Deutschland gegenüber einer stärker rationalen Verwirklichung der universalistischen Bildungsidee in den USA bedeutet[3]. Trotz leistungsbezogenem Bildungssystem reproduziert sich für die Autorin und den Autor hierin die Chancenvergabe durch herkunftsbezogene Kriterien, was sich auch in den sozialstatistisch informierten Aufschlüssen der Schülerleistungen zeigt. In den USA indes liegen die Unterschiede weniger in den individuellen Übergangschancen, bei denen die Herkunft eine nicht unmaßgebliche Rolle spielt, hier zeichnen sich Ungleichheiten in der Finanzierung der Schuldistrikte ab. Weil die Schulen zu einem großen Anteil durch die Vermögenssteuer finanziert werden, gibt es bedeutende Ungleichheiten zwischen den Schulen – und ihren Leistungsfähigkeiten (Skinner 2009). Zugleich wird die Effizienzsteigerung der Bildungssysteme kritisiert, da hier die Konformität von Schüler*innen und ihre Orientierung auf Nützlichkeit auf Kosten der demokratischen Erziehung gehe (Giroux 2014; Deresiewicz 2014). Ungleichheit wird weniger über den Sozialstatus der Eltern „vererbt" als über die räumliche Verortung der Schule (vgl. Abschn. 2.2). Internationale Leistungsvergleichsstudien, tun ihr Übriges dazu. Unter Bedingungen des Wettbewerbs wird die Platzierung im Vergleich mit anderen Staaten ein relevantes Kriterium der Bildungsorientierungen, werden Lerninhalte der Nützlichkeit unterstellt und Kinder und Jugendliche zur Steigerung der internationalen Leistungsfähigkeit instrumentalisiert, zum Beispiel indem mit ihnen gezielt auf den Test hin gelernt wird. Faktoren sozialer Ungleichheit werden in diesem Zusammenhang in dem Maße zur Bedrohung der internationalen Wettkampffähigkeit, wie sie sich auf die Leistungsfähigkeit auswirken. Sprich: wenn sich in Deutschland abzeichnet, dass Migrant*innen durchschnittlich schlechter

---

[3]Diese Differenzierung ist auch dann nicht aufgehoben, wenn als Anschlussschulen – wie in manchen Bundesländern – nur noch zwei Schulformen zur Verfügung stehen, da über die Abschlussvergabe die Dreigliedrigkeit wiederhergestellt wird.

abschneiden als Nicht-Migrant*innen (Becker 2011), während in den USA zum Beispiel geringere Unterschiede in der Leistungsfähigkeit von Migrant*innen und Nicht-Migrant*innen festgestellt werden (Christensen und Stanat 2006), dann verwundert es nicht, dass dadurch rassistische Diskurse angeregt werden, die soziale Ungleichheit eher verstärken, als sie zu verringern. Diesen Zusammenhängen soll sich im folgenden Kapitel gewidmet werden.

2   Migration und Bildung

Lange Zeit wurde über Migration vor allem mit Blick auf „die Kinder der Migranten" (Hamburger 2005, S. 7) diskutiert. Damit waren die Kinder von Arbeitsmigranten gemeint, die aufgrund der Anwerbung ausländischer Arbeitskräfte in den 1950er bis 70er Jahren aus dem Süden Europas nach (West-)Deutschland kamen und ihr Recht auf Teilhabe am Bildungssystem mühevoll erkämpfen mussten (vgl. Mecheril 2004). Auch wenn Migrant*innen längst zur Normalität deutscher, wie anderer westlicher Gesellschaften geworden sind, hat es lange gedauert bis Deutschland von sich selbst als Einwanderungsland reden machte (Badawia et al. 2005, Krüger-Potratz 2005). Teilhaberechte – und dies wird besonders am Bildungssystem deutlich – gaben hierbei immer wieder Anlass zu Diskussionen um gesellschaftliche Orientierungen und den Geltungsbereich staatlich-demokratischer Ermöglichungsstrukturen. Die Differenzierung, die in Deutschland mit Blick auf Migrant*innen aufrecht erhalten wird, gibt den unterschiedlichen Gruppen von Einwanderern unterschiedliche rechtliche Positionen und damit Teilhabeoptionen (vgl. Treibel 1999; Hamburger 2001). Arbeitsmigrant*innen, EU-Binnenmigrant*innen, Flüchtlinge, Asylbewerber*innen, Asylant*innen, Spätaussiedler*innen – die hier genannten Begrifflichkeiten sind nicht erschöpft, verweisen aber auf das gemeinsame Merkmal der inter- und transnationalen Wanderungsbewegungen, welche die Personen nach Deutschland geführt haben. Im Bildungssystem gibt es für alle diese Gruppen unterschiedliche Teilnahmebedingungen und eben dieses Bildungssystem ist mit den Teilhabemöglichkeiten sehr restriktiv umgegangen.

Bis 1964 galt für Personen nichtdeutscher Herkunft zum Beispiel keine Schulpflicht. Geltend war ein Gesetz aus den 1920er Jahren, das Nicht-Deutschen die Teilhabe an (deutscher) Volksbildung versagte (Krüger-Potratz 2005). Das Recht auf Teilhabe konnte geltend machen, wer deutscher Abstammung war („ius sanguinis"), nicht das Geburtsortsprinzip („ius soli") wie zum Beispiel in den USA. Dieses Abstammungsprinzip wurde erst 2000 zum Teil aufgehoben, sodass Kinder nicht-deutscher Abstammung die Möglichkeit haben bis zu ihrem 23. Lebensjahr

2 Staatsbürgerschaften zu haben[4]. Die Schulpflicht gilt für alle Kinder mit einem Aufenthaltstitel, für Kinder, die keinen Aufenthaltstitel haben, gilt sie in einigen Bundesländern nicht, gleichwohl haben sie das *Recht* eine Schule zu besuchen. Kinder, die „illegal" in Deutschland leben, besuchen häufig keine Schule. Fragen der Teilhabe von Kindern, die geflüchtet sind, verweisen auf die Grenzen des Wohlfahrtsstaates und des Bildungssystems – sie konfrontieren das Bildungssystem mit seinem Anspruch auf umfassende Teilhabe und der Vermittlung von Wissen für zukünftige Staatsbürger. Damit verweist Migration paradigmatisch auf die Grenzen national verfasster Bildungssysteme, die transnationalen Anforderungen unter Globalisierungsbedingungen nicht gewachsen sind. Der Frage nach der Strukturlogik des Zusammenhangs von Migration und Bildung soll im Folgenden mit Blick auf das deutsche Bildungssystem nachgegangen werden (Abschn. 2.1) und anschließend wird die Frage zu erörtern sein, welche Bedeutung Migration in der Perspektive vergleichender Betrachtungen hat (Abschn. 2.2).

2.1 Die Strukturen des Bildungssystems und sein Umgang mit Migration

Der Umgang mit Migration lässt sich zunächst an einigen *hard facts* orientieren, muss aber in einer analytischen Beschreibung auch die „unberechenbaren" Folgen einbeziehen. Zu den Hard Facts (dazu insgesamt: Statistisches Bundesamt 2015 und Beauftragte der Bundesregierung für Migration, Flüchtlinge und Integration 2015) gehört die Feststellung, dass Deutschland derzeit einen Migrantenanteil von circa 20 % hat. Dabei beträgt der Anteil der Kinder „mit Migrationshintergrund" etwa 35 %, das heißt: gut ein Drittel aller in Deutschland lebenden Kinder wird der Gruppe der Migrant*innen zugerechnet. Die Hälfte der so genannten „Personen mit Migrationshintergrund" besitzt einen deutschen Pass, ebenfalls die Hälfte hat keine eigene Migrationserfahrung. Die Statistik in Bezug auf den Schulabschluss zeigt, dass nach wie vor verhältnismäßig wenige Kinder mit „Migrationshintergrund" das Gymnasium besuchen (24 %), während nahezu die Hälfte der nicht-migrantischen Kinder und Jugendlichen diese Schulform besucht; in Bezug auf die Hauptschule ist dagegen der Anteil migrantischer

---

[4]Dies führt u. a. dazu, dass der Begriff „Migrationshintergrund" versucht alle auf Migration festzuschreiben, deren Biografie in irgendeiner Weise mit Migration zu tun hatte. „Migrationshintergrund" macht es möglich nicht mehr in Herkunft oder Staatsangehörigkeit zu differenzieren (vgl. Hamburger 2010) und den Migrantenstatus beliebig fortzuschreiben (siehe auch Fußnote 6).

Kinder und Jugendlichen mit 27,6 % mehr als zweieinhalb mal so groß, wie der
der deutschen Kinder und Jugendlichen (10,6 %). Diese Verhältnisbestimmungen
reproduzieren sich auch in Bezug auf die Schulabschlüsse: Die Schule wird von
etwa 5 % der deutschen und 11,4 % Jugendlicher „mit Migrationshintergrund"
ohne Hauptschulabschluss verlassen. Die allgemeine Hochschulreife wird von
44,3 % der deutschen Jugendlichen und 16,2 % der Jugendlichen mit „Migrationshintergrund" erworben. Auch wenn es zu leichten „Angleichungen" gegenüber den Vorjahren gekommen ist, so spiegeln diese Statistiken doch das wieder,
was mit der Rede von Prototypen der Benachteiligung (Geißler 2005; Solga
2005) gemeint war: das Merkmal Migration gehört zu den bedeutenden Risiken
der Wahrnehmung von Bildungsungleichheit, auch wenn die Einbeziehung der
sozialen Herkunft zeigt, dass diejenigen, die aus privilegierten Elternhäusern
kommen ebenso wenig benachteiligt sind, wie ihre statusgleichen nicht-migrantischen Gleichaltrigen.

Über die Ursachen der geringeren Bildungsbeteiligung – dies ist wiederum
ein Dysphemismus, denn die Beteiligung an Bildung ist gleich, lediglich der Bildungserfolg ist geringer – wird weitläufig geforscht. Migration ist ein Thema,
das Ungerechtigkeiten des Bildungssystems zum Vorschein bringt und da wo
Ergebnisse produziert werden, können (politische) Verbesserungsvorschläge
angeschlossen werden. So zeigt die politische Bezugnahme auf Studien zur
Sprachkompetenz, dass Probleme den Eltern angelastet werden; die Gegenüberstellung des „immigration optimism" (Escobar 2006) mit einem Informationsdefizit der Migrant*innen über die Schule in Deutschland wird als mangelndes
Engagement für den Bildungserfolg ausgelegt (Relikowski et al. 2012). Migration
dient als Forschungsthema unter anderem dazu, den Verbleib in benachteiligten Milieus zu konstatieren. Damit allerdings wird einer Politik der Defizit- und
Problemzuschreibung Vorschub geleistet und der gesellschaftliche Diskurs,
gemäß dem ein hoher Migrantenanteil an Schulen für geringes Leistungsvermögen spricht, in dem Migrantenkinder möglichst früh von ihren als integrations-
hemmend geltenden Familien getrennt werden sollen, damit sie richtig Deutsch
lernen, in dem Stadtteile mit hohem Migrantenanteil als Problemstadtteile gelten
(usf.) hält an. Franz Hamburger (2005) skizziert die Struktur des Feldes von Bildung und Migration als durch folgende Feldlinien gekennzeichnet:[5] Zum einen

---

[5]Hamburger folgt hier dem Feldbegriff von Kurt Lewin, gemäß dem das Feld kein abstraktes
Bezugssystem (Lewin 1982, S. 25; zit. n. Hamburger 2005, S. 9) ist, sondern es repräsentiert
„eine Vielzahl von Bereichen, die alle zur gleichen Zeit existieren und zueinander in Wechselwirkung stehen" (Hamburger 2005, S. 9). Das psychologische Feld eines Individuums
zeichnet sich durch die Feldstrukturen aus und repräsentiert zugleich seinen Lebensraum.

wird die Differenzierung der Gesellschaft in „Deutsche und Ausländer", „Einheimische und Fremde" als Strukturmerkmal benannt, die rational konsistent gar nicht möglich ist. Dieses erste Strukturelement basiert nämlich auf einer ideologischen Unterscheidung, durch die Ungleichheit konstruiert wird. Als zweites Strukturelement benennt Hamburger den Wunsch der Migrantenkinder und -jugendlichen, Schule in ihrer kalten Funktionalität wahrzunehmen und von Schule auch auf der Grundlage ihrer funktionalen Bestimmungen wahrgenommen zu werden. Dieser Wunsch gründet in den Alltagserfahrungen auf den Migrantenstatus festgeschrieben zu werden und dadurch ein im Vergleich zu Nicht-Migrant*innen verschiedenes Leistungsvermögen attestiert zu bekommen und die Erfahrung, dass Erfolg damit zusammenhängt, funktional-modern zu handeln und den eigenen Hintergrund zu privatisieren (auch: Hummrich 2013, 2015).

Die Rede von Bildungsbenachteiligung, die als *hard fact* unhinterfragbar scheint, verweist schließlich auch auf einen Bildungsbegriff, der vor allem am *outcome* orientiert ist und Bildungserfahrung mit schulischer Erfahrung gleich setzt. Ein solcher Bildungsbegriff ist einerseits unhintergehbar, wenn man die Bedeutung der schulischen Abschlüsse für die Teilhabechancen in Rechnung stellt – was in Teil 1 mit Foucault aufgezeigt wurde. Andererseits verkennt dieser Bildungsbegriff Prozesse der Subjektbildung und die Chancenhaftigkeit von Migration *als* Bildungserfahrung. Der in den 1990er Jahren unter Leitung von Ingrid Gogolin und Bernahrd Nauck arbeitende Forschungszusammenhang FABER (Folgen der Arbeitsmigration für Bildung und Erziehung) forderte diese Chancenorientierung erstmals ein (Gogolin und Nauck 2000). Die Bildungskonzepte wie Rainer Kokemohr (2007) und Hans-Christoph Koller (2007, 2012) sie entwickelt haben, rekurrieren auf eine solche Sichtweise. Der Migrationsprozess selbst kann hier als ein Modernisierungsprozess verstanden werden (Hamburger 1994), der Bildung gleichsam evoziert, weil ihm die Erfahrung der Befremdung eingeschrieben ist. Die damit einhergehende Irritation – so kann das Bildungsmodell Kokemohrs stark verknappt skizziert werden – eröffnet einen Bildungsvorhalt, in dem die Aneignung von Fremdem im humboldtschen Sinne auch eine Veränderung der Welt- und Selbstbezüge zur Folge hat (Kokemohr 2007). Insofern wäre Migration viel weniger prototypisch mit Benachteiligung gleichzusetzen als dass sie einen Prototypen moderner Bildungschancen impliziert. Es geht nicht darum, die binäre Codierung von Eigenem und Fremdem mit dem Ziel der Subordination des Fremden zu übernehmen, sondern darum, in der Dialektik von Eigenem und Fremdem Erfahrungen der Transformation zur Geltung zu verhelfen (vgl. Hummrich 2006, 2015).

Eine solche Vorstellung sei hier als Ausblick auf eine Möglichkeit benannt. Die Strukturiertheit von Gesellschaft – auch wenn sie längst Migrationsgesellschaft

ist – verweist auf andere Bedingungen. Hier ist die Anerkennung von Fremdheit
viel weniger mit der Anerkennung der eigenen Befremdung und Transforma-
tionsanforderung verbunden, als mit der Setzung der Differenz von Eigenem
und Fremdem als gegeben. Pädagogiken, die sich mit Interkulturalität befassen,
bauen darauf, dass diese Differenz Bildung maßgeblich leitet. Damit schreiben sie
jedoch Einheimische immer wieder auf ihre Zugehörigkeit, Nicht-Einheimische
auf Fremdheit und Nicht-Zugehörigkeit fest (Mecheril 2005).

2.2 Migration und Bildung in vergleichender Perspektive

In der Geschichte der „deutschen" Bearbeitung des Themas Migration und Bildung finden wir Bearbeitungsformen, die von einem anfänglichen ‚muddeling
through' – sich Durchwursteln – gekennzeichnet waren (Diehm und Radtke
1999). Der Umgang mit Migrant*innen erfolgte nicht professionell planvoll, sondern als Reaktion auf die verstärkte Anwesenheit von Migrantenkindern in den
Schulklassen. Dabei stand häufig eine defizit- und problemorientierte Sichtweise
im Vordergrund, die vor allem sprachliche und kulturelle Probleme wahrnahmen.
Sprachförderung erfolgte lediglich in der Grund- und der Hauptschule, womit
Schulformen über die Hauptschule hinaus für Schüler*innen, die nach der Grundschulzeit migriert waren, nicht infrage kamen (vgl. Hummrich und Wiezorek
2005). Im Vordergrund stand – so führt etwa Auernheimer (1997) aus – die Assimilation der „Ausländerkinder" an die bestehenden Routinen. In diesem Sinne
ist jene Art der „Ausländerpädagogik", eine Art Abgrenzungsfolie für Ansätze
Interkultureller Pädagogik (Auernheimer 1997), welche chancenorientiert darauf zielt, der Assimilation Integration entgegenzusetzen, also die Differenz von
Migrant*innen und Nicht-Migrant*innen anzuerkennen und in diesem Sinne die
kulturelle Identität zu erhalten. Darin ruht gerade jene Kontinuität der Entfremdung, die etwa von Hamburger (2009) kritisiert wird.

Isabell Diehm und Frank-Olaf Radtke fassen ihre Kritik folgendermaßen
zusammen: „Im Gegensatz zur ‚Ausländerpädagogik', die sich an der konservativen gesellschaftspolitischen Vorgabe von Integration *und* Rückkehroption
ausrichtete, sucht ‚Interkulturelle Pädagogik' zur Begründung angepaßter pädagogischer Konzeptionen Halt in *gesellschaftspolitischen Utopien.* Die Idee
der ‚multikulturellen Gesellschaft' präsentiert den Entwurf einer Gesellschaft,
der am Ende eines langen Umbau- und Umerziehungsprozesses realisiert werden soll" (Hamburger 2009, S. 133). Auch interkulturell pädagogische Ansätze

setzen Begriffe kultureller Fremdheit zentral. Die Praxis des Umgangs mit Migrant*innen spiegelt dies wieder – und nicht zuletzt findet sich darin auch ein Niederschlag des unentschiedenen politischen Umgangs mit Migration – Personen, die nicht qua Geburt Deutsche sind, haben Schwierigkeit vollgültig anerkannt zu werden. Migrant*innen werden somit oftmals über Generationen hinweg[6] zu Fremden gemacht und ihr Fremdheitsstatus wird festgeschrieben. Gerade in der Ent-Fremdung offenbart sich jene unentschiedene Haltung zu Einwanderung. Wenn Zygmunt Bauman treffsicher formuliert: „Es gibt Freunde und Feinde. Und es gibt Fremde" (Bauman 1992, S. 23), so bringt er zum Ausdruck, dass Fremdheit die Unentschiedenheit der Zugehörigkeit aufnimmt. Diese Unentschiedenheit ist schließlich ein Beitrag dazu, dass Ungleichheit aufgrund von Migration reproduziert wird, weil die Fremdheit der Migrant*innen anerkannt wird. Wird diese Fremdheit vornehmlich pädagogisch und nicht politisch (durch Zugehörigkeitsberechtigung) bearbeitet, dann liegt darin der häufig misslingende Versuch, Politik durch Pädagogik zu ersetzen (kritisch: Hamburger et al. 1981).

Was in den vorangegangenen Kapiteln und hier deutlich wurde, ist, dass Migration in Deutschland mit einer Problematisierung von Zugehörigkeit einhergeht. Migrant*innen gelten nach wie vor als bildungsbenachteiligt und werden diskursiv – auch in Forschung und Politik – zu Fremden gemacht, indem sie in Differenz zur Mehrheitsgesellschaft gesetzt werden. Die rechtliche Stellung von Migrant*innen ist uneinheitlich, die Förderbedingungen ebenso – dies verstärkt das Gefühl der Handlungsunsicherheit auf Lehrer*innenseite. Dabei ist zunehmend zu beobachten, wie direkte Diskriminierung aus den Klassenzimmern verschwindet und sich in die professionellen Diskurse verlagert. Lehrer*innen „mit Migrationshintergrund" werden gefordert oder interkulturelle Trainings angeboten, um die Expertise im Umgang mit Migration zu stärken. Dies verweist auf eine Fortschreibung der Ent-Fremdung. Sie ruht in einer (politisch) uneinheitlich regulierten Umgangsstrategie mit Einwanderung, die in Schule.

Die USA als ein Staat, in dem moderner Institutionalismus in der schulischen Bildung als weit umgesetzt gilt (Schaub und Baker 2013), liefern in vielerlei Hinsicht ein kontrastives Bild zum Umgang mit Einwanderung im Vergleich zu Deutschland. Darum sei hier – im Sinne eines Kontrastes – exemplarisch auf

---

[6]Ausländer, Migranten, Migranten der zweiten und dritten Generation – all diese Begriffe verlängern die Perspektive der Nicht-Zugehörigkeit. Getoppt wird dies allerdings durch den Begriff „Migrationshintergrund", der anzeigt, dass der Migrantenstatus auch über die Großelterngeneration hinaus verlängert werden kann – auch hierin zeigt sich wiederum Ent-Fremdung, ohne dass der Begriff analytisch gehaltvoll wäre.

einige Differenzen verwiesen[7]. Die USA blicken auf eine lange Tradition als Einwanderungsland zurück und hat schon seit 1924 mit einer Quotierung der Einwanderungsgruppen gearbeitet, gemäß der die Herkünfte reguliert und die Einwanderung kontrolliert wird. Jährlich kommen etwa 500.000 Menschen als Einwanderer in die USA. Sie haben die gleichen Teilhaberechte und -pflichten am Bildungssystem wie die Kinder der Einheimischen. Das öffentliche Bildungssystem ist in den USA deutlich weniger segregiert als in Deutschland (vgl. Skinner 2009): alle Kinder und Jugendlichen besuchen den gleichen Schultyp und haben ein Ziel – den Highschool-Abschluss. Dabei entstehen in den letzten Jahren *magnet-schools* mit Profilschwerpunkten, durch die die Bindung der Kinder und Jugendlichen an die Schuldistrikte nachlässt. Schon in den 1960er und 70er Jahren wandte sich die US-amerikanische Bildungspolitik auch einem *diversity management* zu und etablierte dieses auch an Schulen (Knoth 2006; Hormel und Scherr 2010). Das bedeutet jedoch nicht, dass mit Migration diametral integrierend im Vergleich zu Deutschland umgegangen wurde. Die Re-Nationalisierungstendenzen aufgrund der Ereignisse am 11. September 2001 (Breinig et al. 2001) und die zunehmend marktförmige Organisation der US-amerikanischen Schulen stellen das Bildungssystem vor Herausforderungen und lassen Zweifel an der ungebrochenen Verwirklichung der Meritokratie aufkommen. *Als* klassisches Einwanderungsland stellen die USA mit einer deutlichen Reglementierung von Einwanderung (Dickel 2013) und geringeren Leistungsdifferenzen zwischen Migrant*innen und Nicht-Migrant*innen (Christiansen und Stanat 2006) einen

---

[7]Die Rede von Kontrast ist so zu verstehen, dass ich an dieser Stelle keine ausgefeilte rekonstruktive Analyse liefern kann, es aber in der Darstellung auch nicht darum geht, der hier kritisierten deutschen Umgangsstrategie ein Best-Practice-Beispiel gegenüberzustellen. Der qualitative Vergleich dient dazu, die Breite des Feldes abzudecken und daran die Besonderheiten je Fall aufzuzeigen, aber auch die allgemeinen (gemeinsamen) Merkmale, die den Fällen zugrunde liegen. Der qualitative Kulturvergleich, der systematisch Fall vergleichend arbeitet, steht damit in einer besonderen Nähe zur rekonstruktiven Forschungslogik (Hummrich und Rademacher 2012). Die Differenz zum internationalen Vergleich großer Monitoring-Studien liegt darin, dass in den Monitoring-Studien kulturelle Differenzen nicht mitberücksichtigt werden können, in kulturvergleichender Perspektive diese jedoch gerade Gegenstand der Analyse sind, wobei nicht essenzialistisch auf das Vorkommen von Unterschieden geachtet wird, sondern auf die gemeinsamen und unterschiedlichen Handlungsgrundlagen. Die forschungslogisch zentrale Dialektik von Besonderem und Allgemeinem liegt diesem Vorgehen ebenso zugrunde, wie die der Untersuchung von Differenz und Gleichheit (Hummrich und Rademacher 2012). Und obwohl hier nun kein empirisches Material analysiert wird, geht es um die Etablierung einer Perspektive, die sich genau diese Art des Umgangs mit Kontrasten zueigen macht.

Vergleichsfall dar, der schon aufgrund der formalen Rahmungen interessant zu sein verspricht, da der Umgang mit Zugehörigkeit verschieden ist. Dabei verweisen auch die Rahmungen der Bildungsgesetze auf strukturell kontrastierende Ermöglichungsstrukturen des Umgangs mit Migration, die in einer eigenen aktuellen Studie betrachtet werden[8]. Ein erster Befund, der in die Vorarbeiten eingegangen ist, ist dabei die Tatsache, dass Deutschland kein nationales Bildungsgesetz hat, sondern die Bildungsgesetze der Länder an den KMK-Richtlinien ausrichtet, welche die staatliche Bildung in die Verpflichtung der 6-18-Jährigen zum Vollzeit resp. Teilzeitschulbesuch überführt. Bildung wird damit zu einer Pflicht, die gegenüber dem Staat erbracht wird. Personen im schulpflichtigen Alter erfüllen somit eine Bürgerpflicht. Ein Vergleich der Bildungsgesetze von Schleswig-Holstein, Berlin und Hessen zeigt ferner, dass im Zentrum schulischer Bildung in Deutschland vor allem durch die Widerspruchslogik von Autonomie und Heteronomie steht und Schulen gleichzeitig nicht nur einen Bildungs-, sondern auch einen Erziehungsauftrag zugesprochen bekommen. Dabei werden gesetzlich spezifische kulturelle Normen aktiviert, durch die wiederum Teilhabe- und Zugehörigkeitsmöglichkeiten potenziell begrenzt werden. Dies betrifft den Fall von Migration (Hummrich 2013), denn den pädagogischen Beziehungen, die in den Gesetzen angesprochen werden, wird deutlich Verantwortung für das Gelingen der Umsetzung von Gerechtigkeit zugesprochen. Dabei ist die Annahme, dass Gerechtigkeit dann gelingt, wenn ein Wissen über Differenz zur Anwendung kommt. Deutlich wird so, dass einer Differenzierungspraxis Vorschub geleistet wird, die es möglich macht, Migration als strukturell defizitär zu betrachten.

In den USA spricht schon der Titel des nationalen Bildungsgesetzes (No Child Left Behind-Act) an, dass kein Kind zurückgelassen wird – und das heißt, dass alle ‚mitgenommen' werden – sollen (Hummrich 2013). Gleichzeitig ist mit den spezifischen Förderprogrammen von Migrantinnen und Migranten auf die marktförmige Organisation von Schule und Bildung verwiesen, denn hierbei handelt es sich vor allem um finanzielle Förderfonds, die beantragt werden können, um „kein Kind zurückzulassen". Dies betrifft auch die Sprachförderprogramm für Migrant*innen. Damit wird selbstverständlich ein Möglichkeitsraum geschaffen, in dem sich Gerechtigkeit und Chancengleichheit etablieren können. Gleichzeitig steht diese Gerechtigkeit im Dienst des nationalen Wettbewerbs. Die Differenzen

---

[8]Dieser Aspekt wird differenziert in dem DFG-Projekt „EDUSPACE. Schulkultureller Raum und Migration in Deutschland und den USA" untersucht (Projektleitung: Merle Hummrich, Mitarbeiterinnen: Astrid Hebenstreit und Saskia Terstegen).

in der Gesetzgebung verweisen schließlich auf sozio-kulturell-historisch gewordene Strukturen (auch: Münch 1993). Schulen, als Bildungsinstitutionen werden dabei unterschiedliche Möglichkeiten gegeben, sich als Bildungsraum zu positionieren. Diese Ermöglichungsstruktur impliziert wiederum differente Möglichkeitsräume der Teilhabe und Ausgrenzung.

So lassen etwa erste Analysen von US-amerikanischen und deutschen Schulhomepages[9] erwarten, dass sich Schulen zwar unterschiedlich (z. B. als eher exklusive und eher inklusive Schulen) positionieren und unterschiedliche Möglichkeitsräume für Teilhabe von Migrant*innen eröffnen, diese „globalen Ähnlichkeiten" (Baker und LeTendre 2005) aber kulturellen Unterschieden gegenüber stehen, die sich vor allem im Umgang mit Diversität ausdrücken[10]. Dabei orientieren US-amerikanische Schulen deutlich auf Bildungsideale, die – unabhängig von der Herkunft – auf eine aktive Bürgerschaft zielen, während in Deutschland die Individuation als kritisches Subjekt im Vordergrund steht.

In der Namensgebung der Schulen (Rademacher 2009) zeigt sich dies. US-amerikanische Schulen stellen sich als bürokratische Verwaltungseinheiten dar, wenn sie den Namen ihres Schuldistrikts übernehmen; oder sie tragen den Namen von US-Präsidenten, dann verweisen sie auf den hohen Stellenwert aktiver Bürgerschaft. Letzterer gegenüber verpflichten sich nahezu alle Schulen, indem sie auf die Mission Statements der Bundesstaaten Bezug nehmen und ihren Erziehungsauftrag daran ausrichten. In diesen Mission Statements wird das Erziehungsziel (active/ productive citizenship) formuliert und damit das Bundesgesetz („no child left behind"-act) konkretisiert. Deutsche Schulen geben sich oftmals einen Namen, der sie besondert: örtlich etwa als Schule, die zu einer Abtei gehört, als Schule in einer besonderen Wohngegend, als Schule mit einem besonderen Programm (Lateinschule). Oftmals sind auch Widerstandskämpfer oder Kinderbuchautor*innen, die als Anwälte der Kinder gegenüber den Erwachsenen oder der Gesellschaft fungieren. Damit ist darauf verwiesen, dass zum einen die Schule selbst sich über ihre Milieubezüge besondert, zum anderen stellt sie sich eben nicht in den Dienst der

---

[9]Von einer Materialschau wird hier aus Platzgründen abgesehen.

[10]Wenn hier von kultureller Differenz die Rede ist, so ist dies nicht an einen essenzialistischen Kulturbegriff (zur Kritik: Hamburger 1994; Radtke 2011) geknüpft, in den Kulturen einander als Akteure gegenüber stehen. Die Rede ist vielmehr von einem Kulturbegriff, der Kultur als symbolische Ordnungsstruktur begreift, die als dynamisches Gefüge begriffen wird, in dem spezifische Ordnungsvorstellungen dazu führen, dass bestimmte Möglichkeitsräume des Handelns entstehen. Diese sind jedoch nicht statisch, sondern sie sind als hybrid und kontingent zu verstehen, werden handelnd hergestellt und strukturieren Handeln zugleich (Hummrich 2013, 2015).

Gesellschaft, sondern verpflichtet sich der Gesellschaftskritik. Damit geht in US-amerikanischen Schulen eine deutlich geringere soziale Differenzierung und Erwartung bereits bestehender Zugehörigkeit einher. Die Zugehörigkeit wird vielmehr durch die Schule erst hergestellt – etwa durch den *pledge of allegiance* (den Fahneneid), der wöchentlich von allem Schüler*innen aufgesagt wird. Die Schüler werden im Sinne einer künftigen Bürgerschaft vergemeinschaftet und jede*r kann seine Chance auf Bürgerschaft nutzen.

Dass niemand zurückgelassen wird, heißt auch, dass angenommen wird, dass jede*r, der*die diese Schule besucht, die gleichen Werte teilt. Mit Münch (1993) könnte man sagen, dass hier eine amerikanische Typik wirksam wird, der die Annahme eines universellen Rechts auf Bürgerschaft zugrunde liegt. Deutsche Schulen vermögen ein solchen Versprechen schon allein deshalb nicht einzulösen, weil die Zugehörigkeitskonstruktionen unklar sind und die gesellschaftlich-institutionellen Rahmungen das Individuum als durch den Staat regiertes, aber sich gegen ihn stellendes (Münch 1993) konzipiert. Erst durch die professionelle Hervorbringung individueller „Anlagen" kann es Schüler*innen gelingen, schulischen Bildungsidealen zu entsprechen. Dabei spielt die Annahme jener „Anlagen" – so steht es z. B. im schleswig-holsteinischen Bildungsgesetz – wiederum der Vorstellung naturgegebener Leistungs- und Begabungsunterschiede in die Hand, die von außen in die Schule mitgebracht werden (müssen). Zusätzlich ist die strukturelle Segregation ein Hindernis in dem Verstehen von Bildungsmöglichkeiten. Das Wissen um die Relevanz von Leistung und die Segregiertheit des Bildungssystems wird zum Widerspruch migrantischer Immigrationshoffnungen („immigration optimism", Escobar 2006).

Als Zwischenresümee lässt sich konstatieren: Trotz der Tatsache, dass beide Staaten sich der Frage des Umgangs mit Ungleichheit im Bildungssystem – auch mit Blick auf Migration – gewidmet haben und beide nationale Rahmungen zugrunde liegen, die einem Massenbildungssystem und somit der Realisierung des universalistischen Bildungsgedankens Rechnung tragen, wird die Frage nach dem Umgang mit Migration unterschiedlich beantwortet. Mit Blick auf den „deutschen" Umgang mit Migration ließ sich herausarbeiten, dass Zugehörigkeitsordnungen an Schulen sehr voraussetzungsreich sind und ein Wissen über die impliziten (durch die schulisch nahegelegten Bezugnahmen auf Namensgeber und soziale Verortungen) und expliziten (durch die Segregation des Schulsystems) Strukturierungslogiken benötigt. Wenn dann festgestellt wird, dass Migrant*innen zwar über „immigration optimism", aber nicht über das „know how" verfügen, verweist das darauf, dass ihre dadurch bedingte implizite Ausgrenzung, Konstruktionen von Nicht-Zugehörigkeit enthält, die Teilhabe systematisch verhindert. Der „US-amerikanische" Umgang mit Migration lässt in einem ersten Zugang vermuten, dass

Kinder aufgrund des *diversity managements*, des Anti-Diskriminierungsgesetzes und der systematisch beantragten Sprachfördermöglichkeiten im Sinne eines *„no child left behind"-Act* formal bessere Möglichkeiten der Beteiligung haben. Doch zeigen sich auch in diesem Umgang mit Migrant*innen Benachteiligungsrisiken, die in der viel deutlicher als in Deutschland vorangeschrittenen Ökonomisierung liegen, die politisch vorangetrieben wird. So gibt es zum Beispiel flächendeckende Leistungsvergleiche. Schneiden Schulen gut ab, werden sie finanziell belohnt, bekommen mehr finanzielle Ressourcen, können sich bessere Lehrer*innen leisten usw. Die Segregation erfolgt nicht gegenüber dem Subjekt, sondern gegenüber der Institution. Dies könnte sekundäre Effekte für das Wirksamwerden von Ungleichheit haben, die an der Objektivierung von Leistungsfähigkeit haben. Damit bleibt die Frage offen, welche Handlungsspielräume Lehrer*innen im Umgang mit den Schüler*innen gegeben sind.

3 Migration als Paradigma für den gesellschaftlichen Umgang mit Ungleichheit

Warum nun – dies bleibt eine wichtige Frage – scheinen Thematisierungen von Migration in beiden Staaten anhaltend relevant zu sein? Welche Bedeutung hat die nationale Unterschiedlichkeit im Umgang mit Migration angesichts des Anspruchs Bildung für alle umsetzen zu wollen? An dieser Stelle führt kein Weg daran vorbei, die migrationsbedingten sozialen Ungleichheiten in unterschiedlichen nationalen Bildungssystemen mit Blick auf ihre Situiertheit unter Globalisierungsbedingungen zu reflektieren.

Zu Beginn des zweiten Beitrags wurde darauf hingewiesen, dass es für Migration unterschiedliche Gründe geben kann. Zwei davon wurden benannt: Flucht- und Arbeitsmigration. In beiden Fällen kann davon ausgegangen werden, dass existenzielle Fragen die Entscheidung für die Migration begünstigt haben. Die Migration soll dann in ein Land erfolgen, in dem dieser Zustand bearbeitet und hinter sich gelassen werden kann. Zurückgelassen werden die Angehörigen, die sozialen Beziehungen, die Netzwerke. Diese sehr einfache, vielleicht triviale Begründung für Migration wurde hier nicht bemüht, um eine Theorie zu rezitieren, sondern um zu zeigen, dass Migration als relationaler Prozess verstanden werden muss – ein Prozess bei dem subjektiv zwei oder mehr Staaten ins Verhältnis gesetzt werden und dass zwischen diesen Staaten eine relative Ungleichheit herrscht. In diesem Zusammenhang lässt sich auf die *postcolonial studies* Bezug nehmen, die darauf verweisen, dass gerade die nationalen Ausdrucksgestalten von Teilhabe und Ungleichheitskonstruktionen eng mit der kolonialen Vergangenheit

der „Weltordnung" zusammenhängt und die Teilhabe- und Ungleichheitskonstruktionen mit kolonialrassistischen Kontingenzen verwoben sind, die west-
lich geprägte sozio-kulturelle Hegemonie durchdringen (Ha und Schmitz 2015,
S. 225). In dieser Perspektive zeigen sich koloniale und nationale Formationen
als wechselseitig aufeinander bezogen, was schon alleine daran deutlich wird,
dass subalterne Gruppen auch in Migrationsgesellschaften mit der dominanten
Macht des „Westens" konfrontiert sind (Ha und Schmitz 2015, S. 227). Studien
wie die hier referierte gehen einen Schritt über die von Habermas angesichts der
Globalisierungs- und Postdemokratisierungstendenzen angenommenen Solida-
ritätsverluste hinaus, indem sie mangelnde Solidarität als Abgrenzungsstrategie
gegenüber nicht westlichen Migrant*innen als Ausdrucksgestalt fortwährender
Exklusionsbedrohung und Fortschreibung kolonialer Strukturen sehen. So sind
etwa Integrationskurse in Deutschland nur für Migrierte aus Nicht-EU-Ländern
verpflichtend, nur diese Migrant*innengruppe wird als „korrekturbedürftige
Objekte" (Ha und Schmitz 2015, S. 239) sichtbar gemacht und ihr Misserfolg
wird – ähnlich wie die Feststellung mangelnder Kenntnisse des Bildungssystems
bei Migranteneltern – als Integrationsunwillen oder -verweigerung gesetzt. Die
hier bemühte Homologie verweist auf die Besonderung, die Migration im Zusammenhang sozialer Ungleichheit besitzt. Jemanden ohne Migrant*innenstatus bei
Bildungsmisserfolg zu sagen, er*sie wäre negativ auf den Staat bezogen scheint
abwegig. Im Fall von Migration wird dies (zumindest in Deutschland) zum
fundamentalen Exklusionsrisiko – bis hin zum Ausschluss aus dem Staat (Entrechtung). Die Tradition der USA als Einwanderungsland bedeutet, dass Einwanderung als Normalfall gilt. Dabei werden jedoch – dies ist eine Folge neuer
Gesetze – auch Unterschiede zwischen den Nationen gemacht (etwa, indem
Kontingente für bestimmte Staaten festgeschrieben werden, aufgrund derer dann
die Zahl der Einwanderer reglementiert werden). Wer allerdings aufgenommen
werden muss, muss sich herkunftsunabhängig dem gleichen bürokratischen und
staatsverbindenden Akt anschließen (auch Erwachsene, die eingebürgert werden wollen, müssen den Fahneneid aufsagen). *Als* Einwanderungsland ist jedoch
die USA mit der Situation einer ganz anderen Lagerung der Verstrickung in die
Kolonialgeschichte konfrontiert und die Fokussierung auf ethnische Herkunft und
Hautfarbe verweist auf einen strukturellen Rassismus, der Folge der westlichen
Dominanzkultur ist. Welche Bedeutung diese unterschiedlichen Formen von Ras-
sismen mit Blick auf den Zusammenhang von Migration, sozialer Ungleichheit
und Bildung haben, ist vergleichend zu beforschen.

Doch zeigt sich gerade in der Eröffnung dieses neuen Diskursfeldes eine
wichtige Erkenntnis dieses Beitrags: dass sich der gesellschaftliche Umgang
mit Ungleichheit am Beispiel des Umgangs mit Migration paradigmatisch

nachvollziehen lässt. Die verschiedenen Strategien, mit Migration umzugehen zeigen zunächst, *dass* Ungleichheit unter unterschiedlichen sozio-historischen Bedingungen unterschiedlich bearbeitet wird. Dass Migration und Herkunft allerdings überhaupt ein Thema werden, führt die Grenzen der Umsetzung des universalistischen Bildungsanspruches in modernen Gesellschaften vor Augen. Auch unter Bedingungen der Globalisierung werden nationale Kulturen der Teilhabe aufrecht erhalten, die vor allem auf ideologische und nicht modern-rationale Differenzierungskriterien zurückgeführt werden können.

Literatur

Auernheimer, G. (1997). Einführung in die Interkulturelle Pädagogik. Darmstadt: Wissenschaftliche Buchgesellschaft.

Badawia, T., Hamburger, F., & Hummrich, M. (2005). Krise der Integration, Hilflosigkeit der Institution? In F. Hamburger, T. Badawia, & M. Hummrich (Hrsg.), *Migration und Bildung* (S. 329–340). Wiesbaden: VS Verlag.

Baker, D., & LeTendre, G. (2005). *National Differences, Global Similarities: World Culture and the Future of Schooling* (3.). Stanford: Stanford Univ Press.

Balzer, N. (2014). *Spuren der Anerkennung. Studien zu einer sozial- und erziehungswissenschaftlichen Kategorie*. Wiesbaden: VS-Verlag.

Bauman, Z. (1992). *Moderne und Ambivalenz. Vom Ende der Eindeutigkeit.* Hamburg: hamburger Edition.

Beauftragte der Bundesregierung für Migration, Flüchtlinge und Integration. (2015). *Bericht der Beauftragten der Bundesregierung für Migration, Flüchtlinge und Integration.* http://www.bundesregierung.de/Content/DE/_Anlagen/IB/2014-10-29-Lagebericht-lang.pdf?__blob=publicationFilev=3. Zugegriffen: 24. Aug. 2015.

Becker, R. (2011). *Integration durch Bildung.* Wiesbaden: Springer VS.

Bourdieu, P. (2000). *Sozialer Raum und „Klassen".* Frankfurt a. M.: Suhrkamp.

Bourdieu, P., & Passeron, J. C. (1971). *Die Illusion der Chancengleichheit: Untersuchungen zur Soziologie des Bildungswesens am Beispiel Frankreichs* (1. Aufl., bearb. v. I. Hartig). Stuttgart: Klett-Cotta.

Breinig, H., Gebhardt, J., & Ostendorf, B. (2001). *Das deutsche und das amerikanische Hochschulsystem. Bildungskonzepte und Wissenschaftspolitik.* Münster: LIT.

Bröckling, U. (2007). *Das unternehmerische Selbst: Soziologie einer Subjektivierungsform* . (Originalausgabe). Frankfurt a. M.: Suhrkamp.

Butler, J. (1998). *Haß spricht. Zur Politik des Performativen.* Frankfurt am Main: Suhrkamp.

Christensen, G., & Stanat, P. (2006). *Schulerfolg von Jugendlichen mit Migrationshintergrund im internationalen Vergleich.* http://www.bmbf.de/pub/bildungsforschung_band_neunzehn.pdf. Zugegriffen: 24. Aug. 2015.

Crouch, C. (2008). *Postdemokratie* (Deutsche Erstausgabe, übers. v. N. Gramm). Berlin: Suhrkamp.

Deresiewicz, W. (2014). *Excellent sheep: The miseducation of the American elite and the way to a meaningful life.* New York: Free Press.

Diehm, I., & Radtke, F.-O. (1999). *Erziehung und Migration: Eine Einführung.* Stuttgart: Kohlhammer.

Dickel, D. (2013). *Einwanderungs- und Asylpolitik der Vereinigten Staaten von Amerika, Frankreichs und der Bundesrepublik Deutschland: Eine Vergleichende Studie der 1980er und 1990er Jahre* (2002. Aufl.). Wiesbaden: Springer VS.

Escobar, G. (2006). *The Optimistic Immigrant. Among Latinos, the Recently Arrived Have the Most Hope for the Future.* http://www.pewresearch.org/2006/05/30/the-optimistic-immigrant/. Zugegriffen: 24. Aug. 2015.

Foucault, M. (1977). *Überwachen und Strafen: Die Geburt des Gefängnisses* (19. Aufl., übers. v. W. Seitter). Frankfurt a. M: Suhrkamp.

Foucault, M. (2006). *Die Heterotopien. Der utopische Körper: Zwei Radiovorträge* (2. Aufl., übers. v. M. Bischoff). Frankfurt a. M.: Suhrkamp.

Fritzsche, B. (2013). Anerkennungsverhältnisse vergleichend, transkulturell und reflexiv gedacht. In M. Hummrich & S. Rademacher (Hrsg.), *Kulturvergleich in der qualitativen Forschung* (S. 193–210). Wiesbaden: Springer VS.

Geißler, R. (2005). Die Metamorphose der Arbeitertochter zum Migrantensohn. In H. Kahlert (Hrsg.), *Institutionalisierte Ungleichheiten* (S. 71–100). Weinheim: Beltz.

Giroux, H. A. (2014). *Neoliberalism's war on higher education.* Chicago: Haymarket Books.

Gogolin, I., & Nauck, B. (2000). *Migration, gesellschaftliche Differenzierung und Bildung.* Opladen: Leske + Budrich.

Gomolla, M. & Radtke, F.-O. (2003). *Institutionelle Diskriminierung. Die Herstellung ethnischer Differenz in der Schule.* Wiesbaden: VS-Verlag.

Habermas, J. (2008). *Ach, Europa: Kleine Politische Schriften XI (Originalausgabe).* Frankfurt a. M.: Suhrkamp.

Ha, K. N., & Schmitz, M. (2015). Der nationalpädagogische Impetus der deutschen Integrations(dis)kurse im Spiegel der postcolonial studies. In P. Mecheril & M. Witsch (Hrsg.), *Cultural Studies und Pädagogik: Kritische Artikulationen* (S. 225–266). Bielefeld: transcript.

Hamburger, F. (1994). *Pädagogik der Einwanderungsgesellschaft.* Frankfurt a. M.: Cooperative.

Hamburger, F. (2001). Migration. In: H.-U. Otto & H. Thiersch (Hrsg.), *Handbuch Sozialarbeit/Sozialpädagogik* (2. völlig überarb. Aufl.). München: Juventa.

Hamburger, F. (2005). Der Kampf um Bildung und Erfolg. Eine einleitende Feldbeschreibung. In F. Hamburger, T. Badawia & M. Hummrich (Hrsg.), *Migration und Bildung* (S. 7–22). Wiesbaden: VS Verlag. http://link.springer.com/chapter/10.1007/978-3-531-90346-0_1. Zugegriffen: 24. Aug. 2015.

Hamburger, F. (2009). *Abschied von der interkulturellen Pädagogik?* Weinheim & Basel: Juventa.

Hamburger, F. (2010). Über die Unmöglichkeit Pädagogik durch Politik zu ersetzen. In M. Krüger-Potratz, U. Neumann, & H. H. Reich (Hrsg.), *Bei Vielfalt Chancengleichheit. Interkulturelle Pädagogik und Durchgängige Sprachbildung* (S. 16–23). Münster: Waxmann.

Hamburger, F., Seus, L., & Wolter, O. (1981). Über die Unmöglichkeit Politik durch Pädagogik zu ersetzen. In: *Unterrichtswissenschaft* (S. 158–167).

Hasse, R., & Krücken, G. (2005). *Neo-Institutionalismus* (1. Aufl.). Bielefeld: transcript.

Helsper, W., & Hummrich, M. (2005). Erfolg und Scheitern in der Schulkarriere. In Sachverständigenrat zwölfter Kinder- und Jugendbericht (Hrsg.), *Materialien zum 12. Kinder- und Jugendbericht, Bd. 3. Kompetenzerwerb von Kinder und Jugendlichen im Schulalter*. München: Deutsches Jugendinstitut.

Helsper, W., Hummrich, M., & Kramer, R.-T. (2014). Schülerhabitus und Schulkultur – Inklusion, inkludierte Fremdheit und Exklusion im Kontext exklusiver Schulen. In U. Bauer, J. Bolder, H. Bremer, & R. Dobischat (Hrsg.), *Expansive Bildungspolitik – Expansive Bildung?* (S. 311–334). Wiesbaden: Springer VS.

Helsper, W., Kramer, R.-T., & Thiersch, S. (2013). *Schülerhabitus: Theoretische und empirische Analysen zum Bourdieuschen Theorem der kulturellen Passung* (2014. Aufl.). Wiesbaden: Springer VS.

Helsper, W., Kramer, R.-T., Hummrich, M., & Busse, S. (2009). *Jugend zwischen Familie und Schule: Eine Studie zu pädagogischen Generationsbeziehungen* (1. Aufl.). Wiesbaden: VS Verlag.

Hoffmann-Nowotny, H. J. (1970). *Migration*. Stuttgart: Enke.

Hormel, U., & Scherr, A. (2010). *Diskriminierung*. http://link.springer.com/10.1007/978-3-531-92394-9. Wiesbaden: Springer VS. Zugegriffen: 24. Aug. 2015.

Hummrich, M. (2003). Bildungserfolg trotz Schule: Über pädagogische Erfahrungen junger Migrantinnen. In L. Liegle & R. Treptow (Hrsg.), *Welten der Bildung und Erziehung* (S. 140–153). Freiburg im Breisgau: Lambertus-Verl.

Hummrich, M. (2006). Fremdheit als konstitutives Merkmal der Migrationsforschung. In T. Badwia, H. Luckas, & H. Muller (Hrsg.), *Das Soziale Gestalten. Über Mögliches und Unmögliches in der Sozialpädagogik* (S. 295–311). Wiesbaden: VS-Verlag.

Hummrich, M. (2009). *Bildungserfolg und Migration. Biografien junger Frauen in der Einwanderungsgesellschaft*. Wiesbaden: VS-Verlag.

Hummrich, M. (2010). Exklusive Zugehörigkeit. Eine raumanalytische Betrachtung von Inklusion und Exklusion in der Schule. In: Sozialer Sinn, Heft 1/2010, (S. 3–32)

Hummrich, M. (2011). *Jugend und Raum. Exklusive Zugehörigkeit in Familie und Schule*. Wiesbaden: VS-Verlag

Hummrich, M. (2013). Interkulturelle Verklärungen. Kulturvergleich trifft Migrationsforschung. In M. Hummrich & S. Rademacher (Hrsg.), *Kulturvergleich in der qualitativen Forschung* (S. 107–120). Wiesbaden: VS Verlag.

Hummrich, M. (2015). Schule und Sozialraum. Erziehungswissenschaftliche Perspektiven. In A. El-Mafaalani, S. Kurtenbach & K. P. Strohmeier (Hrsg.), *Auf die Adresse kommt es an … Segregierte Stadtteile als Problem- und Möglichkeitsräume begreifen* (1. Aufl.). Weiheim: Beltz Juventa.

Hummrich, M., & Rademacher, S. (2012). Die Wahlverwandtschaft von qualitativer Forschung und Kulturvergleich und ihre Bedeutung für die Erziehungswissenschaft – strukturtheoretische Überlegungen. *Zeitschrift für qualitative Forschung, 13*(1/2), 39–53.

Hummrich, M., & Rademacher, S. (2013). Kulturvergleich in der qualitativen Forschung. Wiesbaden: VS Fachmedien. http://link.springer.com/10.1007/978-3-531-18937-6. Zugegriffen: 24. Aug. 2015.

Hummrich, M., & Wiezorek, C. (2005). Elternhaus und Schule: Pädagogische Generationsbeziehungen im Konflikt? In: Badawia, Tarek/Hamburger, Franz/Hummrich, Merle (Hrsg.), *Bildung durch Migration. Über Anerkennung und Integration in der Einwanderungsgesellschaft* (S. 105–120). Wiesbaden: VS-Verlag.

Knoth, A. (2006). *Managing Diversity – Skizzen einer Kulturtheorie zur Erschließung des Potentials menschlicher Vielfalt in Organisationen.* Uelvesbüll: Der Andere.

Kokemohr, R. (2007). Bildung als Welt- und Selbstentwurf im Anspruch des Fremden. In: H.-C. Koller, W. Marotzki, & O. Sanders, (Hrsg.), *Bildungsprozesse als Fremdheitserfahrung* (S. 13–69). Bielefeld: transcript Verlag.

Koller, H.-C. (2007). Probleme einer Theorie transformatorischer Bildungsprozesse, In: H.-C. Koller, W. Marotzki, & O. Sanders, (Hrsg.), *Bildungsprozesse als Fremdheitserfahrung* (S. 69–82). Bielefeld: transcript Verlag.

Koller, H.-C. (2012). Zum Verhältnis von Bildungstheorie und qualitativer Bildungsforschung. In: F. Ackermann, T. Ley, C. Machold & M. Schrödter (Hrsg.), *Qualitatives Forschen in der Erziehungswissenschaft* (S. 47–62). Wiesbaden: VS Verlag für Sozialwissenschaften. http://link.springer.com/chapter/10.1007/978-3-531-94006-9_3. Zugegriffen am 24. Aug. 2015.

Kramer, R.-T. (2011). *Abschied von Bourdieu: Perspektiven ungleichheitsbezogener Bildungsforschung.* Wiesbaden: Springer VS.

Krüger-Potratz, M. (2005). *Interkulturelle Bildung: Eine Einführung.* Münster: Waxmann.

Lewin, K. (1982). *Kurt-Lewin-Werkausgabe.* Hg. v. Carl Friedrich Graumann. Bd. 4: Feldtheorie. Stuttgart: Klett-Cotta.

Luhmann, N. (1995). *Das Recht der Gesellschaft* (1. Aufl.). Frankfurt a. M.: Suhrkamp.

Mecheril, P. (2004). *Einführung in die Migrationspädagogik.* Weinheim: Beltz Verlag.

Mecheril, P. (2005). Pädagogik der Anerkennung. Eine programmatische Kritik. In: F. Hamburger, T. Badawia, & M. Hummrich (Hrsg.), *Migration und Bildung* (S. 311–328). Wiesbaden VS Verlag für Sozialwissenschaften.

Meyer, J. W., & Ramirez, F. O. (2005). Die globale Institutionalisierung der Bildung. In J. W. Meyer (Hrsg.), *Weltkultur : wie die westlichen Prinzipien die Welt durchdringen* (S. 212–234). Frankfurt a. M.: Springer VS.

Münch, R. (1993). *Die Kultur der Moderne.* (2 Bände). Frankfurt a.M.: Suhrkamp

Powell, J. J. W. (2013). Kulturen in der sonderpädagogischen Förderung und „schulische Behinderung". In M. Hummrich & S. Rademacher (Hrsg.), *Kulturvergleich in der qualitativen Forschung* (S. 139–154). Frankfurt a. M.: Springer VS.

Rademacher, S. (2009). *Der erste Schultag: Pädagogische Berufskulturen im deutsch-amerikanischen Vergleich.* Frankfurt a. M.: VS Verlag.

Radtke, F.-O. (2011). *Kulturen sprechen allein. Die Politik grenzüberschreitender Dialoge.* Hamburg: Hamburger Edition HIS Verlagsges. mbH.

Relikowski, I., Yilmaz, E., & Blossfeld, H.-P. (2012). Wie lassen sich die hohen Bildungsaspirationen von Migranten erklären? Eine Mixed-Methods-Studie zur Rolle von strukturellen Aufstiegschancen und individueller. In: R. Becker & H. Solga (Hrsg.), *Soziologische Bildungsforschung* (S. 111–136). Wiesbaden: Springer Fachmedien. http://link.springer.com/chapter/10.1007/978-3-658-00120-9_5. Zugegriffen: 26. Aug. 2015.

Schaub, M., & Baker, D. P. (2013). Concervative Ideologies and the World Educational Culture. In M. Hummrich & S. Rademacher (Hrsg.), *Kulturvergleich in der qualitativen Forschung* (S. 121–138). Wiesbaden: VS Verlag.

Schümer, G., Tillmann, K.-J., & Weiß, M. (2004). *Die Institution Schule und die Lebenswelt der Schüler: Vertiefende Analysen der PISA-2000-Daten zum Kontext von Schülerleistungen.* Wiesbaden: VS Verlag.

Simmel, G. (1992). *Soziologie. Untersuchungen über die Formen der Vergesellschaftung* (7. Aufl.). Frankfurt a. M: Suhrkamp.

Skinner, J. (2009). *Anglo-American Cultural Studies* (1. Aufl.). Stuttgart: UTB.

Solga, H. (2005). Meritokratie – die moderne Legitimation ungleicher Bildungschancen. In H. Kahlert (Hrsg.), *Institutionalisierute Ungleichheiten* (S. 19–38). Weinheim: Beltz.

Statistisches Bundesamt. (2015). *Bevölkerung mit Migrationshintergrund – Ergebnisse des Mikrozensus – Fachserie 1 Reihe 2.2 – 2014 – Migrationshintergrund.* https://www.destatis.de/DE/Publikationen/Thematisch/Bevoelkerung/MigrationIntegration/Migrationshintergrund2010220147004.pdf?__blob=publicationFile. Zugegriffen: 24. Aug. 2015.

Treibel, A. (1999). *Migration in modernen Gesellschaften: Soziale Folgen von Einwanderung, Gastarbeit und Flucht.* Müchen: Juventa.

Über den Autor

Hummrich, Merle, Dr. phil. habil., ist Professorin für Erziehungswissenschaft mit dem Schwerpunkt Empirische Bildungsforschung an der Europa-Universität Flensburg. Arbeitsschwerpunkte: rekonstruktive Forschungsmethoden, Kulturvergleich, Migration/migrationsgesellschaftliche Grundlagen von Bildung und Erziehung, soziale Ungleichheit, Jugend- und Schulforschung.

„Gut gemacht, Mädchen!" Geschlechterdifferenz und Geschlechterungleichheit an Hochschulen

Daniela Böhringer

Ein Mann kann eine Frau allein damit unterdrücken, dass er sie darauf aufmerksam macht, dass sie eine Frau ist. Das ist ja das Infame (Rainer Werner Fassbinder 1974).

Geschlechterungleichheit ist in der Wissenschaft nach wie vor ein weit verbreitetes Phänomen. Das gilt, obwohl ‚im Selbstverständnis der Wissenschaft das Geschlecht ein Unterschied ist, der keinen Unterschied machen sollte' (vgl. Heintz et al. 2007, S. 261). Auf der Ebene der großen Zahlen lassen sich durchaus noch Geschlechterungleichheiten feststellen. So sind Frauen zwar eine wachsende Gruppe auf allen Stufen der akademischen Laufbahn, aber im Bereich der unbefristeten Professuren bilden sie immer noch eine Minderheit. Das gilt nicht nur für Deutschland, sondern ebenso auch für andere europäische Länder oder die USA. Studien zeigen, dass Frauen vor allem in der Phase nach der Promotion vermehrt aus dem Wissenschaftssystem aussteigen oder auf forschungsintensive Tätigkeiten an Universitäten verzichten und sich eher für Kinder entscheiden (Goulden et al. 2011, S. 149). Im deutschen Kontext besteht eine besondere Problematik. Weil (faktisch) keine Karriereverläufe an nur einer Universität möglich sind, sind eine erhöhte Mobilität und zumindest der Wechsel an eine andere Universität gefragt. Davon sind besonders Frauen betroffen, weil sie immer noch den größten Teil der Erziehungsverantwortung für Kinder übernehmen. Für den deutschen Kontext haben Metz-Göckel et al. (2014) vor diesem Hintergrund gezeigt, dass die Familienentscheidung von Promovierten (insbesondere promovierter Frauen) einen großen Einfluss auf den weiteren Verlauf und ggf. den Abbruch

D. Böhringer (✉)
Stiftung Universität Hildesheim, Hildesheim, Deutschland
E-Mail: daniela.boehringer@uni-osnabrueck.de

© Springer Fachmedien Wiesbaden GmbH 2017
M.S. Baader und T. Freytag (Hrsg.), *Bildung und Ungleichheit in Deutschland*, DOI 10.1007/978-3-658-14999-4_24

der wissenschaftlichen Karriere hat. Die Untersuchungen von Beaufays (2004) und Krais (2000) machen vor dem Hintergrund des Bourdieu'schen Feldbegriffs ebenfalls deutlich, dass das Wissenschaftsfeld auf Praktiken beruht, die nicht geschlechtsneutral sind. Andere Untersuchungen betonen in Anlehnung an Acker (1990) „the gendered nature of universities" als Organisationen (Bird 2011) und gehen dem in den unterschiedlichen Dimensionen, die Acker aufmacht, nach (Kantola 2008).

Insgesamt erweisen sich die geschlechtsspezifischen Ungleichheiten hinsichtlich Verdienst und Karriereverlauf zwischen Männern und Frauen in Wissenschaftsorganisationen als außerordentlich hartnäckig (Knights und Richards 2003). Die Kategorie Geschlecht zieht klammheimlich in den Verlauf wissenschaftlicher Karrieren deutliche Differenzlinien ein, obwohl die Akteure der unterschiedlichen Geschlechter im Wissenschaftsbetrieb vergleichbare Leistungsbilanzen vorzuweisen haben (vgl. Jungbauer-Gans und Gross 2013) und funktional dieselben Voraussetzungen erfüllen. Andere, wie beispielsweise Krefting (2003), meinen deshalb, dass Zahlen und das Zählen von Köpfen nichts über die alltägliche Praxis in der Wissenschaft und die Herstellung und Stabilisierung von Geschlechterdifferenzen aussagen. Sie machen nur das Ergebnis sichtbar, ohne jedoch zeigen zu können, wie aus Differenzen Ungleichheiten werden können: „Macro-data are useful for assessing outcomes of comparable men and women in academic employment but say little about daily life as an academic" (Krefting 2003, S. 264).

Der folgende Text tritt deshalb gegenüber der Ungleichheitsdebatte einen Schritt zurück und nimmt zunächst Praktiken in den Blick, die es ermöglichen, Geschlechterdifferenz zu aktualisieren – oder vielleicht noch allgemeiner, Geschlecht überhaupt relevant zu machen. Die Aktualisierung von Geschlecht als relevante soziale Kategorie halte ich für die zentrale Voraussetzung, an die dann wiederum Ungleichheiten angeheftet werden können. Nach einer theoretischen Rahmung und einiger methodischer Bemerkungen wird anhand empirischen Materials (Gruppendiskussionen mit Promovierten an deutschen Hochschulen) gezeigt, welche Praktik in alltäglichen Gesprächen die Aktualisierung von Geschlechterdifferenz in der Interaktion ermöglicht und welche besonderen Problematiken damit verbunden sind. Die Ergebnisse verweisen auf die informelle Seite akademischer Organisationen und die „Gefahrenzone" alltäglicher Gespräche, die, weil sie keine eigene thematische Agenda haben und gewissermaßen für alles offen sind, besonders „anfällig" für die Thematisierung von Gender sind (Goffman 1986; Sacks et al. 1974; Bergmann 1988).

1 Theoretischer Rahmen

Theoretisch beziehe ich mich vor allem auf die These von Heintz und Nadai (1998) bzw. Heintz et al. (2007) von der De-Institutionalisierung von Geschlecht, nach der mit der Durchsetzung des Gleichberechtigungsprinzips Interaktion der Hauptmechanismus ist, über den geschlechtliche Ungleichheit weiterhin reproduziert wird oder besser reproduziert werden kann (Heintz et al. 2007, S. 262). Das gilt nach ihrer Auffassung auch für den Wissenschaftsbereich, in dem das Geschlecht ein Unterschied ist, der eigentlich keinen Unterschied machen darf. Auch dort gibt es geschlechtliche Differenzierung, die einen Raum für sozial signifikante Unterscheidung eröffnen kann. Heintz et al. (2007) haben in ihren Forschungen zu unterschiedlichen Fachbereichen gezeigt, dass insbesondere dort, wo face-to-face Interaktion notwendig ist (durch die Art der Arbeit etwa im Labor), solches sehr häufig relevant wird.

Ähnlich argumentiert Hirschauer (2001), der Geschlecht als soziale Praxis fasst. Er geht davon aus, dass in ‚Interaktionen wie Institutionen sich eine dynamische Konkurrenz von Prozessen der Aktualisierung und Neutralisierung von Geschlecht als Kategorie sozialer Ordnung' finden lässt (Hirschauer 2001, S. 208). Geschlechtszugehörigkeit ist zwar nicht immer sozial relevant, aber ein unausweichliches soziales Einteilungsschema, gerade in face-to-face Interaktionen. Ein ähnlicher Gedanke findet sich bei Goffman (1984), für den unter anderem Gender einen wichtigen diffusen sozialen Status ausmacht, jederzeit und immer anhand der Merkmale erkennbar, die wir an unserem Körper in Situationen hinein tragen. Insofern ist das Absehen von Geschlecht, seine Neutralisierung eher der zweite Schritt in sozialen Interaktionen und nicht der erste. Er bedeutet das stillschweigende Eingeständnis, dass an diesem Ort, in dieser Situation andere Ordnungskriterien vorgängig sind. Die Analyse wird zeigen, wie eine solche (vom Geschlecht absehende) Ordnung punktuell erschüttert werden kann. Ich beziehe mich außerdem auf die konversationsanalytischen Arbeiten von Bergmann (1988) und Sacks et al. (1974) und Goffman (1986) zur inneren Logik alltäglicher, informeller Gespräche. In der Zusammenschau ergibt sich so für den folgenden Text eine Perspektive, die sich auf das alltägliche Miteinander in Wissenschaftsorganisationen bezieht. Ich ziehe eine Differenzperspektive nicht vorgängig ein, sondern gehe der Frage nach, wie Differenz in solchen Organisationen (und nicht nur dort) en passant hergestellt werden kann.

2   Datenbasis

Die Datengrundlage bilden 9 Gruppendiskussionen mit Promovierten zu ihrer Lebens- und Arbeitssituation als Postdocs in deutschen Wissenschaftsorganisationen (Universitäten, Fachhochschulen und außeruniversitären Forschungseinrichtungen)[1]. Die Gruppen waren hinsichtlich Geschlecht, Alter, Herkunft und Fächerzugehörigkeit gemischt. Promovierte sind im deutschen Wissenschaftssystem besonders prekär beschäftig (Teilzeit, befristet und mit wechselnden Arbeitsorten) und aufgrund der geringen Anzahl von Dauerstellen im deutschen Wissenschaftssystem (im Wesentlichen Professuren) gibt es nur für eine Minderheit die Perspektive auf eine dauerhafte Anstellung. Wie zu Beginn bereits angesprochen, gibt es in diesem von vielfältigen Übergängen und Unsicherheiten geprägten Karriereverlauf Punkte, an denen Frauen eher als Männer aus der Wissenschaft aussteigen (v. a. nach der Promotion). Ein wichtiges Thema in den Gruppendiskussionen war daher die Frage nach der Relevanz von Geschlecht für den Karriereverlauf und die Arbeit in Wissenschaftsorganisationen. Dieses Thema wurde durch eine Frage der Diskussionsleitung angeregt. Ziel der Gruppendiskussionen war es, ein Gespräch auf Augenhöhe (unter Peers) zwischen den Teilnehmenden anzuregen. Die Leitfragen der Diskussionsleiterinnen hatten nur Impulscharakter. Die Gruppendiskussion bildete also die Umgebung („narrative environment") der Geschichten (Gubrium und Holstein 2009, S. xvjjj). Insgesamt ist in Gruppendiskussionen die Tendenz zu verzeichnen, die Relevanz von Geschlecht herunter zu spielen und relevante Erlebnisse eher als Ausnahme zu rahmen (Smithson und Stokoe 2005). Insgesamt scheuen Teilnehmende eher davor zurück, in Stereotypen zu sprechen und problematisieren das bzw. kennzeichnen das als dispräferiert (Stokoe 1998, 2012). Im vorliegenden Material zeichnet sich dagegen eine relevante interaktive Praktik ab, die Bedeutsamkeit von Geschlecht im akademischen Arbeitskontext zu thematisieren.

---

[1]Das Projekt „Chancengleichheit in der Postdoc-Phase in Deutschland – Gender und Diversity" (Chance: Postdocs) wird aus Mitteln des Bundesministeriums für Bildung und Forschung (BMBF) und dem Europäischen Sozialfonds der Europäischen Union (ESF) unter dem Förderkennzeichen 01FP1207/08 gefördert. Im Rahmen des Projektes wurde eine standardisierte online-Befragung von Postdocs, eine Homepageanalyse zu Förderprogrammen für diese Personengruppe sowie Gruppendiskussionen mit Postdocs durchgeführt.

3 Methodisches Vorgehen

Die Gruppendiskussionen wurden zunächst vollständig Wort-für-Wort transkribiert und ausgewählte Sequenzen im Anschluss analog zu Jefferson (1984) fein transkribiert. Dabei wurden nur solche Sequenzen berücksichtigt, in denen Gender oder die Zugehörigkeit zu einer Geschlechtskategorie als Thema für die Interagierenden selbst relevant ist und in der Interaktion behandelt wird – etwa durch Erzählungen eigener oder fremder Erfahrungen (Stokoe und Smithson 2001), auf die die übrigen Teilnehmenden explizit reagieren. Die Konzentration auf Sequenzen, in denen sich die Teilnehmenden an Gender als einem *Thema* orientieren, an dem sie sich abarbeiten, sollte es ermöglichen, Geschlecht als soziale Praxis zu fassen und nicht als Eigenschaft der anwesenden Personen. Aus diesen Sequenzen wurden wiederum solche ausgewählt, die eine Erzählung mit „Gender-Thematik" beinhalteten. Sie wurden anhand der narrativen Rahmung bzw. Einleitung (Maynard 2003) identifiziert, wie zum Beispiel:

„also ich hatte einen kollegen der hat immer..."

„.h ja also als ich meine stelle jetzt bekommen hab..."

„also es gibt auch den anderen fall also durchaus also eine freundin von mir..."

Der Analyse der ausgewählten Materials lag die Kombination zweier (nah verwandter) ethnomethodologischer Forschungszugänge zugrunde, die eine Zusammenschau der sequenziellen Entwicklung des Themas Gender in den Gruppendiskussionen und seiner Bearbeitung durch die Teilnehmenden ermöglicht: Konversationsanalyse und Membership Categorization Analysis.

Die ethnomethodologische Membership Categorization Analysis (MCA) bildet neben der Konversationsanalyse die zweite methodische Entwicklung von Sacks (1972). Im Bereich der Konversationsanalyse waren vor allem solche Forschungen interessant, die sich mit dem Erzählen (Sacks 1984) und der interaktiven Bewältigung von Missverständnissen beschäftigt haben (Schegloff et al. 1977). Während sich die Konversationsanalyse mit der Frage beschäftigt, wie sich soziale Ordnung in der Verknüpfung von Rede- oder genauer Interaktionszügen entspinnt und durch die Handelnden Zug um Zug etabliert wird, ist für die MCA ein anderes Phänomen interessant. Kompetente Gesellschaftsmitglieder nehmen permanent eine generalisierende Zuordnung von anderen oder auch ihrer selbst („Kategorisierung") zu allgemeinen personalen Kategorien vor. So kann aus Mona Kaufmann eine Lehrerin und aus Lars Müller ein Schüler werden. Und ganz selbstverständlich wird Lars Müller in der Folge als Schüler der Lehrerin Mona Kaufmann betrachtet. Dadurch kann sehr leicht ein Netz wechselseitiger Bezüge und Verpflichtungen hergestellt werden. Im Unterschied zu Rollenkonzepten, die

als Konstruktionen zweiter Ordnung der Wissenschaft zu verstehen sind, handelt
es bei Kategorisierungen um eine alltägliche Praxis von Mitgliedern. Die Analyse
wird zeigen, wie genau diese Praxis im Hinblick auf vergeschlechtlichte Kategorisierungen kritisch von den Akteuren reflektiert wird.

Die Membership Categorization Analysis (MCA) beschäftigt sich mit Gender sowie mit letztlich mit allen sozialen Kategorien nicht als einem gegebenen
Faktum, sondern interessiert sich für die „sozialen und sprachlichen Praktiken"
mittels derer diese „im Handeln als faktische Gegebenheiten hergestellt" werden (Bergmann 2010, S. 155). Dabei ist zu beachten, dass es sich nicht um eine
Forschungsmethode von analysierenden Dritten handelt, sondern dass die Teilnehmenden selbst mit Kategorisierungen arbeiten und diese einsetzen. Hester
und Eglin (1997, S. 20) bezeichnen „membership categorization analysis as a
member's activity". Aus ethnomethodologischer Perspektive fragt die MCA deshalb danach, wie Handelnde Kategorisierungen von Personen vornehmen, wie sie
mit Kategorien arbeiten und welche sozialen Handlungen damit vollzogen werden. Die Kategorien selbst sowie ihre Attribuierungen und die damit verknüpften
Aktivitäten werden dabei als wandelbar angesehen. Ja, es ist gerade das Spielen
mit unerwarteten Verbindungen von Kategorien und Aktivitäten, mit dem Handelnde sozialen Wandel und Neues anzeigen oder einfach für Überraschungen
sorgen können („killer sheep", Baker 2000, S. 103). Baker (2000) weist darauf
hin, dass jede Person alles Mögliche sein kann: eine Tante, eine Arbeitskollegin,
ein Patientin etc. Die angemessene Auswahl von Kategorien ist also eine permanente Aufgabe für Handelnde. Dabei ist vor allem der indexikale Charakter von
personalen sozialen Kategorien entscheidend: Das heißt, Kategorien reflektieren
einerseits den Kontext ihres Gebrauchs und stellen gleichzeitig diesen Kontext
her bzw. modifizieren ihn. Manche Kategorien sind an bestimmte Zeiten und
Orte gebunden, manches kann man gleichzeitig und überall sein. Die Auswahl
und Aktualisierung der jeweiligen Kategorie wird durch den äußeren Rahmen
beeinflusst, aber nicht determiniert. Das kann zu (bösen) Überraschungen führen:
„People can be surprised by whom they are (made to be) this time, just now, right
here" (Baker 2000, S. 102). Die Analyse des Materials wird solche Momente
überraschender Kategorisierung offenlegen.

4   Analyse und Darstellung der Ergebnisse

In den Gruppendiskussionen werden die Teilnehmer_innen durch die Leitung der Diskussion aufgefordert, zur Relevanz von Geschlecht in der Wissenschaft etwas zu sagen. Dabei wird durch die Fragestellung unterstellt, dass

alle dazu ein allgemeines Wissen haben. Die Sprecher_innen stehen damit vor einem gewissen Dilemma: Sie sind aufgefordert, über etwas zu sprechen, von dem angenommen wird, dass es allgemein bekannt ist; alle Anwesenden können dazu (zumindest theoretisch) etwas sagen. Eher typische Erfahrungen können ziemlich leicht mit anderen geteilt und ihnen vermittelt werden, allerdings ist dann nicht zu erwarten, dass die Reaktionen auf solche Beiträge, besonders teilnehmend ausfallen werden (Heritage 2011). Außerdem besteht ein gewisses Risiko, wenn man kein Exklusiv-Recht an einer Erfahrung hat (andere können sie potenziell auch erlebt haben), dass die übrigen Teilnehmenden korrigierend eingreifen. Es ist also entgegen landläufiger Ansichten nicht einfach über etwas zu reden, das alle anderen auch wissen (können).

Vor diesem Hintergrund weist Heritage (2011, S. 177) darauf hin, dass Erzählungen (von Erfahrungen, Erlebnissen) Eigenschaften aufweisen, die dieses Problem lösen: Durch die detaillierte Darstellungsweise und die Verwendung beispielsweise wörtlicher Rede können Zuhörende in die konkrete Geschichte mit hinein genommen werden. Eine Geschichte ermöglicht es Sprechenden, das Besondere (im Allgemeinen) herauszustreichen. Dadurch ist es Zuhörenden wiederum möglich, Anteilnahme zu zeigen – denn sie hören ja etwas ganz Besonderes, auch wenn sie ähnliches bereits erlebt haben. Es ist also nicht verwunderlich, dass Sprechende in den Gruppendiskussionen auf die Aufforderung der Diskussionsleitung häufig mit kleinen Erzählungen reagieren, in denen es um das Thema Geschlecht und Gender geht. In einem ersten Schritt wurden diese Sequenzen identifiziert. Die konversationsanalytische Perspektive legte es nahe, nicht nur die Erzählung selbst zu analysieren, sondern das Erzählen als eine Aktivität zu begreifen, die unter Einbeziehung der Rezipient-innen erfolgt bzw. gemeinsam hervorgebracht wird (vgl. Barbour 2014). Die genauere Analyse zeigte, dass diese Geschichten eine spezifische Form haben. Sie kommen als kleine, erzählerische Einsprengsel daher, „small stories" (Bamberg 2004, S. 366) oder „brief accounts of events" (Gubrium und Holstein 1998, S. 164). Sie gipfeln in der Regel in eingebetteter wörtlicher Rede, die den Höhepunkt der Erzählung darstellt und deutliche Reaktionen (des Mitgefühls, des Verstehens, der Anteilnahme etc.) der Zuhörenden hervorruft. Sie haben auch einen spezifischen Inhalt, sie schildern nämlich immer, wie eine Person (die erzählende Person) von einer anderen Person als „weiblich" kategorisiert wird. Die folgende Übersicht fasst die Ergebnisse der Analyse zusammen und stellt die Struktur und den Inhalt der kleinen Geschichten dar. Beispiele aus dem Material schließen sich an, um sie zu illustrieren:

Struktur – Einbettung der kleinen Geschichten in den Verlauf der Gruppendiskussion

- Sie sind deutlich als persönliche Erfahrungen gerahmt (story announcement) und werden auch so erzählt.
- Sie bilden kleine Inseln im Diskussionsverlauf. Eine Person hat das exklusive Recht an der Geschichte.
- Sie werden so erzählt, dass sie Anteil nehmende Reaktionen der übrigen Teilnehmenden hervorrufen (direkte Rede).

Inhalt – wovon sie handeln

- Alltäglichen, informellen Gesprächen, in denen Geschlechterdifferenz relevant gemacht wird: Kategorisierung einer Person als „weiblich" durch einen Mann
- Die erzählten Ereignisse finden an den Rändern des Wissenschaftsbetriebes statt.
- Sie beinhalten einen Moment der Überraschung.

4.1 Struktur – Einbettung der kleinen Geschichten in den Verlauf der Gruppendiskussion

Der Geschichte wird durch die jeweilige Sprecherin eine Ankündigung (dass nun eine Geschichte folgt) vorangestellt. Der folgende Auszug 1) aus einer Gruppendiskussion illustriert das:

SONJA: .h ja also als ich meine stelle jetzt bekommen hab (.) da habe ich hinterher, das war so.

(Auszug 1, Gruppendiskussion 2)

Sonja macht in diesem Beispiel durch ihre Ankündigung deutlich, dass sie ein exklusives Wissen über das Folgende hat. Es ist ihr eigenes Bewerbungsverfahren, um das es hier geht und damit natürlich auch ihre Geschichte („das war so.") (Maynard 2003; Terasaki 2004). So hat sie gewissermaßen dafür gesorgt, dass ihr niemand hineinreinreden kann – jedenfalls nicht im Sinne von Besserwissen und gleichzeitig sind die Zuhörenden darauf vorbereitet, dass nun ein (möglicherweise längerer) Redebeitrag von Sonja folgt. „Pre-announcements and story tellings are the primary vehicles through which stances are enacted and empathic moments are created" (Heritage 2011, S. 164). Während Sonja ihre Ankündigung mehr oder weniger frei stehend formuliert, ohne sie mit dem vorhergehenden Redezug zu verknüpfen, wählt Anna durch „aber" eine sehr viel stärke Verknüpfung mit der vorhergehenden Äußerung, wie der folgende Auszug 2) zeigt. Sie steuert ein „Negativbeispiel" bei:

ANNA: ja aber da kann ich auch das ganze negativbeispiel zu sagen ne? also ich hatte einen
     kollegen der hat immer (...)

(Auszug 2, Gruppendiskussion 8)

So wird klar, dass sich die Zuhörenden auf eine Gegenposition – erzählt im Format einer Geschichte – einstellen müssen. Und weil sie sie wiederum als persönliches Erlebnis schildert, schützt sie sich vor der „Besserwisserei" der anderen. In
den Gruppendiskussionen wählen die Teilnehmenden ein erzählerisches Format,
um auf die Relevanz von Gender in einer akademischen Arbeitswelt hinzuweisen.
So ist es möglich, die übrigen Teilnehmenden mit einzubeziehen und gleichzeitig sicherzustellen, dass die Relevanz nicht infrage gestellt wird, denn schließlich
hat sich dieser Fall – zumindest dieser – so zugetragen. Dazu trägt außerdem bei,
dass die kleinen Geschichten so angelegt sind, dass sie Anteil nehmende Reaktionen bei den übrigen Teilnehmenden hervorrufen. So enden die kleinen Geschichten immer mit direkter berichteter Rede, wie etwa der folgende Ausschnitt 3)
illustriert:

SONJA: [.h es war ein bisschen informell dann hat einer der profs] der in meinem in dem in

          dem ähm wie sagt man appointment committee war .h hat er gesagt dont worry you

          didnt get it because you were a woman (1)

??:   [((mehrere lachen leise tonlos))

(Auszug 3, Gruppendiskussion 2)

Die Integration direkter Rede in Geschichten ist ein bewährtes Mittel, um die
Zuhörenden in die Geschichte hinein zu holen und den Höhepunkt der Geschichte
anzuzeigen (Heritage 2011). Durch die Art und Weise, wie Sonja hier erzählt –
indem sie einen Akteur aus ihrer Geschichte zu Wort kommen lässt, legt sie
die Erzählung so an, dass die übrigen Teilnehmenden ebenfalls Anteil an der
Geschichte haben, sie „miterleben" und nun berechtigt eine quasi stellvertre-
tende Reaktion zeigen können. In diesem Fall reagieren sie mit leisem Lachen.
Insofern endet ihre Erzählung nicht mit der berichteten direkten Rede – also der
Erzählung selbst, sondern mit der Reaktion der übrigen Teilnehmer_innen der
Gruppendiskussion darauf. (Im hier gezeigten Ausschnitt fällt die Reaktion eher
verhalten aus.) So werden zwar persönliche Erlebnisse erzählt, durch die Einbindung der anderen aber auch soziale Unerwünschtheit solcher Thematisierungen
von Geschlecht produziert. Das wird besonders an einem abweichenden Beispiel
deutlich. Sehen wir uns an, wie Sonjas Geschichte im weiteren Verlauf der Gruppendiskussion von Martin aufgenommen wird (Auszug 4):

1	SONJA:	[.h es war ein bisschen informell dann hat einer der profs] der in meinem in dem in
2		dem ähm wie sagt man appointment committee war .h hat er gesagt dont worry you
3		didnt get it because you were a woman (1)

4 ??:   [(((mehre·e lachen leise tonlos))

5 MARTIN: [ja,(.) hat er doch recht mensch] warste du gut genug

6 ??:   [(((mehrere lachen laut))]

7 SONJA: [.HHH] ABER ICH MEINE] [ÜBERLEG DIR DAS DOCH MAL DREH ES DOCH MAL
8   UM,]

9 MARTIN: [er wollte dir was nettes sagen]

10 MARTIN: nein, nein, also (...) ist ein arsch.

(Auszug 4, Gruppendiskussion 2)

Es fällt auf, dass nach dem Ende ihrer kleinen Episode, einige Teilnehmende mit leisem Lachen reagieren, während Martin (Zeile 5) nicht mit lacht, sondern eine andere Lesart anbietet („hat er doch recht mensch") und Sonja damit korrigiert. Er schwächt seine Korrektur mit „ja" zwar ab (Schegloff et al. 1977), gleichzeitig wird aber klar, dass er die Geschichte als Erzählung über ein Missverständnis behandelt : Sonja habe nicht verstanden, was der Professor eigentlich damit habe sagen wollen, nämlich, sie sei „gut genug" gewesen für die Stelle. Die Kategorisierung selbst ist für Martin kein Problem, ja er verschiebt mit der Korrektur sogar den Fokus in eine ganz andere Richtung. Sonja besteht jedoch darauf, dass eine solche Form der Thematisierung ihres Geschlechts nicht akzeptabel sei. Sie fordert ihn auf, das doch mal „umzudrehen" (Zeile 7) und die Geschichte aus seiner Perspektive (als Mann) betrachten. Offensichtlich hat er die soziale Verpflichtung, Beteiligung anzuzeigen, verletzt, obwohl ihm aus ihrer Perspektive die notwendigen Ressourcen dafür zur Verfügung stehen. Heritage (2011) beschreibt das grundsätzliche Problem, das dahinter steht, folgendermaßen:

„Thus, as in other domains of social knowledge, these data suggest a distance-involvement dilemma involved in constructing intimate self-other relations" (Heritage 2011, S. 181).

Auffällig ist, dass die Sequenz sehr starke Überlappungen der Redebeiträge aufweist und Sonja sehr dringlich (und laut) eine Reparatur einfordert. Erst auf diese Aufforderung hin zollt Martin ihrer Geschichte die notwendige Anteilnahme und bezeichnet den Professor in der Geschichte als „Arsch". Konversationsanalytisch gesprochen nimmt er hier eine fremd initiierte Reparatur seines Beitrags vor (Schegloff et al. 1977). Durch diese Reparatur vollzieht Martin eine

Kehrtwendung: Ist er doch in seinem Redezug in Zeile 5 noch der Meinung, ihr etwas erklären zu müssen (die Sichtweise des Professors). Mit der Selbstkorrektur schwenkt er wieder auf das ursprüngliche Thema – die Kategorisierung von Sonja als Frau – ein. An dieser Stelle wird deutlich, wie über den Zweischritt wechselseitiger Korrektur wieder ein Arbeitskonsens über die Bewertung geschlechtlicher Kategorisierungen in der Gruppe hergestellt wird, dass diese nämlich negativ zu bewerten sei.

4.2 Inhalt – um was geht es in den „kleinen Geschichten"

Das Kernstück der kleinen Geschichten bilden Situationen, in denen Geschlechterdifferenz relevant gemacht wird und Frauen in face-to-face Interaktion von Männern als Frauen kategorisiert werden. Das Besondere liegt darin, dass die Teilnehmenden der Gruppendiskussionen diese Kategorisierungspraktiken, die sie in ihrem Alltag in Wissenschaftsorganisationen erleben, als problematisch reflektieren. Die Grundthese der MCA, dass Kategorisierung eine Praxis von Gesellschaftsmitgliedern ist, um ihren Alltag gewissermaßen zu vereinfachen, Alltagswissen griffig auf den Punkt zu bringen und in Interaktionen einzuspielen, wird so besonders deutlich. Es ist den Akteuren durchaus bewusst, dass damit etwas Berichtens wertes geschieht.

Die geschilderten Situationen geschehen an den Rändern des akademischen Lebens: nach einem formalen Treffen, nach einem Vortrag, auf einer Feier, am Rande einer Arbeitssituation. Sie enthalten außerdem ein Überraschungsmoment, denn die Kategorisierung erfolgt, ohne jede Warnung und einseitig durch einen Mann. Im folgenden Auszug 5) erzählt Wanda eine entsprechende Geschichte. Sie berichtet von ihrem ersten Vortrag, den sie vor anderen Promovierenden und einem Gastprofessor hielt:

```
 1   WANDA:     ja: (.) aiso ich hab irgendwie ((meinen ersten vortrag das weiß ich noch ganz
 2              genau)smiling voice) .hh hab ich gehalten und da saß ich neben einem älteren
 3              professcr,

 4   I:         h h [h h

 5   WANDA:     [der[äh:m

 6   PETRA:     [ha ha ha [.h genau

 7

 8   WANDA:     [kennst du die geschichte

 9   I:         ((m m erzähl)smiling voice)

10   PETRA:     [ha ha ha ha .h

11   WANDA:     [der also quasi jeden jeden jeden äh:m jeden vortrag kommentierte,=also von ner
12              bestimmten äh klasse also (.)  nicht (.) von professoren ko kollegen glaube ich .hh
13              sondern eher von denen darunter,

14   I:         hm hm

15   WANDA:     und ähm ich merkte ich hatte wahnsinnigen stress weil ich dachte o gott gleich musst
16              du da vorne hin und du musst dich wieder neben diesen mann setzen,

17   PETRA:     hmm nm h

18   WANDA:     und äh der dann tatsächlich auch mit dem kopf so ((deutet die Haltung des
19              Betreffenden an)) auf der tischplatte lag äh während der vorträge und schlief .hh und
20              bin dann irgendwie nach vorne gegangen >hab da meinen vortrag gehalten und der
21              rückweg war echt der schlimmste< und dann hab ich mich hingesetzt und dann (.)
22              saß dieser mann neben mir und ((deutet das Tätscheln an)) tätschelte mir die schulter
23              und sagt gut gemacht mädchen ((gluckst leise auf))

24              (.)

25   ??:        ((mehrere lachen laut auf))

     (Auszug 5, Gruppendiskussion 9)
```

Wanda schildert zunächst die Situation, in der sich ihr Erlebnis zugetragen hat. Sie kann sich sehr genau erinnern, weil es ihr erster Vortrag war. Aufgrund der Sitzordnung kam sie neben einem „älteren Professor" zu sitzen (Zeile 2) und konnte sein Verhalten während der anderen Vorträge beobachten. Sie betont, dass er alles und jedes kommentiert und außerdem während einiger Vorträge geschlafen habe. Das alles bekommt sie nur mit, weil sie direkt neben ihm gesessen hat.

Und auch seinen Kommentar nach ihrem Vortrag („gut gemacht Mädchen!") bzw. auch das Tätscheln beschreibt sie als eine Seitenepisode der eigentlichen Veranstaltung. Wanda fokussiert in ihrer Geschichte genau diese Kategorisierung aus Tätscheln und Adressierung als „Mädchen" und nicht das Lob, das man darin ja auch hören könnte. Während mit der Kategorisierung „Mädchen" das kategoriale Feld von Vater/Tochter oder Elternverhältnis aufgemacht wird, ist es im folgenden Beispiel eher ein anderes kategoriales Paar:

Anna erzählt im folgenden Ausschnitt von einem Kollegen, der sich ihr gegenüber „immer" in einer spezifischen Weise verhalten, sie kategorisiert hat. In ihrer Geschichte, erfolgt die Kategorisierung als Frau indirekt durch die Einführung einer Eigenschaft, die tendenziell mit Frauen verbunden wird (Eglin und Hester 1992, S. 244), in diesem Fall das Aussehen. Sie erzählt von dieser Thematisierung ihres Aussehens nicht als eine Einzelgeschichte, sondern als einer gängigen Praxis („immer", Zeile 2). Anna versteht das als indirekte Thematisierung von Geschlecht (Zeile 6, Auszug 6), als unpassend und als eine „Machtdemonstration" (Zeile 6):

1	ANNA:	ja aber da kann ich auch das ganze negativbeispiel zu sagen ne? also ich hatte einen
2		kollegen der hat immer wenn ich gesagt habe so absprache dadadadada mach mal
3		so und so und dann grinste er immer nur und sagte Anna weil du heute so gut
4		aussiehst machen wir das .hh ja? also das ist ja ähm
5	FRANK:	ja
6	ANNA:	das is ne ganz andere also das war eine machtdemonstration
7	I:	[°mhmh,°]

(Auszug 6, Gruppendiskussion8)

Im folgenden Auszug 7) wird ebenfalls die Kategorisierung als „Frau" thematisiert und als unpassend empfunden. Tanja schildert, wie sie auf einer privaten Feier auf die angebliche Bevorzugung von Frauen bei der Besetzung von Professuren angesprochen wird:

1	TANJA:	(Transkript gekürzt) ich war neulich auf ner .h ähm privaten feier .h ähm °bei
2		Alexandra kennst du ja auch,°((Wechsel der Sprechrichtung))=und da sagte einer zu
3		mir ja wenn ich ne frau gewesen wäre hätte ich ja auch habilitiert .h weil (.) ihr kriegt ja
4		die professuren nur so hinterhergeschmissen
5	??:	[°h h kras]
6	TANJA:	[.hh] ähm ich war ziemlich stolz darauf dass ich nicht ((ausgerastet [bin?)lachend)

(Auszug 7, Gruppendiskussion 6)

Auch diese kleine Episode endet wieder mit der berichteten direkten Rede eines Mannes, der die Erzählerin als „Frau" kategorisiert. Sie „als Frau" bekomme die Professur nur so „hinterhergeschmissen". Es wird deutlich, wie in dieser Small-Talk-Umgebung einer Feier, gewissermaßen im Vorübergehen ein diffuser Status ohne viel Aufwand aktualisiert werden kann. Eine kategoriale Zugehörigkeit, die quasi-natürliche Geschlechtszugehörigkeit, für die niemand etwas kann und die mit keinem Verdienst verbunden ist, wird mit dem Karriereschritt zur Professur verbunden, die wiederum ganz stark mit funktionalen Leistungskriterien verknüpft ist. Tanja wird in der erzählten Geschichte dieser Kategorie zugeschlagen. Schon Tanjas berichtete Reaktion macht deutlich, wie wenig sie meint, dagegen tun zu können. Auch Schegloff (2007) weist darauf hin, dass soziale Kategorisierungen fast unangreifbar und in sich abgeschottet sind, sie sind nicht nur Etiketten. Sie rufen soziale Wissensbestände ab und sind „bigtime players in how common-sense culture operates" (Schegloff 2007, S. 471).

Aufgrund der Daten können nicht nur Kategorisierungsprozesse rekonstruiert werden, sondern auch gezeigt, werden, was Akteure von vergeschlechtlichten Kategorisierungen im Wissenschaftskontext halten: Für sie liegt damit eindeutig ein Fehler bei der Auswahl der Kategorie vor. Darüber wird in den Gruppendiskussionen durchgängig ein Konsens hergestellt.

5   Diskussion

Der Ausgangspunkt der hier entwickelten Überlegungen waren die hartnäckigen Ungleichheiten zwischen den Geschlechtern in den höheren Positionen der Universitäten. Obwohl Frauen bei den Studierendenzahlen schon sehr stark aufgeholt haben, verlassen sie überdurchschnittlich häufig den akademischen Karriereweg, insbesondere nach der Promotion. Die Untersuchung von Jungbauer-Gans und Gross (2013) hat zumindest für Deutschland gezeigt, dass das nicht durch mangelnde Leistungen der Frauen erklärt werden kann. In einem System, das Meritokratie und die Erfüllung funktionaler Erfordernisse als zentral betrachtet, scheint es immer noch signifikante und hartnäckige Aufstiegshemmnisse für Frauen zu geben.

Der folgende Text tritt deshalb gegenüber der Ungleichheitsdebatte einen Schritt zurück und nimmt zunächst Praktiken in den Blick, die es ermöglichen, Geschlechterdifferenz zu aktualisieren – oder vielleicht noch allgemeiner, Geschlecht überhaupt relevant zu machen. Denn die Aktualisierung von Geschlecht als relevante soziale Kategorie halte ich für die zentrale Voraussetzung, an die wiederum Ungleichheiten erst angeheftet werden können. Die

Analyse der Gruppendiskussionen mit Promovierten konnte zeigen, welche all-täglichen gesprächsförmigen Praktiken die offizielle Rhetorik „gender-neutral" zu sein, unterminieren und Geschlecht (doch) auf die Tagesordnung setzen können. Die Teilnehmer_innen der Gruppendiskussionen sprechen darüber in einem besonderen Format, sie erzählen kleine Geschichten von persönlichen Erleb-nissen. In diesen Geschichten werden sie von einem Mann in der unmittelbaren Interaktion in ihrem akademischen Arbeitsumfeld vergeschlechtlicht katego-risiert. Im Kontext der Gruppendiskussionen wird diese Praktik als unpassend bewertet – die übrigen Teilnehmenden reagieren auf solche Geschichten zumin-dest minimal Anteil nehmend oder steuern eigene Erlebnisse bei (Heritage 2011). Das wird besonders anhand des abweichenden Beispiels deutlich, in dem Martin zunächst seine Anteilnahme hinsichtlich der berichteten Kategorisierung zurück hält und erst nach einer sehr deutlichen Korrekturaufforderung „liefert". Die Art und Weise, wie in den Gruppendiskussionen auf die kleinen Geschichten reagiert wird, wie sie bewertet werden, macht deutlich, dass Kategorisierung an sich als ein Problem betrachtet wird. Soziale Kategorien sind – auch für die Akteure selbst – „quiet centres of power and persuasion" (Baker 2000, S. 106). Wie schon zu Beginn erläutert wurde, ist hier der indexikale Charakter von personalen Kate-gorien entscheidend. Sie reflektieren einerseits den Kontext, in dem sie gebraucht werden, gleichzeitig stellen sie ihn auch her, modifizieren ihn und verändern die Szenerie. Es ändert sich nicht nur die Bezeichnung einer Person (erst Kollegin, dann „Mädchen" oder „hübsche Frau"), sondern damit werden gleichzeitig ganz andere Wissensbestände aufgerufen, die die Situation zur Gänze verändern kön-nen (Schegloff 2007, S. 471). Die Geschichten erzählen davon, wie „someone's notion of what is going on can become shaky, and, in reverse, what an individual can do to undermine the frame employed by another" (Goffman 1986, S. 486).

Alltägliche Konversationen, wie sie in den Geschichten beschrieben werden, sind besonders anfällig für solche „frame breaks", weil sie selbst keine vorge-gebene Identität haben („protracted identity of organization") (Goffman 1986, S. 499). Es ist gerade ihr Charakteristikum, dass sie eher einer sequenziellen, situativen Logik folgen und sich aus sich heraus entwickeln und voranschreiten, allfällige Gegebenheiten des Kontextes aufgreifen und im Gespräch verarbeiten können (Bergmann 1988). Gerade Geschlecht als ein diffuser sozialer Status, der jederzeit aktiviert werden kann, bietet sich dabei als Ressource an. Goffman (1986, S. 501) beschreibt, wie sich diese Form alltäglicher, formloser Gespräche wie von selbst zwischen Episoden ziel- und zweckgerichteter Aktivitäten schiebt und dort ihr Eigenleben führt. Die kleinen Geschichten werfen Schlaglichter in diese „Gefahrenzone" informeller Gespräche, in denen sich Akteure besonders dem Wohlwollen anderer aussetzen müssen. Die Verletzlichkeit der Ordnung wird an dieser Stelle besonders deutlich: „Similarly, in the presence of others we become vulnerable through their word and gesticulation to the penetration of our psychic preserves, and to the breaching of the expressive order we expect will be maintained in our presence" (Goffman 1984, S. 4). In den Geschichten, die die Teilnehmerinnen der Gruppendiskussionen erzählen, geht das offizielle akademische Arbeitsleben weiter: Vorträge werden gehalten und Aufgaben gemeinsam angegangen. Aber die latente Geschlechterdifferenzierung kann jederzeit im Windschatten formaler Interaktion in informellen Gesprächen aktiviert werden.

Zu Beginn habe ich die These von Heintz et al. (2007) sowie Heintz und Nadai (1998) skizziert, nach der mit der Durchsetzung des Gleichberechtigungsprinzips Interaktion der Hauptmechanismus ist, über den geschlechtliche Differenzierung vorgenommen und damit ein Raum für sozial signifikante Unterscheidung eröffnet werden kann. Vor dem Hintergrund der Analyse des Materials kann das noch einmal spezifiziert werden. Kategorisierung kann als eine wichtige interaktive Praxis, vergeschlechtlichte Differenzierung aufzurufen und zu aktualisieren, angesehen werden. Sie ist besonders wirkungsvoll, weil sie, wie Schegloff (2007) ausführt, die Möglichkeit eröffnet, zentrale soziale Wissensbestände über soziale Relationen, Zuständigkeiten, Verfügbarkeiten oder Charakteristika quasi über einen short cut abzurufen. Dann ist es völlig ausreichend, eine Frau als „Mädchen" zu bezeichnen, um damit ein ganzes Panoptikum zugehöriger anderer Kategorien (Vater, Mutter) und damit verbundener Aktivitäten (muss sich noch entwickeln) mit hörbar zu machen. Ein sozialer Raum, in dem das in auch in akademischen Arbeitskontexten besonders gut möglich ist, ist das informelle, alltägliche Gespräch. In Hinblick auf die Ungleichheit zwischen den Geschlechtern in Universitäten und anderen Wissenschaftsorganisationen kann gesagt werden, dass solche Relevantsetzungen von Geschlecht mittels Kategorisierung eine Möglichkeit eröffnen, sozial relevante Ungleichbehandlung anzuschließen.

Literatur

Acker, J. (1990). Hierarchies, jobs, bodies: A theory of gendered organizations. *Gender & Society, 4*(2), 139–158.

Baker, C. D. (2000). Locating culture in action: Membership categorization in texts and talk. In A. Lee & C. Poynton (Hrsg.), *Culture and text: Discourse and methodology in social research and cultural studies* (S. 99–113). London: Routledge.

Bamberg, M. (2004). Talk, small stories, and adolescent identities. *Human Development, 47*(6), 366–369.

Barbour, R. (2014). Analysing focus groups. In U. Flick (Hrsg.), *The Sage Handbook of Qualitative Data Analysis* (S. 313–326). London: Sage.

Beaufays, S. (2004). Doing science—doing gender. The making and the unmaking of scientists. *Forum Qualitative Sozialforschung/Forum Qualitative Social Research 5* (2). http://www.qualitative-research.net/index.php/fqs/article/view/613/1327.

Bergmann, J. (1988). Haustiere als kommunikative Ressource. In H. G. Soeffner (Hrsg.), *Kultur und Alltag* (S. 299–312). Göttingen: Schwarz.

Bergmann, J. (2010). Die kategoriale Herstellung von Ethnizität – Ethnomethodologische Überlegungen zur Ethnizitätsforschung. In M. Müller & D. Zifonun (Hrsg.), *Ethnowissen. Soziologische Beiträge zu ethnischer Differenzierung und Migration* (S. 155–170). Wiesbaden: VS-Verlag.

Bird, S. R. (2011). Unsettling universities' incongruous, gendered bureaucratic structures. *Gender, Work & Organization, 18*(2), 202–230.

Eglin, G., & Hesters, S. (1992). Category, predicate and task: The pragmatics of practical action. *Semiotica, 88*(3–4), 243–268.

Fassbinder, R. W. (1974). Ein Unterdrückungsgespräch. Vorgeführt am Beispiel einer Diskussion zwischen Margit Carstensen und Rainer Werner Fassbinder. In: Fernsehspiele Westdeutscher Rundfunk Januar–Juni, 6–82; nachgedruckt in: R. W. Fassbinder (1986). *Die Anarchie der Phantasie* (S 196–201). Frankfurt a. M.: Fischer.

Goffman, E. (1984). The interaction order: American Sociological Association, 1982 Presidential Address. *American Sociological Review, 48*(1), 1–17.

Goffman, E. (1986). *Frame analysis*. Pennsylvania: The Maple Press (Reprint).

Goulden, M., Mason, M. A., & Frasch, K. (2011). Keeping women in the science pipeline. *The Annals of the American Academy of Political and Social Science, 638*(1), 141–162.

Gubrium, F., & Holstein, J. A. (1998). Narrative practice and the coherence of personal stories. *The Sociological Quarerly, 39*(1), 163–187.

Gubrium, J. F., & Holstein, J. A. (2009). *Analyzing narrative reality*. Thousand Oaks: Sage.

Heintz, B., & Nadai, E. (1998). Geschlecht und Kontext. De-Institutionalisierungsprozesse und geschlechtliche Differenzierung. *Zeitschrift für Soziologie, 27*(2), 75–93.

Heintz, B., Merz, M., & Schumacher, C. (2007). Die Macht des Offensichtlichen: Bedingungen geschlechtlicher Personalisierung in der Wissenschaft. *Zeitschrift für Soziologie, 36*(4), 261–281.

Heritage, J. (2011). Territories of knowledge, territories of experience: Empathic moments in interaction. In T. Stivers, L. Mondada, & J. Steensig (Hrsg.), *The morality of knowledge in conversation* (S. 159–183). Cambridge: Cambridge University Press.

Hester, S. & Eglin, P. (Hrsg.). (1997). *Culture in action: Studies in membership categorization analysis*. Washington: International Institute for Ethnomethodology & Conversation Analysis and University Press of America.

Hirschauer, S. (2001). Das Vergessen des Geschlechts. Zur Praxeologie einer Kategorie sozialer Ordnung. In B. Heintz (Hrsg.), *Geschlechtersoziologie* (S. 208–235). Wiesbaden: Westdeutscher Verlag.

Jefferson, G. (1984). Transcript notation. In J. Maxwell & J. Heritage (Hrsg.), *Structures of social action* (S. 9–16). Cambridge: CUP.

Jungbauer-Gans, M., & Gross, C. (2013). Determinants of success in University careers: Findings from the German academic labor market. *Zeitschrift für Soziologie, 42*(1), 74–92.

Kantola, J. (2008). Why do all the women disappear? Gendering processes in a political science department. *Gender, Work & Organization, 15*(2), 203–225.

Knights, D., & Richards, W. (2003). Sex discrimination in UK academia. *Gender, Work & Organization, 10*(2), 214–238.

Krais, B. (2000). *Wissenschaftskultur und Geschlechterordnung. Über die verborgenen Mechanismen männlicher Dominanz in der akademischen Welt.* Frankfurt a. M.: Campus.

Krefting, L. M. (2003). Intertwined discourses of merit and gender: Evidence from academic employment in the USA. *Gender, Work & Organization, 10*(2), 260–278.

Maynard, D. W. (2003). *Bad news, good news: Conversational order in everyday talk and clinical settings.* Chicago: University of Chicago Press.

Metz-Göckel, S., Heusgen, K., Möller, C., Schürmann, R., & Selent, P. (2014). *Karrierefaktor Kind. Zur generativen Diskriminierung im Hochschulsystem.* Opladen: Budrich.

Sacks, H. (1972). On the analyzability of stories by children. In J. Gumperz & D. Hymes (Hrsg.), *Directions in sociolinguistics: The ethnography of communication* (S. 325–345). New York: Holt, Rinehart and Winston.

Sacks, H. (1984). On doing "being ordinary". In M. Atkinson & J. Heritage (Hrsg.), *Structures of social action. Studies in conversation analysis* (S. 413–429). Cambridge: Cambridge Univ. Press.

Sacks, H., Schegloff, E. A., & Jefferson, G. (1974). A simplest systematics for the organization of turn-taking for conversation. *Language, 50*(4), 696–735.

Schegloff, E. A. (2007). A tutorial on membership categorization. *Journal of Pragmatics, 39*(4), 462–482.

Schegloff, E. A., Jefferson, G., & Sacks, H. (1977). The preference for self-correction in the organization of repair in conversation. *Language, 53*(2), 361–382.

Smithson, J., & Stokoe, E. (2005). Discourses of work-life balance: Negotiating 'Genderblind' terms in organizations. *Gender, Work & Organization, 12*(5), 147–168.

Stokoe, E. (1998). Talking about Gender: The conversational construction of gender categories in academic discourse. *Discourse & Society, 9*(2), 217–240.

Stokoe, E. (2012). Moving forward with membership categorization analysis: Methods for systematic analysis. *Discourse Studies, 14*(3), 277–303.

Stokoe, E., & Smithson, J. (2001). Making gender relevant: Conversation analysis and gender categories in interaction. *Discourse & Society, 12*(2), 243–269.

Terasaki, A. K. (2004). Pre-announcement sequences in conversation. In G. Lerner (Hrsg.), *Conversation analysis: Studies from the first generation* (S. 171–223). Amsterdam: John Benjamin.

Über den Autor

Böhringer, Daniela, Dr., Mitarbeiterin am Institut für Sozialwissenschaften der Universität Osnabrück. Schwerpunkte: Qualitative Methoden empirischer Sozialforschung, Konversationsanalyse, Interaktion in Organisationen.

Bildungsprivilegien im 21. Jahrhundert

Katharina Walgenbach

Das Thema Bildung und soziale Ungleichheit hat spätestens seit den PISA-Studien wieder Konjunktur in der deutschsprachigen Erziehungswissenschaft. Vergleichbar mit den 1970er Jahren gibt es derzeit auch ein verstärktes bildungspolitisches Interesse an der Aufhebung von Bildungsungleichheiten. Nicht zuletzt, da die herkunftsspezifischen Disparitäten erneut als bildungsökonomisches Problem angesehen werden. Wie bereits in den 1970er Jahren wird auf die Notwendigkeit verwiesen, potenzielle ‚Begabungsreserven' auszuschöpfen:

> Zu den besonderen Herausforderungen der Bildungspolitik gehört es, einerseits die Leistungsschwächeren im Bildungssystem stärker zu fördern, andererseits die Begabungsreserven für mittlere und höhere Abschlüsse stärker auszuschöpfen. Das gilt umso mehr, als Deutschland angesichts einer längerfristig abnehmenden Erwerbsbevölkerung auf eine wachsende Zahl gut qualifizierter junger Menschen angewiesen ist (Konsortium Bildungsberichterstattung 2006, S. 32).

Es ließen sich noch weitere Parallelen zwischen den 1970er Jahren und der Gegenwart aufzeigen wie der sogenannte Sputnik-Schock 1957, der im PISA-Schock sein Äquivalent findet oder die forcierte bildungspolitische Förderung der empirischen Bildungsforschung in beiden Zeitperioden. In der Politik wird sogar über eine Wiedereinrichtung des 1965 etablierten Bildungsrats nachgedacht (CDU 2011, S. 19).

Andere Themen bzw. Perspektiven scheinen hingegen von einer Revitalisierung ausgenommen zu sein. Dazu gehört die erziehungswissenschaftliche

K. Walgenbach (✉)
FernUniversität Hagen, Hagen, Deutschland
E-Mail: katharina.walgenbach@fernuni-hagen.de

© Springer Fachmedien Wiesbaden GmbH 2017   513
M.S. Baader und T. Freytag (Hrsg.), *Bildung und Ungleichheit in Deutschland*, DOI 10.1007/978-3-658-14999-4_25

Problematisierung von Bildungsprivilegien. In den 1970er Jahren war die Kritik an Bildungsungleichheit noch mit der kritischen Analyse einer ‚Mittelschichtorientierung' deutscher Bildungsinstitutionen verbunden (z. B. Rolf 1967, S. 68; BMJFG 1975, S. 68). Im Mittelpunkt des Erkenntnisinteresses der schichtspezifischen Sozialisationsforschung standen nicht allein Kinder und Jugendliche der ‚Arbeiterklasse', sondern auch der Mittel- und Oberschicht (Roth 1969; Bernstein 1972; Kohn 1981). Das Thema Bildung und soziale Ungleichheit wurde folglich nicht isoliert von der Frage untersucht, in welchem Verhältnis Bildungsbenachteiligung und Bildungsprivilegien zueinander stehen.

Ist die Problematisierung von Bildungsprivilegien durch die Bildungsexpansion der 1970er Jahre obsolet geworden? In diesem Beitrag wird die These entfaltet, dass die aktuelle Dethematisierung von Bildungsprivilegien keineswegs darauf zurückgeführt werden kann, dass diese an gesellschaftlicher Relevanz verloren haben. Allerdings befinden sich Bildungsprivilegien in Deutschland Anfang des 21. Jahrhunderts erneut in einem Transformationsprozess. Diese These wird exemplarisch anhand gegenwärtiger Prozesse horizontaler und vertikaler Differenzierungen im Feld der höheren Bildung herausgearbeitet. Zunächst soll aber definiert werden, was in diesem Beitrag unter Bildungsprivilegien verstanden wird.

1 Bildungsprivilegien – eine Begriffsbestimmung

Für eine Bestimmung des Begriffs Bildungsprivilegien wird im Folgenden auf Pierre Bourdieus bildungssoziologische Studien zurückgegriffen, die er seit den 1960er Jahren verfasst hat. Bourdieu entwickelte sein Verständnis von Bildungsprivilegien im Kontext mehrerer empirischer Untersuchungen zum französischen Bildungssystem. In seinen Studien lassen sich vielfältige Bedeutungsebenen von Bildungsprivilegien identifizieren:

Die quantitative Präsenz von Bildungsprivilegierten in höheren Bildungsinstitutionen, die Wahl spezifischer Studienfächer, die Vorteile eines bildungsnahen Habitus durch den man sich an der Universität ‚am richtigen Platz' fühlt, die Funktion von Bildungstiteln als Instrumente sozialer Schließung, die hohe Verfügbarkeit über inkorporiertes, objektiviertes und institutionalisiertes Kulturkapital sowie die Orientierung höherer Bildungsinstitutionen an den Habitus der herrschenden Klasse bzw. des Bürgertums (Bourdieu und Passeron 1964, 1971; Bourdieu 1981, 1984, 2004).

Theoretisch rekurriert Bourdieu bei seiner Untersuchung dieser unterschiedlichen Aspekte von Bildungsprivilegien dabei stets auf relational verfasste Konzepte wie Kapitalformen, sozialer Raum, Feld, Habitus. Für Bourdieu sind Bildungsprivilegien Instrumente bzw. Formen sozialer Schließung, durch die der eigene Status bzw. die eigene Position im sozialen Raum erhalten bzw. verbessert werden soll. Dabei werden diese Positionen allerdings in Bourdieus Sozialtheorie nicht statisch gedacht, sondern dynamisch und umkämpft. Für Bourdieu ist das „System objektiver Beziehungen" ein Kampfschauplatz, bei dem die sozialen Positionen immer nur *relational* zueinander bestimmt sind (Bourdieu 1982, S. 261). Insofern können auch die Überlegungen in diesem Beitrag zu Transformationsprozessen im Feld der höheren Bildung nur Momentaufnahmen sein.

Bourdieu wird mitunter vorgeworfen, dass er einen deterministischen Ansatz vertrete, in dem Akteure nur noch strategische Kalküle verfolgen würden (Honneth 1984). Auf diese Weise, so seine Kritiker, würde Bourdieu die Freiheit des Subjekts bzw. die besonderen Kräfte menschlicher Kreativität nicht ausreichend berücksichtigen (Balke 2003; Celikates 2006; Liebau 2006; für einen kritischen Überblick siehe auch Rieger-Ladich 2005). Auch eine Untersuchung der Transformationsprozesse von Bildungsprivilegien im 21. Jahrhundert könnte in den Verdacht geraten, sie bewege sich in einem quasi-zirkulären Regelkreis sozialer Reproduktion. Aus diesem Grund sollen diesem Beitrag einige theoretische Klärungen vorangestellt werden.

Gegen ein deterministisches Verständnis von Bildungsprivilegien bzw. eines bildungsprivilegierten Habitus spricht z. B., dass Bildungsprivilegien weder direkt noch kurzfristig vererbt werden können. Für die Akkumulation von kulturellen Kapital bedarf es vielmehr permanenter individueller Anstrengungen. Diese persönliche Investition in kulturelles Kapital bringt es mit sich, dass Bildungsprivilegierte auch scheitern können. Was dies für individuelle Bildungsbiografien bzw. Berufsbiografien bedeutet, zeigt z. B. eine Studie von Schmeiser über Verlaufsformen des intergenerationalen sozialen Abstiegs in Akademikerfamilien (Schmeiser 2003).

Bourdieu und Passeron betonen deshalb, man müsse sich „vor der Annahme hüten, das kulturelle Erbe begünstige alle, die seiner teilhaftig werden, automatisch in gleicher Weise" (Bourdieu und Passeron 1971, S. 43). Darüber hinaus können auch politische Ereignisse wie das Ende der DDR dazu führen, dass Bildungssubjekte ihre Berufs- und Statusziele verfehlen oder ein wirtschaftlicher Strukturwandel beschränkt den kollektiven Zugang zu milieuspezifischen Berufsfeldern und aktiviert neue Strategien der Umstellung bzw. Rekonversion (Vester 2014, S. 256). Die Reproduktion von Bildungsprivilegien verläuft somit keineswegs linear, störungsfrei und vorherbestimmt.

Des Weiteren handelt es sich bei den Prozessen der Reproduktion von Bildungsprivilegien nicht immer um bewusste Strategien. Im Gegenteil zielt ein

zentrales Erkenntnisinteresse Bourdieus auf die sozialisationstheoretisch relevante Frage, wie es zu einer „Abgestimmtheit ohne Abstimmung" kommen kann
(Barlösius 2006, S. 45 ff.). Bourdieus Habitustheorie grenzt sich hier von ratio-
nalistischen Handlungstheorien ab, die von autonomen, zielgerichteten und rationalen Subjekten ausgehen. Für ihn zeichnet sich der Habitus vielmehr durch
einen praktischen Sinn aus, der häufig präreflexiv erworben wird (Wacquant
1996, S. 41). Auf diese Weise können Bourdieus Studien zur Fremd- und Selbste-
liminierung bzw. „Selbstbescheidung" im Bildungssystem auch aktuelle Verdrängungsprozesse der unteren und mittleren sozialen Milieus im Feld der höheren
Bildung ohne individuelle bzw. kollektive Schuldzuweisungen erklären (vgl.
Bourdieu und Passeron 1971, S. 174–190). In der Folge sind auch die Strategien
von Bildungsprivilegierten nicht das Produkt zynischer Berechnung oder Resultat
eines bewussten Strebens nach Profitmaximierung, sondern Ausdruck eines unbewussten Verhältnisses zwischen Habitus und Feld (Bourdieu 1993, S. 113).

Schließlich begründet sich Bourdieus Analyse der Reproduktion von Bildungsungleichheiten auf eine praxeologische Perspektive, die Reproduktion und
sozialen Wandel nicht als Gegensatzpaar fasst, sondern die Aufrechterhaltung
der sozialen Ordnung als Prozess der ständigen Wiederhervorbringung begreift.
Reproduktion wird damit als Verhältnis von Dauer und Wandel, von Stabilität und
Dynamik konzeptualisiert (Trinkaus und Völker 2009, S. 210–2013). Allerdings
liegt die Genese des sozialen Wandels nach Bourdieu vor allem darin begründet,
dass Akteure danach streben, die relationalen Abstände im sozialen Raum zueinander zu erhalten bzw. zu verbessern (Bourdieu 1982, S. 261; Bourdieu et al.
1981, S. 68–69). Seinen Kritikern, die ihm hier eine ‚deterministische Vorein-
genommenheit' unterstellen, hält Bourdieu entgegen, die Sprache metaphysi-
scher Bezichtigung und moralischer Verurteilung aufzugeben und sich auf den
Boden wissenschaftlicher Widerlegung zu begeben (Bourdieu 2001, S. 194). Mit
anderen Worten: für Bourdieu ist die Zwangsläufigkeit der Reproduktion von
Bildungsprivilegien eine empirische Frage, die unabhängig von theoretischen
Präferenzen geklärt werden sollte.

Bilanzierend werden Bildungsprivilegien in diesem Beitrag wie folgt gefasst:
Unter Bildungsprivilegien wird verstanden, dass Bildungsprivilegierte auf Ressourcen zurückgreifen können, die auf einer vorteilhaften Konfiguration von
kulturellem, ökonomischem, sozialem und symbolischem Kapital basieren. Die
Herausbildung eines bildungsprivilegierten Habitus begünstigt dabei ‚kulturelle Passungen' mit höheren Bildungsinstitutionen, die wiederum über exklusive Bildungstitel die soziale Platzierung in der Gesellschaft legitimieren. Über

Bildungsprivilegien wird der familiale Status erhalten bzw. verbessert und die eigene gesellschaftliche Position gefestigt.

2 Transformation von Bildungsprivilegien im 21. Jahrhundert

Die Bildungsreformen in Deutschland haben seit den 1960er Jahren zu einer gestiegenen Bildungsbeteiligung, längeren Verweildauer im Bildungssystem und einer Bildungsniveausteigerung aller sozialer Milieus beigetragen (Schimpl-Neimanns 2000; Becker und Lauterbach 2016; Wolter 2016). Im Feld der höheren Bildung haben die Maßnahmen zur Bildungsexpansion zu einem rapiden Anstieg der Studienberechtigtenquoten sowie einer Zunahme von Studienanfänger_innen an deutschen Hochschulen geführt (Hadjar und Becker 2009, S. 205).

Können wir also von einem Abbau von Bildungsprivilegien in Deutschland ausgehen? In der Bildungsforschung wird hier seit einigen Jahren auf einen scheinbar widersprüchlichen Befund verwiesen: zwar wurde das höhere Bildungssystem ausgebaut, der Anteil an Schüler_innen mit höheren allgemeinbildenden Abschlüssen gesteigert und die Studierendenquote erhöht, allerdings konnten soziale Ungleichheiten nur im geringeren Maß abgebaut werden (Müller 1998; Becker 2011; Schindler 2014).

Wie lässt sich die Gleichzeitigkeit von Bildungsexpansion und sozialer Ungleichheit erklären? Dieser Frage soll im Folgenden nachgegangen werden, indem ein Perspektivenwechsel in der Analyse von Bildungsungleichheiten vorgenommen wird: nicht die Zu- oder Abnahme von Bildungsbenachteiligung steht im Mittelpunkt der Betrachtung, sondern Prozesse der Transformation von Bildungsprivilegien im Kontext der Bildungsexpansion. Diese Wandlungsprozesse können im Grunde auf unterschiedlichen Ebenen nachgezeichnet werden z. B. ließe sich nach der Ausdifferenzierung von bildungsprivilegierten Milieus seit den 1960er Jahren fragen oder nach deren veränderten Bildungsstrategien bzw. Habitusmetamorphosen. Aufgrund der gebotenen Kürze konzentriert sich der Beitrag im Folgenden auf *institutionelle* Transformationsprozesse im Feld der höheren Bildung. Diese lassen sich meines Erachtens nur verstehen, wenn man sich vergegenwärtigt, dass die Bildungsexpansion ab den 1970er Jahren auch auf einen gesellschaftlichen Strukturwandel reagiert, der zum einen ein höheres Bildungsniveau aller sozialer Milieus erfordert und zum anderen die Bedeutung von Bildung für die Positionierung im sozialen Raum gesteigert hat.

2.1 Gesellschaftlicher Strukturwandel und Bildungsexpansion

In den Sozial- und Erziehungswissenschaften wird seit ca. 40 Jahren auf einen gesellschaftlichen Wandel verwiesen, der mit Begriffen wie Dienstleitungs- und Wissensgesellschaft, Globalisierung, Informationsgesellschaft oder Wettbewerbsgesellschaft umschrieben wird (Bell 1973; Castells 1996). Zudem trägt der technische Fortschritt zu einer Veränderung beruflicher Anforderungsprofile bei. Folglich wird bereits seit einigen Jahren prognostiziert, dass der Bedarf an hoch qualifizierten Erwerbstätigen weiter steigt, während der Anteil an Hilfs- und einfachen Tätigkeiten zurückgehen wird (Dostal und Reinberg 1999). Diese Entwicklungsdynamiken stellen auch neue Ansprüche an Bildung, Qualifikation und Weiterbildung. So heißt es etwa im Bildungsbericht 2012:

> Während manuelle Fertigkeiten an Bedeutung verlieren, werden in einer Dienstleis-
> tungs- und Wissensgesellschaft z. B. analytisches Denken, Kommunikations- und
> Problemlösungskompetenzen stärker gefordert. Hierauf muss das (Aus-)Bildungs-
> system reagieren (Autorengruppe Bildungsberichterstattung 2012, S. 22).

Dieser gesellschaftliche Strukturwandel, so werde ich im folgenden ausführen, erklärt den aktuell verstärkt diskutierten Befund in der Hochschulforschung, dass die Quote der Studienberechtigten in den unteren und mittleren Milieus gestiegen ist, während sich soziale Ungleichheiten beim Übergang zum Hochschulstudium verstärken (Lörz 2012; Schindler 2014). Die Bildungsexpansion hat faktisch dazu geführt, dass der Bedarf an Fachkräften mit anspruchsvollen Ausbildungsberufen gedeckt wird, während sich die postulierte Hoffnung der Bildungsexpansion – die Erhöhung der Chancengleichheit im Hochschulsektor – nicht im gleichen Maße erfüllte. Bezogen auf die Transformation von Bildungsprivilegien lässt sich hier von einer Verschiebung der Selektionsschwelle sprechen, die nun am Übergang zur Hochschule lokalisiert ist (vgl. Mayer et al. 2007). Im Folgenden möchte ich diese These anhand einiger empirischen Daten ausführen.

In den vergangenen 30 Jahren sind die Quoten der Studienberechtigten von Schüler_innen aus bildungsfernen Elternhäusern (Eltern verfügen höchstens über einen Hauptschulabschluss) kontinuierlich angestiegen. Während Mitte der 1970er Jahre lediglich 15 % von ihnen eine Studienberechtigung erwarb, sind es gegenwärtig 35 % (Schindler 2012, S. 2). Nach Vester haben vor allem die respektablen Volks- und Arbeitnehmermilieus die Bildungsexpansion für sich genutzt, ihren Anteil am Erwerb des (Fach-)Abiturs deutlich zu steigern. Bereits Anfang der 1990er Jahre hatten die beiden Teilmilieus ‚modernes Arbeitnehmermilieu' und ‚hedonistisches Milieu' ihre Abiturquoten den oberen Milieus angenähert (Vester 2014, S. 262).

In den letzten 20 Jahren ist die Studienberechtigtenquote mit (Fach-)Hochschulreife von 36,4 % (1995) auf 58,4 % (2012) angestiegen. Aktuell liegt die Studienberechtigtenquote bei 52,8 % (Autorengruppe Bildungsberichterstattung 2016, S. 296). Gleichzeitig geht die Hauptschulabschlussquote von 27 % (2006) auf 22,8 % (2014) weiter zurück (Vester 2014, S. 96). In der Bildungsforschung spricht man in diesem Zusammenhang von dem nicht-intendierten Nebeneffekt der Bildungsexpansion, dass die Hauptschule damit zunehmend zu einer ‚Restschule' degradiert wird (Hadjar und Becker 2009, S. 206). Allgemein lässt sich also eine Bildungsniveausteigerung in der Gesamtbevölkerung in Deutschland verzeichnen.

Gleichzeitig bedeutete die soziale Mobilität der unteren und mittleren sozialen Milieus in den letzten Jahrzehnten keinen Bildungsabstieg für Bildungsprivilegierte. Die Quoten der Schüler_innen aus gebildeten Elternhäusern (Eltern mit Hochschulreife) beim Erreichen der Studienberechtigung blieben in den Jahren 1976–2008 zwischen 60 und 70 % auf einem konstant hohen Niveau (Schindler 2012, S. 14). Auch die soziale Zusammensetzung an allgemeinbildenden Gymnasien blieb weitgehend unverändert (Schindler 2012, S. 24–25).

Des Weiteren bedeutet die Erhöhung der Studienberechtigtenquote nicht, dass Schüler_innen aus unteren und mittleren sozialen Milieus tatsächlich ein Hochschulstudium aufnehmen, vielmehr zeichnet sich der Trend ab, dass Bildungsaufsteiger die neu geschaffenen Möglichkeiten der Bildungsexpansion dazu nutzen, ihre Zugangschancen zu bestimmten Ausbildungsberufen zu verbessern. Dazu gehören bspw. die kaufmännischen Berufe im Banken- und Versicherungswesen: während die Quoten zur Studienberechtigung in den 1970er Jahren hier noch bei 5 % lagen, ist der Anteil aktuell auf 60 % angestiegen. Vergleichbar ist die Studienberechtigungsquote in hoch qualifizierten Gesundheitsberufen wie z. B. Physiotherapeut_innen von 20 % auf 60 % gestiegen (Schindler 2014, S. 87).

Heute verfügen über 25 % der Absolvent_innen von Berufsausbildungen über eine Studienberechtigung (Schindler 2014, S. 86). Wobei in der Bildungsforschung noch diskutiert wird, ob diese Entwicklung auf einen erhöhten Qualifikationsbedarf zurückzuführen ist oder auf herkunftsspezifische und geschlechtsspezifische Verdrängungsprozesse (Schindler 2014, S. 86). Bilanzierend lässt sich hier auf einen dramatischen Bedeutungswandel der Hochschulreife verweisen: während das Abitur früher als Eingangsqualifikation für das Hochschulstudium galt, ist es heute eine faktische Qualifikationsvoraussetzung für viele Ausbildungsberufe.

Nach Michael Vester hat die Differenzierung, Spezialisierung und Professionalisierung von Berufen in den mittleren sozialen Milieus zu einer ‚Kompetenzrevolution' geführt. Allerdings entspricht diese Entwicklung keineswegs einer vertikalen Mobilität, so Vester, sondern ist Ausdruck einer horizontalen Differenzierung (Vester 2005, S. 18). Im Sinne Bourdieus Modell des sozialen Raums verschiebt sich die soziale Positionierung der mittleren sozialen Milieus somit auf der Achse des kulturellen Kapitals nach links (Bourdieu 1982, S. 212 f.). Die Erhöhung der Studienberechtigtenquote in den unteren und mittleren Milieus sind also nicht Ausdruck einer vertikalen Mobilität – wie traditionelle Schichtmodelle nahelegen würden – sie sichern vielmehr den bisherigen Berufsstatus der mittleren Milieus durch Umstellungen auf kulturelles Kapital ab. Dies zeigt sich etwa in dem Wachstum moderner Berufsgruppen, die ein immer höheres Bildungsniveau verlangen. In diesem Sinne bewahren Milieus ihre historische Kontinuität durch Transformation – allerdings in der jeweiligen Traditionslinie. Der aktive Bildungserwerb dient hier also eher der Statusbewahrung und weniger dem sozialen Aufstieg (Vester 2004, S. 18, 22, 37, 39).

Durch die rasante Steigerung der Studienberechtigtenquoten in den letzten 40 Jahren hat sich das Abitur somit von einem exklusiven Bildungstitel zu einem Massenzertifikat gewandelt. Historisch gesehen verliert das Abitur damit seine Funktion als Instrument sozialer Schließung, welches es seit seiner schrittweisen Einführung im ausgehenden 18. Jahrhundert inne hatte (Jeismann 1996). Nach Wolter wurde das Abitur in dieser Zeit als Grundbestandteil einer ‚Berechtigungskette' etabliert, die das Gymnasium mit der Universität und anschließend mit dem Zugang zu akademischen bzw. staatlichen Berufen verband. Die Reifeprüfung wurde somit vom Endpunkt der Berechtigungskette aus konstruiert, d. h. von der Universität bzw. der Zulassung zum Studium aus abgeleitet. Im Zentrum stand dabei weniger eine Bildungsidee, sondern ein staatliches Regulierungsinteresse am Hochschulzugang (Wolter 2016, S. 8 und 11).

Als Zwischenbilanz lässt sich festhalten, dass der gesellschaftliche Strukturwandel in mehrfacher Hinsicht zu einer Transformation von Bildungsprivilegien beigetragen hat:

1. *Das Abitur hat Anfang des 21. Jahrhunderts seine Exklusivität als Bildungstitel verloren.* In seiner Bedeutung hat das Abitur eine Diversifizierung erfahren; es lässt sich nicht mehr auf die Funktion einer Hochschulzugangsberechtigung reduzieren. Für die oberen sozialen Milieus verliert das Abitur damit an Distinktionswert. Das (Fach-)Abitur ist heute auch für mittlere Milieus in Deutschland zunehmend Voraussetzung für die eigene Statusreproduktion. Die damit einhergehende Titelinflation zwingt nun allerdings auch die oberen sozialen

Milieus zu noch höheren Bildungsinvestitionen und Distinktionskämpfen (vgl. Bourdieu et al. 1981, S. 24 und 68).

2. *Die zentrale Selektionsschwelle zur Reproduktion von Bildungsprivilegien verschiebt sich in den tertiären Bildungssektor.* Aufgrund der Expansion gymnasialer Bildung (inkl. Fachgymnasien, Fachoberschulen, Kollegschulen), verläuft die zentrale Selektionsschwelle nicht mehr zwischen Grundschule und Gymnasium, sondern zwischen (Fach-)Abitur und Hochschulstudium (vgl. Mayer et al 2007; Schindler 2014). Bereits in den 1980er Jahren wurde der Übergang vom Abitur ins Studium als neue Selektionsschwelle für Arbeiterkinder ausgemacht. Dieser Befund bezog sich allerdings auf die Tatsache, dass nicht mehr fast alle Arbeiterkinder – wie noch in den 1960er Jahren – nach einem erfolgreichen Abiturabschluss auch ein Hochschulstudium aufnahmen (Bargel et al. 1987). Die hier zugrunde liegende These bezieht sich allerdings auf eine Umstrukturierung der Reproduktionsstrategien Anfang des 21. Jahrhunderts (vgl. Bourdieu et al. 1981, S. 24). Während das Abitur für die oberen Milieus an strategischer Bedeutung verliert, bildet sich der Übergang zum Hochschulstudium als eine zentrale Demarkationslinie zur Reproduktion eines hohen Sozialstatus heraus. Wie noch gezeigt wird, führt dies zudem zu Differenzierungen *innerhalb* des tertiären Bildungssektors.

3. *Das Feld der höheren Bildung wird zum „Kampfschauplatz".* Die Bedeutung der Bildung für die Allokation in der Gesellschaft hat in den letzten Jahrzehnten zugenommen (Wolter 2016, S. 3). Im Sinne Bourdieus ließe sich im Feld der höheren Bildung auch von einer homothetischen Entwicklung sprechen, die immer dann zu beobachten ist, „wenn die Kräfte und Anstrengungen der um eine bestimmte Sorte seltener Güter oder Titel konkurrierender Gruppen wie in einem *Wettlauf* sich tendenziell gegenseitig aufheben, wo am Ende einer Reihe von Einholjagden und Überholmanövern die Anfangsentfernungen gewahrt bleiben (…)" (Bourdieu 1982, S. 266; Herv. im Original). Es stellt sich somit die Frage, welche Bildungsstrategien die Arrivierten aktuell einsetzen, um die Struktur der Abstände wieder herzustellen.

2.2 Transformationsprozesse im Feld höherer Bildung

Im Folgenden möchte ich der Frage nachgehen, welche Konsequenzen die oben skizzierten Entwicklungstrends für das Feld der höheren Bildung haben. In diesem Abschnitt werde ich herausarbeiten, wie sich die Transformation von Bildungsprivilegien im 21. Jahrhundert in einer institutionellen Restrukturierung im Feld der höheren Bildung manifestiert. Dabei halte ich es für wichtig, die gegenwärtigen

Transformationsprozesse in der Sekundarschulbildung und der Hochschule nicht isoliert voneinander zu betrachten, sondern zusammenzudenken. Nur auf diese Weise lassen sich die Prozesse einer Verschiebung der Selektionsschwelle in den tertiären Bildungssektor nachzeichnen.

Im Feld der höheren Bildung zeigen sich die Positions- und Klassifikationskämpfe sowohl in horizontalen als auch vertikalen Differenzierungsprozessen. Beide Prozesse müssen dabei allerdings zusammengedacht werden: während die horizontale Differenzierung auch mit einer sozialen Öffnung im Feld der höheren Bildungsinstitutionen einhergeht, ermöglichen vertikale Differenzierungen die Erhaltung der Abstände bzw. Ordnungsrelationen zwischen den sozialen Milieus (vgl. Bourdieu 1982, S. 270).

2.2.1 Das Gymnasium als Refugium für Bildungsprivilegien

Der oben angeführte Strukturwandel hat auch Effekte für das Schulsystem in Deutschland. Während in den 1970er Jahre noch heftige ideologische Kämpfe um das Dreigliedrige Schulsystem bzw. die Gesamtschule geführt wurden, haben die Bundesländer in den letzten Jahren die Sekundarstufe I in weitgehend pragmatischer Weise reformiert. Als Ursachen dafür werden in der Bildungsforschung unterschiedliche gesellschaftliche Entwicklungstrends identifiziert: der demografische Wandel, gestiegene berufliche Qualifikationsanforderungen und Bildungsaspirationen, die Abwertung des Hauptschulabschlusses, Ergebnisse der internationalen PISA-Vergleichsstudie, OECD-Beschlüsse zur Steigerung des Bildungsniveaus in den Mitgliedsländern, ungleichheitskritische Diskurse etc. (z. B. Tillmann 2010).

Wie Tab. 1 zeigt, verfolgen die Bundesländer bei der Etablierung neuer Schulformen dabei unterschiedliche Wege. Es zeigt sich allerdings der Trend, dass die Optionen für mittlere und höhere Schulabschlüsse offener gehalten werden sollen. Prozesse einer horizontalen Differenzierung im Feld der höheren Bildung, auf die das Erkenntnisinteresse dieses Beitrags zielt, lassen sich vor allen bei den Bundesländern beobachten, die in den letzten Jahren ein zweigliedriges Schulsystem einführten.

Die Tabelle zeigt, dass das Dreigliedrige Schulsystem in den letzten Jahren durch alternative Sekundarschulformen ergänzt oder sogar zu einem Zwei-Säulen-Modell umgebaut wurde (Tillmann 2010). Die Reformen zielen vor allem auf die Auflösung der Hauptschule sowie auf eine größere Durchlässigkeit zwischen den Schulformen. Nimmt man allerdings die Reproduktion von Bildungsprivilegien in den Fokus, fällt an der Tabelle eines auf: das Gymnasium bleibt von allen Bildungsreformen unangetastet.

Tab. 1 Neue Schulformen in den Bundesländern. (Eigene Darstellung. Quelle: Schulgesetze der Bundesländer)

Bundesland	Neue Schulformen (Zeitpunkt der Implementierung)	Abschlüsse Neue Schulformen	Weiter bestehende Schulformen
Baden-Württemberg	Gemeinschaftsschule (2012/2013)	Kann eigene Oberstufe anbieten	**Gymnasium** Realschule, Werkrealschule u. Hauptschule
Bayern	Mittelschule (Umbenennung Hauptschule) (2011/2012)	Ermöglicht nach Hauptschulabschluss einen Mittleren Schulabschluss	**Gymnasium** Realschule
Berlin	Integrierte Sekundarschule (2010/2011)	Alle	**Gymnasium**
Brandenburg	Oberschule umfasst Jahrgänge 7–10 (2005)	Erweiterter Hauptschulabschluss/ Berufsbildungsreife, Realschulabschluss/ Fachoberschulreife	**Gymnasium** Gesamtschule mit gymnasialer Oberstufe
Bremen	Oberschule (2011/2012)	Alle	**Gymnasium**
Hamburg	Stadtteilschule (2010/2011)	Alle	**Gymnasium**
Hessen	Mittelstufenschule (2011/2012)	Hauptschulabschluss, Realschulabschluss	**Gymnasium** Hauptschule, Realschule, Gesamtschule
Mecklenburg-Vorpommern	Regionale Schule umfasst Jahrgänge 5–10 (2002/2003)	Berufsreife, Mittlere Reife	**Gymnasium** Integrierte oder kooperative Gesamtschule
Niedersachsen	Oberschule (2011/2012)	Hauptschulabschluss, Realschulabschluss. Optional: mit gymnasialen Schulzweig (bis 10. Klasse). Abitur an Oberschule nicht möglich	**Gymnasium** Hauptschule, Realschule, Integrierte Gesamtschule

(Fortsetzung)

Tab. 1 (Fortsetzung)

Bundesland	Neue Schulformen (Zeitpunkt der Implementierung)	Abschlüsse Neue Schulformen	Weiter bestehende Schulformen
Nordrhein-Westfalen	Sekundarschule umfasst Jahrgänge 5–10 (2011/2012)	Keine eigene Oberstufe, aber Kooperationen mit Gymnasien, Gesamtschule oder Berufskollegs	Gymnasium Hauptschule Realschule Gesamtschule
Rheinland-Pfalz	Realschule plus (2009/2010)	Berufsreife Qualifizierter Sekundarabschluss I	Gymnasium Integrierte Gesamtschule
Saarland	Gemeinschaftsschule (2012/2013)	Alle	Gymnasium
Sachsen	Mittelschule umfasst Jahrgänge 5–10 (2013 Umbenennung)	Haupt- und Realschulabschluss	Gymnasium
Sachsen-Anhalt	Gemeinschaftsschule (2012)	Alle Abschlüsse	Gymnasium Sekundarschule Gesamtschule
Schleswig-Holstein	Gemeinschaftsschule (2007/2008)	Alle	Gymnasium
Thüringen	Gemeinschaftsschule (2010/2011)	Alle	Gymnasium Gesamtschule Regelschulen

Anm. der Verf.: Um die Komplexität zu reduzieren, wurden Förderschulen nicht in die Tabelle einbezogen

Insbesondere die humanistischen Gymnasien bieten Bildungsprivilegierten ein Refugium abseits bildungspolitischer Transformationsprozesse. Ein bundesweit bekannt gewordenes Beispiel dafür ist die Initiative ‚Wir wollen lernen', die mit einem Volksentscheid im Jahr 2010 grundlegende Bildungsreformen des Hamburger Senats verhinderte. Als sich im Frühjahr 2008 die Initiative ‚*Wir wollen lernen!*' – *Förderverein für bessere Bildung in Hamburg e. V.* gründete, hatte sie keineswegs Einwände gegen die geplante Stadtteilschule der Schwarz-Grünen-Koalition. Die eigentliche Bedrohung sah sie hingegen in der geplanten 6-jährigen Primarschule sowie in der anvisierten Abschaffung des Elternwahlrechts. Die Initiative befürchtete, dass die Gymnasien ihre speziellen Profile (humanistisch, bilingual, künstlerisch) nicht mehr adäquat anbieten könnten. Des Weiteren prophezeiten sie ein „Ausbluten der Gymnasien", da ihnen neben dem 13. Schuljahr nun auch die Jahrgänge 5 und 6 genommen werden sollen. Auf diese Weise würden Gymnasien ein Drittel ihrer Schüler und Lehrer verlieren, so die Initiative[1].

In einer Stellungnahme weist die *Arbeitsgemeinschaft Elternräte und Freunde des humanistischen Gymnasiums* darauf hin, dass die Einführung einer sechsjährigen Primarschule die altsprachlichen Bildungsgänge der humanistischen Gymnasien in ihrem Kern bedrohen würde. Die Schüler_innen könnten dann nicht mehr in Klasse 5 mit Latein beginnen. Des Weiteren würden die Pläne für den Lateinunterricht in der sechsjährigen Primarschule zu einer Niveauabsenkung führen. Zudem sei der Spracherwerb nicht mehr in ein humanistisches Gesamtkonzept eingebettet.[2] Der Erwerb der Altsprachen Latein und Griechisch ist in diesem Fall mehr als ein bildungsbürgerliches Distinktionsmittel, er liefert hier auch ein zentrales Argument zur institutionellen Absicherung. Die Initiative *Wir wollen lernen* konnte sich im Juli 2010 beim Volksentscheid mit 54,5 % Stimmen durchsetzen. Lediglich die Stadtteilschulen wurden in Hamburg etabliert.

Historisch gesehen diente das Gymnasium seit Anfang des 19. Jahrhunderts der Erzeugung eines leistungsstarken Bildungs- und Besitzbürgertums (Groppe 2006, S. 98), allerdings wurde die Exklusivität gymnasialer Bildung auch immer wieder herausgefordert (Groppe 2006, S. 98; siehe auch Wolter 2016). Eine einschneidende historische Zäsur war bspw. die Zeit um 1900 als sich durch den gesellschaftlichen Strukturwandel zur Industriegesellschaft eine breitere Mittelschicht herausbildete und die Schülerzahlen auf höheren Schulen dramatisch anstiegen (Müller und Zymek 1987).

Nach Carola Groppe sah sich vor allem das Bildungsbürgertum durch diese frühe Form der Bildungsexpansion in ihrer sozialen Position bedroht. In der Konsequenz lassen sich um 1900 Jahrhundert einige institutionelle und ideelle Schließungsprozesse verzeichnen. Dazu gehörten z. B. Differenzierungen innerhalb des höheren Schulsystems sowie die formale Gleichstellung des humanistischen Gymnasiums, Realgymnasiums und der Oberrealschule. Auf diese Weise sollten die Berufs- und Bildungsperspektiven der aufstiegsmotivierten Schichten kanalisiert werden. Des Weiteren dienten diese Maßnahmen der Absicherung des humanistischen Gymnasiums als Reproduktionsschule des Bildungsbürgertums

---

[1]Basisflyer der Initiative: http://wir-wollen-lernen.de/resources/WWL+Basisflyer+2c_B.pdf. Zugegriffen: 31.07.2016.

[2]Stellungnahme Christianeum, Friedrich-Ebert-Gymnasium, Hansa-Gymnasium, Johanneum, Mathias-Claudius-Gymnasium, Sankt-Ansgar-Schule, Wilhelm-Gymnasium (http://wir-wollen-lernen.de/resources/Stellungnahme_Roemer_20100527.pdf). Zugegriffen: 31.07.2016.

(Groppe 2006, S. 99). Bis zum Ende des 19. Jahrhunderts waren Bildungsprivilegien im Feld der höheren Bildung auch geschlechtlich codiert, denn es gab
keine höheren Mädchenschule, die innerhalb des Berechtigungswesens zum
Abitur führten (Wolter 2016, S. 14). Ein Blick in die Geschichte zeigt also, dass
das Gymnasium seit der Trennung von ‚höheren' und ‚niedrigen' Schulen im
18. Jahrhundert ein Refugium für Bildungsprivilegien ist, das allerdings durch
gesellschaftliche Strukturveränderungen immer wieder herausgefordert wird.

Aktuell stellt sich die Frage, inwiefern mit der Einführung neuer Oberstufentypen (Gemeinschaftsschule, Gesamtschule, Berufs- und Fachgymnasien,
Berufsoberschule etc.), die zum (Fach-)Abitur führen, nicht eine institutionelle
Parallelwelt zu den klassischen Gymnasien geschaffen wurde, die die Bildungsaspirationen der unteren und mittleren sozialen Milieus kanalisiert und zur Erhaltung der Gymnasien als Refugien von Bildungsprivilegien beiträgt. Nachfolgend
werden dazu einige Entwicklungstrends diskutiert.

In den letzten Jahren hat sich die soziale Zusammensetzung der Schüler_innen
an Gymnasien eher zugunsten der oberen Milieus verändert: im Jahr 2000 hatten
56 % der 15-jährigen an Gymnasien einen hohen ökonomischen Status (gegenüber 10 % mit niedrigem und 25 % mit mittleren sozioökonomischen Status),
2012 waren es 69 % (gegenüber 15 % mit niedrigem und 36 % mit mittleren
sozioökonomischen Status) (Autorengruppe Bildungsberichterstattung 2016,
S. 258). Eine ähnliche Entwicklung lässt sich nachzeichnen, wenn man das *Bildungsniveau* der Eltern zugrunde legt (Schindler 2012, S. 24). Das Gymnasium
konnte sich somit trotz Bildungsexpansion eine gewisse soziale Homogenität
erhalten bzw. diese ausbauen.

Inwiefern die Schulreformen ab Mitte der 2000er Jahre auch zu einem sozialen Aderlass der Gymnasien beitragen, lässt sich momentan noch nicht absehen,
weil dafür belastbare Daten noch ausstehen. In den letzten 5 Jahren ist der Anteil
der Fünftklässler, die nach der Grundschule auf ein Gymnasien wechselten, in
allen Bundesländern eher relativ stabil geblieben.[3] Dies gilt unabhängig davon,
ob die Bundesländer kürzlich ein zwei- oder mehrgliedriges Schulsystem etabliert
haben. Lediglich in Bremen ist die Quote dramatisch gesunken: lag der Anteil der
Fünftklässler an Gymnasien vor der Schulreform noch bei 46,9 % (2008), ist dieser bereits unmittelbar nach der Schulreform auf 26,5 % (2011/2012) abgesunken
(Autorenteam Bildungsberichterstattung Bremen 2012, S. 30). Momentan lassen

---

[3]Für einen Überblick siehe die Daten zur Durchlässigkeit im Chancenspiegel: http://www.
chancen-spiegel.de/ergebnisse-der-laender/. Zugegriffen: 5. August 2016.

sich somit keine Aussagen machen, ob z. B. ein zweigliedriges Schulsystem die Bildungsaspirationen der unteren und mittleren Milieus auf andere Schulformen kanalisiert. Dafür wäre es auch notwendig, den sozialen Status der Schüler_innen einzubeziehen. Auch dazu liegen allerdings noch keine hinreichenden Daten vor. Es lässt sich jedoch festhalten, dass bereits in den Jahren *vor* der Einführung der neuen Schulformen der Anteil von 15-jährigen mit niedrigem sozioökonomischen Status an Integrierten Schulformen von 10 % (2000) auf 27 % (2012) anstieg. Auch bei Schüler_innen mit mittleren sozioökonomischen Status ist der Anteil von 10 % auf 19 % gestiegen. Hingegen fällt der Anteil von Schüler_innen mit hohen sozioökonomischen Status mit einem Anstieg von 5 % (2000) auf 10 % (2012) eher niedrig aus (Autorengruppe Bildungsberichterstattung 2016, S. 258).

Eindeutiger lässt sich von einem Abdrängen der unteren Milieus sprechen, wenn man die berufsbildenden Schulformen in den Blick nimmt, die zum (Fach-) Abitur führen (Kollegschulen, Fachgymnasien, Fachoberschulen, doppelt qualifizierende Bildungsgänge). Im Jahr 2007 hat fast die Hälfte der Absolventen mit Studienberechtigung die Hochschulreife über das berufliche Bildungssystem oder den zweiten Bildungsweg erworben (Schindler 2012, S. 10–11). Insbesondere bildungsferne Milieus konnten den Ausbau des berufsbildenden Bereichs dazu nutzen, ihre Studienberechtigtenquoten zwischen 1976 und 2008 zu verdoppeln. Dies ist vor allem auf einen Zuwachs an Absolventen mit Fachhochschulreife zurückzuführen (Schindler 2012, S. 13–15). Hingegen war der Beitrag der klassischen Gymnasien zum Abbau sozialer Ungleichheit eher gering (Schindler 2012, S. 4).

Nach Schindler wurde allerdings mit der Einführung der Fachhochschulreife im Kontext der Bildungsexpansion auch eine neue qualitative Ungleichheitsdimension etabliert (Schindler 2012, S. 15). Es sind vor allem Absolventen aus niedrig gebildeten Elternhäusern (ca. 50 %), die ihre Studienberechtigung in Form der Fachhochschulreife erlangen. Der Anteil aus gebildeten Familien ist hier weitaus geringer (ca. 20 %). In der Konsequenz verfügt die Hälfte der Studienberechtigten aus bildungsfernen Elternhäusern nicht über die formale Voraussetzung, ein Universitätsstudium aufzunehmen (Schindler 2012, S. 15). Des Weiteren lassen sich für die Fachhochschulreife massiv sinkende Übergangsquoten ins Studium verzeichnen (Schindler 2012, S. 18).

Die horizontalen Differenzierungen im Feld der höheren Schulbildung haben zwar maßgeblich zum Anstieg der Studienberechtigtenquote in den mittleren und unteren Milieus beigetragen (Schindler 2012, S. 11 und 15), allerdings ist gerade die Fachhochschulreife auch mit formalen bzw. inhaltlichen Einschränkungen der Studienwahl verbunden. Das Berufsbildungssystem hat somit auch eine Ablenkungswirkung, da es selektiv soziale Bevölkerungsgruppen auf dem Weg zur Hochschule umleitet (Shavit und Müller 2000).

Abschließend bleibt festzuhalten, dass die Schulreformen zwar einige horizontale Differenzierungen vorangetrieben haben, allerdings führt die Unantastbarkeit der Gymnasien dazu, dass die vertikalen Differenzierungen zwischen den Schulformen nicht im Grundsatz nivelliert wurden[4]. Mit anderen Worten: die Gymnasien stehen mit den anderen Oberstufentypen (Gesamtschule, Gemeinschaftsschule, Berufs-und Fachgymnasien etc.) nach wie vor in einem hierarchischen Verhältnis.

Darüber hinaus gewinnen vertikale Differenzierungsprozesse *zwischen* Gymnasien an Bedeutung. Bildungspolitisch vorangetrieben werden solche Differenzierungsprozesse durch die Einführung neoliberaler Wettbewerbslogiken im Bildungssektor (vgl. Krüger et al. 2012, S. 328). Werner Helsper weist darauf hin, dass es in Deutschland zwar bisher keine Eliteschulen gibt, allerdings lassen sich durchaus exklusive Bildungsorte identifizieren, die unterschiedliche bildungsprivilegierte Milieus adressieren. Helsper spricht in diesem Zusammenhang auch von Institutionen-Milieu-Komplexen (Helsper 2009, S. 167). Dazu gehören etwa exklusive gymnasiale Bildungsanstalten mit langer Tradition wie Dom- und Stiftungsschulen sowie ‚schwere Gymnasien‘ mit traditionsreicher Reputation, aber auch Gymnasien in konfessioneller Trägerschaft und neue reformpädagogische Schulen (Helsper 2006, S. 169 ff.). Auch der Ausbau des Privatschulwesens seit den 1990er Jahren kann als Teil vertikaler Differenzierungsprozesse angesehen werden, wobei sich nicht alle Schulen in privater Trägerschaft exklusiv an bildungsprivilegierte Milieus richten (Ullrich und Strunck 2012).

2.2.2 Neuordnungen im Feld der Hochschulbildung

Die angeführten horizontalen und vertikalen Differenzierungsprozesse erzeugen auch Transformationen im Feld der Hochschule. Um diese zu untersuchen soll zunächst die eingangs aufgeworfene Frage aufgegriffen werden, ob die Problematisierung von Bildungsprivilegien durch die Bildungsexpansion der 1970er Jahre obsolet geworden ist? Studien zur Bildungsexpansion an deutschen Hochschulen haben gezeigt, dass von den bildungspolitischen Maßnahmen der 1970er Jahre vor allem die mittleren und oberen Milieus profitiert haben (Müller 1998; Vester 2004; Hadjar und Becker 2009). Nach wie vor erweist sich das Feld der Hochschulbildung als sozial selektiv (Autorengruppe Bildungsberichterstattung 2016, S. 127).

---

[4]Die oben angeführten Sekundarschulreformen haben den Bestand der Gymnasien auch nicht reduziert. Die Anzahl der Gymnasien blieb seit 2006 in den jeweiligen Bundesländern weitgehend kontant (Statistisches Bundesamt 2015, S. 14–17).

Nach Bourdieu ist die Bildungsexpansion vor allem den mittleren und oberen sozialen Milieus zugute gekommen, die sich durch ein hohes ökonomisches Kapital auszeichnen. Aufgrund von Umstrukturierungen im ökonomischen Feld, hat sich die Bedeutung von Bildung auch für jene Milieus verändert, die ihre soziale Positionen zuvor direkt vererbt haben (Bourdieu et al. 1981). Daran anschließend verweist auch Michael Vester darauf, dass die Bildungsexpansion in Deutschland vor allem einem Besitzbürgertum zugutegekommen ist, das seit den 1950er Jahren in Folge wirtschaftlicher Konzentrationsprozesse leitende Positionen zunehmend auch über Bildungsabschlüsse vererbte. Neben der 'alten Bildungselite', die sich traditionell über hohe Bildungsabschlüsse reproduzierte (leitende Angestellte und Beamte) entstand im Kontext der Bildungsexpansion eine 'neue Bildungselite' (Selbstständige, qualifizierte Angestellte und gehobenes Kleinbürgertum), die sich zuvor primär auf Besitz und Macht gründete (Vester 2004, 2005). In der Konsequenz ist der Erwerb von Bildungstiteln an Hochschulen mittlerweile für alle oberen Milieus erstrebenswert, wenn nicht sogar überlebensnotwendig.

Die These, dass sich die Transformation von Bildungsprivilegien im 21. Jahrhundert in einer Verschiebung der Selektionsschwelle in den tertiären Bildungssektor manifestiert, muss nun weiter ausdifferenziert werden. Letztlich handelt es sich hier nicht allein um eine Bildungsschwelle, die von unteren und mittleren Milieus seltener übertreten wird, dazu gehört auch eine Ausdifferenzierung des Feldes der Hochschulbildung selbst.

Was den ersten Teil betrifft, nehmen die herkunftsspezifischen Unterschiede beim Übergang ins Studium in den letzten Jahrzehnten zu (Lörz 2012, S. 303). Im Jahr 1976 haben noch 80 % der Studierenden aus bildungsfernen Elternhäusern ein Studium aufgenommen, sofern sie die Hochschulreife erworben haben, während es 2006 nur noch 50 % sind (Schindler 2012, S. 19). Nach dem Studienberechtigtenpanel 2012 lässt sich aktuell ein leichter Anstieg dieser Quote auf 66 % verzeichnen (Schneider und Franke 2014, S. 56). Betrachtet man die Entwicklung der Studierquoten nach Art der Hochschulreife wird deutlich, dass der Rückgang vor allem bei Studienberechtigten mit Fachhochschulreife zu verzeichnen ist (Schindler 2012, S. 18). Im selben Zeitraum nahm die Studierquote von Schüler_innen aus gebildeten Elternhäusern hingegen geringfügig von 90 % (1976) auf 80 % (2006) ab (Schindler 2012, S. 19). Auch bei gleicher Schulleistung nehmen Studienberechtigte aus nicht akademischen Elternhäusern seltener ein Studium auf (Autorengruppe Bildungsberichterstattung 2016, S. 127).

Was den zweiten Teil betrifft muss die These einer Verschiebung der Selektionsschwelle ebenfalls berücksichtigen, dass die Aufnahme eine Studiums heute auch für mittlere Milieus notwendig ist, deren Berufs- und Einkommensprofile

sich im Sinne der angeführten ‚Kompetenzrevolution' verändert haben. Nach
Vester ist die gestiegene Bildungsbeteiligung dieser Milieus erneut einer horizontalen Verschiebung geschuldet, da etwa die Nachkommen ehemaliger
Facharbeiter_innen heute ein Studium aufnehmen müssen, um den erreichten
familialen Status zu reproduzieren (Vester 2004, S. 34).

Dies bedeutet, dass sich die neue Selektionsschwelle nicht allein am Übergang
von der Schule in die Hochschule lokalisieren lässt, sondern im Prinzip in den
tertiären Bildungssektor *hinein* diffundiert. In der Konsequenz verändern sich im
Feld der Hochschulbildung auch die relationalen Beziehungen der Akteure zueinander. Es stellt sich somit die Frage, inwiefern dadurch neue Distinktionskämpfe
im Feld der Hochschule entstehen. Da derartige Transformationsprozesse meines
Erachtens noch ganz am Anfang stehen, können hier nur erste Überlegungen dazu
angeführt werden.

Zum Beispiel ließe sich die Einführung von Bachelor- und Masterabschlüssen auch dahin gehend deuten, dass sie eine Strategie darstellen, die unteren und
mittlerer Milieus auf niedrige Bildungstitel abzudrängen bzw. den Seltenheitswert
hoher Bildungstitel zu erhalten. Der Bachelor Abschluss wäre somit ein Angebot,
welches den Bedarf an einer Statusreproduktion der mittleren Milieus abdeckt,
aber den weiteren Bildungsaufstieg limitiert und somit die Abstände zwischen
den sozialen Milieus erhält.

Erste Daten weisen in der Tat darauf hin, dass der Übergang in ein Masterstudium eng mit der sozialen Herkunft verbunden ist (Auspurg und Hinz 2011).
Nach einer Studie von Quast et al. (2014) haben sich Studierende aus akademischen Elternhäusern zu 74 % für ein Masterstudium entschieden, während die
Quote bei Studierenden aus nicht-akademischen Elternhäusern lediglich bei
57 % liegt (Quast et al. 2014, 58–59). Darüber hinaus lassen sich erste soziale
Disparitäten zwischen Universitäten und Fachhochschulen nachweisen: während
ca. 80 % der Bachelor-Absolvent_innen an Universitäten einen Masterabschluss
aufnehmen bzw. dies fest einplanen, sind es an den Fachhochschulen lediglich
49 % (Quast et al. 2014, S. 56). Erneut zeigt sich hier die selektive Bedeutung der
Fachhochschulreife.

Erneut wirkt sich auch die institutionelle Differenzierung der Schulformen
(allgemeinbildende vs. berufliche Schulen) auf die Übergangsquoten aus: Von
den Studienberechtigten der allgemeinbildenden Schulen haben 74 % ein Masterstudium aufgenommen, während dies lediglich für die Hälfte der Bachelorabsol-
vent_innen zutrifft, die ihre Hochschulzugangsberechtigung an einer beruflichen
Schule erlangt haben (Quast et al. 2014, S. 59).

Allgemeiner ließen sich auch aktuelle Entwicklungen der horizontalen und
vertikalen Differenzierung im Hochschulsektor als neue Stratifikations- und

Schließungsprozesse interpretieren. Dazu gehören bspw. eine Reihe von gegenwärtigen bildungspolitischen Maßnahmen, die eine stratifizierte Hochschullandschaft erzeugen sollen wie z. B. Exzellenzinitiativen, Hochschulrankings und neue Steuerungsmodelle (Münch 2007, 2009; Bloch et al. 2014). Büchner und Brake prognostizieren in diesem Zusammenhang eine Wiederbelebung des Elitären bzw. einen neuen Kampf um Anerkennung von akademischen Distinktionsansprüchen (Büchner und Brake 2006, S. 121).

In der Folge erhalten auch Termini wie ‚Elite' und ‚Exzellenz' gegenwärtig eine neue Bedeutung in der Hochschulbildung (Ecarius und Wigger 2006; Krüger und Helsper 2014; Mitterle und Stock 2015; Bloch et al. 2015). Der Elite-Begriff war in Deutschland lange Zeit aufgrund der eigenen nationalsozialistischen Vergangenheit diskreditiert. Im Gegensatz zu anderen Ländern gab es in Deutschland bisher auch keine Eliteuniversitäten. Inwiefern die aktuelle Exzellenzinitiative auch die sozialen Disparitäten zwischen Studierenden verstärkt, ist eine offene Forschungsfrage. Internationale Studien zeigen jedoch einen eindeutigen Zusammenhang zwischen Elitebildung und sozialer Selektion. Zwar steht der Zugang zu den Ivy League Universitäten (USA), Grand École (F) oder den Universitäten Oxford und Cambridge (GB) formal jedem offen, dennoch regulieren Mechanismen wie Studiengebühren, Aufnahmeprüfungen oder Alumnirekrutierungen in diesen Ländern die Elitereproduktion (Karabel 2005; Thelin 2008).

Auf der anderen Seite finden sich im Hochschulsektor aber auch Prozesse der sozialen Öffnung. Dazu gehört bspw. der Beschluss der Kultusministerkonferenz, das Hochschulstudium für Beruflich Qualifizierte ohne Abitur zu ermöglichen (Wolter et al. 2015). Beobachten lässt sich auch eine partielle Nivellierung der Unterschiede zwischen Fachhochschulen und Universitäten (W-Besoldung, Diskussion über Promotionsrecht, MA-Studiengänge an Fachhochschulen etc.).

3   Schluss

Bilanzierend lässt sich festhalten, dass die Problematisierung von Bildungsprivilegien keineswegs obsolet geworden ist. In diesem Beitrag wurde ein Perspektivenwechsel in der Analyse von Bildungsungleichheiten eingenommen: nicht Bildungsbenachteiligungen standen im Fokus der Untersuchung, sondern Reproduktionsprozesse von Bildungsprivilegien. Die Transformationsprozesse von Bildungsprivilegien im 21. Jahrhundert werden vor allem durch einen gesellschaftlichen Strukturwandel erzeugt, durch den das Feld der höheren Bildung zum Kampfschauplatz geworden ist.

Für das Feld der Schule konnte gezeigt werden, dass die Bildungsaspirationen der unteren und mittleren Milieus durch neu geschaffene Bildungsinstitutionen (Sekundarschulen) und Bildungstitel (Fachabitur) kanalisiert und abgedrängt werden. Auf diese Weise bleibt das Gymnasium als Refugium für Bildungsprivilegien erhalten. Die Maßnahmen der Bildungsexpansion haben somit auch Bildungskonkurrenzen zugunsten bildungsprivilegierter Milieus entschärft. Des Weiteren hat sich durch den Wandel des Abiturs vom exklusiven Bildungstitel zum Massenzertifikat die zentrale Selektionsschwelle zur Reproduktion von Bildungsprivilegien in den tertiären Bildungssektor hinein verschoben.

Schließlich wurde herausgearbeitet, dass sich die Bildungsniveausteigerung der unteren und mittleren Milieus weniger auf eine soziale Mobilität zurückführen lässt sondern auf eine horizontale Differenzierung. Dies zeigt sich auch noch im Feld der Hochschule, wo Kinder von Facharbeitern heute ein Studium aufnehmen müssen, um den familialen Status zu reproduzieren. In der Folge ist zu erwarten, dass auch das Feld der Hochschule gegenwärtig neu geordnet wird. Wobei die Positions- und Klassifikationskämpfe von den Arrivierten mit einer größeren Kapitalausstattung geführt werden können als von ihren Herausforderern.

Literatur

Auspurg, K., & Hinz, T. (2011). Master für Alle? Der Einfluss sozialer Herkunft auf den Studienverlauf und das Übertrittsverhalten von Bachelorstudierenden. *Soziale Welt, 62*(1), 75–99.

Autorengruppe Bildungsberichterstattung. (2012). *Bildung in Deutschland 2012.* Bielefeld: Bertelsmann.

Autorengruppe Bildungsberichterstattung. (2016). *Bildung in Deutschland 2016.* Bielefeld: Bertelsmann.

Balke, F. (2003). Der Zwang des „Habitus". Bourdieus Festschreibung des „subjektiven Faktors". In J. Link, T. H. Loehr, & H. Neuendorff (Hrsg.), *„Normalität" im Diskursnetz soziologischer Begriffe* (S. 135–149). Heidelberg: Synchron.

Bargel, T., Dippenhofer-Stiem, B., Sandberger, J., & Walter, H. (1987). Arbeiterkinder nach dem Abitur: Leistungsauslese oder soziale Auslese beim Hochschulzugang. In A. Bolder & K. Rodax (Hrsg.), *Das Prinzip der aufge(sch)obenen Belohnung. Sozialisation von Arbeiterkindern für den Beruf* (S. 181–206). Bonn: Neue Gesellschaft.

Barlösius, E. (2006). *Pierre Bourdieu.* Frankfurt a. M.: Campus.

Becker, R. (2011). Entstehung und Reproduktion dauerhafter Bildungsungleichheiten. In R. Becker (Hrsg.), *Lehrbuch der Bildungssoziologie* (S. 87–138). Wiesbaden: Springer.

Becker, R., & Lauterbach, W. (2016). Bildung als Privileg – Ursachen, Mechanismen, Prozesse und Wirkungen. In R. Becker & W. Lauterbach (Hrsg.), *Bildung als Privileg. Erklärungen und Befunde zu den Ursachen der Bildungsungleichheit* (S. 3–53). Wiesbaden: VS Verlag.

Bell, D. (1973). *The coming of post-industrial society: A venture in social forecasting.* New York: Basic Books.

Bernstein, B. (1972). *Studien zur sprachlichen Sozialisation.* Düsseldorf: Pädagogischer Verlag Schwann.

Bloch, R., Kreckel, R., Mitterle, A., & Stock, M. (2014). Stratifikationen im Bereich der Hochschulbildung in Deutschland. In H. H. Krüger & W. Helsper (Hrsg.), *Elite und Exzellenz im Bildungssystem. Nationale und internationale Perspektiven* (Zeitschrift für Erziehungswissenschaft, Themenheft 19, S. 243–261). Wiesbaden: VS Verlag.

Bloch, R., Gut, M., Klebig, K., & Mitterle, A. (2015). Die Auswahl der Besten? Auswahlverfahren an sich stratifizierenden Einrichtungen und Programmen im Hochschulbereich. In W. Helsper & H. H. Krüger (Hrsg.), *Auswahl der Bildungsklientel. Zur Herstellung von Selektivität in „exklusiven" Bildungsinstitutionen* (S. 185–209). Wiesbaden: VS Verlag.

Bourdieu, P. (1981). *Titel und Stelle.* Frankfurt a.M.: Europäische Verlagsanstalt.

Bourdieu, P. (1982). *Die feinen Unterscheide. Kritik der gesellschaftlichen Urteilskraft.* Frankfurt a. M.: Suhrkamp.

Bourdieu, P. (1984). *Homo academicus.* Frankfurt a. M.: Les Éditions de Minuit.

Bourdieu, P. (1993). *Soziologische Fragen.* Frankfurt a. M.: Suhrkamp.

Bourdieu, P. (2001). *Meditationen: Zur Kritik der scholastischen Vernunft.* Frankfurt a. M.: Suhrkamp.

Bourdieu, P. (2004). *Der Staatsadel.* Konstanz: UVK.

Bourdieu, P., & Passeron, J. C. (1964). *Les Héritiers, Les Étudiants et la Culture.* Paris: Le sense commun.

Bourdieu, P., & Passeron, J. C. (1971). *Die Illusion der Chancengleichheit.* Stuttgart: Klett.

Bourdieu, P., Boltanski, L., Saint Marten, M. de, & Maldidier-Pargamin, P. (1981). *Titel und Stelle.* Frankfurt a. M.: Europäische Verlagsanstalt.

Büchner, P., & Brake, A. (2006). Bildung und soziale Anerkennung. Überlegungen zum Wandel sozialer Anerkennungsverhältnisse im Kontext der Produktion und Reproduktion des Akademikerstatus. In J. Ecarius & L. Wigger (Hrsg.), *Elitebildung-Bildungselite. Erziehungswissenschaftliche Diskussionen und Befunde über Bildung und soziale Ungleichheit* (S. 118–140). Opladen: Budrich.

Bundesminister für Jugend, Familie und Gesundheit. (1975). *Zweiter Familienbericht: Familie und Sozialisation. Leistungen und Leistungsgrenzen der Familie hinsichtlich des Erziehungs- und Bildungsprozesses der jungen Generation.* Bonn: Bundesministerium für Familie, Senioren, Frauen und Jugend.

Castells, M. (1996). *The information age: Economy, society, and culture: Bd. 1. The rise of the network society.* Oxford: Blackwell.

CDU. (2011). *Bildungsrepublik Deutschland.* Beschluss des Vorstands der CDU Deutschlands vom 27. Juni 2011.

Celikates, R. (2006). Zwischen Habitus und Reflexion. Zu einigen methodologischen Problemen in Bourdieus Sozialtheorie. In M. Hillebrand, P. Krüger, A. Lilge, & K. Struve (Hrsg.), *Willkürliche Grenzen. Das Werk Pierre Bourdieus in interdisziplinärer Anwendung* (S. 73–90). Bielefeld: transcript.

Dostal, W., & Reinberg, A. (1999). *Arbeitslandschaft 2010 Teil 2: Ungebrochener Trend in die Wissensgesellschaft. Entwicklung der Tätigkeiten und Qualifikationen* (IAB-Kurzbericht, 10). Nürnberg: Institut für Arbeitsmarkt und Berufsforschung der Bundesanstalt für Arbeit.

Ecarius, J., & Wigger, L. (2006). *Elitebildung-Bildungselite. Erziehungswissenschaftliche Diskussionen und Befunde über Bildung und soziale Ungleichheit.* Opladen: Budrich.

Groppe, C. (2006). Bildungselite contra Elitenbildung. Ein Beitrag zur reflektierten Aufnahme des Elitebegriffs in der Erziehungswissenschaft. In J. Ecarius & L. Wigger (Hrsg.), *Elitebildung- Bildungselite. Erziehungswissenschaftliche Diskussionen und Befunde über Bildung und soziale Ungleichheit* (S. 94–116). Opladen: Budrich.

Hadjar, A., & Becker, R. (2009). Erwartete und unerwartete Folgen der Bildungsexpansion in Deutschland. In R. Becker (Hrsg.), *Lehrbuch der Bildungssoziologie* (S. 195–213). Wiesbaden: VS Verlag.

Helsper, W. (2006). Elite und Bildung im Schulsystem – Schulen als Institutionen-Milieu-Komplexe in der ausdifferenzierten höheren Bildungslandschaft. In J. Ecarius & L. Wigger (Hrsg.), *Elitebildung – Bildungselite. Erziehungswissenschaftliche Diskussionen und Befunde über Bildung und soziale Ungleichheit* (S. 162–188). Opladen: Budrich.

Helsper, W. (2009). Elite und Exzellenz – Transformationen im Feld von Bildung und Wissenschaft? *Zeitschrift für Pädagogik, 55*(2), 167–174.

Honneth, A. (1984). Die zerrissene Welt der symbolischen Formen. Zum kultursoziologischen Werk Pierre Bourdieus. *Kölner Zeitschrift für Soziologie und Sozialpsychologie, 36*(1), 147–164.

Jeismann, K.-E. (1996). *Das preußische Gymnasium in Staat und Gesellschaft.* Stuttgart: Klett-Cotta.

Karabel, J. (2005). *The chosen: The hidden history of admission and exclusion at Harvard, Yale, and Princeton.* Boston: Houghton.

Kohn, M. L. (1981). *Persönlichkeit, Beruf und soziale Schichtung.* Stuttgart: Klett-Cotta.

Konsortium Bildungsberichterstattung. (2006). *Bildung in Deutschland. Ein indikatorengestützter Bericht mit einer Analyse zu Bildung und Migration.* Bielefeld: Bertelsmann.

Krüger, H. H., & Helsper, W. (2014). Elite und Exzellenz im Bildungssystem – Nationale und internationale Perspektiven. Einleitung. In H. H. Krüger & W. Helsper (Hrsg.), *Elite und Exzellenz im Bildungssystem* (Zeitschrift für Erziehungswissenschaft, Themenheft 19, S. 1–10). Wiesbaden: VS Verlag.

Krüger, H. H., Helsper, W., Sackmann, R., et al. (2012). Mechanismen der Elitebildung im deutschen Bildungssystem. Ausgangslage, Theoriediskurse, Forschungsstand. *Zeitschrift für Erziehungswissenschaft, 15*(2), 327–343.

Liebau, E. (2006). Der Störenfried. Warum Pädagogen Bourdieu nicht mögen. In B. Friebertshäuser, M. Rieger-Ladich, & L. Wigger (Hrsg.), *Reflexive Erziehungswissenschaft. Forschungsperspektiven im Anschluss an Bourdieu* (S. 41–58). Wiesbaden: VS Verlag.

Lörz, M. (2012). Mechanismen sozialer Ungleichheit beim Übergang ins Studium: Prozesse der Status- und Kulturreproduktion. In R. Becker & H. Solga (Hrsg.), *Soziologische Bildungsforschung* (Kölner Zeitschrift für Soziologie und Sozialpsychologie, Themenheft 52, S. 302–324). Wiesbaden: Springer VS.

Mayer, K. U., Müller, W., & Pollak, R. (2007). Germany: Institutional change and inequalities of access in higher education. In Y. Shavit, R. Arum, & A. Gamoran (Hrsg.), *Stratification in higher education* (S. 240–265). Stanford: Stanford University Press.

Mitterle, A., & Stock, M. (2015). "Exklusive Hochschulen" – Instrumentelle Rationalisierung und Rangdifferenzierung im deutschen Hochschulwesen am Beispiel von Business Schools. In S. Rademacher & A. Wernet (Hrsg.), *Bildungsqualen. Kritische Entwürfe wider den pädagogischen Zeitgeist* (S. 185–206). Wiesbaden: VS Verlag.

Müller, D. K., & Zymek, B. (1987). *Datenhandbuch zur deutschen Bildungsgeschichte: Bd. 2. Höhere und mittlere Schulen. 1. Teil: ozialgeschichte und Statistik des Schulsystems in den Staaten des Deutschen Reiches 1800–1945*. Goettingen: Vandenhoeck u. Ruprecht.

Müller, W. (1998). Erwartete und unerwartete Folgen der Bildungsexpansion. In: J. Friedrichs, R. Lepsius & K.-U. Mayer (Hrsg.), *Die Diagnosefähigkeit der Soziologie* (Kölner Zeitschrift für Soziologie und Sozialpsychologie, Themenheft 38, S. 81–112). Wiesbaden: Springer VS.

Münch, R. (2007). *Die akademische Elite. Zur sozialen Konstruktion wissenschaftlicher Exzellenz*. Frankfurt a. M.: Suhrkamp.

Münch, R. (2009). Stratifikation der Hochschullandschaft: Zwischen Leistungswettbewerb und Machtlogik. *Zeitschrift für Pädagogik, 55*(2), 258–273.

Quast, J., Scheller, P., & Lörz, M. (2014). *Bildungsentscheidungen im nachschulischen Verlauf. Dritte Befragung der Studienberechtigten 2008 viereinhalb Jahre nach Schulabschluss* (Forum Hochschule 9). Hannover: DZHW.

Rieger-Ladich, M. (2005). Weder Determinismus, noch Fatalismus: Pierre Bourdieus Habitustheorie im Licht neuerer Arbeiten. *Zeitschrift für Soziologie der Erziehung und Sozialisation, 25*(3), 281–296.

Rolff, H. G. (1967). *Sozialisation und Auslese durch die Schule*. Heidelberg: Quelle und Meyer.

Roth, H. (1969). *Gutachten und Studien der Bildungskommission: Bd. 4. Begabung und Lernen: Ergebnisse und Folgerungen neuer Forschungen*. Stuttgart: Klett.

Schimpl-Neimanns, B. (2000). Soziale Herkunft und Bildungsbeteiligung: Empirische Analysen zu herkunftsspezifischen Bildungsungleichheiten zwischen 1950 und 1989. *Kölner Zeitschrift für Soziologie und Sozialpsychologie, 52*(4), 636–669.

Schindler, S. (2012). *Aufstiegsangst: Eine Studie zur sozialen Ungleichheit beim Hochschulzugang im historischen Zeitverlauf*. Düsseldorf: Vodafone Stiftung.

Schindler, S. (2014). *Wege zur Studienberechtigung – Wege ins Studium? Eine Analyse sozialer Inklusions- und Ablenkungsprozesse*. Wiesbaden: VS Verlag.

Schmeiser, M. (2003). *„Missratende" Söhne und Töchter. Verlaufsformen des sozialen Abstiegs in Akademikerfamilien*. Konstanz: UVK.

Shavit, Y., & Müller, W. (2000). Vocational secondary education. When diversion and where safety net? *European Societies, 2*(1), 29–50.

Statistisches Bundesamt. (2015). *Bildung und Kultur. Allgemeinbildende Schulen. Schuljahr 2014/2015*. Wiesbaden: Statistisches Bundesamt (Fachserie 11, Reihe 1).

Thelin, J. R. (2008). Access and excess: Selective college admissions in historical perspective. *The Journal of Higher Education, 79*(1), 113–123.

Tillmann, K. J. (2010). Der Schritt in die zweigliedrige Sekundarstufe. In A. Köker, S. Romahn, & A. Textor (Hrsg.), *Herausforderung Heterogenität. Ansätze und Weichenstellungen* (S. 136–145). Bad Heilbrunn: Klinkhardt.

Trinkaus, S., & Völker, S. (2009). Reproduktion und Wandel. In G. Fröhlich & B. Rehbein (Hrsg.), *Bourdieu Handbuch. Leben – Werk – Wirkung* (S. 210–215). Stuttgart: Metzler.

Ullrich, H., & Strunck, S. (2012). Private Schulen in Deutschland. Entwicklung und Diskurse. In H. Ullrich & S. Strunck (Hrsg.), *Private Schulen in Deutschland: Entwicklungen – Profile – Kontroversen* (S. 11–25). Wiesbaden: VS Verlag.

Vester, M. (2004). Die Illusion der Bildungsexpansion. Bildungsöffnungen und soziale Segregation in der Bundesrepublik Deutschland. In S. Engler & B. Krais (Hrsg.), *Das kulturelle Kapital und die Macht der Klassenstrukturen* (S. 13–52). Weinheim: Juventa.

Vester, M. (2005). Die selektive Bildungsexpansion. Die ständische Regulierung der Bildungschancen in Deutschland. In P. Berger & H. Kahlert (Hrsg.), *Institutionalisierte Ungleichheit. Wie das Bildungswesen die Chancen blockiert.* Weinheim: Juventa.

Vester, M. (2014). Bildungsprivilegien unter Druck. Die ständische Bildungsordnung und ihre Herausforderung durch aktivere Bildungsstrategien der Milieus. In U. Bauer, A. Bolder, H. Bremer, R. Dobischat, & G. Kutscha (Hrsg.), *Expansive Bildungspolitik – expansive Bildung?* (S. 243–267). Wiesbaden: VS Verlag.

Waquant, L. (1996). Auf dem Weg zu einer Sozialpraxeologie. Struktur und Logik der Soziologie Pierre Bourdieus. In P. Bourdieu & L. Waquant (Hrsg.), *Reflexive Anthropologie* (S. 17–94). Frankfurt a. M.: Suhrkamp.

Wolter, A. (2016). Gymnasium und Abitur als "Königsweg" des Hochschulzugangs: Historische Entwicklungslinien und institutionelle Transformationen. In J. Kramer, M. Neumann, & U. Trautwein (Hrsg.), *Abitur und Matura im Wandel. Historische Entwicklungslinien, aktuelle Reformen und ihre Effekte* (Edition ZfE 2, S. 1–27). Wiesbaden: Springer VS.

Wolter, A., Dahm, G., Kamm, C., Kerst, C., & Otto, A. (2015). Nicht-traditionelle Studierende in Deutschland: Werdegänge und Studienmotivation. In U. Elsholz (Hrsg.), *Beruflich Qualifizierte im Studium, Analysen und Konzepte zum Dritten Bildungsweg* (S. 11–34). Bielefeld: Bertelsmann.

Über den Autor

Walgenbach, Katharina, Univ.-Prof. Dr., ist Professorin für Bildung und Differenz an der FernUniversität in Hagen. Forschungsschwerpunkte: Bildung und soziale Ungleichheiten, Intersektionalität, Sozialisation.